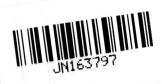

世界の学校体系

文部科学省生涯学習政策局

ぎょうせい

まえがき

文部科学省では，教育施策立案に資するため，諸外国の教育事情に関する調査研究を行っています。その成果については，これまで主に「教育調査」シリーズとして公表してきました。同シリーズは，昭和22年に第1集を刊行して以後，既に151集を数えています。

本書は，世界108の国・地域について，初等中等教育や高等教育の学校制度を学校系統図とともに簡潔に解説するものです。学校系統図に合わせて取得可能な資格や学位についても図示しました。また，人口や国土，1人当たり国内総生産などの基本情報や教育の普及状況，教育行政制度についても記述し，少しでも幅広い視野から各国・地域の教育をめぐる状況を捉えられるように努めました。

本書の作成に当たっては，主にUNESCO（国際連合教育科学文化機関）やEU（欧州連合），OECD（経済協力開発機構）などの国際機関，オーストラリア連邦教育省が作成・公表している国・地域別の教育制度解説資料，及び各国・地域政府のインターネットサイトの掲載情報を参考にしました。国・地域によっては十分な情報が入手できない場合もありましたが，上記以外からも情報を収集することでこれを補い，できる限り最新の情報を紹介するようにしました。

なお，本資料の作成に当たり，黒田則博広島大学名誉教授，齊藤泰雄国立教育政策研究所名誉所員，長島啓記早稲田大学教授，及び石井光夫東北大学教授に貴重な御助言をいただきました。

本書を諸外国・地域の教育事情・制度を理解するための基礎資料としてご活用ください。

平成29年3月

文部科学省生涯学習政策局長
有　松　育　子

執筆者及び執筆分担（掲載順）

篠原　康正（生涯学習政策局参事官付　外国調査官）

シンガポール共和国，スリランカ民主社会主義共和国，ブルネイ・ダルサラーム国，ニュージーランド，ブラジル連邦共和国，ベネズエラ・ボリバル共和国，アイスランド共和国，アイルランド，英国（グレートブリテン及び北アイルランド連合王国）〈イングランド〉，英国（グレートブリテン及び北アイルランド連合王国）〈スコットランド〉，ギリシャ共和国，スペイン，ヨルダン・ハシェミット王国，ウガンダ共和国，エジプト・アラブ共和国，ケニア共和国，ナイジェリア連邦共和国，南アフリカ共和国

岸本　睦久（　　　　　同　　　　　外国調査官）

インド，カンボジア王国，ネパール連邦民主共和国，パプアニューギニア独立国，アメリカ合衆国，カナダ，アルゼンチン共和国，エクアドル共和国，コスタリカ共和国，メキシコ合衆国，スウェーデン王国，フィンランド共和国，アフガニスタン・イスラム共和国，イスラエル国，イラク共和国，カタール国，クウェート国，バーレーン王国

髙谷亜由子（　　　　　同　　　　　外国調査第一係長）

インドネシア共和国，オーストリア共和国，オランダ王国，クロアチア共和国，スイス連邦，スロバキア共和国，スロベニア共和国，チェコ共和国，デンマーク王国，ドイツ連邦共和国，ノルウェー王国，ハンガリー，ブルガリア共和国，ベルギー王国，ポルトガル共和国，ポーランド共和国，マケドニア旧ユーゴスラビア共和国

小島　佳子（　　　　　同　　　　　外国調査第二係長）

キューバ共和国，コロンビア共和国，パナマ共和国，ボリビア多民族国，エストニア共和国，フランス共和国，ラトビア共和国，リトアニア共和国，オマーン国，アルジェリア民主人民共和国，ガボン共和国，コートジボワール共和国，コンゴ民主共和国，セネガル共和国，チュニジア共和国，ベナン共和国，マダガスカル共和国，モロッコ王国

松本　麻人（　　　　　同　　　　　専門職）

タイ王国，大韓民国，パキスタン・イスラム共和国，バングラデシュ人民共和国，ベトナム社会主義共和国，ラオス人民民主共和国，グアテマラ共和国，チリ共和国，ペルー共和国，イタリア共和国，サウジアラビア王国，エチオピア連邦民主共和国，ガーナ共和国，ジンバブエ共和国，スーダン共和国，タンザニア連合共和国，ボツワナ共和国，モザンビーク共和国，リビア

新井　　聡（　　　　　同　　　　　専門職）

台湾，中華人民共和国，フィリピン共和国，マレーシア，ミャンマー連邦共和国，モンゴル国，オーストラリア連邦，アゼルバイジャン共和国，ウクライナ，ウズベキスタン共和国，カザフスタン共和国，キルギス共和国，ロシア連邦，アラブ首長国連邦，イエメン共和国，イラン・イスラム共和国，トルコ共和国，マラウイ共和国

※本著作の中で述べられている内容については，各担当者がまとめたものであり，文部科学省の公式な見解を述べるものではありません。

掲載情報について

○　掲載国・地域については，日本学生支援機構による「平成26年度外国人留学生在籍調査」及び「平成25年度協定等に基づく日本人学生留学状況調査」に基づき，留学生受入数（大学院，大学（学部），短期大学，高等専門学校，専修学校（専門課程），日本語教育機関等，2014年度）及び日本からの送り出し数（大学院，大学（学部），短期大学，高等専門学校，専修学校（専門課程），2013年度）が多い国・地域，並びに照会が多い国・地域の中から選定した。

○　掲載項目のうち，「Ⅰ　概要」は原則として，外務省ホームページ内の「国・地域」サイトにある各国・地域の「基礎データ」から引用した。国・地域名の表記も同サイトに基づいた。

○　掲載項目のうち，「Ⅱ　教育の普及状況」は原則としてユネスコ統計局による年次就学統計の2010年版から2016年版までの各報告（データは2006年から2015年）の中から教育段階ごとに最新データを抽出した。「在籍率」は該当年齢人口で在籍者数を除して算出される（グロス値）が，通常の年齢よりも早いあるいは遅い入学や留年等の理由により，該当年齢以外の在籍者が含まれることがある。このため「在籍率」が100％を超えている場合がある。なお，いずれの版についても「在籍率」が未掲載の場合は，「2006年」について「…」と表記した。

○　掲載項目のうち，「Ⅲ　教育行政制度」「Ⅳ　学校体系」及び「Ⅴ　取得可能な資格・学位」については，主に次の①～④の資料を基本としつつ，各国政府資料や外務省ウェブサイト（「諸外国・地域の学校情報」）など，他の情報も参考にした。ただし，国・地域によっては，参考情報発表以後の制度変更により，掲載情報と現状が異なる可能性がある。

①　World Data on Education（UNESCO, IBE）
②　Eurydice（EU）
③　Country Education Profiles（オーストラリア連邦教育省）
④　図表でみる教育 OECDインディケータ（2015年版）（OECD）

○「Ⅳ　学校体系」及び「Ⅴ　取得可能な資格・学位」については，掲載国・地域における全ての教育機関及び資格・学位を表記しているものではない。

○　各地域の最初の頁に掲載した地図にある国・地域名の表記は、紙面の都合上、本文と異なる一般的なものとした。

目　次

まえがき

執筆者及び執筆分担（掲載順）
掲載情報について

≪アジア≫

インド …… 2
インドネシア共和国 …… 6
カンボジア王国 …… 10
シンガポール共和国 …… 14
スリランカ民主社会主義共和国 …… 18
タイ王国 …… 22
大韓民国 …… 26
台　湾 …… 30
中華人民共和国 …… 34
ネパール連邦民主共和国 …… 38
パキスタン・イスラム共和国 …… 42
バングラデシュ人民共和国 …… 46
フィリピン共和国 …… 50
ブルネイ・ダルサラーム国 …… 54
ベトナム社会主義共和国 …… 58
マレーシア …… 62
ミャンマー連邦共和国 …… 66
モンゴル国 …… 70
ラオス人民民主共和国 …… 74

≪大洋州≫

オーストラリア連邦 …… 80
ニュージーランド …… 84
パプアニューギニア独立国 …… 88

≪北　米≫

アメリカ合衆国 …… 94
カナダ …… 98

≪中南米≫

アルゼンチン共和国 …… 104
エクアドル共和国 …… 108
キューバ共和国 …… 112
グアテマラ共和国 …… 116
コスタリカ共和国 …… 120
コロンビア共和国 …… 124
チリ共和国 …… 128
パナマ共和国 …… 132
ブラジル連邦共和国 …… 136
ベネズエラ・ボリバル共和国 …… 140
ペルー共和国 …… 144
ボリビア多民族国 …… 148
メキシコ合衆国 …… 152

≪欧　州≫

アイスランド共和国 …… 158
アイルランド …… 162
アゼルバイジャン共和国 …… 166
イタリア共和国 …… 170
ウクライナ …… 174
ウズベキスタン共和国 …… 178
英国（グレートブリテン及び北アイルランド連合王国）〈イングランド〉 …… 182
英国（グレートブリテン及び北アイルランド連合王国）〈スコットランド〉 …… 186
エストニア共和国 …… 190
オーストリア共和国 …… 194
オランダ王国 …… 198

カザフスタン共和国 …… 202
ギリシャ共和国 …… 206
キルギス共和国 …… 210
クロアチア共和国 …… 214
スイス連邦 …… 218
スウェーデン王国 …… 222
スペイン …… 226
スロバキア共和国 …… 230
スロベニア共和国 …… 234
チェコ共和国 …… 238
デンマーク王国 …… 242
ドイツ連邦共和国 …… 246
ノルウェー王国 …… 250
ハンガリー …… 254
フィンランド共和国 …… 258
フランス共和国 …… 262
ブルガリア共和国 …… 266
ベルギー王国 …… 270
ポーランド共和国 …… 274
ポルトガル共和国 …… 278
マケドニア旧ユーゴスラビア共和国 …… 282
ラトビア共和国 …… 286
リトアニア共和国 …… 290
ロシア連邦 …… 294

≪中　東≫

アフガニスタン・イスラム共和国 …… 300
アラブ首長国連邦 …… 304
イエメン共和国 …… 308
イスラエル国 …… 312
イラク共和国 …… 316
イラン・イスラム共和国 …… 320
オマーン国 …… 324
カタール国 …… 328
クウェート国 …… 332
サウジアラビア王国 …… 336
トルコ共和国 …… 340
バーレーン王国 …… 344
ヨルダン・ハシェミット王国 …… 348

≪アフリカ≫

アルジェリア民主人民共和国 …… 354
ウガンダ共和国 …… 358
エジプト・アラブ共和国 …… 362
エチオピア連邦民主共和国 …… 366
ガーナ共和国 …… 370
ガボン共和国 …… 374
ケニア共和国 …… 378
コートジボワール共和国 …… 382
コンゴ民主共和国 …… 386
ジンバブエ共和国 …… 390
スーダン共和国 …… 394
セネガル共和国 …… 398
タンザニア連合共和国 …… 402
チュニジア共和国 …… 406
ナイジェリア連邦共和国 …… 410
ベナン共和国 …… 414
ボツワナ共和国 …… 418
マダガスカル共和国 …… 422
マラウイ共和国 …… 426
南アフリカ共和国 …… 430
モザンビーク共和国 …… 434
モロッコ王国 …… 438
リビア …… 442

掲載国・地域一覧（50音順）

ア

アイスランド共和国 …… 158
アイルランド …… 162
アゼルバイジャン共和国 …… 166
アフガニスタン・イスラム共和国 …… 300
アメリカ合衆国 …… 94
アラブ首長国連邦 …… 304
アルジェリア民主人民共和国 …… 354
アルゼンチン共和国 …… 104

イ

イエメン共和国 …… 308
イスラエル国 …… 312
イタリア共和国 …… 170
イラク共和国 …… 316
イラン・イスラム共和国 …… 320
インド …… 2
インドネシア共和国 …… 6

ウ

ウガンダ共和国 …… 358
ウクライナ …… 174
ウズベキスタン共和国 …… 178

エ

英国（グレートブリテン及び北アイルランド連合王国）〈イングランド〉 …… 182
英国（グレートブリテン及び北アイルランド連合王国）〈スコットランド〉 …… 186
エクアドル共和国 …… 108
エジプト・アラブ共和国 …… 362
エストニア共和国 …… 190
エチオピア連邦民主共和国 …… 366

オ

オーストラリア連邦 …… 80
オーストリア共和国 …… 194
オマーン国 …… 324
オランダ王国 …… 198

カ

カザフスタン共和国 …… 202
カタール国 …… 328
ガーナ共和国 …… 370
カナダ …… 98
ガボン共和国 …… 374
カンボジア王国 …… 10

キ

キューバ共和国 …… 112
ギリシャ共和国 …… 206
キルギス共和国 …… 210

ク

グアテマラ共和国 …… 116
クウェート国 …… 332
クロアチア共和国 …… 214

ケ

ケニア共和国 …… 378

コ

コスタリカ共和国 ………………………… 120
コートジボワール共和国 ………………… 382
コロンビア共和国 ………………………… 124
コンゴ民主共和国 ………………………… 386

サ

サウジアラビア王国 ……………………… 336

シ

シンガポール共和国 ……………………… 14
ジンバブエ共和国 ………………………… 390

ス

スイス連邦 ………………………………… 218
スウェーデン王国 ………………………… 222
スーダン共和国 …………………………… 394
スペイン …………………………………… 226
スリランカ民主社会主義共和国 ………… 18
スロバキア共和国 ………………………… 230
スロベニア共和国 ………………………… 234

セ

セネガル共和国 …………………………… 398

タ

タイ王国 …………………………………… 22
大韓民国 …………………………………… 26
台　湾 ……………………………………… 30
タンザニア連合共和国 …………………… 402

チ

チェコ共和国 ……………………………… 238
中華人民共和国 …………………………… 34
チュニジア共和国 ………………………… 406
チリ共和国 ………………………………… 128

テ

デンマーク王国 …………………………… 242

ト

ドイツ連邦共和国 ………………………… 246
トルコ共和国 ……………………………… 340

ナ

ナイジェリア連邦共和国 ………………… 410

ニ

ニュージーランド ………………………… 84

ネ

ネパール連邦民主共和国 ………………… 38

ノ

ノルウェー王国 …………………………… 250

ハ

パキスタン・イスラム共和国 …………… 42
パナマ共和国 ……………………………… 132
パプアニューギニア独立国 ……………… 88
バーレーン王国 …………………………… 344
ハンガリー ………………………………… 254
バングラデシュ人民共和国 ……………… 46

フ

フィリピン共和国 …… 50
フィンランド共和国 …… 258
ブラジル連邦共和国 …… 136
フランス共和国 …… 262
ブルガリア共和国 …… 266
ブルネイ・ダルサラーム国 …… 54

ヘ

ベトナム社会主義共和国 …… 58
ベナン共和国 …… 414
ベネズエラ・ボリバル共和国 …… 140
ペルー共和国 …… 144
ベルギー王国 …… 270

ホ

ポーランド共和国 …… 274
ボツワナ共和国 …… 418
ボリビア多民族国 …… 148
ポルトガル共和国 …… 278

マ

マケドニア旧ユーゴスラビア共和国 …… 282
マダガスカル共和国 …… 422
マラウイ共和国 …… 426
マレーシア …… 62

ミ

南アフリカ共和国 …… 430
ミャンマー連邦共和国 …… 66

メ

メキシコ合衆国 …… 152

モ

モザンビーク共和国 …… 434
モロッコ王国 …… 438
モンゴル国 …… 70

ヨ

ヨルダン・ハシェミット王国 …… 348

ラ

ラオス人民民主共和国 …… 74
ラトビア共和国 …… 286

リ

リトアニア共和国 …… 290
リビア …… 442

ロ

ロシア連邦 …… 294

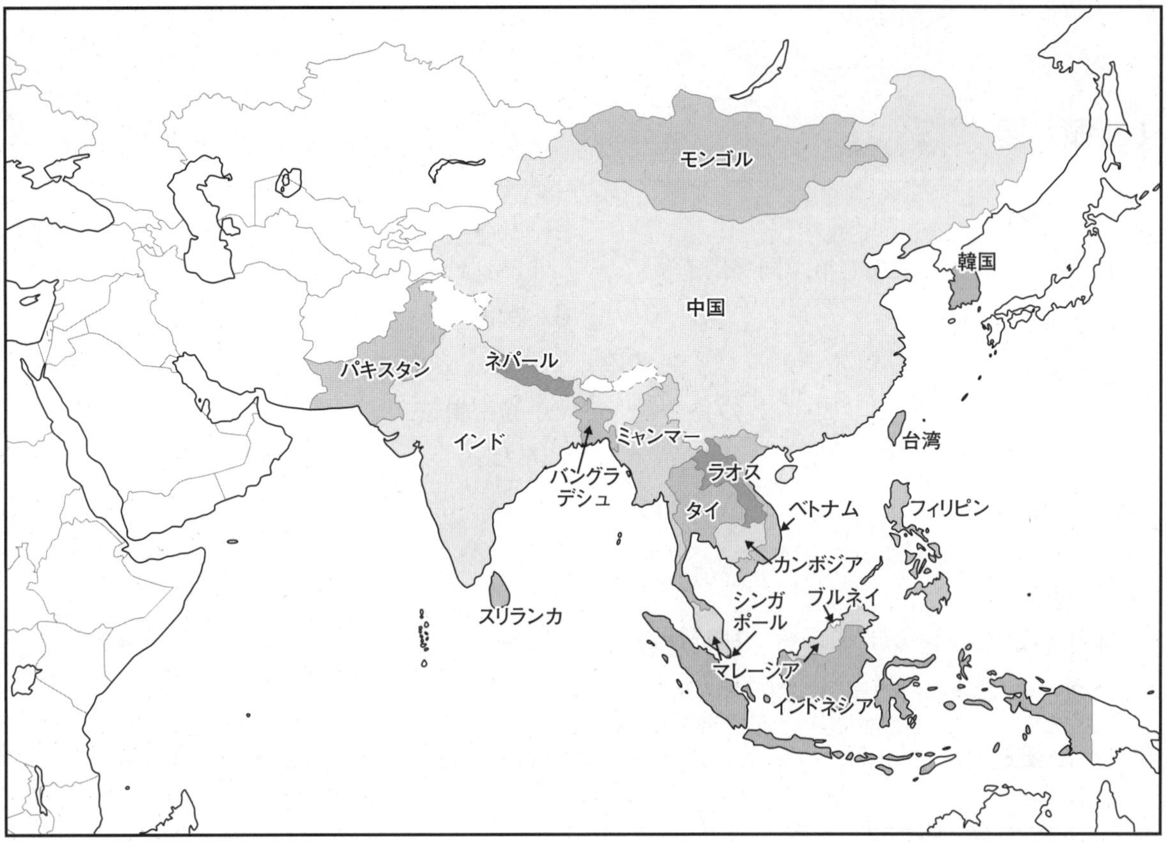

アジア

（国・地域は掲載しているもののみ。国・地域名の表記は誌面の都合上，一般的なものとしているため本文と異なる。）

インド

(*India*)

Ⅰ　概　要

1. 人口
12億1,057万人（2011年，国勢調査）
2. 面積
328万7,469平方キロメートル（インド政府資料：パキスタン，中国との係争地を含む）（2011年，国勢調査）
3. 政治体制
共和制
4. 言語
連邦公用語はヒンディー語，他に憲法で公認されている州の言語が21ある
5. 1人当たり国内総生産（GDP）
1,581ドル（2015年，世銀資料）
6. 首都
ニューデリー
7. 通貨単位
ルピー

《出典》外務省ウェブサイト（http://www.mofa.go.jp/mofaj/area/india/data.html）（更新日：2016年10月10日）。

Ⅱ　教育の普及状況

教育段階	年	在籍率	男	女
就学前教育	2011年	58%	57%	60%
初等教育	2013年	111%	105%	117%
中等教育	〃	69%	69%	69%
高等教育	〃	24%	25%	23%

（通常の年齢よりも早い又は遅い入学や留年等を理由とする該当年齢以外の在籍者を含む）

Ⅲ　教育行政制度

教育は，連邦，州，地区（district）以下の行政単位の三つのレベルで行われる。憲法により連邦と州の共管事項とされているが，実際は州の権限が強い。連邦には人的資源開発省が置かれ，識字教育の推進，高等教育における基本方針の策定や質保証等を行っている。州には州教育局が置かれ，学校制度の制定，高等教育機関の設置等を行っている。地区以下の行政単位では，所管地域内における初等中等教育計画策定，公立学校の設置・運営等を行っている。

Ⅳ　学校体系

（学年暦：4月～翌年3月）

連邦制をとるインドでは，学校制度は州により異なる。1986年全国教育政策（1992年改正）により，連邦全体で10－2制（初等・前期中等教育10年，後期中等教育2年）に統一されたものの，最初の10年間については5－3－2制のほか，4－4－2制，4－3－3制，5－2－3制など州により異なる。

1. 就学前教育

就学前児童に対するサービスは，教育と保育を統合した就学前保育・教育として多様な機関によって提供されている。3～5歳については主に幼稚園において提供される。

2. 義務教育

義務教育は，6～14歳の8年である。

3. 初等教育

初等教育は6歳入学で，前期と後期に分けられる。約3分の2の州は前期と後期の合計を8年とし，その多くは5年制の初等学校とそれに続く3年制の上級初等学校（5－3）を設けている。一部の州では4－4制としている。残りの州は初等教育を7年とし，4－3制が多いが，5－2制とするところもある。

4. 中等教育

中等教育は，初等教育を8年とする州では4年，7年とする州では5年である。いずれも前期，後期に分けられ，中等教育を4年とする州では2年制中等学校と2年制上級中等学校が，5年とする州では3年制中等学校と2年制上級中等学校が設けられている。中等学校及び上級中等学校の修了時には修了試験が実施され，各学校種の修了証が授与される。

このほか，高等教育機関であるポリテクニクが，中等学校修了者を対象として，中等教育レベルの3年間の職業教育課程を提供しており，修了者にディプロマを授与している。

5. 高等教育

高等教育は，学位授与機関である大学と非学位授与機関であるポリテクニクで行われる。

大学では，上級中等学校修了者を対象とする学士課程（一般に3年）のほか，修士課程（2年），博士課程（3年）が提供される。また，大学ディプロマ取得課程（一般に1年）が置かれている場合もある。

ポリテクニクでは2～5年の職業専門教育が提供され，修了者にはディプロマが授与される。このほか，大学院レベルの学卒ディプロマ課程が置かれている場合もある。

《参考資料》

・Australian Government, Country Education Profiles（https://internationaleducation.gov.au/CEP/Subcontinent-And-The-Middle-East/India/Pages/default.aspx）（2016年7月6日閲覧）.
・UNESCO, World Data on Education, 7th edition, 2010/11（2011年7月更新）.
・渋谷英章「インド」（財）学校教育研究所『諸外国の教育の状況』学校図書，平成18年，94-101頁。

V　学校系統図

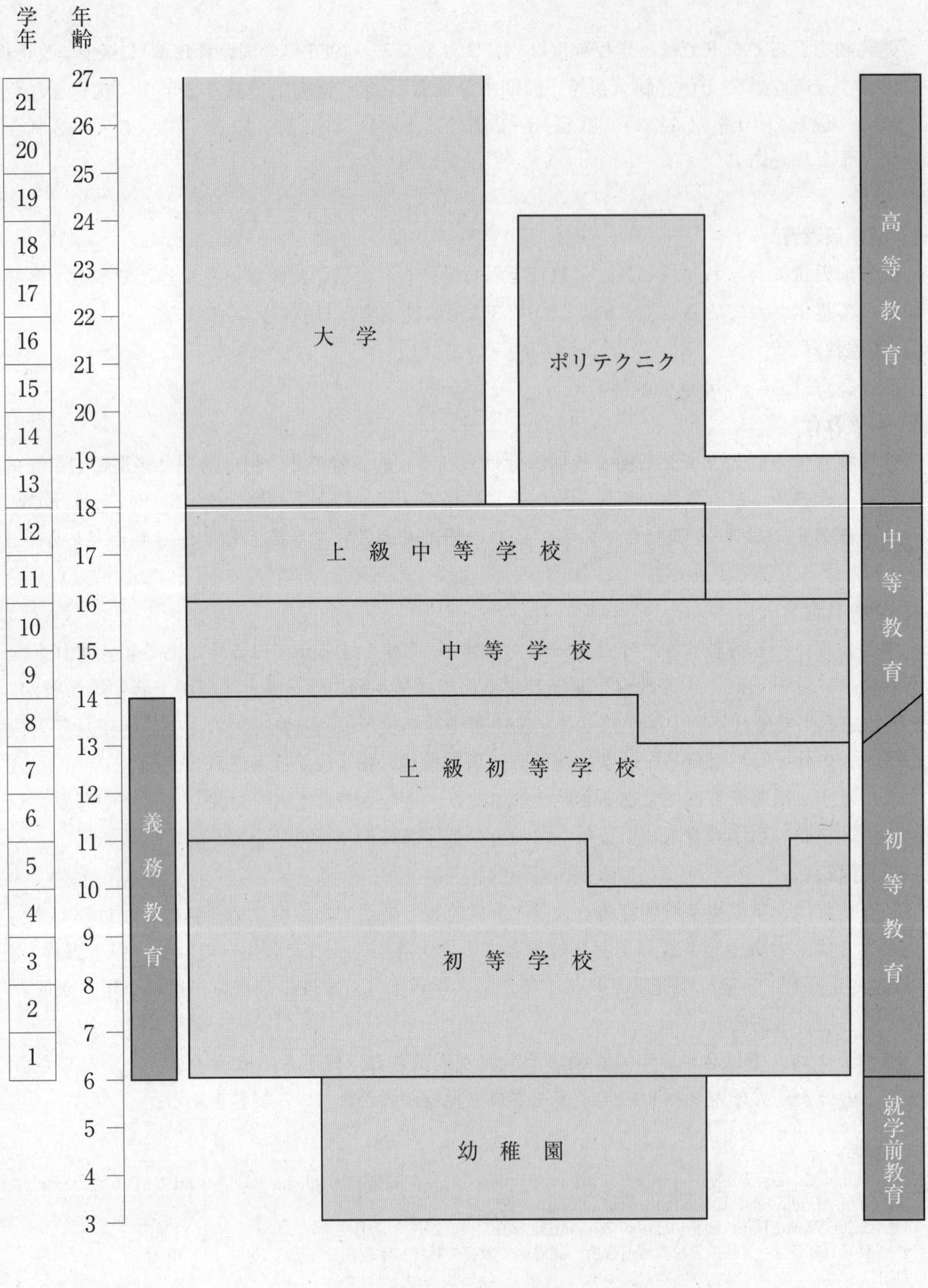
学年
年齢
21
20
19
18
17
16
15
14
13
12
11
10
9
8
7
6
5
4
3
2
1
27
26
25
24
23
22
21
20
19
18
17
16
15
14
13
12
11
10
9
8
7
6
5
4
3
大学
ポリテクニク
上級中等学校
中等学校
上級初等学校
初等学校
幼稚園
義務教育
高等教育
中等教育
初等教育
就学前教育

Ⅵ　取得可能な資格・学位

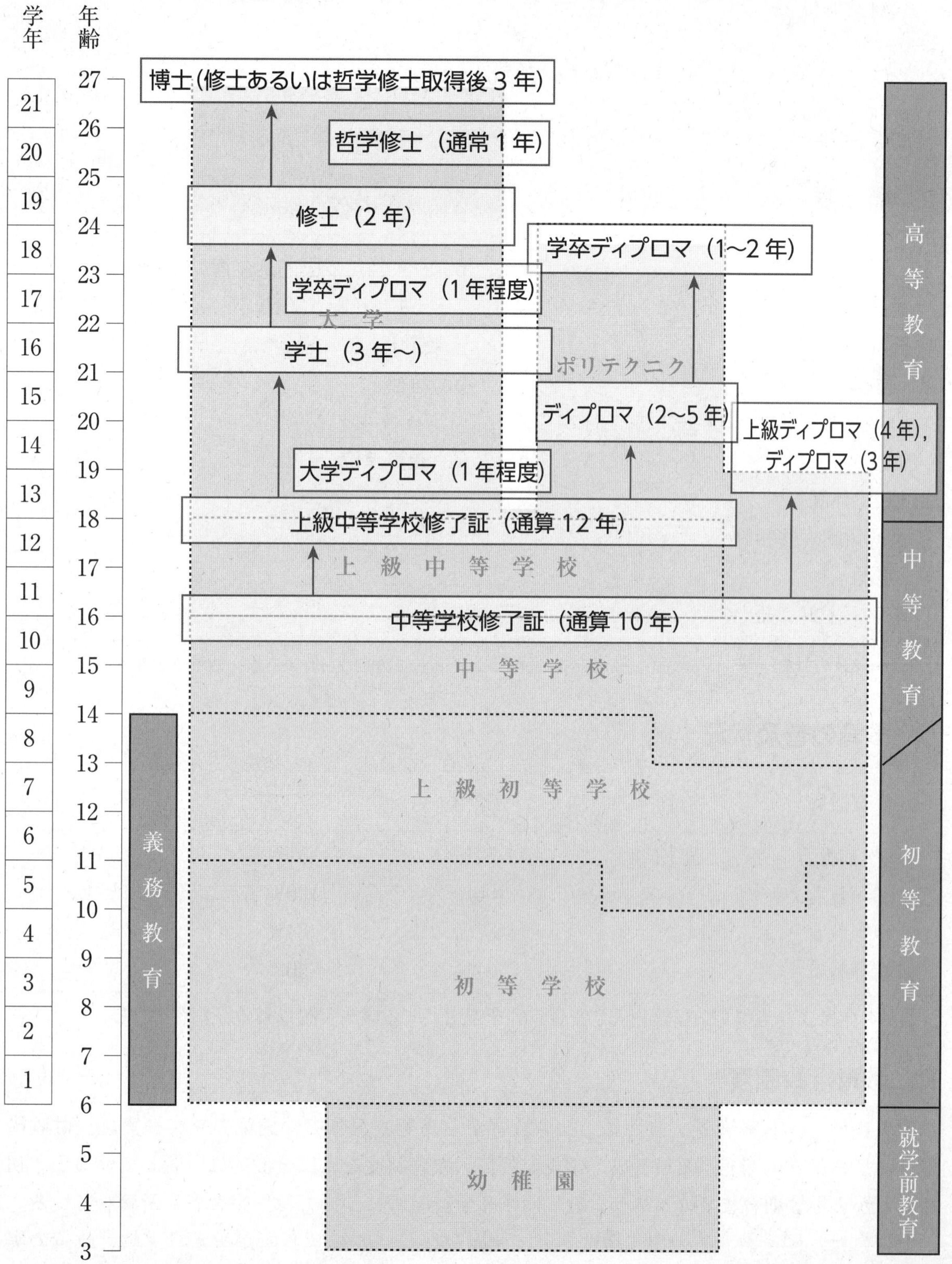
学年
年齢
博士（修士あるいは哲学修士取得後３年）
哲学修士（通常１年）
修士（２年）
学卒ディプロマ（1年程度）
大学
学士（３年～）
大学ディプロマ（1年程度）
学卒ディプロマ（1～2年）
ポリテクニク
ディプロマ（2～5年）
上級ディプロマ（4年），
ディプロマ（3年）
上級中等学校修了証（通算12年）
上級中等学校
中等学校修了証（通算10年）
中等学校
上級初等学校
初等学校
幼稚園
義務教育
高等教育
中等教育
初等教育
就学前教育

インドネシア共和国

(*Republic of Indonesia*)

Ⅰ　概　要

1. 人口
約2.55億人（2015年，インドネシア政府統計）
2. 面積
約189万平方キロメートル（日本の約5倍）
3. 政治体制
大統領制，共和制
4. 言語
インドネシア語
5. 1人当たり国内総生産（GDP）
3,377.1ドル（2015年，インドネシア政府統計）
6. 首都
ジャカルタ
7. 通貨単位
ルピア

《出典》外務省ウェブサイト（http://www.mofa.go.jp/mofaj/area/indonesia/data.html）（更新日：2016年5月25日）。

Ⅱ　教育の普及状況

教育段階	年	在籍率	男	女
就学前教育	2013年	54%	51%	58%
初等教育	〃	106%	106%	106%
中等教育	〃	82%	84%	81%
高等教育	〃	31%	30%	33%

（通常の年齢よりも早い又は遅い入学や留年等を理由とする該当年齢以外の在籍者を含む）

Ⅲ　教育行政制度

中央には，国家教育省が置かれ，初等教育から高等教育までの施策の立案や実施，財政措置，カリキュラム開発，教員養成，学校監督等，教育制度をほぼ全般的に所管しているが，初等教育から中等教育までのイスラム教に関する学校教育については，宗教省が所管している。

地方には，国家教育省の出先機関として州及び県レベルに事務所が置かれ，教育政策の実施・管理等に当たっている。

Ⅳ 学校体系

（学年暦：9月～翌年6月）

インドネシアの学校教育制度は，一般学校と宗教の時間を多く取り入れたイスラム学校（マドラサ）の2つの体系から構成されている。

1. 就学前教育

就学前教育は，4～6歳の幼児を対象に，幼稚園及びイスラム幼稚園で行われる。

2. 義務教育

義務教育は，7～16歳の9年間である。

3. 初等教育

初等教育は，7歳入学で6年間，小学校及びイスラム小学校で行われる。修了時には国家試験が行われ，合格者は前期中等教育への進学を認められる。

4. 中等教育

前期中等教育は，3年間，中学校及びイスラム中学校で行われる。修了時には国家試験が行われ，合格者には，後期中等教育への進学となる前期中等教育修了証が与えられる。

後期中等教育は，3年間，普通教育に重きを置いた一般高校とイスラム高校，また職業技術教育に重きを置いた一般職業高校とイスラム職業高校で行われ，修了時には，一般高校とイスラム高校では後期中等教育修了証が，一般職業高校とイスラム職業高校では後期中等職業教育修了証が与えられる。また，いずれの学校種でも，修了時の国家試験に合格した者には，高等教育に進学するための基礎要件となる国家修了証が授与される。

5. 高等教育

高等教育（イスラム系の高等教育を含む）は，総合大学のほか，技術分野及び芸術分野で高等教育及び専門教育を提供する専門大学，1つの専門分野で高等教育と専門教育を提供するカレッジ，特定分野で応用科学教育を提供するポリテクニク及びアカデミーで行われる。入学に際しては，中等教育修了証の取得者を対象に，入学試験が行われる。総合大学では，通常4年で学士相当のS1学位，2年以上で修士相当のS2学位，3年で博士相当のS3学位が授与される。専門大学，カレッジ，ポリテクニク及びアカデミーでは，1～4年の課程が提供されており，1～3年でD1～D4の修了証，4年で学士相当のD4の修了証が与えられる。

《参考資料》

UNESCO, World Data on Education, 7th edition, 2010/11.

V　学校系統図

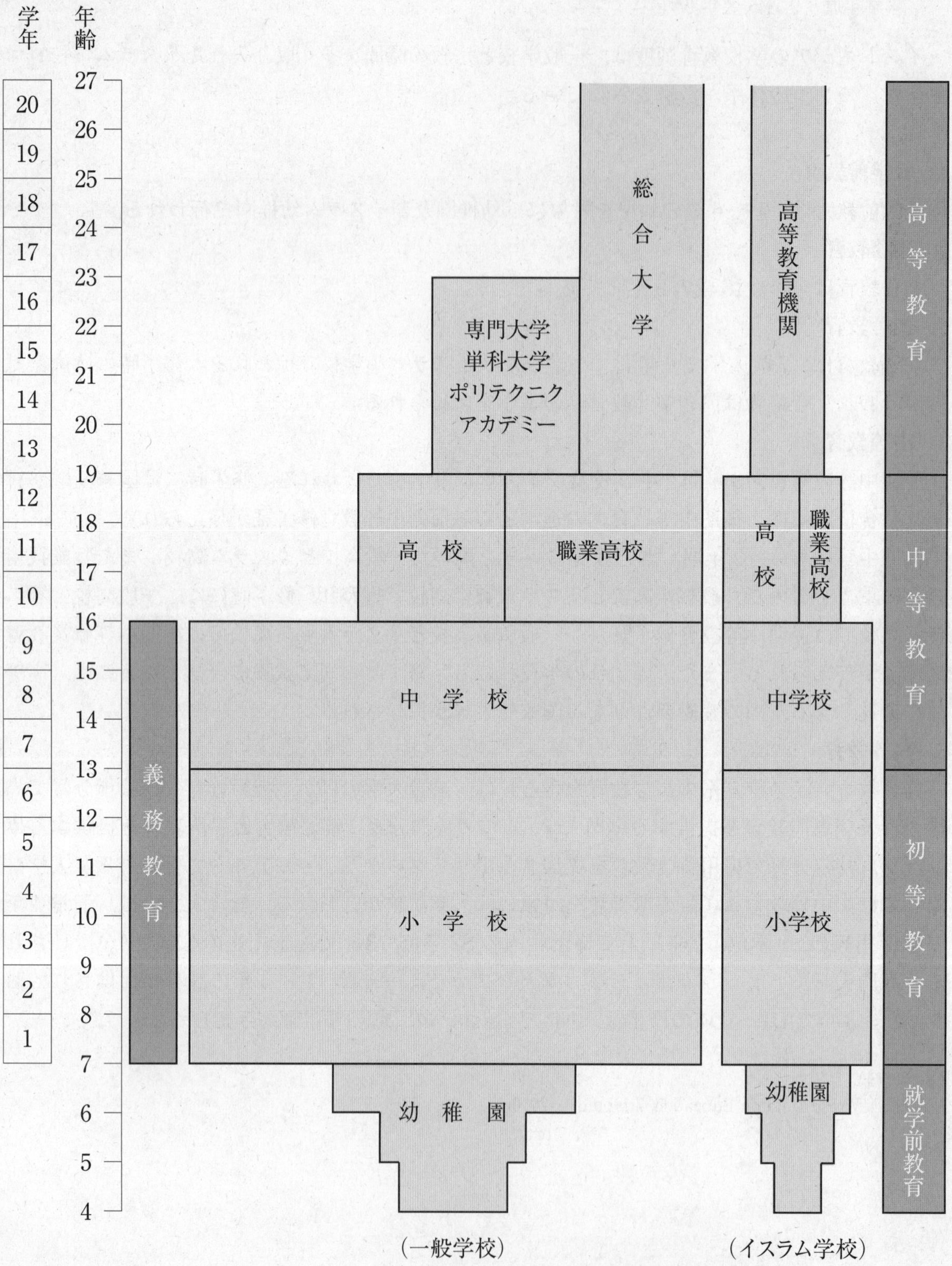
学年
年齢
20
19
18
17
16
15
14
13
12
11
10
9
8
7
6
5
4
3
2
1
27
26
25
24
23
22
21
20
19
18
17
16
15
14
13
12
11
10
9
8
7
6
5
4
総合大学
専門大学
単科大学
ポリテクニク
アカデミー
高校
職業高校
義務教育
中学校
小学校
幼稚園
高等教育機関
高校
職業高校
中学校
小学校
幼稚園
高等教育
中等教育
初等教育
就学前教育
（一般学校）
（イスラム学校）

Ⅵ　取得可能な資格・学位

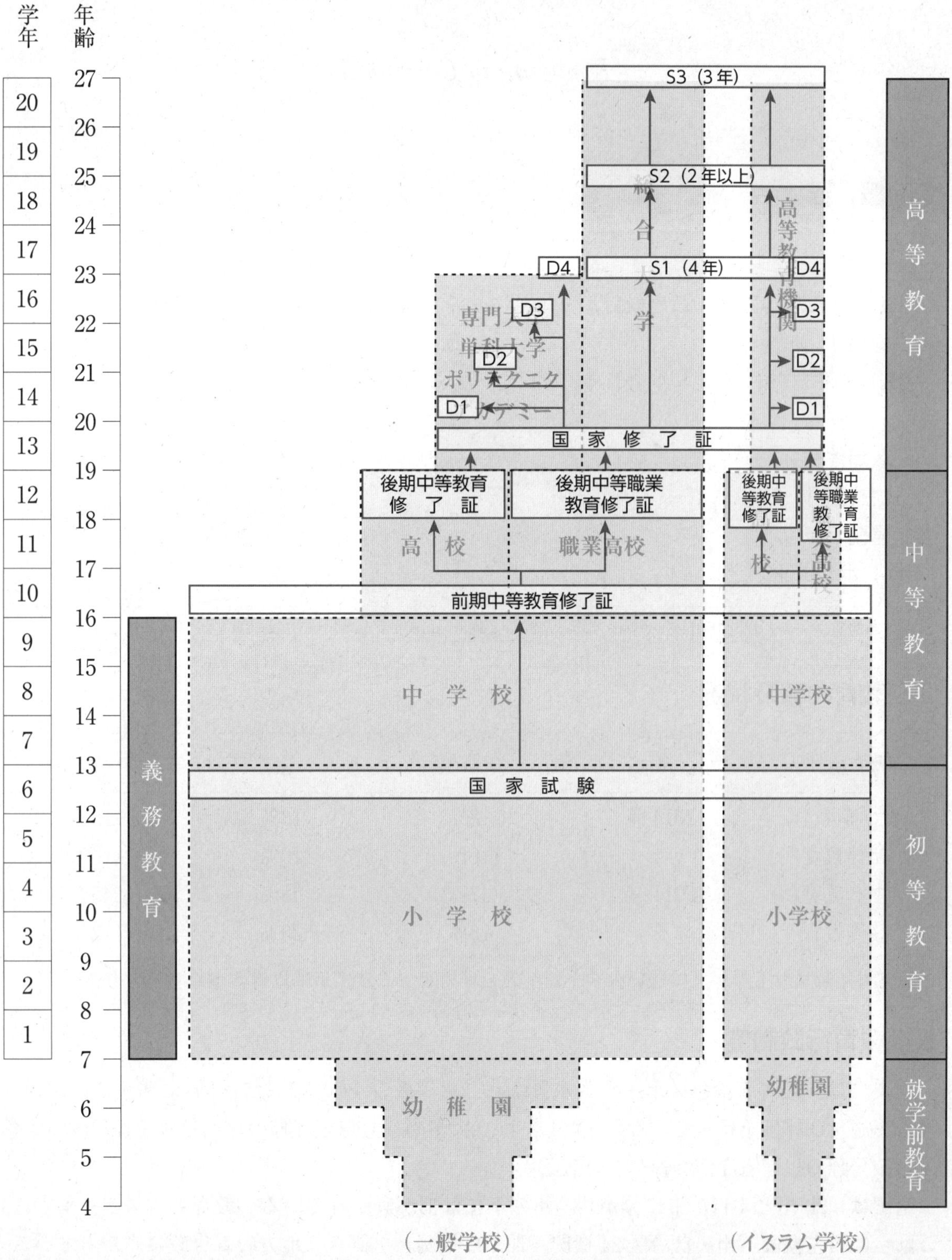
学年
年齢
S3（3年）
S2（2年以上）
S1（4年）
D4
D3
D2
D1
総合大学
高等教育機関
専門大学
単科大学
ポリテクニク
アカデミー
国家修了証
後期中等教育修了証
後期中等職業教育修了証
高校
職業高校
前期中等教育修了証
中学校
国家試験
小学校
幼稚園
義務教育
高等教育
中等教育
初等教育
就学前教育
（一般学校）
（イスラム学校）

カンボジア王国

(*Kingdom of Cambodia*)

Ⅰ　概　要

1. 人口
1,470 万人（2013 年，政府統計）
2. 面積
18.1 万平方キロメートル（日本の約 2 分の 1 弱）
3. 政治体制
立憲君主制
4. 言語
カンボジア語
5. 1 人当たり国内総生産（GDP）
1,140 米ドル（2015 年推定値，IMF 資料）
6. 首都
プノンペン
7. 通貨単位
リエル

《出典》外務省ウェブサイト（http://www.mofa.go.jp/mofaj/area/cambodia/data.html）（更新日：2016 年 6 月 17 日）。

Ⅱ　教育の普及状況

教育段階	年	在籍率	男	女
就学前教育	2014 年	18%	18%	18%
初等教育	〃	116%	120%	113%
中等教育	2011 年	47%	48%	45%
高等教育	〃	16%	20%	12%

（通常の年齢よりも早い又は遅い入学や留年等を理由とする該当年齢以外の在籍者を含む）

Ⅲ　教育行政制度

中央には，教育青少年スポーツ省が置かれ，高等教育を含めた教育全般に関する政策の立案，実施及び評価を行っている。ただし，国立大学のうち特定分野の専門教育を提供する大学は当該分野の担当省庁が所管している。

全国は，20 州と 4 自治市に分かれ，州の下には郡が置かれている。教育青年スポーツ省は，これらに出先機関（州・自治区 24 機関，郡 193 機関）を置き，地方教育行政に当たっている。州レベルで後期中等教育を，郡レベルで前期中等教育を所管する。

Ⅳ　学校体系

（学年暦：10月～翌年7月）

1. 就学前教育

就学前教育は，3～5歳児を対象に，幼稚園などの就学前教育機関で行われる。

2. 義務教育

義務教育は，6～15歳の9年である。

3. 初等教育

初等教育は，6～12歳の6年間，初等学校において行われる。

4. 中等教育

中等教育は，それぞれ3年間の前期と後期に分けられる。

前期中等教育は前期中等学校で行われる。卒業にあたっては，全国前期中等教育修了試験が実施され，合格者には前期中等教育修了証が授与される。

後期中等教育は後期中等学校で行われる。卒業にあたっては，全国後期中等教育修了試験が実施され，合格者には後期中等教育修了証が授与される。

このほか，1～3年間のプログラムを提供する職業技術教育機関があり，3年間の課程の修了者には後期中等教育修了証と同等の修了証が授与される。

5. 高等教育

高等教育は，大学，教員養成機関，職業技術教育機関で行われる。

大学では2年間の準学士課程，主に4年間の学士課程（工学6年，薬学7年，医学8年など），2年間の修士課程，3年以上の博士課程が提供される。

教員養成機関には，後期中等教育修了者を対象に2年間の課程を提供する地域教員養成センターと，学士取得者を対象とする国立教育センターがある。前者の修了者には初等学校教員資格あるいは前期中等学校教員資格が，後者の修了者には後期中等学校教員資格あるいは教育に関する専門資格が授与される。

職業技術教育機関では，保健医療や農業，自動車整備などの分野のディプロマ等を取得できる2～3年間の課程が提供されている。

《参考資料》

・Australian Government, Country Education Profiles（https://internationaleducation.gov.au/CEP/Asia-Pacific/Cambodia/Pages/default.aspx）（2016年7月6日閲覧）.
・UNESCO, World Data on Education, 7th edition, 2010/11（2011年4月更新）.

V　学校系統図

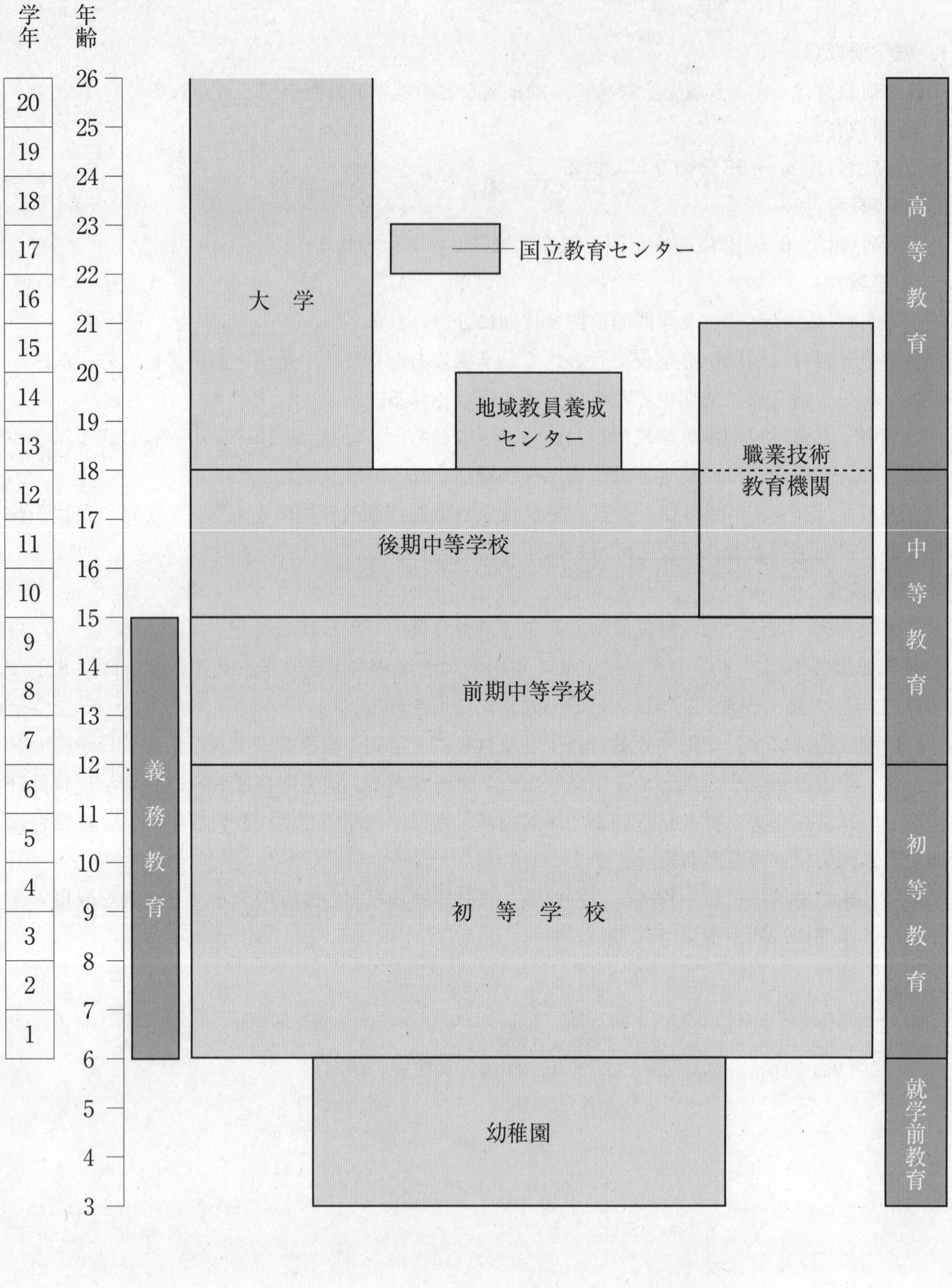
学年
年齢
20
19
18
17
16
15
14
13
12
11
10
9
8
7
6
5
4
3
2
1
26
25
24
23
22
21
20
19
18
17
16
15
14
13
12
11
10
9
8
7
6
5
4
3
大学
国立教育センター
地域教員養成センター
職業技術教育機関
後期中等学校
前期中等学校
初等学校
幼稚園
義務教育
高等教育
中等教育
初等教育
就学前教育

Ⅵ　取得可能な資格・学位

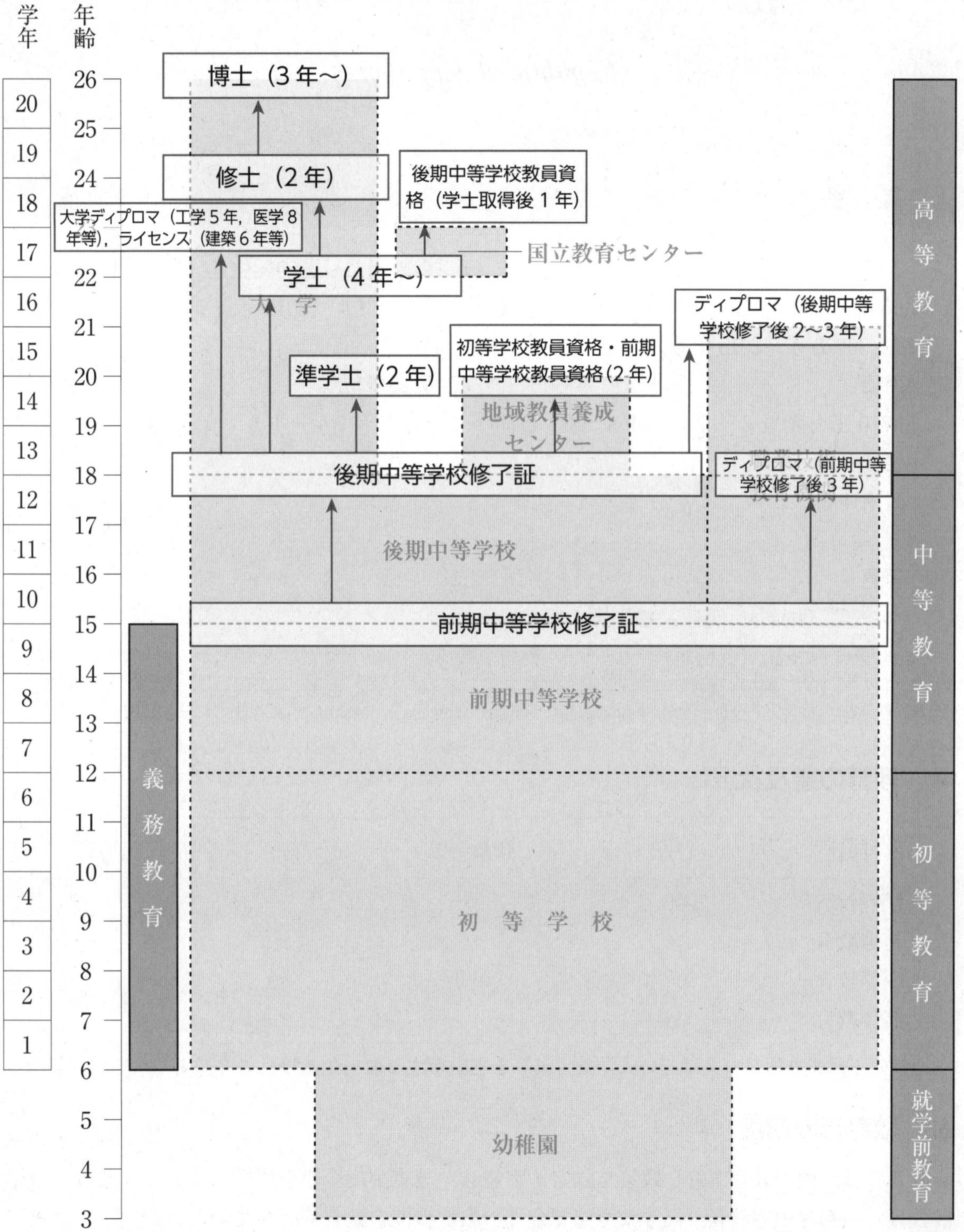
学年
年齢
博士（3年〜）
修士（2年）
後期中等学校教員資格（学士取得後1年）
大学ディプロマ（工学5年，医学8年等），ライセンス（建築6年等）
国立教育センター
学士（4年〜）
大学
ディプロマ（後期中等学校修了後2〜3年）
初等学校教員資格・前期中等学校教員資格（2年）
準学士（2年）
地域教員養成センター
後期中等学校修了証
ディプロマ（前期中等学校修了後3年）
職業技術教育機関
後期中等学校
前期中等学校修了証
前期中等学校
初等学校
幼稚園
義務教育
高等教育
中等教育
初等教育
就学前教育

シンガポール共和国

(*Republic of Singapore*)

Ⅰ　概　要

1. 人口
約554万人（うちシンガポール人・永住者は390万人，2015年6月）
2. 面積
約719平方キロメートル（東京23区と同程度）
3. 政治体制
立憲共和制
4. 言語
マレー語（国語），英語，中国語，マレー語，タミール語（公用語）
5. 1人当たり国内総生産（GDP）
52,888ドル（2015年，シンガポール統計局）
6. 通貨単位
シンガポール・ドル

《出典》外務省ウェブサイト（http://www.mofa.go.jp/mofaj/area/singapore/data.html）（更新日：2016年11月28日）。

Ⅱ　教育の普及状況

教育段階	年	在籍率	男	女
就学前教育	2006年	…	…	…
初等教育	〃	…	…	…
中等教育	〃	…	…	…
高等教育	〃	…	…	…

（通常の年齢よりも早い又は遅い入学や留年等を理由とする該当年齢以外の在籍者を含む）

Ⅲ　教育行政制度

教育省は，国の教育方針や政策を決定・実施し，教育制度全般を所管している。また，就学前教育から初等中等教育，高等教育まで全ての教育機関の監督も行っている。

Ⅳ　学校体系

（学年暦：1月～11月）

1. 就学前教育

就学前教育は，3～5歳児を対象に，幼稚園及び保育センターで行われる。

2. 義務教育

義務教育は，6～12歳の6年である。

3. 初等教育

初等教育は，6歳入学で6年間，初等学校で行われる。初等教育は，基礎段階（第1～4学年）とオリエンテーション段階（第5～6学年）の2段階に区別される。初等学校修了時には，初等学校修了試験（PSLE）が課される。

4. 中等教育

中等教育は，4～6年間，中等学校で行われる。中等学校ではPSLEの結果に基づき高速コース，標準コースに分かれる。快速コースは，修了時にGCE-Oレベル資格の取得試験を受験する。標準コースは，普通教育課程（アカデミック課程）と技術教育課程に分かれ，修了時にGCE-Nレベル資格を取得すると，さらに1年間就学することでGCE-Oレベル資格の取得試験を受験できる。高等教育段階への進学を希望する者はさらに，中等後教育として位置付けられるジュニア・カレッジ／中央教育学院（2～3年）に進学し，修了時に大学入学資格であるGCE-Aレベル資格の試験を受ける。

職業教育については，ポリテクニクや技術教育学院（ITE）などがあり，それぞれGCE-Oレベル資格を入学要件としている。技術教育学院は，GCE-Nレベル取得者も入学可能。技術教育学院では，ITE全国サーティフィケイトなどが取得できる。ポリテクニクは，中等後教育機関として高等教育レベルのプログラムを提供している。

5. 高等教育

高等教育は，大学で行われる。大学では，分野により3～5年の学士課程，1～3年の修士課程，2年以上の博士課程が置かれている。このほか，教育ディプロマ（1～2年，初等教員），学士取得者を対象とする学卒ディプロマ（1年）などがある。ポリテクニクでは，準学位レベルのディプロマ（3年）を基本に，上級ディプロマなどの取得課程も提供されている。

《参考資料》

・Ministry of Education, *Secondary School Education*（https://www.moe.gov.sg/）（2016年7月29日閲覧）.
・UNESCO, World Data on Education, 7th edition, 2010/11（2011年5月更新）.
・Australian Government, Country Education Profiles
（https://internationaleducation.gov.au/cep/Asia-Pacific/Singapore/Pages/default.aspx）（2016年7月4日閲覧）.

V　学校系統図

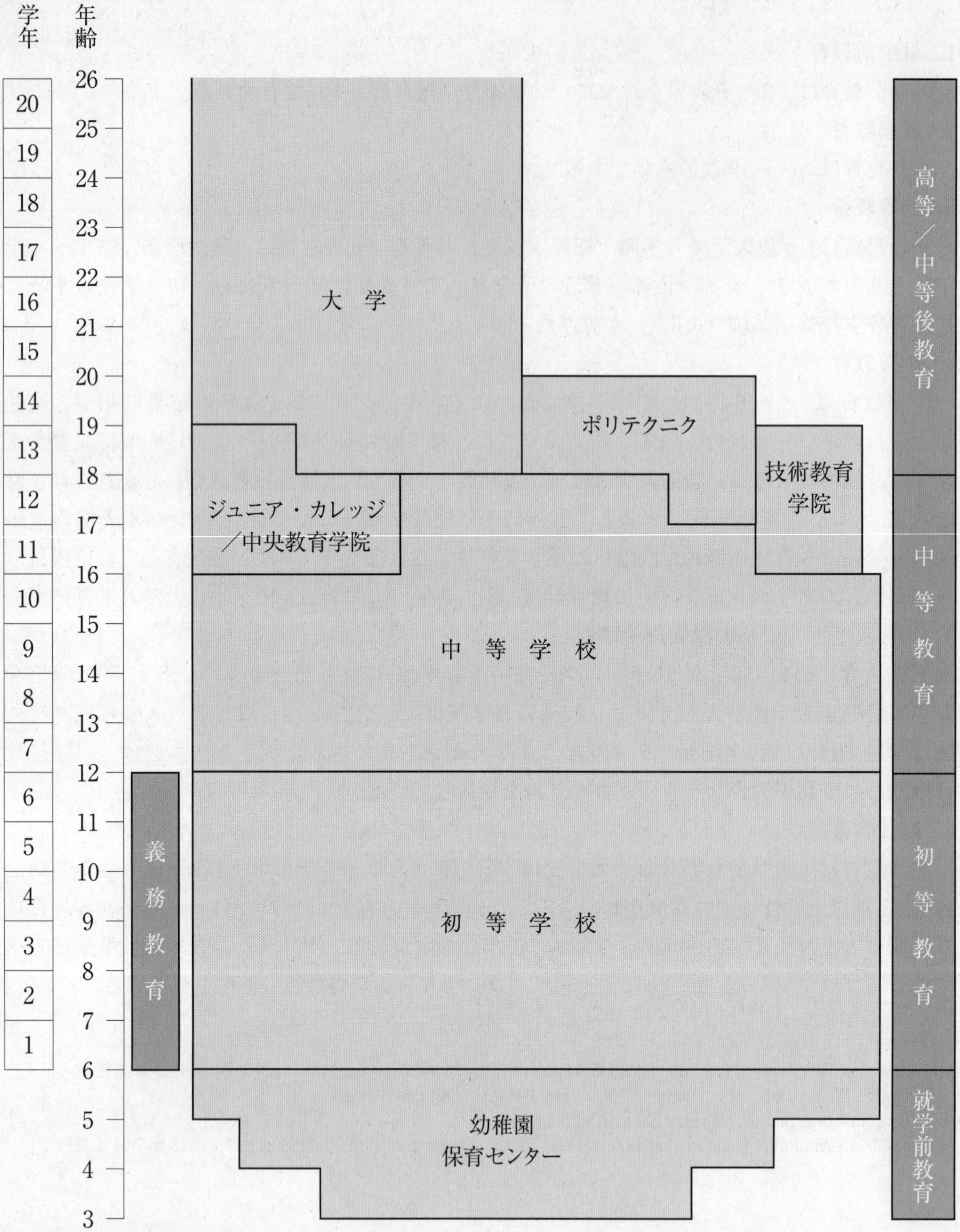
学年
年齢
20
19
18
17
16
15
14
13
12
11
10
9
8
7
6
5
4
3
2
1
26
25
24
23
22
21
20
19
18
17
16
15
14
13
12
11
10
9
8
7
6
5
4
3
大　学
ポリテクニク
技術教育学院
ジュニア・カレッジ／中央教育学院
中　等　学　校
初　等　学　校
幼稚園
保育センター
義務教育
高等／中等後教育
中等教育
初等教育
就学前教育

Ⅵ　取得可能な資格・学位

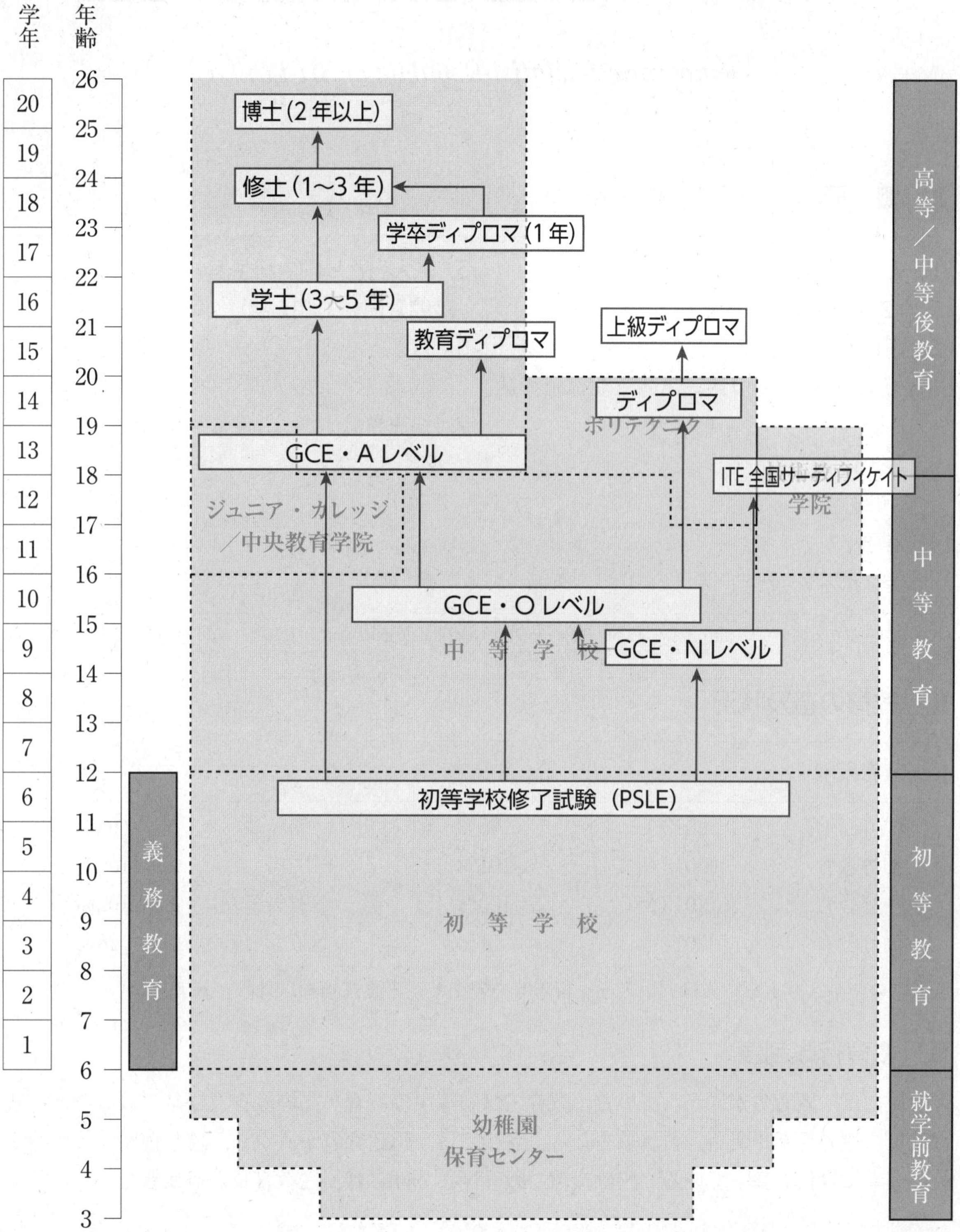
学年
年齢
博士（2年以上）
修士（1～3年）
学卒ディプロマ（1年）
学士（3～5年）
教育ディプロマ
上級ディプロマ
ディプロマ
ポリテクニク
GCE・Aレベル
ITE全国サーティフィケイト
学院
ジュニア・カレッジ／中央教育学院
GCE・Oレベル
中等学校
GCE・Nレベル
初等学校修了試験（PSLE）
初等学校
幼稚園
保育センター
義務教育
高等／中等後教育
中等教育
初等教育
就学前教育

スリランカ民主社会主義共和国

(*Democratic Socialist Republic of Sri Lanka*)

Ⅰ 概 要

1. 人口
約2,096万人（2015年）
2. 面積
6万5,607平方キロメートル（北海道の約0.8倍）
3. 政治体制
共和制
4. 言語
シンハラ語，タミル語（公用語），英語
5. 1人当たり国内総生産（GDP）
3,924ドル（2015年）
6. 首都
スリ・ジャヤワルダナプラ・コッテ
7. 通貨単位
ルピー

《出典》外務省ウェブサイト（http://www.mofa.go.jp/mofaj/area/srilanka/data.html）（更新日：2016年11月28日）。

Ⅱ 教育の普及状況

教育段階	年	在籍率	男	女
就学前教育	2013年	95%	95%	95%
初等教育	2014年	101%	102%	100%
中等教育	2013年	100%	97%	102%
高等教育	2014年	21%	17%	25%

（通常の年齢よりも早い又は遅い入学や留年等を理由とする該当年齢以外の在籍者を含む）

Ⅲ 教育行政制度

中央には，教育省が置かれている。教育省は初等中等教育，高等教育及び教員政策など，教育政策全般の立案や実施，監督に当たる。各州には，州教育省が置かれ，就学前や初等中等学校の運営に責任を負っている。州は複数の教育区に分けられ，区教育長が置かれている。

Ⅳ　学校体系

（学年暦：1月～12月。大学は10月～翌年6月）

1. 就学前教育

就学前教育は，3～4歳児を対象に，幼稚園などの就学前教育機関で行われる。

2. 義務教育

義務教育は，5～14歳の9年である。

3. 初等教育

初等教育は，5歳入学で5年間，初等学校で行われる。

4. 中等教育

前期中等教育は，4年間，下級中等学校で行われる。

後期中等教育は，4年間，上級中等学校で行われる。第11年学年修了時には，全国試験が行われ，合格者にGCE-Oレベル資格が授与される。大学進学希望者は，GCE-Oレベル資格取得後，コレジィットと呼ばれる2年間の課程において大学進学準備教育を受け，第13年学年修了時に大学入学資格であるGCE-Aレベル資格の取得試験を受験する。

下級中等学校修了後，技術職業教育機関において，1年以上で技術職業修了証を取得できる。技術カレッジにおいては，GCE-Oレベル資格やGCE-Aレベル資格取得者を対象に，技術職業ディプロマ（1～2年）や上級ディプロマ（3年）の課程が提供されている。

5. 高等教育

高等教育は，大学で行われる。入学に際しては，GCE-Aレベル資格試験の成績に基づく選抜が行われる。大学には，3～4年の学士又は4年の優等学士課程，2年の修士課程，2～3年の博士課程が置かれているほか，学士号取得者を対象とする，学卒サーティフイケイト（1年未満）／ディプロマ（1年）もある。準学位レベルでは，上級ディプロマ（2年）などがある。

《参考資料》

・Ministry of Education Srikanka, National Report The development of Education（2004年）.
・UNESCO, World Data on Education, 7th edition, 2010/11.
・Australian Government, Country Education Profiles
（https://internationaleducation.gov.au/CEP/Subcontinent-And-The-Middle-East/Sri-Lanka/Pages/default.aspx）（2016年7月6日閲覧）.

V　学校系統図

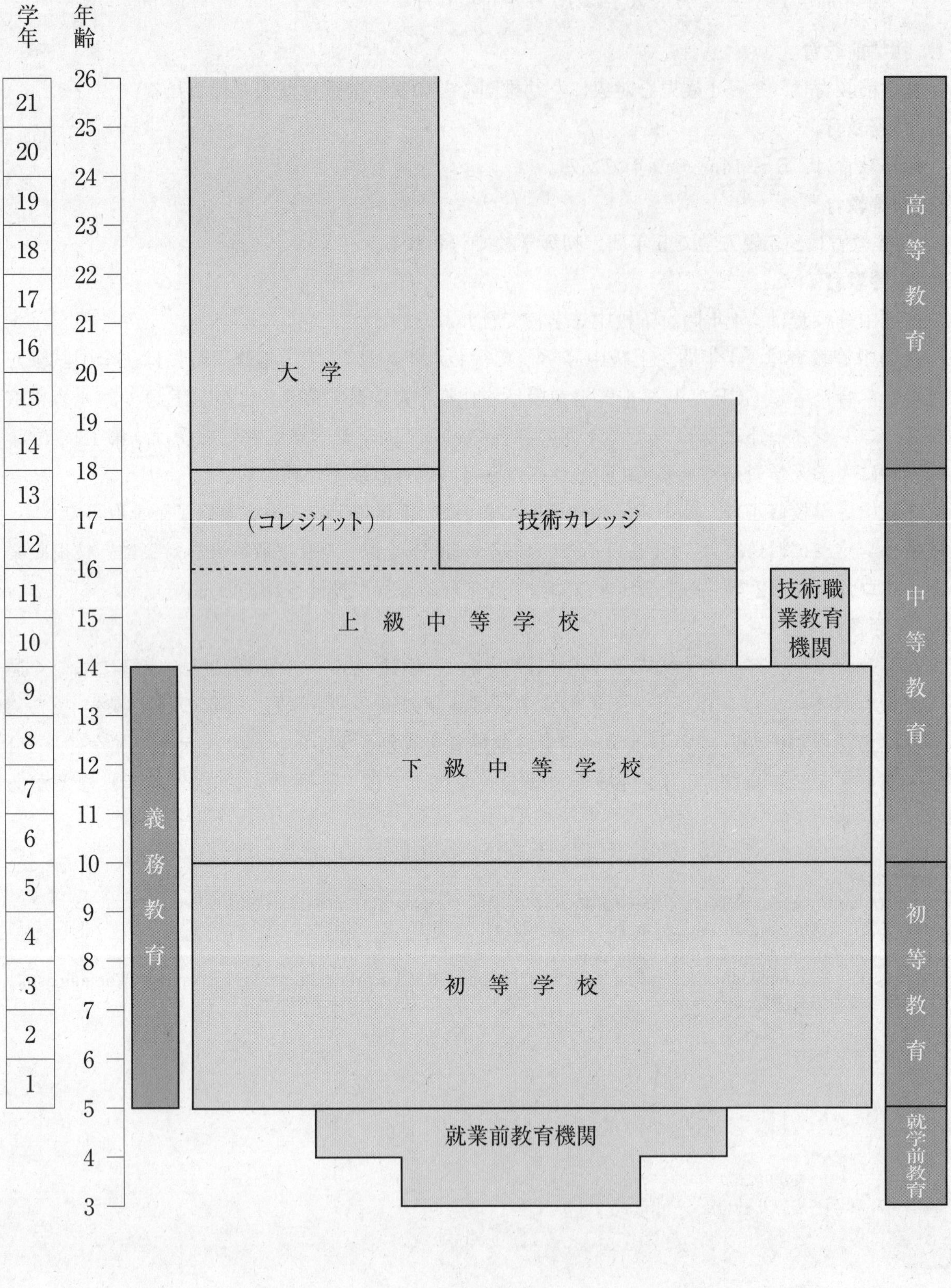
学年
年齢
21
20
19
18
17
16
15
14
13
12
11
10
9
8
7
6
5
4
3
2
1
26
25
24
23
22
21
20
19
18
17
16
15
14
13
12
11
10
9
8
7
6
5
4
3
大学
（コレジィット）
技術カレッジ
上級中等学校
技術職業教育機関
下級中等学校
初等学校
就業前教育機関
義務教育
高等教育
中等教育
初等教育
就学前教育

Ⅵ　取得可能な資格・学位

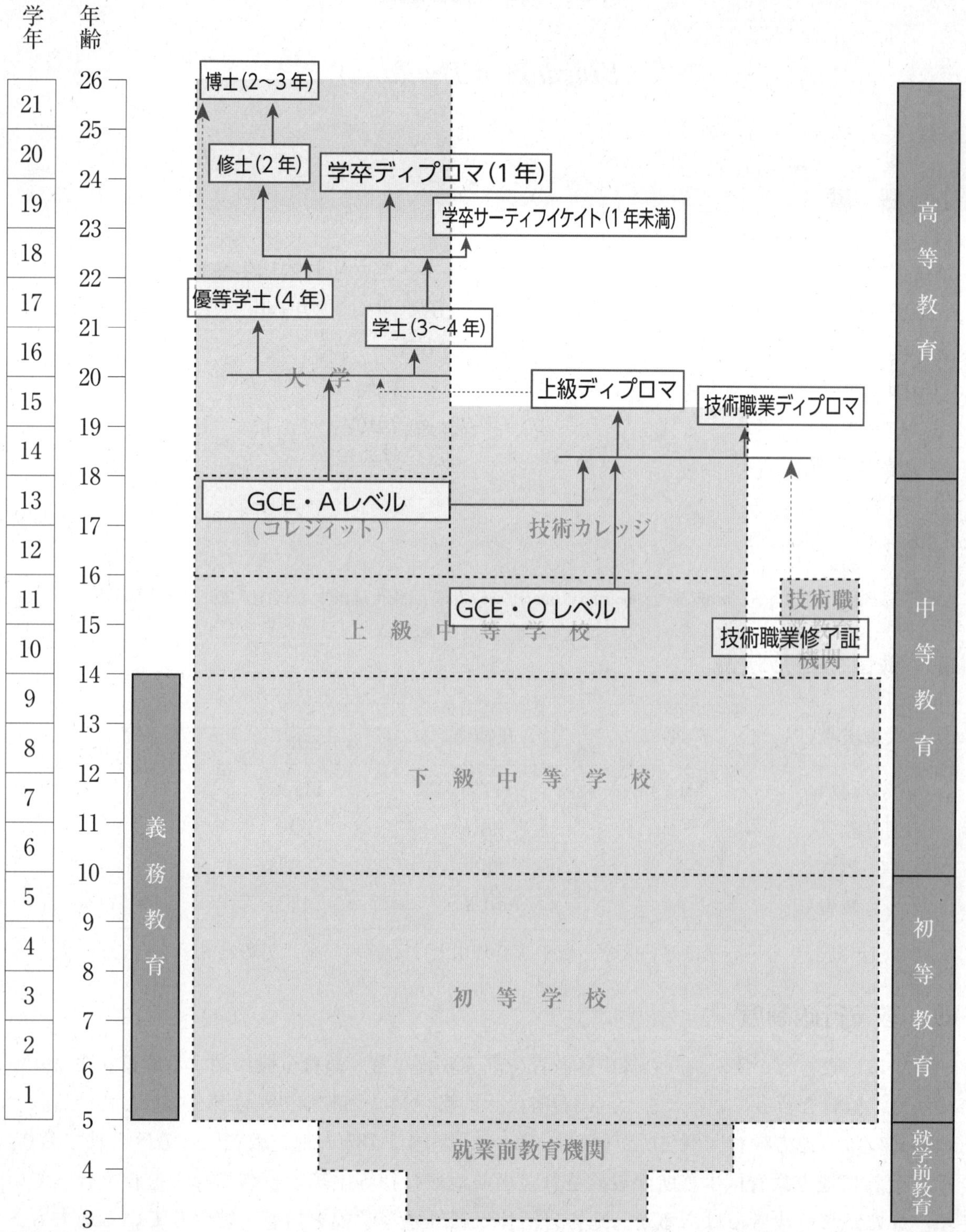
学年
年齢
博士(2～3年)
修士(2年)
学卒ディプロマ(1年)
学卒サーティフイケイト(1年未満)
優等学士(4年)
学士(3～4年)
大学
上級ディプロマ
技術職業ディプロマ
GCE・Aレベル
(コレジィット)
技術カレッジ
GCE・Oレベル
上級中等学校
技術職
技術職業修了証
機関
下級中等学校
初等学校
就業前教育機関
義務教育
高等教育
中等教育
初等教育
就学前教育

タイ王国

(*Kingdom of Thailand*)

Ⅰ　概　要

1. 人口
　6,593 万人（2010 年，タイ国勢調査）
2. 面積
　51.4 万平方キロメートル（日本の約 1.4 倍）
3. 政治体制
　立憲君主制
4. 言語
　タイ語
5. 1 人当たり国内総生産（GDP）
　5,878 ドル（2015 年，NESDB）
6. 首都
　バンコク
7. 通貨単位
　バーツ

《出典》外務省ウェブサイト（http://www.mofa.go.jp/mofaj/area/thailand/data.html）（更新日：2016 年 8 月 26 日）。

Ⅱ　教育の普及状況

教育段階	年	在籍率	男	女
就学前教育	2013 年	117%	117%	116%
初等教育	〃	98%	99%	97%
中等教育	〃	86%	83%	89%
高等教育	〃	51%	44%	59%

（通常の年齢よりも早い又は遅い入学や留年等を理由とする該当年齢以外の在籍者を含む）

Ⅲ　教育行政制度

中央には教育省が置かれ，初等中等教育や高等教育など，教育全般に関する政策立案や基準の制定，監督を行っている。また，内務省は，首都バンコク市の初等教育を監督している。

地方には，地方教育区事務所が置かれている。全国は 185 の地方教育区に分けられており，それぞれに地方教育区事務所が設置され，当該地域の初等中等学校の指導・監督を行っている。また，ごく少数ではあるが，地方自治体が初等中等学校を指導・監督している地方もある。

Ⅳ　学校体系

（学年歴：5月～翌年2月）

1. 就学前教育

就学前教育は，3～5歳児を対象に，幼稚園，初等学校付設就学前学級，保育学校などで行われる。

2. 義務教育

義務教育は，6～15歳の9年である。

3. 初等教育

初等教育は，6歳入学で6年間，初等学校で行われる。初等学校の修了者には，初等教育修了証が付与される。

4. 中等教育

前期中等教育は，3年間，前期中等学校で行われる。前期中等学校の修了者には，前期中等教育修了証が付与される。

後期中等教育は，3年間，普通教育を行う後期中等学校又は職業教育を行う後期中等職業学校で行われる。後期中等学校の修了者には，中等教育修了証が付与される。また，後期中等職業学校の修了者には，職業教育修了証が付与される。

5. 高等教育

高等教育は，大学とカレッジなどで行われる。入学資格は，中等教育修了証や職業教育修了証の取得者に認められ，入学に際しては選抜が行われる。

大学やカレッジには，2～3年の準学士課程，分野により4～6年の学士課程が置かれ，修了者にはそれぞれ準学士，学士の学位が授与される。また，学士取得者を対象に2年の修士課程，修士取得者を対象に2～5年の博士課程が置かれており，修了者にはそれぞれ修士，博士の学位が授与される。そのほか，学士取得者を対象とする1年の課程が置かれており，修了者には学卒ディプロマが付与される。

職業教育分野では，カレッジや職業教育機関に，職業教育修了証取得者を対象とする2年の課程が置かれており，修了者には技術教育ディプロマや職業教育ディプロマが付与される。さらに，これらのディプロマ取得者を対象とする2年課程を修了すると，上級技術教育ディプロマが付与される。

《参考資料》

・UNESCO, World Data on Education, 7th edition, 2010/11.
・UNESCO ISCED Mappings, 2011.
・Australian Government, Country Education Profiles（https://internationaleducation.gov.au/CEP/Asia-Pacific/Thailand/　Pages/default.aspx）（2016年7月6日閲覧）.
・星井直子「タイの分権化政策における自治体への学校の移譲－政策の縮小化と学校改善への影響」『年報タイ研究』第9巻，2009年，pp.1-18。

V　学校系統図

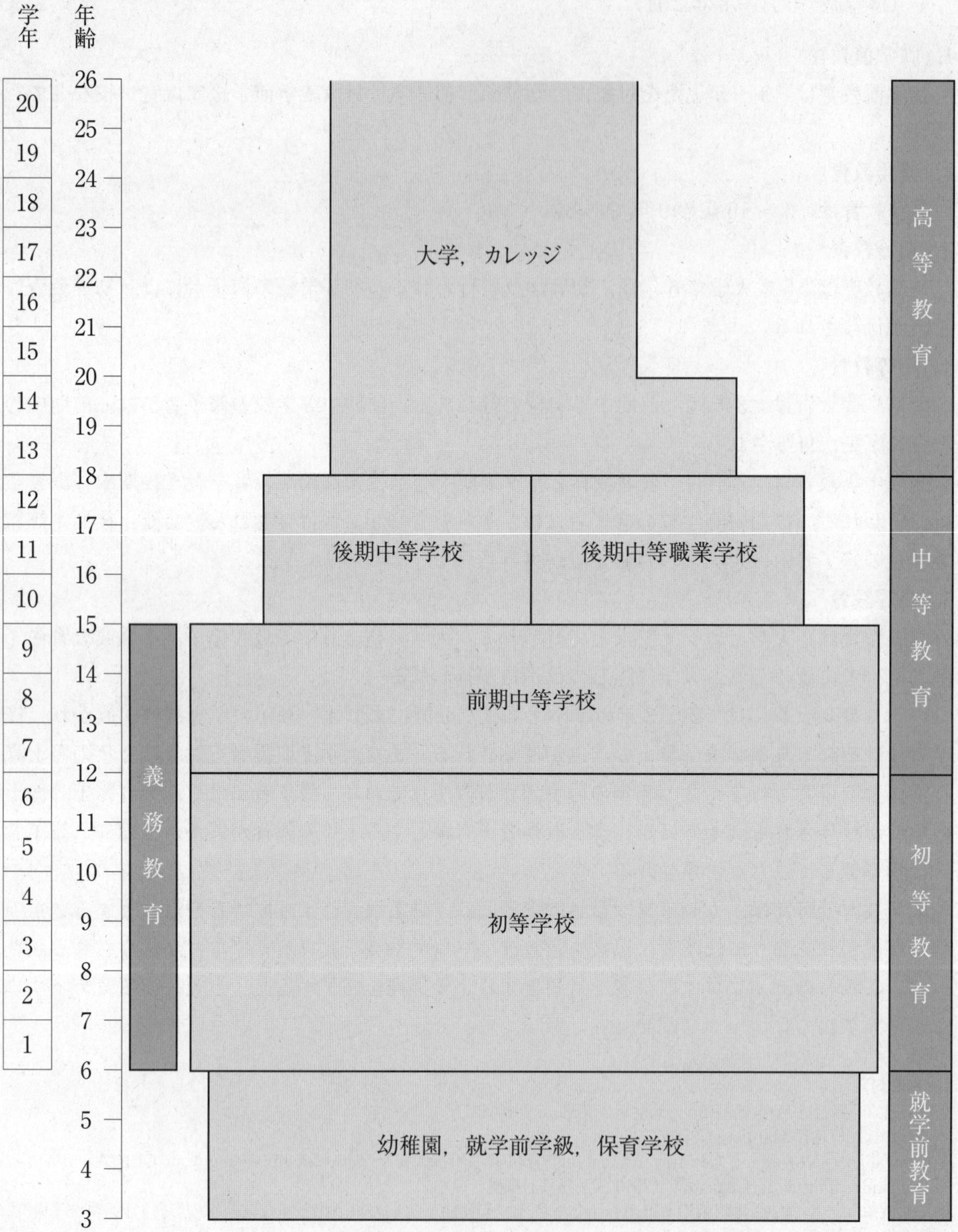
学年
年齢
20
19
18
17
16
15
14
13
12
11
10
9
8
7
6
5
4
3
2
1
26
25
24
23
22
21
20
19
18
17
16
15
14
13
12
11
10
9
8
7
6
5
4
3
大学，カレッジ
後期中等学校
後期中等職業学校
前期中等学校
初等学校
幼稚園，就学前学級，保育学校
義務教育
高等教育
中等教育
初等教育
就学前教育

Ⅵ　取得可能な資格・学位

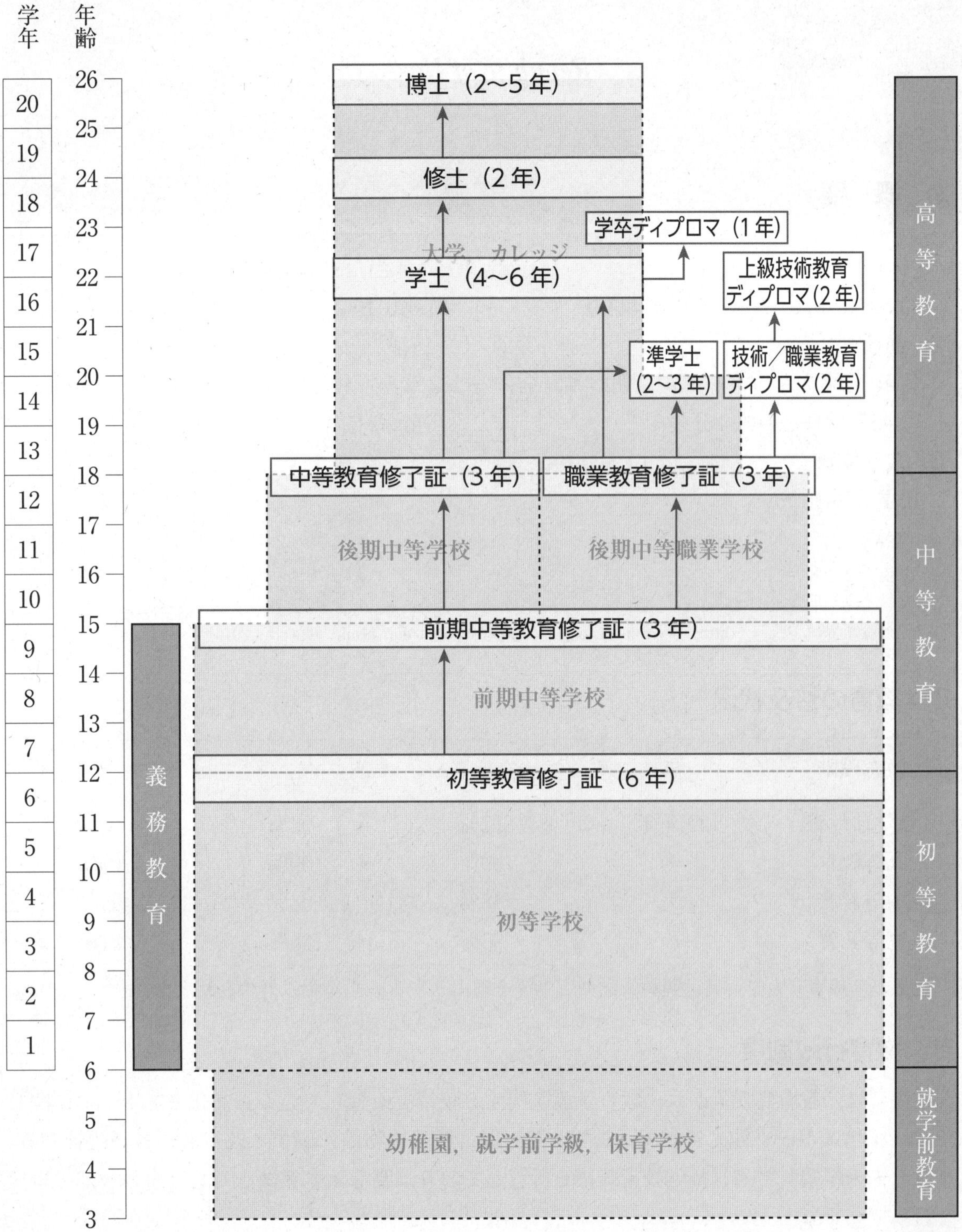
学年
年齢
博士（2～5年）
修士（2年）
学卒ディプロマ（1年）
大学，カレッジ
学士（4～6年）
上級技術教育ディプロマ（2年）
準学士（2～3年）
技術／職業教育ディプロマ（2年）
中等教育修了証（3年）
職業教育修了証（3年）
後期中等学校
後期中等職業学校
前期中等教育修了証（3年）
前期中等学校
初等教育修了証（6年）
初等学校
幼稚園，就学前学級，保育学校
義務教育
高等教育
中等教育
初等教育
就学前教育

大韓民国

(*Republic of Korea*)

Ⅰ　概　要

1．人口
約5,150万人（2015年12月現在）
2．面積
約10万平方キロメートル（朝鮮半島全体の45%，日本の約4分の1）
3．政治体制
民主共和国
4．言語
韓国語
5．1人当たり国内総生産（GDP）
27,090ドル（2014年，世界銀行）
6．首都
ソウル
7．通貨単位
ウォン

《出典》外務省ウェブサイト（http://www.mofa.go.jp/mofaj/area/korea/data.html）（更新日：2016年3月17日）。

Ⅱ　教育の普及状況

教育段階	年	在籍率	男	女
就学前教育	2014年	92%	92%	92%
初等教育	〃	99%	99%	99%
中等教育	〃	98%	98%	97%
高等教育	〃	95%	108%	81%

（通常の年齢よりも早い又は遅い入学や留年等を理由とする該当年齢以外の在籍者を含む）

Ⅲ　教育行政制度

中央には，教育省が置かれ，教育全般に関する政策を所管している。文化やスポーツに関しては，文化スポーツ観光省が所管しており，図書館や博物館に関する政策も同省が所管する。また，未来創造科学省は科学技術政策を所管しており，高等教育機関を対象とする一部の事業を行っている。

地方には，教育庁と教育支援庁が置かれている。教育庁は，広域自治体である広域市や道などに置かれ，地方の教育・学芸に関する事務を所管する。ただし，生涯学習施策の一部は，市庁や道庁など地方一般行政機関の所掌に含まれる。教育庁の長である教育監は，住民の直接選挙で選出される。基礎自治体である市町村レベルに設置される教育支援庁は，教育庁の出先機関である。したがって，市町村レベルの自治体は学校教育に関する権限を持たない。

Ⅳ　学校体系

（学年歴：3月～翌年2月）

1. 就学前教育

3～5歳児を対象に，幼稚園で行われる。0～5歳児の保育を行う保育所の3～5歳児クラスでは，幼稚園と共通の課程が実施されている。

2. 義務教育

義務教育年限は，6～15歳の9年である。

3. 初等教育

初等教育は，6歳入学で6年間，初等学校で行われる。修了者には，初等学校卒業証が付与される。

4. 中等教育

前期中等教育は，3年間，中学校で行われる。修了者には中学校卒業証が付与される。

後期中等教育は，3年間，普通高等学校と職業高等学校で行われる。普通高等学校には，才能教育を行う科学高校や外国語高校，体育高校，芸術高校なども含まれる。各高等学校の修了者には高等学校卒業証が付与される。

5. 高等教育

高等教育は，4年制大学と2～3年制の専門大学で行われる。4年制大学は，その設置目的や運営形態などの違いから，総合大学のほかに教育大学，産業大学，技術大学，放送・通信大学，サイバー大学などに区分される。入学資格は，高等学校卒業証取得者に認められ，入学に当たっては選抜が行われる。

4年制大学には，分野により4～6年の学士課程が置かれ，修了者には学士の学位が授与される。また，学士取得者を対象とする2年以上の修士課程，修士取得者を対象とする2年以上の博士課程が置かれており，修了者にはそれぞれ修士，博士の学位が授与される。修士と博士は，学術学位（academic degree）と専門学位（technical degree）に区分され，学術学位は一般大学院で，専門学位は専門大学院と特殊大学院でそれぞれ授与される。なお，一般大学院を設置できるのは総合大学だけであり，教育大学と産業大学は専門大学院と特殊大学院のみ，サイバー大学は特殊大学院のみ設置できる。

専門大学には，2～3年の課程が置かれ，修了者には専門学士（associate degree）の学位が授与される。また，専門学士取得者を対象とする1～2年の学士学位専攻深化課程が置かれており，学士学位専攻深化課程の修了者には，学士が授与される。

《参考資料》

・文部科学省『諸外国の教育行財政』ジアース教育新社，2013年。
・文部科学省『諸外国の初等中等教育』明石書店，2016年。
・「高等教育法」（韓国）。

V　学校系統図

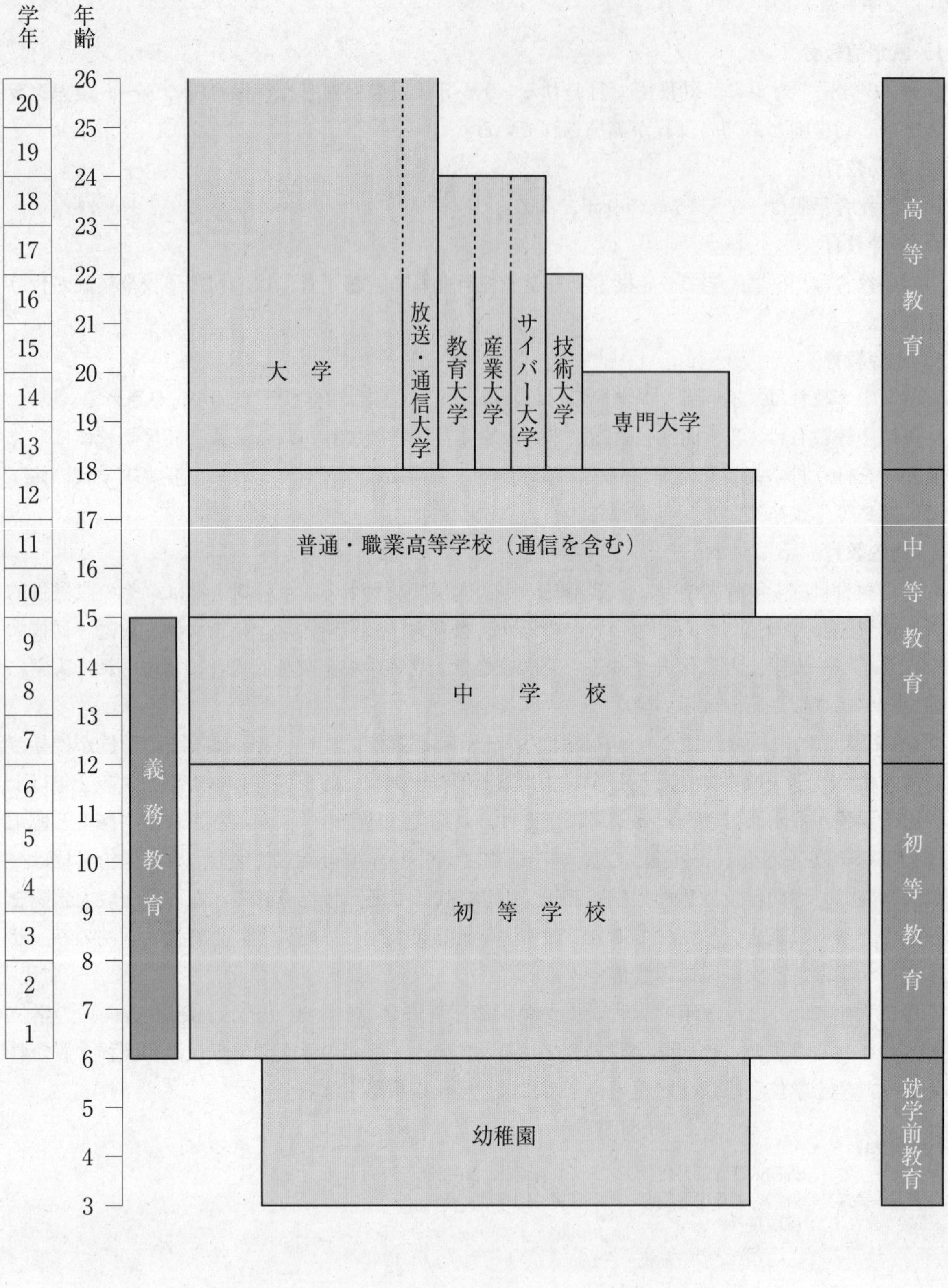
学年
年齢
大　学
放送・通信大学
教育大学
産業大学
サイバー大学
技術大学
専門大学
普通・職業高等学校（通信を含む）
中　学　校
初　等　学　校
幼稚園
義務教育
高等教育
中等教育
初等教育
就学前教育

Ⅵ　取得可能な資格・学位

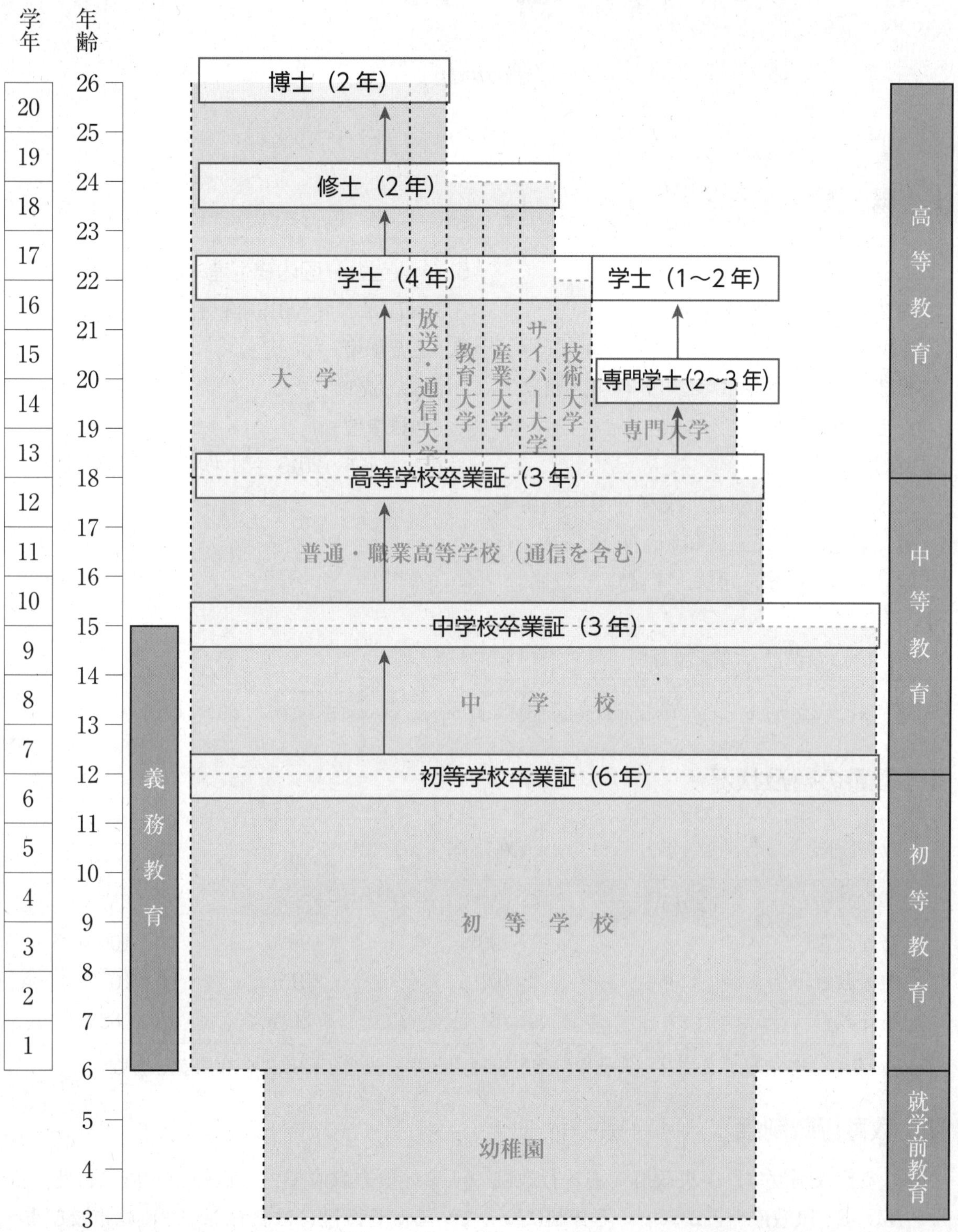

学年
年齢
博士（2 年）
修士（2 年）
学士（4 年）
学士（1～2 年）
専門学士（2～3 年）
大　学
放送・通信大学
教育大学
産業大学
サイバー大学
技術大学
専門大学
高等学校卒業証（3 年）
普通・職業高等学校（通信を含む）
中学校卒業証（3 年）
中　学　校
初等学校卒業証（6 年）
初　等　学　校
幼稚園
義務教育
高等教育
中等教育
初等教育
就学前教育

台　湾

(*Taiwan*)

Ⅰ　概　要

1. 人口
約2,350万人（2016年4月）
2. 面積
約3万6千平方キロメートル（九州よりやや小さい）
3. 政治体制
三民主義（民族独立，民権伸長，民生安定）に基づく民主共和制。五権分立（行政，立法，監察，司法，考試）
4. 言語
中国語，台湾語，客家語等
5. 1人当たり国内総生産（GDP）
22,294米ドル（2015年，台湾行政院主計處）
6. 主要都市
台北，高雄
7. 通貨単位
新台湾ドル（2015年月平均，台湾中央銀行）

《出典》外務省ウェブサイト（http://www.mofa.go.jp/mofaj/area/taiwan/data.html）（更新日：2016年6月10日）。

Ⅱ　教育の普及状況

教育段階	年	在籍率	男	女
就学前教育	2015年	57%	58%	57%
初等教育	〃	99%	99%	100%
中等教育	〃	101%	101%	102%
高等教育	〃	84%	80%	88%

（通常の年齢よりも早い又は遅い入学や留年等を理由とする該当年齢以外の在籍者を含む）

Ⅲ　教育行政制度

台湾の行政制度は，中央政府である行政院の下に，地方政府である直轄市政府（台北，高雄）及び市・県政府が置かれている体制になっている。行政院には教育部が，直轄市及び市・県には教育局が置かれている。

Ⅳ 学校体系

（学年暦：8月～翌年7月）

1. 就学前教育

就学前教育は，2～5歳の幼児を対象に，教育と保育の機能を併せ持つ幼児園で行われる。

2. 義務教育

義務教育は，6～15歳の9年間である。

3. 初等教育

初等教育は，6歳入学で6年間，国民小学で行われる。

4. 中等教育

中等教育は前期と後期に分かれる。

前期中等教育は，国民中学において3年間行われ，卒業者は，国民中学卒業証を授与される。

後期中等教育は，高級中等学校において3年間行われ，卒業者は，高級中等学校修了証を授与される。高級中等学校は，普通教育を行う普通型，職業・専門教育を行う技術型，普通教育と職業教育の両方を行う総合型，特定の分野に関する教育を行う単科型の4種類に分けられる。

5. 高等教育

高等教育は，専科学校，技術学院，科学技術大学，単科大学（原語：独立学院），大学で行われる。前3者は技術人材の養成を目的とし，後2者は学術に基づく専門的な人材の養成を目的としている。

専科学校は5年制，2年制の2種類がある。5年制の専科学校は国民中学卒業者を入学させ，2年制の専科学校は高級中等学校卒業者を入学させる。卒業者は準学士の学位を授与される。

大学及び独立学院には学士課程（4～7年），修士課程（1～4年），博士課程（2～7年）が置かれている。技術学院及び科学技術大学は，関連する分野の専科学校の卒業者を対象とする2年制の課程，及び高級中等学校の卒業者を対象とする4年制の課程を提供するとともに大学院の課程を提供している。

《参考資料》

・教育部『中華民国105年版教育統計』。
・Australian Government, Country Education Profiles（https://internationaleducation.gov.au/cep/Asia-Pacific/Taiwan/Education-System/Pages/SystemDiagram-Default.aspx）（2016年7月5日閲覧）.

V　学校系統図

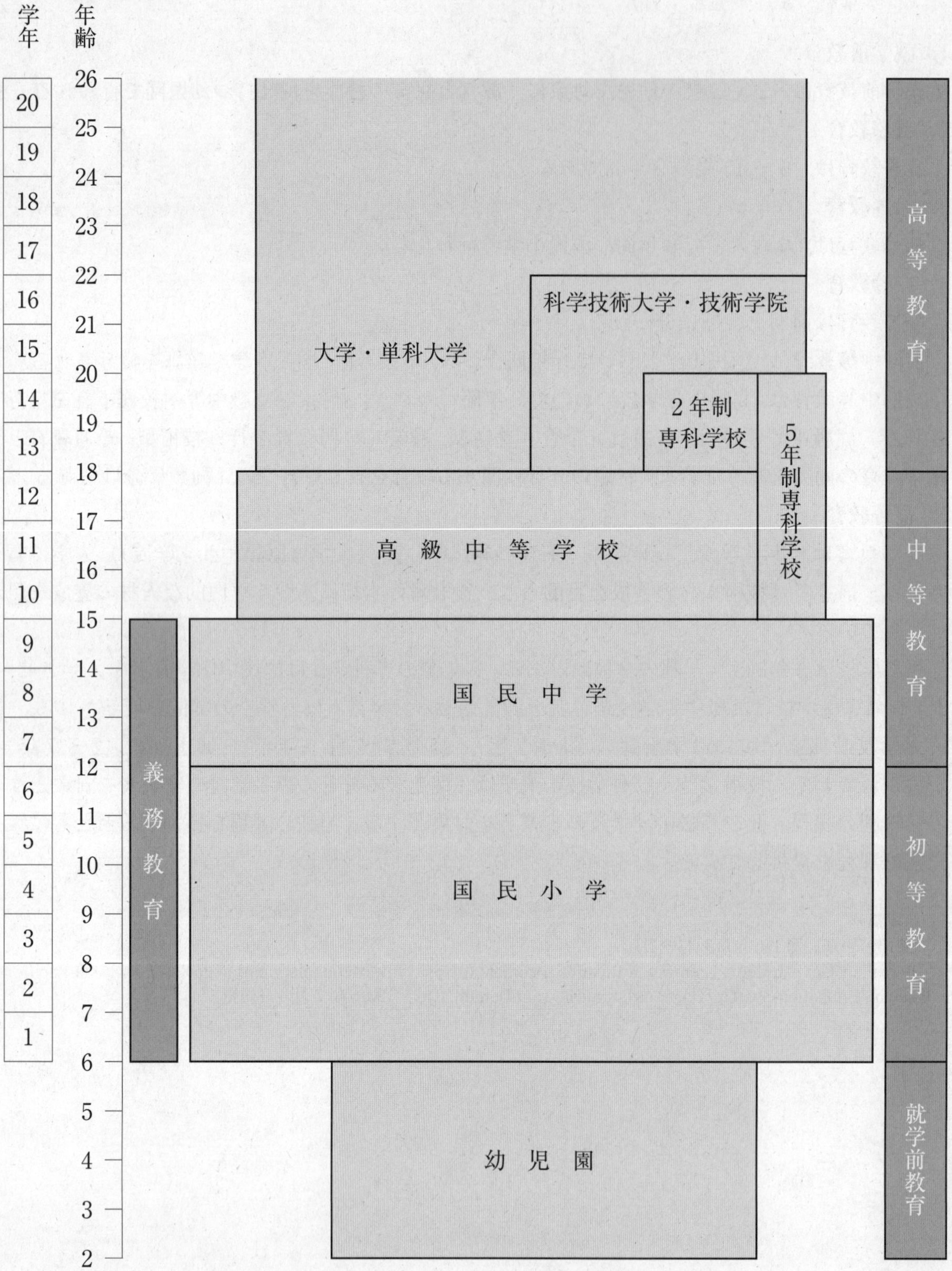
学年
年齢
20
19
18
17
16
15
14
13
12
11
10
9
8
7
6
5
4
3
2
1
26
25
24
23
22
21
20
19
18
17
16
15
14
13
12
11
10
9
8
7
6
5
4
3
2
大学・単科大学
科学技術大学・技術学院
2年制
専科学校
5年制専科学校
高級中等学校
国民中学
国民小学
幼児園
義務教育
高等教育
中等教育
初等教育
就学前教育

Ⅵ　取得可能な資格・学位

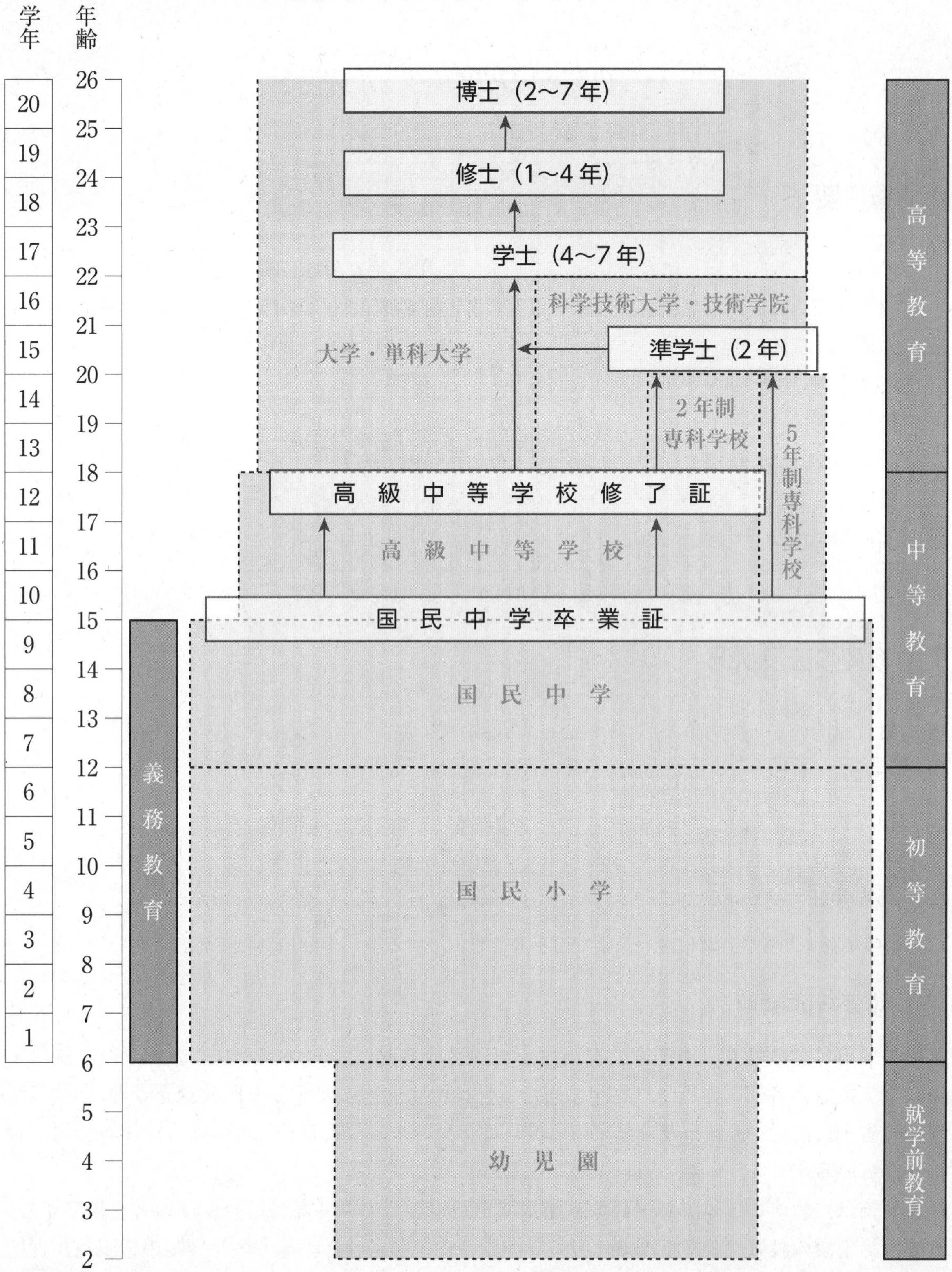
学年
年齢
20
19
18
17
16
15
14
13
12
11
10
9
8
7
6
5
4
3
2
1
26
25
24
23
22
21
20
19
18
17
16
15
14
13
12
11
10
9
8
7
6
5
4
3
2
博士（2～7年）
修士（1～4年）
学士（4～7年）
科学技術大学・技術学院
大学・単科大学
準学士（2年）
2年制専科学校
5年制専科学校
高級中等学校修了証
高級中等学校
国民中学卒業証
国民中学
国民小学
幼児園
義務教育
高等教育
中等教育
初等教育
就学前教育

中華人民共和国

(*People's Republic of China*)

Ⅰ 概 要

1. 人口
約 13.76 億人
2. 面積
約 960 万平方キロメートル(日本の約 26 倍)
3. 政治体制
人民民主共和制
4. 言語
漢語(中国語)
5. 1人当たり国内総生産(GDP)
約 49,351 元(2015 年,中国国家統計局)
約 7,990 ドル(2015 年,IMF)
6. 首都
北京
7. 通貨単位
人民元

《出典》外務省ウェブサイト(http://www.mofa.go.jp/mofaj/area/china/data.html)(更新日:2016 年 7 月 8 日)。

Ⅱ 教育の普及状況

教育段階	年	在籍率	男	女
就学前教育	2012 年	70%	70%	70%
初等教育	2013 年	109%	109%	109%
中等教育	〃	96%	95%	97%
高等教育	〃	30%	28%	32%

(通常の年齢よりも早い又は遅い入学や留年等を理由とする該当年齢以外の在籍者を含む)

Ⅲ 教育行政制度

中央政府には教育部(旧国家教育委員会。1998 年 3 月改称)が置かれ,教育全般を統括する。中央政府の各部・委員会(省庁に当たる)は所管業務に関する専門教育を管理している。地方の省・自治区・直轄市及び県・市(区)の各レベルには教育委員会・教育庁・教育局が設けられている。

教育部は,教育の基本方針・政策,諸基準を制定し,中央各部委員会及び地方を指導する。初等中等学校の設置,管理指導は地方各レベルの責任とされる。地方各レベルの権限及び責任は,省・自治区・直轄市がそれぞれ決定するが,一般に県レベル政府を主とする設置,維持,管理体制をとっている。

Ⅳ　学校体系

（学年暦：9月～翌年7月）

1. 就学前教育

幼稚園又は小学校付設の幼児学級で，通常3～6歳の幼児を対象に行われる。

2. 義務教育

義務教育は，6～15歳の9年間である。

3. 初等教育

小学校は基本的に6年制であるが，一部に5年制，9年一貫制の学校もある。1986年制定（2006年改正）の義務教育法では6歳入学が規定されているが，地方によって7歳の入学も行われている。

4. 中等教育

前期中等教育段階の初級中学（3～4年）卒業者は，初級中学卒業証書が授与される。

後期中等教育機関としては，普通教育を行う高級中学（3年）と職業教育を行う中等専門学校（3～4年），技術労働者学校（3年），職業中学（2～3年）がある。卒業時には，普通教育では高級中学卒業証書，職業教育では，中等専門学校卒業証書が授与される。後期中等教育機関への入学に際しては，各省・自治区・直轄市で統一入試が実施される。

5. 高等教育

高等教育は，大学及び専科学校，職業技術学院で行われる。大学には本科（4～5年。学部レベル）と大学院レベル（修士課程2～3年。博士課程3～4年）がある。専科学校及び職業技術学院には，短期課程の専科（2～3年）がある。中等専門学校には短期高等教育の課程（2年）を提供するものもある。

《参考資料》

・文部科学省『諸外国の教育行財政』ジアース教育新社，2013年。
・文部科学省『諸外国の初等中等教育』明石書店，2015年。
・文部科学省『諸外国の高等教育』2003年。

V　学校系統図

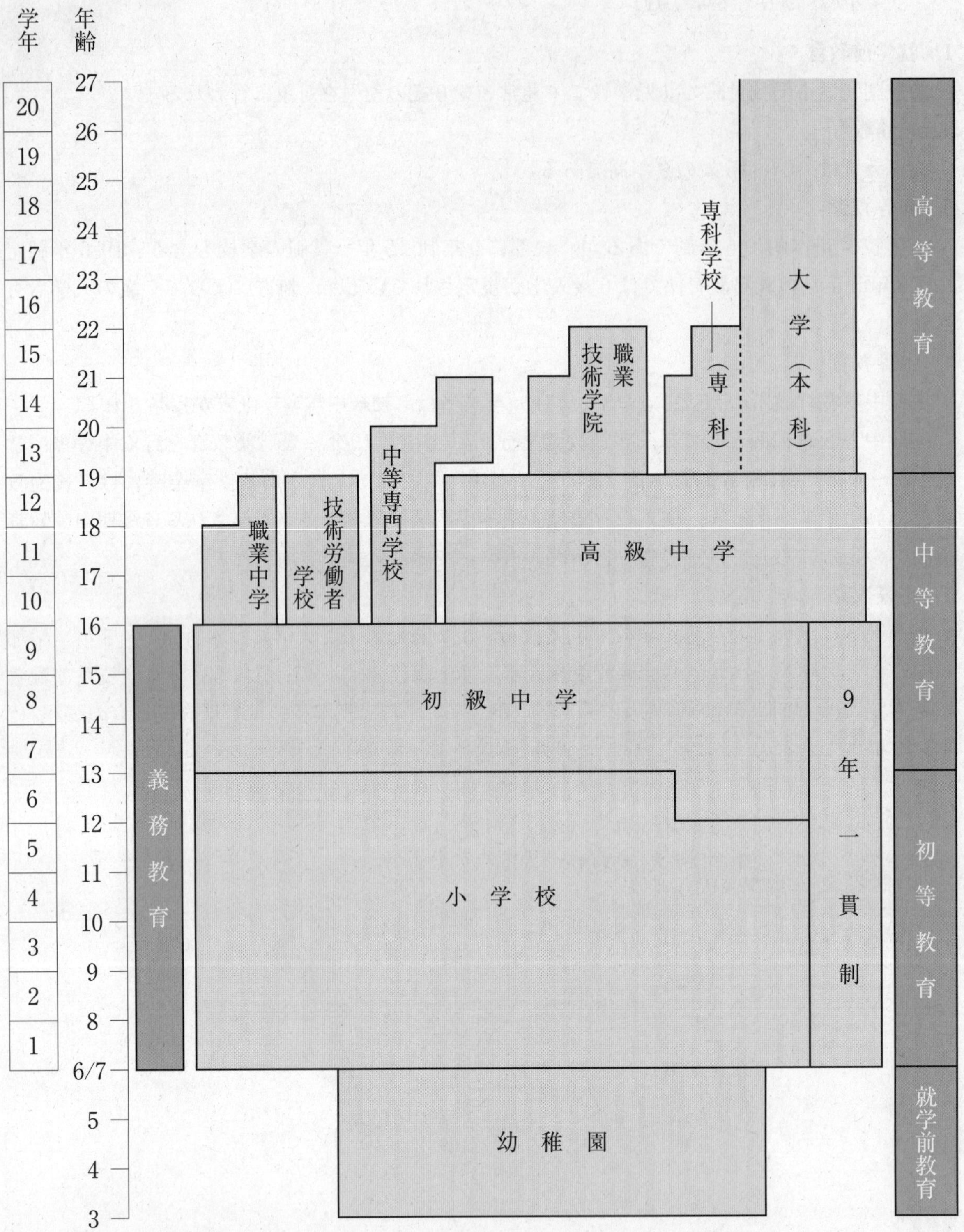

学年
年齢
20
19
18
17
16
15
14
13
12
11
10
9
8
7
6
5
4
3
2
1
27
26
25
24
23
22
21
20
19
18
17
16
15
14
13
12
11
10
9
8
6/7
5
4
3
専科学校
大学（本科）
（専科）
職業技術学院
中等専門学校
技術労働者学校
職業中学
高級中学
初級中学
9年一貫制
小学校
幼稚園
義務教育
高等教育
中等教育
初等教育
就学前教育

Ⅵ　取得可能な資格・学位

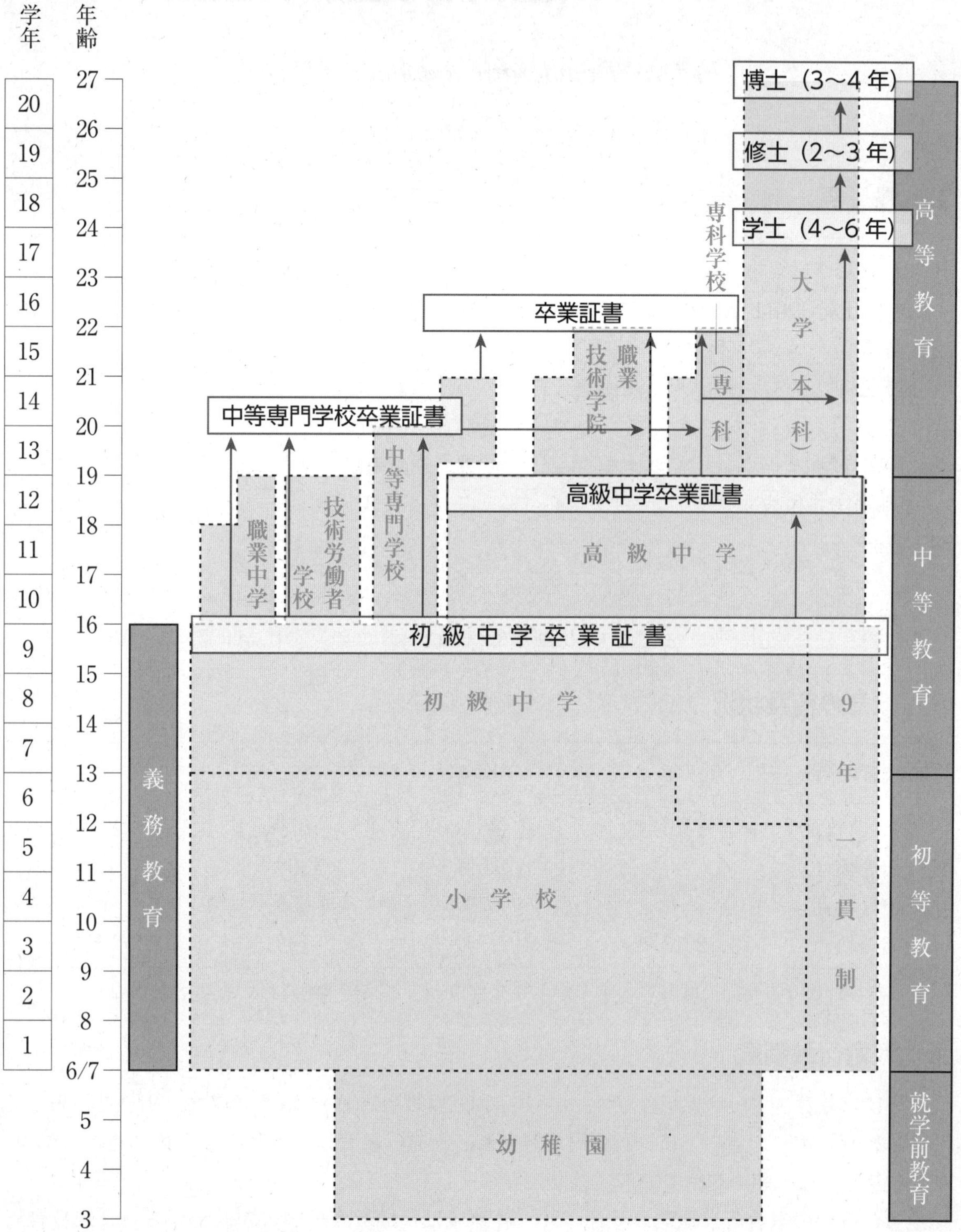
学年
年齢
博士（3〜4年）
修士（2〜3年）
学士（4〜6年）
専科学校
大学（本科）
卒業証書
職業技術学院
（専科）
中等専門学校卒業証書
中等専門学校
高級中学卒業証書
職業中学
技術労働者学校
高級中学
初級中学卒業証書
初級中学
9年一貫制
小学校
幼稚園
義務教育
高等教育
中等教育
初等教育
就学前教育

ネパール連邦民主共和国

(*Federal Democratic Republic of Nepal*)

Ⅰ　概　要

1. 人口
2,649 万人（2011 年，人口調査）
2. 面積
14.7 万平方キロメートル（北海道の約 1.8 倍）
3. 政治体制
連邦民主共和制
4. 言語
ネパール語
5. 1 人当たり国内総生産（GDP）
79,370 ルピー（約 752 ドル）（2015 ／ 2016 年度，ネパール中央統計局）
6. 首都
カトマンズ
7. 通貨単位
ネパール・ルピー

《出典》外務省ウェブサイト（http://www.mofa.go.jp/mofaj/area/nepal/data.html）（更新日：2016 年 10 月 5 日）。

Ⅱ　教育の普及状況

教育段階	年	在籍率	男	女
就学前教育	2015 年	85%	87%	84%
初等教育	〃	135%	130%	141%
中等教育	〃	67%	65%	70%
高等教育	2013 年	17%	19%	15%

（通常の年齢よりも早い又は遅い入学や留年等を理由とする該当年齢以外の在籍者を含む）

Ⅲ　教育行政制度

中央には教育スポーツ省が置かれ，すべての教育段階について計画の立案，実施を担当している。教育スポーツ省の下には教育局が置かれ，地方（教育地域，郡）と密接に連携しつつ，初等中等教育の取組を進めている。

地方は 5 つの教育行政地域に分けられ，各地域に地域教育局が置かれている。地域教育局は，中等教育の教員の採用や卒業試験の実施など，地域内の教育の維持・調整を行う。教育地域はさらに 75 の郡に分かれており，学校の設置や維持・管理，統計報告の作成などを行う郡教育事務所が置かれている。

Ⅳ　学校体系

（学年暦：4 月 15 日～翌年 4 月 14 日）

1. 就学前教育

就学前教育は，3 ～ 4 歳児を対象に，幼稚園や学校付設の就学前学級等で行われる。

2. 義務教育

全国的な義務教育の制度は，現在のところ，確立されていない。ただし，一部地域では，初等教育が義務化されている。

3. 初等教育

初等教育は，5 歳から 5 年間，初等学校において行われる。初等教育は 8 年間の基礎教育の第 1 段階と位置づけられている。学校単位で卒業試験が実施される。

4. 中等教育

中等教育は，前期，中期，後期の 3 段階に分かれる。このうち前期中等教育は 8 年間の基礎教育の第 2 段階と位置づけられている。

前期中等教育は，初等学校の卒業試験合格者を対象に 3 年間，前期中等学校において行われる。修了に当たっては郡単位で実施される修了試験を受験しなければならない。

中期中等教育は，前期中等教育の修了試験合格者を対象に 2 年間，中期中等学校において行われる。中期中等学校の修了に当たっては全国試験を受験しなければならない。合格者には中級中等教育修了証が授与される。

後期中等教育は中級中等教育修了証の取得者を対象に，2 年間，上級中等学校において行われる。卒業者は後期中等教育修了証を授与される。

このほか，中等教育段階の技術学校が設けられており，前期中等教育修了者を対象とする 2 年間の課程や中期中等教育修了者を対象とする 3 年間の課程を提供している。前者の修了者には技術教育課程修了証が，後者の修了者にはディプロマが授与される。

5. 高等教育

高等教育は大学において行われる。学士課程の修業年限は通常 3 年（農学や工学などは 4 年，医歯学は 5 年半など分野によって異なる）である。学士課程への入学要件は上級中等教育修了証あるいは技術教育課程修了証を取得していることである（大学によっては試験や面接を行う場合もある）。

大学院レベルの課程として，学士取得後 1 年間の学卒ディプロマ課程，2 年間の修士課程，修士取得後は 3 年以上の博士課程がある。

《参考資料》

・Australian Government, Country Education Profiles（https://internationaleducation.gov.au/CEP/Asia-Pacific/Nepal/Pages/default.aspx）（2016 年 7 月 6 日閲覧）.
・UNESCO, World Data on Education, 7th edition, 2010/11（2011 年 7 月更新）.

V　学校系統図

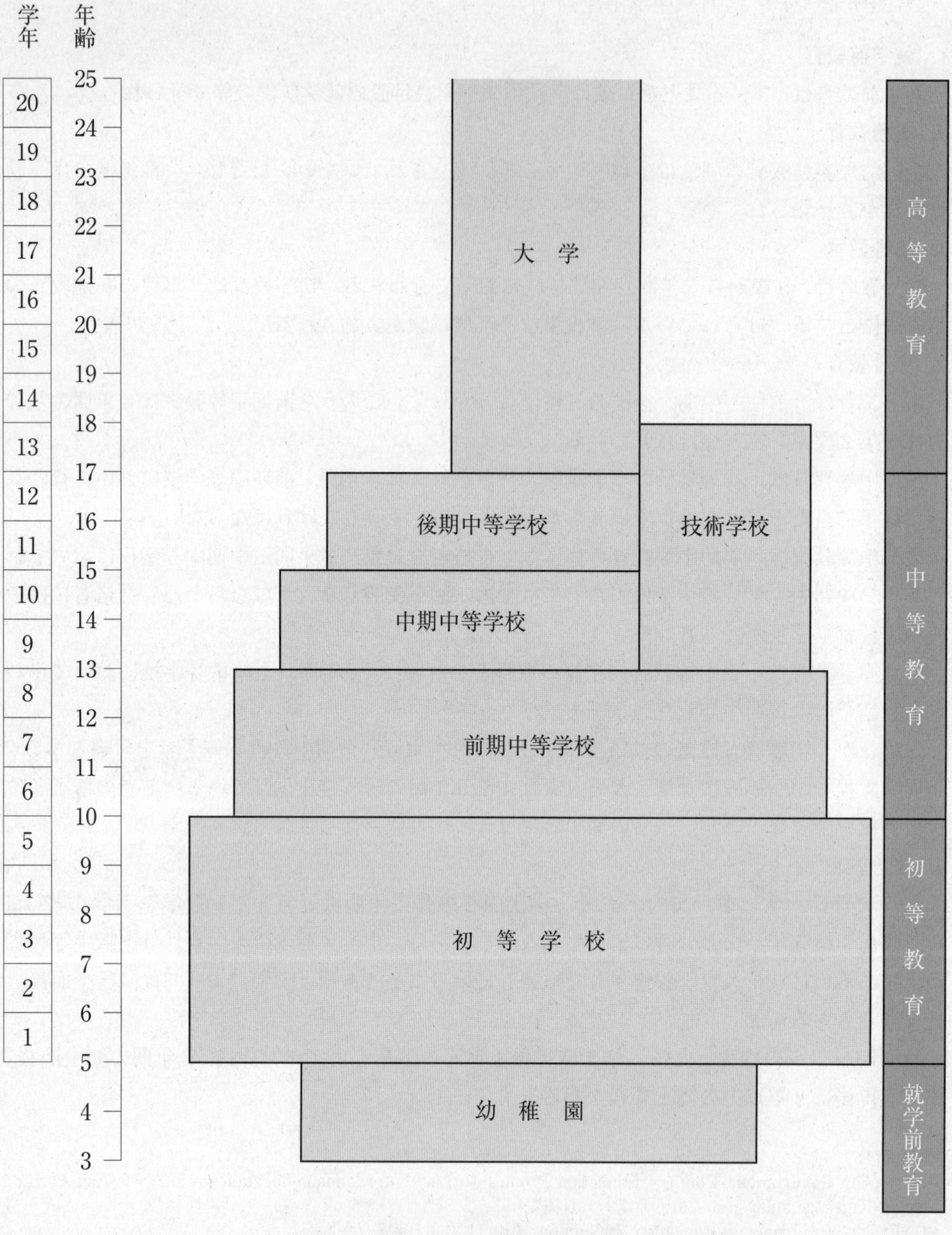
学年
年齢
20
19
18
17
16
15
14
13
12
11
10
9
8
7
6
5
4
3
2
1
25
24
23
22
21
20
19
18
17
16
15
14
13
12
11
10
9
8
7
6
5
4
3
大　学
後期中等学校
技術学校
中期中等学校
前期中等学校
初　等　学　校
幼　稚　園
高等教育
中等教育
初等教育
就学前教育

Ⅵ　取得可能な資格・学位

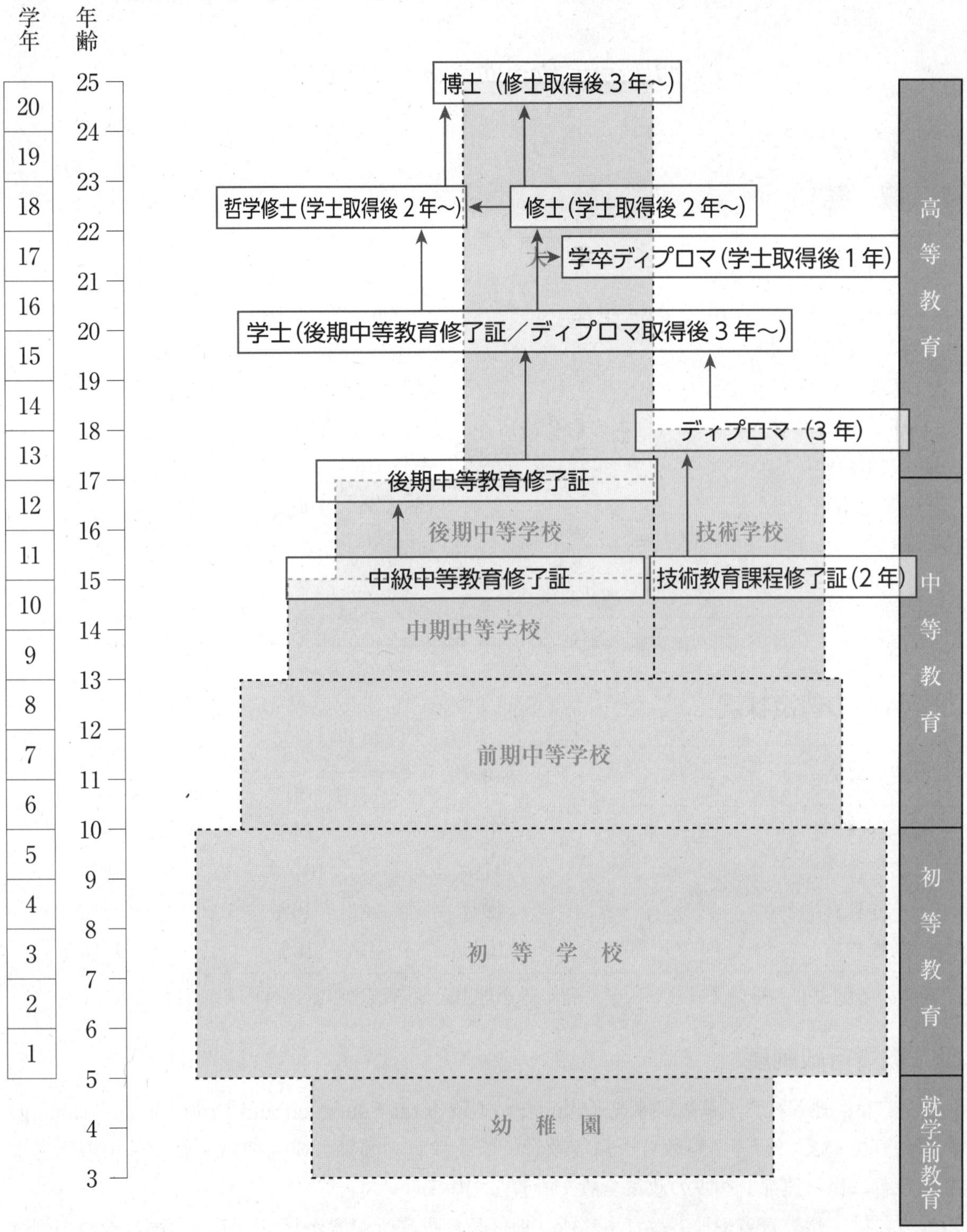
学年
年齢
博士（修士取得後３年～）
哲学修士（学士取得後２年～）
修士（学士取得後２年～）
学卒ディプロマ（学士取得後１年）
学士（後期中等教育修了証／ディプロマ取得後３年～）
ディプロマ（３年）
後期中等教育修了証
後期中等学校
技術学校
中級中等教育修了証
技術教育課程修了証（２年）
中期中等学校
前期中等学校
初　等　学　校
幼　稚　園
高等教育
中等教育
初等教育
就学前教育

パキスタン・イスラム共和国

(*Islamic Republic of Pakistan*)

Ⅰ 概 要

1. 人口
1億8,802万人（2013／2014年度，パキスタン経済白書）
2. 面積
79.6万平方キロメートル（日本の約2倍）
3. 政治体制
連邦共和制
4. 言語
ウルドゥー語（国語），英語（公用語）
5. 1人当たり国民総取得（GNI）
約1,398ドル（2014／2015年度，パキスタン中央銀行）
6. 首都
イスラマバード
7. 通貨単位
パキスタン・ルピー

《出典》外務省ウェブサイト（http://www.mofa.go.jp/mofaj/area/pakistan/data.html）（更新日：2015年11月20日）。

Ⅱ 教育の普及状況

教育段階	年	在籍率	男	女
就学前教育	2014年	70%	74%	66%
初等教育	〃	94%	101%	86%
中等教育	〃	42%	46%	37%
高等教育	〃	10%	10%	11%

（通常の年齢よりも早い又は遅い入学や留年等を理由とする該当年齢以外の在籍者を含む）

Ⅲ 教育行政制度

中央には，連邦教育・職業訓練省（Ministry of Federal Education and Professional Training）が置かれている。初等中等教育や高等教育，職業教育・訓練，成人の識字教育，国際協力など，教育に係る連邦レベルの政策全般を所管している。

地方には，州教育省や地方教育事務所，地区教育事務所が置かれている。全国は4つの州及び2つの中央政府直轄地域に分かれており，州政府には州教育省が置かれ，当該地域の初等中等教育や高等教育，職業教育などを所管している。各州はいくつかの教育行政区に分かれ，地方教育事務所が置かれている。地方教育事務所の下にはさらに，地区教育事務所が置かれている。

Ⅳ　学校体系

（学年歴：4月～翌年3月）

1. 就学前教育

就学前教育は，3，4歳児を対象に，幼稚園，保育学校，初等学校付設就学前学級で行われる。

2. 義務教育

義務教育は，5～15歳の10年である。しかし，完全実施にはいたっていない。

3. 初等教育

初等教育は，5歳入学で5年間，初等学校で行われる。

4. 中等教育

中等教育は，前期，中期，後期の3段階に分かれている。前期中等教育は，3年間，下級中等学校で行われる。中期中等教育は，2年間，中等学校で行われる。後期中等教育は，2年間，上級中等学校やカレッジなどで行われる。また，職業教育機関は，中等学校修了者を対象に1～2年の職業教育を提供する。ポリテクニックは，中等学校修了者を対象に3年の技術教育を提供する。

中等教育修了時には，修了試験が実施され，合格者には中等学校修了証が付与される。上級中等教育修了時には，修了試験が実施され，合格者には上級中等学校修了証が付与される。職業教育機関の修了者には，各種の修了証（1～2年）が付与される。また，ポリテクニックの修了者には，修了証あるいはディプロマ（3年）が付与される。

5. 高等教育

高等教育機関は，大学とカレッジで提供される。入学資格は，上級中等学校修了証の取得者に認められる。

大学には，4～5年制の学士課程が置かれ，修了者には学士の学位が授与される。また，学士取得者を対象とする2年制の修士課程，修士取得者対象の3年制の博士課程が置かれており，修了者にはそれぞれ修士，博士の学位が授与される。カレッジには，上級中等学校の課程（2年）と統合する形で，2～3年制の学士課程が設置されている。合計4年（2年＋2年）もしくは5年（2年＋3年）の課程を修了することで，学士の学位が授与される。そのほか，職業教育機関には上級中等学校修了証の取得者を対象とする1年の課程が置かれており，修了者には訓練修了証が付与される。

《参考資料》

・連邦教育・職業訓練省ウェブサイト（http://moent.gov.pk/）（2016年8月1日閲覧）。
・UNESCO, World Data on Education, 7th edition, 2010/11.
・UNESCO ISCED Mappings, 2011.
・Ministry of Education, Pakistan Education for All: Review Report 2015, 2014年6月.

V　学校系統図

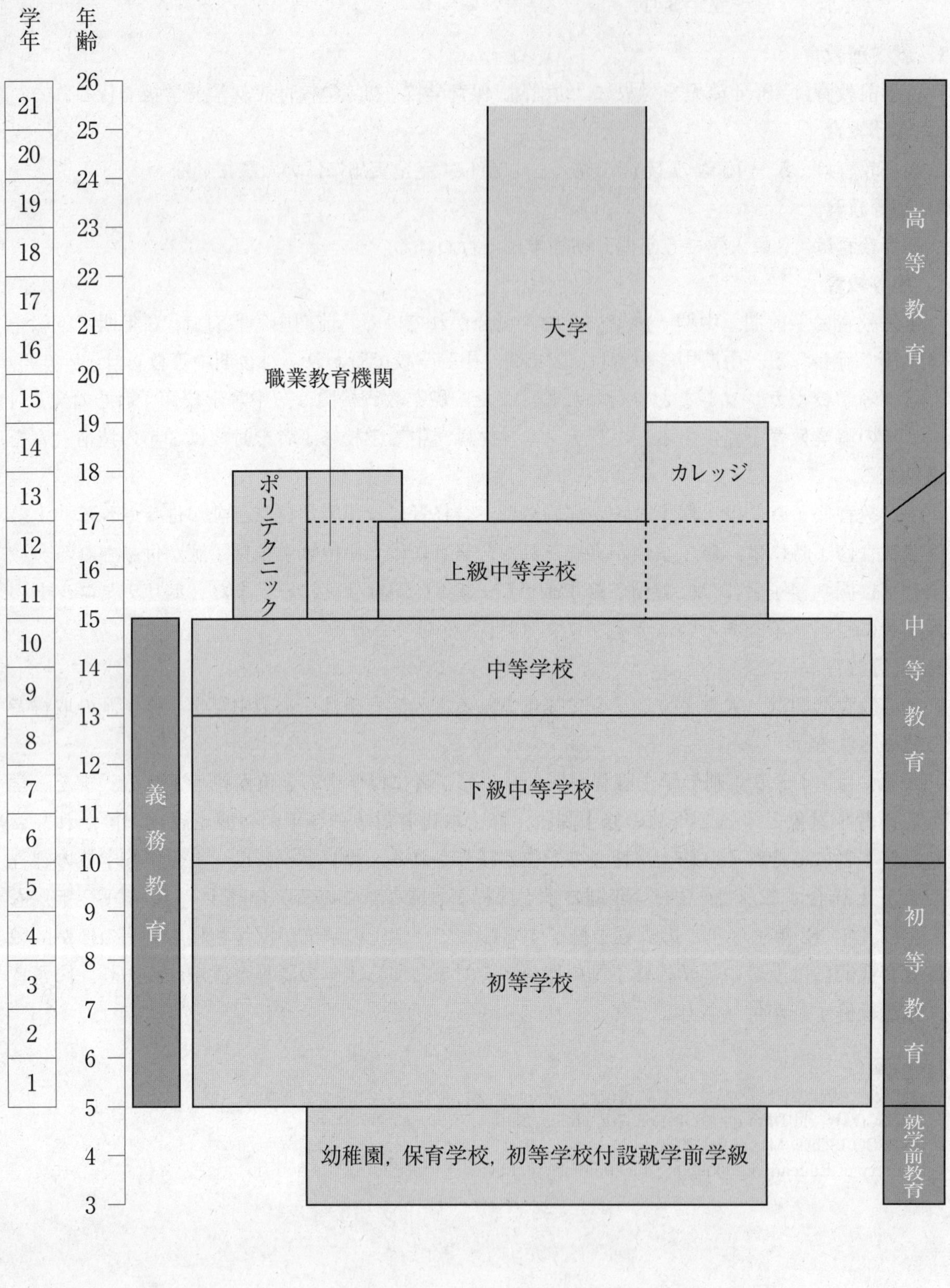
学年
年齢
21
20
19
18
17
16
15
14
13
12
11
10
9
8
7
6
5
4
3
2
1
26
25
24
23
22
21
20
19
18
17
16
15
14
13
12
11
10
9
8
7
6
5
4
3
大学
職業教育機関
カレッジ
ポリテクニック
上級中等学校
中等学校
下級中等学校
初等学校
幼稚園，保育学校，初等学校付設就学前学級
義務教育
高等教育
中等教育
初等教育
就学前教育

Ⅵ　取得可能な資格・学位

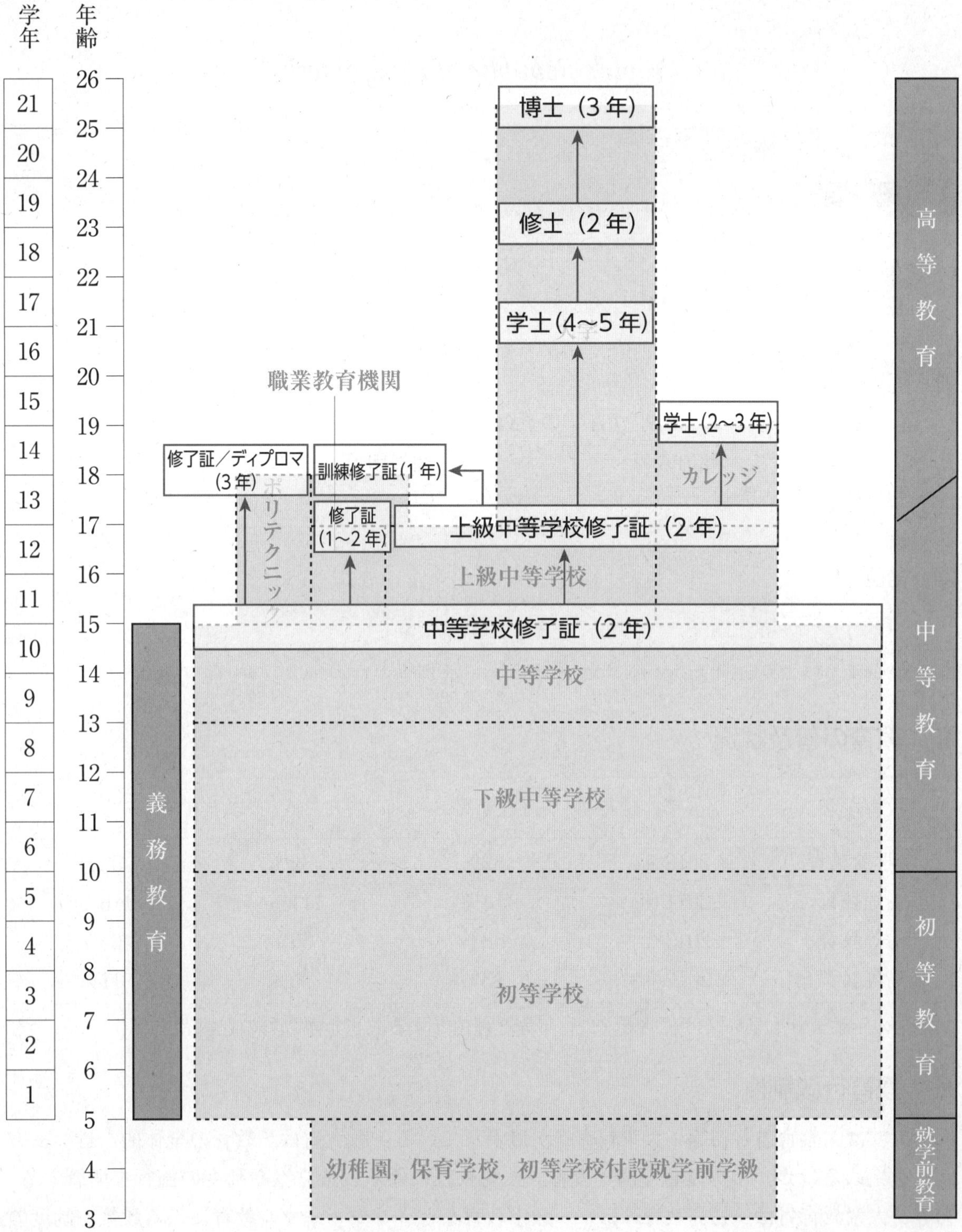
学年
年齢
21
20
19
18
17
16
15
14
13
12
11
10
9
8
7
6
5
4
3
2
1
26
25
24
23
22
21
20
19
18
17
16
15
14
13
12
11
10
9
8
7
6
5
4
3
博士（3 年）
修士（2 年）
学士(4～5 年)
職業教育機関
学士(2～3 年)
修了証／ディプロマ(3 年)
訓練修了証(1 年)
カレッジ
ポリテクニック
修了証(1～2 年)
上級中等学校修了証（2 年）
上級中等学校
中等学校修了証（2 年）
中等学校
下級中等学校
初等学校
幼稚園，保育学校，初等学校付設就学前学級
義務教育
高等教育
中等教育
初等教育
就学前教育

バングラデシュ人民共和国

(*People's Republic of Bangladesh*)

Ⅰ　概　要

1. 人口
1億5,940万人（2015年10月，バングラデシュ統計局）
2. 面積
14万7千平方キロメートル（日本の約4割，バングラデシュ政府）
3. 政治体制
共和制
4. 言語
ベンガル語
5. 1人当たり国内総生産（GDP）
1,235ドル（2015年，バングラデシュ統計局）
6. 首都
ダッカ
7. 通貨単位
タカ

《出典》外務省ウェブサイト（http://www.mofa.go.jp/mofaj/area/bangladesh/data.html）（更新日：2016年6月8日）。

Ⅱ　教育の普及状況

教育段階	年	在籍率	男	女
就学前教育	2013年	32%	32%	32%
初等教育	2011年	114%	111%	118%
中等教育	2013年	58%	56%	61%
高等教育	2012年	13%	15%	11%

（通常の年齢よりも早い又は遅い入学や留年等を理由とする該当年齢以外の在籍者を含む）

Ⅲ　教育行政制度

中央には，教育省と初等・大衆教育省が置かれている。教育省は，教育の全体的な目標や方向性を定めるほか，中等教育や高等教育，技術教育に係る政策立案や制度の施行を所管する。初等・大衆教育省は，初等教育のほか，識字教育などノンフォーマル教育に係る政策や制度の施行を所管する。

地方には，国の出先機関として教育事務所が置かれている。初等教育の監督機関として，管区レベルの5つの教育事務所の下，64の県教育事務所，481の郡教育事務所が設置されている。中等教育の監督機関としては，管区レベルの9つの教育事務所の下，64の県にそれぞれ県教育事務所と支援事務所が設置されている。

Ⅳ　学校体系

（学年暦：1月～12月）

1. 就学前教育

就学前教育は，3～5歳児を対象に，初等学校幼児学級や私立幼稚園などで行われる。

2. 義務教育

義務教育は，6～11歳の5年である。

3. 初等教育

初等教育は，6歳入学で5年間，初等学校で行われる。初等学校の最終学年では初等教育修了試験が実施され，初等教育修了証が付与される。宗教学校では，イブティディエーが初等教育段階に当たり，初等教育相当の修了証が付与される。

4. 中等教育

中等教育は，前期，中期，後期の3段階に分かれている。前期中等教育は，3年間，前期中等学校で行われ，修了者には前期中等教育修了証が付与される。中期中等教育は，2年間，中期中等学校で行われ，修了者には中期中等教育修了証が付与される。後期中等教育は，2年間，後期中等学校で行われ，修了者には後期中等教育修了証が付与される。

そのほか，技術教育機関として，前期中等教育修了者を対象とする2年の職業訓練学校や，中期中等教育修了者を対象とする2～3年のポリテクニック等がある。また，高等教育機関の中には，中期中等教育修了者を対象に4年の職業教育課程を設置するものもある。職業訓練学校の修了者には中等学校修了証（職業）が，ポリテクニックの修了者には高等中等教育修了証（職業）がそれぞれ付与される。高等教育機関における4年の職業教育課程の修了者には，専門ディプロマが付与される。

宗教学校では，前期及び中期中等教育段階に当たるダキル，後期中等教育段階に当たるアリムがある。これらの宗教学校でも，それぞれの教育水準相当の修了証が付与される。

5. 高等教育

高等教育は，大学とカレッジなどで行われる。入学資格は，後期中等教育修了証の取得者に認められる。

大学やカレッジには，分野により3～5年の学士課程，1～2年の修士課程，3～4年の博士課程が置かれ，それぞれの修了者に学士，修士，博士が授与される。宗教学校では，学士課程に当たるファズイル，修士課程に当たるカミルがあり，それぞれ学士あるいは修士相当の学位を授与する。

《参考資料》

・教育省ウェブサイト（http://www.moedu.gov.bd/）（2016年9月16日閲覧）。
・UNESCO, World Data on Education, 7th edition, 2010/11.
・UNESCO ISCED Mappings, 2011.

V 学校系統図

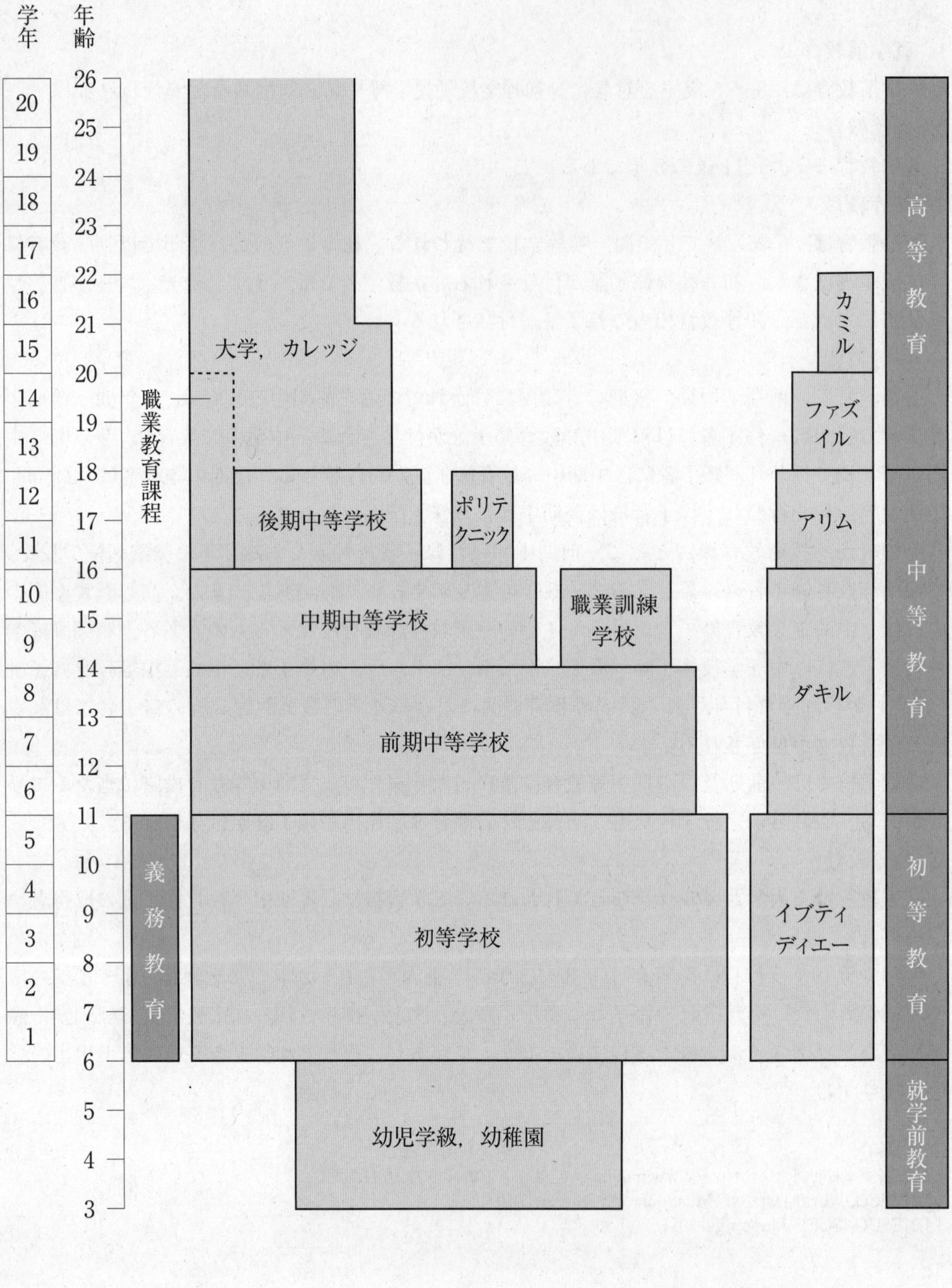
学年
年齢
20
19
18
17
16
15
14
13
12
11
10
9
8
7
6
5
4
3
2
1
26
25
24
23
22
21
20
19
18
17
16
15
14
13
12
11
10
9
8
7
6
5
4
3
大学，カレッジ
職業教育課程
後期中等学校
ポリテクニック
中期中等学校
職業訓練学校
前期中等学校
義務教育
初等学校
幼児学級，幼稚園
カミル
ファズイル
アリム
ダキル
イブティディエー
高等教育
中等教育
初等教育
就学前教育

Ⅵ　取得可能な資格・学位

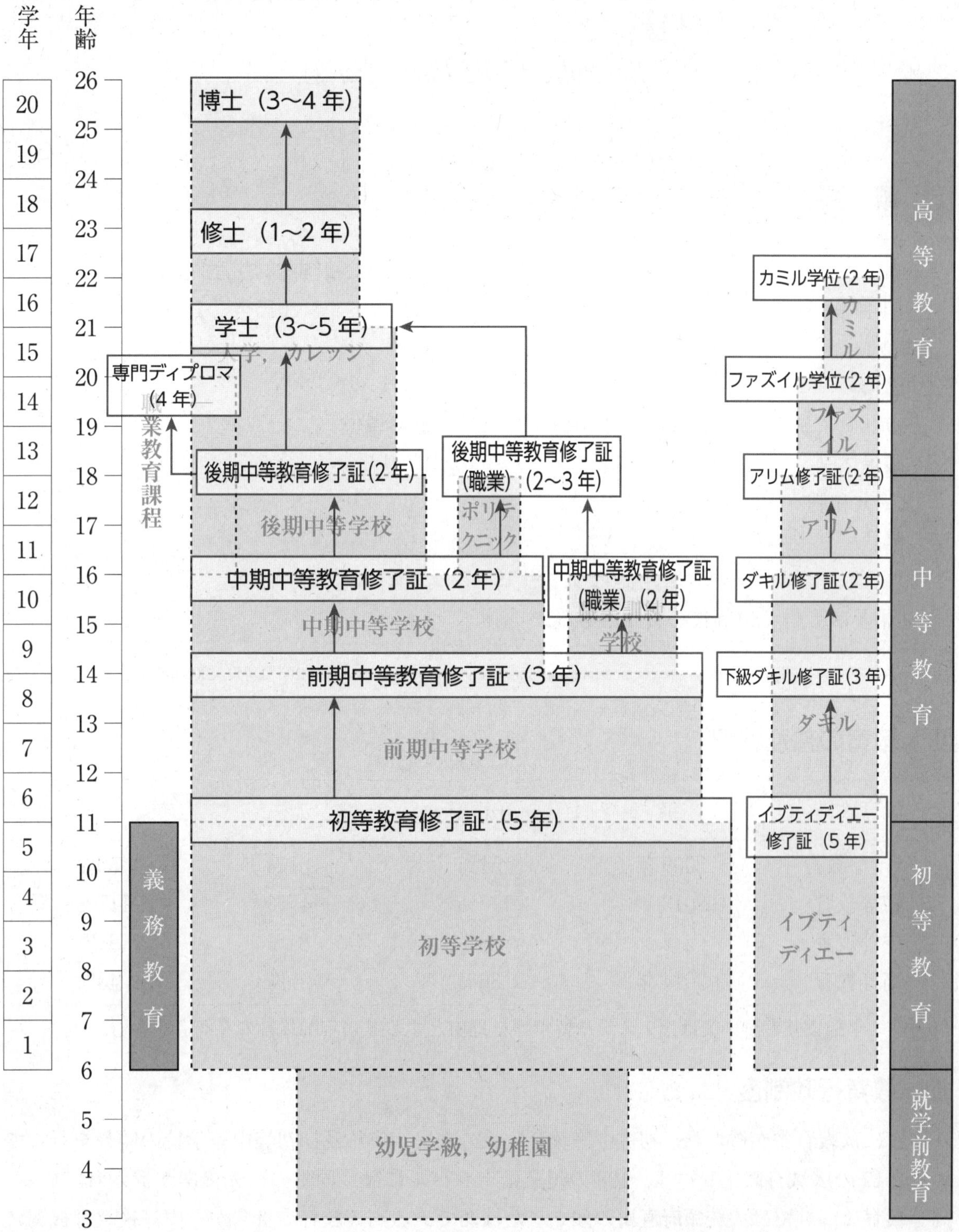

学年
年齢
博士（3～4年）
修士（1～2年）
学士（3～5年）
大学，カレッジ
専門ディプロマ（4年）
職業教育課程
後期中等教育修了証（2年）
後期中等学校
後期中等教育修了証（職業）（2～3年）
ポリテクニック
中期中等教育修了証（2年）
中期中等学校
中期中等教育修了証（職業）（2年）
職業訓練学校
前期中等教育修了証（3年）
前期中等学校
初等教育修了証（5年）
初等学校
幼児学級，幼稚園
義務教育
カミル学位（2年）
カミル
ファズイル学位（2年）
ファズイル
アリム修了証（2年）
アリム
ダキル修了証（2年）
下級ダキル修了証（3年）
ダキル
イブティディエー修了証（5年）
イブティディエー
高等教育
中等教育
初等教育
就学前教育

フィリピン共和国

(*Republic of the Philippines*)

Ⅰ 概 要

1. 人口
約1億98万人(2015年，フィリピン国勢調査)
2. 面積
299,404平方キロメートル(日本の約8割)
3. 政治体制
立憲共和制
4. 言語
国語はフィリピノ語，公用語はフィリピノ語及び英語。80前後の言語がある。
5. 1人当たり国内総生産(GDP)
2,858米ドル(2015年，IMF)
6. 首都
マニラ
7. 通貨単位
フィリピン・ペソ

《出典》外務省ウェブサイト(http://www.mofa.go.jp/mofaj/area/philippines/data.html)(更新日：2016年8月9日)。

Ⅱ 教育の普及状況

教育段階	年	在籍率		
			男	女
就学前教育	2009年	51%	51%	52%
初等教育	2013年	117%	117%	117%
中等教育	〃	88%	84%	93%
高等教育	2014年	36%	31%	40%

(通常の年齢よりも早い又は遅い入学や留年等を理由とする該当年齢以外の在籍者を含む)

Ⅲ 教育行政制度

中央には教育省が置かれ，初等中等教育政策の立案・実施及び初等中等学校の監督を行っている。17の広域行政区レベル，198の州又は市レベルには，同省の出先機関が置かれている。高等教育については大統領府直属の独立した機関である高等教育委員会が，中等後教育機関については技術教育技能開発庁が所管している。

Ⅳ　学校体系

（学年暦：6月～翌年3月）

1. 就学前教育

就学前教育は，3～5歳児を対象に，幼稚園で行われる。

2. 義務教育

義務教育は，5～18歳の13年である。

3. 初等教育

初等教育は，6歳入学で6年間，初等学校で行われ，卒業者には，初等学校卒業証書が授与される。

4. 中等教育

中等教育は前期と後期に分かれる。

前期中等教育は，4年間，前期中等学校で行われ，卒業者には，前期中等学校卒業証書が授与される。

後期中等教育は，2年間，後期中等学校で行われ，卒業者には，後期中等学校卒業証書が授与される。

後期中等教育修了者を対象とした1～3年間の職業・技術教育は，中等後教育機関で行われ，修了者には，修了証やディプロマが授与される。

5. 高等教育

高等教育は，大学，単科大学で行われる。高等教育機関には，準学士課程（2～3年），学士課程（4～6年），修士課程（2～3年）及び博士課程（3年）が置かれている。

《参考資料》

・UNESCO World Data on Education, 7th edition, 2010/11.

V　学校系統図

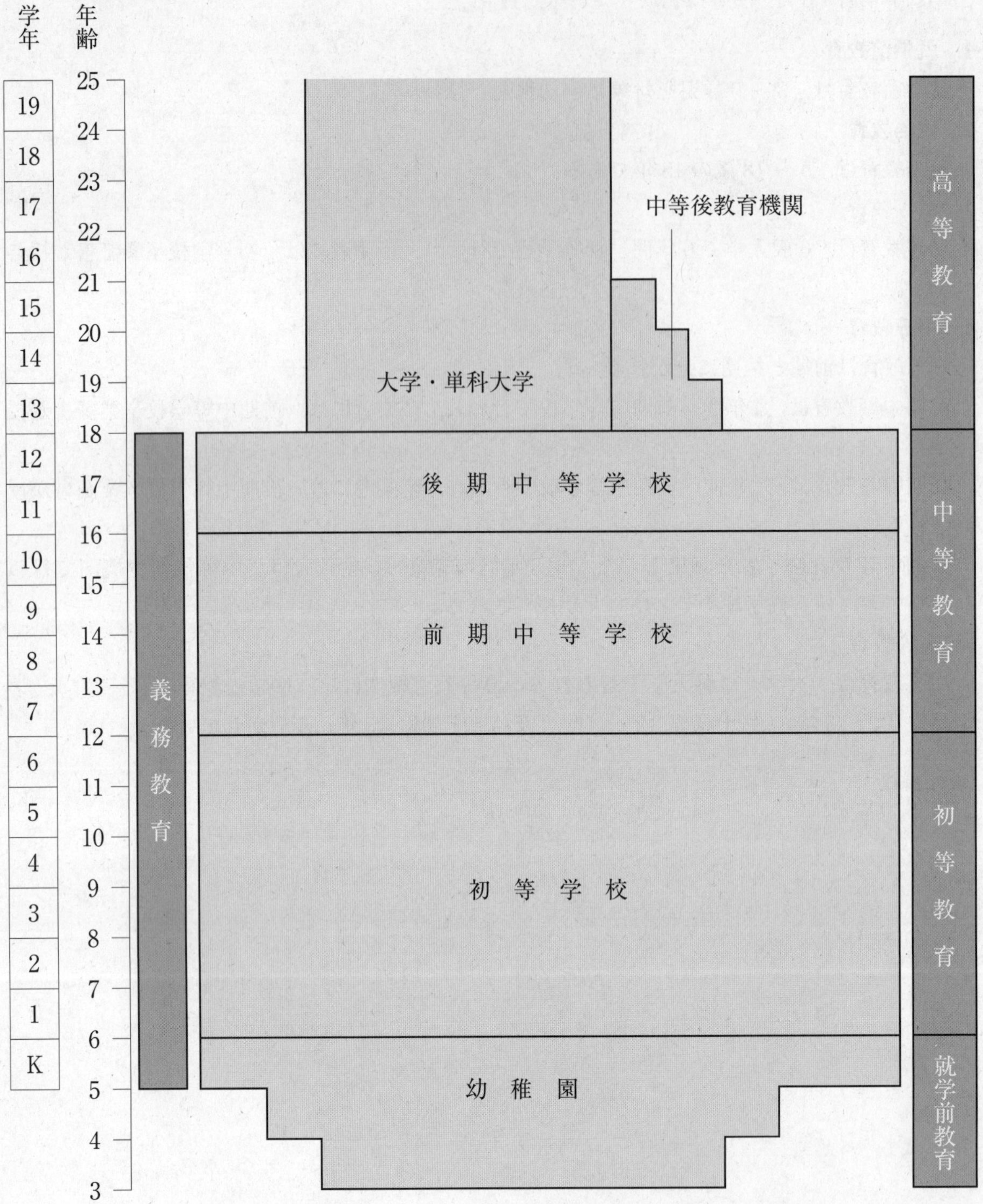
学年
年齢
19
18
17
16
15
14
13
12
11
10
9
8
7
6
5
4
3
2
1
K
25
24
23
22
21
20
19
18
17
16
15
14
13
12
11
10
9
8
7
6
5
4
3
大学・単科大学
中等後教育機関
後期中等学校
前期中等学校
初等学校
幼稚園
義務教育
高等教育
中等教育
初等教育
就学前教育

Ⅵ　取得可能な資格・学位

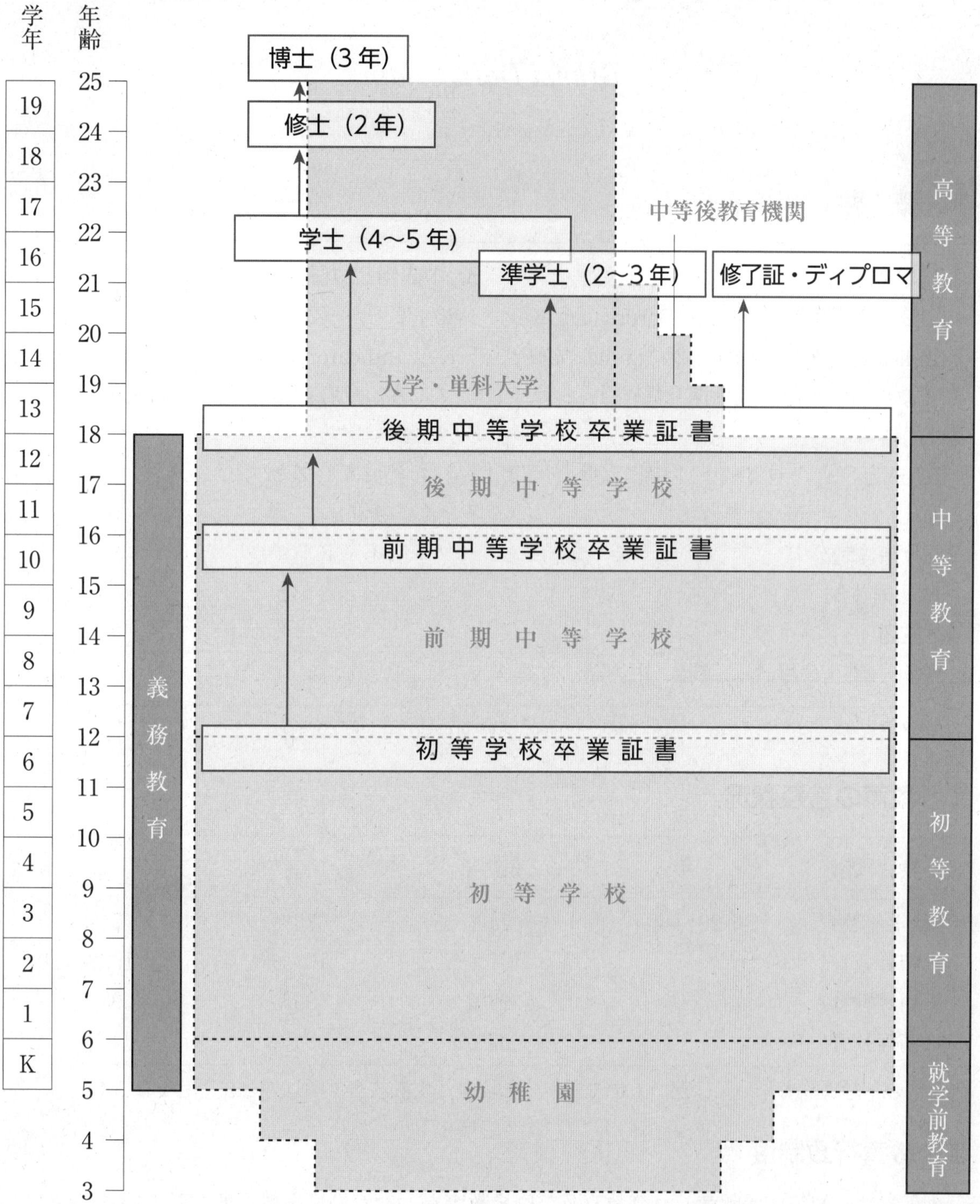
学年
年齢
19
18
17
16
15
14
13
12
11
10
9
8
7
6
5
4
3
2
1
K
25
24
23
22
21
20
19
18
17
16
15
14
13
12
11
10
9
8
7
6
5
4
3
博士（3年）
修士（2年）
学士（4～5年）
準学士（2～3年）
修了証・ディプロマ
中等後教育機関
大学・単科大学
後期中等学校卒業証書
後期中等学校
前期中等学校卒業証書
前期中等学校
初等学校卒業証書
初等学校
幼稚園
義務教育
高等教育
中等教育
初等教育
就学前教育

ブルネイ・ダルサラーム国

(*Brunei Darussalam*)

Ⅰ　概　要

1. 人口
41.2 万人（2014 年, Brunei Darussalam Key Indicators 2014 Release 2: Annual, ブルネイ政府首相府経済企画開発局）
2. 面積
5,765 万平方キロメートル（三重県とほぼ同じ）
3. 政治体制
立憲君主制
4. 言語
マレー語（公用語），英語，中国語
5. 1 人当たり国内総生産（GDP）
40,472 ドル（2014 年，Brunei Darussalam Key Indicators 2014 Release 2: Annual, ブルネイ政府首相府経済企画開発局）
6. 首都
バンダルスリブガワン
7. 通貨単位
ブルネイ・ドル

《出典》外務省ウェブサイト（http://www.mofa.go.jp/mofaj/area/brunei/data.html）（更新日：2016 年 11 月 28 日）。

Ⅱ　教育の普及状況

教育段階	年	在籍率	男	女
就学前教育	2014 年	74%	73%	74%
初等教育	〃	107%	107%	108%
中等教育	〃	99%	99%	99%
高等教育	〃	32%	24%	40%

（通常の年齢よりも早い又は遅い入学や留年等を理由とする該当年齢以外の在籍者を含む）

Ⅲ　教育行政制度

教育省は，初等中等教育，高等教育及び職業教育など教育制度全般を所管している。

Ⅳ　学校体系

（学年暦：1月～11月）

1. 就学前教育

就学前教育は，公立初等学校の幼児部において，1年間5歳児を対象に行われる。「プレ・スクール」として，正規の教育の第1年目としてとらえられている。このほか，私立の幼稚園において，3歳児から3年間の就学前教育を行っている。

2. 義務教育

義務教育は，就学前を1年含む5～17歳の12年である。

3. 初等教育

初等教育は，6歳入学で6年間初等学校で行われる。初等教育は下級（第1～3学年）と上級（第4～6学年）からなる。最終学年には全国共通の初等学校修了試験（Primary School Assessment）が実施され，合格者には，中等教育への進学要件となる初等学校修了証が与えられる。

4. 中等教育

中等教育は，中等学校で行われ，共通課程（第7～8学年），能力別課程（第9～11学年）及び後期中等教育段階に相当するプレ・ユニバーシティ課程（第12～13年）の3段階からなる。プレ・ユニバーシティ課程のみを扱うシックスフォーム・カレッジもある。11学年修了時に全国試験を受験し，ブルネイ・ケンブリッジGCE・Oレベル資格を取得する。その後，大学準備課程であるプレ・ユニバーシティを経て，修了時にブルネイ・ケンブリッジGCE・Aレベル資格試験を受験する。このほか，職業教育課程を提供する各種の技術・職業学校（BDTVEC Institution）において，全国スキル証書（NSC，3年），ディプロマ（3年）など各種の職業資格を取得することができる。全国スキル証書取得のための訓練は，ブルネイ・ケンブリッジGCE・Oレベル資格の取得を要件としない。

5. 高等教育

高等教育は，大学で行われる。大学には，学士課程（4年），修士課程（1年～），博士課程（3年～）が置かれている。学士号取得者を対象とする学卒ディプロマ（2年）や学卒サーティフィケイト（教職課程，1年）もある。その他の高等教育機関として，ブルネイ工業高等専門学校やイスラム学高等専門学校，看護学院などがある。中等後教育段階の職業資格として，高等全国ディプロマ（HND，2.5年）の課程などが提供されている。

《参考資料》

・Ministry of Education, Brunei Darussalam（http://www.moe.gov.bn/Theme/Home.aspx）（2016年9月6日閲覧）.

・UNESCO, World Data on Education, 7th edition, 2010/11.

・Australian Government, Country Education Profiles（https://internationaleducation.gov.au/cep/Asia-Pacific/Brunei-Darussalam/Pages/default.aspx）（2016年7月6日閲覧）.

V　学校系統図

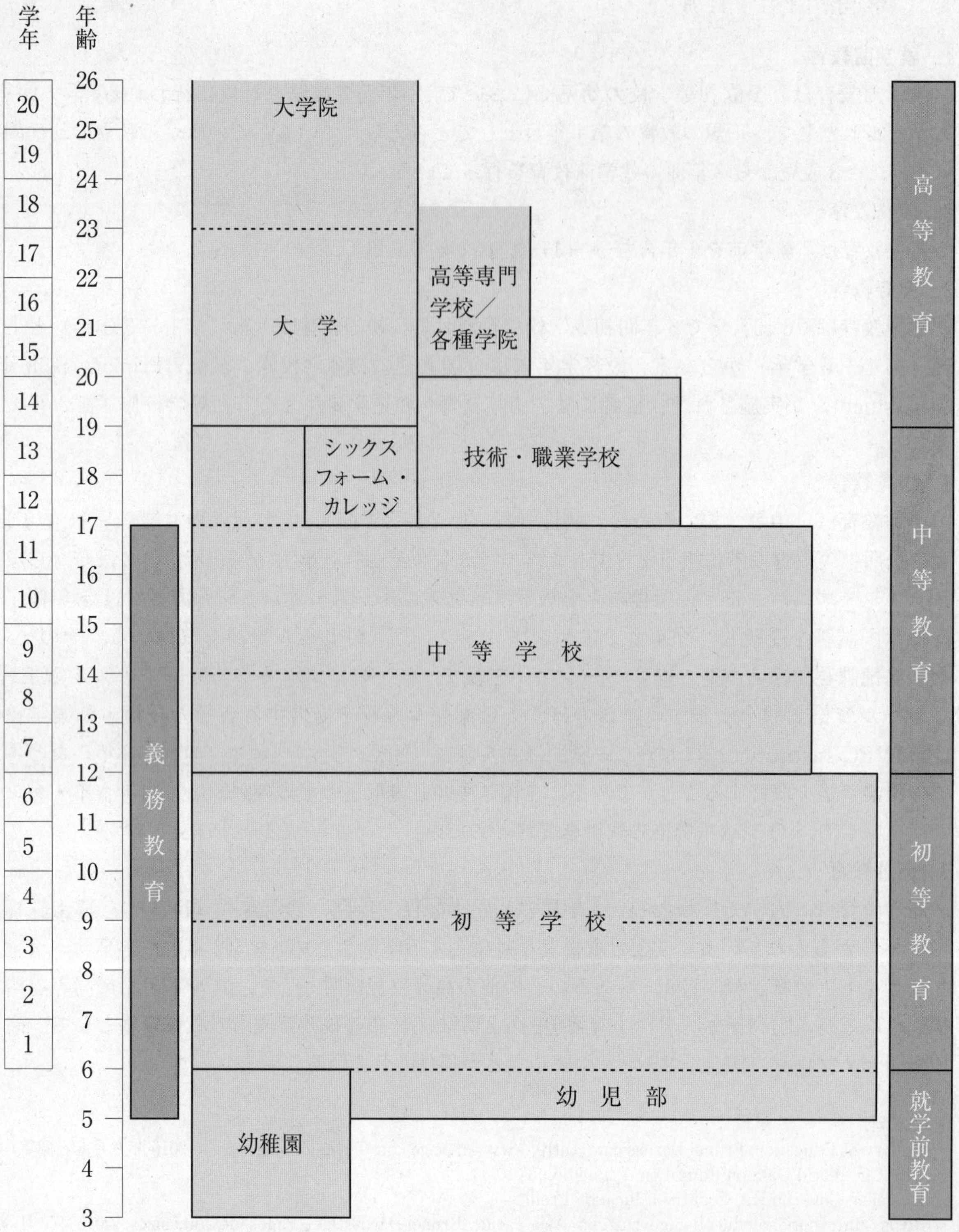
学年
年齢
大学院
大　学
高等専門
学校／
各種学院
シックス
フォーム・
カレッジ
技術・職業学校
中　等　学　校
初　等　学　校
幼　児　部
幼稚園
義務教育
高等教育
中等教育
初等教育
就学前教育

Ⅵ　取得可能な資格・学位

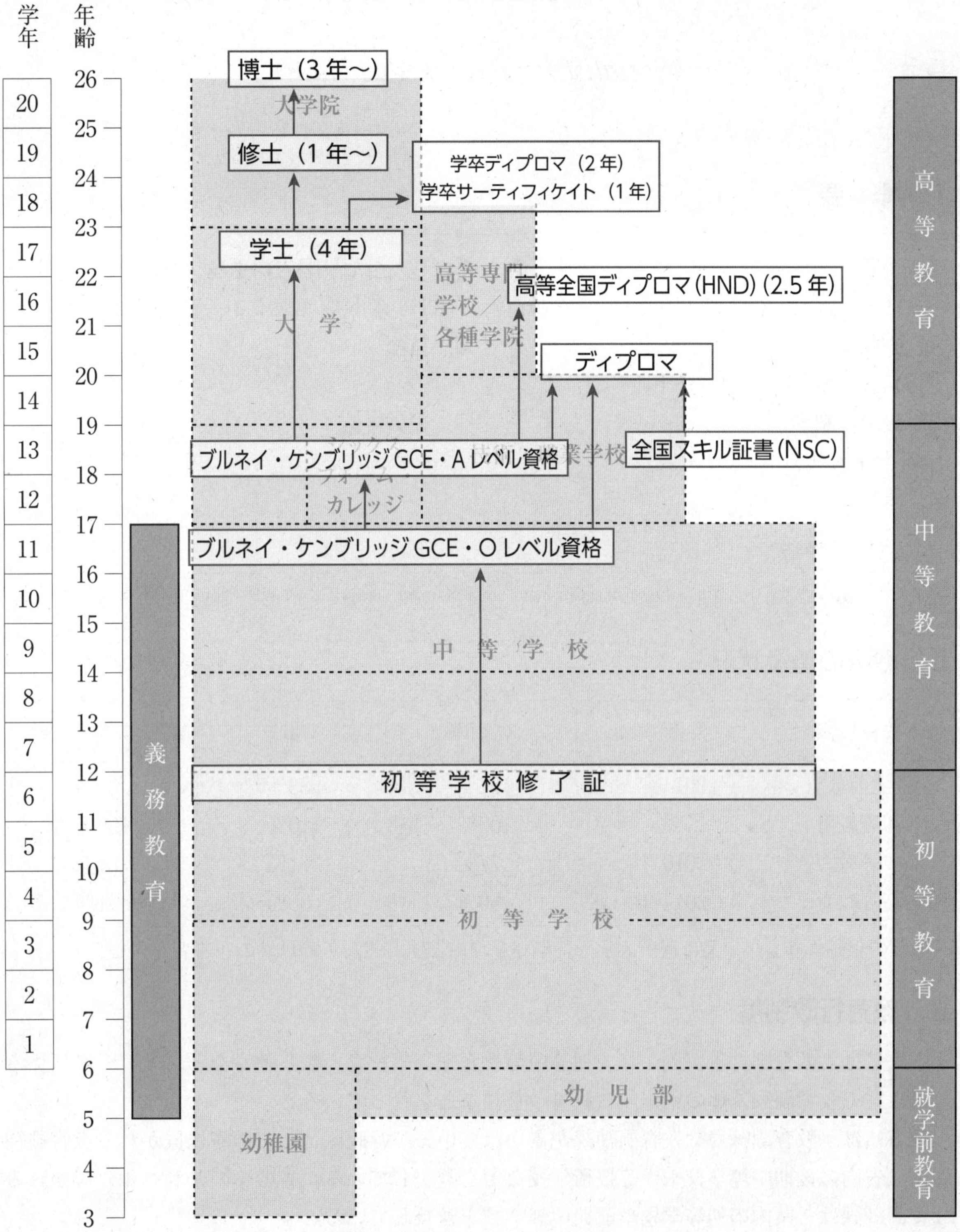
学年
年齢
博士（3年～）
大学院
修士（1年～）
学卒ディプロマ（2年）
学卒サーティフィケイト（1年）
学士（4年）
高等専門学校／各種学院
高等全国ディプロマ(HND)(2.5年)
大学
ディプロマ
シックスフォーム・カレッジ
技術・職業学校
ブルネイ・ケンブリッジGCE・Aレベル資格
全国スキル証書(NSC)
ブルネイ・ケンブリッジGCE・Oレベル資格
中等学校
初等学校修了証
義務教育
初等学校
幼児部
幼稚園
高等教育
中等教育
初等教育
就学前教育

ベトナム社会主義共和国

(*Socialist Republic of Viet Nam*)

Ⅰ 概 要

1. 人口
   約9,340万人（2015年，国連人口基金推計）
2. 面積
   32万9,241平方キロメートル
3. 政治体制
   社会主義共和国
4. 言語
   ベトナム語
5. 1人当たり国内総生産（GDP）
   2,171米ドル（2015年，IMF推計）
6. 首都
   ハノイ
7. 通貨単位
   ドン

《出典》外務省ウェブサイト（http://www.mofa.go.jp/mofaj/area/vietnam/data.html）（更新日：2016年5月18日）。

Ⅱ 教育の普及状況

教育段階	年	在籍率	男	女
就学前教育	2014年	81％	83％	80％
初等教育	〃	109％	110％	109％
中等教育	2010年	77％	74％	81％
高等教育	2014年	30％	30％	31％

（通常の年齢よりも早い又は遅い入学や留年等を理由とする該当年齢以外の在籍者を含む）

Ⅲ 教育行政制度

中央には，教育訓練省が置かれ，初等中等教育や高等教育，職業教育など，教育全般に係る政策立案や教育課程基準の策定，教科書の整備などを行っている。

地方には，教育訓練局や教育訓練課が置かれている。行政区としての省に置かれる教育訓練局は，省内の後期中等学校や中等技術学校などを監督している。省の下の県レベルに置かれる教育訓練課は，県内の初等学校や前期中等学校を監督している。

Ⅳ　学校体系

（学年歴：9月～翌年5月）

1. 就学前教育

就学前教育は，3～5歳児を対象に，幼稚園や保育学校で行われる。

2. 義務教育

義務教育は，6～15歳の9年である。

3. 初等教育

初等教育は，6歳入学で5年間，初等学校で行われる。初等学校の修了者には，初等教育修了証が付与される。

4. 中等教育

前期中等教育は，4年間，下級中等学校で行われる。下級中等学校の修了者には，前期中等教育修了証が付与される。

後期中等教育は，3年間，上級中等学校で行われる。第3学年の終了時に全国共通の修了試験が実施され，合格者には後期中等教育修了証が付与される。

そのほか，中等教育レベルの職業教育・訓練機関として，初等教育修了者を対象とする1～3年の職業訓練学校や，前期中等教育修了者を対象とする3～4年の中等技術職業学校などが設置されている。職業訓練学校の修了者には職業教育／訓練修了証が，中等技術職業学校の修了者には中等技術教育修了証がそれぞれ付与される。

5. 高等教育

高等教育は，大学やジュニア・カレッジで行われる。入学資格は，後期中等教育修了証または中等職業教育証取得者に認められる。入学に際しては，全国統一試験などによる選抜が行われる。

大学には，分野により4～6年の学士課程，2年の修士課程，2～3年の博士課程が置かれており，修了者にはそれぞれ学士，修士，博士の学位が授与される。

ジュニア・カレッジには，2～3年の準学士課程が置かれており，修了者には準学士の学位が授与される。また，職業教育分野の2～3年のディプロマ課程が設置されており，修了者にはカレッジ職業訓練修了ディプロマが付与される。

《参考資料》
・UNESCO, World Data on Education, 7th edition, 2010/11.
・UNESCO ISCED Mappings, 2011.
・Australian Government, Country Education Profiles（https://internationaleducation.gov.au/CEP/Asia-Pacific/Vietnam/Pages/default.aspx）（2016年7月6日閲覧）.

V　学校系統図

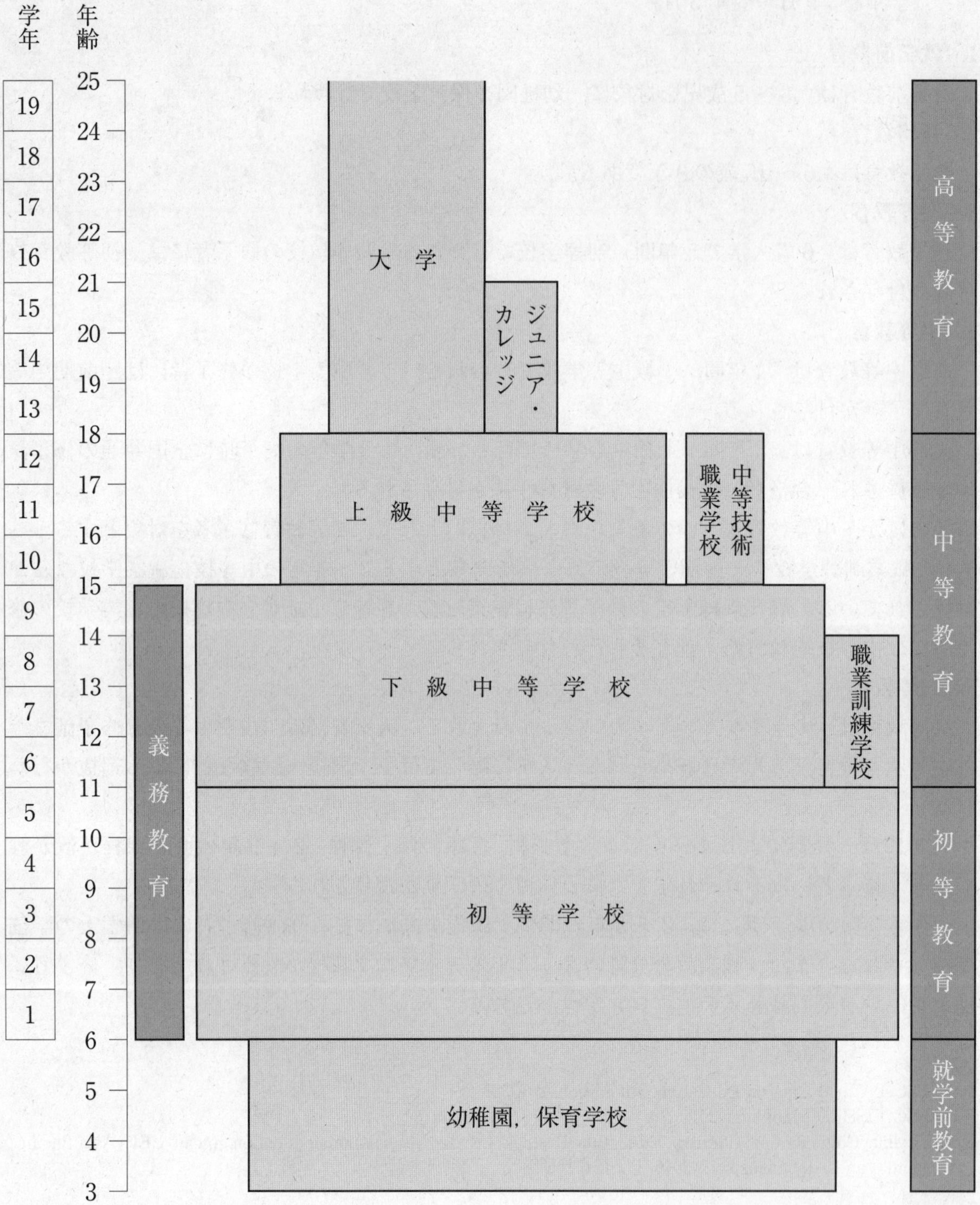
学年
年齢
19
18
17
16
15
14
13
12
11
10
9
8
7
6
5
4
3
2
1
25
24
23
22
21
20
19
18
17
16
15
14
13
12
11
10
9
8
7
6
5
4
3
大学
ジュニア・カレッジ
上級中等学校
中等技術職業学校
義務教育
下級中等学校
職業訓練学校
初等学校
幼稚園，保育学校
高等教育
中等教育
初等教育
就学前教育

Ⅵ　取得可能な資格・学位

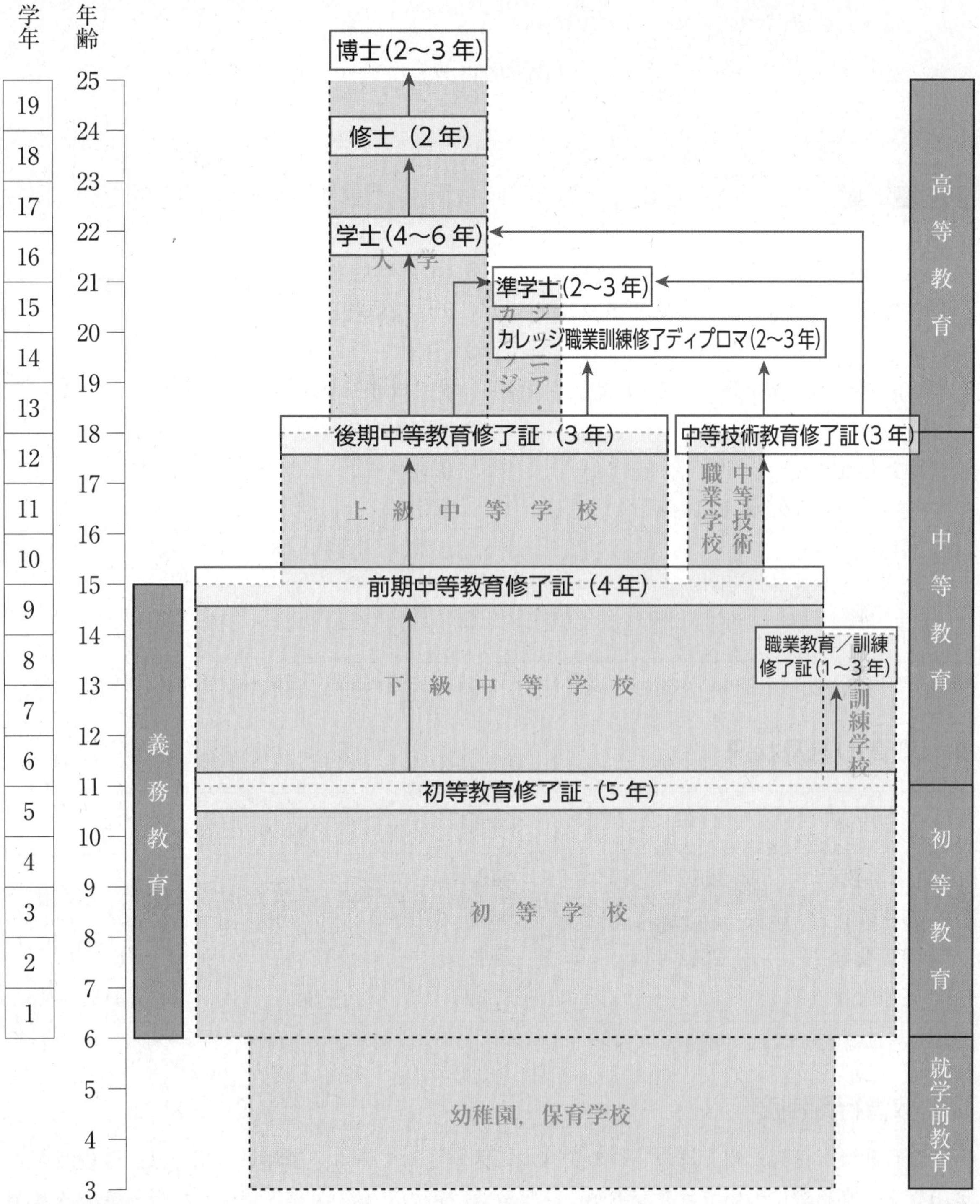
学年
年齢
博士(2～3年)
修士（2年)
学士(4～6年)
入学
準学士(2～3年)
カレッジ職業訓練修了ディプロマ(2～3年)
後期中等教育修了証（3年)
中等技術教育修了証(3年)
上級中等学校
中等技術職業学校
前期中等教育修了証（4年)
職業教育／訓練修了証(1～3年)
下級中等学校
訓練学校
初等教育修了証（5年)
初等学校
幼稚園，保育学校
義務教育
高等教育
中等教育
初等教育
就学前教育

マレーシア

(*Malaysia*)

Ⅰ　概　要

1. 人口
2,995万人（2013年，マレーシア統計局）
2. 面積
約33万平方キロメートル（日本の約0.9倍）
3. 政治体制
立憲君主制（議会制民主主義）
4. 言語
マレー語（国語），中国語，タミール語，英語
5. 1人当たり国内総生産（GDP）
1万548米ドル（名目，2013年，IMF）
6. 首都
クアラルンプール
7. 通貨単位
リンギット

《出典》外務省ウェブサイト（http://www.mofa.go.jp/mofaj/area/malaysia/data.html）（更新日：2015年9月7日）。

Ⅱ　教育の普及状況

教育段階	年	在籍率	男	女
就学前教育	2013年	94%	…	…
初等教育	〃	106%	…	…
中等教育	2012年	71%	73%	69%
高等教育	〃	37%	34%	41%

（通常の年齢よりも早い又は遅い入学や留年等を理由とする該当年齢以外の在籍者を含む）

Ⅲ　教育行政制度

教育行政は，連邦，州，郡の3つのレベルに区分されている。連邦レベルでは，学校教育施策の立案・調整等については教育省が，高等教育政策の立案・調整等については高等教育省が所管している。州レベルでは，州教育局が州内での教育計画の実施などに当たっている。郡レベルでは，州教育局の補助機関として郡教育部が設置されている。

Ⅳ　学校体系

（学年暦：1月～11月）

1. 就学前教育

就学前教育は，4～5歳児を対象に，幼稚園で行われる。

2. 義務教育

義務教育は，6～12歳の6年である。

3. 初等教育

初等教育は，6歳入学で6年間，国民学校で行われる。マレー語で教育を行う国民学校のほかに，中国語又はインド系のタミール語で教育を行う国民学校があり，これらの学校においてもマレー語が必修教科となっている。卒業者は，国民学校卒業証書が授与される。

4. 中等教育

中等教育は前期と後期に分かれる。

前期中等教育は，3年間，前期中等学校で行われ，卒業者は前期中等学校卒業証書が授与される。中国語やタミール語を教授言語とする国民学校出身の生徒は，通常，教授言語であるマレー語を習得するための課程（1年）を経てから入学する。

後期中等教育は，2年制の後期中等学校及び2年制の中等技術学校で行われる。中等教育修了時には，全国共通試験が実施され，合格者にはマレーシア教育修了証が授与される。

5. 高等教育

高等教育は，大学，カレッジ及びポリテクニクで行われる。

大学への入学に際しては，中等教育修了後の2年間，中等学校又は大学に置かれ，高度中等学校卒業証につながる準備教育課程で学習した者を対象に，各大学の入学者選抜試験が行われる。大学には学士課程（3～5年）のほか，学卒ディプロマ（1年），修士課程（2年）及び博士課程（3年以上）が置かれている。

カレッジ及びポリテクニクには，中等教育修了者を対象とする技術・職業教育コース（1～3年）が設けられ，卒業者は職業技術資格証やディプロマを授与される。

《参考資料》

・UNESCO World Data on Education, 7th edition, 2010/11.
・マレーシア教育省ウェブサイト（http://www.moe.gov.my/）2016年7月22日閲覧。

V　学校系統図

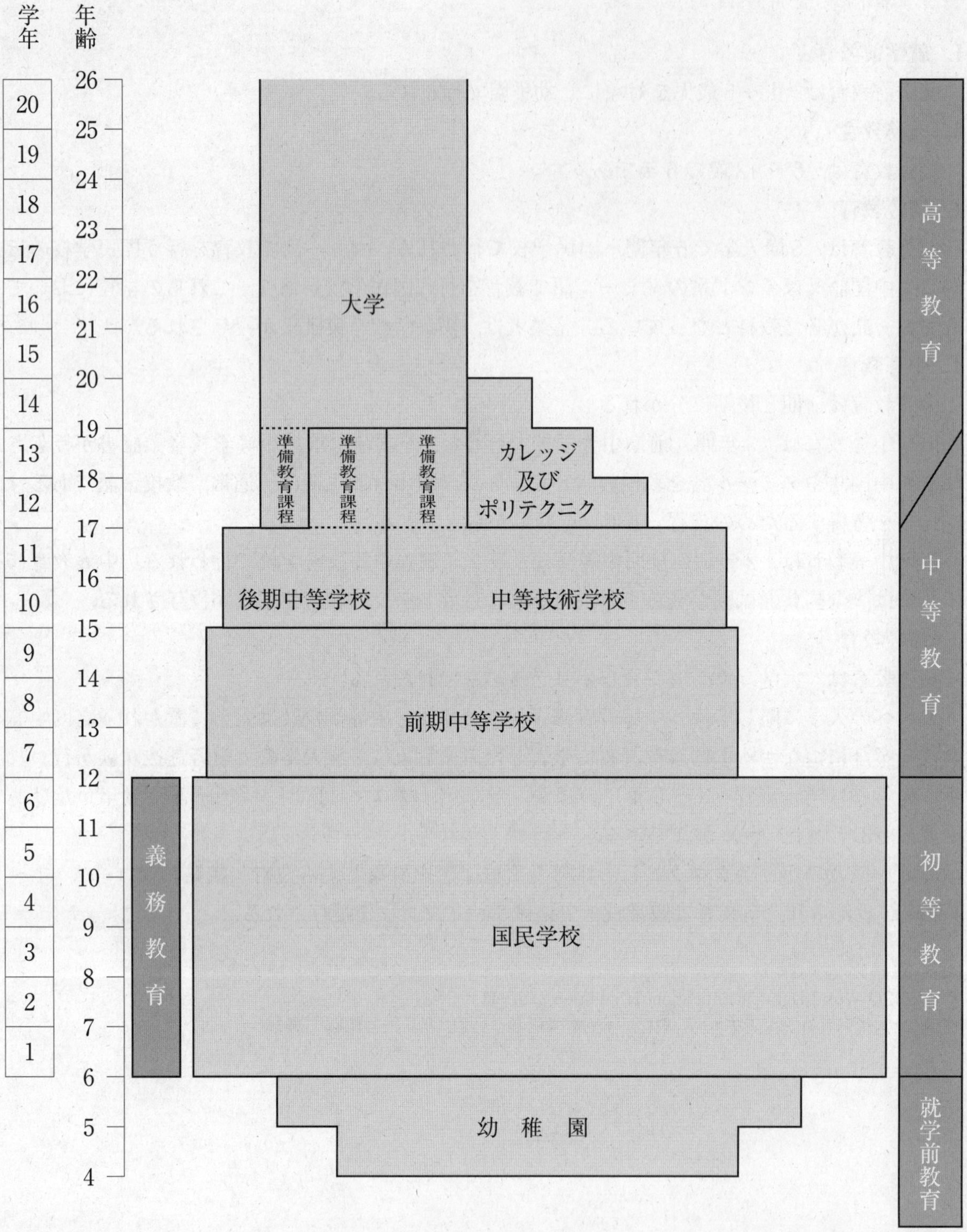
学年
年齢
20
19
18
17
16
15
14
13
12
11
10
9
8
7
6
5
4
3
2
1
26
25
24
23
22
21
20
19
18
17
16
15
14
13
12
11
10
9
8
7
6
5
4
大学
準備教育課程
準備教育課程
準備教育課程
カレッジ及びポリテクニク
後期中等学校
中等技術学校
前期中等学校
義務教育
国民学校
幼　稚　園
高等教育
中等教育
初等教育
就学前教育

Ⅵ　取得可能な資格・学位

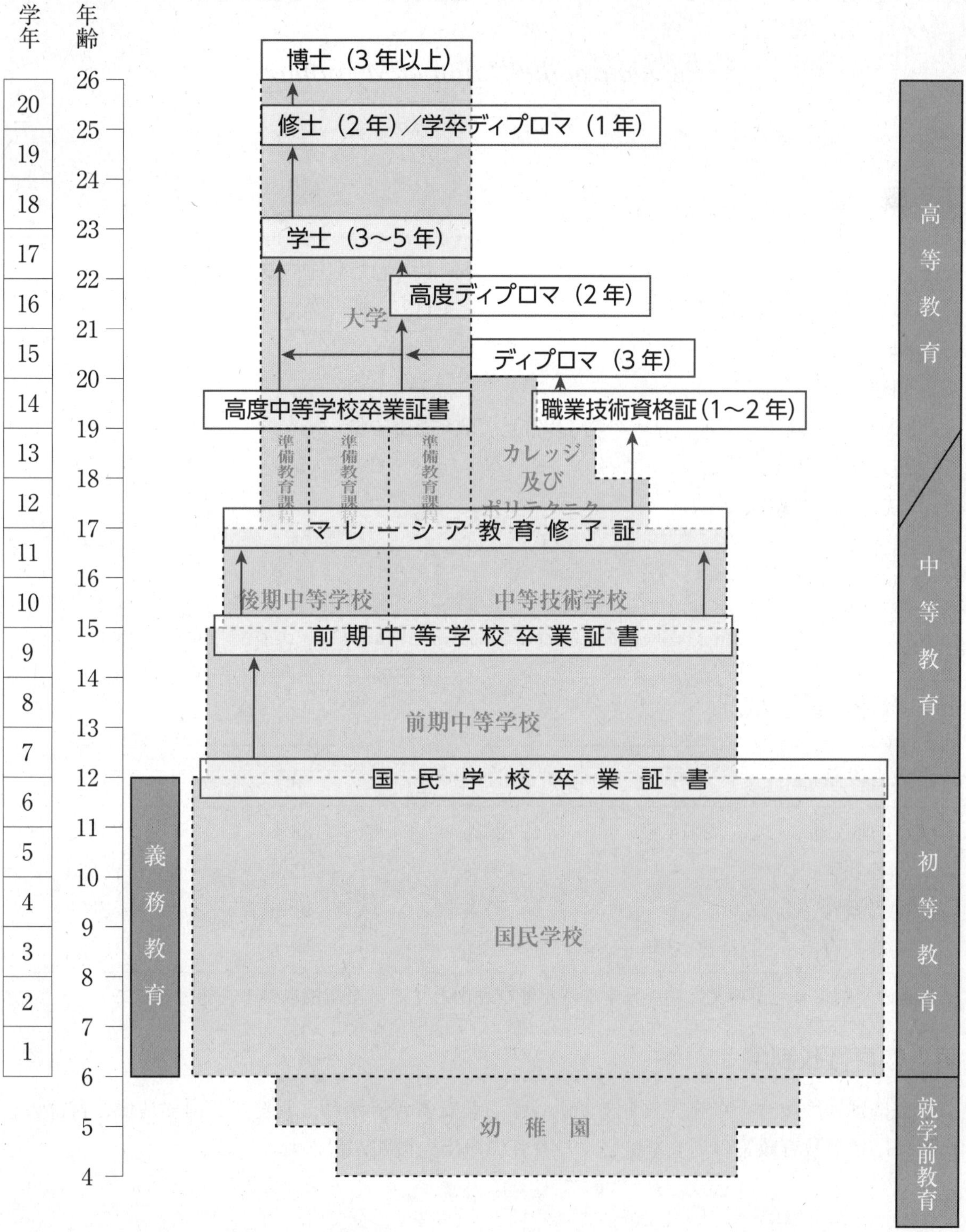
学年
年齢
博士（3年以上）
修士（2年）／学卒ディプロマ（1年）
学士（3～5年）
高度ディプロマ（2年）
大学
ディプロマ（3年）
高度中等学校卒業証書
職業技術資格証（1～2年）
準備教育課程
カレッジ及びポリテクニク
マレーシア教育修了証
後期中等学校
中等技術学校
前期中等学校卒業証書
前期中等学校
国民学校卒業証書
義務教育
国民学校
幼稚園
高等教育
中等教育
初等教育
就学前教育

ミャンマー連邦共和国

(*Republic of the Union of Myanmar*)

Ⅰ 概 要

1. 人口
5,141万人（2014年9月，ミャンマー入国管理・人口省発表）
2. 面積
68万平方キロメートル（日本の約1.8倍）
3. 政治体制
大統領制，共和制
4. 言語
ミャンマー語
5. 1人当たり国内総生産（GDP）
1,113ドル（2013/14年度，IMF推計）
6. 首都
ネーピードー
7. 通貨単位
チャット（Kyat）

《出典》外務省ウェブサイト（http://www.mofa.go.jp/mofaj/area/myanmar/data.html）（更新日：2016年5月13日）。

Ⅱ 教育の普及状況

教育段階	年	在籍率	男	女
就学前教育	2014年	23%	23%	24%
初等教育	〃	100%	101%	98%
中等教育	〃	51%	51%	52%
高等教育	2012年	13%	12%	15%

（通常の年齢よりも早い又は遅い入学や留年等を理由とする該当年齢以外の在籍者を含む）

Ⅲ 教育行政制度

中央には初等教育から高等教育まで所管する教育省が置かれ，北部及び南部地域と首都の3か所には初等教育政策の実施を監督する教育省の出先機関が置かれている。

Ⅳ　学校体系

（学年暦：6月～翌年3月。高等教育は11月～翌年9月）

1. 就学前教育

就学前教育は，3～5歳児を対象に幼稚園等で行われる。

2. 義務教育

義務教育は，原則として5～10歳の5年間である。

3. 初等教育

初等教育は通常5歳入学で，5年間，3年制の前期初等学校と2年制の後期初等学校で行われる。卒業者は，初等学校卒業証書を授与される。

4. 中等教育

中等教育は前期と後期に分かれる。

前期中等教育は，4年間，前期中等学校で行われ，卒業者は，前期中等学校卒業証書が授与される。このほか，1年制の職業訓練学校があり，修了者は，職業資格を授与される。

後期中等教育は，2年間，後期中等学校と職業中等学校で行われる。後期中等学校では，後期中等教育段階の課程「アテッタン・アスィン・ピンニャーイェー」が行われる。同課程修了時には，試験が行われ，合格者には，後期中等教育修了証が授与される。職業中等学校には，農業中等学校（2年）及び工業中等学校（2年半，夜間部は3年）があり，修了者には，職業中等学校修了証が与えられる。

5. 高等教育

高等教育は，大学，短期大学及び高等専門学校で行われる。大学には，学士課程（分野により3～6年），修士課程（2年），博士課程（4年以上）が，短期大学には，準学士につながる2年の課程が，高等専門学校には，ディプロマにつながる3年の農業・技術課程，1年の商業課程が置かれている。

《参考資料》

・Australian Government, Country Education Profiles（https://internationaleducation.gov.au/cep/Asia-Pacific/Myanmar/Education-System/Pages/Overview-Default.aspx）（2016年7月5日閲覧）.

・UNESCO World Data on Education, 6th edition, 2006/07 ／ 7th Edition, 2010/2011.

・外務省　諸外国・地域の学校情報　ミャンマー　2015年12月更新情報。

V　学校系統図

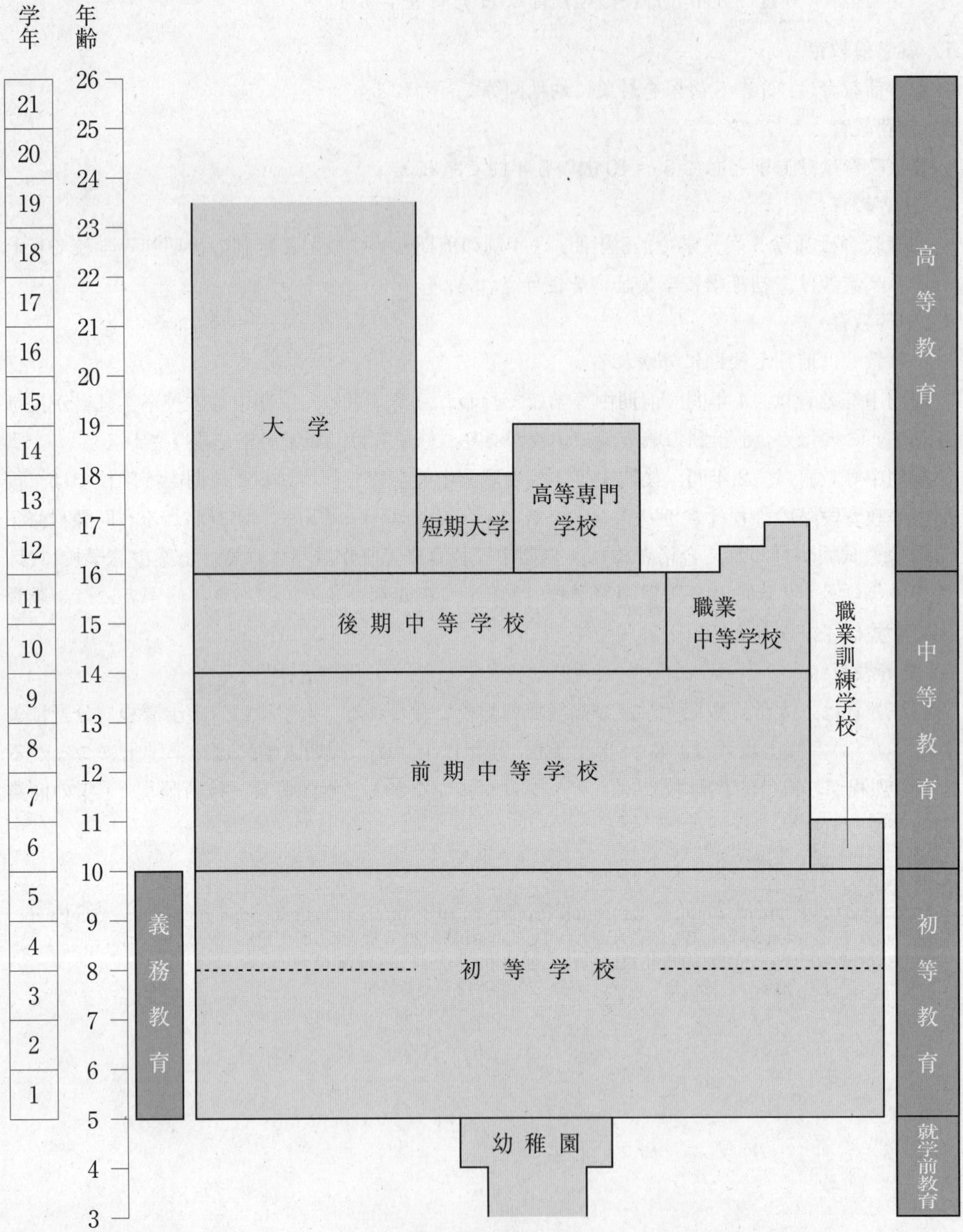

注）義務教育は制度として導入されていないが，５歳に達した全ての子供は小学校に入学できる権利を与えられており，原則として初等教育の5～10歳児を義務教育とみなしている。

Ⅵ　取得可能な資格・学位

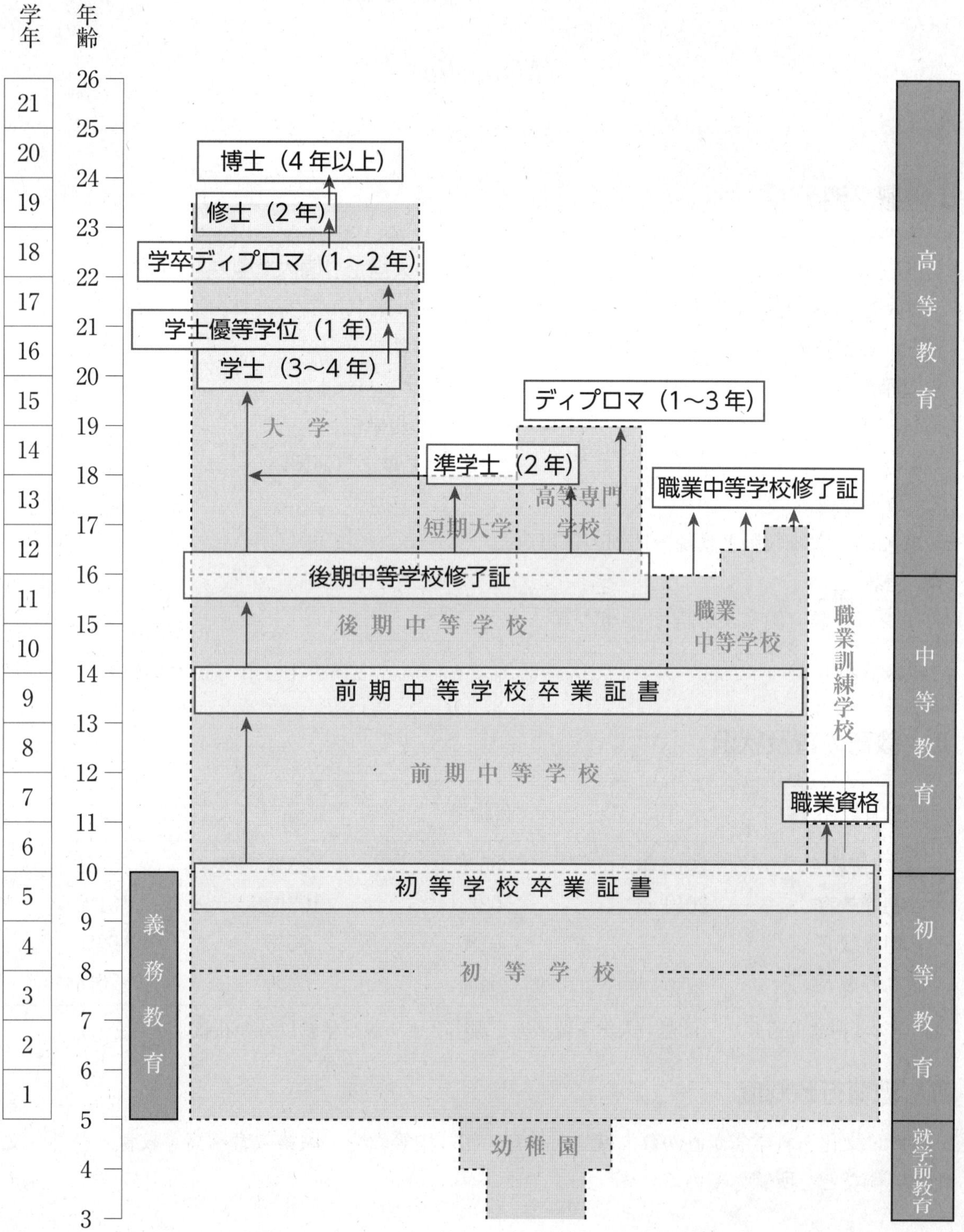
学年
年齢
21
20
19
18
17
16
15
14
13
12
11
10
9
8
7
6
5
4
3
2
1
26
25
24
23
22
21
20
19
18
17
16
15
14
13
12
11
10
9
8
7
6
5
4
3
博士（4年以上）
修士（2年）
学卒ディプロマ（1～2年）
学士優等学位（1年）
学士（3～4年）
大学
ディプロマ（1～3年）
準学士（2年）
短期大学
高等専門学校
職業中等学校修了証
後期中等学校修了証
後期中等学校
職業中等学校
職業訓練学校
前期中等学校卒業証書
前期中等学校
職業資格
初等学校卒業証書
初等学校
幼稚園
義務教育
高等教育
中等教育
初等教育
就学前教育

モンゴル国

(*Mongolia*)

Ⅰ 概 要

1. 人口
   306万1,000人（2015年，モンゴル国家登記・統計庁）
2. 面積
   156万4,100平方キロメートル（日本の約4倍）
3. 政治体制
   共和制（大統領制と議院内閣制の併用）
4. 言語
   モンゴル語（国家公用語），カザフ語
5. 1人当たり国内総生産（GDP）
   4,320米ドル（2014年，世界銀行）
6. 首都
   ウランバートル
7. 通貨単位
   トグログ（MNT）

《出典》外務省ウェブサイト（http://www.mofa.go.jp/mofaj/area/mongolia/data.html）（更新日：2016年8月4日）。

Ⅱ 教育の普及状況

教育段階	年	在籍率	男	女
就学前教育	2012年	86%	85%	86%
初等教育	2014年	102%	103%	101%
中等教育	〃	91%	90%	92%
高等教育	〃	64%	53%	76%

（通常の年齢よりも早い又は遅い入学や留年等を理由とする該当年齢以外の在籍者を含む）

Ⅲ 教育行政制度

教育・文化・科学省が置かれ，就学前教育，初等中等教育，職業教育，高等教育，科学，文化・芸術などを所管している。

Ⅳ　学校体系

（学年暦：9月～翌年6月）

1. 就学前教育

就学前教育は，1.5 ～ 5 歳児を対象に幼稚園及び保育所で行われる。

2. 義務教育

義務教育は，6 ～ 15 歳の 9 年である。

3. 初等中等教育

初等教育は 6 歳入学で 5 年間，前期中等教育は 4 年間，後期中等教育は 3 年間行われる。初等中等教育機関には，初等教育を行う 5 年制学校，初等教育と前期中等教育を行う 9 年制学校，初等教育と前期・後期中等教育を行う 12 年制学校がある。また，前期中等教育の課程を修了した者を対象とする職業中等学校（2 ～ 3 年）と，後期中等教育の課程を修了した者を対象とする中等後職業教育機関（1 ～ 2 年）がある。

4. 高等教育

高等教育は，大学，専門大学，及びカレッジで行われる。いずれも入学要件は初等中等教育修了となっている。大学には，学士課程（4 ～ 6 年），修士課程（1 ～ 2 年），博士課程（3 ～ 4 年）が，専門大学には学士課程及び修士課程が，カレッジにはディプロマ（3 年）及び学士課程が置かれている。

《参考資料》

・UNESCO World Data on Education, 7th edition, 2010/11.
・Australian Government, Country Education Profiles（https://internationaleducation.gov.au/cep/Asia-Pacific/Mongolia/Education-System/Pages/HigherEd-InstitutionTypes-Default.aspx）（2016 年 7 月 5 日閲覧）.
・外務省，諸外国・地域の学校情報，モンゴル，2014 年 11 月更新。

V　学校系統図

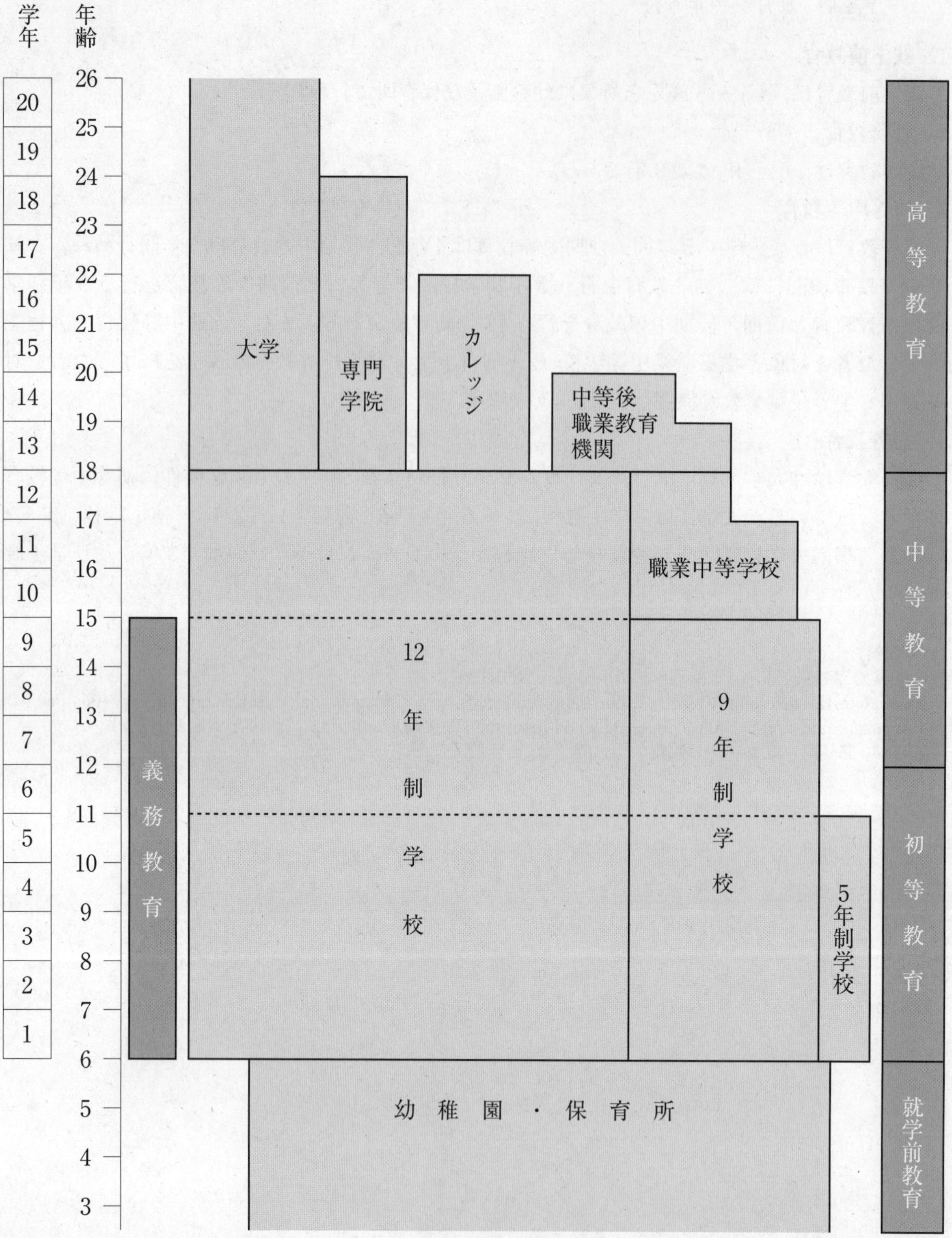
学年
年齢
26
25
24
23
22
21
20
19
18
17
16
15
14
13
12
11
10
9
8
7
6
5
4
3
2
1
大学
専門学院
カレッジ
中等後職業教育機関
職業中等学校
12年制学校
9年制学校
5年制学校
義務教育
幼稚園・保育所
高等教育
中等教育
初等教育
就学前教育

Ⅵ　取得可能な資格・学位

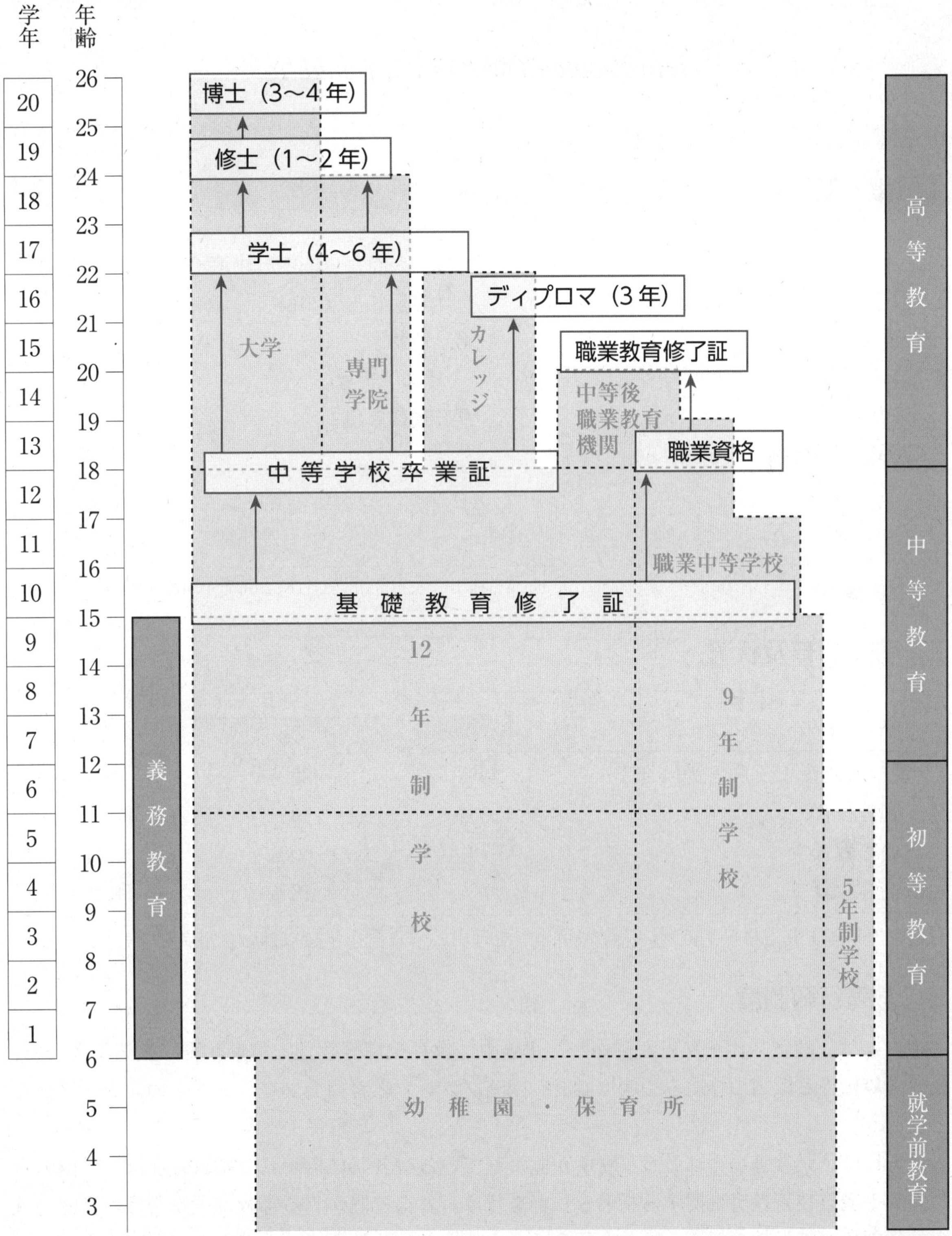
学年
年齢
博士（3～4年）
修士（1～2年）
学士（4～6年）
ディプロマ（3年）
職業教育修了証
大学
専門学院
カレッジ
中等後職業教育機関
職業資格
中等学校卒業証
職業中等学校
基礎教育修了証
義務教育
12年制学校
9年制学校
5年制学校
幼稚園・保育所
高等教育
中等教育
初等教育
就学前教育

ラオス人民民主共和国

(*Lao People's Democratic Republic*)

Ⅰ 概 要

1. 人口
約649万人（2015年，ラオス統計局）
2. 面積
24万平方キロメートル
3. 政治体制
人民民主共和制
4. 言語
ラオス語
5. 1人当たり国内総生産(GDP)
1,725ドル（2014年，ラオス統計局）
6. 首都
ビエンチャン
7. 通貨単位
キープ

《出典》外務省ウェブサイト（http://www.mofa.go.jp/mofaj/area/laos/data.html（更新日：2016年4月27日）。

Ⅱ 教育の普及状況

教育段階	年	在籍率		
			男	女
就学前教育	2014年	30%	30%	31%
初等教育	〃	116%	119%	113%
中等教育	〃	57%	60%	55%
高等教育	〃	17%	18%	17%

（通常の年齢よりも早い又は遅い入学や留年等を理由とする該当年齢以外の在籍者を含む）

Ⅲ 教育行政制度

中央には，教育スポーツ省が置かれ，初等中等教育や高等教育，職業教育，生涯学習など，教育全般に係る政策の枠組みや制度設計，戦略プラン，教育開発プロジェクトの研究・開発などを行う。

地方には，県教育局や郡教育事務所が置かれている。各県に置かれる県教育局は，県内の中等教育や職業技術教育に関する指導・監督を行う。各郡に置かれる郡教育事務所は，当該地域の幼稚園や初等学校の指導・監督を行うほか，地域の生涯学習についても支援を行う。

Ⅳ　学校体系

（学年暦：9月～翌年6月）

1．就学前教育

就学前教育は，3～5歳児を対象に，幼稚園で行われる。

2．義務教育

義務教育は，6～11歳の5年である。

3．初等教育

初等教育は，6歳入学で5年間，初等学校で行われる。初等学校の修了者には，初等教育修了証が付与される。

4．中等教育

前期中等教育は，4年間，下級中等学校で行われる。下級中学校の修了者には，前期中等教育修了証が付与される。後期中等教育は，3年間，上級中等学校で行われる。上級中等学校の修了者には後期中等教育修了証が付与される。

そのほか，初等学校や下級中等学校の修了者を対象とする3～4年制の職業学校がある。職業学校の修了者のうち，前期中等教育修了証取得者を対象とする課程の修了者には，職業教育修了証が付与される。

5．高等教育

高等教育は，大学や教員養成カレッジで行われる。そのほか，職業教育を行う技術学校がある。入学資格は，後期中等教育修了証の取得者に認められ，修了証取得時の成績によって授業料負担や選抜試験の有無が決定する。技術学校の場合は，職業教育修了証の取得者にも入学資格が認められる。

大学には，2～3年の準学士課程，分野により4～7年の学士課程が置かれ，修了者にはそれぞれ準学士，学士が授与される。また，学士取得者対象の1.5～2年の修士課程，修士取得者対象の3年以上の博士課程が置かれ，それぞれ修士，博士を授与する。

教員養成カレッジには，2年の初等学校教員（就学前を含む）養成課程と，3～5年の中等学校教員養成課程が置かれ，修了者にはそれぞれの教員資格が付与される。

技術学校には2～3年の課程が置かれており，修了者には技術ディプロマあるいは上級技術ディプロマが付与される。職業教育修了証取得者は1～2年の履修で技術ディプロマの取得が，さらに技術ディプロマ取得者は1～2年の履修で上級技術ディプロマの取得がそれぞれ可能である。

《参考資料》

・UNESCO, World Data on Education, 7th edition, 2010/11.
・Australian Government, Country Education Profiles（https://internationaleducation.gov.au/CEP/Asia-Pacific/Laos/Pages/default.aspx）（2016年7月6日閲覧）.

V 学校系統図

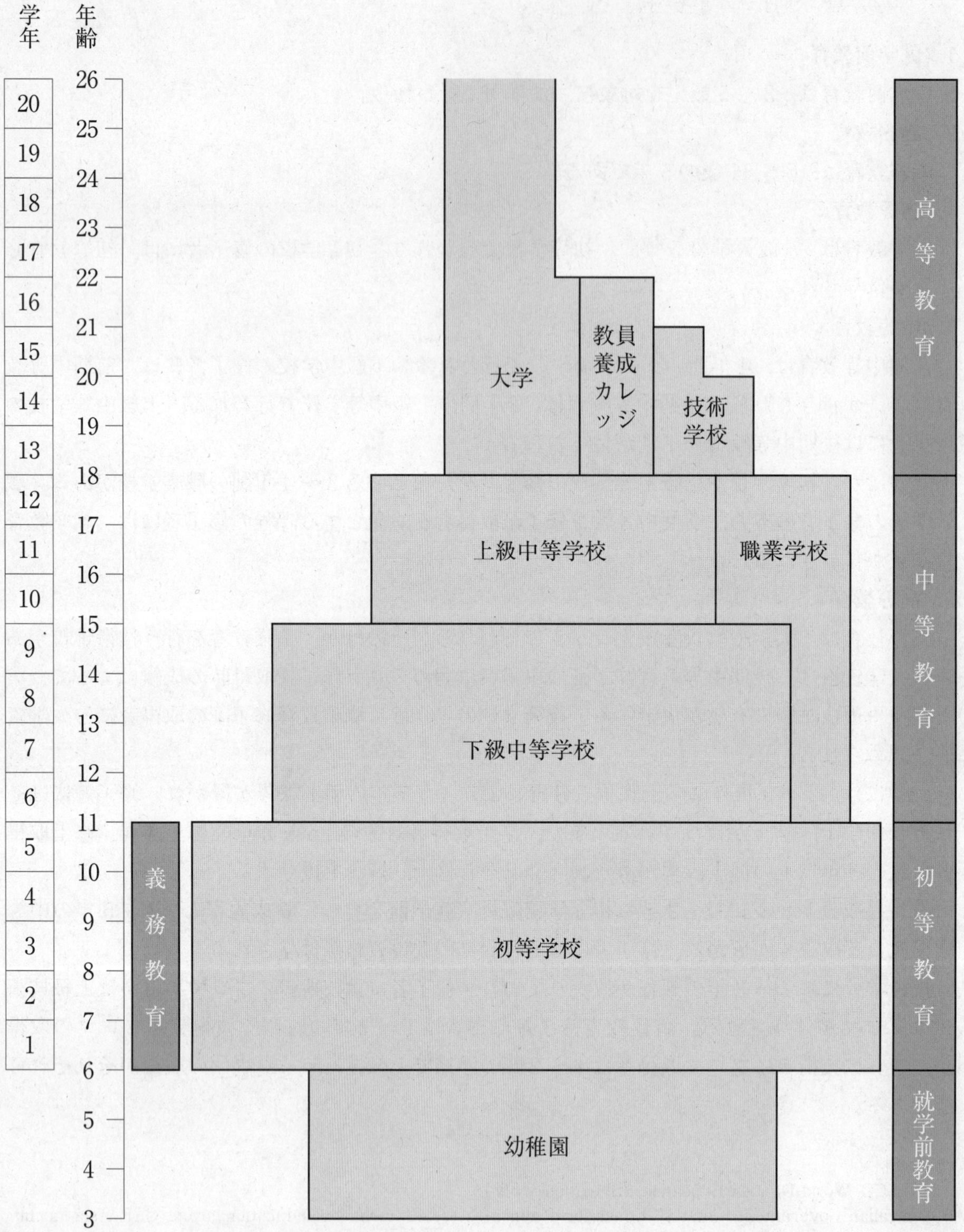
学年
年齢
大学
教員養成カレッジ
技術学校
上級中等学校
職業学校
下級中等学校
初等学校
幼稚園
義務教育
高等教育
中等教育
初等教育
就学前教育

Ⅵ　取得可能な資格・学位

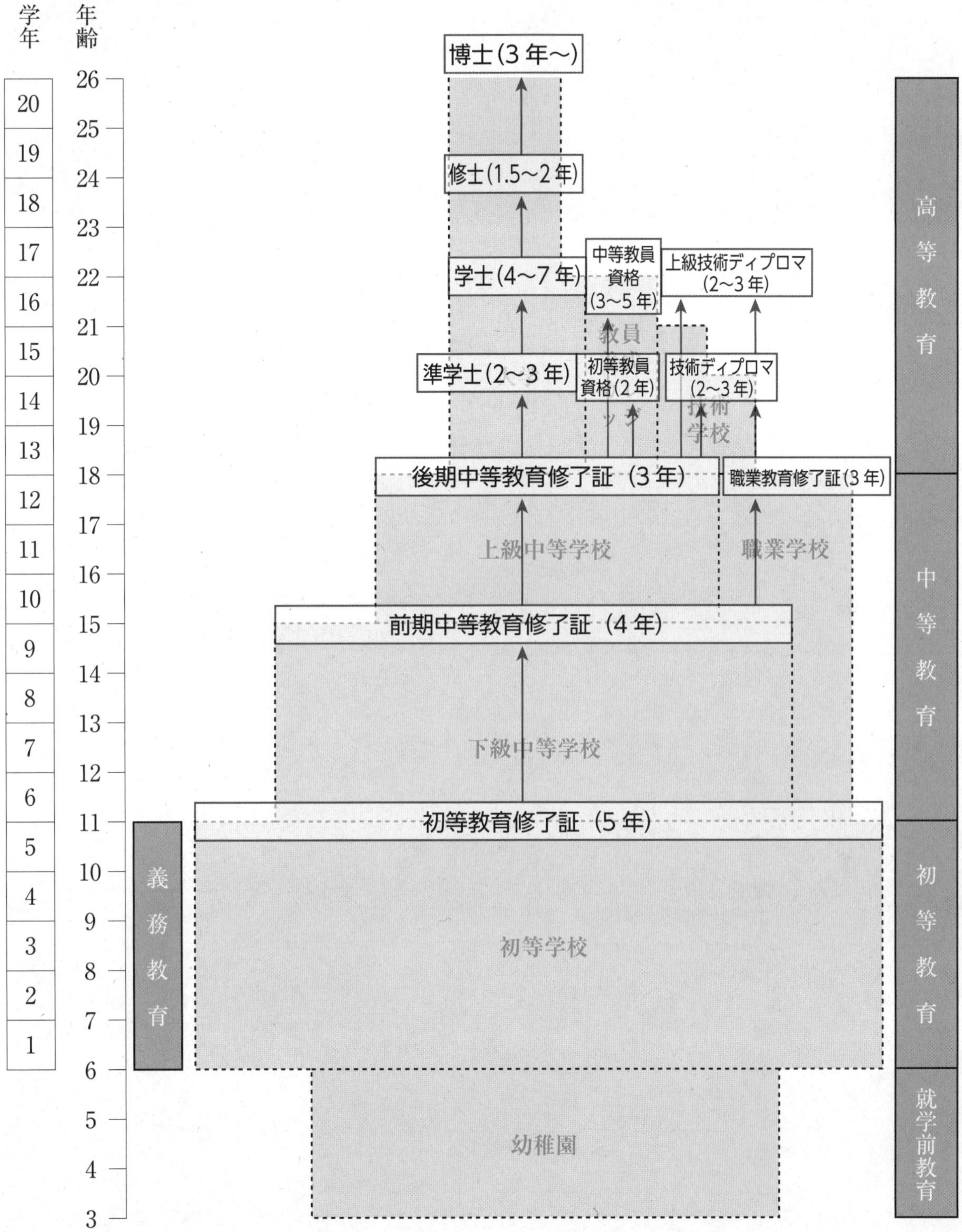
学年
年齢
博士（3年〜）
修士（1.5〜2年）
学士（4〜7年）
中等教員資格（3〜5年）
上級技術ディプロマ（2〜3年）
教員
準学士（2〜3年）
初等教員資格（2年）
技術ディプロマ（2〜3年）
技術学校
後期中等教育修了証（3年）
職業教育修了証（3年）
上級中等学校
職業学校
前期中等教育修了証（4年）
下級中等学校
初等教育修了証（5年）
初等学校
幼稚園
義務教育
高等教育
中等教育
初等教育
就学前教育

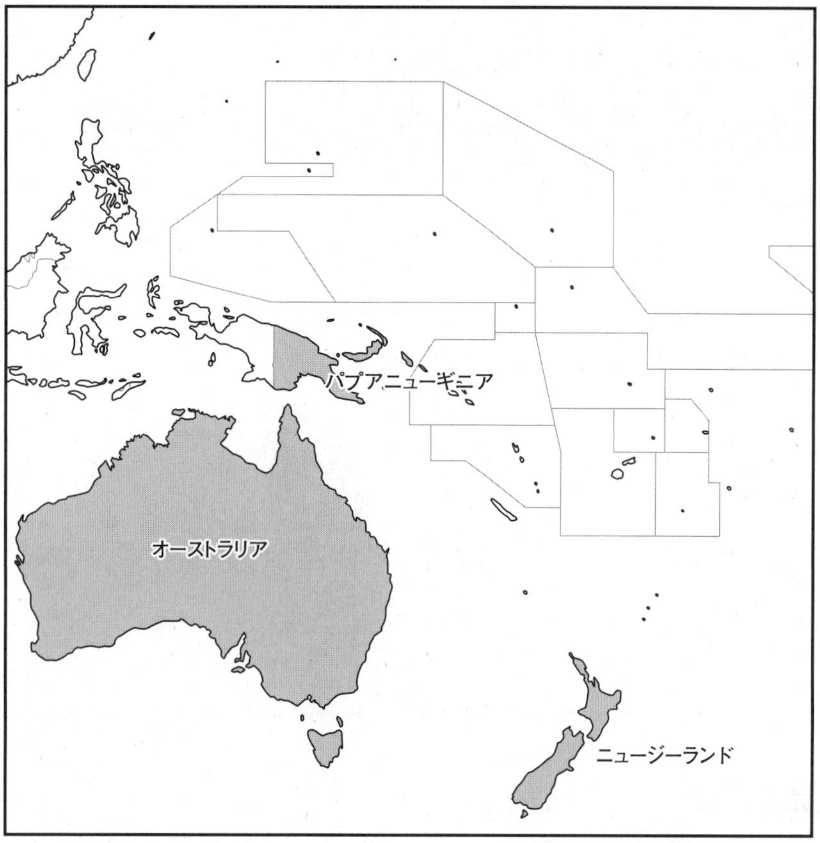

大 洋 州

（国・地域は掲載しているもののみ。国・地域名の表記は誌面の都合上，一般的なものとしているため本文と異なる。）

オーストラリア連邦

(*Commonwealth of Australia*)

Ⅰ 概 要

1. 人口
約2,405万人(2016年3月，豪州統計局)
2. 面積
769万2,024平方キロメートル
(日本の約20倍，ジオサイエンス・オーストラリア)
3. 政治体制
立憲君主制
4. 言語
英語
5. 1人当たり国内総生産(GDP)
50,962米ドル(2015年名目，IMF World Economic Outlook April 2016)
6. 首都
キャンベラ
7. 通貨単位
豪州ドル

《出典》外務省ウェブサイト(http://www.mofa.go.jp/mofaj/area/australia/data.html)(更新日：2016年10月1日)。

Ⅱ 教育の普及状況

教育段階	年	在籍率	男	女
就学前教育	2013年	109%	110%	108%
初等教育	〃	107%	107%	106%
中等教育	〃	138%	141%	134%
高等教育	〃	87%	72%	102%

(通常の年齢よりも早い又は遅い入学や留年等を理由とする該当年齢以外の在籍者を含む)

Ⅲ 教育行政制度

オーストラリアは，6州，北部準州及び首都直轄区からなる(以下，州と総称)連邦国家であり，教育は憲法上，州の責任とされる。特に初等中等教育について，州は独自の権限を持っているが，各州に共通点も多く，また連邦政府も財政援助など大きな役割を果たしている。近年は連邦全体を視野に入れた教育政策も打ち出されている。

連邦レベルの教育行政は，就学前から高等教育・職業教育に至るまで教育・訓練省(Department of Education and Training)が担当しており，教育財政の負担を通じた関与を中心に教育政策の策定・実施に当たっている。

学校，カリキュラム，評価，教員人事など，教育に関する権限は基本的に州が有し，各州には，教育を所管する省がそれぞれ設置されている。各州の連携・協力を図り，連邦間の重要事項について審議するオーストラリア政府間審議会（COAG）の下に教育に関する審議会が置かれ，各州の教育政策・制度の調整を図っている。

Ⅳ　学校体系

（学年暦：2月～12月。職業教育は1月～12月。高等教育は2月～11月）

1. 就学前教育

就学前教育は，幼稚園及び3～4歳児を対象としたプレスクールや，5歳児を対象とした初等学校付設の準備級等で行われる。

2. 義務教育

義務教育は，6～16歳の10年である。

3. 初等教育

初等教育は，6歳入学で，州により6年間又は7年間，初等学校で行われる。

4. 中等教育

中等教育は，州により5年間又は6年間（初等教育が7年間の州では5年間，6年間の州では6年間），前期・後期一貫の中等学校で行われる。

前期中等教育は，州により3年又は4年で，終了時には，相応の成績を修めた者に対し，後期中等教育への進学要件となる前期中等教育修了証が与えられる。

後期中等教育は2年で，終了時には，州内統一の後期中等教育修了試験が行われる。同試験の結果と平常の成績に基づき，高等教育への進学要件となる後期中等教育修了証が与えられる。

このほか，後期中等教育段階以上の者を対象に職業教育訓練を提供する機関として，各州が管轄・運営する公立の職業専門学校（TAFE）や，正規に機関登録された民間の職業教育訓練機関（RTO）などがある。年限は，取得を目指す職業資格の水準に応じて様々である。

5. 高等教育

高等教育は，主に大学で行われる。

大学は，主に準学士，学士等の学位を取得する課程を提供している。修業年限は，ディプロマが1年，上級ディプロマが2年，準学士が通常2年，学士（普通学位）が通常3～6年（優等学位の場合さらに1年）である。さらに，学士取得後に1～2年以上の修士課程，あるいは優等学位取得後に1年以上の修士課程が，またその上には通常3～4年の博士課程が設けられている。

《参考資料》
・Australian Education International: Country Education Profiles Australia（2014年7月8日）.
・Australian Government Department of Education and Training:Country Education Profiles Australia（2015年10月13日）.
・Australian Government Department of Education and Training ウェブサイト（https://www.education.gov.au/）（2016年9月6日閲覧）.
・UNESCO World Data on Education, 7th edition, 2010/11.

V　学校系統図

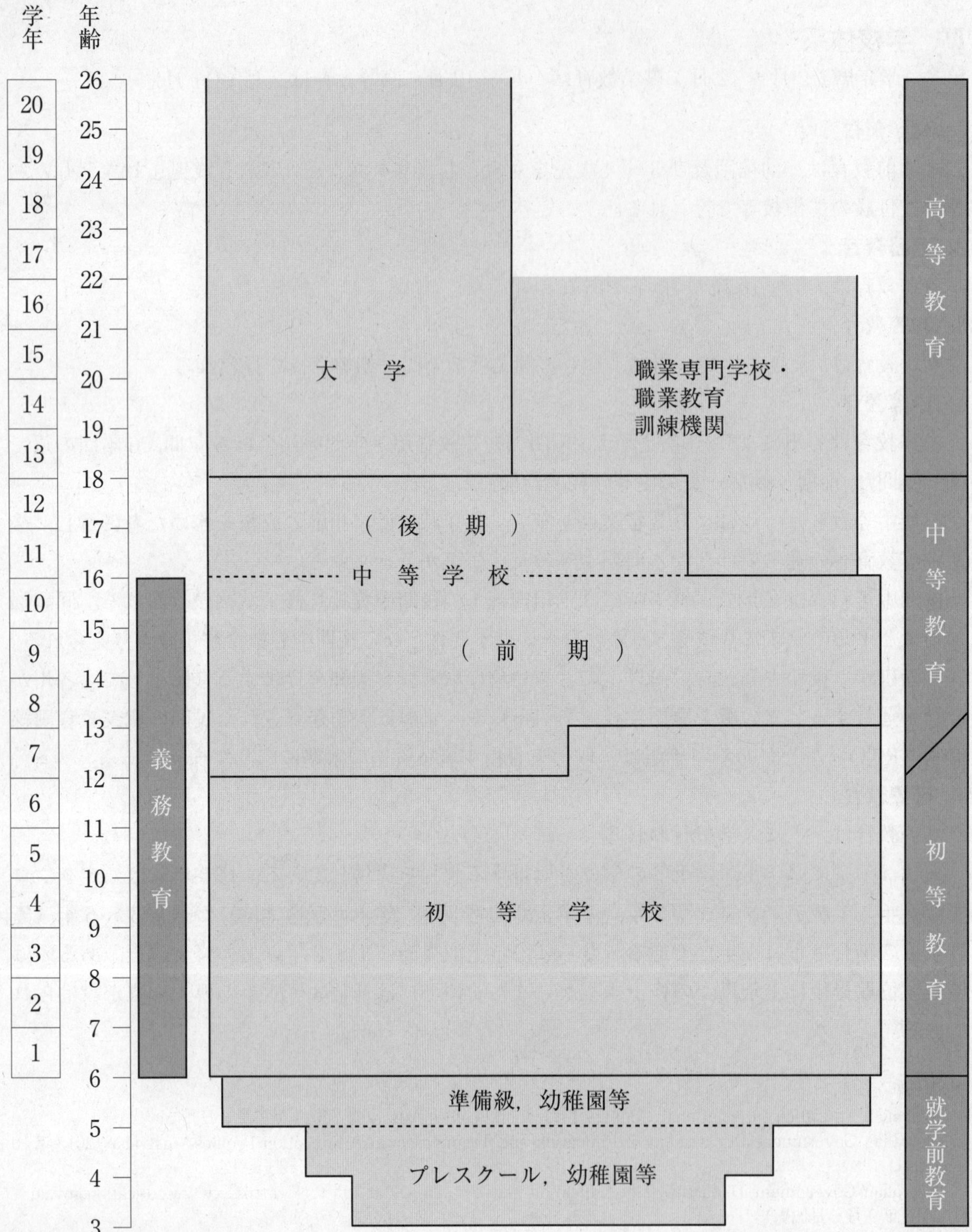
学年
年齢
大　学
職業専門学校・
職業教育
訓練機関
（後　期）
中　等　学　校
（前　期）
初　等　学　校
準備級，幼稚園等
プレスクール，幼稚園等
義務教育
高等教育
中等教育
初等教育
就学前教育

Ⅵ　取得可能な資格・学位

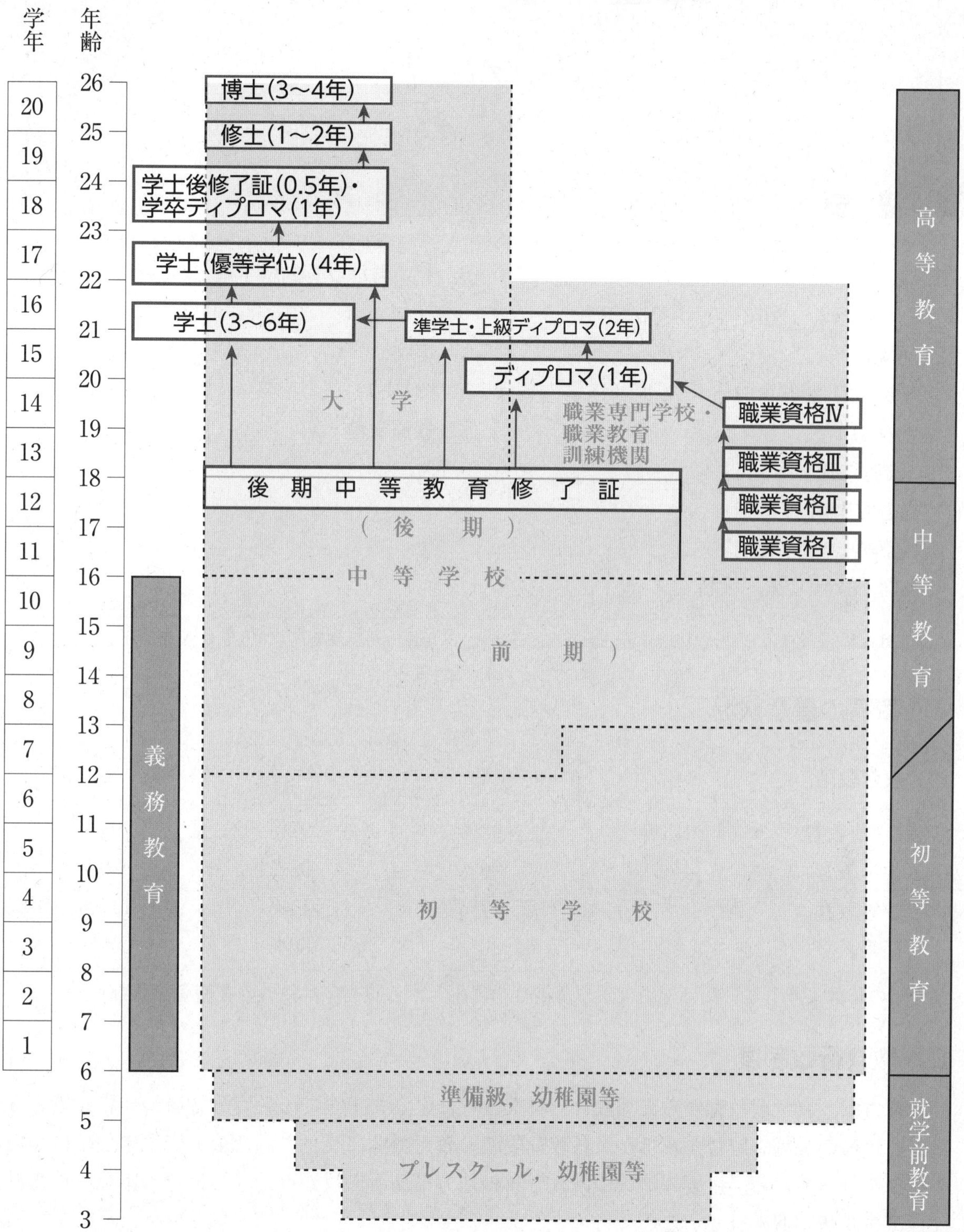

学年
年齢
博士(3～4年)
修士(1～2年)
学士後修了証(0.5年)・学卒ディプロマ(1年)
学士(優等学位)(4年)
学士(3～6年)
準学士・上級ディプロマ(2年)
ディプロマ(1年)
大学
職業専門学校・職業教育訓練機関
職業資格Ⅳ
職業資格Ⅲ
職業資格Ⅱ
職業資格Ⅰ
後期中等教育修了証
(後期)
中等学校
(前期)
初等学校
準備級，幼稚園等
プレスクール，幼稚園等
義務教育
高等教育
中等教育
初等教育
就学前教育

ニュージーランド

(*New Zealand*)

Ⅰ　概　要

1. 人口
約424万人（2013年，国勢調査）
2. 面積
27万534平方キロメートル（日本の約4分の3）
3. 政治体制
立憲君主国
4. 言語
英語，マオリ語，手話
5. 1人当たり国内総生産（GDP）
37,044ドル（2015年，IMF）
6. 首都
ウェリントン
7. 通貨単位
NZドル

《出典》外務省ウェブサイト（http://www.mofa.go.jp/mofaj/area/nz/data.html）（更新日：2016年11月28日）。

Ⅱ　教育の普及状況

教育段階	年	在籍率	男	女
就学前教育	2013年	98%	97%	99%
初等教育	〃	99%	98%	99%
中等教育	〃	117%	114%	121%
高等教育	〃	80%	66%	94%

（通常の年齢よりも早い又は遅い入学や留年等を理由とする該当年齢以外の在籍者を含む）

Ⅲ　教育行政制度

教育省は，就学前教育から高等教育，職業教育に至るまで全ての教育分野について政策を立案し，政策の実施を監督するほか，各教育段階の教育機関に交付された公的資金の使用について監督を行っている。主要4地域には教育省の地方事務所が置かれ，さらにその下位レベルには地区事務所が置かれている。

Ⅳ　学校体系

（学年暦：2月～12月。高等教育は3月～11月）

1. 就学前教育

就学前教育は，3～4歳児を中心に幼稚園やプレイセンター，また，0～4歳児を対象とする，多様な就学前教育機関において提供されている。また，マオリの言語・文化を教える機関「コハンガ・レオ」も設置されている。

2. 義務教育

義務教育は，6～16歳の10年である。

3. 初等教育

初等教育は，5歳入学で8年間，初等学校，又は6年制初等学校及び2年制中間学校，又は初等中等一貫型の13年制の地域学校で行われる。義務教育は6歳に達してからだが，ほとんどの児童は5歳から初等学校及び地域学校に入学する。

4. 中等教育

中等教育は，5年間，5年制中等学校，7年制学校，初等中等一貫型の地域学校の第9～13学年で行われる。第11～13学年の各修了時には，全国中等教育修了資格（National Certeficate of Educational Achivement：NCEA）を取得する。NCEAはレベル1～3からなり，それぞれ第11学年修了相当，第12学年修了相当，及び第13学年修了相当となっている。

5. 高等教育

高等教育は，大学のほか，教員養成を目的とする教育カレッジ（3～4年）や，各種職業資格の取得を目的とするポリテクニク（2～4年）などで行われる。大学にでは，3年～6年の学士課程，2年の修士課程，3年の博士課程が置かれている。学士号取得者を対象とする学卒ディプロマ（2～3年）もある。上級学位は大学において提供される。このほか，大学やポリテクなどにおいて，準学位レベルの資格として，全国サーティフィケイト（2年），全国ディプロマ（3年）などが提供されている。

《参考資料》
・UNESCO, World Data on Education, 7th edition, 2010/11.
・Australian Government, Country Education Profiles（https://internationaleducation.go.au/cep/Asia-Pacific/Newzeland/Pages/default.aspx）（2016年7月4日閲覧）.
・Careersnz（http://www.career.govt.nz/education-and-training/...）（2016年8月12日閲覧）.

V　学校系統図

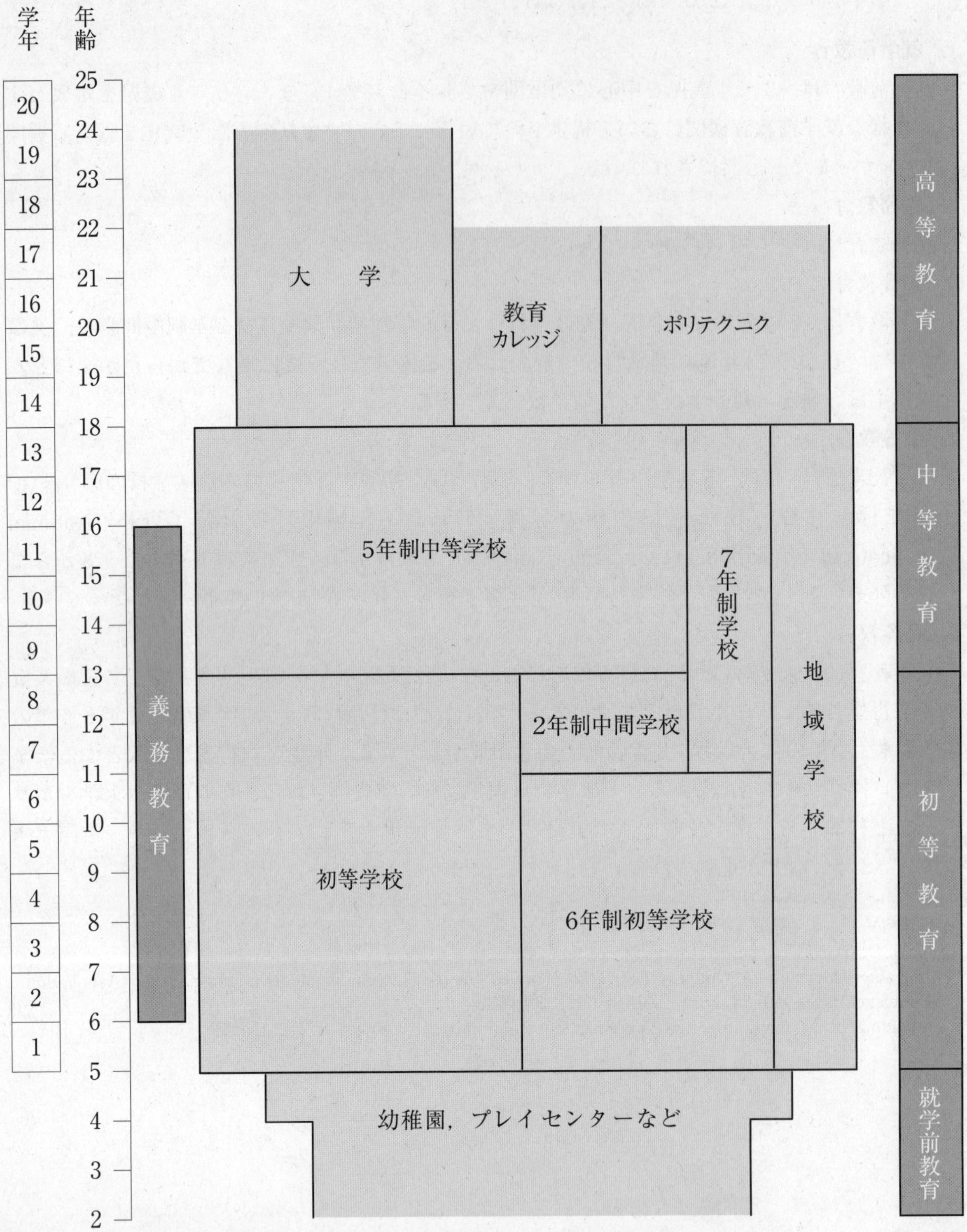

学年
年齢
20
19
18
17
16
15
14
13
12
11
10
9
8
7
6
5
4
3
2
1
25
24
23
22
21
20
19
18
17
16
15
14
13
12
11
10
9
8
7
6
5
4
3
2
義務教育
大　学
教育カレッジ
ポリテクニク
5年制中等学校
7年制学校
地域学校
2年制中間学校
初等学校
6年制初等学校
幼稚園，プレイセンターなど
高等教育
中等教育
初等教育
就学前教育

Ⅵ　取得可能な資格・学位

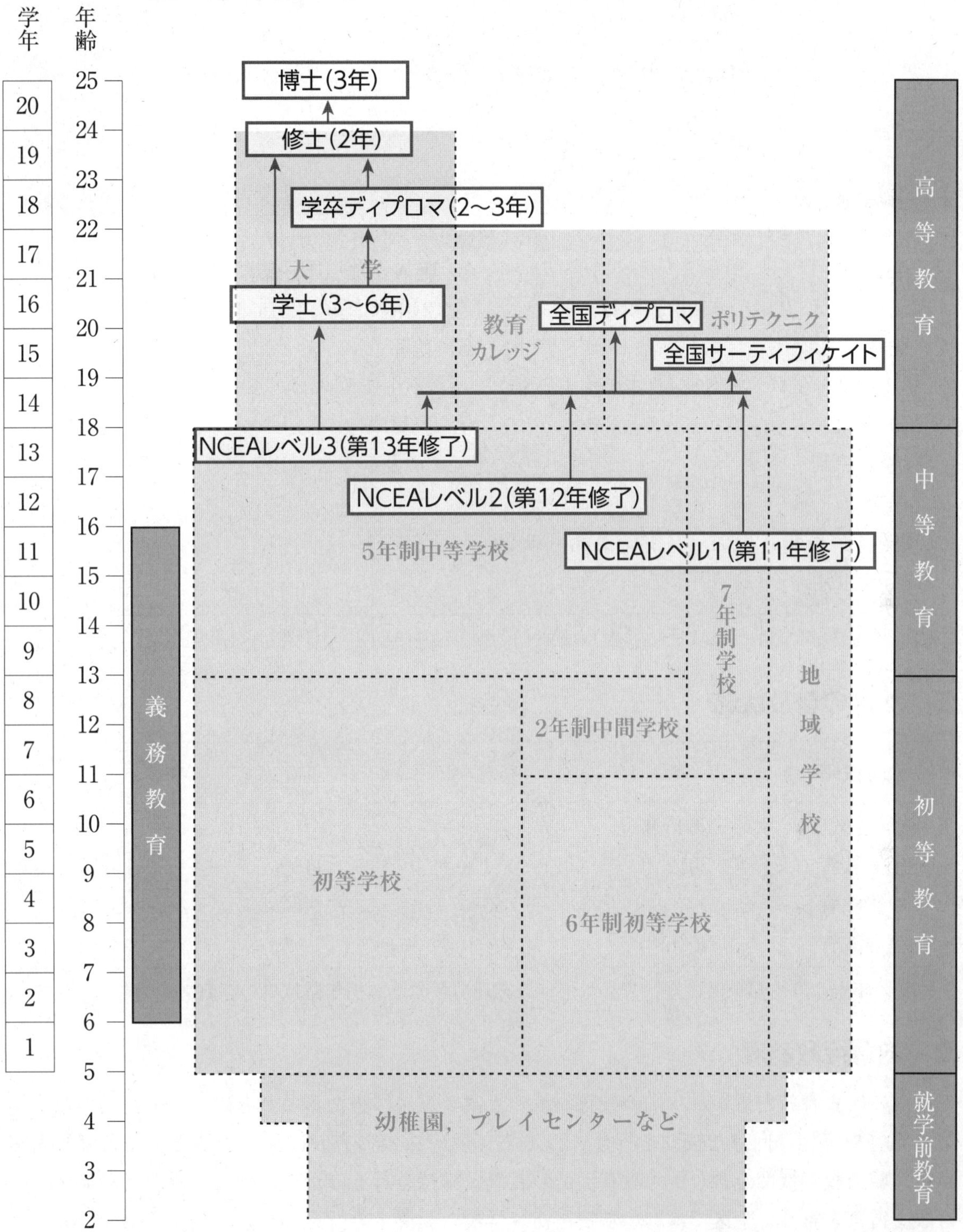

学年
年齢
博士(3年)
修士(2年)
学卒ディプロマ(2〜3年)
大学
学士(3〜6年)
教育カレッジ
全国ディプロマ
ポリテクニク
全国サーティフィケイト
NCEAレベル3(第13年修了)
NCEAレベル2(第12年修了)
NCEAレベル1(第11年修了)
5年制中等学校
7年制学校
地域学校
2年制中間学校
初等学校
6年制初等学校
幼稚園，プレイセンターなど
義務教育
高等教育
中等教育
初等教育
就学前教育

パプアニューギニア独立国

(*Independent State of Papua New Guinea*)

Ⅰ　概　要

1. 人口
7,619,321人（2015年，世界銀行）
2. 面積
46.2万平方キロメートル（日本の約1.25倍）
3. 政治体制
立憲君主制
4. 言語
英語（公用語）の他，ピジン英語，モツ語等を使用
5. １人当たり国民総所得（GNI）
2,240米ドル（2014年，世界銀行）
6. 首都
ポートモレスビー
7. 通貨単位
キナ及びトヤ（100分の１キナ）

《出典》外務省ウェブサイト（http://www.mofa.go.jp/mofaj/area/png/data.html）（更新日：2016年10月21日）。

Ⅱ　教育の普及状況

教育段階	年	在籍率	男	女
就学前教育	2006年	…	…	…
初等教育	2012年	114%	119%	109%
中等教育	〃	40%	46%	34%
高等教育	2006年	…	…	…

（通常の年齢よりも早い又は遅い入学や留年等を理由とする該当年齢以外の在籍者を含む）

Ⅲ　教育行政制度

中央には教育省が置かれ，国の教育政策の立案・実施に当たるとともに，州や地区の教育施策の調整や実施に向けた援助を行う。20ある州政府は国の方針に基づき初等中等教育計画を定め，職業教育機関を含む中等教育機関の設置・維持を行うほか，州の下に置かれた地区への財政支援等を行う。地区では初歩学校と初等学校の設置・維持を行う。

Ⅳ　学校体系

（学年暦：1月～12月）

1995年制定の教育法に基づき，中等教育進学者の増大を目的とする6－4－2制から3（1年間の就学前教育を含む）－6－4制への学制改革が進められているが，新制度への移行は完了していないため，旧制度に基づく学校が残っている。

1．義務教育

義務教育制度はない。

2．就学前教育・初等教育

就学前教育は初歩学校（elementary school）で行われる。初歩学校は，通常6～8歳児を対象に3年間の課程を提供するが，そのうち最初の1年間が就学前教育とされ，続く2年間は初等教育と位置づけられている。

初等教育は初歩学校に続き，6年制の初等学校（primary school）において行われる。初歩学校の3年と合わせた9年間は基礎教育とされる。初等学校の修了時には国家試験が行われ，合格者に基礎教育修了証が授与される。

3．中等教育

中等教育は2年間の前期中等教育と2年間の後期中等教育に分けられる。これらは，4年制の中等学校のほか，前期中等学校及び後期中等学校で提供される。このほか，職業訓練センターが初等教育以上の課程修了者を，テクニカルカレッジが前期中等教育修了者を対象として，多様な職業教育関連プログラムを提供している。

前期中等教育は初等教育修了者を対象とし，修了時の国家試験合格者には前期中等教育修了証が授与されるとともに，試験の成績に基づき後期中等教育への進学が決定される。

後期中等教育は前期中等教育修了者を対象とし，修了時の国家試験合格者には後期中等教育修了証が授与されるとともに，試験の成績に基づき高等教育進学者の選抜が行われる。

4．高等教育

高等教育は，大学とカレッジで行われる。

大学では，通常2～3年のディプロマ課程，4年間の学士課程，通常学士取得後1年間の学卒ディプロマ課程，1～3年の修士課程，3年間の博士課程などが置かれている。

カレッジの多くは大学の傘下機関であり，教員養成や看護師養成を行っている。2年のサーティフィケイト課程と3年のディプロマ課程が置かれている。

《参考資料》

・Australian Government, Country Education Profiles（https://internationaleducation.gov.au/CEP/Asia-Pacific/Papua-New-Guinea/Pages/default.aspx）（2016年7月6日閲覧）.
・UNESCO, World Data on Education, 7th edition, 2010/11（2011年5月更新）.
・PNG Department of Education, *Universal Basic Education Plan 2010-20019*, Dec. 2009.

V　学校系統図

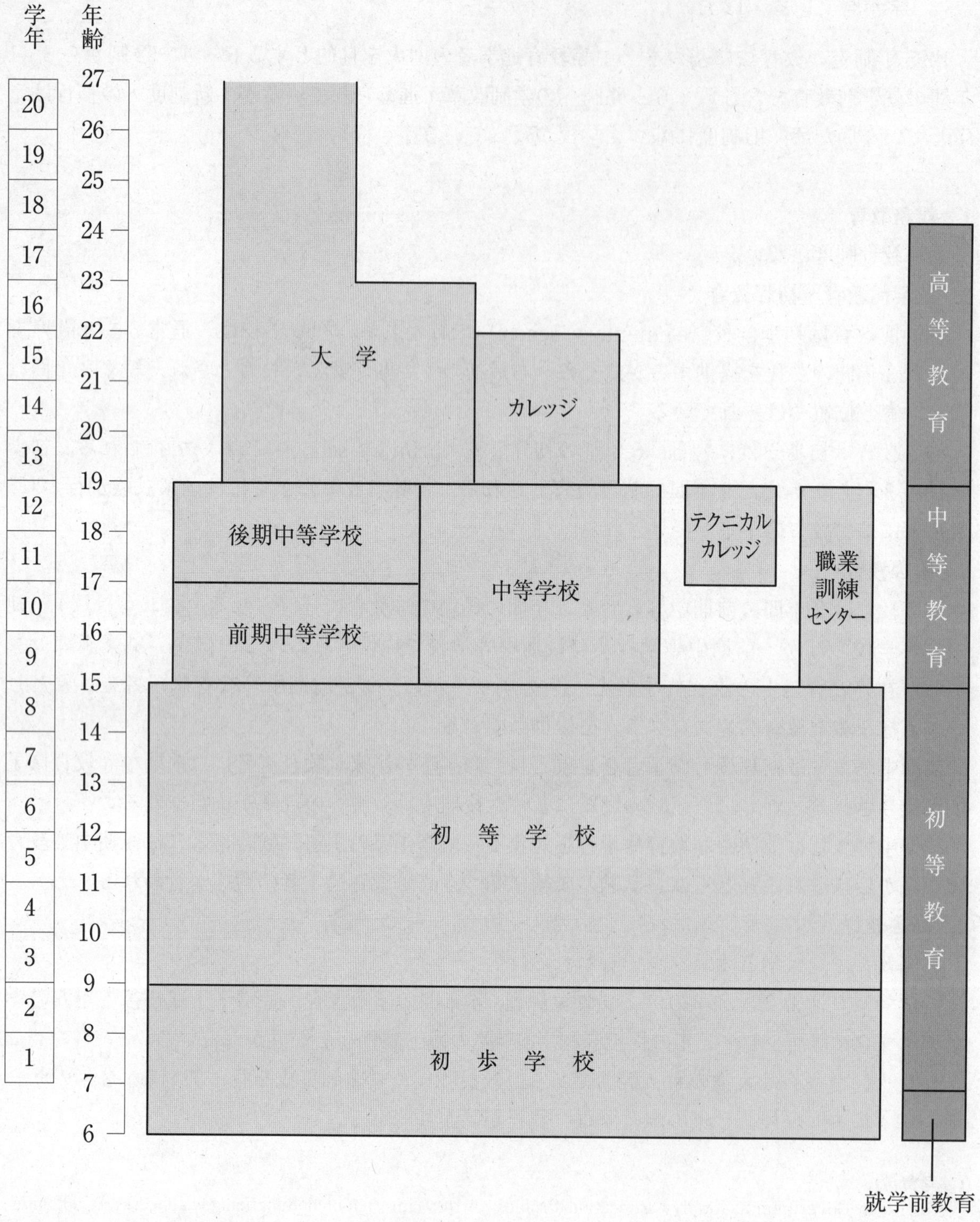
学年
年齢
20
19
18
17
16
15
14
13
12
11
10
9
8
7
6
5
4
3
2
1
27
26
25
24
23
22
21
20
19
18
17
16
15
14
13
12
11
10
9
8
7
6
大　学
カレッジ
後期中等学校
前期中等学校
中等学校
テクニカル
カレッジ
職業
訓練
センター
初　等　学　校
初　歩　学　校
高等教育
中等教育
初等教育
就学前教育

Ⅵ　取得可能な資格・学位

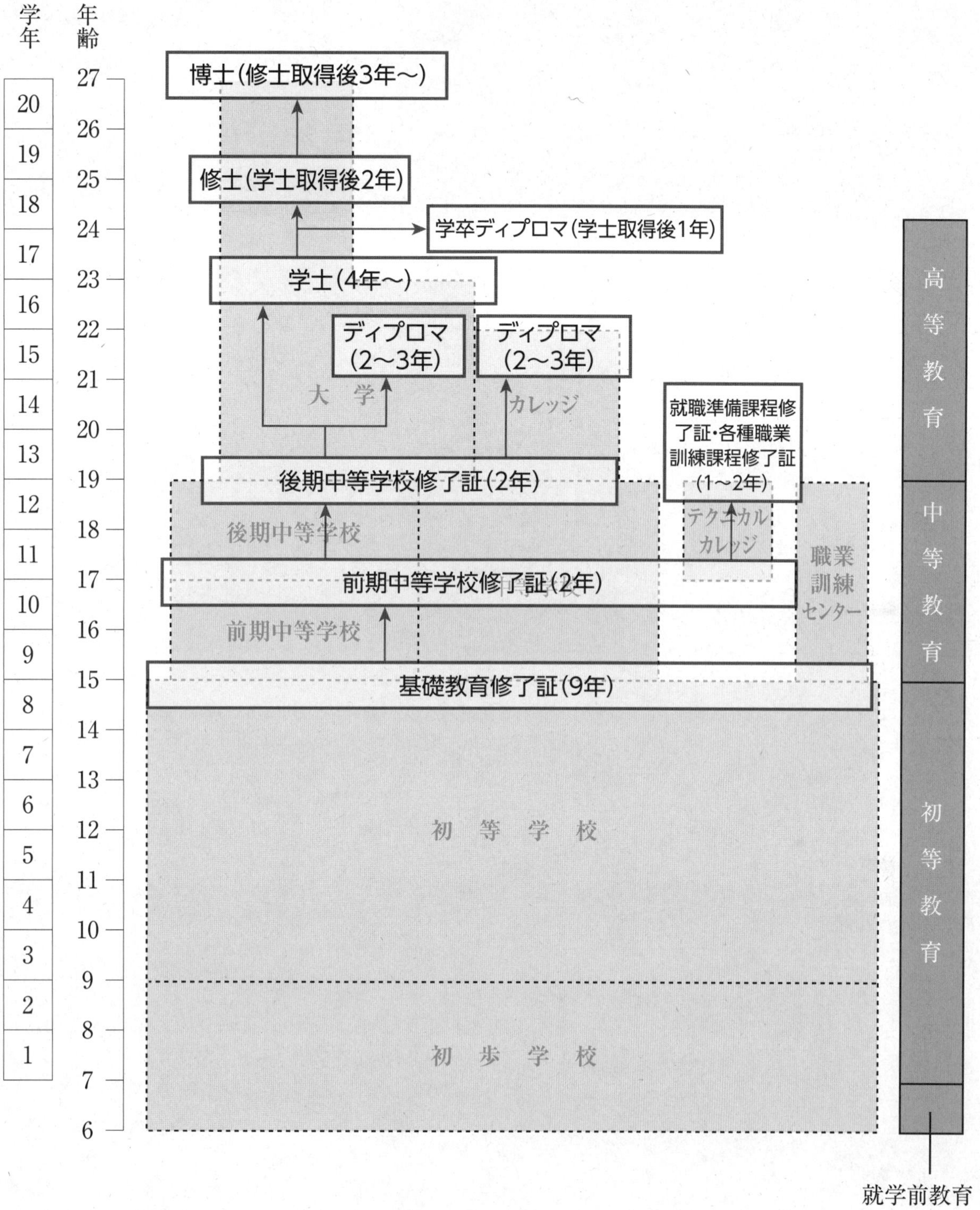

学年
年齢
博士(修士取得後3年～)
修士(学士取得後2年)
学卒ディプロマ(学士取得後1年)
学士(4年～)
ディプロマ(2～3年)
ディプロマ(2～3年)
大　学
カレッジ
就職準備課程修了証・各種職業訓練課程修了証(1～2年)
後期中等学校修了証(2年)
後期中等学校
テクニカルカレッジ
職業訓練センター
前期中等学校修了証(2年)
前期中等学校
基礎教育修了証(9年)
初　等　学　校
初　歩　学　校
高等教育
中等教育
初等教育
就学前教育

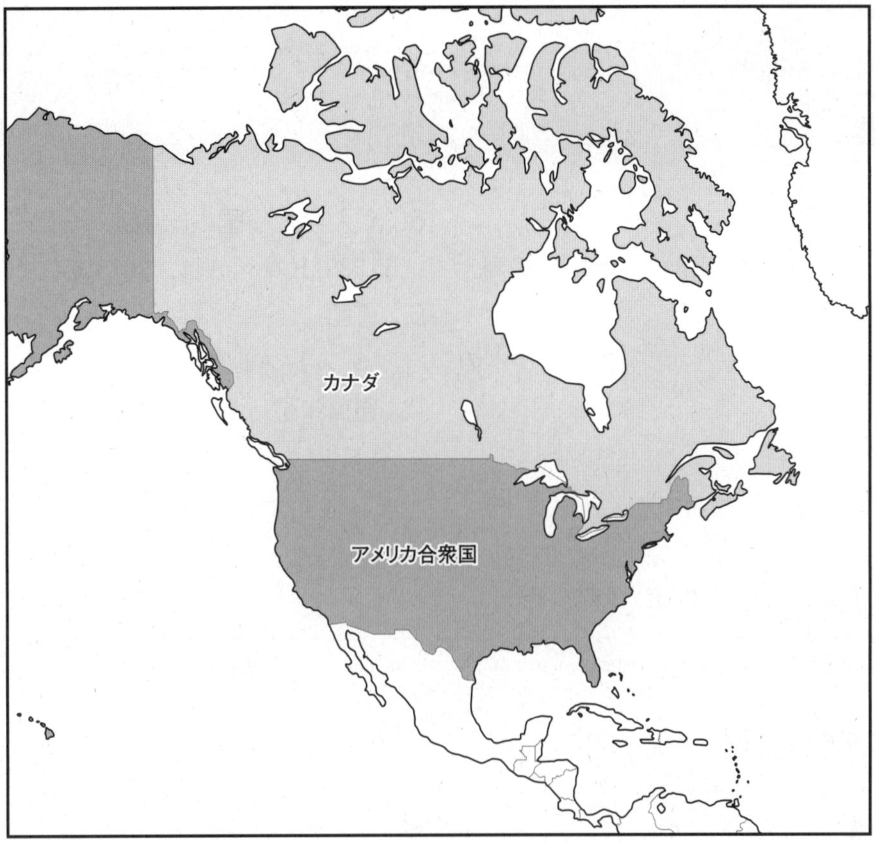

北　　米

（国・地域は掲載しているもののみ。国・地域名の表記は誌面の都合上，一般的なものとしているため本文と異なる。）

アメリカ合衆国

(*United States of America*)

Ⅰ 概 要

1. 人口
3億875万人（2010年4月，米国国勢局）
2. 面積
962.8万平方キロメートル（50州，日本の約25倍）
3. 政治体制
大統領制，連邦制（50州他）
4. 言語
主として英語（法律上の定めはない）
5. 1人当たり国内総生産（GDP）
55,837ドル（名目，2015年）
6. 首都
ワシントンD.C.
7. 通貨単位
米ドル

《出典》外務省ウェブサイト（http://www.mofa.go.jp/mofaj/area/usa/data.html）（更新日：2016年8月19日）。

Ⅱ 教育の普及状況

教育段階	年	在籍率	男	女
就学前教育	2013年	71%	71%	71%
初等教育	〃	99%	100%	99%
中等教育	〃	96%	96%	96%
高等教育	〃	89%	75%	104%

（通常の年齢よりも早い又は遅い入学や留年等を理由とする該当年齢以外の在籍者を含む）

Ⅲ 教育行政制度

連邦には連邦教育省が置かれているが，その役割は教育に関する調査，統計，研究及びマイノリティ教育や奨学金事業等の機会均等の保障などに限定されている。

教育は基本的に州の専管事項であり，通常，初等中等教育と高等教育のそれぞれに教育行政機関が置かれている。初等中等教育については州教育委員会が公立学校に関する教育方針や制度的枠組みを設定している。後者については州立大学理事会や州高等教育調整委員会が州の高等教育政策の立案・実施や州立大学の管理・運営を行っている。

州の下には，初等中等教育行政を専門とする地方政府（特別地区）として学区が置かれている。学区では，学区教育委員会が公立学校の設置・維持・管理を行っている。

Ⅳ　学校体系

（学年暦：7月～翌年6月）

1. 就学前教育

幼稚園や保育学校などで行われ，通常3～5歳児を対象とする。小学校には入学前1年間の就学前教育を提供するための幼稚園クラス（第K学年）が付設されているのが一般的である。多くの子供たちは5歳で幼稚園クラスに在籍し，そのまま第1学年に進級する。

2. 義務教育

義務教育年限は9年から，1年間の就学前教育を含めた13年まで，州により異なるが，10年とする州が多い。就学義務開始年齢は6歳とする州が最も多い。規定上7歳又は8歳を就学義務開始年齢とする州もあるが，実際には6歳からの就学が認められている。

3. 初等中等教育

初等中等教育は合計12年である。その制度は州あるいは学区によって異なるが，5（4）－3（4）－4制が主流である。このほか，伝統的な学校制度として及び6－3（2）－3（4）制や8－4制，6－6制がある。

初等中等教育において「修了」という場合，通常，ハイスクールの修了を意味する。ハイスクールの修了要件としてほとんどの州に共通しているのは，指定された教科目について一定数以上の単位を取得することである。近年は，履修教科目の種類と単位数に加えて，州が指定する学力テストの受験・合格を修了要件とする州が増えている。

4. 高等教育

高等教育は総合大学，リベラルアーツ・カレッジ，専門大学（学部）及び短期大学（コミュニティカレッジ，テクニカルカレッジ等）などで行われる。これらの基礎的な入学資格はハイスクールの修了である。入学者の選抜方式は大学の種類及び性格によって異なり，無選抜（短期大学），一定水準以上の全員入学（多くの州立大学），選抜制（ハーバード大学などの有名私立大学）に大別される。

高等教育機関で授与される主な学位には，準学士，学士，修士，博士がある。準学士は通常，短期大学の2年課程を修了することで授与される。学士は通常，総合大学やリベラルアーツカレッジ等の4年以上5年以下の課程を修了することで授与される。修士は総合大学や専門大学の大学院にある1年以上2年以下の課程を修了することで授与される。博士は研究博士と専門職博士に大別され，前者は修士課程よりも上級の課程において博士論文の作成及び発表を要件に，後者は専門的な職業に従事するにあたり必要とされる知識・技能を提供する課程の修了に基づいて授与される。このほか，1年未満の課程の修了や一定の単位取得によって授与される各種履修証明（cirtificate，diploma）がある。

《参考資料》

・NCESサイト（http://nces.ed.gov/）（2016年6月29日閲覧）。
・文部科学省『諸外国の教育行財政』ジアース教育新社，2013年。

北米

V 学校系統図

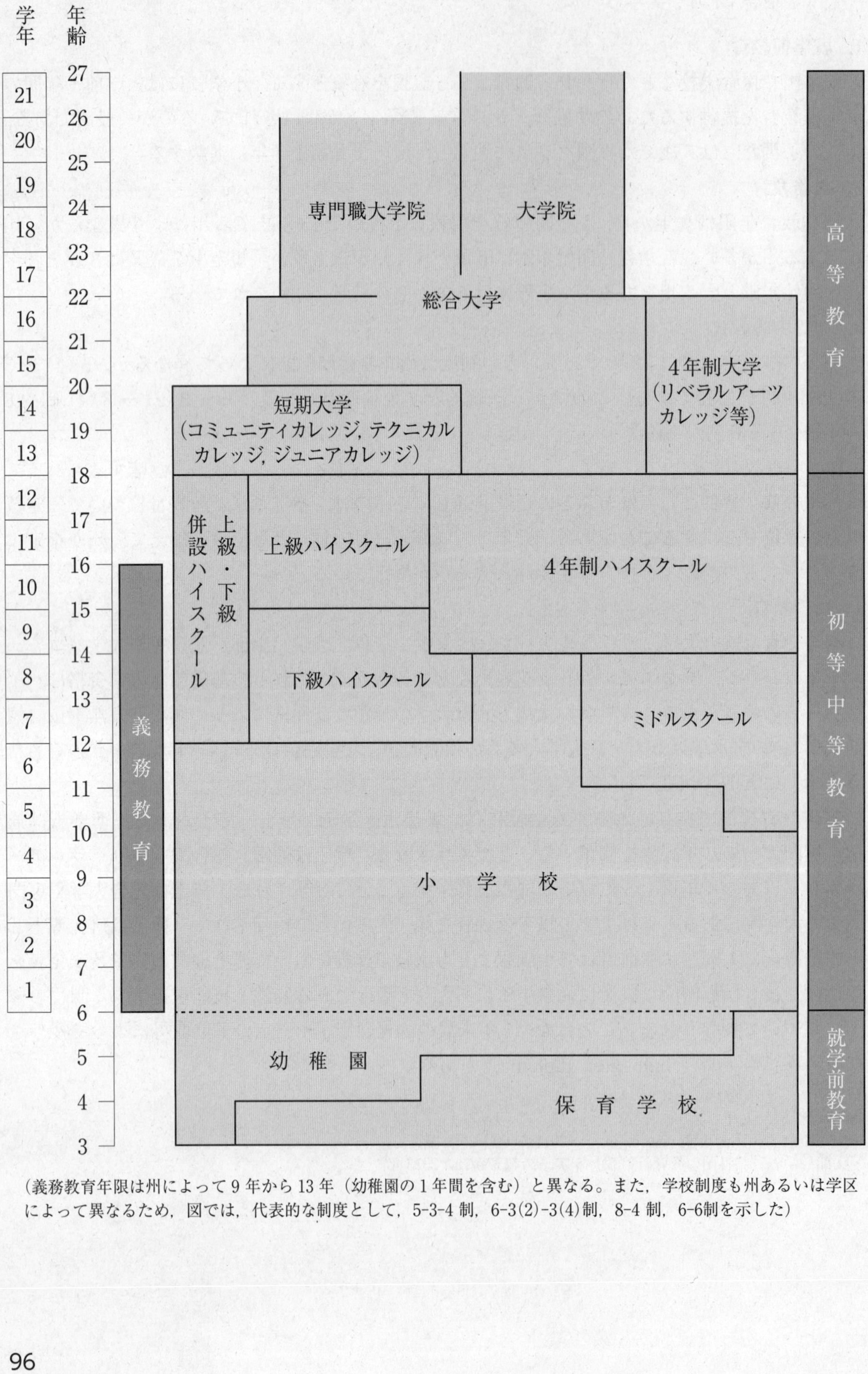

(義務教育年限は州によって9年から13年(幼稚園の1年間を含む)と異なる。また，学校制度も州あるいは学区によって異なるため，図では，代表的な制度として，5-3-4制，6-3(2)-3(4)制，8-4制，6-6制を示した)

Ⅵ　取得可能な資格・学位

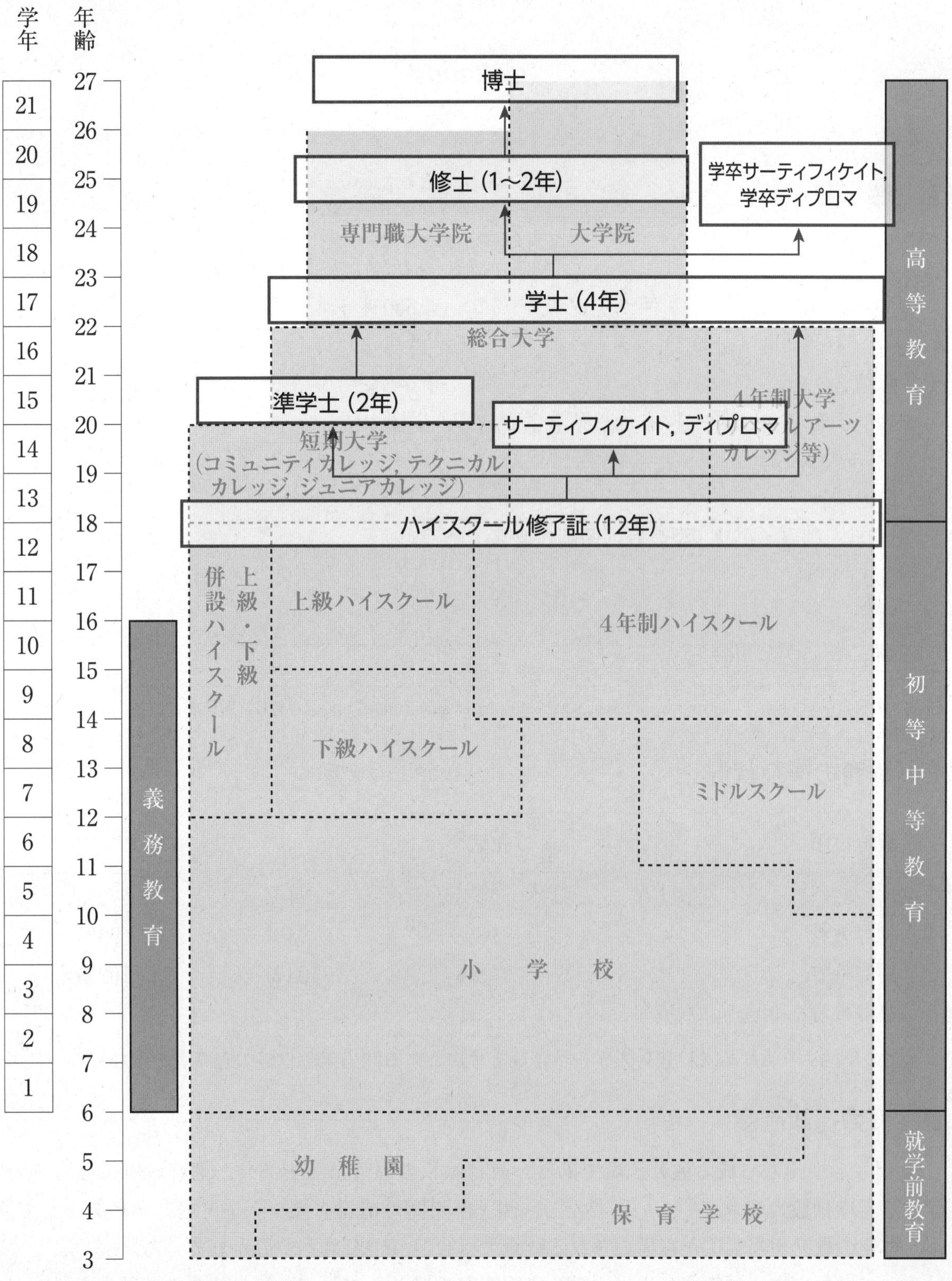
学年
年齢
博士
修士（1～2年）
学卒サーティフィケイト，学卒ディプロマ
専門職大学院
大学院
学士（4年）
総合大学
準学士（2年）
サーティフィケイト，ディプロマ
短期大学（コミュニティカレッジ，テクニカルカレッジ，ジュニアカレッジ）
4年制大学（リベラルアーツカレッジ等）
ハイスクール修了証（12年）
併設ハイスクール
上級・下級
上級ハイスクール
下級ハイスクール
4年制ハイスクール
ミドルスクール
小学校
幼稚園
保育学校
義務教育
高等教育
初等中等教育
就学前教育

カナダ

(*Canada*)

Ⅰ 概 要

1. 人口
約3,616万人(2016年4月カナダ統計局推計,日本の約4分の1)
2. 面積
998.5万平方キロメートル(世界第2位,日本の約27倍)
3. 政治体制
立憲君主制(イギリス型議院内閣制と連邦主義に立脚)
4. 言語
英語,仏語が公用語
5. 1人当たり国民総所得(GNI)
47,500米ドル(2015年,World Bank)
6. 首都
オタワ
7. 通貨単位
カナダ・ドル

《出典》外務省ウェブサイト(http://www.mofa.go.jp/mofaj/area/canada/data.html)(更新日:2016年8月19日)。

Ⅱ 教育の普及状況

教育段階	年	在籍率	男	女
就学前教育	2011年	72%	71%	72%
初等教育	〃	98%	98%	99%
中等教育	〃	103%	104%	102%
高等教育	2006年	…	…	…

(通常の年齢よりも早い又は遅い入学や留年等を理由とする該当年齢以外の在籍者を含む)

Ⅲ 教育行政制度

10州と3準州から成る連邦国家である。教育は州の専管事項であり,連邦政府に教育を所管する省庁は設けられていない。ただし,州・準州間の情報交換や調整・協力を目的として,州・準州の教育担当大臣から構成される教育大臣会議(CMEC)が置かれている。

すべての州・準州に教育を担当する政府機関が設置されており,基本的な教育制度を維持している。多くの州では,初等中等教育とは別に高等教育行政の担当省庁を設けている。

初等中等教育については,州・準州の下の地方政府に多くの裁量が委ねられている。通常,住民選挙で選ばれた教育委員会が,小学校からハイスクールまでの公立学校の設置・維持・管理,教育課程基準の適用,教職員の雇用等を行っている。

Ⅳ 学校体系

（学年暦：9月～翌年8月）

1. 就学前教育

主に4，5歳児を対象に，初等学校に付設された幼稚園クラス等において提供される。

2. 義務教育

6～16歳の10年とする州が多い。州によっては5歳から始まる州や18歳で終了する州もある。

3. 初等中等教育

初等中等教育は，ほとんどの州で原則通算12年間であが，その区切り方は州によって異なる。初等学校は6歳入学であり，修業年限は5年制，6年制，7年制，8年制がある。中等学校は，初等学校に応じた修業年限（7年制の場合，中等学校は5年制など）となっており，5年制や6年制の初等学校に続く中等学校は，前期，後期に分かれている。

ただし，6－3－3制を基本とする州においても5年制の初等学校や4年制のハイスクール（後期中等学校），あるいは12年制の初等中等教育一貫校が設けられているように，州内に基本的な学校制度とは異なる区切り方の学校が見られるのが一般的である。

ケベック州では，通算11年間の課程の後，大学進学希望者は中等後教育機関（カレッジ）においてカレッジ・ディプロマ（2年）を取得しなければならない。オンタリオ州では，大学進学希望者はハイスクール修了後，1年間で指定された科目（6単位）を履修しなければならない（ただし，これらの科目はハイスクール在学中にも取得できる）。

4. 高等教育

高等教育は，大学，カレッジで行われる。

大学は，一貫型ハイスクールあるいは上級ハイスクールの修了証（ケベック州の場合，カレッジ・ディプロマ）取得者を対象とする学士課程，及び学士課程修了者を対象とする修士課程及び博士課程を提供する。学士課程は通常3～4年，修士課程は通常2年，博士課程は通常3～5年で論文提出が学位授与の条件とされる。このほか，2～3年の準学士課程や，職業技術教育を中心とする2～3年のディプロマ課程，1～1.5年の短期課程を提供する場合もある。

カレッジは短期の高等教育機関で，準学士課程のほか，ディプロマ課程，短期課程を提供している。

《参考資料》

・CMEC, *Education in CANADA: An Overview*（http://www.cmec.ca/299/Education-in-Canada-An-Overview）（2016年7月21日閲覧）．
・Australian Government, Country Education Profiles（https://internationaleducation.gov.au/CEP/The-Americas/Canada/Pages/default.aspx）（2016年7月6日閲覧）．
・UNESCO, World Data on Education, 6th edition, 2006/07（2006年11月更新）．

V 学校系統図

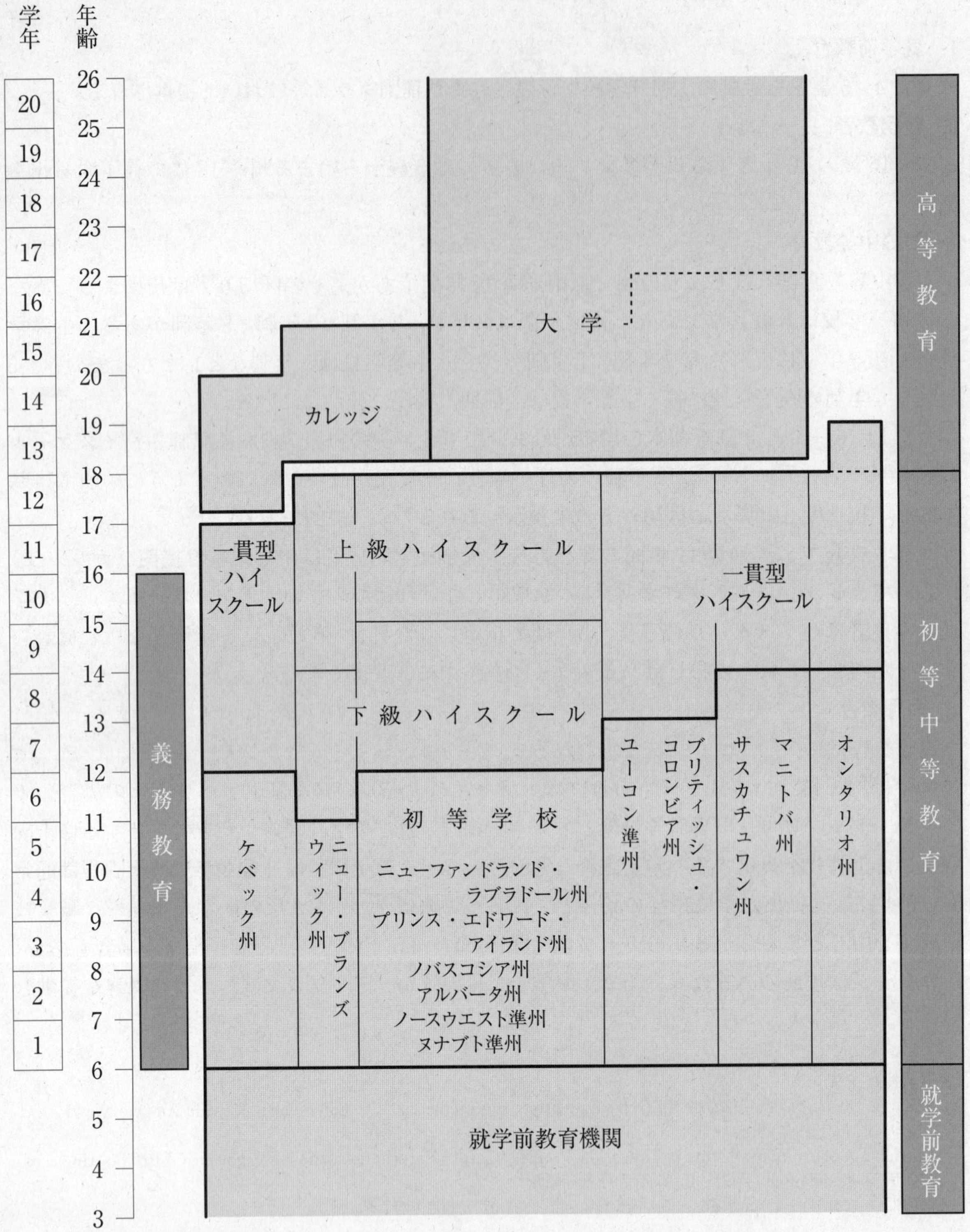
学年
年齢
20
19
18
17
16
15
14
13
12
11
10
9
8
7
6
5
4
3
2
1
26
25
24
23
22
21
20
19
18
17
16
15
14
13
12
11
10
9
8
7
6
5
4
3
義務教育
大 学
カレッジ
一貫型ハイスクール
上級ハイスクール
下級ハイスクール
一貫型ハイスクール
初等学校
ケベック州
ニュー・ブランズウィック州
ニューファンドランド・ラブラドール州
プリンス・エドワード・アイランド州
ノバスコシア州
アルバータ州
ノースウエスト準州
ヌナブト準州
ユーコン準州
ブリティッシュ・コロンビア州
サスカチュワン州
マニトバ州
オンタリオ州
就学前教育機関
高等教育
初等中等教育
就学前教育

Ⅵ　取得可能な資格・学位

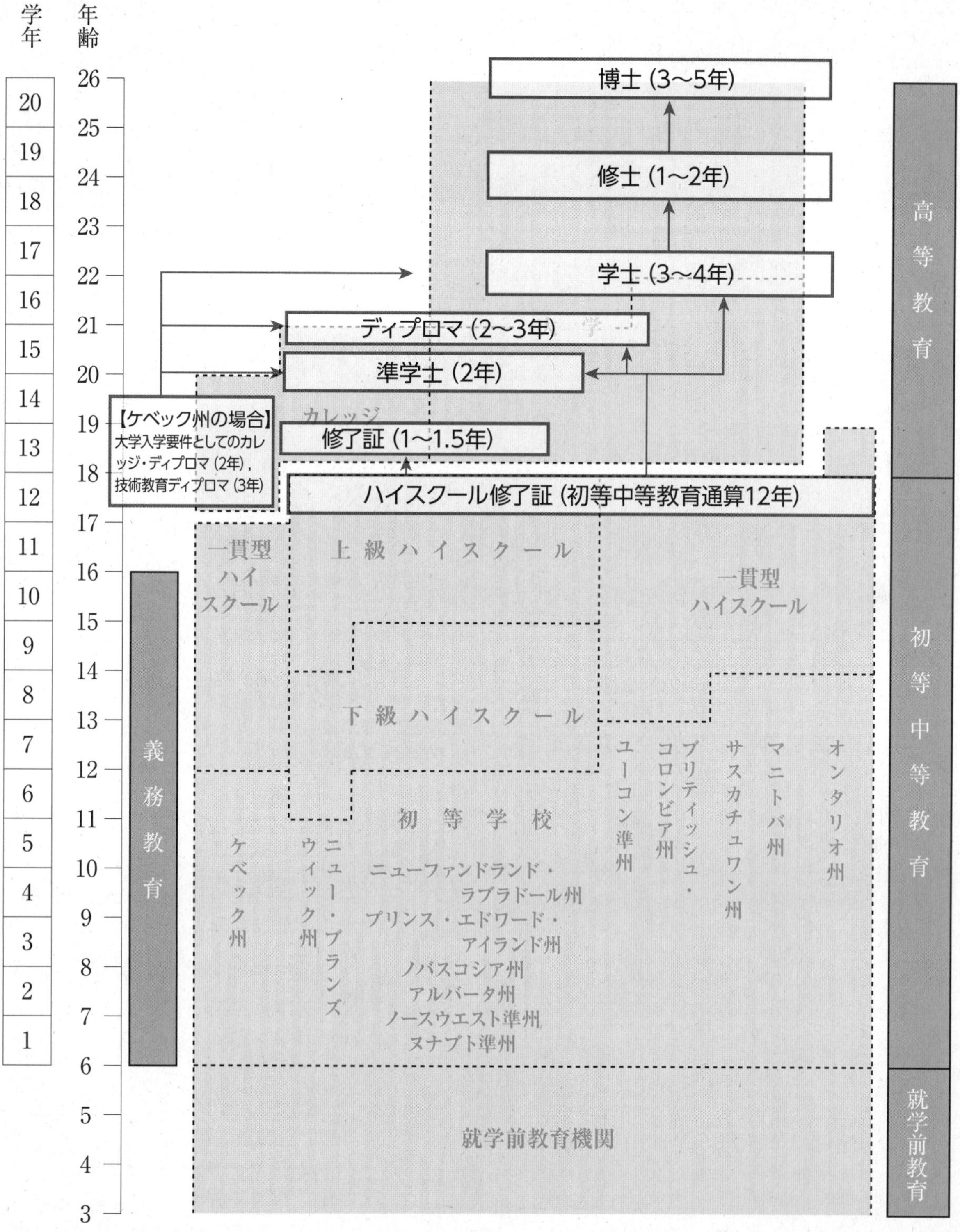

学年
年齢
博士（3〜5年）
修士（1〜2年）
学士（3〜4年）
ディプロマ（2〜3年）
準学士（2年）
修了証（1〜1.5年）
ハイスクール修了証（初等中等教育通算12年）
【ケベック州の場合】
大学入学要件としてのカレッジ・ディプロマ（2年），
技術教育ディプロマ（3年）
大学
カレッジ
一貫型ハイスクール
上級ハイスクール
下級ハイスクール
一貫型ハイスクール
初等学校
ケベック州
ニュー・ブランズウィック州
ニューファンドランド・ラブラドール州
プリンス・エドワード・アイランド州
ノバスコシア州
アルバータ州
ノースウエスト準州
ヌナブト準州
ユーコン準州
ブリティッシュ・コロンビア州
サスカチュワン州
マニトバ州
オンタリオ州
就学前教育機関
義務教育
高等教育
初等中等教育
就学前教育

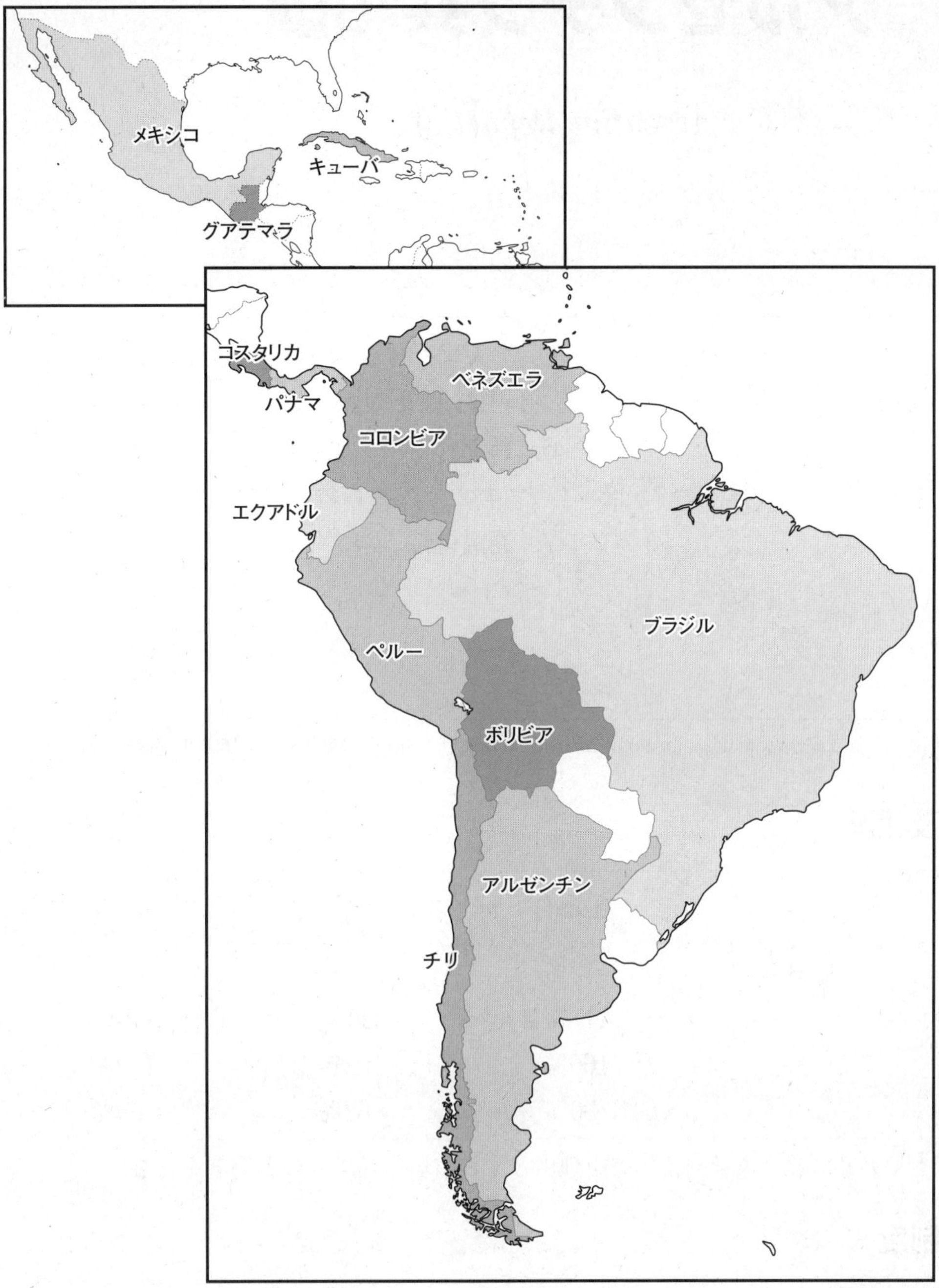

中南米

（国・地域は掲載しているもののみ。国・地域名の表記は誌面の都合上，一般的なものとしているため本文と異なる。）

アルゼンチン共和国

(*Argentine Republic*)

Ⅰ　概　要

1. 人口
 4,298万人（2014年）
2. 面積
 278万平方キロメートル（日本の約7.5倍）
3. 政治体制
 立憲共和制
4. 言語
 スペイン語
5. 1人当たり国内総生産（GDP）
 14,160ドル（2014年）
6. 首都
 ブエノスアイレス
7. 通貨単位
 ペソ

《出典》外務省ウェブサイト（http://www.mofa.go.jp/mofaj/area/argentine/data.html）（更新日：2016年10月18日）。

Ⅱ　教育の普及状況

教育段階	年	在籍率	男	女
就学前教育	2013年	72%	71%	72%
初等教育	〃	111%	111%	110%
中等教育	〃	106%	102%	110%
高等教育	〃	80%	62%	99%

（通常の年齢よりも早い又は遅い入学や留年等を理由とする該当年齢以外の在籍者を含む）

Ⅲ　教育行政制度

アルゼンチンは23の州及びブエノスアイレス市から成る連邦国家である。連邦政府の教育行政機関として教育スポーツ省が置かれており，教育計画や教育課程，教員養成のほか，大学や専門大学の設置認可を所管している。各州には州教育省（ブエノスアイレス市は市教育庁）が置かれており，初等中等教育及び非大学型高等教育機関に関する権限を持つ。このほか，連邦と各州の教育行政の調整を図るため連邦教育審議会が設置されている。

Ⅳ　学校体系

（学年暦：3月～11月）

2006年の国民教育法により，義務教育期間が就学前教育段階である5歳を含む13年間となった。また，同法により初等中等教育段階の学校制度を新たに6－6制とするか，従来の7－5制のままとするかは各州で決めることとなった。このため，現在，国内に2つの学校制度が並存している。

1. 就学前教育

就学前教育は，3～5歳児を対象に，幼稚園で行われる。初等学校入学前の1年間は義務教育となっている。

2. 義務教育

義務教育は，5～17歳の13年である。

3. 初等教育

初等教育は，6歳入学で6年間又は7年間，初等学校で行われる。

4. 中等教育

中等教育は5年制又は6年制の中等学校で行われる。中等学校の最初の3年間（前期中等教育）は基礎課程としてすべての生徒に共通の教育課程が提供される。後半は一般教育課程及び専門技術課程に分かれる。一般教育課程は基礎課程に続く2年間（5年制の場合）又は3年間（6年制の場合）の課程であり，修了者は大学入学資格でもある中等教育修了証を取得する。専門技術課程は一般教育課程よりも1年間長い3年（5年制の場合）又は4年（6年制の場合）の課程であり，修了者は技術士あるいは各種技術証明を取得する。

5. 高等教育

高等教育は，大学あるいは専門大学で行われる。4～7年の学士課程と，その後に1～3年の修士課程と2～6年間の博士課程が置かれている。学士課程の修了者には，専攻分野により学術学士（Licentiado）あるいは「Arquitecto（建築士）」や「Ingeniero（エンジニア）」などの専門学士（Título Profesional）が授与される。修士も同様に学術修士（Maestría Académica）と専門修士（Maestría Profesional）に大別される。博士は学術系の最高学位として授与されるもので，通常，博士論文と口頭試問が課せられる。このほか，学士課程レベルには2年前後の短期課程が，大学院レベルには数ヶ月～4年間の専門資格取得課程が置かれ，それぞれ多様な資格が付与されている。

《参考資料》

・EP-Nuffic, *Education System Argentina: The Argentinian Education System Described and Compared with the Dutch System*, Dec. 2013（2015年1月更新版）.

・Ministry of Education, *Education Evolution: National Report of Argentina 2004-2008*, Argentina Republic, Nov.2008.

V　学校系統図

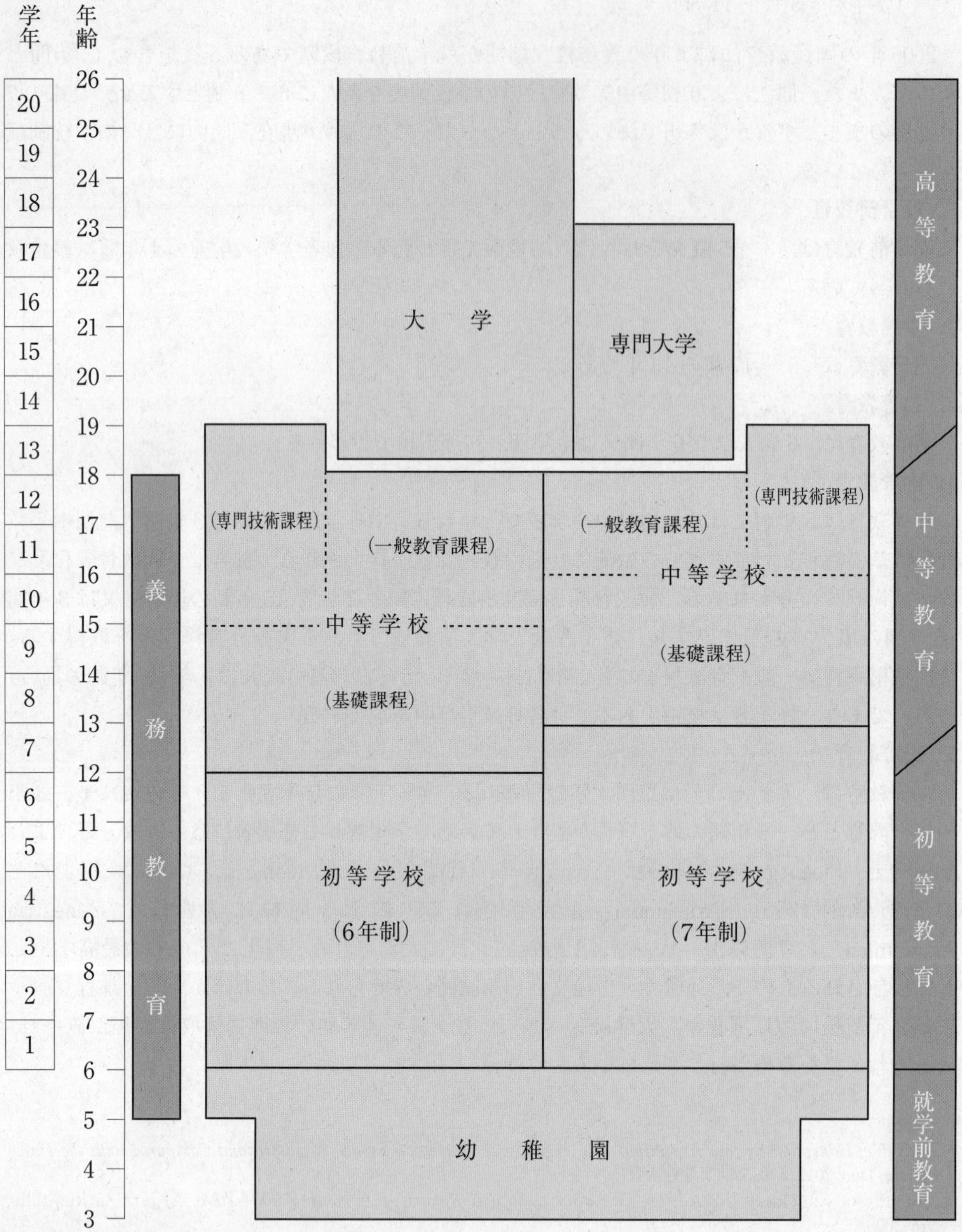
学年
年齢
大　学
専門大学
(専門技術課程)
(一般教育課程)
中等学校
(基礎課程)
(一般教育課程)
(専門技術課程)
中等学校
(基礎課程)
初等学校
(6年制)
初等学校
(7年制)
幼　稚　園
義務教育
高等教育
中等教育
初等教育
就学前教育

Ⅵ　取得可能な資格・学位

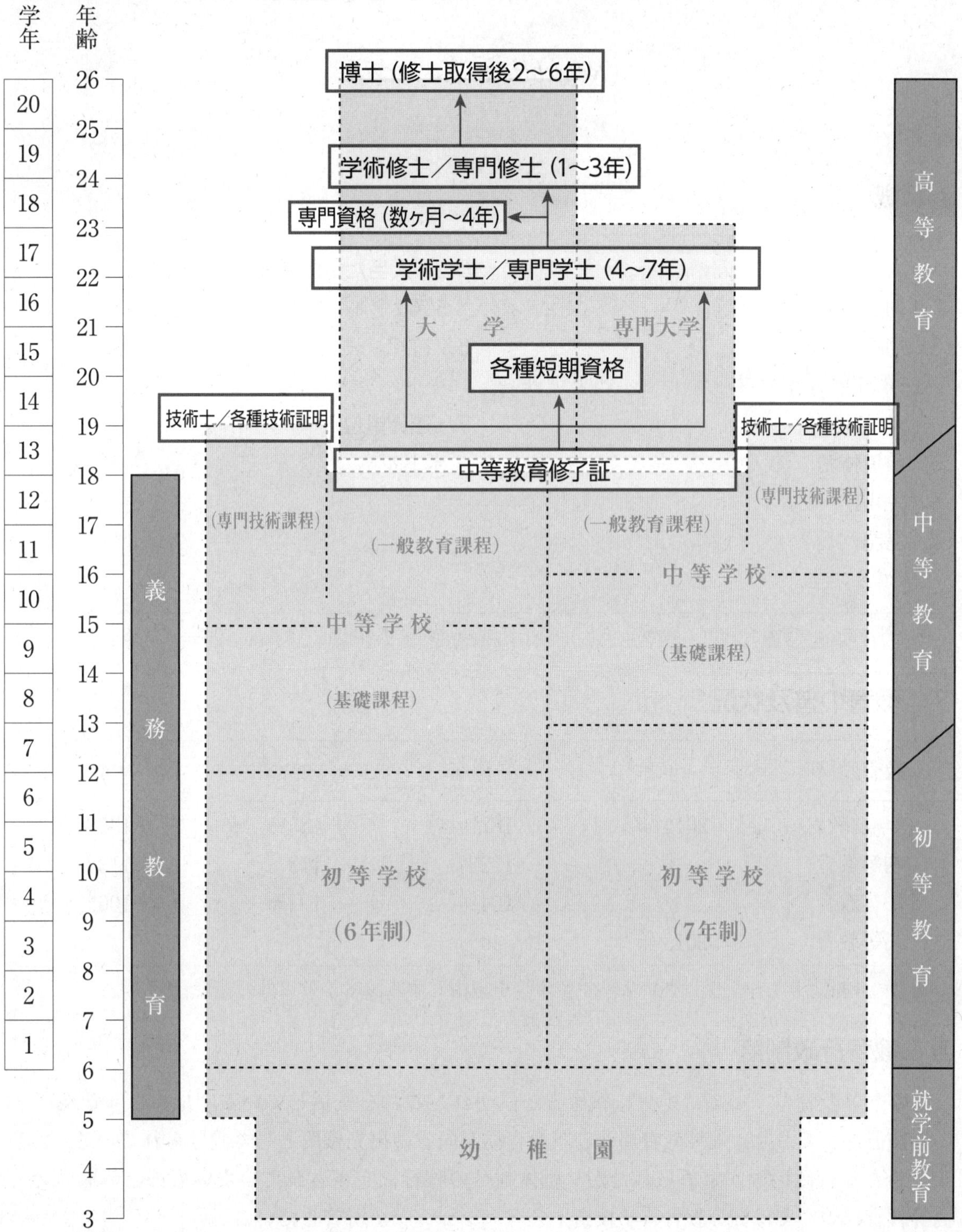
学年
年齢
博士（修士取得後2～6年）
学術修士／専門修士（1～3年）
専門資格（数ヶ月～4年）
学術学士／専門学士（4～7年）
大　学
専門大学
各種短期資格
技術士／各種技術証明
技術士／各種技術証明
中等教育修了証
（専門技術課程）
（一般教育課程）
（一般教育課程）
（専門技術課程）
中等学校
中等学校
（基礎課程）
（基礎課程）
初等学校
（6年制）
初等学校
（7年制）
幼　稚　園
義務教育
高等教育
中等教育
初等教育
就学前教育

エクアドル共和国

(*Republic of Ecuador*)

Ⅰ　概　要

1. 人口
1,542 万人（2013 年）
2. 面積
25.6 万平方キロメートル（本州と九州を合わせた広さ）
3. 政治体制
共和制
4. 言語
スペイン語
5. 1 人当たり国内総生産（GDP）
5,760 ドル（2013 年）
6. 首都
キト
7. 通貨単位
米ドル

《出典》外務省ウェブサイト（http://www.mofa.go.jp/mofaj/area/ecuador/data.html）（更新日：2016 年 4 月 18 日）。

Ⅱ　教育の普及状況

教育段階	年	在籍率	男	女
就学前教育	2014 年	187%	185%	189%
初等教育	〃	113%	113%	113%
中等教育	〃	104%	102%	106%
高等教育	2013 年	40%	…	…

（通常の年齢よりも早い又は遅い入学や留年等を理由とする該当年齢以外の在籍者を含む）

Ⅲ　教育行政制度

初等中等教育については中央に教育省が置かれ，これを統括している。地方は 4 地域に 24 の県が置かれており，地域教育局及び県教育局が同省の出先機関として設けられている（2011 年に新たな行政区画が定められたが，新体制への移行は完了されていないものとみられる）。高等教育については高等教育科学技術イノベーション庁が所管している。

Ⅳ　学校体系

（学年暦：沿岸部と島嶼部は４月～翌年１月，内陸部は９月～翌年７月）

初等中等教育は，従来12年間の課程であったが，2011年に制定された異文化教育基本法により，10年間の基礎教育とそれに続く３年間の中等教育の合計13年間の課程に１年延長された。ただし，現在は移行期として新制度と旧制度が並存している。

1. 就学前教育

旧制度において就学前教育は，幼稚園において４，５歳児を対象として行われてきた。新制度では初期教育として５歳未満を対象として行われる。

2. 義務教育

基礎学校及び中等学校の13年間（5～17歳）である。

3. 初等教育

旧制度の初等教育は６歳入学で６年間，初等学校で行われてきた。新制度においては，５歳入学の基礎学校において10年間の基礎教育課程として提供される。

4. 中等教育

旧制度において，中等教育は修業年限６年の中等学校で行われ，基礎サイクル（前期３年間）と多様化サイクル（後期３年間）とに分けられてきた。

新制度では，前期サイクルが10年間の基礎教育課程として基礎学校において提供される。後期サイクルは中等学校で提供され，一般課程と技術課程に分かれる。各課程の修了者には，いずれも高等教育進学要件となる中等教育一般課程修了省あるいは中等教育技術課程修了省が授与される。

5. 高等教育

高等教育は，大学あるいはポリテクニク及び教員養成や芸術教育，技術者養成等を行う高等専門教育機関で行われる。大学では，学士課程（4.5～6年），大学院レベル専門課程（1～3年），修士課程（2年），博士課程（3年以上）が提供される。ポリテクニクでは学士課程のほか短期の専門課程（2～3年）が提供される。高等専門教育機関では短期の専門課程が提供される。

《参考資料》

・UNESCO, World Data on Education, 7th edition, 2010/11（2010年７月更新）.
・EP-Nuffic, *Education System Ecuador: The Ecuadorian Education System Described and Compared with the Dutch System*, April 2016.
・Australian Government, Country Education Profiles（https://internationaleducation.gov.au/CEP/The-Americas/Ecuador/Pages/default.aspx）（2016年７月６日閲覧）.
・独立行政法人国際協力機構『エクアドル共和国ミレニアム教育コミュニティにおける算数教育の質向上プロジェクト詳細計画策定調査報告書』平成25年。

中南米

V　学校系統図

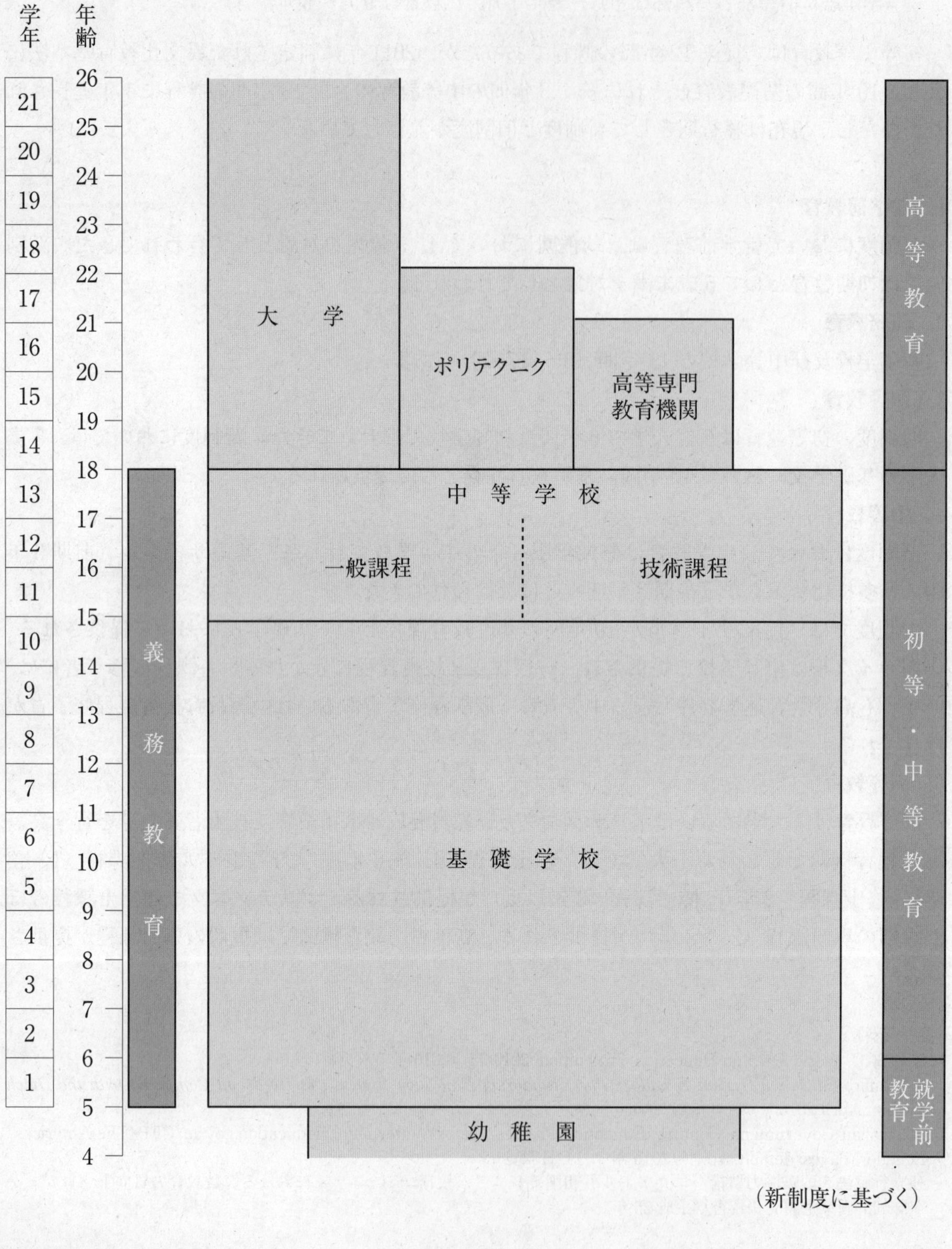

（新制度に基づく）

Ⅵ　取得可能な資格・学位

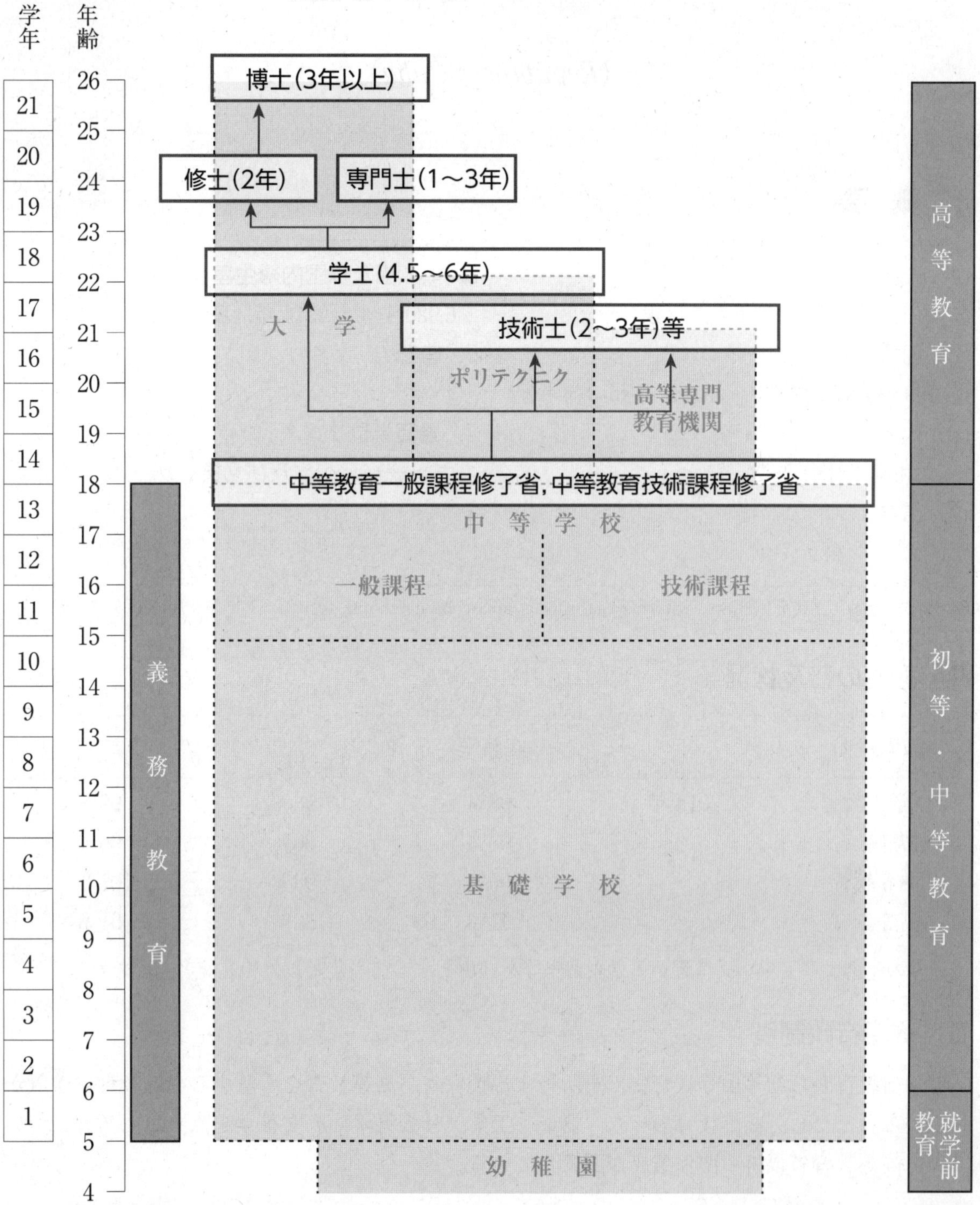

（新制度に基づく）

キューバ共和国

(*Republic of Cuba*)

Ⅰ　概　要

1．人口
約1,126万人（2014年，世銀）

2．面積
109,884平方キロメートル（本州の約半分）

3．政治体制
共和制（社会主義）

4．言語
スペイン語

5．1人当たり国内総生産（GDP）
6,920ドル（2014年，ECLAC）

6．首都
ハバナ

7．通貨単位
キューバ・ペソ及び兌換ペソ

《出典》外務省ウェブサイト（http://www.mofa.go.jp/mofaj/area/cuba/data.html）（更新日：2016年9月28日）。

Ⅱ　教育の普及状況

教育段階	年	在籍率	男	女
就学前教育	2014年	98%	98%	99%
初等教育	〃	98%	100%	96%
中等教育	〃	100%	98%	101%
高等教育	〃	41%	32%	51%

（通常の年齢よりも早い又は遅い入学や留年等を理由とする該当年齢以外の在籍者を含む）

Ⅲ　教育行政制度

就学前教育から初等中等教育までを所管する教育省，高等教育を所管する高等教育省が置かれている。ただし，高等教育のうち，農業，工業，社会科学，人文科学を除く専門教育については，高等教育省以外の関係省庁が所管している。

Ⅳ　学校体系

（学年歴：9月～翌年6月）

1. 就学前教育

就学前教育は，0～4歳までを対象に保育所で行われ，5歳児については就学準備教育として初等学校で行われる。

2. 義務教育

義務教育は，6～15歳の9年である。

3. 初等教育

初等教育は，6歳から6年間，初等学校で行われる。

4. 中等教育

前期中等教育は，3年間，中等学校において行われる。

後期中等教育は，3年間，大学準備機関において行われるほか，3～4年の技術・職業教育を実施するポリテク・インスティテュート，1～2年の職業訓練を実施するポリテクスクールにおいて行われる。大学準備機関では修了時に中等教育修了証が授与され，ポリテク・インスティテュートでは中級技術者資格又は専門職資格が付与される。これらは高等教育への進学要件となっている。ポリテクスクールでは，熟練労働者資格を取得する。

このほか，中等教育の6年間一貫した職業教育を実施する寄宿制職業学校がある。

また，才能を持つ生徒のための精密科学職業高等学校，スポーツ入門学校，職業芸術学校がある。

5. 高等教育

高等教育は，主に大学，高等教育インスティテュートで行われる。入学に当たっては中等教育修了証若しくは中等技術者資格又は同等な資格を取得している者を対象とした選抜試験が実施される。修業年限5～7年で第一学位であるリセンシアドが授与される。また，4～7年で専門資格（医歯薬学，法学等）を取得する。大学院では，修業年限2～3年で博士候補課程，その後1年を経て博士の学位が授与される。

《参考資料》

・Australian Government, Country Education Profiles（https://internationaleducation.gov.au/CEP/The-Americas/Cuba/Pages/default.aspx）（2016年7月5日閲覧）.
・文部省編『諸外国の学校教育 中南米編』大蔵省印刷局，1996年。
・外務省ウェブサイト「諸外国・地域の学校情報―国・地域の詳細情報」（平成27年11月更新情報）（http://www.mofa.go.jp/mofaj/toko/world_school/04latinamerica/infoC40700.html）。

V　学校系統図

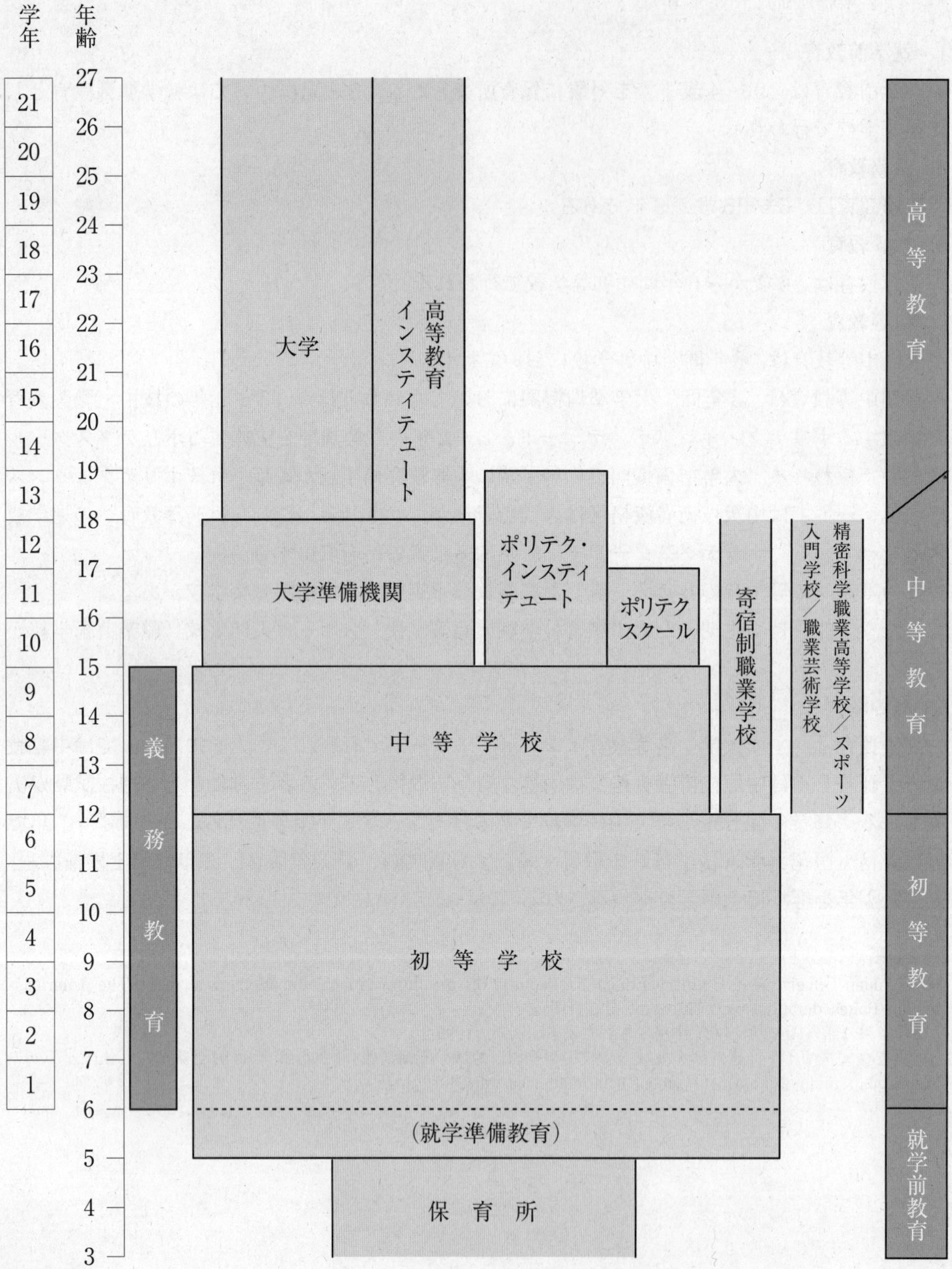
学年
年齢
大学
高等教育インスティテュート
ポリテク・インスティテュート
大学準備機関
ポリテクスクール
寄宿制職業学校
精密科学職業高等学校／スポーツ入門学校／職業芸術学校
中等学校
義務教育
初等学校
（就学準備教育）
保育所
高等教育
中等教育
初等教育
就学前教育

Ⅵ　取得可能な資格・学位

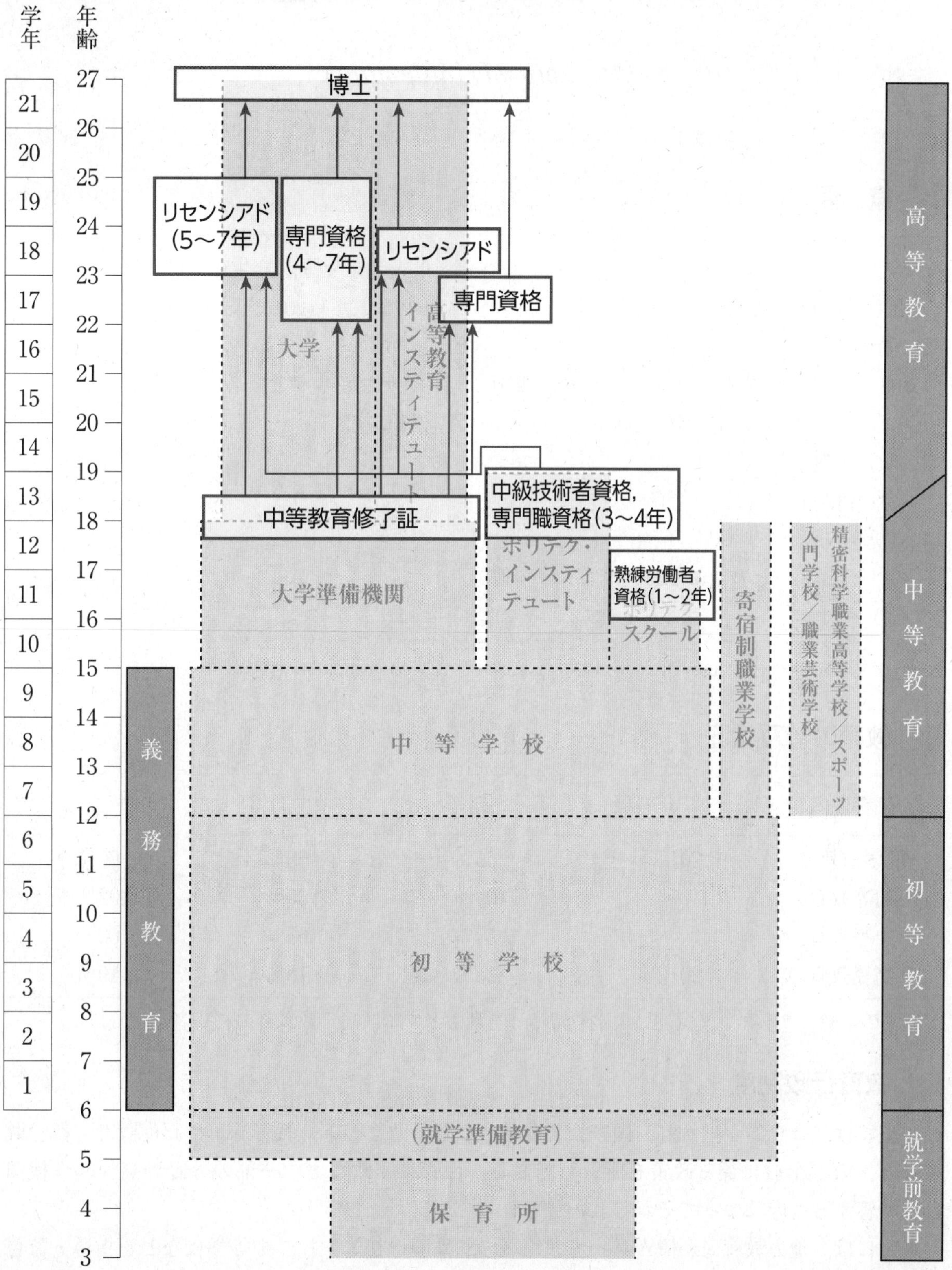
学年
年齢
博士
リセンシアド（5～7年）
専門資格（4～7年）
リセンシアド
専門資格
大学
高等教育インスティテュート
中等教育修了証
中級技術者資格，専門職資格（3～4年）
大学準備機関
ポリテク・インスティテュート
熟練労働者資格（1～2年）
ポリテク・スクール
寄宿制職業学校
精密科学職業高等学校／スポーツ入門学校／職業芸術学校
中等学校
初等学校
（就学準備教育）
保育所
義務教育
高等教育
中等教育
初等教育
就学前教育

グアテマラ共和国

(*Republic of Guatemala*)

Ⅰ 概 要

1. 人口
約 1,634 万人（2015 年，世銀）
2. 面積
108,889 平方キロメートル（北海道と四国を合わせた広さよりやや大きい）
3. 政治体制
立憲共和制
4. 言語
スペイン語，その他に 22 のマヤ系言語他あり
5. 1 人当たり国内総生産（GDP）
3,943.3 ドル（2015 年，中銀）
6. 首都
グアテマラシティー
7. 通貨単位
ケツァル

《出典》外務省ウェブサイト（http://www.mofa.go.jp/mofaj/area/guatemala/data.html）（更新日：2016 年 7 月 14 日）。

Ⅱ 教育の普及状況

教育段階	年	在籍率	男	女
就学前教育	2014 年	66%	65%	66%
初等教育	〃	104%	106%	102%
中等教育	〃	64%	66%	62%
高等教育	2013 年	18%	18%	19%

（通常の年齢よりも早い又は遅い入学や留年等を理由とする該当年齢以外の在籍者を含む）

Ⅲ 教育行政制度

中央には，教育省が置かれ，国家教育委員会などの助言の下，教育施策や制度設計，教育財政など，教育全般に係る政策を所管している。保育や家政など，一部の分野の高等教育機関は，所管する省庁によってそれぞれ監督される。

地方には，地方教育局が置かれ，当該地域の幼稚園や初等学校，中等学校などを指導・監督する。

Ⅳ　学校体系

（学年暦：1月～10月）

1. 就学前教育

就学前教育は，4～6歳を対象に，幼稚園で行われる。

2. 義務教育

義務教育は，7～16歳の9年である。

3. 初等教育

初等教育は，7歳入学で6年間，初等学校で行われる。初等学校を修了すると，初等教育修了証が付与される。

4. 中等教育

前期中等教育は，3年間，前期中等学校で行われる。前期中等教育を修了すると，普通中等教育修了証が付与される。

後期中等教育は，2～3年間，後期中等学校で行われる。普通課程のほか，職業技術課程，教員（就学前・初等教育）養成課程がある。普通課程を修了すると「人文科学バチェラー」が付与され，職業技術課程を修了すると「技術バチェラー」などが付与される。教員養成課程を修了すると，各種の教員資格が付与される。

5. 高等教育

高等教育は，大学で行われる。入学資格は，「人文科学バチェラー」あるいは「技術バチェラー」の取得者に認められる。「人文科学バチェラー」取得者は大学のどの分野にも入学志願できるが，「技術バチェラー」取得者は，その専攻に応じた分野にしか志願できない。

大学には，分野により4～6年（一般的には5年）の学位課程が置かれ，修了者には学士（Licenciatura）の学位が授与される。大学院には，学士取得者を対象とする1～3年の修士課程と，修士取得者を対象とする3年以上の博士課程が置かれており，修了者にはそれぞれ修士と博士の学位が授与される。

《参考資料》

・UNESCO, World Data on Education, 7th edition, 2010/11.
・Australian Government, Country Education Profiles（https://internationaleducation.gov.au/CEP/The-Americas/Guatemala/Pages/default.aspx）（2016年7月6日閲覧）.

中南米

V 学校系統図

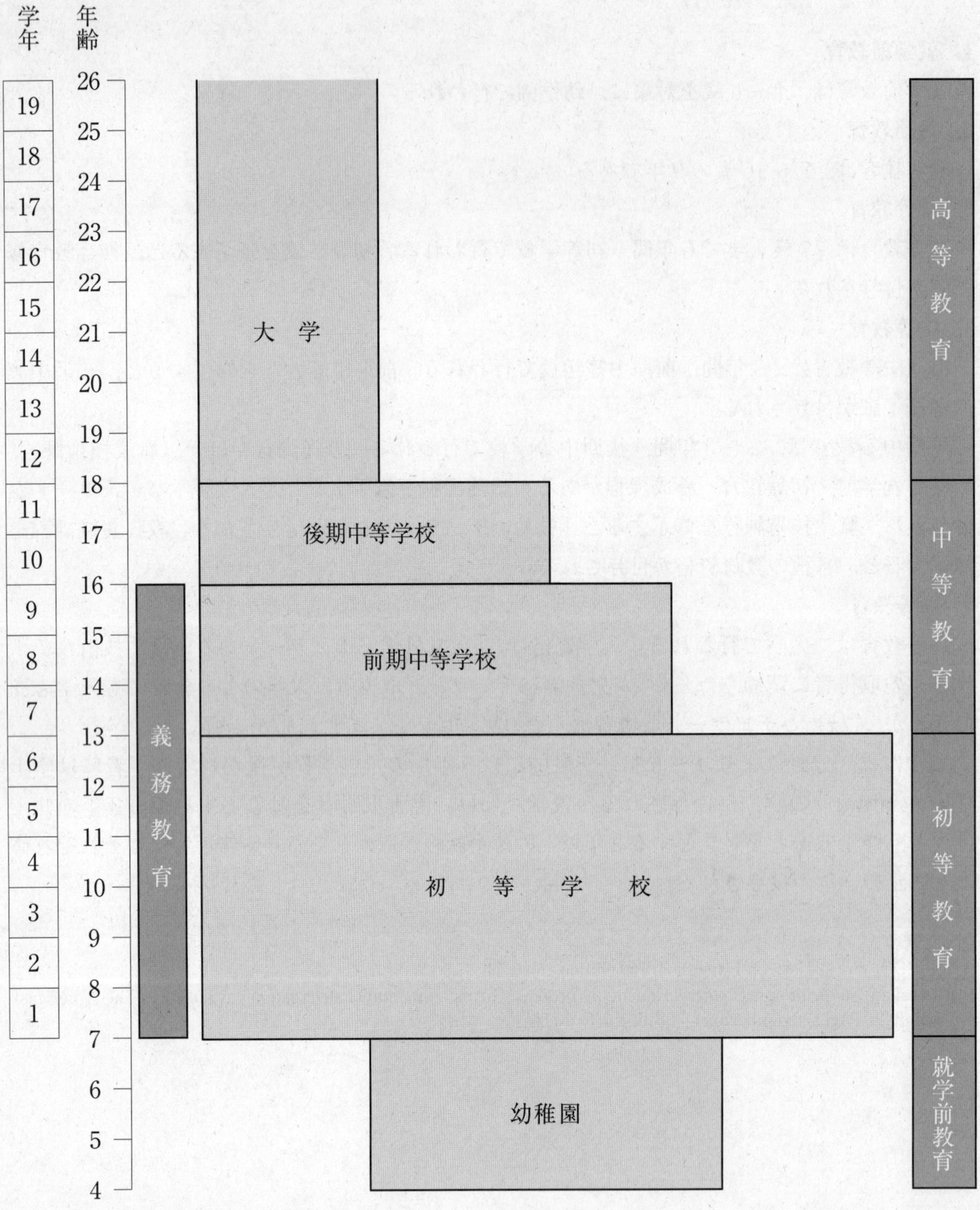
学年
年齢
19
18
17
16
15
14
13
12
11
10
9
8
7
6
5
4
3
2
1
26
25
24
23
22
21
20
19
18
17
16
15
14
13
12
11
10
9
8
7
6
5
4
義務教育
大　学
後期中等学校
前期中等学校
初　等　学　校
幼稚園
高等教育
中等教育
初等教育
就学前教育

Ⅵ　取得可能な資格・学位

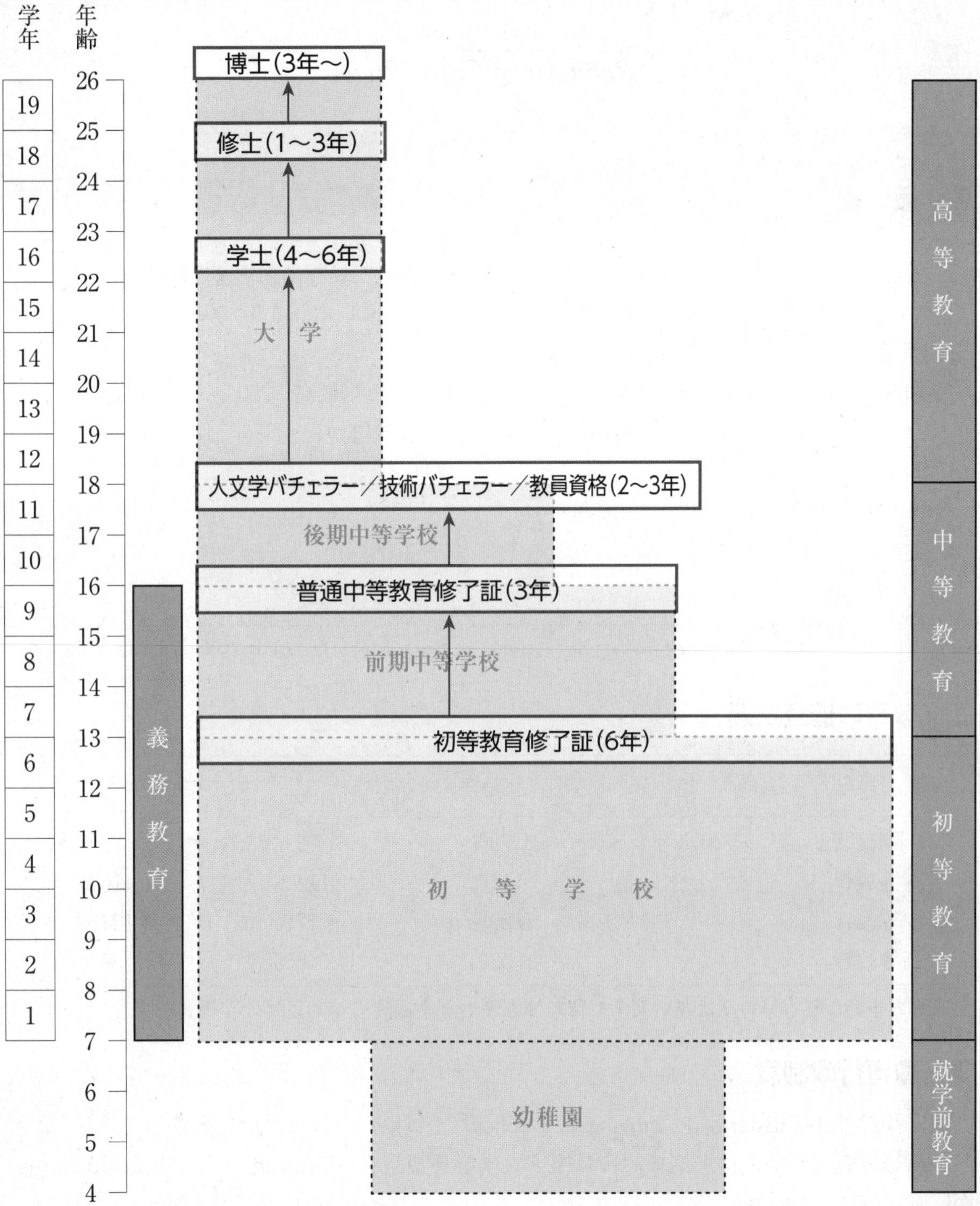
学年
年齢
博士(3年～)
修士(1～3年)
学士(4～6年)
大学
人文学バチェラー／技術バチェラー／教員資格(2～3年)
後期中等学校
普通中等教育修了証(3年)
前期中等学校
初等教育修了証(6年)
初等学校
幼稚園
義務教育
高等教育
中等教育
初等教育
就学前教育

コスタリカ共和国

(*Republic of Costa Rica*)

Ⅰ　概　要

1. 人口
   約476万人（2014年，世界銀行）
2. 面積
   51,100平方キロメートル（九州と四国を合わせた面積）
3. 政治体制
   共和制
4. 言語
   スペイン語
5. 1人当たり国内総生産（GDP）
   10,877ドル（2015年，中銀）
6. 首都
   サンホセ（標高1,200メートル）
7. 通貨単位
   コロン

《出典》外務省ウェブサイト（http://www.mofa.go.jp/mofaj/area/costarica/data.html）（更新日：2016年6月15日）。

Ⅱ　教育の普及状況

教育段階	年	在籍率	男	女
就学前教育	2014年	79%	79%	79%
初等教育	〃	111%	111%	110%
中等教育	〃	120%	117%	124%
高等教育	〃	53%	48%	59%

（通常の年齢よりも早い又は遅い入学や留年等を理由とする該当年齢以外の在籍者を含む）

Ⅲ　教育行政制度

国に教育省（Ministerio de Educación Pública）が置かれ，教育全般を所管している。ただし，高等教育については，直接的には国家大学学長審議会（Censejo Nacional de Rectores）が監督に当たっている。

Ⅳ　学校体系

（学年暦：2月～12月）

1. 就学前教育

6歳以下（主に4，5歳）を対象として幼稚園で提供される。

2. 義務教育

初等学校入学前1年間の就学前教育と初等学校の6年間及び中等学校前期課程の3年間の合計10年間である。

3. 初等教育

6歳入学（学年始期である2月1日までに6歳3か月となる者）で，6年間，初等学校で提供される。

4. 中等教育

中等教育は5～6年制の中等学校で提供される。中等学校は3年間の前期課程と2～3年間の後期課程に分けられる。初等学校の6年間と中等学校前期課程の3年間（及び初等学校の6年間）は一般基礎教育と呼ばれる。中等学校後期課程は，2年間の普通科並びに芸術科，及び3年間の技術科に分かれる。後期課程の修了時には全国試験が課され，合格者には大学進学要件となる中等教育修了証が授与される。技術科の修了者には中等技術者資格が授与される。

5. 高等教育

高等教育は大学と準大学機関で行われる。

大学では4年間の学士課程の修了者に学士（bachillerato universitario）が授与される。学士取得者は継続して更に1年，同じ分野を専攻すると専門学士（licenciatura）を授与される。また，学士取得者は2年間の修士課程を修了すると修士（maestría）を授与される。博士（doctorado）取得には，さらに3年半以上の課程履修が必要である。

準大学機関では職業専門教育に関する2～3年の課程が提供され，修了者にはディプロマが授与される。

《参考資料》

・Australian Government, Country Education Profiles（https://internationaleducation.gov.au/CEP/The-Americas/Costa-Rica/Pages/default.aspx）(2016年11月25日閲覧).
・Education Encyclopedia - StateUniversity.com（http://education.stateuniversity.com/pages/305/Costa-Rica.html）(2016年12月6日閲覧).
・外務省ウェブサイト（「諸外国・地域の学校情報　コスタリカ」）(平成27年11月更新情報)。
・国際交流基金ウェブサイト（「日本語教育国・地域別情報：コスタリカ（2014年度）」（https://www.jpf.go.jp/j/project/japanese/survey/area/country/2014/costarica.html）(2016年12月6日閲覧)。
・米村明夫「第5章　コスタリカの教育－制度及び政策－」山岡加奈子編『岐路に立つコスタリカ－新自由主義か社会民主主義か－』アジア経済研究所（IDE-JETRO），2014年，129-156頁。

中南米

V　学校系統図

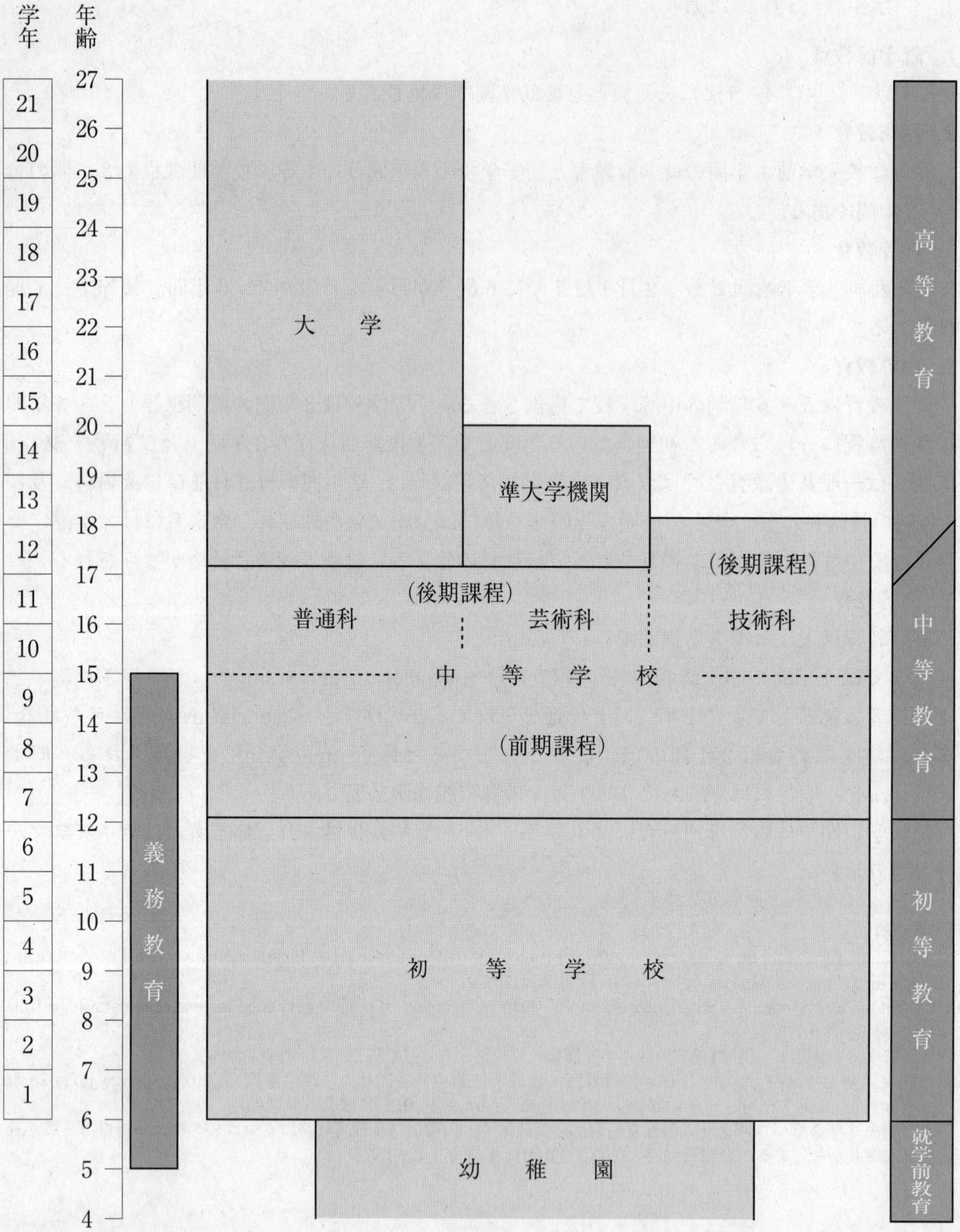
学年
年齢
大　学
準大学機関
(後期課程)
普通科
芸術科
技術科
中　等　学　校
(前期課程)
初　等　学　校
幼　稚　園
義務教育
高等教育
中等教育
初等教育
就学前教育

Ⅵ　取得可能な資格・学位

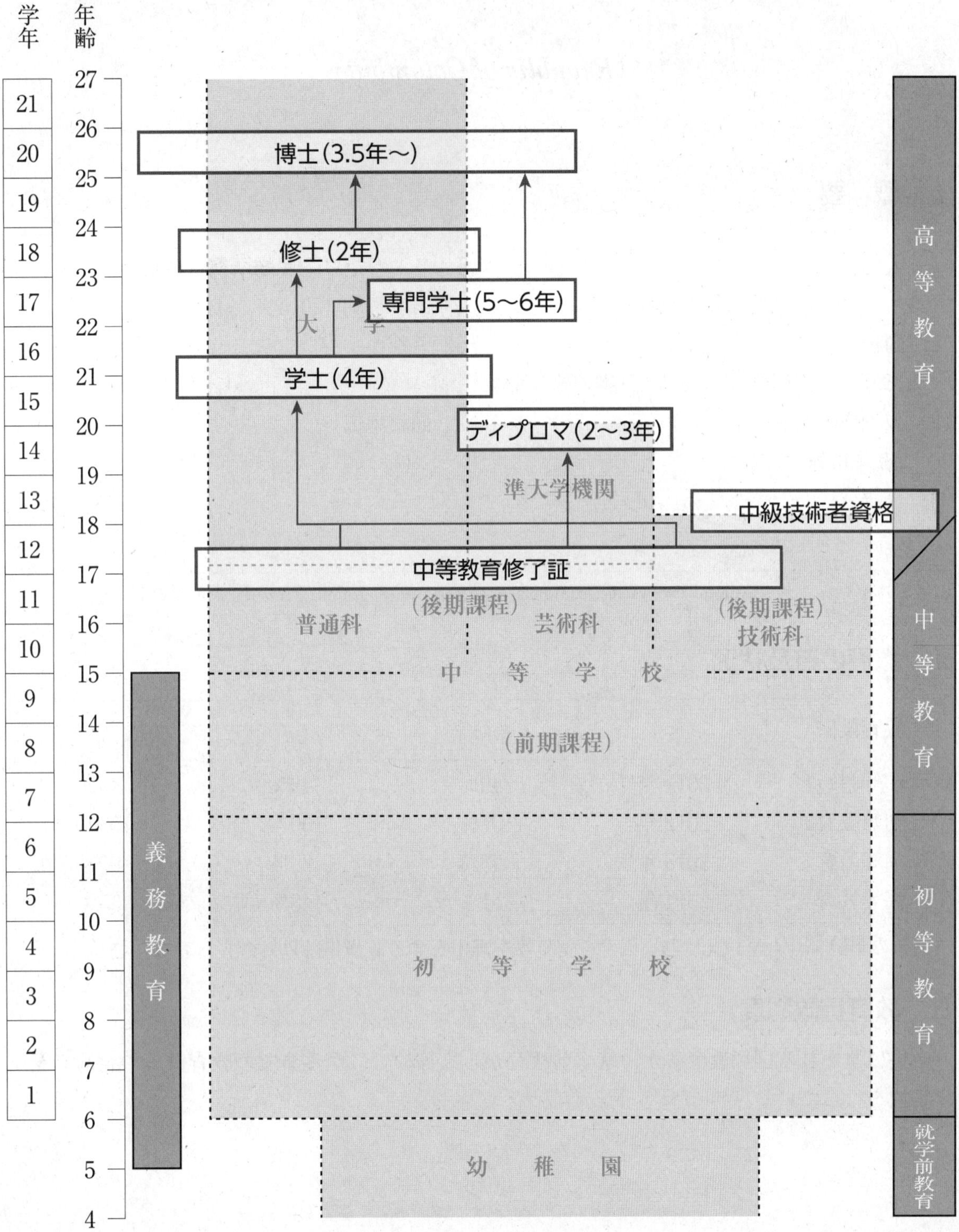
学年
年齢
21
20
19
18
17
16
15
14
13
12
11
10
9
8
7
6
5
4
3
2
1
27
26
25
24
23
22
21
20
19
18
17
16
15
14
13
12
11
10
9
8
7
6
5
4
博士(3.5年～)
修士(2年)
専門学士(5～6年)
大学
学士(4年)
ディプロマ(2～3年)
準大学機関
中級技術者資格
中等教育修了証
(後期課程)
普通科
芸術科
(後期課程)
技術科
中等学校
(前期課程)
初等学校
幼稚園
義務教育
高等教育
中等教育
初等教育
就学前教育

コロンビア共和国

(*Republic of Colombia*)

Ⅰ 概 要

1. 人口
47.79 百万人（2014 年，世銀）
2. 面積
1,139,000 平方キロメートル（日本の約 3 倍）
3. 政治体制
立憲共和制
4. 言語
スペイン語
5. 1 人当たり国民総所得（GNI）
7,970 ドル（2014 年，世銀）
6. 首都
ボゴタ
7. 通貨単位
ペソ

《出典》外務省ウェブサイト（http://www.mofa.go.jp/mofaj/area/colombia/data.html）（更新日：2016 年 6 月 1 日）。

Ⅱ 教育の普及状況

教育段階	年	在籍率	男	女
就学前教育	2011 年	49%	49%	49%
初等教育	2012 年	107%	109%	105%
中等教育	2013 年	93%	89%	97%
高等教育	2014 年	51%	48%	55%

（通常の年齢よりも早い又は遅い入学や留年等を理由とする該当年齢以外の在籍者を含む）

Ⅲ 教育行政制度

中央に置かれる国民教育省が，就学前教育から高等教育に至るまでの教育政策の企画立案及び実施を行っている。

Ⅳ 学校体系

（学年暦：1月～12月）

1. 就学前教育

就学前教育は，3～5歳を対象に，幼稚園や初等学校の就学前クラス等で行われる。

2. 義務教育

義務教育は，1年間の就学前教育を含めて，5～15歳の10年間である。

3. 初等教育

初等教育は，6歳入学で5年間，初等学校で行われる。初等学校修了時には，中等教育への進学要件となる第5学年修了証が授与される。

4. 中等教育

中等教育は6年間で，中等学校において行われる。前期中等教育4年間，後期中等教育2年間の2つの段階に分かれる。

後期中等教育は，普通教育課程及び技術教育課程に分かれており，修了時には，中等教育修了証が授与される。

このほか，前期中等教育修了者を対象に見習い訓練を実施する全国訓練サービス（SENA）が置かれている。全国訓練サービスでは，18か月～3年のコースが提供され，修了時には全国訓練サービス修了証が授与される。

5. 高等教育

高等教育は，大学，大学付設機関，技術機関，技術訓練機関において行われる。高等教育機関入学の基礎要件は後期中等教育の修了であるが，国立機関については全国大学入学試験の成績に基づく選抜が行われる。大学における第一学位は4～7年で取得する専門学位（Título Profesional）である。続いて，専門職学位（1～4年），修士（2～3年），博士（2～3年）がある。

技術・職業教育は，大学，大学付設機関，技術機関，技術訓練機関において行われる。中等教育修了後2年で取得する職業技術者資格，その後2年で取得する専門職業技術者資格のほか，中等教育修了後3年間で取得する技術者資格，その後2年間の専門技術者資格（第一学位相当）がある。

《参考資料》

・外務省ウェブサイト「諸外国・地域の学校情報―国・地域の詳細情報」（平成27年11月更新情報）（http://www.mofa.go.jp/mofaj/toko/world_school/04latinamerica/infoC41100.html）。
・Australian Government, Country Education Profiles（https://internationaleducation.gov.au/CEP/The-Americas/Colombia/Pages/default.aspx）（2016年7月5日閲覧）.

中南米

V　学校系統図

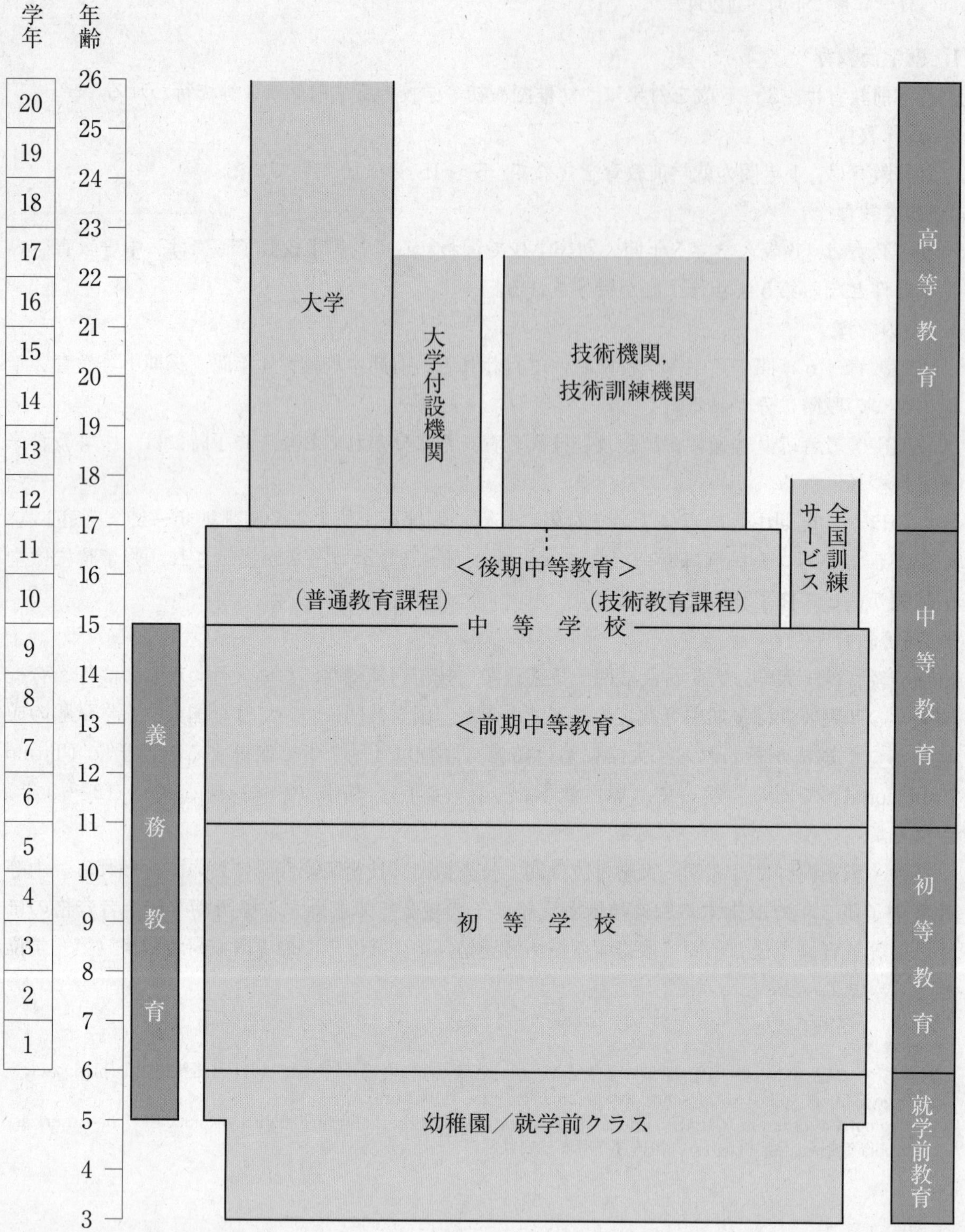
学年
年齢
20
19
18
17
16
15
14
13
12
11
10
9
8
7
6
5
4
3
2
1
26
25
24
23
22
21
20
19
18
17
16
15
14
13
12
11
10
9
8
7
6
5
4
3
大学
大学付設機関
技術機関，
技術訓練機関
全国訓練サービス
＜後期中等教育＞
（普通教育課程）
（技術教育課程）
中　等　学　校
＜前期中等教育＞
初　等　学　校
幼稚園／就学前クラス
義務教育
高等教育
中等教育
初等教育
就学前教育

Ⅵ 取得可能な資格・学位

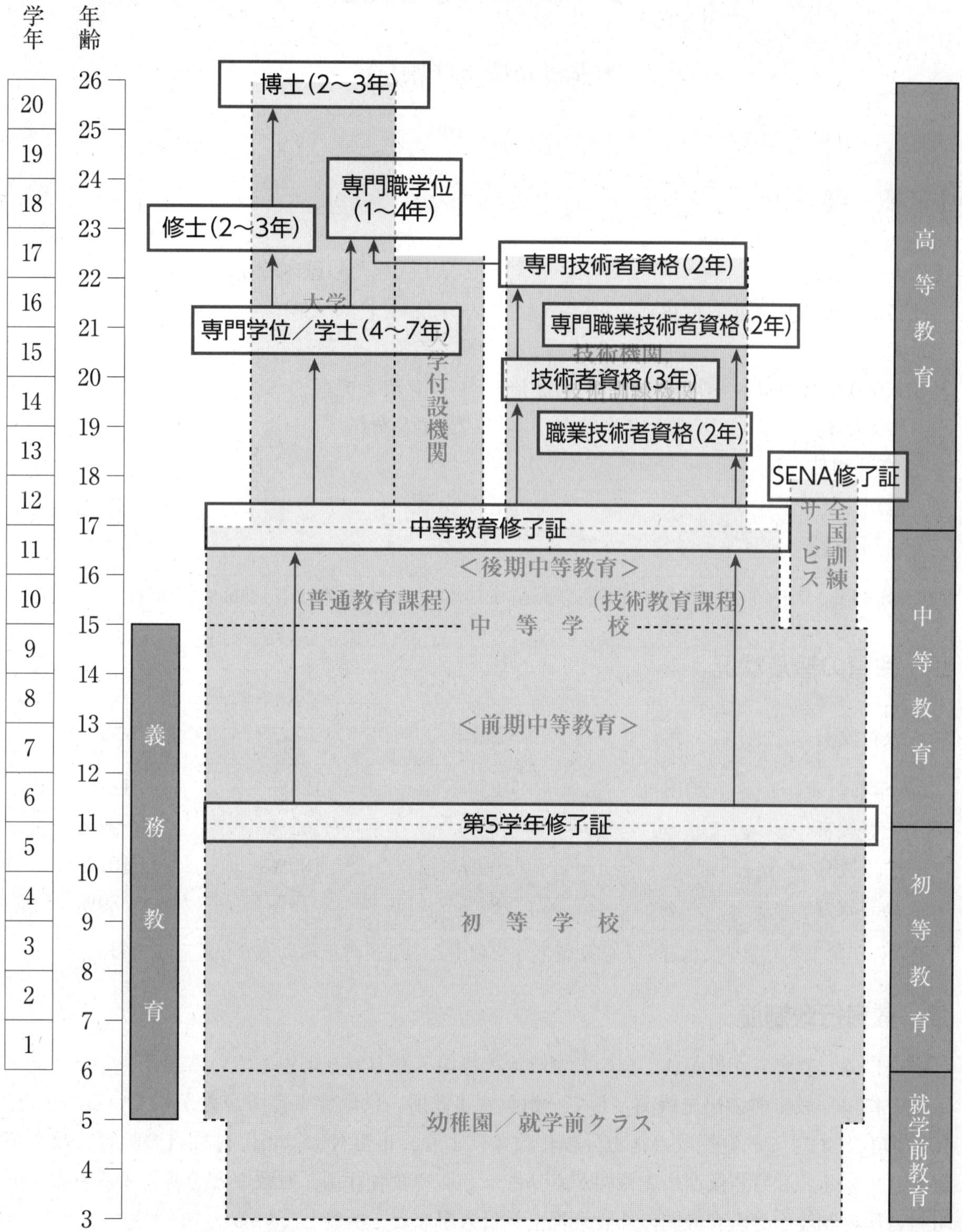
学年
年齢
20 19 18 17 16 15 14 13 12 11 10 9 8 7 6 5 4 3 2 1
26 25 24 23 22 21 20 19 18 17 16 15 14 13 12 11 10 9 8 7 6 5 4 3
博士(2〜3年)
専門職学位(1〜4年)
修士(2〜3年)
大学
専門学位/学士(4〜7年)
大学付設機関
専門技術者資格(2年)
専門職業技術者資格(2年)
技術機関
技術者資格(3年)
技術訓練機関
職業技術者資格(2年)
SENA修了証
全国訓練サービス
中等教育修了証
<後期中等教育>
(普通教育課程)
(技術教育課程)
中等学校
<前期中等教育>
第5学年修了証
初等学校
幼稚園/就学前クラス
義務教育
高等教育
中等教育
初等教育
就学前教育

チリ共和国

(*Republic of Chile*)

Ⅰ 概 要

1. 人口
1,776万人（2014年，世銀）
2. 面積
756,000平方キロメートル（日本の約2倍）
3. 政治体制
立憲共和制
4. 言語
スペイン語
5. 1人当たり国内総生産（GDP）
13,341ドル（2015年，IMF）
6. 首都
サンティアゴ
7. 通貨単位
ペソ

《出典》外務省ウェブサイト（http://www.mofa.go.jp/mofaj/area/chile/data.html）（更新日：2016年6月6日）。

Ⅱ 教育の普及状況

教育段階	年	在籍率	男	女
就学前教育	2013年	123%	125%	121%
初等教育	〃	100%	102%	98%
中等教育	〃	100%	100%	101%
高等教育	〃	84%	79%	89%

（通常の年齢よりも早い又は遅い入学や留年等を理由とする該当年齢以外の在籍者を含む）

Ⅲ 教育行政制度

中央には，教育省が置かれ，国の教育政策の枠組みや方針を策定している。

地方には，教育省の出先機関として，州教育事務所，県教育事務所が置かれている。また，1980年代における教育行政の地方分権化政策により，市町村には市町村独自の教育行政部が置かれている。教育省及び出先機関がカリキュラムや教育評価，財政などを所管する一方，市町村は国の初等中等教育機関の施設管理や教員人事などを所管している。

Ⅳ　学校体系

（学年歴：3 月～ 12 月）

1. 就学前教育

就学前教育は，0 ～ 6 歳児を対象に，幼稚園で行われる。

2. 義務教育

義務教育は，6 ～ 18 歳の 12 年である。

3. 初等教育

初等教育は，6 歳入学で 8 年間，基礎学校で行われる。基礎学校は，第 1 段階（第 1 ～ 6 学年）と第 2 段階（第 7 ～ 8 学年）から成る。第 1 段階を修了すると第 6 学年修了証が，第 2 段階を修了すると基礎教育修了証がそれぞれ付与される。

4. 中等教育

中等教育は，中等学校において 4 年間行われる。中等学校は，人文・科学課程と技術・職業課程に分けられる。人文・科学課程の修了者には中等教育修了証が，技術・職業課程修了者には中等教育修了証及び中級技術資格がそれぞれ付与される。

5. 高等教育

高等教育は，大学，高等専門学校，技術教育センターで行われる。入学資格は，中等教育修了証の取得者に認められ，選抜が行われる。

大学には，2 年の準学士課程，分野により 4 ～ 7 年の学士課程が置かれており，修了者にはそれぞれ準学士（Bacherillato），学士（Licenciatura）の学位が授与される。また，学士取得者を対象とする 2 ～ 3 年の修士課程，修士取得者を対象とする 3 ～ 5 年の博士課程が置かれており，修了者にはそれぞれ修士，博士の学位が授与される。そのほか，学士取得者を対象とする 1 ～ 3 年の課程が置かれており，修了者には学卒ディプロマが付与される。国立大学などには，職業教育課程として 2 ～ 3.5 年，4 ～ 5 年の課程が置かれており，修了者にはそれぞれ大学技術資格，技術士の称号が付与される。

高等専門学校には，2 ～ 3 年の上級技術資格課程と 3 ～ 5 年の専門資格課程が置かれており，修了者にはそれぞれ上級技術資格，専門職資格（Titulo Profesional）が付与される。

技術教育センターには，高等専門学校と同等の 2 ～ 3 年の課程が置かれており，修了者には上級技術資格が付与される。

《参考資料》

・UNESCO, World Data on Education, 7th edition, 2010/11.
・UNESCO ISCED Mappings, 2011.
・Australian Government, Country Education Profiles（https://internationaleducation.gov.au/CEP/The-Americas/Chile//Pages/default.aspx）（2016 年 7 月 6 日閲覧）.
・斉藤泰雄『教育における国家原理と市場原理－チリ現代教育政策史に関する研究』東信堂，2012 年。

V　学校系統図

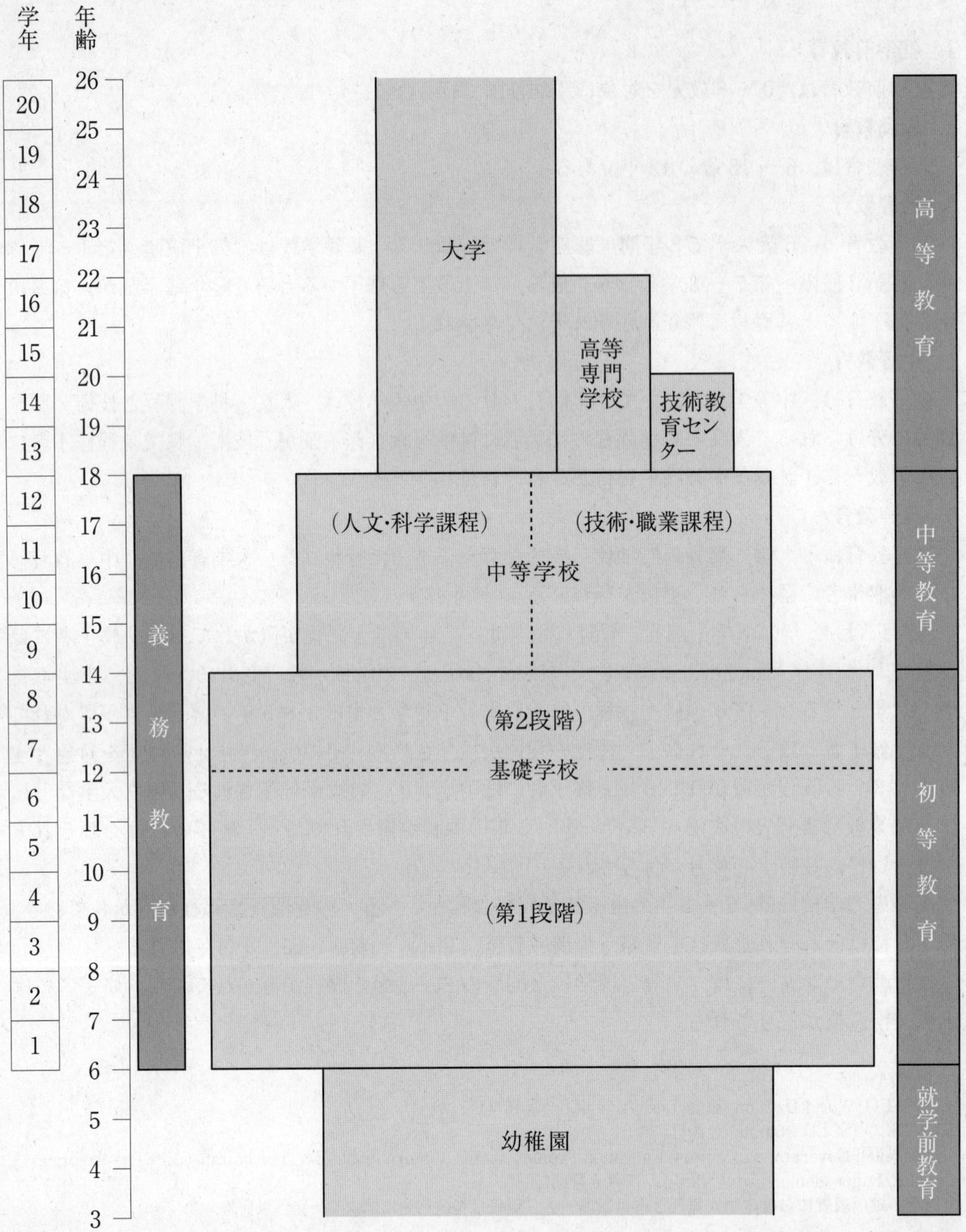
学年
年齢
20
19
18
17
16
15
14
13
12
11
10
9
8
7
6
5
4
3
2
1
26
25
24
23
22
21
20
19
18
17
16
15
14
13
12
11
10
9
8
7
6
5
4
3
義務教育
大学
高等専門学校
技術教育センター
（人文・科学課程）
（技術・職業課程）
中等学校
（第2段階）
基礎学校
（第1段階）
幼稚園
高等教育
中等教育
初等教育
就学前教育

Ⅵ　取得可能な資格・学位

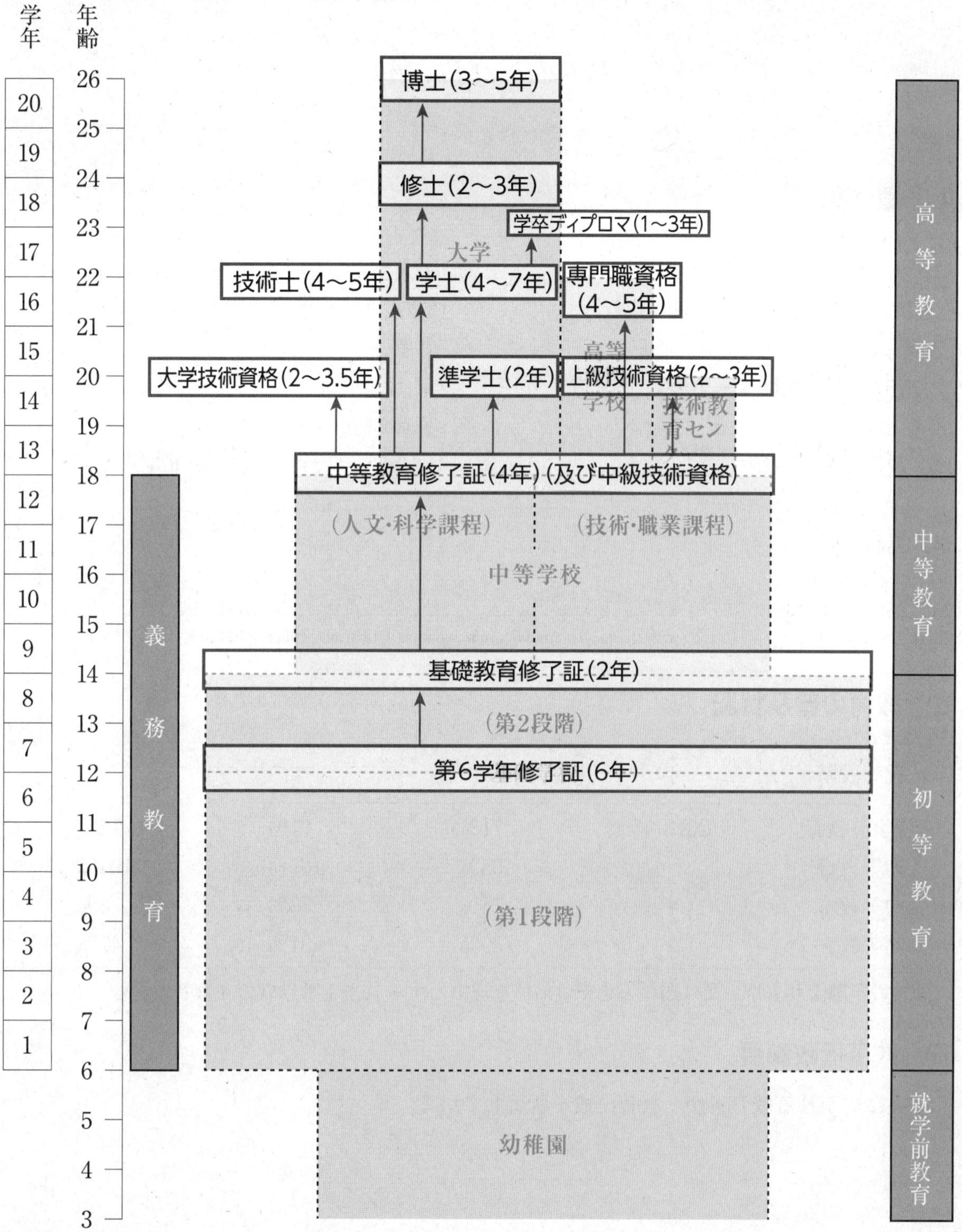
学年
年齢
博士（3～5年）
修士（2～3年）
学卒ディプロマ（1～3年）
大学
技術士（4～5年）
学士（4～7年）
専門職資格（4～5年）
大学技術資格（2～3.5年）
準学士（2年）
上級技術資格（2～3年）
高等学校
技術教育センター
中等教育修了証（4年）（及び中級技術資格）
（人文・科学課程）
（技術・職業課程）
中等学校
基礎教育修了証（2年）
（第2段階）
第6学年修了証（6年）
（第1段階）
幼稚園
義務教育
高等教育
中等教育
初等教育
就学前教育

パナマ共和国

(*Republic of Panama*)

Ⅰ　概　要

1. 人口
   約393万人（2015年，世界銀行）
2. 面積
   75,517平方キロメートル（北海道よりやや小さい）
3. 政治体制
   立憲共和制
4. 言語
   スペイン語
5. 1人当たり国内総生産（GDP）
   13,268ドル（2015年，世界銀行）
6. 首都
   パナマシティー
7. 通貨単位
   バルボア（硬貨のみ），米ドル

《出典》外務省ウェブサイト（http://www.mofa.go.jp/mofaj/area/panama/data.html）（更新日：2016年10月19日）。

Ⅱ　教育の普及状況

教育段階	年	在籍率	男	女
就学前教育	2013年	71%	71%	72%
初等教育	〃	105%	107%	104%
中等教育	〃	75%	73%	78%
高等教育	〃	39%	31%	47%

（通常の年齢よりも早い又は遅い入学や留年等を理由とする該当年齢以外の在籍者を含む）

Ⅲ　教育行政制度

中央に置かれる教育省が，教育全般を所管している。

Ⅳ　学校体系

（学年暦：2月～12月）

1. 就学前教育

就学前教育は，4～5歳を対象に，就学前教育機関で行われる。

2. 義務教育

義務教育は，4～15歳の11年間である。

3. 初等教育

初等教育は，6歳入学で6年間，初等学校で行われる。

4. 中等教育

前期中等教育は，3年間，前期中等学校で行われる。修了時には，前期中等教育修了証が授与される。

後期中等教育は，3年間，後期中等学校で行われる。修了時には，中等教育修了証が授与される。

5. 高等教育

高等教育は，主に大学や職業専門学校で行われる。大学には，学士課程（4～6年），修士課程（2年），博士課程（3年）が置かれている。職業専門学校には，ディプロマを取得する2～3年の課程が置かれている。

《参考資料》

・国際交流基金日本語教育国・地域別情報（https://www.jpf.go.jp/j/project/japanese/survey/area/country/2014/panama.html）。
・WES Profile（http://www.wes.org/ewenr/wenrarchive/PM_ProfWin93.pdf）.
・UNESCO, World Data on Education, 7th edition, 2010/11.

V　学校系統図

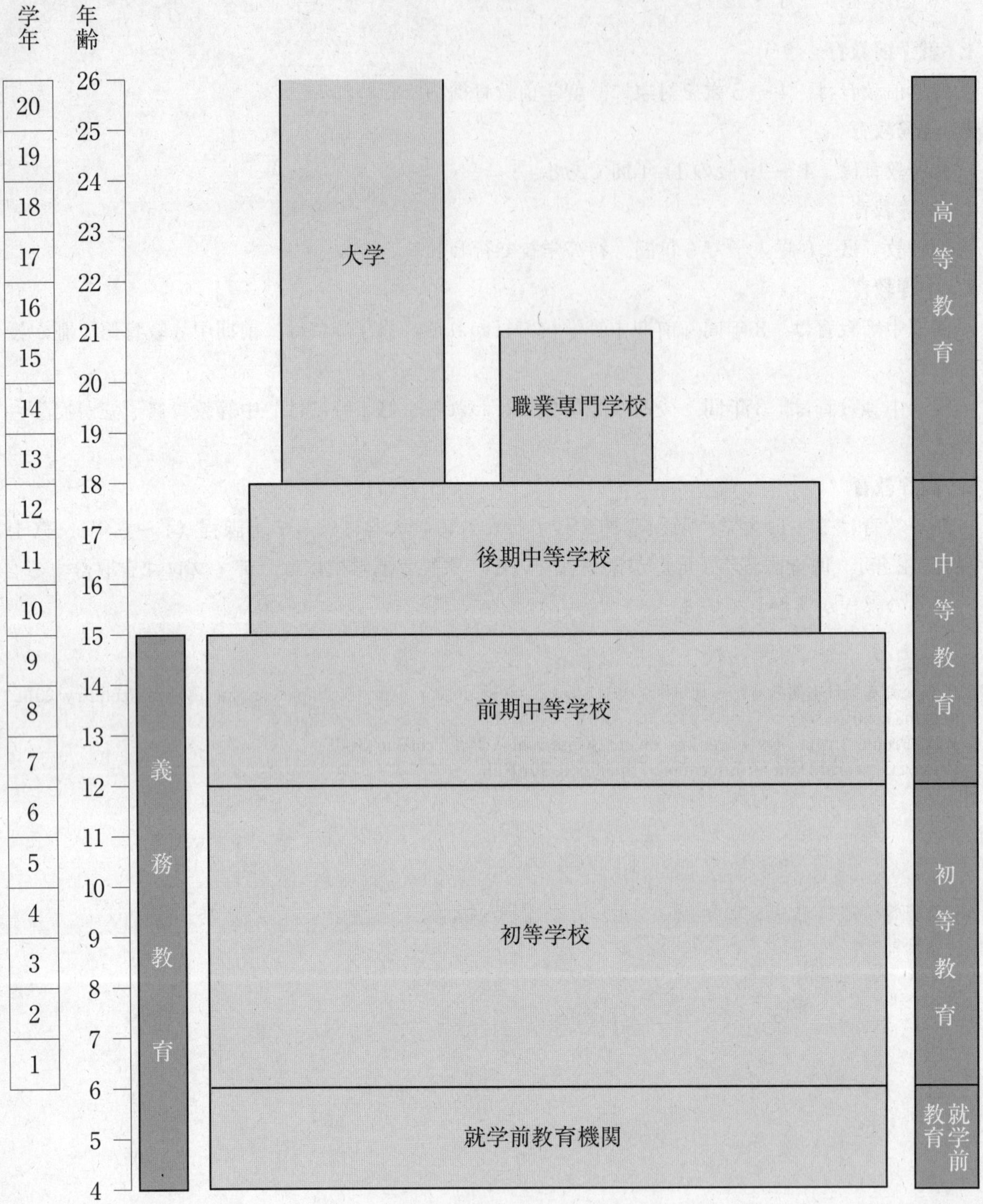
学年
年齢
大学
職業専門学校
後期中等学校
前期中等学校
初等学校
就学前教育機関
義務教育
高等教育
中等教育
初等教育
就学前教育

Ⅵ　取得可能な資格・学位

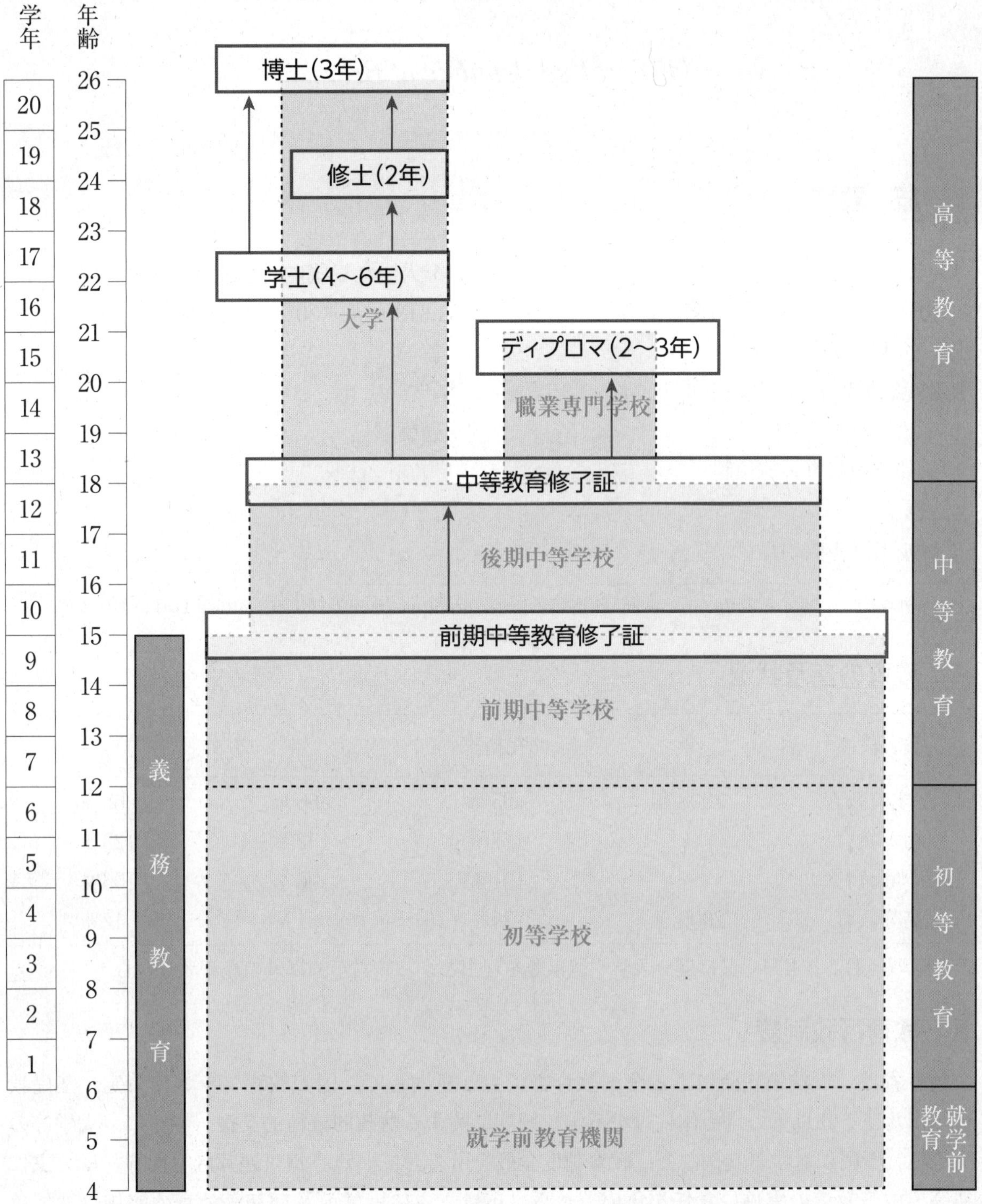
学年
年齢
20
19
18
17
16
15
14
13
12
11
10
9
8
7
6
5
4
3
2
1
26
25
24
23
22
21
20
19
18
17
16
15
14
13
12
11
10
9
8
7
6
5
4
博士(3年)
修士(2年)
学士(4〜6年)
大学
ディプロマ(2〜3年)
職業専門学校
中等教育修了証
後期中等学校
前期中等教育修了証
前期中等学校
初等学校
就学前教育機関
義務教育
高等教育
中等教育
初等教育
就学前教育

ブラジル連邦共和国

(*Federative Republic of Brazil*)

Ⅰ　概　要

1. 人口
約2億784万人（2015年，世銀）
2. 面積
851.2万平方キロメートル（日本の22.5倍）
3. 政治体制
連邦共和制（大統領制）
4. 言語
ポルトガル語
5. 1人当たり国内総生産（GDP）
11,613ドル（2014年，世銀）
6. 首都
ブラジリア
7. 通貨単位
レアル

《出典》外務省ウェブサイト（http://www.mofa.go.jp/mofaj/area/brazil/data.htmll）（更新日：2016年11月28日）。

Ⅱ　教育の普及状況

教育段階	年	在籍率	男	女
就学前教育	2008年	65%	66%	65%
初等教育	〃	127%	132%	123%
中等教育	〃	101%	96%	106%
高等教育	2009年	36%	31%	42%

（通常の年齢よりも早い又は遅い入学や留年等を理由とする該当年齢以外の在籍者を含む）

Ⅲ　教育行政制度

教育省は，大統領任命による全国教育審議会と連携して，国の教育プランの策定，基礎教育，州及びそれ以下の自治体に対する学校制度に関する財政的技術的支援，さらに，大学等の高等級育機関に対する支援など，教育制度全般を所管している。州（連邦区も同様）は，主に初等・中等教育の実施に責任を負い，さらに市は，主に就学前及び初等教育の実施に責任を負っている。

Ⅳ　学校体系

（学年暦：2 月～ 12 月）

1. 就学前教育

就学前教育は，3 歳以下を対象に保育センター，4 ～ 6 歳児を対象に幼稚園で行われる。

2. 義務教育

義務教育は，6 ～ 15 歳の 9 年である。

3. 初等・前期中等教育

初等・前期中等教育は，6 歳入学で，「基礎教育」（Ensino Fundamental）として 9 年間行われる。基礎教育は，前期 5 年間（第 1 ～ 5 学年）と後期 4 年間（第 6 ～ 9 学年）から成り，それぞれ小学校と中学校で行われるが，同一の学校で行われる場合も少なくない。

4. 後期中等教育

後期中等教育は，高等学校の普通科（3 年）と職業科（3 又は 4 年）で行われる。コースにより，中等教育修了証や中等技術／職業教育修了証が得られる。

5. 高等教育

高等教育は，主に大学で行われ，職業教育を行う非大学型教育機関もある。大学への入学者の選抜に際しては，中等教育全国試験や個別入試が実施されている。大学には，分野により 4 ～ 6 年の学士課程，1 ～ 2 年（通常 2 年）の修士課程，及び 4 年の博士課程が置かれている。このほか，教員ディプロマ（3 年）や専門修士（1 年～），学士取得者を対象とする学卒専門サーティフィケイト（1 年）の取得課程も置かれている。大学ではさらに，準学位レベルの資格として，高等専門ディプロマ（2 年～）や技術ディプロマ（2 ～ 3 年）などの取得課程も置かれている。

《参考資料》

・UNESCO, World Data on Education, 7th edition, 2010/11.
・Australian Government, Country Education Profiles
（https://internationaleducation.gov.au/CEP/The-Americas/Brazil/Pages/default.aspx）（2016 年 7 月 5 日閲覧）.
・二宮皓編著『新版世界の学校』（学事出版，2014 年）。

中南米

V　学校系統図

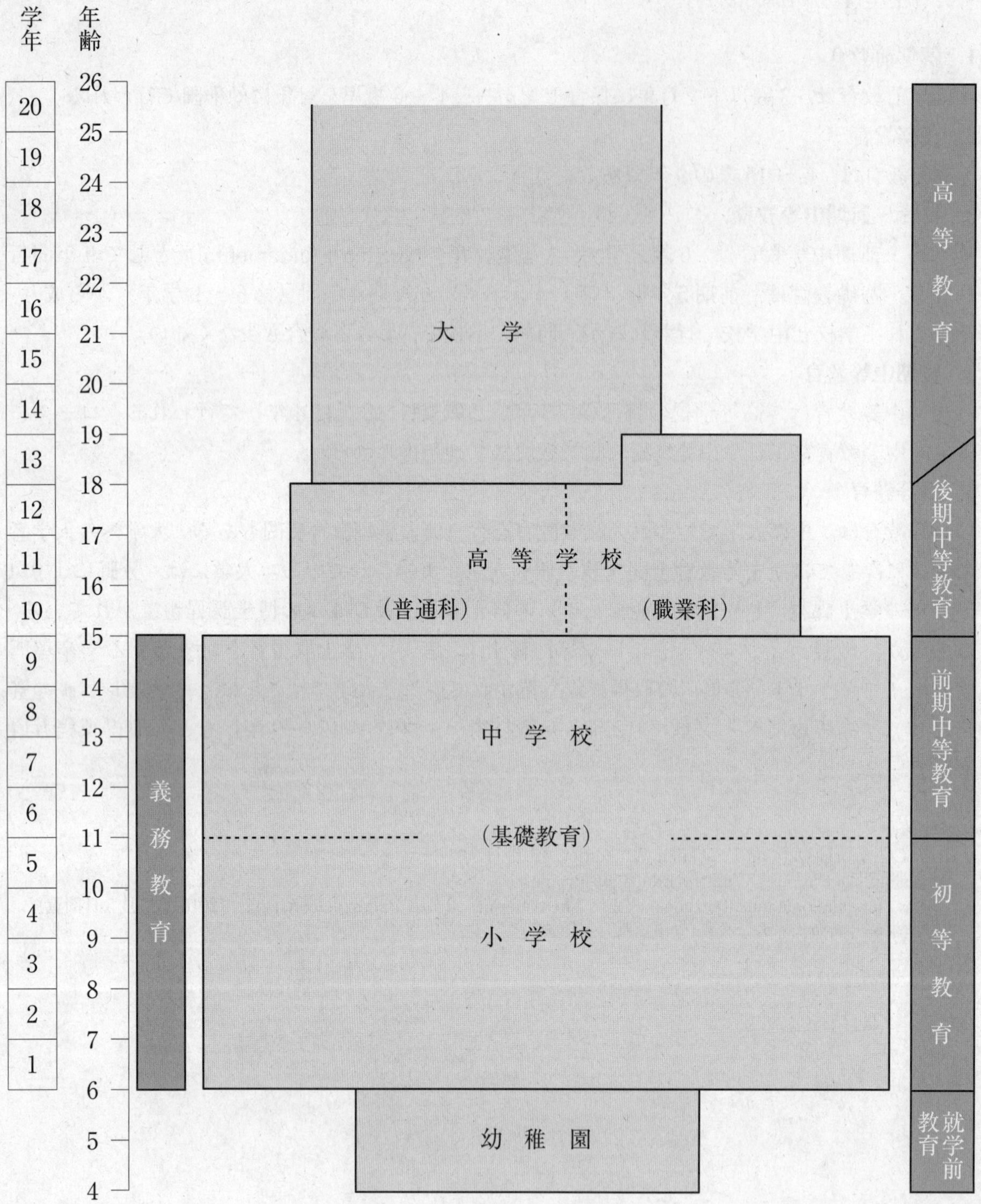
学年
年齢
20
19
18
17
16
15
14
13
12
11
10
9
8
7
6
5
4
3
2
1
26
25
24
23
22
21
20
19
18
17
16
15
14
13
12
11
10
9
8
7
6
5
4
大学
高等学校
（普通科）
（職業科）
中学校
（基礎教育）
小学校
幼稚園
義務教育
高等教育
後期中等教育
前期中等教育
初等教育
就学前教育

Ⅵ　取得可能な資格・学位

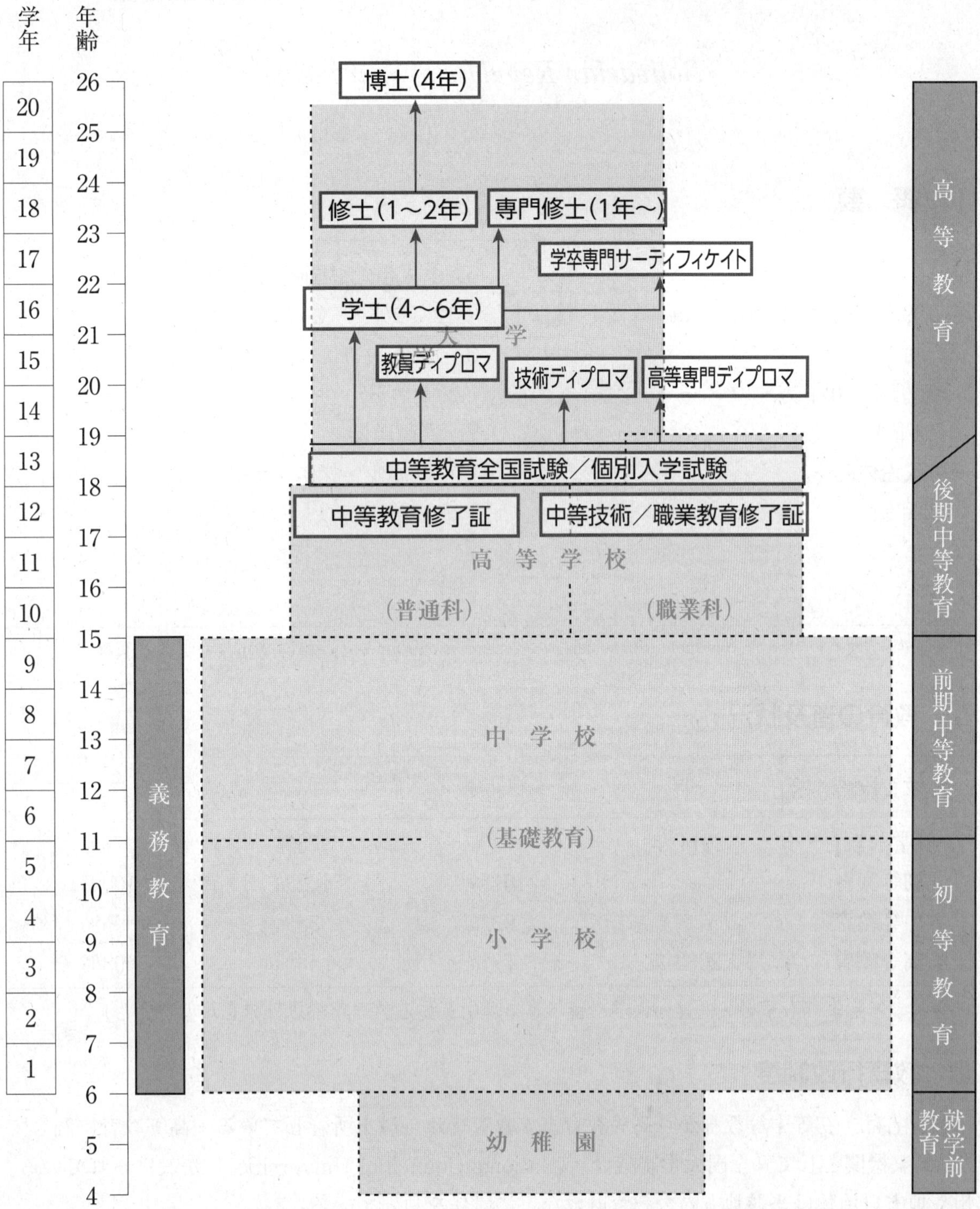

学年
年齢
博士(4年)
修士(1～2年)
専門修士(1年～)
学卒専門サーティフィケイト
学士(4～6年)
大学
教員ディプロマ
技術ディプロマ
高等専門ディプロマ
中等教育全国試験／個別入学試験
中等教育修了証
中等技術／職業教育修了証
高等学校
(普通科)
(職業科)
中学校
(基礎教育)
小学校
幼稚園
義務教育
高等教育
後期中等教育
前期中等教育
初等教育
就学前教育

ベネズエラ・ボリバル共和国

(*Bolivarian Republic of Venezuela*)

Ⅰ　概　要

1．人口
　2,990 万人（2012 年，世銀）
2．面積
　91 万 2,050 平方キロメートル（日本の約 2.4 倍）
3．政治体制
　共和制
4．言語
　スペイン語
5．1 人当たり国内総生産（GDP）
　12,472 ドル（2013 年，IMF）
6．首都
　カラカス
7．通貨単位
　ボリバル・フエルテ

《出典》外務省サイト（http://www.mofa.go.jp/mofaj/area/venezuela/data.html）（更新日：2016 年 11 月 28 日更新）。

Ⅱ　教育の普及状況

教育段階	年	在籍率	男	女
就学前教育	2014 年	73%	73%	73%
初等教育	〃	101%	102%	100%
中等教育	〃	92%	88%	95%
高等教育	2008 年	77%	58%	98%

（通常の年齢よりも早い又は遅い入学や留年等を理由とする該当年齢以外の在籍者を含む）

Ⅲ　教育行政制度

教育省は，初等中等教育から高等教育まで教育行政全般を所管している。高等教育に関しては，調整機関として「全国大学審議会」(National Council of Universities) が設けられている。州や地方自治体は当該地方の公教育財政などに責任を負っている。

Ⅳ　学校体系

（学年暦：9月～翌年7月。高等教育は1月～12月，又一部で9月～翌年7月）

1. 就学前教育

就学前教育は，3～5歳児を対象に，保育学校や幼稚園で行われる。

2. 義務教育

義務教育は，6～15歳の9年である。

3. 初等・前期中等教育

初等・前期中等教育は，6歳入学で，9年一貫制の基礎教育として，基礎教育学校で行われる。初等教育6年間と前期中等教育3年間から成り，修了者には基礎教育修了証が与えられる。

4. 後期中等教育

後期中等教育は，基礎教育学校修了者を対象に，中等学校の大学教育準備課程（2年）と職業教育課程（3年）で行われ，修了者には高等教育の入学要件である，普通教育のバチジェラート（2年），又は職業教育の中等技術バチジェラート（3年）が与えられる。

5. 高等教育

高等教育は，大学及び短期のユニバーシティ・カレッジなどで行われる。大学には，5年の第1学位（リセンシアード）課程，2年の修士課程，3年以上の博士課程が置かれている。学卒者を対象とする専門資格の課程（1年）もある。また，ユニバーシティ・カレッジでは，職業系準学位として高等技術学位（3年）課程などが置かれている。

《参考資料》

・UNESCO, World Data on Education, 7th edition, 2010/11.
・UNESCO, ISCED 2011 Mapping Venezuela.
・Australian Government, Country Education Profiles
（https://internationaleducation.gov.au/CEP/The-Americas/Venezuela/Pages/default.aspx（2016年11月28日閲覧）.
・Education Policy and Data Center, Venezuela（National Education Profile 2014 Update）.

V　学校系統図

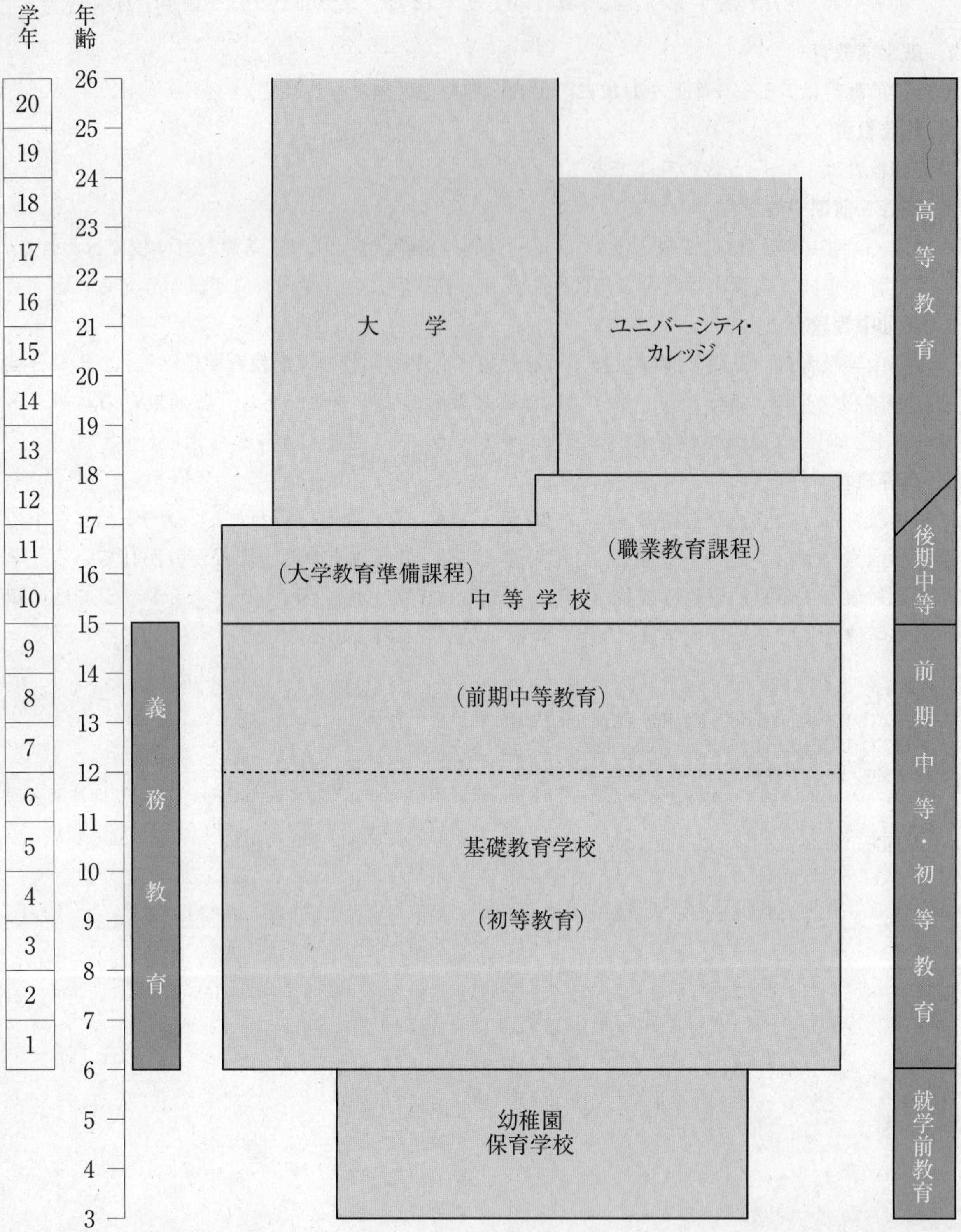
学年
年齢
20
19
18
17
16
15
14
13
12
11
10
9
8
7
6
5
4
3
2
1
26
25
24
23
22
21
20
19
18
17
16
15
14
13
12
11
10
9
8
7
6
5
4
3
義務教育
大　学
ユニバーシティ・カレッジ
(職業教育課程)
(大学教育準備課程)
中 等 学 校
(前期中等教育)
基礎教育学校
(初等教育)
幼稚園
保育学校
高等教育
後期中等
前期中等・初等教育
就学前教育

Ⅵ　取得可能な資格・学位

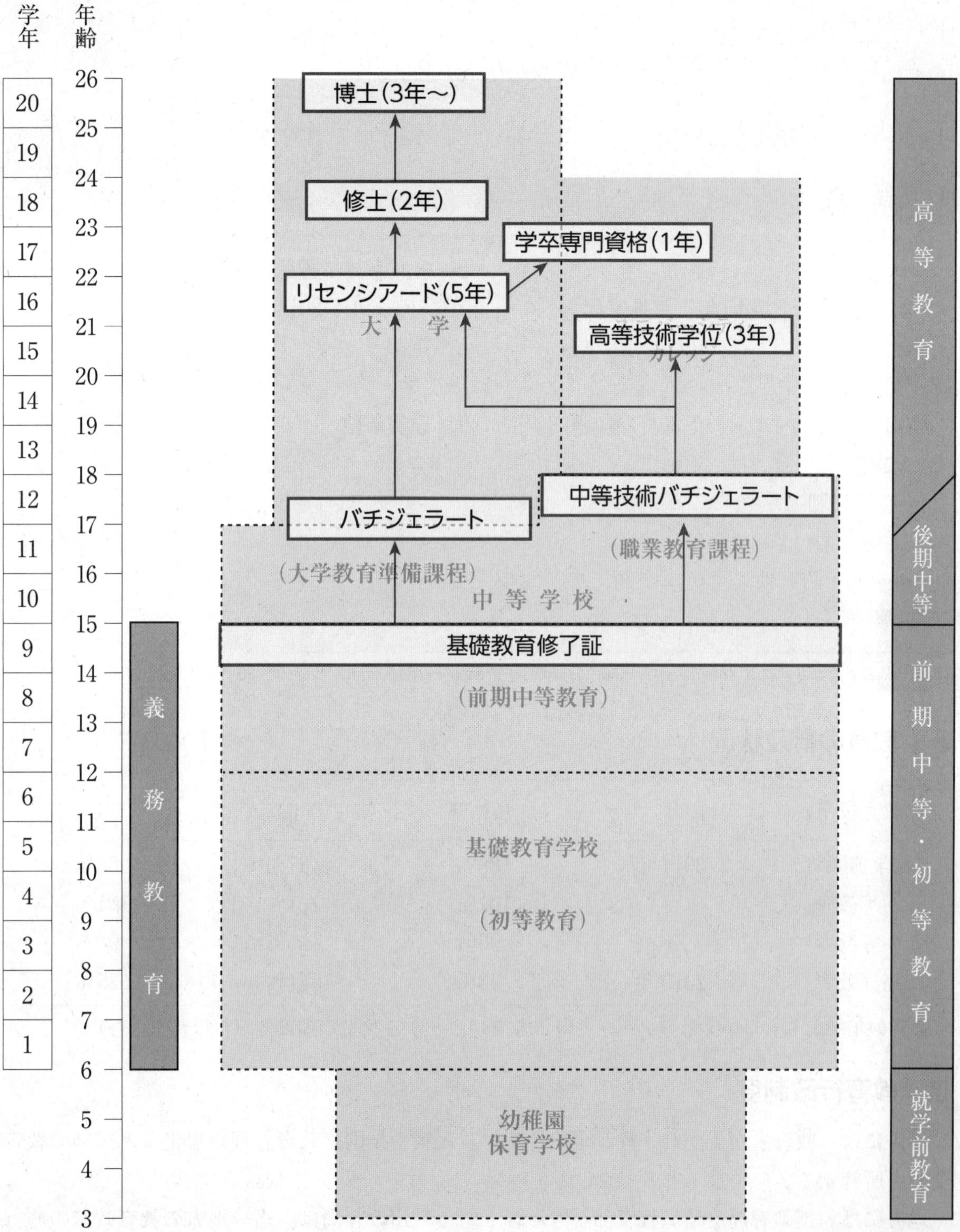

学年
年齢
博士（3年～）
修士（2年）
学卒専門資格（1年）
リセンシアード（5年）
大　学
高等技術学位（3年）
バチジェラート
中等技術バチジェラート
（大学教育準備課程）
（職業教育課程）
中　等　学　校
基礎教育修了証
（前期中等教育）
基礎教育学校
（初等教育）
幼稚園
保育学校
義務教育
高等教育
後期中等
前期中等・初等教育
就学前教育

ペルー共和国

(*Republic of Peru*)

Ⅰ　概　要

1. 人口
約3,115万人（2015年1月推定値，ペルー統計情報庁）
2. 面積
約129万平方キロメートル（日本の約3.4倍）
3. 政治体制
立憲共和制
4. 言語
スペイン語（他にケテュア語，アイマラ語等）
5. 1人当たり国民総所得（GNI）
6,410ドル（2014年，世銀）
6. 首都
リマ
7. 通貨単位
ヌエボ・ソル

《出典》外務省ウェブサイト（http://www.mofa.go.jp/mofaj/area/peru/data.html）（更新日：2015年10月16日）。

Ⅱ　教育の普及状況

教育段階	年	在籍率	男	女
就学前教育	2014年	88%	87%	88%
初等教育	〃	101%	101%	101%
中等教育	〃	96%	96%	96%
高等教育	2010年	43%	41%	45%

（通常の年齢よりも早い又は遅い入学や留年等を理由とする該当年齢以外の在籍者を含む）

Ⅲ　教育行政制度

中央には，教育省が置かれ，教育全般に関する政策や規則，教育課程の規定など，国の教育全般を所管する。

地方には，州教育局や地域教育部が置かれている。州教育局は，当該地方の教育政策の施行に責任を負っている。郡レベルに置かれる地域教育部は，当該地域の人事や施設・設備の監督を行っている。また，自治体には教育審議会が置かれ，当該地域の教育を運営する。

Ⅳ 学校体系

（学年歴：3月～翌年2月）

1. 就学前教育

就学前教育は，3～5歳児を対象に，幼稚園で行われる。

2. 義務教育

義務教育は，就学前の1年を含む，5～17歳の12年間である。

3. 初等教育

初等教育は，6歳入学で6年間，初等学校で行われる。初等学校を修了すると，初等教育修了証が付与される。

4. 中等教育

中等教育は，5年間，中等学校で行われる。

中等学校は，前期2年間と後期3年間の2つの段階に区分される。前期は共通課程として幅広い分野を学習し，後期は生徒の適性に応じて普通教育課程（文系あるいは理系を選択）と職業教育課程に分けられる。後期課程の普通教育課程の修了者には普通中等教育修了証が，職業教育課程の修了者には技術者修了証及び中等教育修了証がそれぞれ付与される。

5. 高等教育

高等教育は，大学と非大学型高等教育機関で行われる。大学の入学資格は，普通中等教育修了証の取得者に認められる。非大学型高等教育機関の入学資格は，技術者修了証の取得者に認められる。

大学には，5年以上の学士課程が置かれており，修了者には学士の学位が授与される。また，学士取得者には2年以上の修士課程，修士取得者には2年以上の博士課程が設けられており，修了者にはそれぞれ修士，博士の学位が授与される。そのほか，学士取得者を対象とする2年の専門職資格課程が設けられており，修了者には専門職の称号が付与される。

非大学型高等教育機関には，教育学や技術教育など中心に，5年の課程が置かれている。教育学課程の修了者には，教育学士の学位が授与される。その他の分野については，技術士や専門士といった称号が付与される。

《参考資料》

・UNESCO, World Data on Education, 7th edition, 2010/11.
・UNESCO ISCED Mappings, 1997.
・Australian Government, Country Education Profiles（https://internationaleducation.gov.au/CEP/The-Americans/Peru/Pages/default.aspx）（2016年7月6日閲覧）.

V　学校系統図

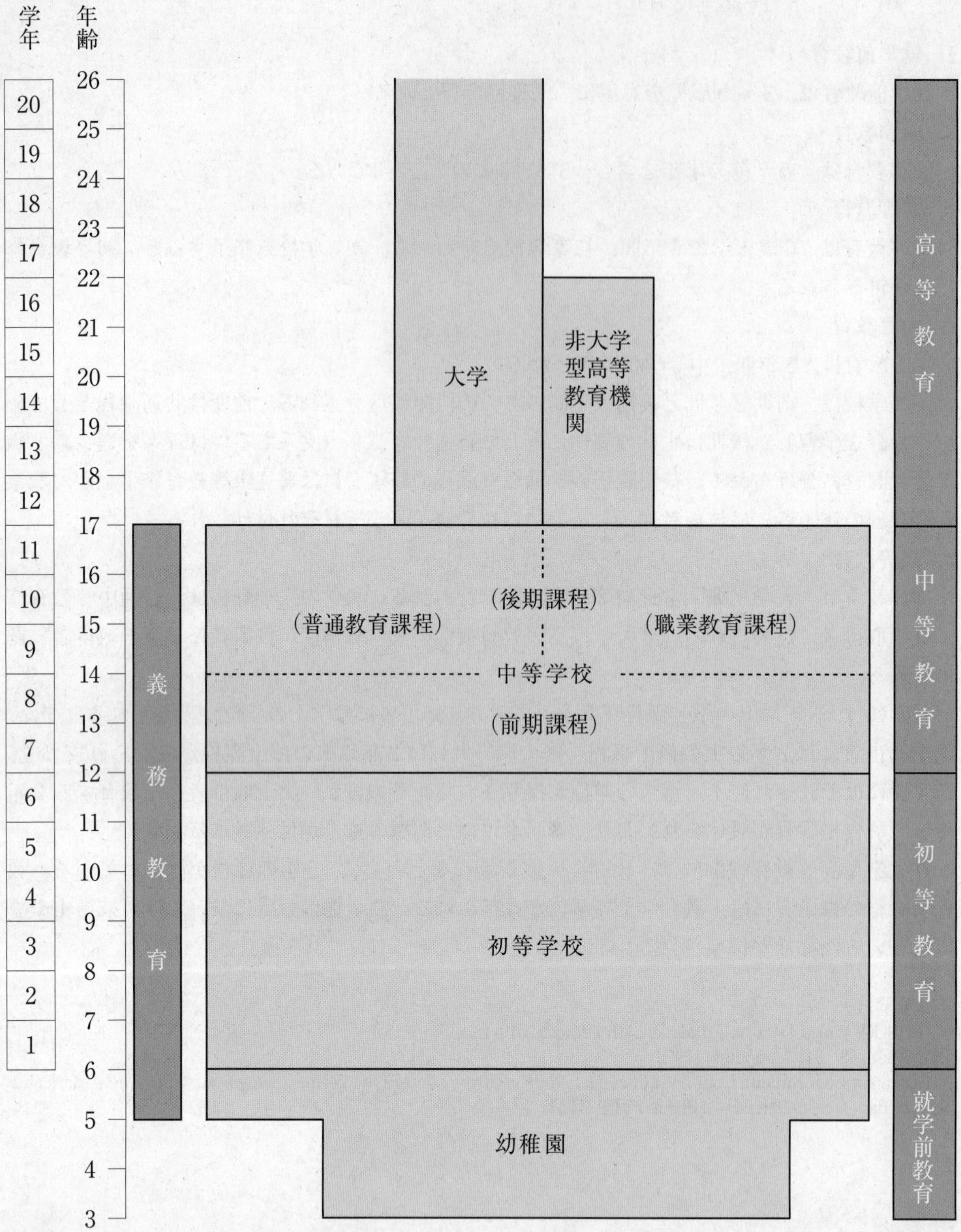
学年
年齢
20
19
18
17
16
15
14
13
12
11
10
9
8
7
6
5
4
3
2
1
26
25
24
23
22
21
20
19
18
17
16
15
14
13
12
11
10
9
8
7
6
5
4
3
大学
非大学型高等教育機関
（後期課程）
（普通教育課程）
（職業教育課程）
中等学校
（前期課程）
初等学校
幼稚園
義務教育
高等教育
中等教育
初等教育
就学前教育

Ⅵ　取得可能な資格・学位

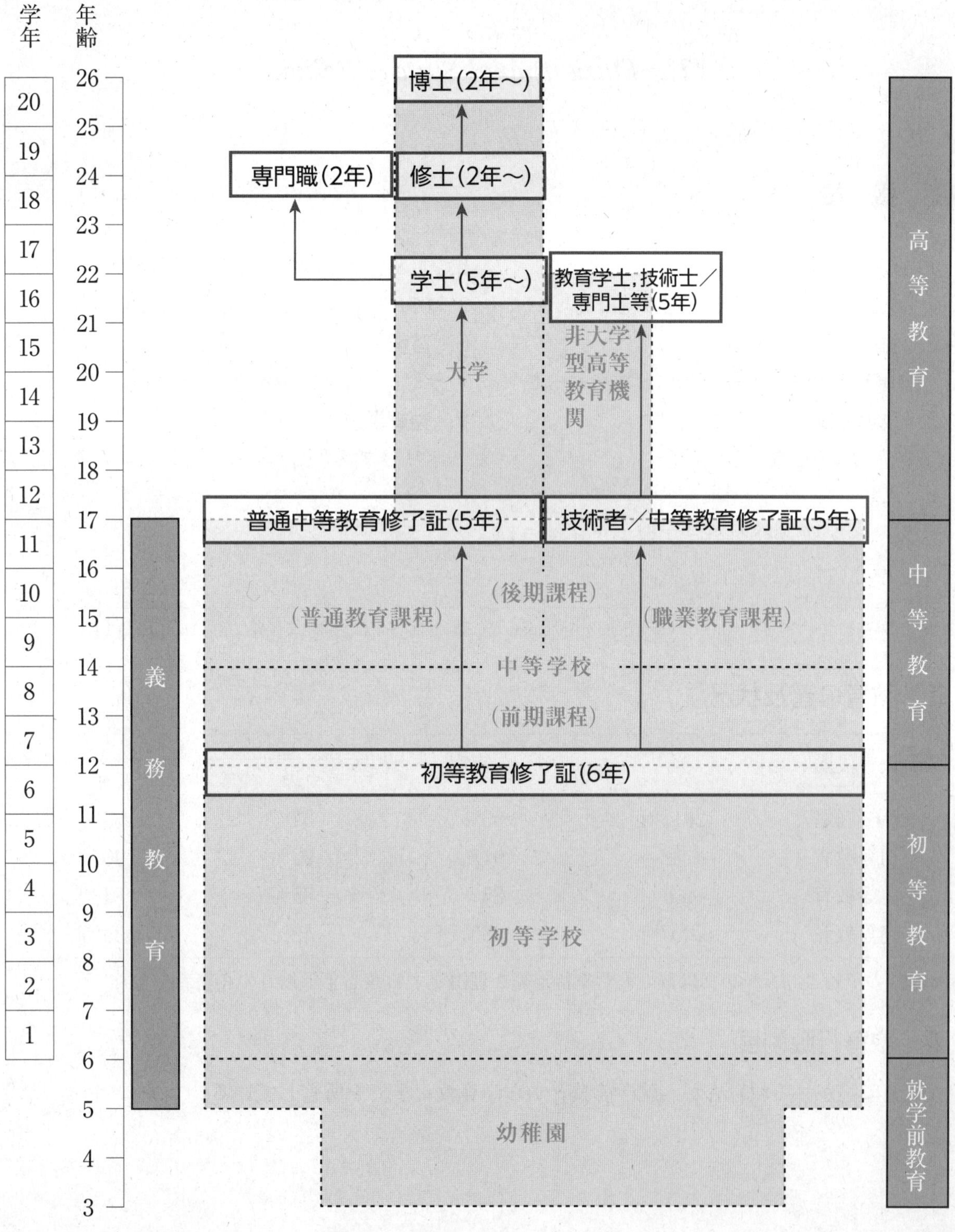
学年
年齢
20
19
18
17
16
15
14
13
12
11
10
9
8
7
6
5
4
3
2
1
26
25
24
23
22
21
20
19
18
17
16
15
14
13
12
11
10
9
8
7
6
5
4
3
博士(2年〜)
専門職(2年)
修士(2年〜)
学士(5年〜)
教育学士，技術士／専門士等(5年)
大学
非大学型高等教育機関
普通中等教育修了証(5年)
技術者／中等教育修了証(5年)
(後期課程)
(普通教育課程)
(職業教育課程)
中等学校
(前期課程)
初等教育修了証(6年)
初等学校
幼稚園
義務教育
高等教育
中等教育
初等教育
就学前教育

ボリビア多民族国

（*The Plurinational State of Bolivia*）

Ⅰ　概　要

1．人口
1,082.5 万人（2015 年，国家統計局）

2．面積
110 万平方キロメートル（日本の約 3 倍）

3．政治体制
立憲共和制

4．言語
スペイン語及びケチュア語，アイマラ語を中心に先住民言語 36 言語

5．1 人当たり国内総生産（GDP）
3,071 米ドル（2015 年，国家統計局）

6．首都
ラパス（憲法上の首都はスクレ）

7．通貨単位
ボリビアノ

《出典》外務省ウェブサイト（http://www.mofa.go.jp/mofaj/area/bolivia/index.html）（更新日：平成 28 年 10 月 4 日）。

Ⅱ　教育の普及状況

教育段階	年	在籍率	男	女
就学前教育	2013 年	63%	64%	63%
初等教育	〃	91%	92%	90%
中等教育	〃	85%	85%	84%
高等教育	2007 年	38%	42%	35%

（通常の年齢よりも早い又は遅い入学や留年等を理由とする該当年齢以外の在籍者を含む）

Ⅲ　教育行政制度

中央に置かれる教育省が，就学前教育から高等教育までを所管している。

Ⅳ　学校体系

（学年歴：2 月～ 11 月）

1. 就学前教育

就学前教育は，5 ～ 6 歳を対象に，幼稚園で行われる。

2. 義務教育

義務教育は，就学前教育から中等教育までの 14 年間である。

3. 初等教育

初等教育は，7 歳入学で 6 年間，初等学校で行われる。

4. 中等教育

中等教育は，6 年間で，中等学校において行われる。

5. 高等教育

高等教育は，大学やその他の高等教育機関において行われる。大学では，学士課程（4 ～ 6 年），修士課程（2 年），博士課程（4 年）が置かれる。その他の高等教育機関では，上級技術者ディプロマを取得する 3 ～ 4 年の課程等が置かれる。

《参考資料》
・UNESCO, World Data on Education, 7th edition, 2010/11.
・外務省ウェブサイト「諸外国・地域の学校情報―国・地域の詳細情報」（平成 27 年 11 月更新情報）（http://www.mofa.go.jp/mofaj/toko/world_school/04latinamerica/infoC43100.html）。
・独立行政法人国際協力機構人間開発部『ボリビア多民族国教師教育教材改訂プロジェクト詳細計画策定調査報告書』（平成 25 年 7 月（2013 年））。
・Australian Government, Country Education Profiles（https://internationaleducation.gov.au/CEP/The-Americas/Bolivia/Pages/default.aspx）（2016 年 11 月 25 日閲覧）.

V　学校系統図

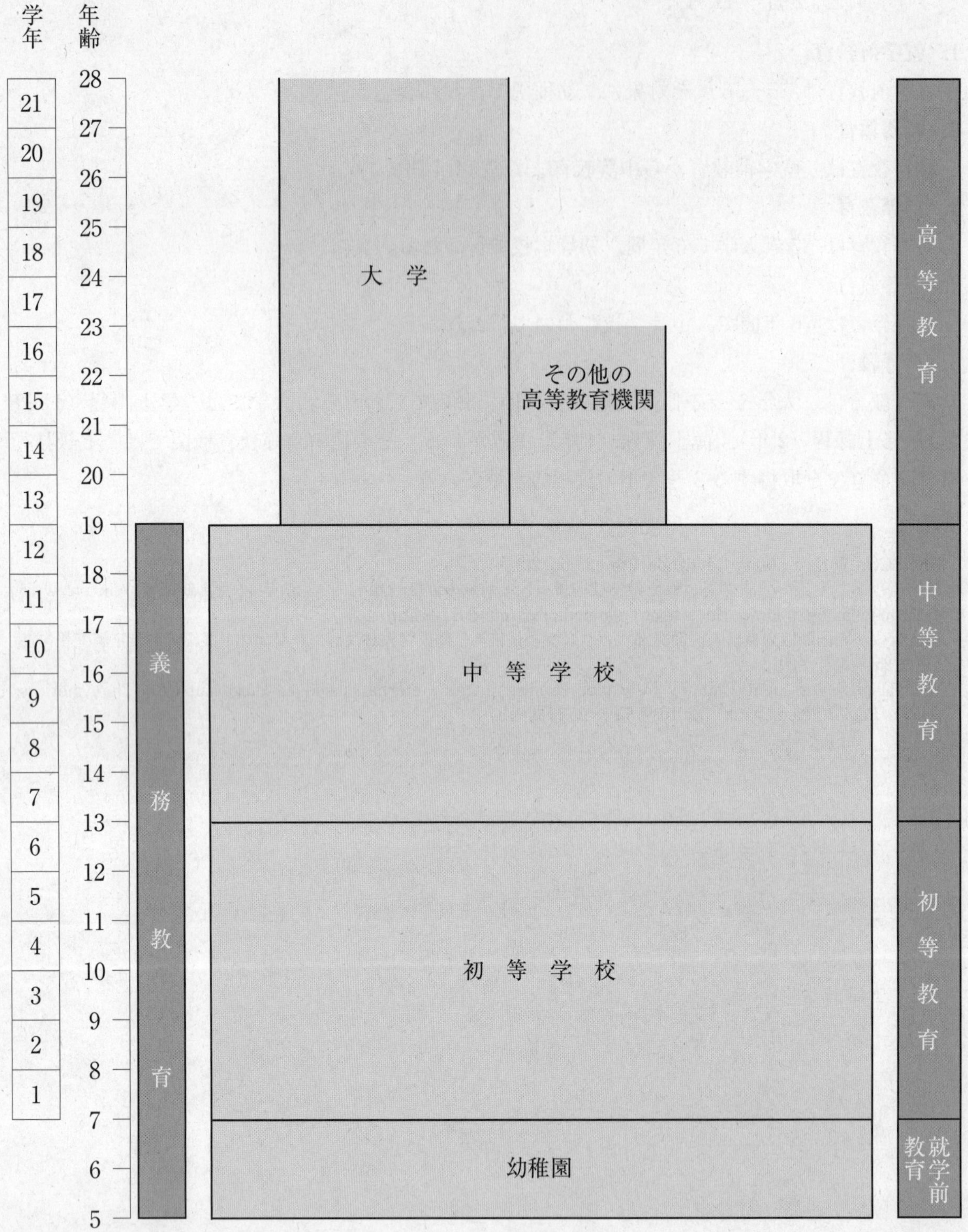
学年
年齢
21
20
19
18
17
16
15
14
13
12
11
10
9
8
7
6
5
4
3
2
1
28
27
26
25
24
23
22
21
20
19
18
17
16
15
14
13
12
11
10
9
8
7
6
5
大学
その他の高等教育機関
中等学校
初等学校
幼稚園
義務教育
高等教育
中等教育
初等教育
就学前教育

Ⅵ　取得可能な資格・学位

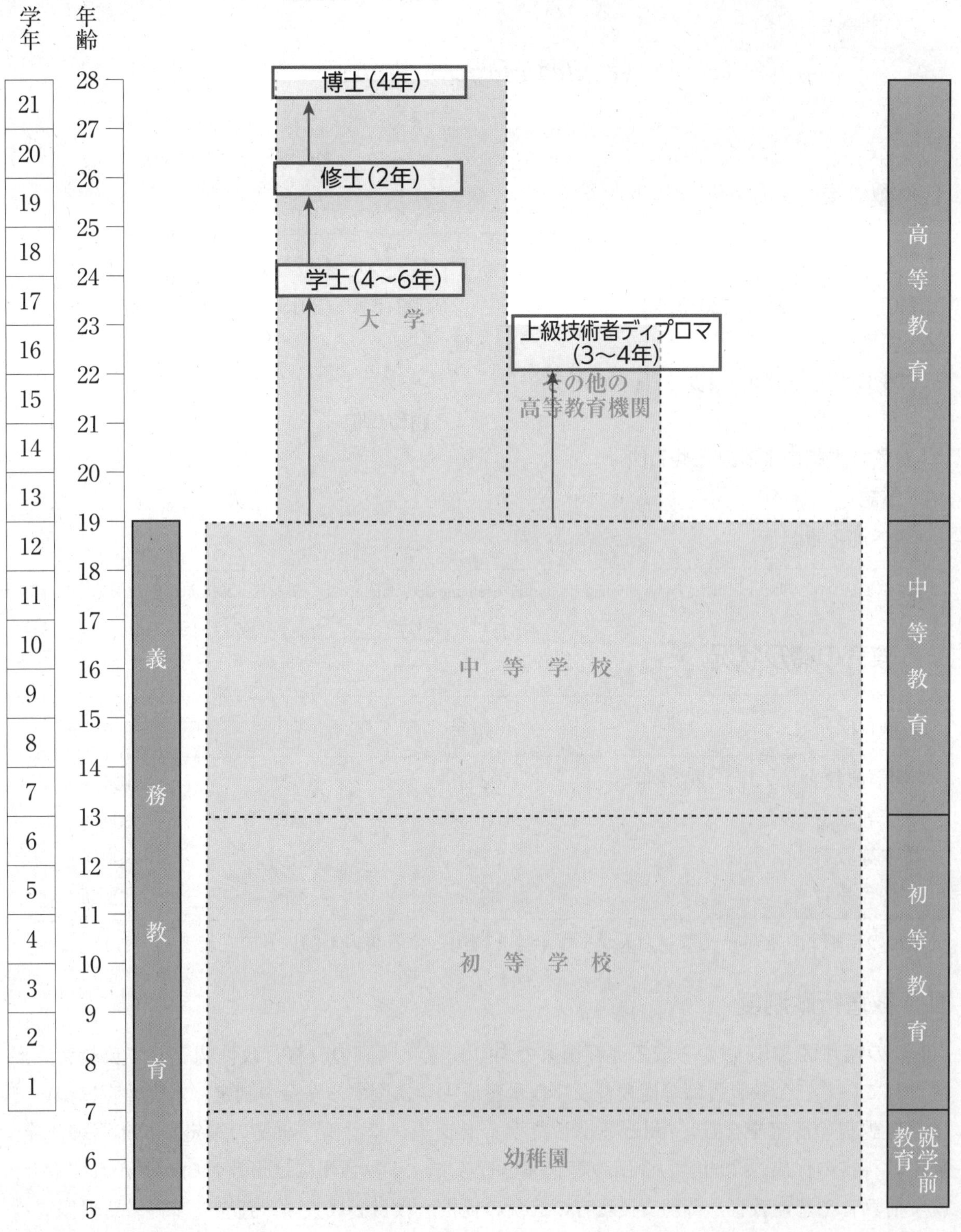
学年
年齢
博士(4年)
修士(2年)
学士(4～6年)
大学
上級技術者ディプロマ(3～4年)
その他の高等教育機関
義務教育
中等学校
初等学校
幼稚園
高等教育
中等教育
初等教育
就学前教育

メキシコ合衆国

（*United Mexican States*）

Ⅰ　概　要

1. 人口
   約1億2,701万人（2015年）
2. 面積
   196万平方キロメートル（日本の約5倍）
3. 政治体制
   立憲君主制による連邦共和国
4. 言語
   スペイン語
5. 1人当たり国内総生産（GDP）
   9,009ドル（2015年，名目，IMF）
6. 首都
   メキシコシティ
7. 通貨単位
   ペソ

《出典》外務省ウェブサイト（http://www.mofa.go.jp/mofaj/area/mexico/data.htmll）（更新日：2016年6月21日）。

Ⅱ　教育の普及状況

教育段階	年	在籍率	男	女
就学前教育	2013年	102%	101%	104%
初等教育	〃	104%	105%	104%
中等教育	〃	87%	84%	90%
高等教育	〃	29%	29%	29%

（通常の年齢よりも早い又は遅い入学や留年等を理由とする該当年齢以外の在籍者を含む）

Ⅲ　教育行政制度

1つの連邦区と31州から成る連邦国家であり，連邦政府の教育行政機関として公教育省が置かれている。公教育省は基礎教育及び教員養成大学に関する法令の制定（基礎教育については教育課程の認定を含む），州と連携したガイドラインや計画，事業の策定，学年暦の決定，無償教科書の作成，全国学力評価の実施等を行っている。各州には州教育局が置かれており，就学前教育や基礎教育，特別支援教育の機会の提供，教員養成大学の運営，基礎教育段階の教員の研修等を行っている。高等教育については設置者や機関の性質によって政府との関係が異なるが，連邦立や州立の総合大学は大きな自治権を有している。

Ⅳ 学校体系

（学年暦：9月～翌年6月）

メキシコは，31州と1連邦区からなる連邦共和国であるが，憲法及び「一般教育法」に基づき全国共通の教育制度が規定されており，その中で初等教育と前期中等教育の9年間と就学前教育を合わせて基礎教育と位置づけている。

1．就学前教育

就学前教育は，3～5歳児を対象に，幼稚園で行われる。

2．義務教育

義務教育年限は，3～18歳の15年である。

3．初等教育

初等教育は，6歳入学で6年間，初等学校で行われる。修了者は初等学校修了証を取得する。

4．中等教育

前期中等教育は，中等学校で3年間行われる。中等学校には，普通中等学校，技術中等学校，労働者学校，テレセクンダリア（テレビ授業による前期中等教育）がある。中等学校の修了者は基礎教育修了証を取得する。

後期中等教育は，上級中等学校と専門技術教育学校で行われる。上級中等学校は3年制であり，普通上級中等学校と技術上級中等学校に大別される。前者の修了者はバチジェラート，後者は技術バチジェラートを取得する。専門技術教育学校は公教育省傘下の連邦専門技術教育学校システムを構成する3年制の学校であり，修了者は専門技術バチジェラートを取得する。いずれの修了資格も大学進学要件を満たすものである。

5．高等教育

高等教育は，総合大学，専門大学，教員養成大学などで行われる。入学に当たっては，通常，上述の後期中等教育修了資格の取得が求められるとともに，連邦機関が実施する入学試験等による選抜が行われる。

提供されるプログラムは学士レベルと大学院プログラムに分けられ，前者には4～6年間の第一学位（Licensiatura あるいは Título Profesional）課程，専門準学士につながる2年間の高等技術課程，及び各種ディプロマ・修了証につながる短期課程がある。後者には，2～4.5年間の修士課程，修士取得後4年程度の博士課程のほか，専門資格につながる通常1～1.5年の短期課程がある。

《参考資料》

・Australian Government, Country Education Profiles（https://internationaleducation.gov.au/CEP/The-Americas/Mexico/Pages/default.aspx）（2016年7月6日閲覧）.
・Secretaria De Educacion Publlica（http://www.sep.gob. mx/en/sep_en）（2016年7月29日閲覧）.

中南米

V　学校系統図

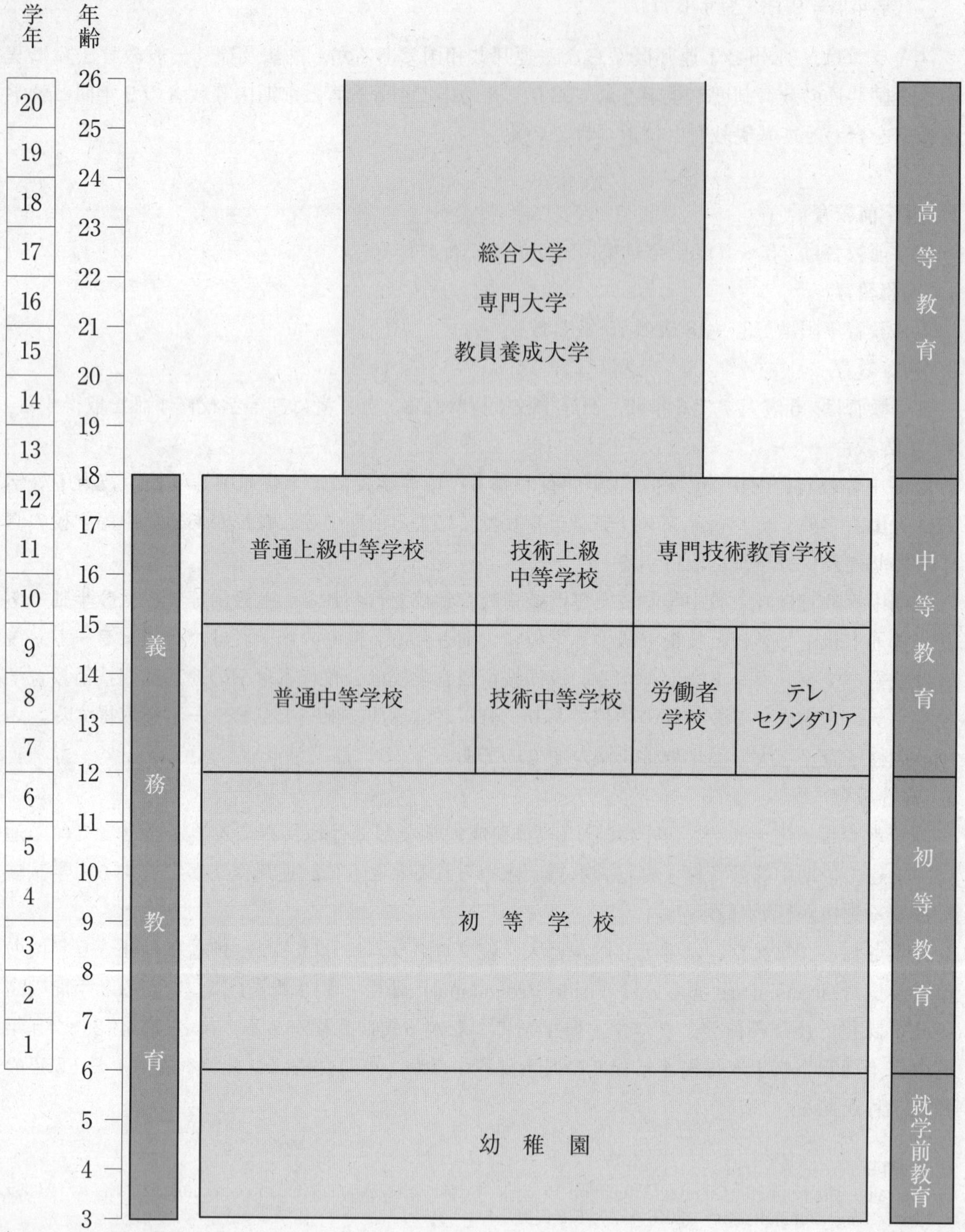
学年
年齢
20
19
18
17
16
15
14
13
12
11
10
9
8
7
6
5
4
3
2
1
26
25
24
23
22
21
20
19
18
17
16
15
14
13
12
11
10
9
8
7
6
5
4
3
総合大学
専門大学
教員養成大学
普通上級中等学校
技術上級中等学校
専門技術教育学校
普通中等学校
技術中等学校
労働者学校
テレセクンダリア
初　等　学　校
幼　稚　園
義務教育
高等教育
中等教育
初等教育
就学前教育

Ⅵ　取得可能な資格・学位

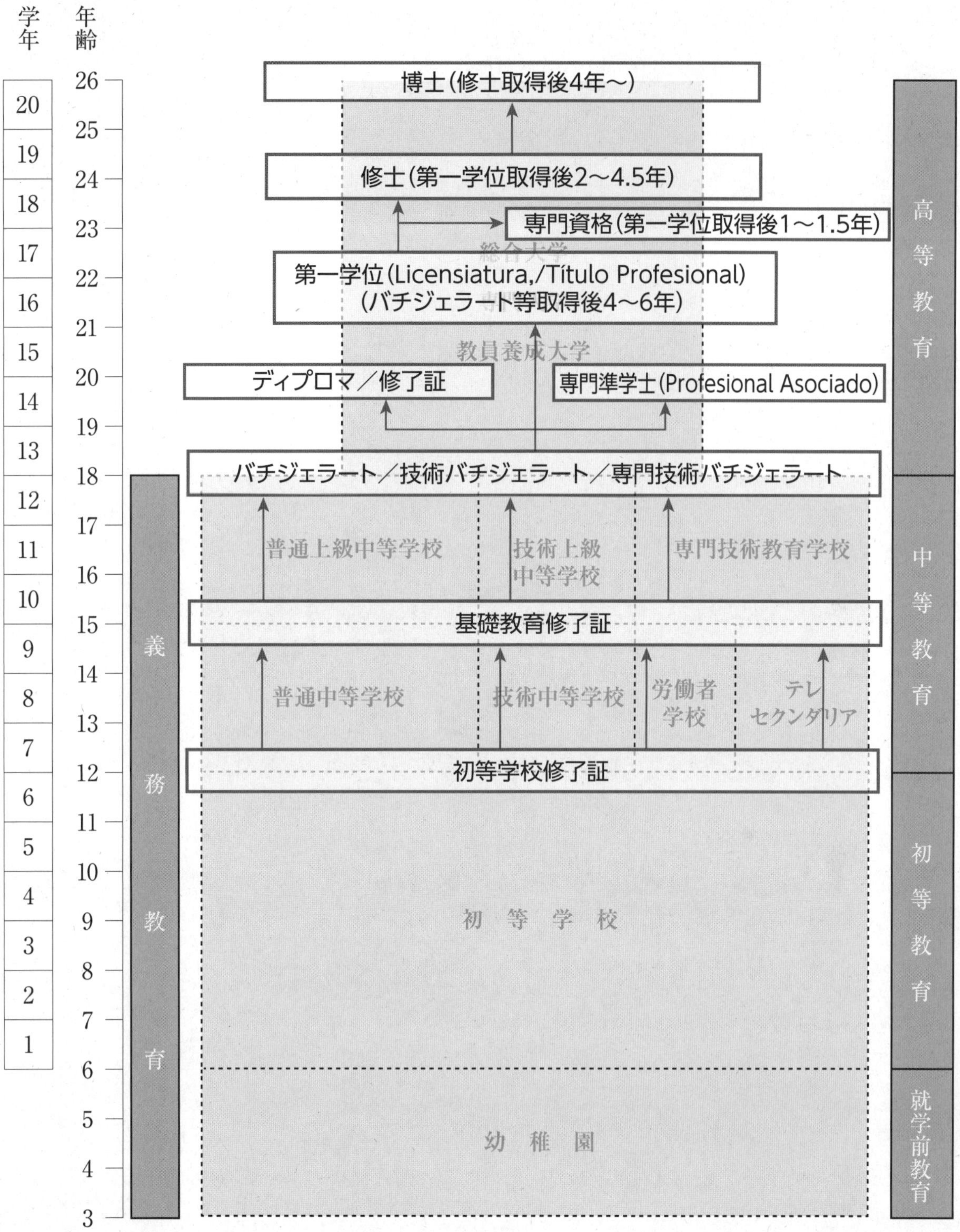

学年
年齢
博士（修士取得後4年〜）
修士（第一学位取得後2〜4.5年）
専門資格（第一学位取得後1〜1.5年）
総合大学
第一学位（Licensiatura,/Título Profesional）
（バチジェラート等取得後4〜6年）
教員養成大学
ディプロマ／修了証
専門準学士（Profesional Asociado）
バチジェラート／技術バチジェラート／専門技術バチジェラート
普通上級中等学校
技術上級中等学校
専門技術教育学校
基礎教育修了証
普通中等学校
技術中等学校
労働者学校
テレセクンダリア
初等学校修了証
初　等　学　校
幼　稚　園
義務教育
高等教育
中等教育
初等教育
就学前教育

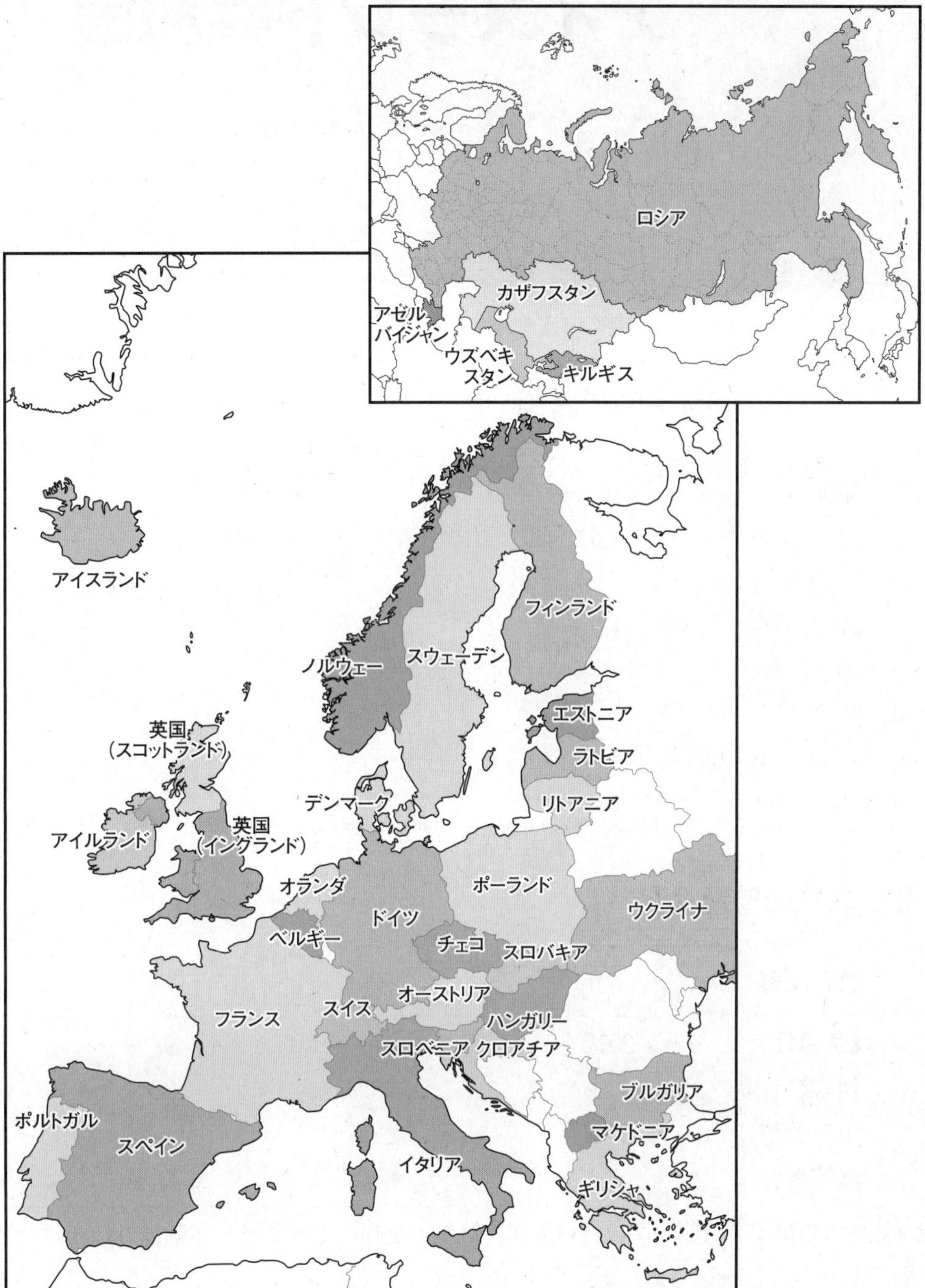

欧　州

（国・地域は掲載しているもののみ。国・地域名の表記は誌面の都合上，一般的なものとしているため本文と異なる。）

アイスランド共和国

(*Republic of Iceland*)

I 概 要

1. 人口
   33万0,610（2015年6月，アイスランド統計局）
2. 面積
   10.3万平方キロメートル（北海道よりやや大きい）
3. 政治体制
   共和制
4. 言語
   アイスランド語
5. 1人当たり国内総生産（GDP）
   51,262ドル（2014年推定値，IMF）
6. 首都
   レイキャビク
7. 通貨単位
   アイスランドクローナ

《出典》外務省ウェブサイト（http://www.mofa.go.jp/mofaj/area/iceland/data.html）（更新日：2016年11月28日）。

II 教育の普及状況

教育段階	年	在籍率	男	女
就学前教育	2012年	97%	98%	96%
初等教育	〃	98%	98%	98%
中等教育	〃	112%	113%	111%
高等教育	〃	81%	60%	103%

（通常の年齢よりも早い又は遅い入学や留年等を理由とする該当年齢以外の在籍者を含む）

III 教育行政制度

教育・科学・文化省は，就学前教育から高等教育，成人教育までを含み，教育制度全般の枠組みを定めるとともに，教育を評価分析し，教育政策を立案・実施している。地方自治体は，特に義務教育や就学前教育段階の学校の運営に当たっている。

Ⅳ　学校体系

（学年暦は，8月～翌年6月）

1. 就学前教育

就学前教育は，0～5歳児を対象に，幼稚園で行われる。

2. 義務教育

義務教育は，6～16歳の10年である。

3. 初等・前期中等教育

初等教育は，6歳入学で7年間，基礎学校の第1～7学年で行われる。さらに，前期中等教育は，3年間，基礎学校の第8～10学年で行われる。修了者には基礎教育修了資格が与えられる。

4. 後期中等教育

後期中等教育は，基礎学校修了者を対象に，普通高等学校（4年制），職業高等学校（主に3～4年），総合制高等学校（主に3～4年）で行われる。普通高等学校では，高等教育への進学を前提とした普通教育が行われる。職業高等学校では，職業に関する理論と実践の双方の学習が提供され，職人資格が取得できる。さらに，中等後プログラムとしてマスター資格（2年）も用意されている。総合制高等学校には，普通教育コースや職業専門コースが設置されており，コースにより普通高等学校，職業高等学校と同種の教育が提供される。高等教育機関への進学を希望する者は，普通高等学校及び総合制高等学校の普通教育コースにおいて，修了時に入学許可試験を受ける。

5. 高等教育

高等教育は，大学で行われる。入学に際しては，原則として選抜試験は行われず，志願者は入学許可試験に合格していれば，希望する大学へ入学できる。大学には，3～4年の学士課程，2年の修士課程，3～4年の博士課程が置かれている。また，学士取得者を対象とする学卒ディプロマ（1～2年）や，非学位の高等基礎ディプロマ（0.5～1.5年）もある。また，短期の高等専門教育機関では，ディプロマ（2～3年）の課程が提供されている。

《参考資料》

・Eurydice, *Iceland*（https://webgate.ec.europa.eu/fpfis/mwikis/eurydice/index.php/Sweden:Overview ほか）（2016年7月6日閲覧）.
・UNESCO, World Data on Education, 7th edition, 2010/11.
・OECD Education GPS Iceland（http://gpseducation.oecd.org/CountryProfile）（2016年12月7日閲覧）.

欧州

V　学校系統図

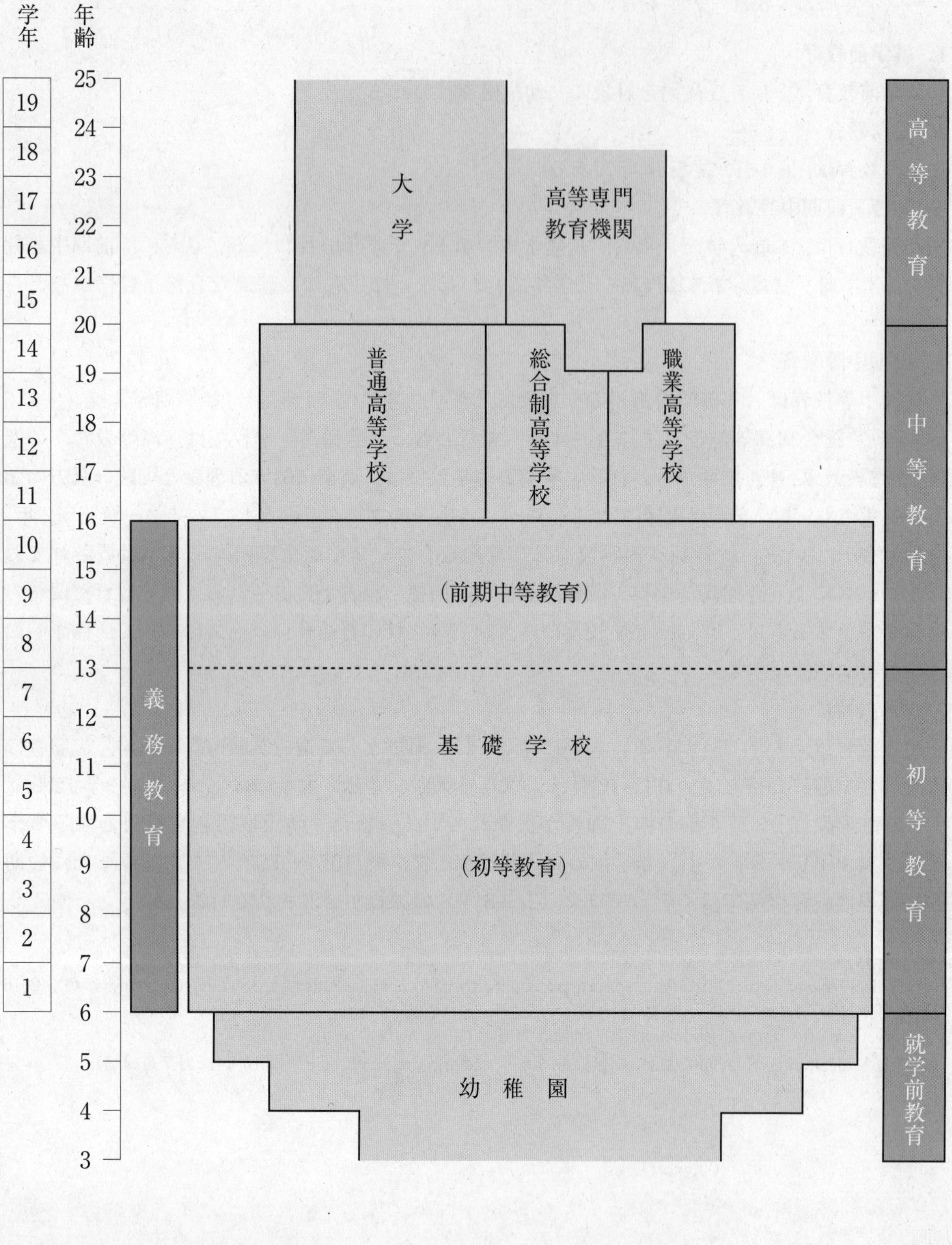
学年
年齢
19
18
17
16
15
14
13
12
11
10
9
8
7
6
5
4
3
2
1
25
24
23
22
21
20
19
18
17
16
15
14
13
12
11
10
9
8
7
6
5
4
3
大学
高等専門教育機関
普通高等学校
総合制高等学校
職業高等学校
(前期中等教育)
基礎学校
(初等教育)
幼稚園
義務教育
高等教育
中等教育
初等教育
就学前教育

Ⅵ　取得可能な資格・学位

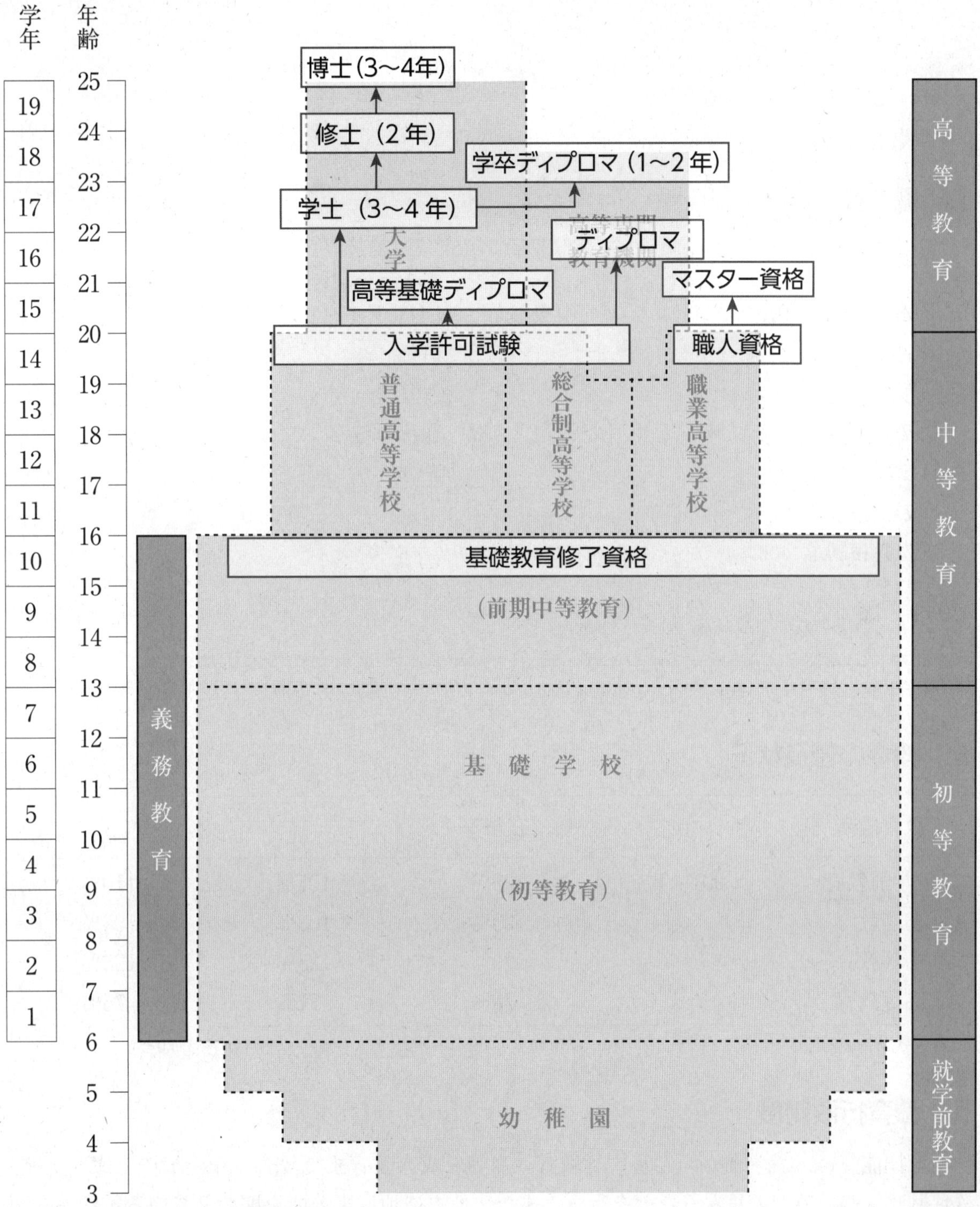
学年
年齢
博士（3～4年）
修士（2年）
学卒ディプロマ（1～2年）
学士（3～4年）
大学
ディプロマ
マスター資格
高等基礎ディプロマ
入学許可試験
職人資格
普通高等学校
総合制高等学校
職業高等学校
基礎教育修了資格
（前期中等教育）
基礎学校
（初等教育）
義務教育
幼稚園
高等教育
中等教育
初等教育
就学前教育

アイルランド

(*Ireland*)

Ⅰ 概 要

1. 人口
約464万人（2015年アイルランド中央統計局推定）
2. 面積
約7万300平方キロメートル（北海道とほぼ同じ）
3. 政治体制
立憲共和制
4. 言語
アイルランド語（ゲール語）及び英語
5. 1人当たり国内総生産（GDP）
54,411ドル（2014年，IMF）
6. 首都
ダブリン
7. 通貨単位
ユーロ

《出典》外務省ウェブサイト（http://www.mofa.go.jp/mofaj/area/ireland/index.html）（更新日：2016年11月28日）。

Ⅱ 教育の普及状況

教育段階	年	在籍率		
			男	女
就学前教育	2013年	108%	107%	110%
初等教育	〃	103%	103%	103%
中等教育	〃	126%	125%	128%
高等教育	〃	73%	71%	75%

（通常の年齢よりも早い又は遅い入学や留年等を理由とする該当年齢以外の在籍者を含む）

Ⅲ 教育行政制度

教育技能省は，就学前から初等中等教育，高等，成人教育まで教育政策全般の立案・実施，教育財政支援，教育の質保証などを行う。また，地方に地域事務所を開設している。助言機関として高等教育委員会（HEA）が設けられている。職業教育については，地方レベルの職業教育委員会（VEC）が運営に当たっている。

Ⅳ　学校体系

（学年暦：9月～翌年6月。高等教育機関は，10月～翌年6月）

1. 就学前教育

就学前教育は，3～5歳を対象に，初等学校付設幼児学級や民間施設などで行われる。

2. 義務教育

義務教育は，6～16歳の10年間である。

3. 初等教育

初等教育は，6歳入学で6年間，初等学校で行われる。

4. 中等教育

前期中等教育は，初等教育を修了した生徒を対象に3年間，中等学校，職業学校，総合制中等学校，コミュニティ・スクールの第1～3学年で行われる。修了時には全国試験が行われ，合格者には下級中等教育修了資格が与えられる。

後期中等教育は，2年間，上述の中等教育諸学校の第10～11学年で行われる。修了時に履修課程に応じて試験が行われ，合格者には普通中等教育修了資格，職業プログラム修了資格，応用プログラム修了資格が与えられる。なお，第10学年には任意の選択による，進路選択のためのプログラムである「移行学年」（1年）が設けられている。選択した生徒の修業年限は3年となる。

また，継続教育カレッジにおいて，下級中等教育修了資格などを要件に，全国資格枠組みに沿って，レベル4，5資格，上級資格（各1年）などの各種職業資格のためのプログラムが提供されている。

5. 高等教育

高等教育は，大学及び技術大学（institute of technology）などで行われる。入学者は，後期中等教育の修了資格の成績を基に選抜される。大学には，学士課程（普通学士3年，優等学士4年），1～2年の修士課程，3～4年の博士課程が置かれている。優等学士や高等ディプロマ（1年）を有する学卒者を対象とする学卒ディプロマ（1年）がある。また，技術大学では，準学位レベルの資格として，高等サーティフィケイト（2年）や上級資格の課程が置かれている。なお，継続教育カレッジにおいて，上級資格を取得した者は，学士課程への編入が可能となっている。

《参考資料》

・Eurydice, *Ireland*（https://webgate.ec.europa.eu/fpfis/mwikis/eurydice/index.php/Ireland:Overview ほか）（2016年12月7日閲覧）.

・UNESCO-IBE, World Data on Education, 7th edition, 2010/11（2012年7月更新）.

・Australian Governmenet, Country Education Profiles（https://internationaleducation.gov.au/CEP/Europe/Ireland/Pages/default.aspx）（2016年7月4日閲覧）.

・OECD Education GPS Ireland 2016（http://gpseducation.oecd.org/CountryProfile）（2016年12月7日閲覧）.

欧州

V 学校系統図

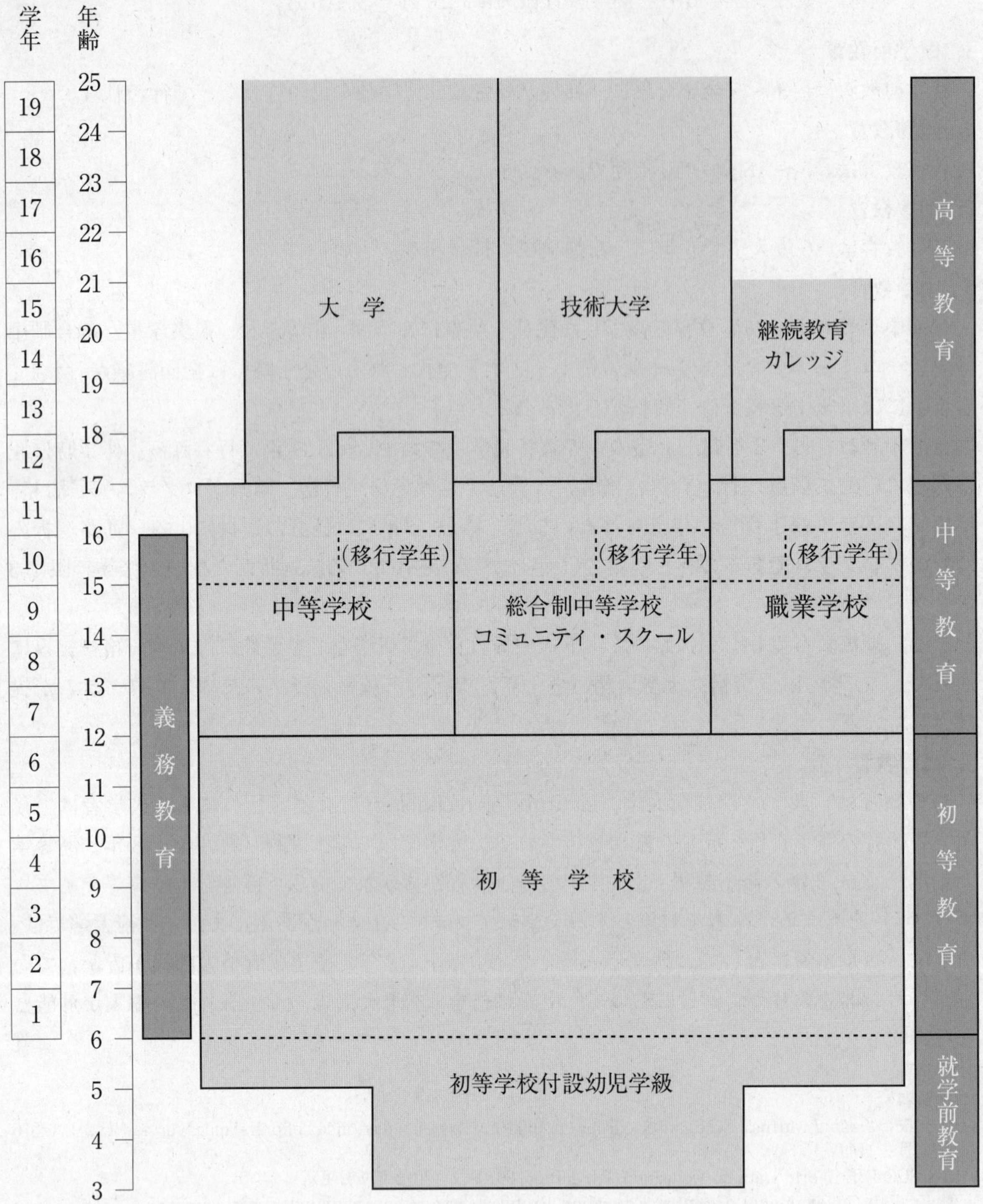
学年
年齢
19
18
17
16
15
14
13
12
11
10
9
8
7
6
5
4
3
2
1
25
24
23
22
21
20
19
18
17
16
15
14
13
12
11
10
9
8
7
6
5
4
3
大 学
技術大学
継続教育カレッジ
(移行学年)
(移行学年)
(移行学年)
中等学校
総合制中等学校
コミュニティ・スクール
職業学校
義務教育
初 等 学 校
初等学校付設幼児学級
高等教育
中等教育
初等教育
就学前教育

Ⅵ　取得可能な資格・学位

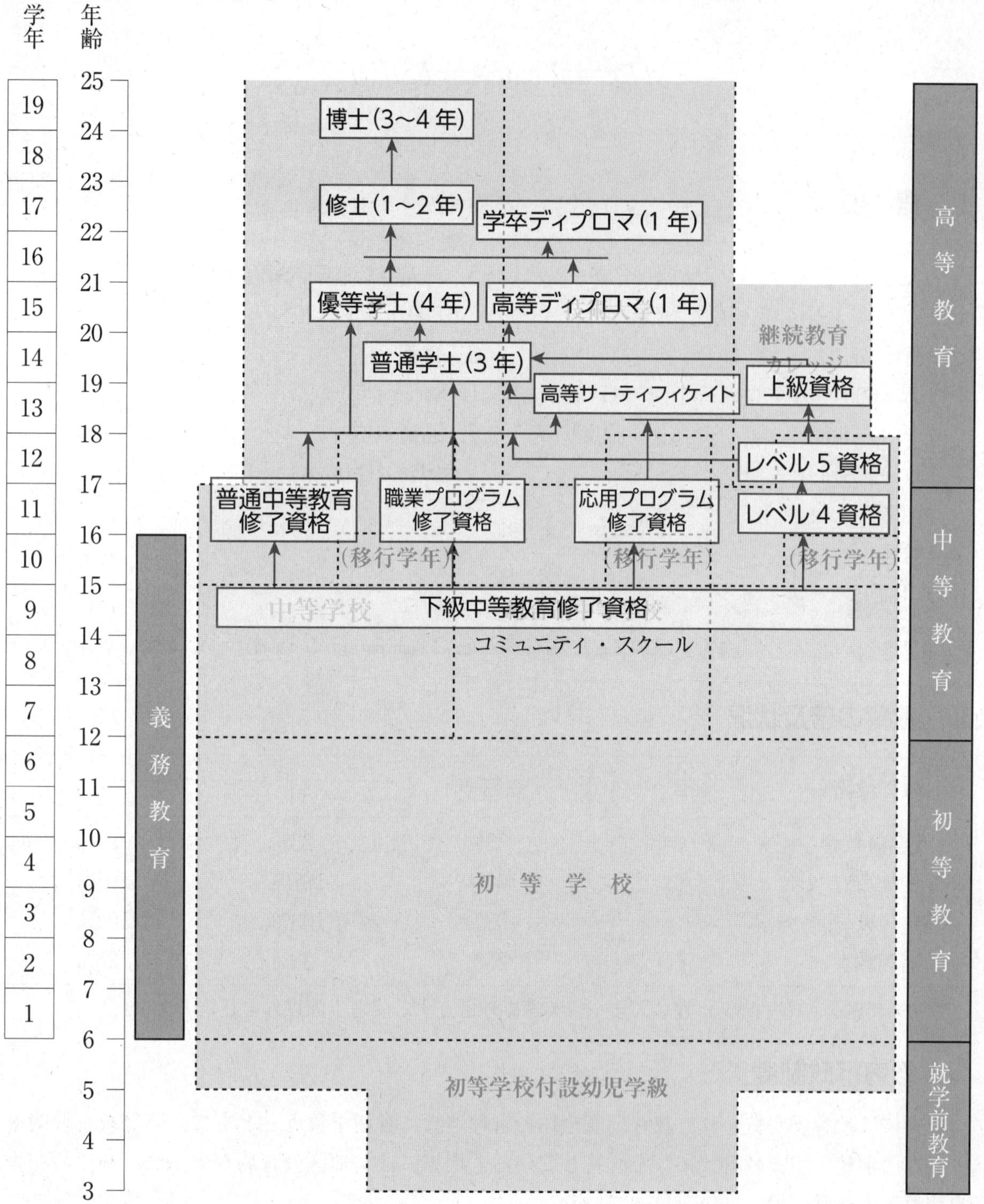
学年
年齢
博士（3～4年）
修士（1～2年）
学卒ディプロマ（1年）
優等学士（4年）
高等ディプロマ（1年）
継続教育カレッジ
普通学士（3年）
高等サーティフィケイト
上級資格
レベル5資格
普通中等教育修了資格
職業プログラム修了資格
応用プログラム修了資格
レベル4資格
（移行学年）
（移行学年）
（移行学年）
中等学校
下級中等教育修了資格
コミュニティ・スクール
義務教育
初等学校
初等学校付設幼児学級
高等教育
中等教育
初等教育
就学前教育

アゼルバイジャン共和国

(*Republic of Azerbaijan*)

Ⅰ 概 要

1. 人口
950万人(2014年,国連人口基金)
2. 面積
8万6,600平方キロメートル(日本の約4分の1,北海道よりやや大きい程度)
3. 政治体制
共和制
4. 言語
公用語はアゼルバイジャン語
5. 1人当たり国内総生産(GDP)
6,800.0ドル(2014年,IMF)
6. 首都
バクー
7. 通貨単位
マナト(Manat)

《出典》外務省ウェブサイト(http://www.mofa.go.jp/mofaj/area/azerbaijan/data.html)(更新日:2015年12月16日)。

Ⅱ 教育の普及状況

教育段階	年	在籍率	男	女
就学前教育	2014年	23%	23%	24%
初等教育	〃	106%	107%	105%
中等教育	〃	103%	103%	102%
高等教育	〃	23%	22%	25%

(通常の年齢よりも早い又は遅い入学や留年等を理由とする該当年齢以外の在籍者を含む)

Ⅲ 教育行政制度

中央には教育省が置かれ,教育制度全体の管理運営に責任を負うとともに,高等教育機関や中等専門学校,職業教育機関等を所管している。地方には,地区教育局が置かれ,地区の初等中等教育の運営全般に責任を負っている。

Ⅳ　学校体系

（学年暦：9月～翌年6月）

1. 就学前教育

就学前教育は，3～5歳児を対象に幼稚園で行われる。

2. 義務教育

義務教育は，6～17歳の11年である。

3. 初等教育

初等教育は，6歳入学で，4年間，初等・中等学校の初等部で行われる。

4. 中等教育

中等教育は前期と後期に分かれる。

前期中等教育は，10歳から5年間，初等・中等学校の前期中等部で行われ，卒業者は，初等中等学校修了証が授与される。

後期中等教育は，15歳から2年間，初等・中等学校の後期中等部で行われ，中等教育修了者には中等教育修了証が授与される。このほか，1～3年制の職業技術中等学校があり，修了者には専門課程修了証が授与される。

5. 高等教育

高等教育は，国立及び私立の大学で行われる。大学には学士課程（4年制），修士課程（2年制），博士課程（3～4年制）が置かれている。このほか，2年制の高等職業教育機関である職業学校やカレッジがあり，前者の修了者には職業ディプロマが後者の修了者には準学士が授与される。

欧州

《参考資料》

・UNESCO World Data on Education, 7th Edition, 2010/2011.
・Country Report of EFA 2000 Assessment: Azerbaijan Country Report（UNESCO）, 2000.
・Study on Teacher Education for Primary and Secondary Education in Six Eastern Partnership Countries（European Commission）, 2011.
・TEMPUS Higher Education in Azerbaijan, 2012年7月（http://eacea.ec.europa.eu/tempus/participating_countries/overview/azerbaijan_tempus_country_fiche_final.pdf）.
・アゼルバイジャン教育省ウェブサイト Execution term for educational programs（curriculums）（http://edu.gov.az/）（2016年11月17日閲覧）。

V　学校系統図

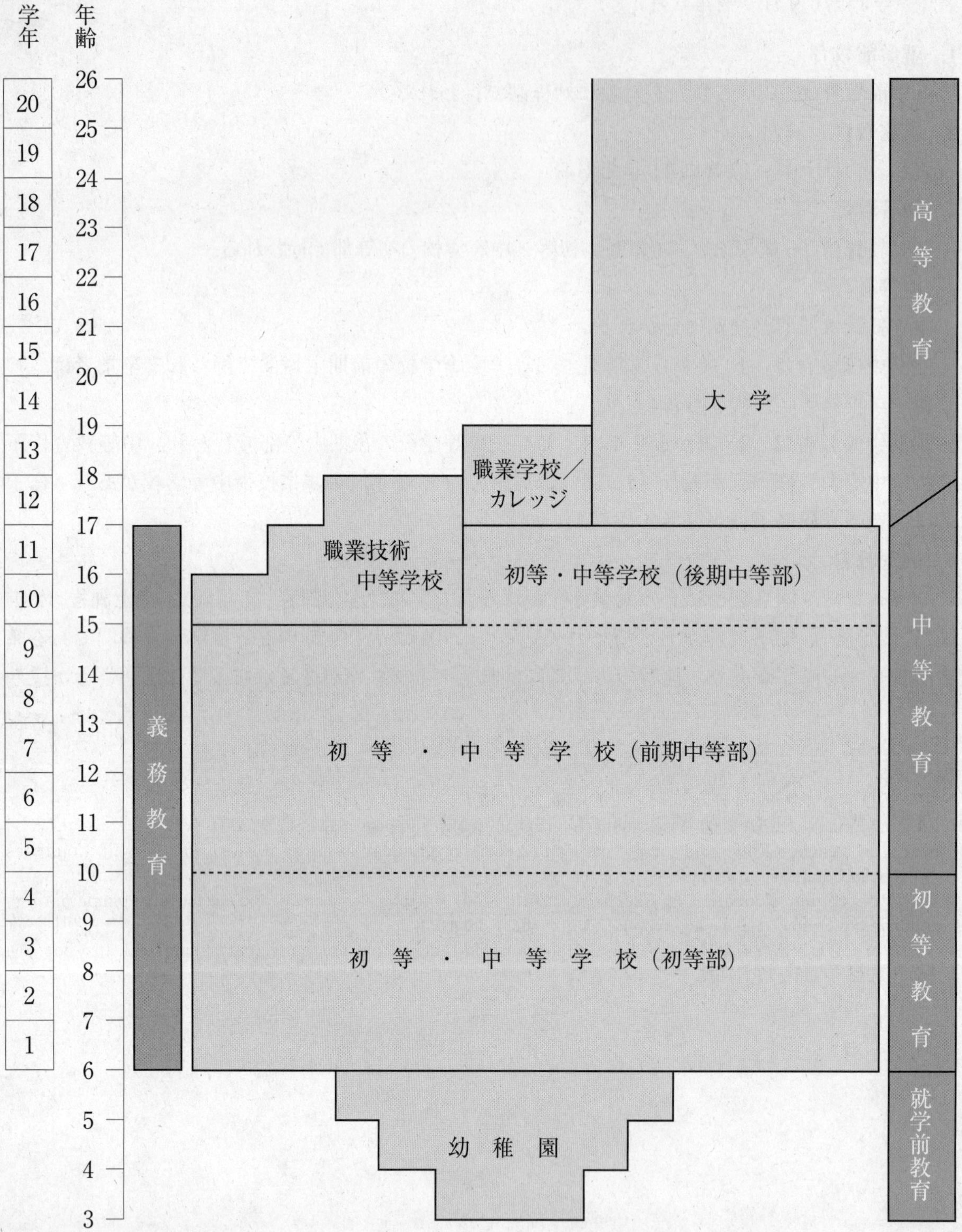
学年
年齢
20 19 18 17 16 15 14 13 12 11 10 9 8 7 6 5 4 3 2 1
26 25 24 23 22 21 20 19 18 17 16 15 14 13 12 11 10 9 8 7 6 5 4 3
義務教育
大　学
職業学校／カレッジ
職業技術中等学校
初等・中等学校（後期中等部）
初　等　・　中　等　学　校（前期中等部）
初　等　・　中　等　学　校（初等部）
幼　稚　園
高等教育
中等教育
初等教育
就学前教育

Ⅵ　取得可能な資格・学位

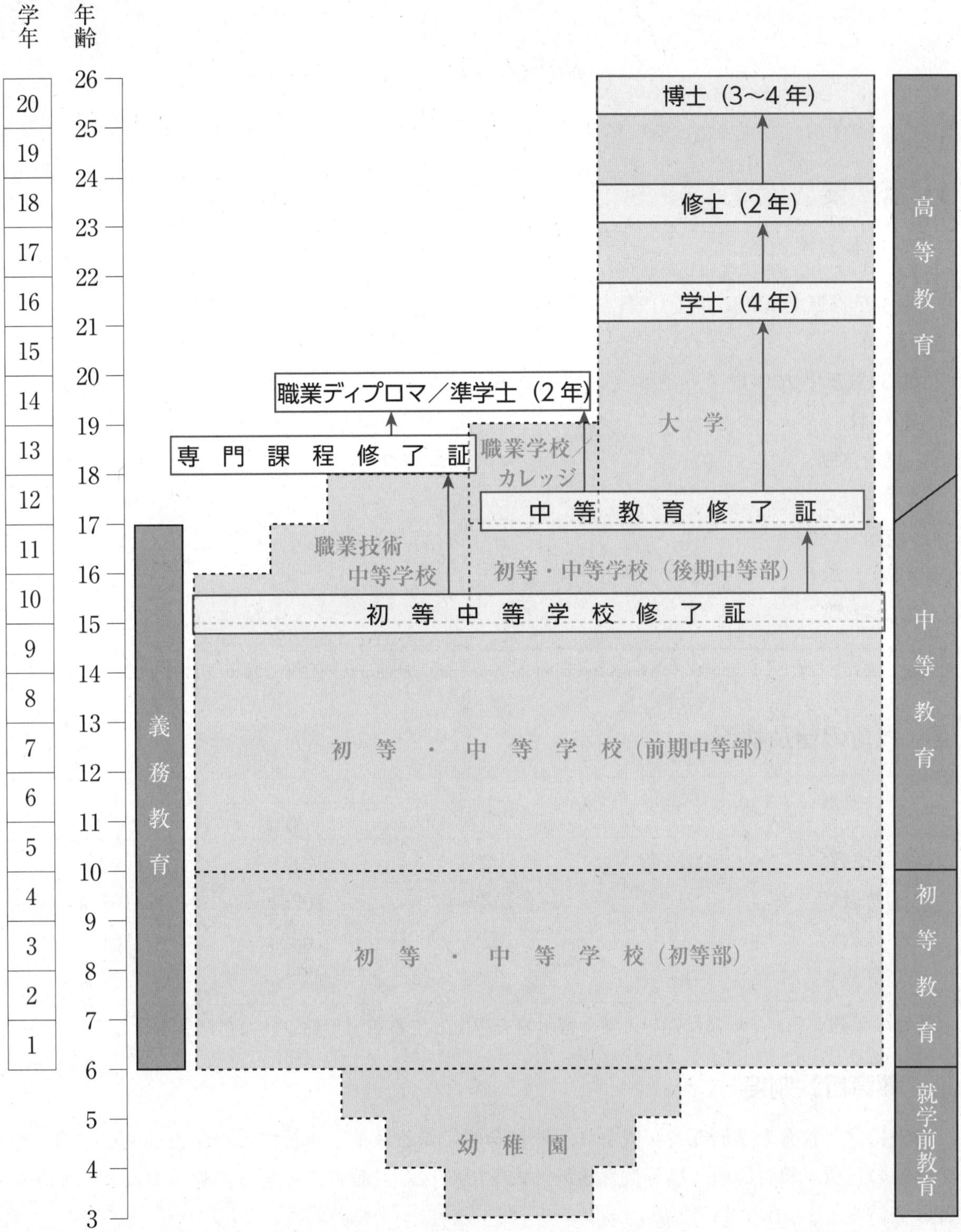
学年
年齢
20
19
18
17
16
15
14
13
12
11
10
9
8
7
6
5
4
3
2
1
26
25
24
23
22
21
20
19
18
17
16
15
14
13
12
11
10
9
8
7
6
5
4
3
博士（3〜4年）
修士（2年）
学士（4年）
大学
職業ディプロマ／準学士（2年）
専門課程修了証
職業学校／カレッジ
中等教育修了証
職業技術中等学校
初等・中等学校（後期中等部）
初等中等学校修了証
初等・中等学校（前期中等部）
初等・中等学校（初等部）
幼稚園
義務教育
高等教育
中等教育
初等教育
就学前教育

イタリア共和国

(*Italian Republic*)

Ⅰ 概 要

1. 人口
約60.7百万人（2016年1月，日本の約半分）
2. 面積
約30.1万平方キロメートル（日本の約5分の4）
3. 政治体制
共和制
4. 言語
イタリア語（地域により独，仏語等少数言語あり）
5. 1人当たり国内総生産（GDP）
29,867ドル（2015年，IMF）
6. 首都
ローマ
7. 通貨単位
ユーロ

《出典》外務省ウェブサイト（http://www.mofa.go.jp/mofaj/area/italy/data.html）（更新日：2016年11月9日）。

Ⅱ 教育の普及状況

教育段階	年	在籍率	男	女
就学前教育	2013年	100%	101%	99%
初等教育	〃	102%	102%	101%
中等教育	〃	102%	103%	101%
高等教育	〃	63%	53%	74%

（通常の年齢よりも早い又は遅い入学や留年等を理由とする該当年齢以外の在籍者を含む）

Ⅲ 教育行政制度

中央には，教育大学研究省が置かれ，教育全般に係る政策を所管する。学校制度や教育・職業訓練の目標，教育財政，高等教育政策，大学の質保証，教育に関する国際協力などに責任を負っている。

地方には，州学校事務所や県学校事務所が置かれている。州学校事務所は，当該地域の初等中等教育や職業訓練，成人教育の実施や評価などを行う。県学校事務所は，州学校事務所の出先機関として，当該地域の学校の指導・監督などを行う。

Ⅳ　学校体系

（学年歴：9月～翌年6月）

1. 就学前教育

就学前教育は，3～5歳児を対象に，幼稚園で行われる。

2. 義務教育

義務教育は，6～16歳の10年である。

3. 初等教育

初等教育は，6歳入学で5年間，小学校で行われる。

4. 中等教育

前期中等教育は，3年間，中学校で行われる。中学校を修了すると，前期中等教育ディプロマを取得できる。

後期中等教育は，5年制の高等学校や技術学校，職業学校で行われる。また，州から認可を受けた職業訓練所や中等職業訓練機関では，3～4年の職業教育・訓練プログラムが提供されている。高等学校や技術学校，職業学校の修了者には，後期中等教育ディプロマが付与される。職業教育・訓練プログラムの修了者には，職業訓練資格証が付与される。

5. 高等教育

高等教育は，大学や高等技術学校で行われる。入学資格は，後期中等教育ディプロマの取得者に認められる。

大学には，分野により3～6年の学士課程，2年の修士課程，3～4年の研究博士課程が置かれており，修了者にはそれぞれ学士（Laurea），修士，研究博士の学位が授与される。また，学士取得者を対象とする1年のディプロマ課程が置かれており，修了者には学卒ディプロマが付与される。同様に，修士取得者に対しても1年のディプロマ課程が置かれており，修了者には修士後ディプロマが付与される。

高等技術学校には，2～3年の技術教育課程が置かれている。修了者には，上級技術者ディプロマが付与される。

《参考資料》

・UNESCO, World Data on Education, 7th edition, 2010/11.
・UNESCO ISCED Mappings, 2011.
・EURYDICE Italy: Administration and Governance at Central and/or Regioal Level (2015年12月更新), Organisation of Vocational Upper Secondary Education（2014年10月更新）, Short-Cycle Higher Education（2014年7月更新）.

V　学校系統図

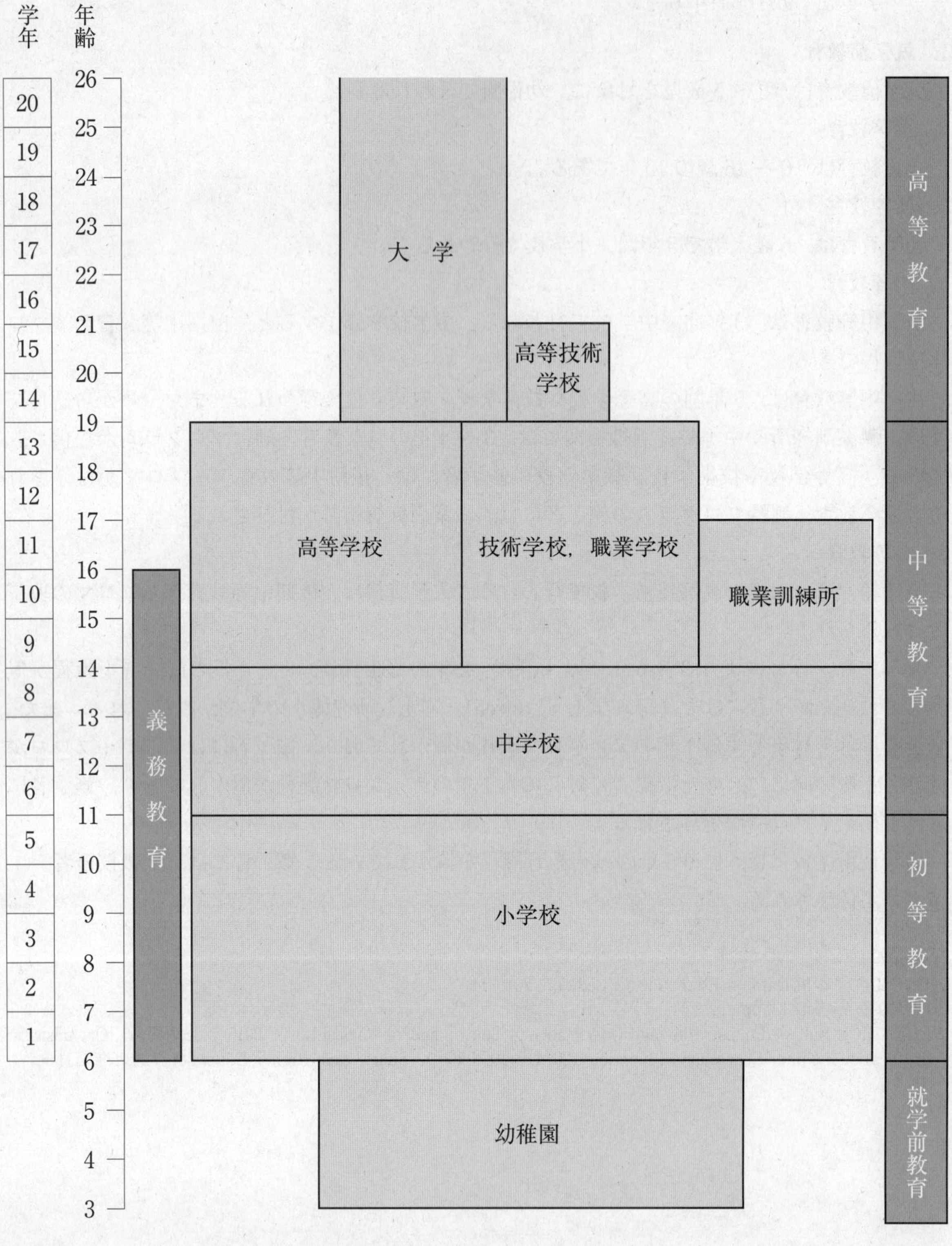
学年
年齢
大　学
高等技術学校
高等学校
技術学校，職業学校
職業訓練所
中学校
小学校
幼稚園
義務教育
高等教育
中等教育
初等教育
就学前教育

Ⅵ　取得可能な資格・学位

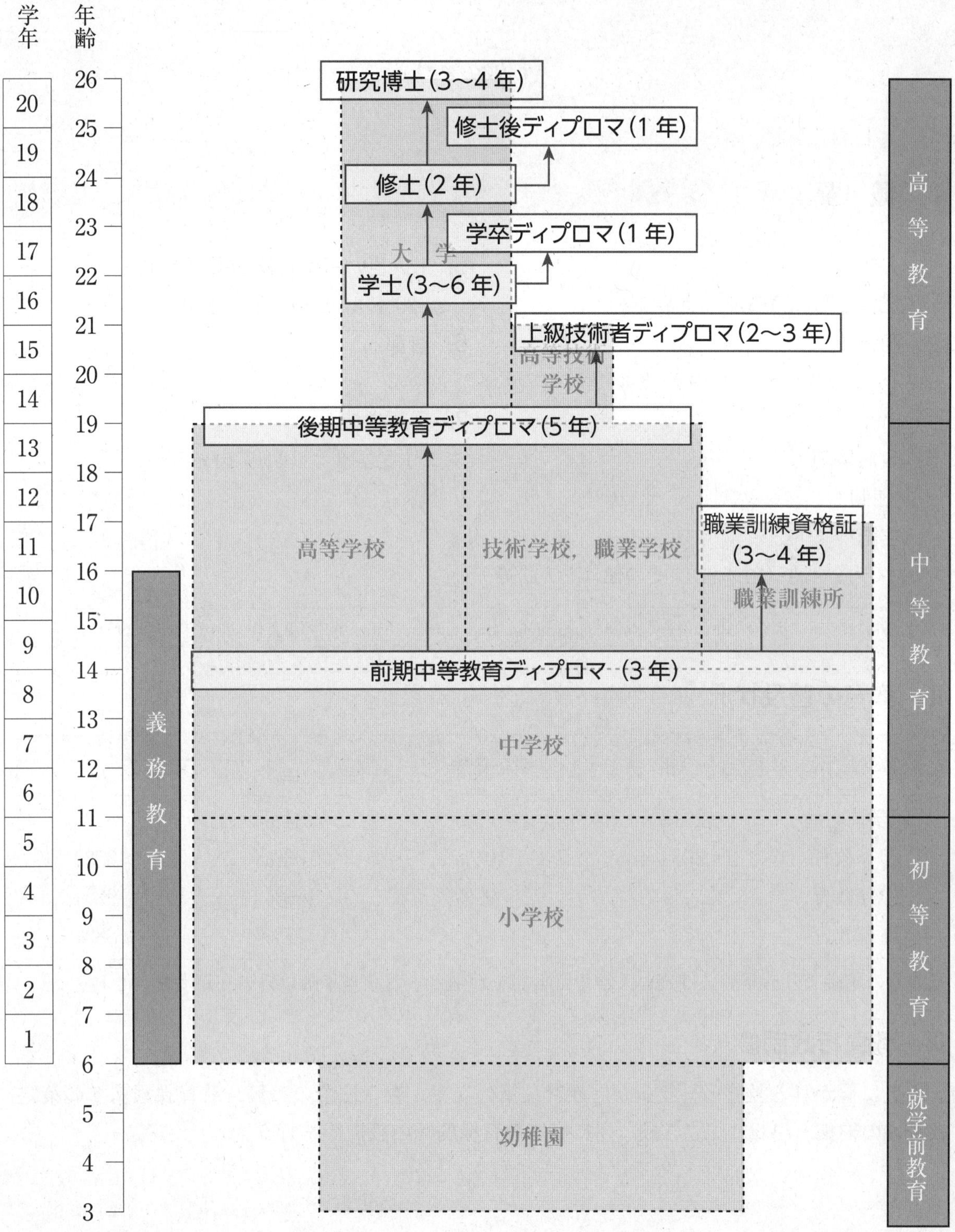
学年
年齢
研究博士（3～4年）
修士後ディプロマ（1年）
修士（2年）
学卒ディプロマ（1年）
大学
学士（3～6年）
上級技術者ディプロマ（2～3年）
高等技術学校
後期中等教育ディプロマ（5年）
高等学校
技術学校，職業学校
職業訓練資格証（3～4年）
職業訓練所
前期中等教育ディプロマ（3年）
中学校
小学校
幼稚園
義務教育
高等教育
中等教育
初等教育
就学前教育

ウクライナ

(*Ukraine*)

Ⅰ 概 要

1. 人口
4,520万人（2015年，世界銀行）
2. 面積
60万3,700平方キロメートル（日本の約1.6倍）
3. 政治体制
共和制
4. 言語
ウクライナ語（国家語），その他ロシア語等
5. 1人当たり国民総所得（GNI）
2,620ドル（2015年，世銀）
6. 首都
キエフ
7. 通貨単位
フリヴニャ（UAH：hryvnia）

《出典》外務省ウェブサイト（http://www.mofa.go.jp/mofaj/area/ukraine/data.html）（更新日：2016年11月29日）。

Ⅱ 教育の普及状況

教育段階	年	在籍率	男	女
就学前教育	2013年	83%	84%	82%
初等教育	2014年	104%	103%	105%
中等教育	〃	99%	100%	98%
高等教育	〃	82%	77%	88%

（通常の年齢よりも早い又は遅い入学や留年等を理由とする該当年齢以外の在籍者を含む）

Ⅲ 教育行政制度

中央に置かれる教育・科学省が，教育政策の立案，教育法令の整備，教育課程基準の策定，教科書の編集・出版，国立学校（主に高等教育機関）の設置等を行う。

Ⅳ 学校体系

（学年暦：9月～翌年6月）

1. 就学前教育

就学前教育は，3～6歳児を対象に，保育所，幼稚園等で行われる。

2. 義務教育

義務教育は，6～15歳の9年（又は7～15歳の8年）である。

3. 初等教育

初等教育は，通常，6歳又は7歳入学で，4年間，初等中等教育学校で行われる。(7歳入学の場合は3年制であり，週当たり授業時間数が4年制よりも多くなる)。

4. 中等教育

中等教育は前期と後期に分かれる。

前期中等教育は，5年間，初等中等教育学校の第5～9学年で行われる。第9学年の終了時には全国共通試験が行われ，合格者には基礎中等教育修了証が授与され，修了と後期中等教育への進学が認められる。

後期中等教育は，2年間，上級中等学校で行われる。上級中等学校の終了時には全国共通試験が行われ，合格者には上級中等教育修了証が授与され，中等教育修了と高等教育機関入学試験の受験資格が認められる。このほか，職業教育を行う機関として職業・技術学校（3～4年）があり，修了書は職業資格を授与される。

5. 高等教育

高等教育機関は，大学等（大学，アカデミー，インスティテュート，コンセルバトワール），カレッジ，高等職業・技術学校で行われる。入学は，中等教育修了証を取得した後，各機関が行う入学試験に合格した者に認められる。

大学には，学士課程（4～6年），修士課程（1～2年），博士候補資格取得課程（3年），博士課程（博士候補資格取得後3年）が置かれている。カレッジには，学士課程（修業年限3～4年）が置かれている。高等職業・技術学校には，職業教育課程修了証（ジュニア・スペシャリスト）取得課程（修業年限3年）が置かれている。

《参考資料》
・UNESCO, World Data on Education, 7th edition, 2010/11.
・外務省，「諸外国・地域の学校情報（ウクライナ）」(平成27年12月更新情報)。
・TEMPUS Higher Education in Ukraine, 2012年8月（http://eacea.ec.europa.eu/tempus/participating_countries/overview/ukraine_tempus_country_fiche_final.pdf）.

V 学校系統図

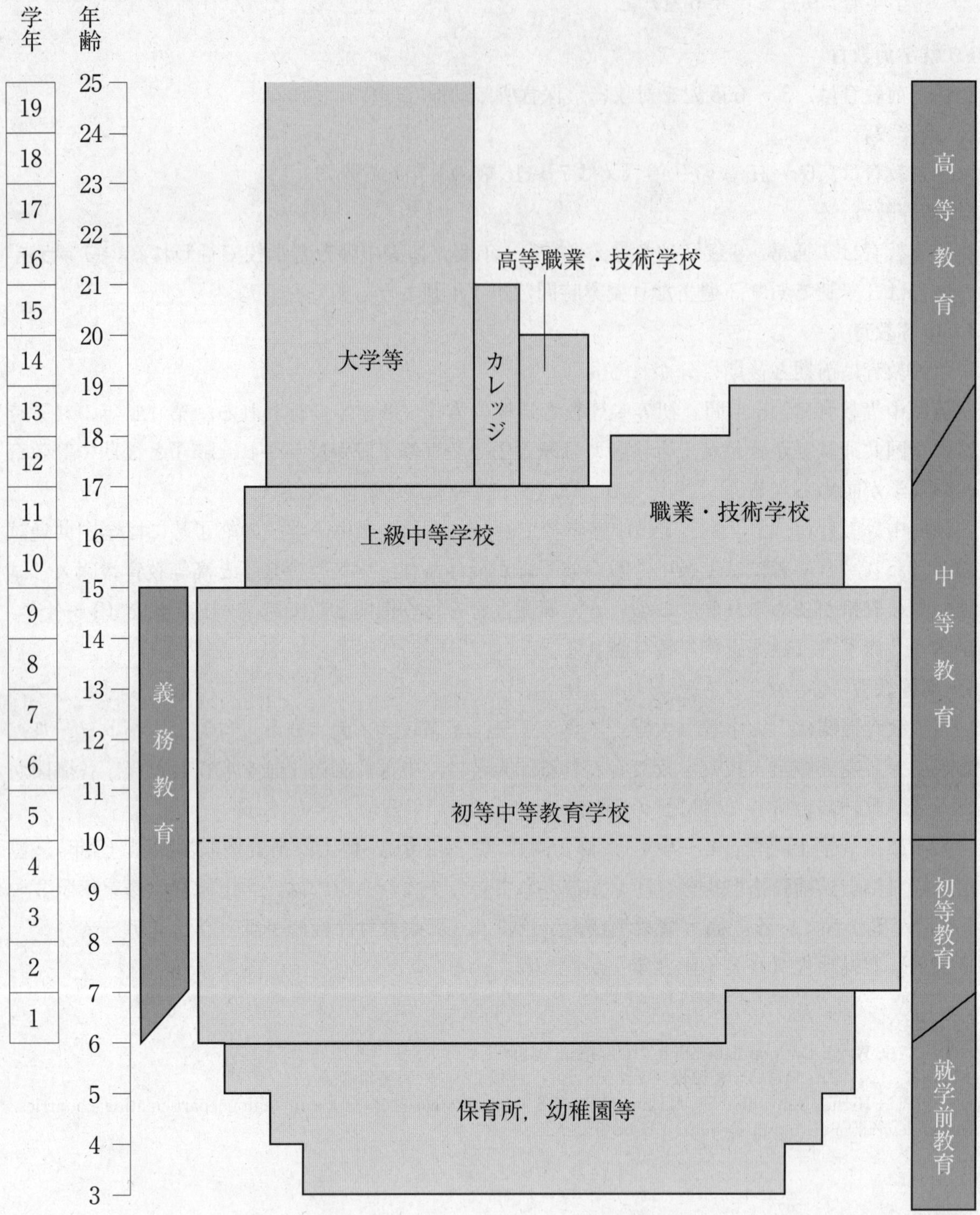
学年
年齢
19
18
17
16
15
14
13
12
11
10
9
8
7
6
5
4
3
2
1
25
24
23
22
21
20
19
18
17
16
15
14
13
12
11
10
9
8
7
6
5
4
3
大学等
カレッジ
高等職業・技術学校
上級中等学校
職業・技術学校
義務教育
初等中等教育学校
保育所，幼稚園等
高等教育
中等教育
初等教育
就学前教育

Ⅵ　取得可能な資格・学位

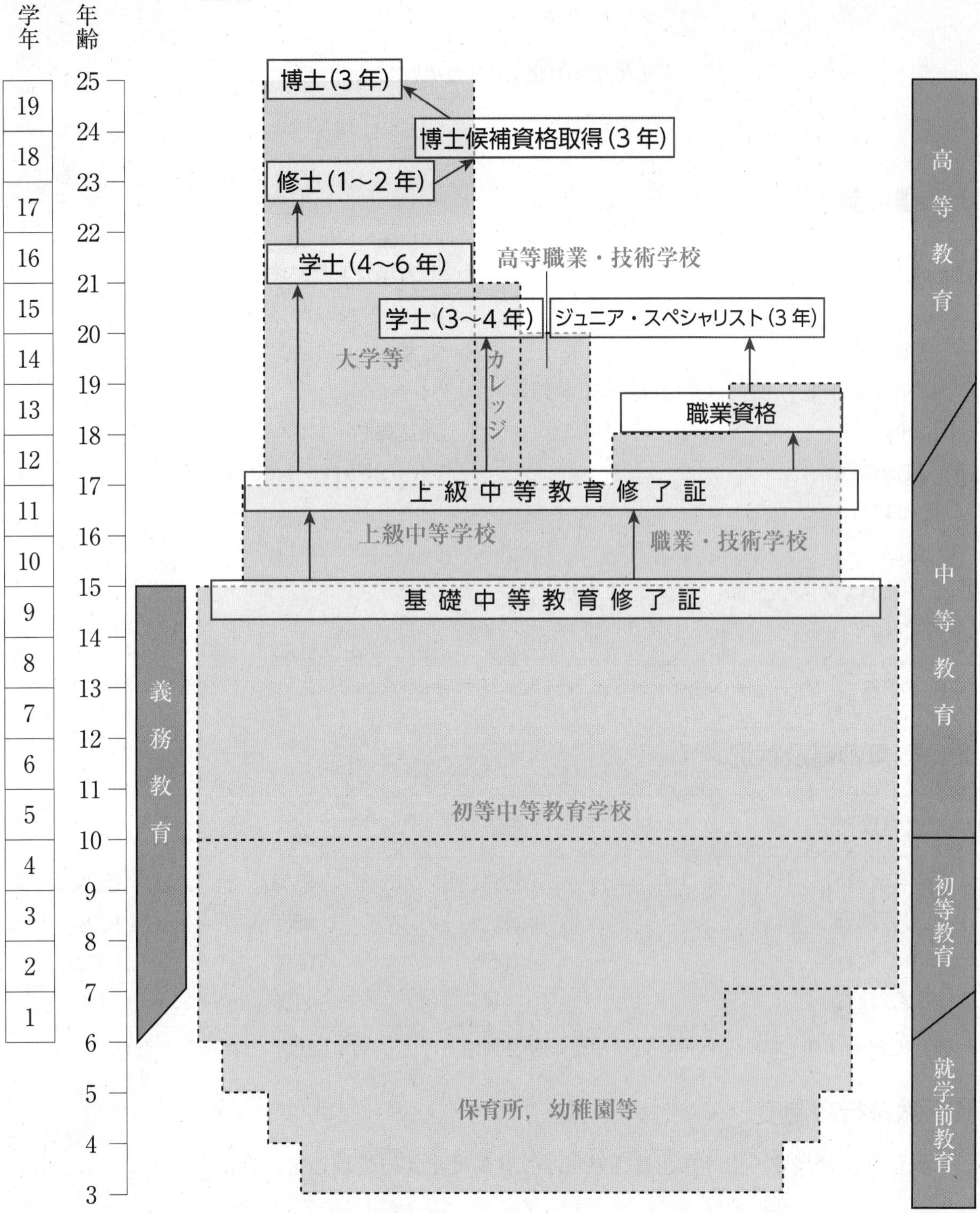

学年
年齢
博士（3年）
博士候補資格取得（3年）
修士（1〜2年）
学士（4〜6年）
高等職業・技術学校
学士（3〜4年）
ジュニア・スペシャリスト（3年）
大学等
カレッジ
職業資格
上級中等教育修了証
上級中等学校
職業・技術学校
基礎中等教育修了証
初等中等教育学校
保育所，幼稚園等
義務教育
高等教育
中等教育
初等教育
就学前教育

ウズベキスタン共和国

(*Republic of Uzbekistan*)

Ⅰ 概 要

1. 人口
2,940 万人（2015 年，国連人口基金）
2. 面積
44 万 7,400 平方キロメートル（日本の約1.2 倍）
3. 政治体制
共和制
4. 言語
公用語はウズベク語。ロシア語も広く使用されている。
5. 1 人当たり国内総生産（GDP）
2,129.5 ドル（2015 年，IMF（暫定））
6. 首都
タシケント
7. 通貨単位
スム（SUM）

《出典》外務省ウェブサイト（http://www.mofa.go.jp/mofaj/area/uzbekistan/data.html）（更新日：2016 年 4 月 19 日）。

Ⅱ 教育の普及状況

教育段階	年	在籍率	男	女
就学前教育	2011 年	25%	25%	25%
初等教育	〃	93%	95%	92%
中等教育	〃	105%	106%	104%
高等教育	〃	9%	11%	7%

（通常の年齢よりも早い又は遅い入学や留年等を理由とする該当年齢以外の在籍者を含む）

Ⅲ 教育行政制度

公教育省及び高等・中等専門教育省が，教育制度全体の管理運営に責任を負っている。

Ⅳ　学校体系

（学年暦：9月～翌年5月）

1. 就学前教育

就学前教育は，3～6歳児を対象に，幼稚園で行われる。

2. 義務教育

義務教育は，7～19歳の12年である。

3. 初等教育

初等教育は，7歳入学で4年間，初等学校で行われる。

4. 中等教育

中等教育は前期と後期に分かれる。

前期中等教育は，5年間，普通中等学校で行われる。

後期中等教育は，3年間，アカデミック・リセ及び職業カレッジ（職業高校）があり，卒業者には，中等教育修了証が授与される。

5. 高等教育

高等教育は，大学（4年制）で行われる。学位取得までの修業年限は，通常，学士4年，修士2年，博士6年となっている。

《参考資料》

・UNESCO World Data on Education, 7th edition, 2010/11.
・外務省，「諸外国・地域の学校情報（ウズベキスタン共和国）」（平成27年12月更新情報）。
・嶺井明子，川野辺敏（編）『中央アジアの教育とグローバリズム』，2012年。
・UNESCO Education for All 2015 National Review: Uzbekistan, 2014年12月.

V 学校系統図

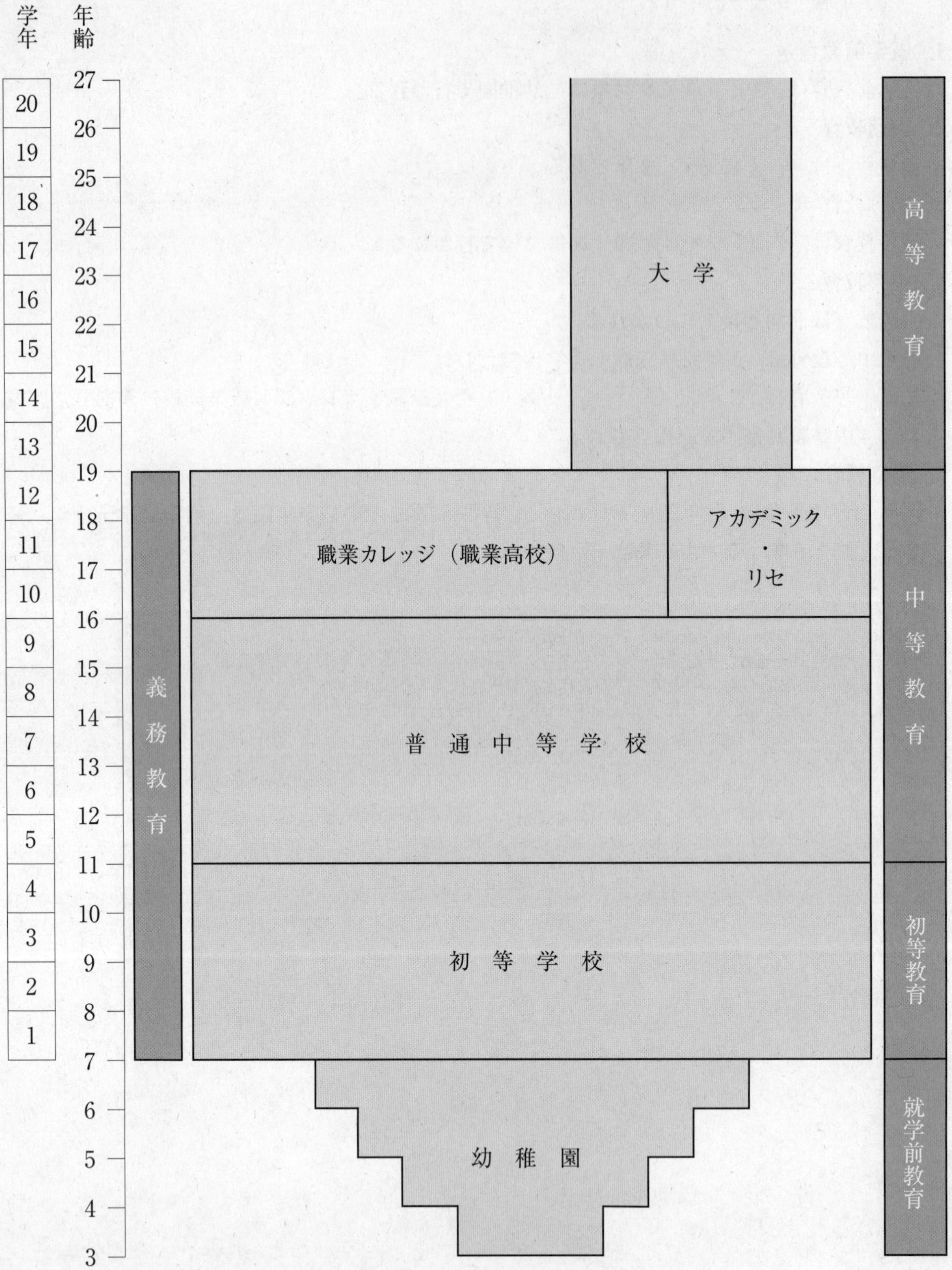
学年
年齢
20
19
18
17
16
15
14
13
12
11
10
9
8
7
6
5
4
3
2
1
27
26
25
24
23
22
21
20
19
18
17
16
15
14
13
12
11
10
9
8
7
6
5
4
3
大 学
職業カレッジ（職業高校）
アカデミック
・
リセ
普 通 中 等 学 校
初 等 学 校
幼 稚 園
義務教育
高等教育
中等教育
初等教育
就学前教育

Ⅵ　取得可能な資格・学位

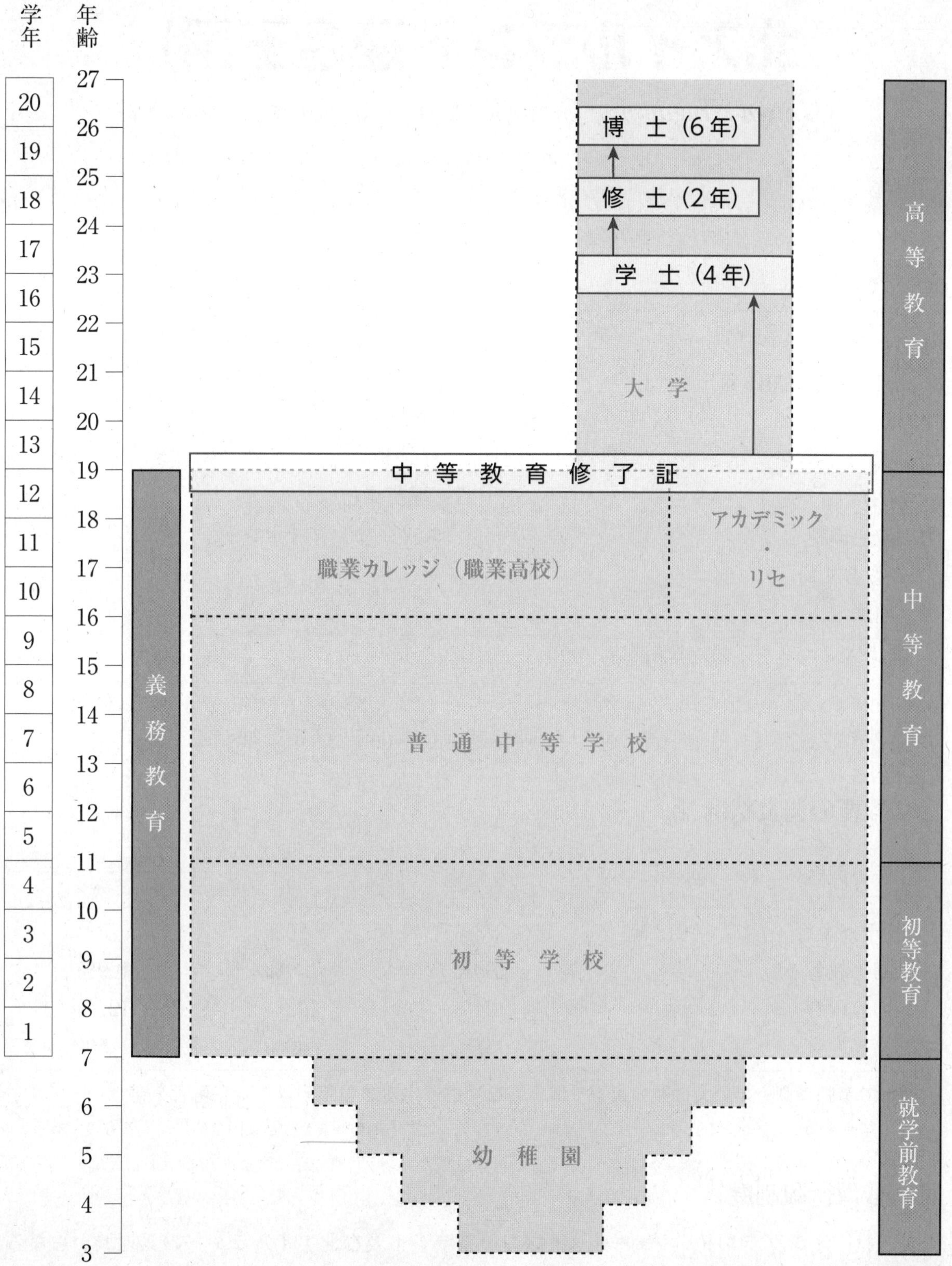
学年
年齢
20
19
18
17
16
15
14
13
12
11
10
9
8
7
6
5
4
3
2
1
27
26
25
24
23
22
21
20
19
18
17
16
15
14
13
12
11
10
9
8
7
6
5
4
3
博　士（6年）
修　士（2年）
学　士（4年）
大　学
中　等　教　育　修　了　証
職業カレッジ（職業高校）
アカデミック・リセ
普　通　中　等　学　校
初　等　学　校
幼　稚　園
義務教育
高等教育
中等教育
初等教育
就学前教育

英国（グレートブリテン及び北アイルランド連合王国）

(*United Kingdom of Great Britain and Northern Ireland*)

＜イングランド＞

Ⅰ　概　要

1. 人口
　6,511万人（2015年）
2. 面積
　24.3万平方キロメートル（日本の約3分の2）
3. 政治体制
　立憲君主制
4. 言語
　英語（ウェールズ語等使用地域あり）
5. 1人当たり国内総生産（GDP）
　28,634ポンド（2015年，IMF，英国統計局）
6. 首都
　ロンドン
7. 通貨単位
　スターリング・ポンド

注：上記情報はイングランド，ウェールズ，スコットランド，北アイルランドを含む英国全体に関するものである。
《出典》外務省ウェブサイト（http://www.mofa.go.jp/mofaj/area/uk/index.html）（更新日：2016年11月28日）。

Ⅱ　教育の普及状況

教育段階	年	在籍率	男	女
就学前教育	2013年	78%	80%	76%
初等教育	〃	109%	109%	109%
中等教育	〃	124%	122%	127%
高等教育	〃	57%	49%	65%

（通常の年齢よりも早い又は遅い入学や留年等を理由とする該当年齢以外の在籍者を含む）
注：上記情報はイングランド，ウェールズ，スコットランド，北アイルランドを含む英国全体に関するものである。

Ⅲ　教育行政制度

英国は，イングランド，ウェールズ，スコットランド及び北アイルランドの4地域からなる「連合王国」であり，各地域に教育を所管する政府機関が置かれている。

このうちイングランドには中央に，教育省（DFE）が置かれ，初等・中等から高等教育，訓練及び教員まで，国の教育制度全般を統括している。学校監査を行う教育水準局（OFSTED）など教育関連政府機関も置かれている。地方当局（LA）は，初等・中等学校などを設置・維持するほか，成人教育などの振興も図っている。

Ⅳ　学校体系

（学年暦：9月～翌年6月）

1. 就学前教育

就学前教育は，保育学校や初等学校付設保育学級，プレスクールなどにおいて主に3～4歳児を対象に行われる。

2. 義務教育

義務教育は，5～16歳の11年間である。また，16～18歳の2年間，教育又は訓練の継続（パータイムも可）が義務付けられている。

3. 初等教育

初等教育は，6年間，初等学校で行われる。

4. 中等教育

中等教育は，義務教育の5年間と，その後の2年間（シックスフォーム）の計7年間，中等学校で行われる。無選抜の中等学校（コンプリヘンシブ）を基本とし，ファーストスクール，ミドルスクール及びアッパースクールの3段階に分ける地域もある。シックスフォームは，主に中等学校に付設されているが，シックスフォーム・カレッジとして独立している場合もある。継続教育カレッジは，職業教育を中心に多様なプログラムを提供する。なお，パブリックスクールは，公費補助を受けない私立である。

主な普通教育資格としては，16歳で受験するGCSE（中等教育修了一般資格），及びシックスフォームを終える段階で取得する，基本的な大学入学資格であるGCE・Aレベル資格がある。継続教育カレッジでは，NVQ（3レベル）やBTEC全国サーティフィケイト／ディプロマ（BTEC NC/ND）など職業資格が用意されている。

5. 高等教育

高等教育は大学で行われる。継続教育カレッジの中には高等教育課程を置くものもある。大学には，分野により，3～6年の第一学位（学士），1～2年の修士課程，3年以上の博士課程が置かれている。第一学位取得者を対象とする学卒サーティフィケイトや学卒ディプロマ（いずれも1年）もある。準学位レベルでは，応用準学士（2年）のほか，BTEC高等全国ディプロマ（HND，2年），高等全国サーティフィケイト（HNC，1年）などが提供されている（以上は，ウェールズや北アイルランドでも共通）。

《参考資料》

・Australian Government, Country Education Profiles（https://internationaleducation.gov.au/CEP/Europe/United-Kingdom/Pages/default.aspx）(2016年7月4日閲覧).

・Eurydice, *UK*（*Scotland*）(https://webgate.ec.europa.eu/fpfis/mwikis/eurydice/index.php/United-Kingdom-Scotlnad:Overview ほか）(2016年8月8日閲覧).

・OECD Education GPS UK 2016（http://gpseducation.oecd.org/CountryProfile）(2016年12月8日閲覧).

V　学校系統図

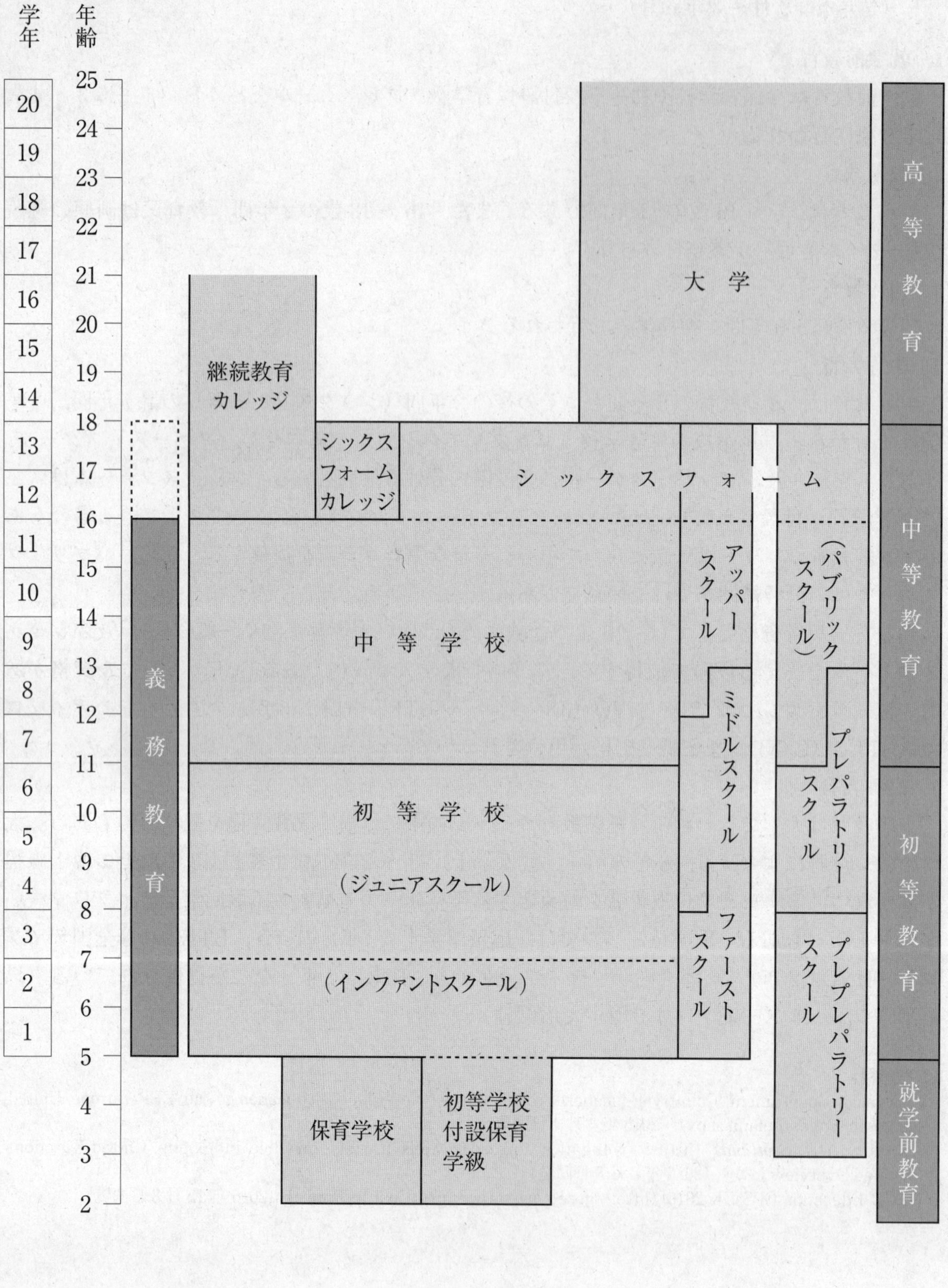
学年
年齢
大学
継続教育カレッジ
シックスフォームカレッジ
シックスフォーム
中等学校
アッパースクール
（パブリックスクール）
ミドルスクール
プレパラトリースクール
初等学校
（ジュニアスクール）
（インファントスクール）
ファーストスクール
プレプレパラトリースクール
保育学校
初等学校付設保育学級
義務教育
高等教育
中等教育
初等教育
就学前教育

Ⅵ　取得可能な資格・学位

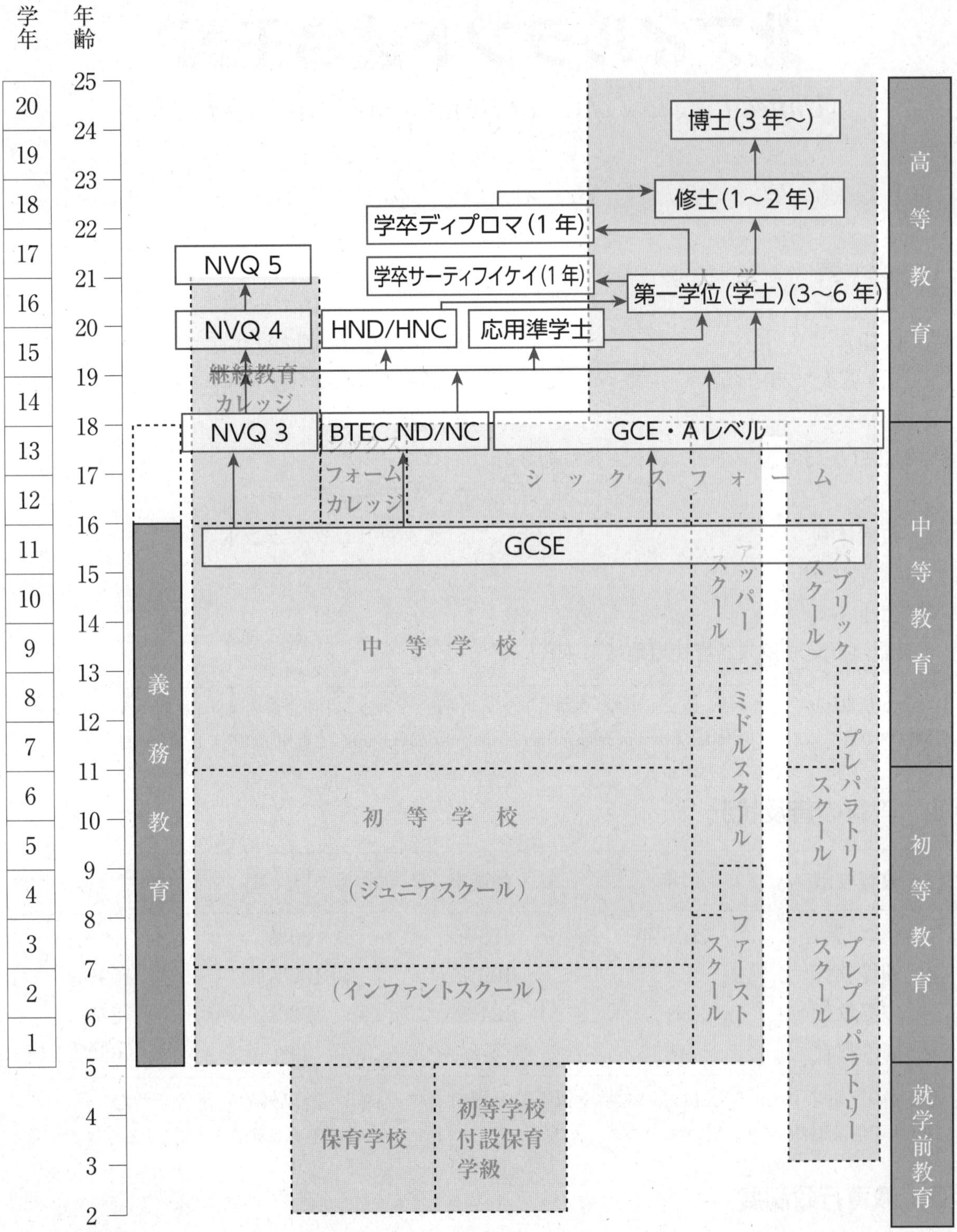
学年
年齢
博士(3年～)
修士(1～2年)
学卒ディプロマ(1年)
学卒サーティフイケイ(1年)
第一学位(学士)(3～6年)
NVQ 5
NVQ 4
HND/HNC
応用準学士
継続教育カレッジ
NVQ 3
BTEC ND/NC
GCE・Aレベル
シックスフォームカレッジ
シックスフォーム
GCSE
中等学校
初等学校
(ジュニアスクール)
(インファントスクール)
アッパースクール
ミドルスクール
ファーストスクール
(パブリックスクール)
プレパラトリースクール
プレプレパラトリースクール
保育学校
初等学校付設保育学級
義務教育
高等教育
中等教育
初等教育
就学前教育

英国（グレートブリテン及び北アイルランド連合王国）

(*United Kingdom of Great Britain and Northern Ireland*)

<スコットランド>

Ⅰ 概 要

1. 人口
   6,511万人（2015年）
2. 面積
   24.3万平方キロメートル（日本の約3分の2）
3. 政治体制
   立憲君主制
4. 言語
   英語（ウェールズ語等使用地域あり）
5. 1人当たり国内総生産（GDP）
   28,634ポンド（2015年，IMF，英国統計局）
6. 首都
   ロンドン
7. 通貨単位
   スターリング・ポンド

注：上記情報はイングランド，ウェールズ，スコットランド，北アイルランドを含む英国全体に関するものである。
《出典》外務省ウェブサイト（http://www.mofa.go.jp/mofaj/area/uk/index.html）（更新日：2016年11月28日）。

Ⅱ 教育の普及状況

教育段階	年	在籍率	男	女
就学前教育	2013年	78%	80%	76%
初等教育	〃	109%	109%	109%
中等教育	〃	124%	122%	127%
高等教育	〃	57%	49%	65%

（通常の年齢よりも早い又は遅い入学や留年等を理由とする該当年齢以外の在籍者を含む）
注：上記情報はイングランド，ウェールズ，スコットランド，北アイルランドを含む英国全体に関するものである。

Ⅲ 教育行政制度

英国は，イングランド，ウェールズ，スコットランド及び北アイルランドの4地域からなる「連合王国」であり，各地域に教育を所管する政府機関が置かれている。

このうちスコットランドでは，自治政府に教育技能大臣が置かれ，初等・中等から高等教育，継続教育，教員など広く教育制度を所管している。高等及び継続教育機関への補助金配分を行うスコットランド財政カウンシル（SFC）や，スコットランド資格機関（SQA）なども置かれている。

Ⅳ　学校体系

（学年暦：9月～翌年6月）

1. 就学前教育

就学前教育は，初等学校付設保育学級において主に3～4歳児を対象にそれぞれ行われる。

2. 義務教育

義務教育は，5～16歳の11年間である。

3. 初等教育

初等教育は，7年間，初等学校で行われる。

4. 中等教育

中等教育は，義務教育の4年間とその後の2年間の計6年間，中等学校で行われる。最後の2年間で取得するSQA「Higher」及び「Advanced Higher」が標準的な大学入学資格である。また，継続教育カレッジ（16歳～）では，職業教育を中心に多様な全国職業資格プログラム（SVQ1～3レベル，1～2年）が用意されている。

5. 高等教育

高等教育は主に大学で行われる。継続教育カレッジにはコースにより，高等教育レベルの課程も置かれている。大学には，通常4年の学士（優等学位）課程（普通学士は3年），1～2年の修士，及び3年以上の博士課程が置かれている。学士号取得者を対象とする学卒サーティフィケイトや学卒ディプロマ（いずれも1年）もある。準学位レベルの資格として，高等全国サーティフィケイト（HNC，1年）や全国／ディプロマ（HND，2年）の課程が置かれている。

欧州

《参考資料》

・Australian Government, Country Education Profiles（https://inernationaleducation.gov.au/cep/Unitd-Kingdom/...（2016年7月4日閲覧).
・Eurydice, *UK*（*Scotland*）（https://webgate.ec.europa.eu/fpfis/mwikis/eurydice/index.php/United-Kingdom-Scotlnad:Overview ほか）（2016年8月8日閲覧).
・OECD Education GPS UK 2016（http://gpseducation.oecd.org/CountryProfile）（2016年12月8日閲覧).

V　学校系統図

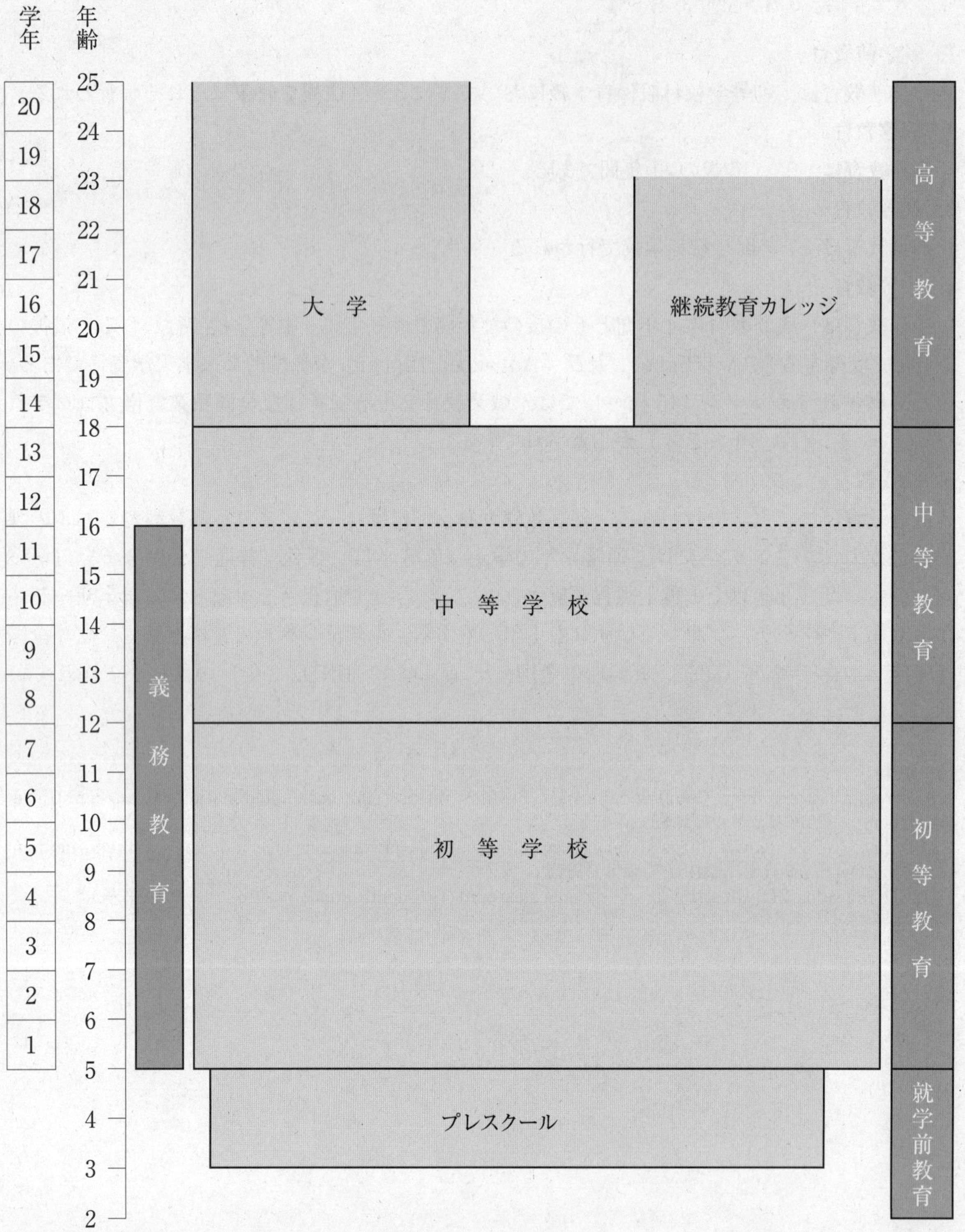
学年
年齢
20
19
18
17
16
15
14
13
12
11
10
9
8
7
6
5
4
3
2
1
25
24
23
22
21
20
19
18
17
16
15
14
13
12
11
10
9
8
7
6
5
4
3
2
大　学
継続教育カレッジ
中　等　学　校
初　等　学　校
プレスクール
義務教育
高等教育
中等教育
初等教育
就学前教育

Ⅵ　取得可能な資格・学位

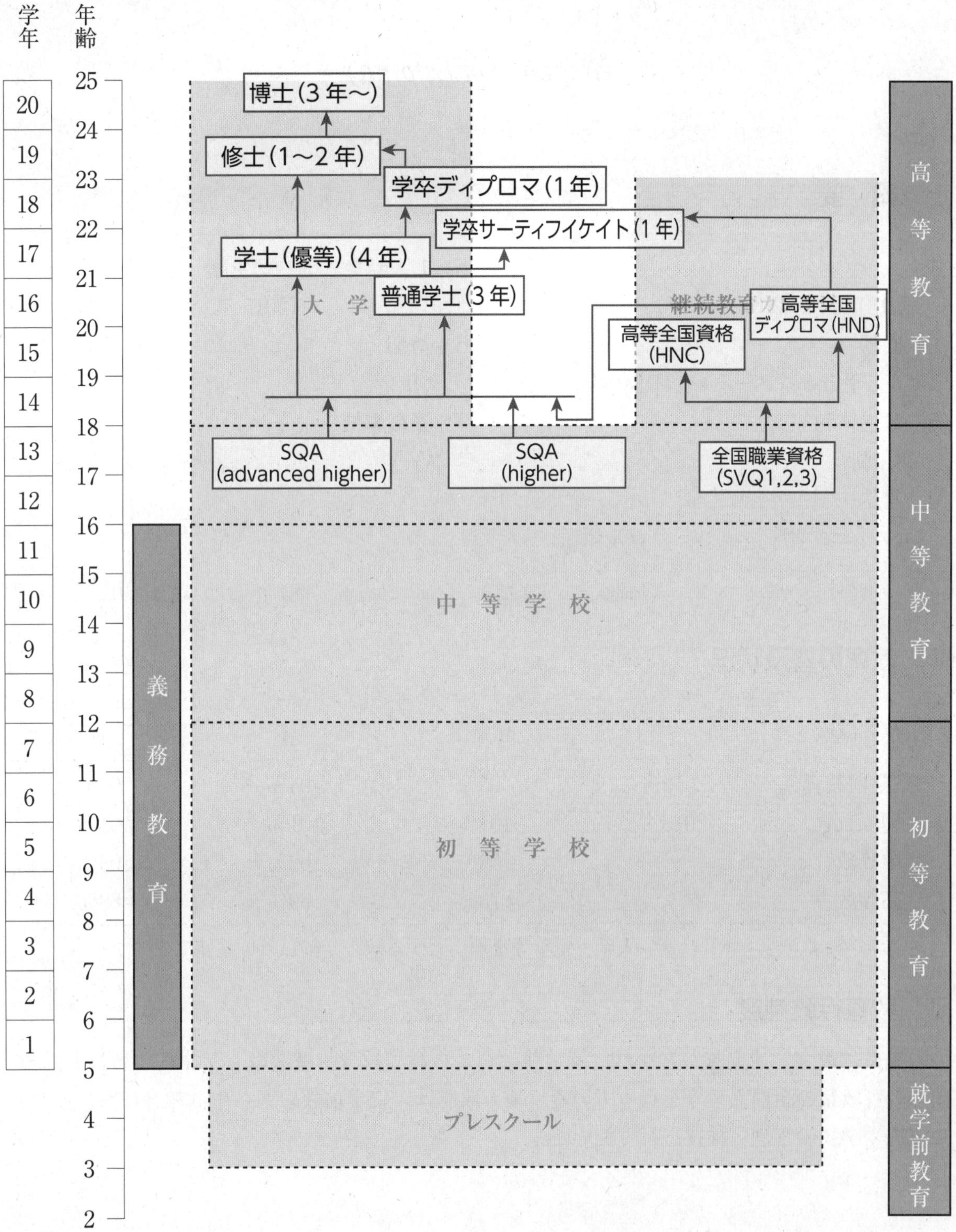

学年
年齢
博士（3年～）
修士（1～2年）
学卒ディプロマ（1年）
学卒サーティフィケイト（1年）
学士（優等）（4年）
普通学士（3年）
大学
継続教育カ
高等全国ディプロマ（HND）
高等全国資格（HNC）
SQA (advanced higher)
SQA (higher)
全国職業資格（SVQ1,2,3）
中等学校
初等学校
プレスクール
義務教育
高等教育
中等教育
初等教育
就学前教育

エストニア共和国

(*Republic of Estonia*)

Ⅰ 概 要

1. 人口
　約131万人（2016年1月）
2. 面積
　4.5万平方キロメートル（日本の約9分の1）
3. 政治体制
　共和制
4. 言語
　エストニア語（フィン・ウゴル語派）
5. 1人当たり国内総生産（GDP）
　15,580ユーロ（2015年，IMF推定）
6. 首都
　タリン
7. 通貨単位
　ユーロ

《出典》外務省ウェブサイト（http://www.mofa.go.jp/mofaj/area/estonia/data.html）（更新日：2016年5月20日）。

Ⅱ 教育の普及状況

教育段階	年	在籍率		
			男	女
就学前教育	2012年	93%	94%	91%
初等教育	2013年	101%	101%	101%
中等教育	〃	109%	109%	108%
高等教育	〃	73%	59%	88%

（通常の年齢よりも早い又は遅い入学や留年等を理由とする該当年齢以外の在籍者を含む）

Ⅲ 教育行政制度

中央には教育・研究省が置かれ，就学前教育から高等教育，職業教育，生涯学習における，国の教育政策の企画立案等を行っている。地方政府は，就学前教育から中等教育における政策の実施や学校の管理・維持を行っている。

Ⅳ　学校体系

（学年歴：9月から翌年8月）

1.　就学前教育

就学前教育は，1.5～6歳児を対象に，就学前教育施設で行われる。

2.　義務教育

義務教育は，7歳から始まる基礎教育の9年間である。

3.　初等教育・前期中等教育

初等・前期中等教育は，基礎教育として，7歳入学で9年間，基礎学校（9年制）又はギムナジウム（12年制）の基礎教育課程で行われる。また，基礎教育の第1～6学年を提供する初等学校もある。基礎教育課程を修了し，修了試験に合格したものに対して，基礎教育修了証が授与される。

17歳で基礎教育を修了していない生徒は，職業教育（6か月～2年半）を受けることができる。

4.　後期中等教育

後期中等教育は，普通教育及び職業教育に分かれる。

普通教育は，基礎教育修了者を対象に，3年間，ギムナジウムで行われる。終了時に試験が行われ，合格者にはギムナジウム修了証が授与される。

職業教育は，3年間，職業学校において行われる。職業学校の修了者には，中等職業教育修了証が授与される。2016年9月から職業教育を修了するためには職業資格試験の合格が必須となる。また，中等後教育技術学校では，後期中等教育修了者を対象とした2.5年の課程や基礎教育修了者を対象とした5年の課程が置かれる。

5.　高等教育

高等教育は，大学及び専門高等教育機関において行われる。入学に当たっては，後期中等教育修了者を対象に，機関ごとに選抜が行われる。大学には，学士課程（3～4年），修士課程（1～2年），博士課程（3～4年）が置かれる。専門高等教育機関では，専門分野に関する実践的な課程が置かれ，修了者にはディプロマ（3～4.5年）が授与される。修士課程を置く機関もある。また，中等後教育技術学校で専門ディプロマ取得課程（3～4年）を置くものもある。

《参考資料》
・Eurydice, Estonia（https://webgate.ec.europa.eu/fpfis/mwikis/eurydice/index.php/Estonia:Overview ほか）（2016年8月15日閲覧）.
・UNESCO, World Data on Education, 7th edition, 2010/11.
・エストニア教育研究省ウェブサイト（https://www.hm.ee/en）（2016年8月16日閲覧）。

欧州

V　学校系統図

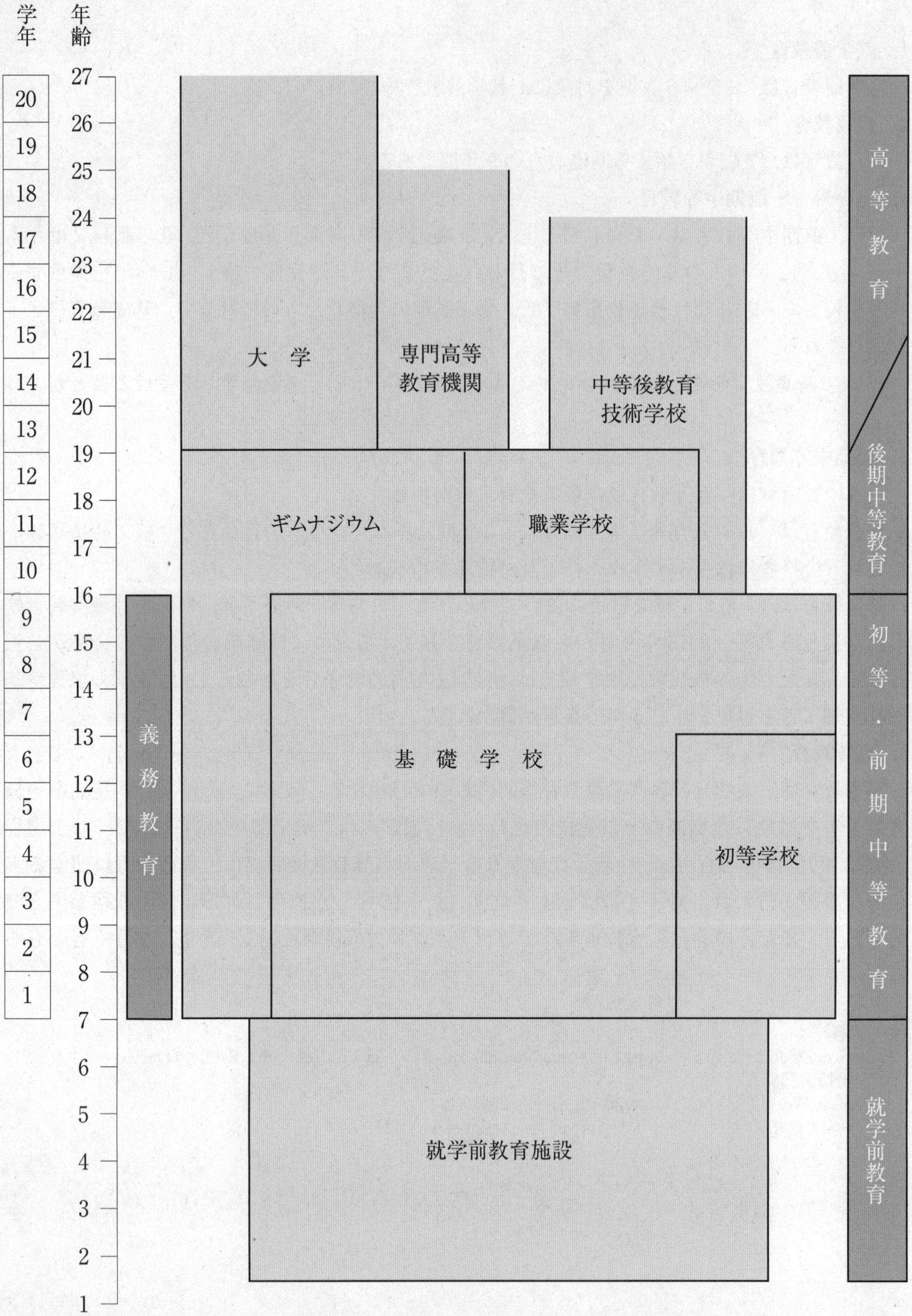

学年
年齢
20
19
18
17
16
15
14
13
12
11
10
9
8
7
6
5
4
3
2
1
27
26
25
24
23
22
21
20
19
18
17
16
15
14
13
12
11
10
9
8
7
6
5
4
3
2
1
大　学
専門高等
教育機関
中等後教育
技術学校
ギムナジウム
職業学校
義務教育
基　礎　学　校
初等学校
就学前教育施設
高等教育
後期中等教育
初等・前期中等教育
就学前教育

Ⅵ　取得可能な資格・学位

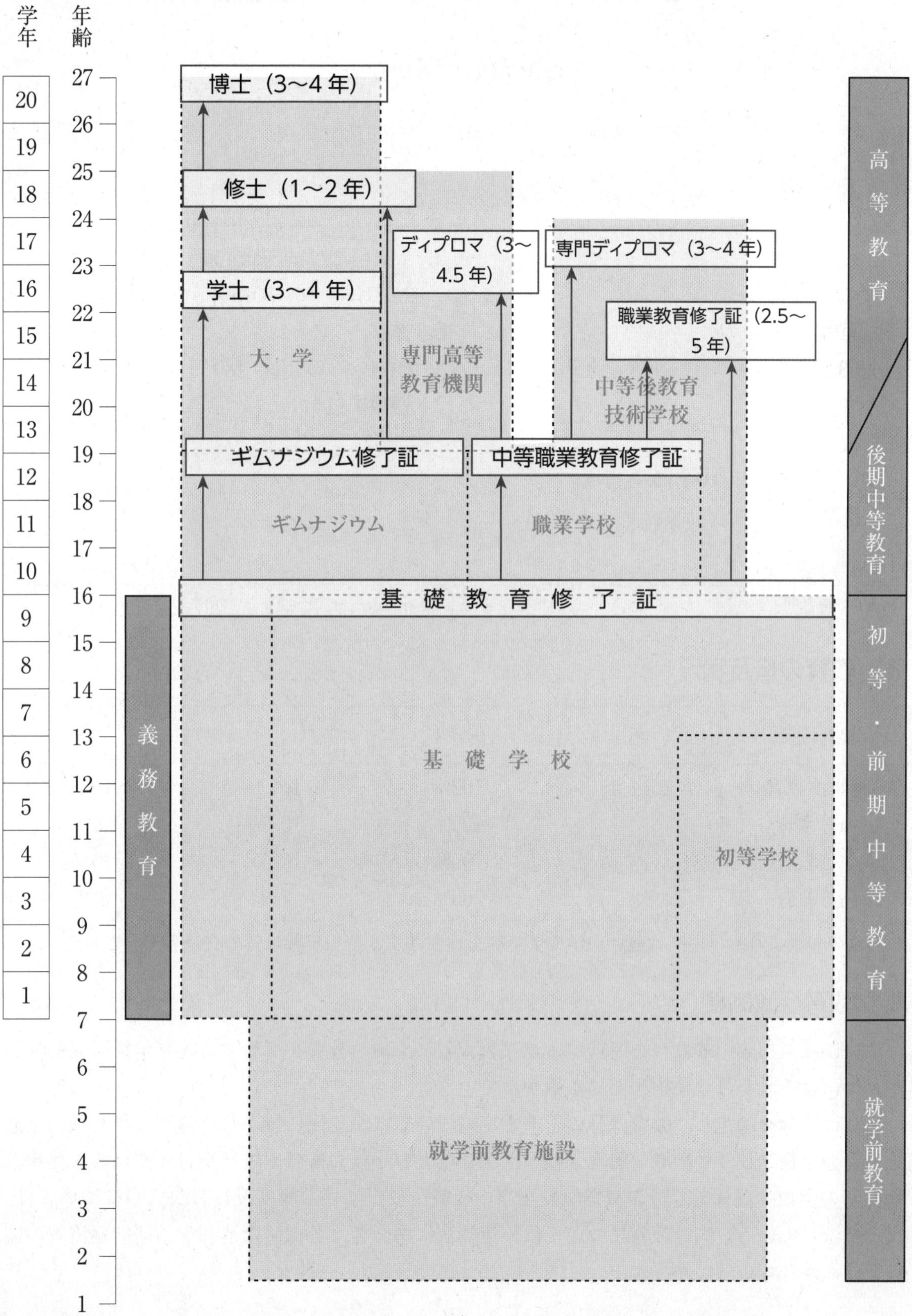
学年
年齢
博士（3～4年）
修士（1～2年）
学士（3～4年）
大　学
ディプロマ（3～4.5年）
専門高等教育機関
専門ディプロマ（3～4年）
職業教育修了証（2.5～5年）
中等後教育技術学校
ギムナジウム修了証
中等職業教育修了証
ギムナジウム
職業学校
基礎教育修了証
基礎学校
初等学校
就学前教育施設
義務教育
高等教育
後期中等教育
初等・前期中等教育
就学前教育

オーストリア共和国

(*Republic of Austria*)

Ⅰ 概 要

1. 人口
約 870 万人
2. 面積
約 8.4 万平方キロメートル（北海道とほぼ同じ）
3. 政治体制
連邦共和制（9 つの州から構成）
4. 言語
ドイツ語
5. 1 人当たり国内総生産（GDP）
39,100 ユーロ（2015 年，EU 統計局）
6. 首都
ウィーン（人口約 180 万人）
7. 通貨単位
ユーロ

《出典》外務省ウェブサイト（http://www.mofa.go.jp/mofaj/area/austria/data.html）（更新日：2016 年 10 月 26 日）。

Ⅱ 教育の普及状況

教育段階	年	在籍率	男	女
就学前教育	2014 年	102%	102%	101%
初等教育	〃	102%	103%	102%
中等教育	〃	99%	102%	97%
高等教育	〃	80%	73%	88%

（通常の年齢よりも早い又は遅い入学や留年等を理由とする該当年齢以外の在籍者を含む）

Ⅲ 教育行政制度

中央には，初等中等教育を所管する連邦教育省と，高等教育を所管する連邦学術研究経済省が，州にはそれぞれ学校担当部局が置かれている。

連邦は法令を制定し，教育課程の基準を定めているほか，州に置かれた連邦の出先機関を通じて普通上級学校，中級職業教育学校，上級職業教育学校の監督や維持を行っている。義務教育段階の学校，農林業分野の職業学校及び中級職業教育学校の維持及び教員人事については，州が所管している。高等教育については，連邦法に基づき，各機関は連邦学術研究経済省の監督下に置かれている。

Ⅳ　学校体系

（学年歴：7月～翌年6月。高等教育は10月～翌年9月）

1. 就学前教育

就学前教育は，3～5歳児を対象に，幼稚園で行われる。

2. 義務教育

義務教育は，6～15歳の9年である。また，5歳児については，週に4日以上にわたって計16時間以上の就園が義務付けられているほか，義務教育修了後に，企業との職業訓練契約に基づいて職業訓練を受ける者については，職業訓練を受ける2～4年間，並行して職業学校に通うことが義務付けられている。

3. 初等教育

初等教育は，6歳入学で4年間，国民学校で行われる。

4. 中等教育

前期中等教育は，10歳より，能力や適性に応じて，新中等学校（Neue Mittelschule，従来のハウプトシューレ）及び普通上級学校（従来のギムナジウム，実科ギムナジウム，経済系実科ギムナジウムの総称）の2つの学校種で4年間行われる。新中等学校には，修了後に全日制又は定時制の職業教育学校に進む者が主に就学し，普通上級学校には，高等教育への進学を目指す者が主に就学する。

後期中等教育は，普通上級学校で4年間行われ，修了試験の合格者には，大学入学資格（Matura）が与えられる。

このほか，後期中等教育段階を構成する機関として，職業基礎資格の取得に結び付く全日制の中級職業教育学校（修業年限1～4年），特定分野の専門職や中級技術者の養成を目的とし，大学入学資格の取得も可能な上級職業教育学校（同5年），さらに新中等学校修了後に企業での職業訓練に入る者に，就学義務のある1年間（初等教育からの通算第9学年）普通教育と職業準備教育を行うポリテクニークや，これに接続する定時制の職業学校（デュアルシステム，同2～4年）などがある。

5. 高等教育

高等教育は，主に総合大学や専門大学で提供される。総合大学では，4～6年で伝統的な学位であるディプローム（修士相当）が取得できるほか，欧州に共通する学位である学士が3～4年，修士が1～2年，博士が3年で取得可能となっている。また，専門大学では，概ね3年で学士が，2年で修士が取得できる。

《参考資料》
・EURYDICE Austria（https://webgate.ec.europa.eu/fpfis/mwikis/eurydice/index.php/Austria:Overview）（2016年7月11日閲覧）.
・Bundesministerium für Bildung und Frauen: Bildungswege in Österreich 2015/2016（https://www.bmb.gv.at/schulen/bw/ueberblick/bildungswege2015.pdf?5i81qy）（2016年7月13日ダウンロード）.

欧州

V 学校系統図

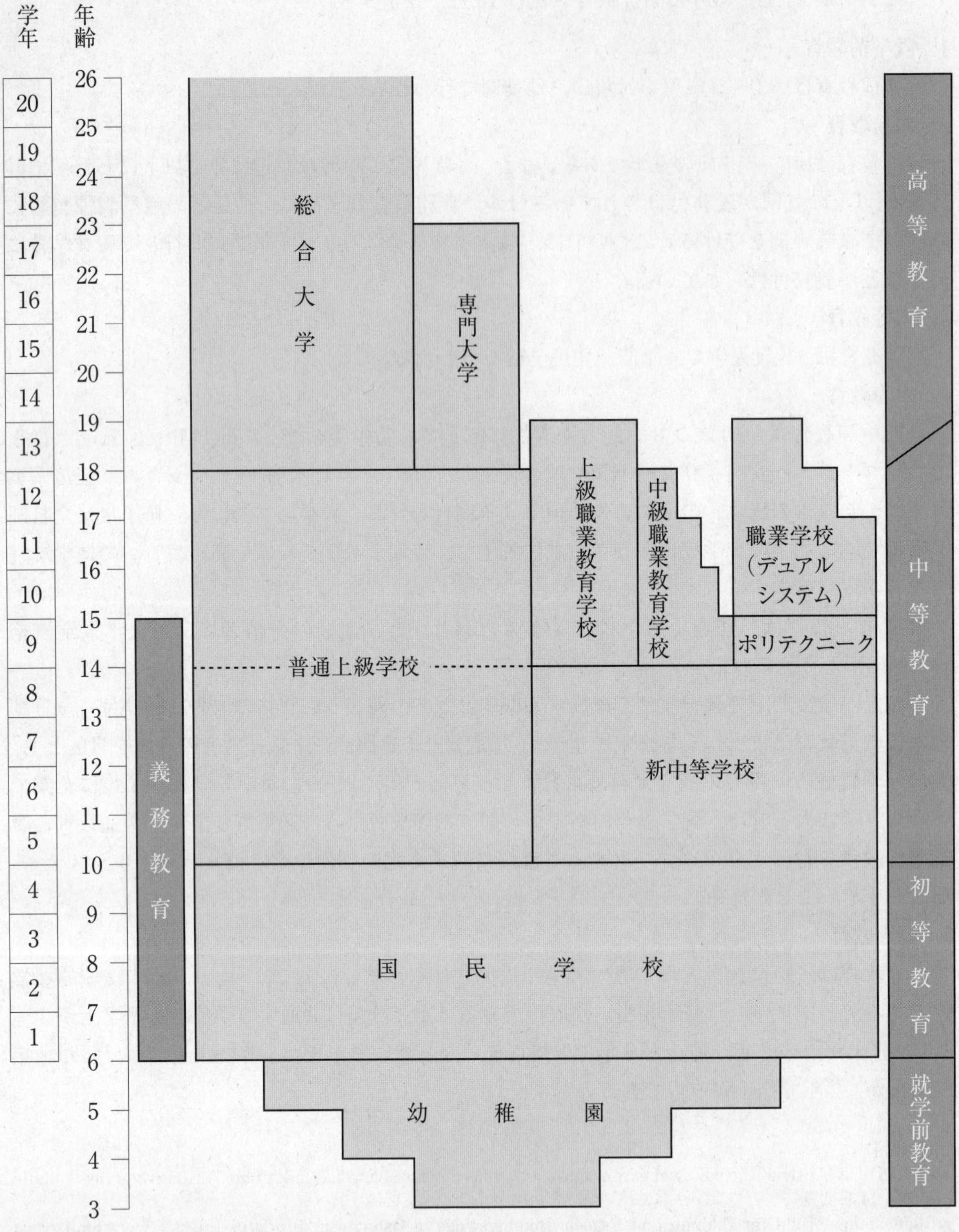
学年
年齢
総合大学
専門大学
上級職業教育学校
中級職業教育学校
職業学校（デュアルシステム）
ポリテクニーク
普通上級学校
新中等学校
国民学校
幼稚園
義務教育
高等教育
中等教育
初等教育
就学前教育

Ⅵ　取得可能な資格・学位

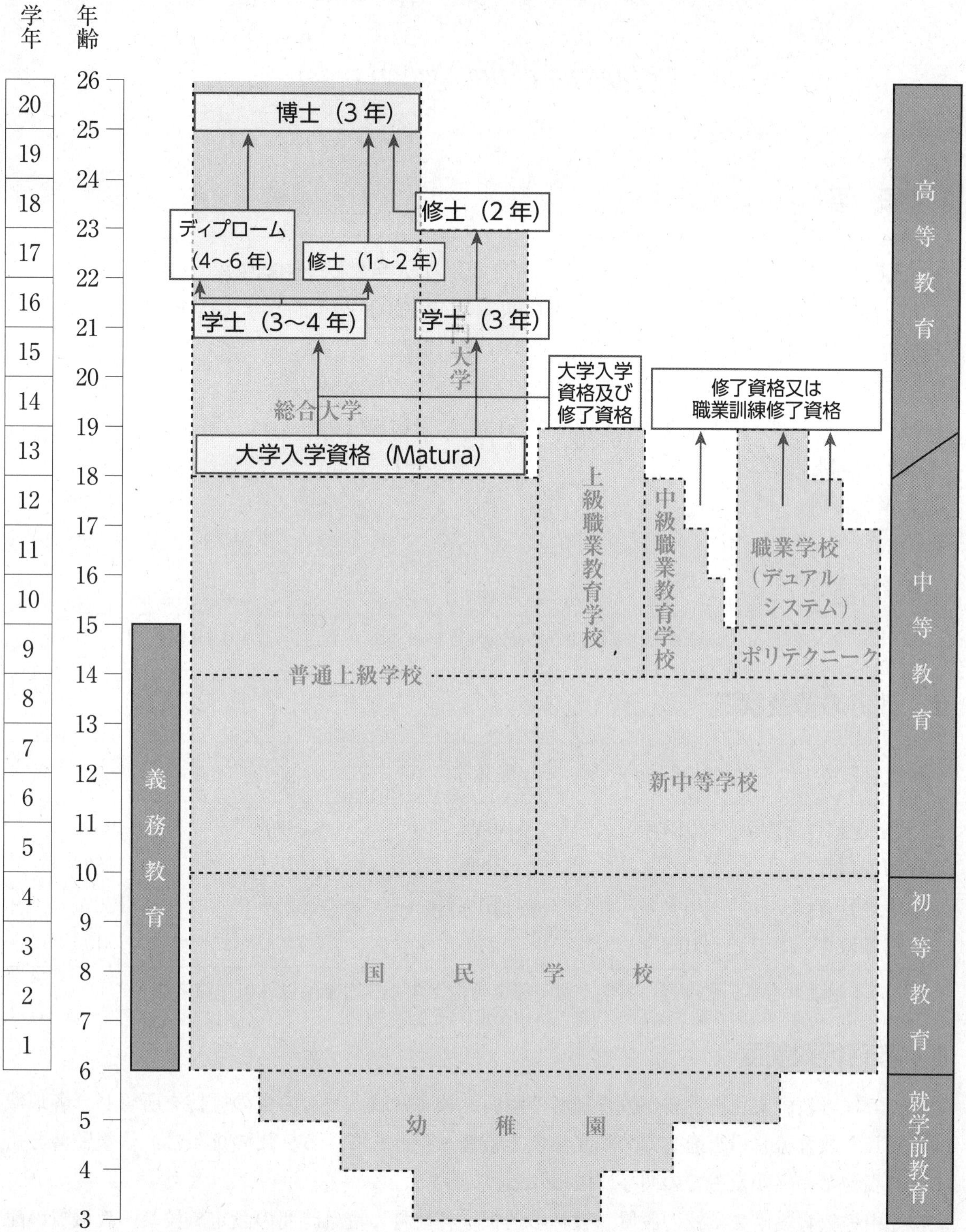

学年
年齢
博士（3年）
ディプロマ（4～6年）
修士（1～2年）
修士（2年）
学士（3～4年）
学士（3年）
専門大学
総合大学
大学入学資格（Matura）
大学入学資格及び修了資格
修了資格又は職業訓練修了資格
上級職業教育学校
中級職業教育学校
職業学校（デュアルシステム）
ポリテクニーク
普通上級学校
新中等学校
国民学校
幼稚園
義務教育
高等教育
中等教育
初等教育
就学前教育

オランダ王国

(*Kingdom of the Netherlands*)

Ⅰ　概　要

1. 人口
1,704.8 万人（2016 年 8 月，オランダ中央統計局）
2. 面積
41,864 平方キロメートル（九州とほぼ同じ）
3. 政治体制
立憲君主制
4. 言語
オランダ語
5. 1 人当たり国内総生産（GDP）
43,603 ドル（2015 年，IMF）
6. 首都
アムステルダム
7. 通貨単位
ユーロ

《出典》外務省ウェブサイト（http://www.mofa.go.jp/mofaj/area/netherlands/data.html）（更新日：2016 年 10 月 7 日）。

Ⅱ　教育の普及状況

教育段階	年	在籍率	男	女
就学前教育	2013 年	94%	94%	95%
初等教育	〃	106%	107%	106%
中等教育	〃	131%	132%	130%
高等教育	2012 年	77%	74%	81%

（通常の年齢よりも早い又は遅い入学や留年等を理由とする該当年齢以外の在籍者を含む）

Ⅲ　教育行政制度

中央では，教育文化科学省が教育制度の整備，教育財政，教育の質の維持を所管し，各地域に設置した教育監督局を通じて公私立学校を監督・指導している。州の権限は，法規監督と司法上の義務というかたちでの関与に限られる。

初等中等教育段階の学校の設置，教材の選択，各教科の授業時間の設定，校長・教職員の配置等，学校の管理・運営は，学校設置者でもある各学校の管理団体の所管である。学校管理団体には，地方自治体（市議会），目的組合，法人，財団などがなっており，相当程度の裁量が与えられている。

Ⅳ　学校体系

（学年歴：9月～翌年6月。高等教育は9月～翌年8月）

1. 就学前教育

就学前教育は，教育困難な状態にある2～5歳児を対象に，保育所で行われる。通常の4～5歳児の教育は，初等教育の一部として，初等学校で行われている。

2. 義務教育

義務教育は，5歳から基礎資格を取得するまで，あるいは18歳までの最長13年である。

3. 初等教育

初等教育は，4歳入学で8年間，初等学校で行われる。義務教育は5歳に達した翌月から始まるが，ほとんどの児童は4歳で初等学校に入学する。修了時には，児童の適切な進路を見極めるため，全国統一学力調査が行われる。

4. 中等教育

中等教育は，中等学校で，大学準備教育コース，上級中等普通教育コース，中等職業準備教育コースの3つのコースに分かれて行われる。6年制の大学準備教育コースを修了した者には，総合大学への進学要件となる修了資格が，5年制の上級中等普通教育コースを修了した者には，専門大学への進学要件となる修了資格が，4年制の中等職業準備教育コースを修了した者には，中等職業教育コースへの進学要件となる修了資格が与えられる。

中等職業教育コースは，レベル1（アシスタント養成，0.5～1年），レベル2（職業基礎教育，2～3年），レベル3（職業専門教育，2～4年），レベル4（中間管理職養成，3～4年）の4種類の課程から成り，職業訓練センターや専門職カレッジなどで提供されている。レベル2を修了して職業基礎資格を取得することが最低目標とされており，レベル4を修了すれば，専門大学に進学することもできる。

5. 高等教育

高等教育は，総合大学と専門大学で提供される。総合大学では，3年で学士，1～3年で修士，3年以上で博士の学位が，専門大学では，2年で準学士，4年で学士，1～4年で修士の学位が取得できる。

《参考資料》

・EURYDICE Netherlands（https://webgate.ec.europa.eu/fpfis/mwikis/eurydice/index.php/Netherlands:Overview）（2016年8月10日閲覧）.

・Study in Holland（https://www.studyinholland.nl）（2016年8月10日閲覧）.

V 学校系統図

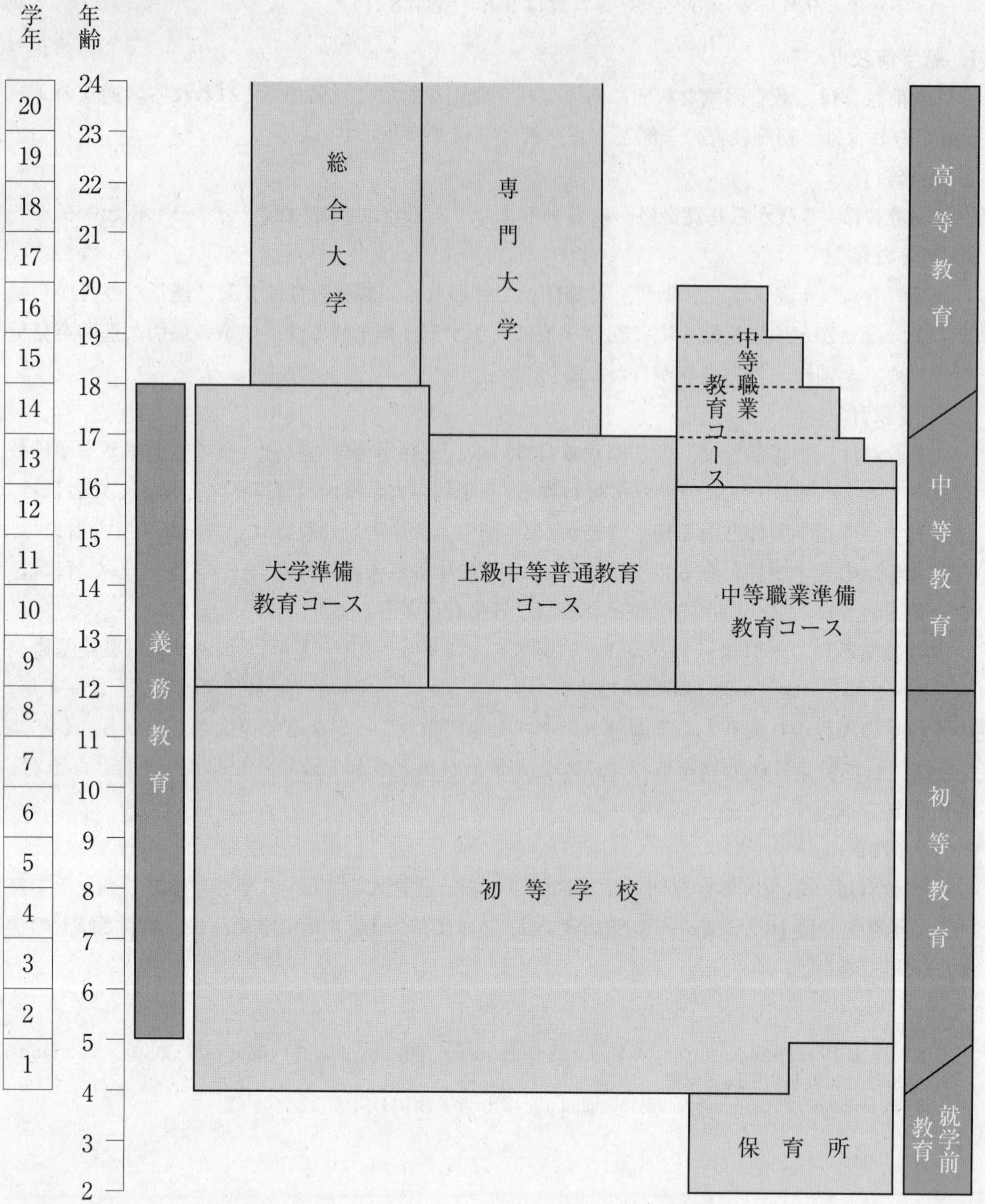
学年
年齢
20
19
18
17
16
15
14
13
12
11
10
9
8
7
6
5
4
3
2
1
24
23
22
21
20
19
18
17
16
15
14
13
12
11
10
9
8
7
6
5
4
3
2
総合大学
専門大学
中等職業教育コース
大学準備教育コース
上級中等普通教育コース
中等職業準備教育コース
義務教育
初等学校
保育所
高等教育
中等教育
初等教育
就学前教育

Ⅵ　取得可能な資格・学位

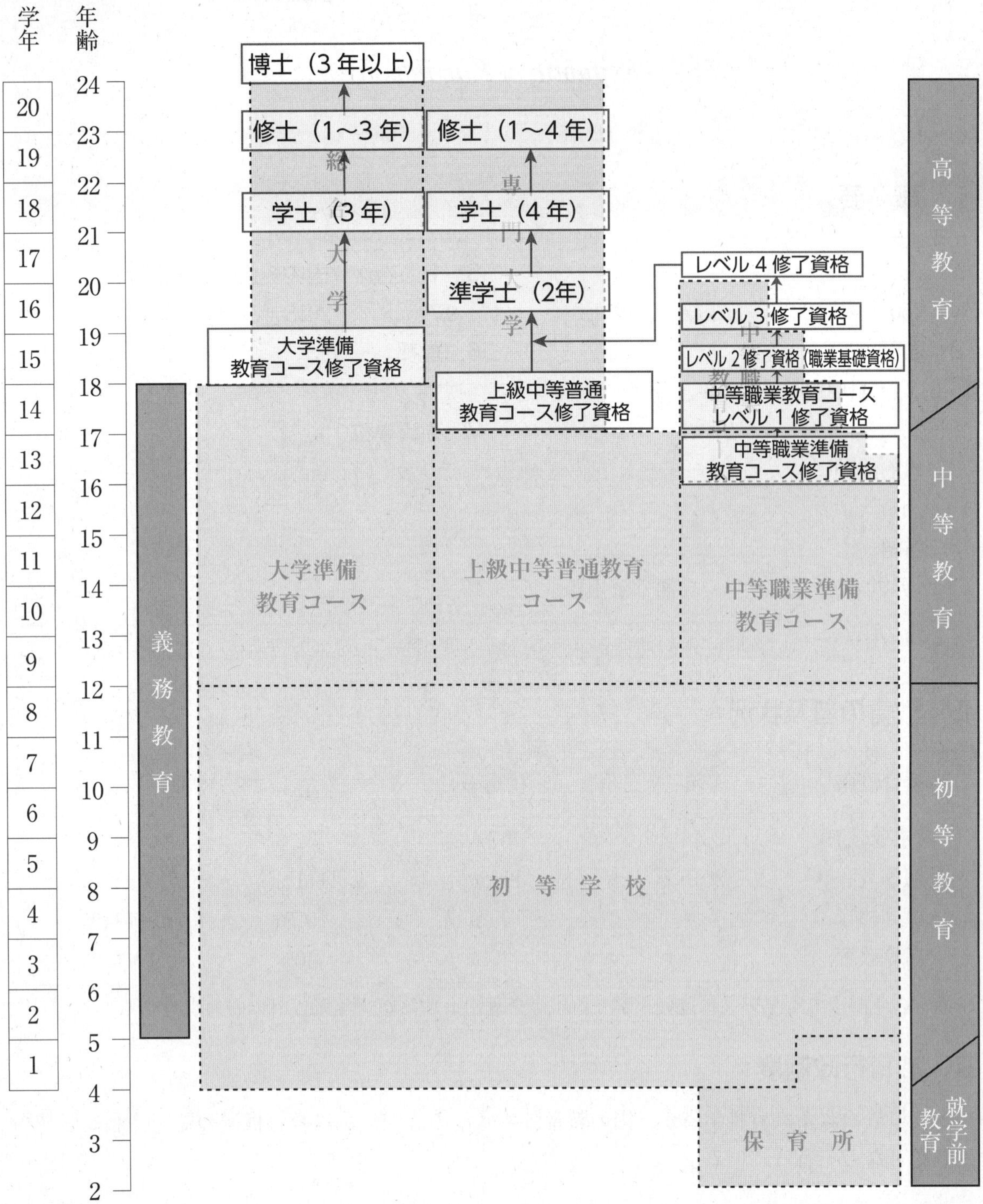
学年
年齢
博士（3年以上）
修士（1～3年）
修士（1～4年）
学士（3年）
学士（4年）
総合大学
専門大学
準学士（2年）
レベル4修了資格
レベル3修了資格
レベル2修了資格（職業基礎資格）
中等職業教育コース
レベル1修了資格
中等職業準備
教育コース修了資格
大学準備
教育コース修了資格
上級中等普通
教育コース修了資格
大学準備
教育コース
上級中等普通教育
コース
中等職業準備
教育コース
初等学校
保育所
義務教育
高等教育
中等教育
初等教育
就学前教育

カザフスタン共和国

(*Republic of Kazakhstan*)

Ⅰ 概 要

1. 人口
1,760万人（2015年，国連人口基金）
2. 面積
272万4,900平方キロメートル（日本の7倍）
3. 政治体制
共和制
4. 言語
カザフ語が国語。（ロシア語は公用語）
5. 1人当たり国内総生産（GDP）
9,795ドル（2015年，IMF推計値）
6. 首都
アスタナ
7. 通貨単位
テンゲ（Tenge）

《出典》外務省ウェブサイト（http://www.mofa.go.jp/mofaj/area/kazakhstan/data.html）（更新日：2016年10月5日）。

Ⅱ 教育の普及状況

教育段階	年	在籍率	男	女
就学前教育	2014年	57%	57%	57%
初等教育	2015年	111%	111%	111%
中等教育	〃	109%	107%	111%
高等教育	〃	46%	40%	52%

（通常の年齢よりも早い又は遅い入学や留年等を理由とする該当年齢以外の在籍者を含む）

Ⅲ 教育行政制度

中央に置かれる教育科学省が，国の教育課程基準の設定，高等教育機関の監督，私立学校の設置認可などを行っている。

Ⅳ 学校体系

（学年暦：9月～翌年5月）

1. 就学前教育

就学前教育は，1～6歳児を対象に，幼稚園や保育所等で行われる。

2. 義務教育

義務教育は，7～18歳の11年である。

3. 初等教育

初等教育は，6歳入学もあるが，通常7歳入学で，4年間，初等学校で行われる。

4. 中等教育

前期中等教育は，5年間，基礎中等学校で行われる（なお，2007年の教育法に基づいて2020年までに6年間に移行する予定）。

後期中等教育は，2年間，上級中等学校で行われる。修了時には，カレッジや大学への入学要件となる国家統一試験が行われる。合格者には，上級中等学校修了証が授与される。

このほか，職業専門教育を行う機関として，技術・職業学校及びカレッジがある。基礎中等学校卒業者を対象とする技術・職業学校（3～4年）と，上級中等学校卒業者を対象とするカレッジ（2～3年）が置かれている。修了者には，それぞれ技術・職業学校修了証もしくはカレッジ修了ディプロマが授与される。

5. 高等教育

高等教育機関は，大学のほか，技術大学（4～5年制）と医科大学（5年制）で行われる。高等教育機関への入学に際しては，上級中等学校卒業を受験資格とする入学試験が行われる。大学には，学士課程（通常4年），修士課程（1～2年）及び博士課程（通常3年）が置かれている。技術大学では専門ディプロマが授与される。

《参考資料》

・Australian Government, Country Education Profiles（https://internationaleducation.gov.au/cep/Europe/Kazakhstan/Education-System/Pages/SystemDiagram-Default.aspx）（2016年7月5日閲覧）.
・Kazakhstan. Ministry of Education and Science, State Program Of Education Development in the Republic of Kazakhstan for 2011-2020, 2012年12月（http://planipolis.iiep.unesco.org/upload/Kazakhstan/Kazakhstan_State_Program-of-Education-Development-in-the-Republic-of-Kazakhstan_2011-2020.pdf）.
・OECD Reviews of National Policies for Education: Secondary Education in Kazakhstan, 2014年1月（http://www.oecd-ilibrary.org/education/reviews-of-national-policies-for-education-secondary-education-in-kazakhstan_9789264205208-en;jsessionid=2eptsahc88hll.x-oecd-live-03）.
・TEMPUS Higher Education in Kazakhstan, 2012年7月（http://eacea.ec.europa.eu/tempus/participating_countries/overview/Kazakhstan.pdf）.
・UNESCO World Data on Education, 7th edition, 2010/11.
・外務省,「諸外国・地域の学校情報（カザフスタン共和国）」（平成27年12月更新情報）。
・嶺井明子，川野辺敏（編）『中央アジアの教育とグローバリズム』，2012年。

V　学校系統図

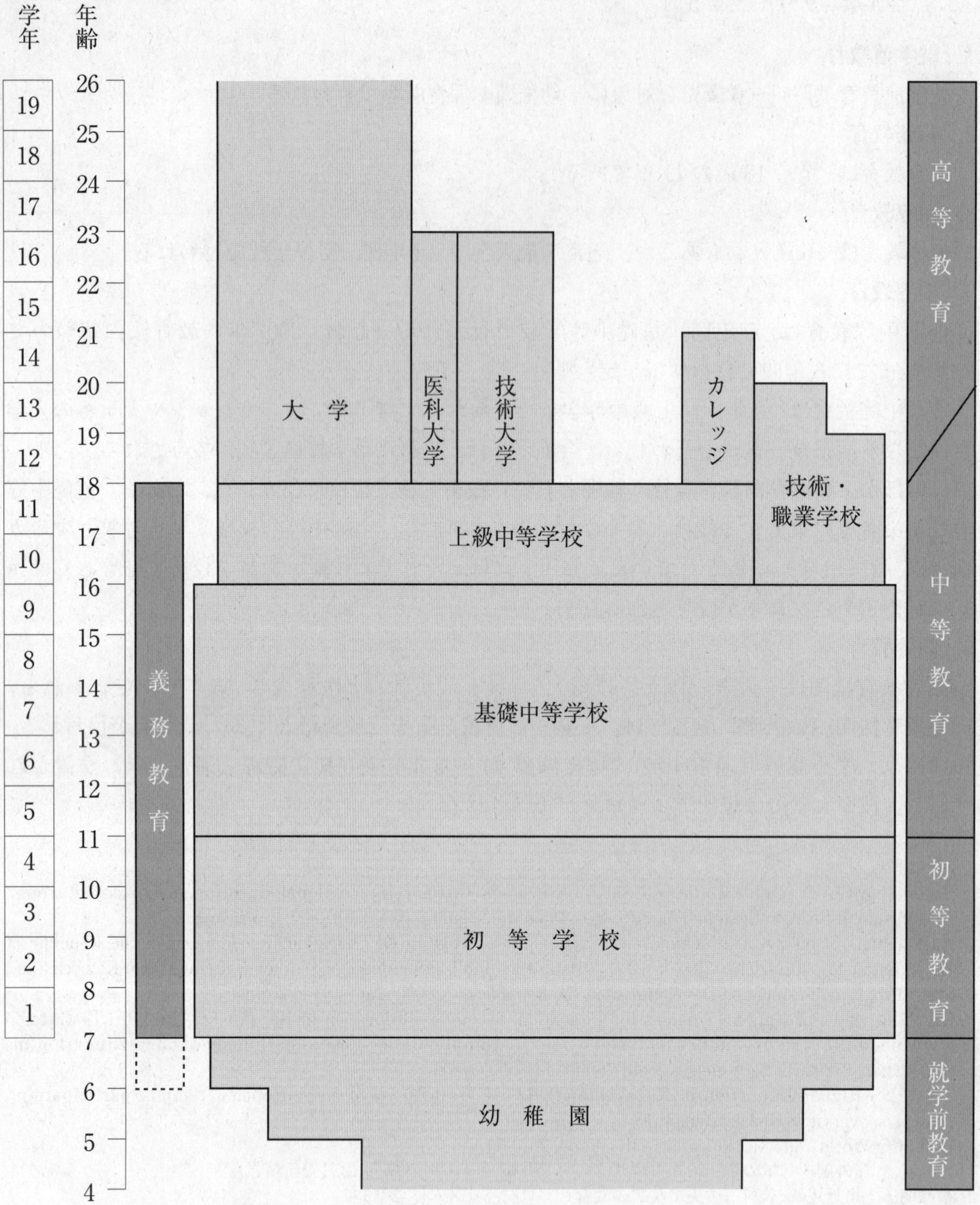
学年
年齢
19
18
17
16
15
14
13
12
11
10
9
8
7
6
5
4
3
2
1
26
25
24
23
22
21
20
19
18
17
16
15
14
13
12
11
10
9
8
7
6
5
4
大　学
医科大学
技術大学
カレッジ
技術・職業学校
上級中等学校
基礎中等学校
初　等　学　校
幼　稚　園
義務教育
高等教育
中等教育
初等教育
就学前教育

Ⅵ　取得可能な資格・学位

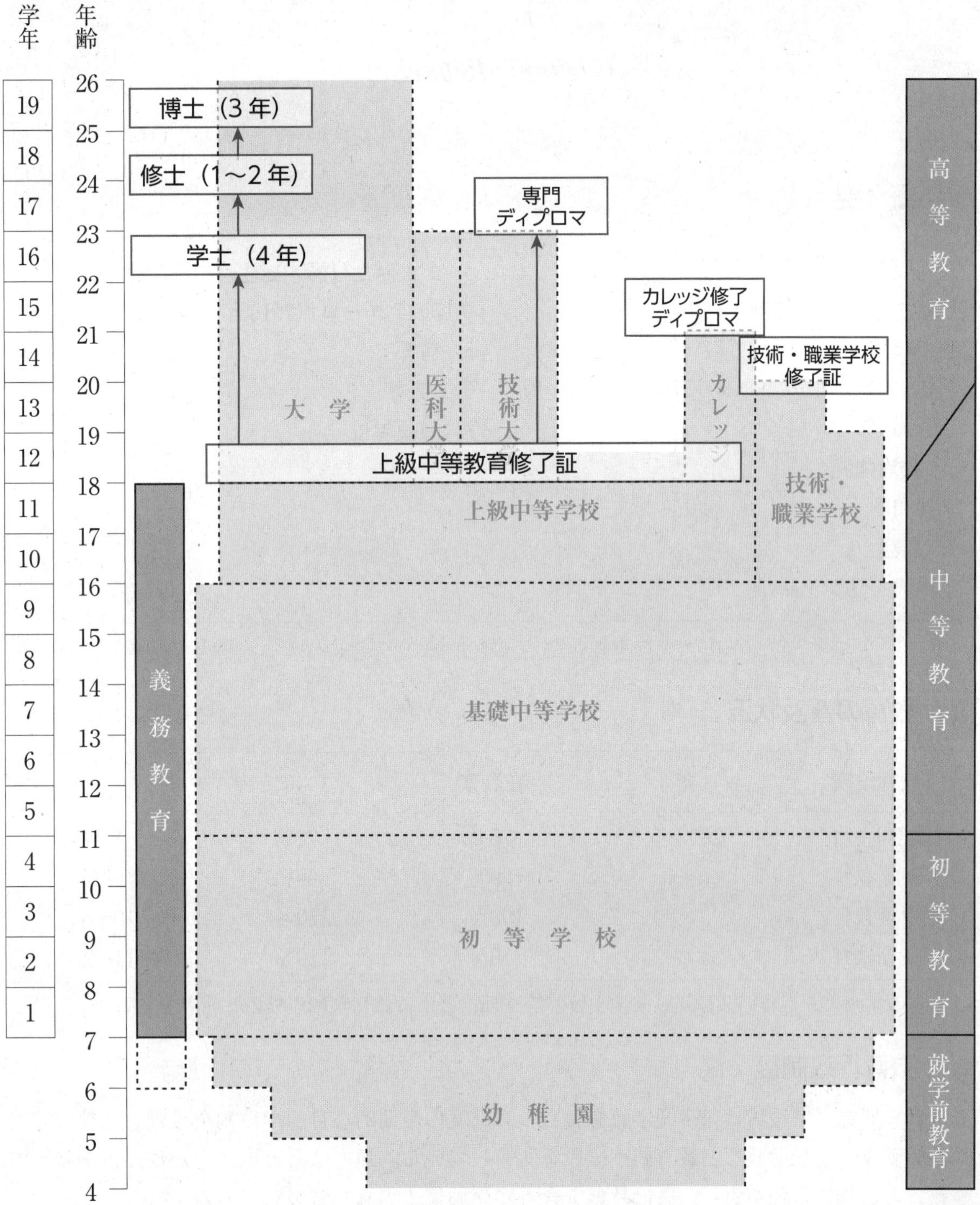
学年
年齢
19
18
17
16
15
14
13
12
11
10
9
8
7
6
5
4
3
2
1
26
25
24
23
22
21
20
19
18
17
16
15
14
13
12
11
10
9
8
7
6
5
4
博士（3年）
修士（1～2年）
学士（4年）
専門
ディプロマ
カレッジ修了
ディプロマ
技術・職業学校
修了証
大学
医科大
技術大
カレッジ
上級中等教育修了証
上級中等学校
技術・
職業学校
義務教育
基礎中等学校
初等学校
幼稚園
高等教育
中等教育
初等教育
就学前教育

ギリシャ共和国

(*Hellenic Republic*)

Ⅰ 概 要

1. 人口
約 1,081 万人(2015 年)
2. 面積
約 131,957 平方キロメートル(日本の約 3 分の 1)
3. 政治体制
共和制
4. 言語
現代ギリシャ語
5. 1 人当たり国内総生産(GDP)
17,117 ユーロ(2015 年)
6. 首都
アテネ
7. 通貨単位
ユーロ

《出典》外務省ウェブサイト(http://www.mofa.go.jp/mofaj/area/greece/data.html)(更新日:2016 年 11 月 28 日)。

Ⅱ 教育の普及状況

教育段階	年	在籍率	男	女
就学前教育	2013 年	76%	77%	76%
初等教育	〃	99%	99%	98%
中等教育	〃	108%	110%	106%
高等教育	〃	110%	110%	110%

(通常の年齢よりも早い又は遅い入学や留年等を理由とする該当年齢以外の在籍者を含む)

Ⅲ 教育行政制度

教育・研究・宗教省は,生涯学習を含む教育制度の長期的な目的や役割を設定し,教育課程や教員養成,学校財政など教育制度全般を所管している。地方は県と市に分かれ,市が初等中等教育の実施に責任を負い,県は教員を含む関連施策の実施を監督している。

Ⅳ　学校体系

（学年暦：9月～翌年8月）

1. 就学前教育

就学前教育は，4～5歳児を対象に，幼稚園で行われる。5歳児は，義務教育1年目に相当し，就園義務がある。

2. 義務教育

義務教育は，5～15歳の10年である。

3. 初等教育

初等教育は，6歳入学で6年間，小学校で行われる。修了時には，前期中等教育への進学要件となる小学校修了証が与えられる。

4. 中等教育

前期中等教育は，中学校で3年間行われる。修了時には，後期中等教育への進学要件となる中学校修了証が与えれる。

後期中等教育は，中学校の修了者を対象に，普通高校のほか，普通教育とともに技術・職業教育を提供する職業高校で行われる（いずれも3年）。高校の修了時には，最終学年の成績及び学校単位で実施される試験の結果に基づき，高校修了証が与えられる。また，職業高校の修了時には，学校単位で実施される試験の結果に基づき，職業高校修了証（3年）が与えられる。職業訓練施設の卒業者には，職業訓練資格（2年）などが与えられる。

5. 高等教育

高等教育は，大学及び技術教育インスティチュートで行われる。入学に際して，通常普通高校修了者が全国高等教育入学資格試験を受ける。大学及び技術インスティチュートには，分野により，4～6年の学士課程，1～2年の修士課程及び3年以上の博士課程が置かれている。短期高等職業教育機関には，主に職業高校修了者が進学し，応用系の3～4年のディプロマ課程を履修する。

《参考資料》
・Eurydice, *Greece*（https://webgate.ec.europa.eu/fpfis/mwikis/eurydice/index.php/Greece:Overview ほか）（2016年10月6日閲覧）.
・UNESCO, World Data on Education, 7th edition, 2010/11.
・Australian Government, Country Education Profiles（https://internationaleducation.gov.au/cep/）（2016年7月4日閲覧）.
・OECD Education GPS Greece 2016（http://gpseducation.oecd.org/CountryProfile）（2016年12月7日閲覧）.

V 学校系統図

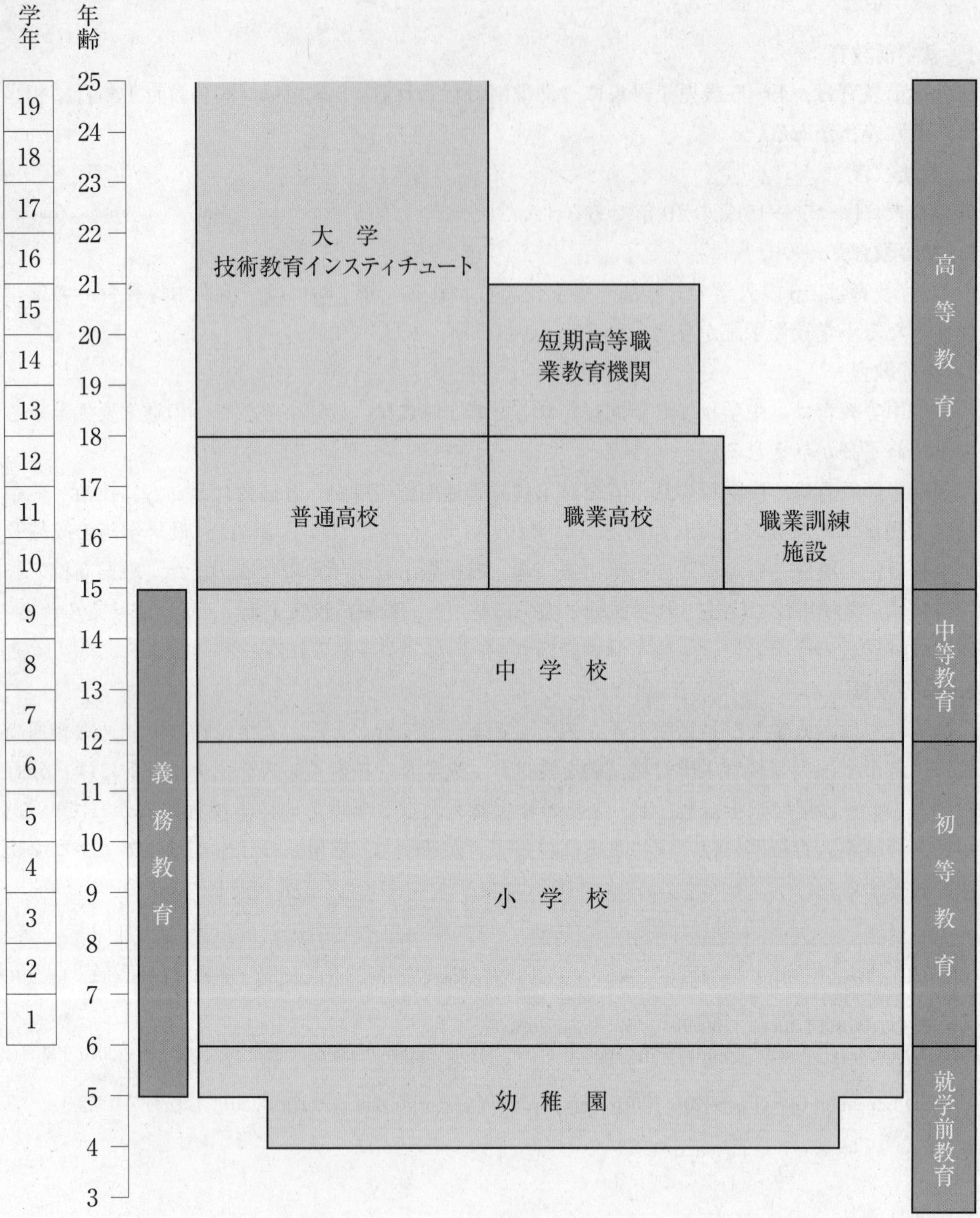

学年
年齢
19
18
17
16
15
14
13
12
11
10
9
8
7
6
5
4
3
2
1
25
24
23
22
21
20
19
18
17
16
15
14
13
12
11
10
9
8
7
6
5
4
3
大 学
技術教育インスティチュート
短期高等職業教育機関
普通高校
職業高校
職業訓練施設
中 学 校
小 学 校
幼 稚 園
義務教育
高等教育
中等教育
初等教育
就学前教育

Ⅵ　取得可能な資格・学位

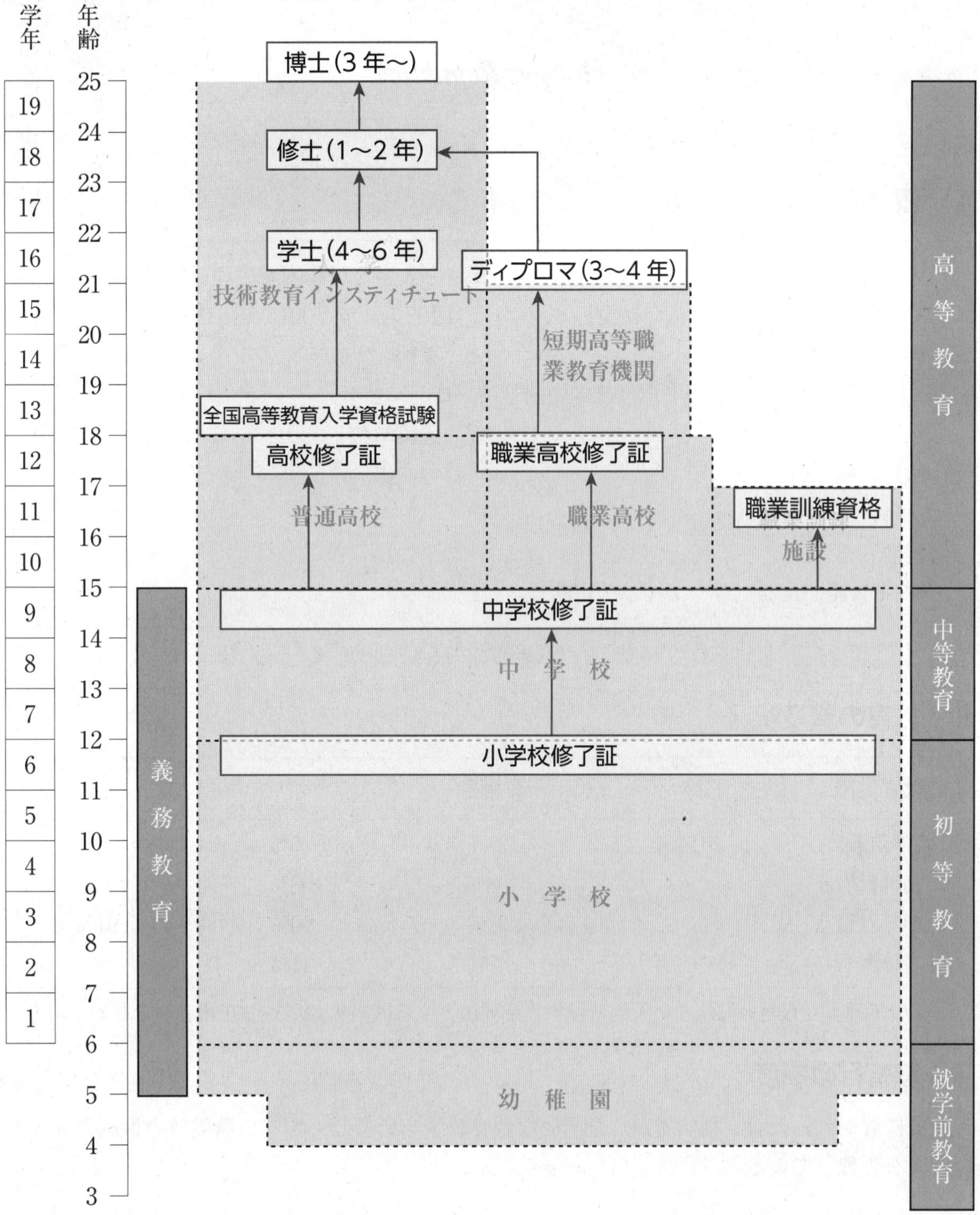

学年
年齢
博士（3年～）
修士（1～2年）
学士（4～6年）
技術教育インスティチュート
ディプロマ（3～4年）
短期高等職業教育機関
全国高等教育入学資格試験
高校修了証
職業高校修了証
職業訓練資格
普通高校
職業高校
施設
中学校修了証
中学校
小学校修了証
小学校
幼稚園
義務教育
高等教育
中等教育
初等教育
就学前教育

キルギス共和国

(*Kyrgyz Republic*)

Ⅰ 概 要

1. 人口
590万人（2015年，国連人口基金）
2. 面積
19万8,500平方キロメートル（日本の約2分の1）
3. 政治体制
共和制
4. 言語
キルギス語が国語（ロシア語は公用語）
5. 1人当たり国内総生産（GDP）
1,197.7ドル（2015年，IMF推計）
6. 首都
ビシュケク
7. 通貨単位
ソム（Som）

《出典》外務省ウェブサイト（http://www.mofa.go.jp/mofaj/area/kyrgyz/data.html）（更新日：2016年5月25日）。

Ⅱ 教育の普及状況

教育段階	年	在籍率	男	女
就学前教育	2014年	25%	25%	25%
初等教育	〃	108%	108%	107%
中等教育	〃	91%	90%	91%
高等教育	2013年	47%	41%	53%

（通常の年齢よりも早い又は遅い入学や留年等を理由とする該当年齢以外の在籍者を含む）

Ⅲ 教育行政制度

中央に置かれる教育・科学省が，全国的な教育政策を所管し，国立の職業教育機関や高等教育機関を管理している。

Ⅳ　学校体系

（学年暦：9月～翌年5月）

1. 就学前教育

就学前教育は，生後6か月～6歳を対象に，保育園及び幼稚園で行われる。

2. 義務教育

義務教育は，6～15歳又は7～16歳の9年である。

3. 初等教育

初等教育は6歳又は7歳入学で4年間，初等普通学校で行われる。

4. 中等教育

中等教育は前期と後期に分かれる。

前期中等教育は，基礎普通学校において5年間行われ，卒業者は基礎普通学校修了証を授与される。

後期中等教育は，中等普通学校において2年間行われ，卒業者は，中等普通学校修了証を授与される。

このほか，後期中等教育段階の教育機関として，初級職業学校（1年～），中級職業学校（2～4年）があり，修了者はそれぞれ初級職業学校修了証もしくは中級職業学校修了証を授与される。

5. 高等教育

高等教育は大学，アカデミー，専門高等教育機関，上級職業学校で行われる。大学，アカデミー，専門高等教育機関は学士課程（4年），修士課程（2年）が置かれ，大学には更に博士課程が置かれている。上級職業学校には，学士や職業ディプロマの取得につながる5年の課程が置かれている。

《参考資料》

・EACEA, Higher Education in Kyrgyzstan,（http://eacea.ec.europa.eu/tempus/participating_countries/overview/Kyrgyzstan.pdf）, 2012年7月更新（2016年7月29日閲覧）.
・UNESCO World Data on Education, 7th Edition, 2010/2011.
・外務省　諸外国・地域の学校情報　キルギス共和国　2015年11月更新情報。
・嶺井明子，川野辺敏（編）『中央アジアの教育とグローバリズム』，2012年。

V　学校系統図

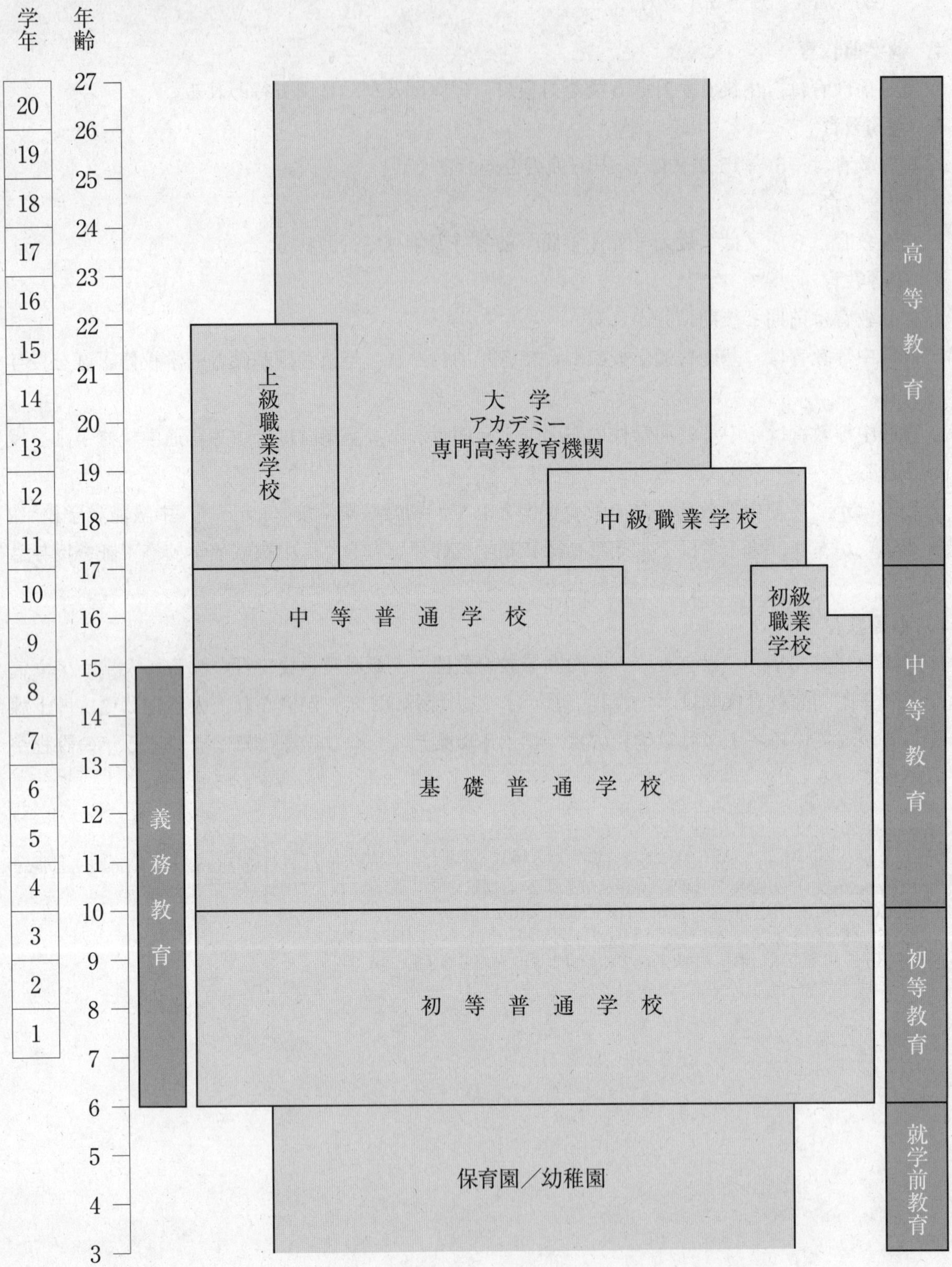

※　7歳就学の場合は，各学年の年齢が1歳ずつ繰り上がる。

Ⅵ　取得可能な資格・学位

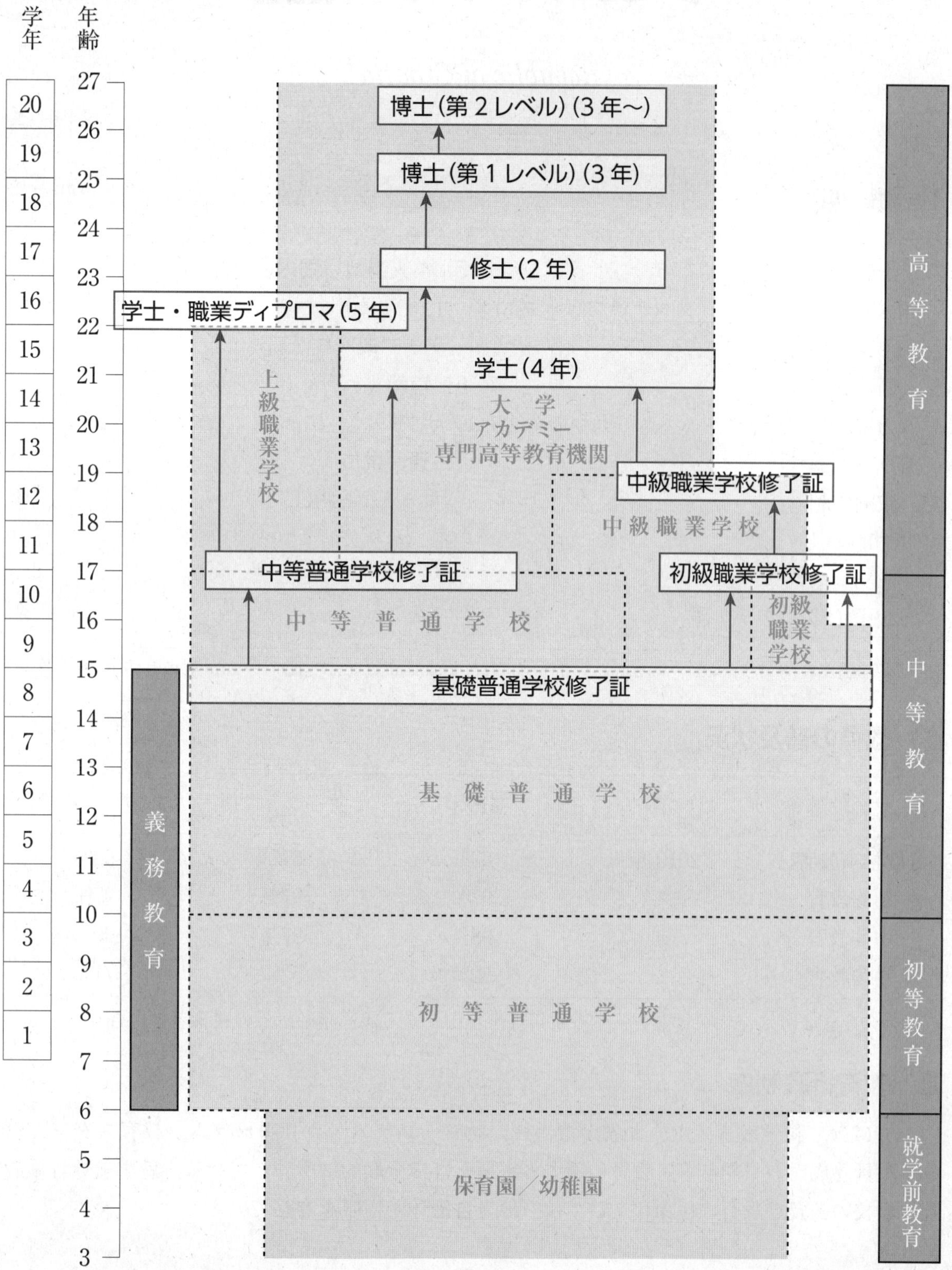

※　7歳就学の場合は，各学年の年齢が1歳ずつ繰り上がる。

クロアチア共和国

(*Republic of Croatia*)

I 概 要

1. 人口

428.5 万人（2012 年，クロアチア政府統計局）

2. 面積

5 万 6,594 平方キロメートル（九州の約 1.5 倍）

3. 政治体制

共和制

4. 言語

公用語はクロアチア語

5. 1 人当たり国内総生産（GDP）

12,690 米ドル（2015 年，世銀統計及びクロアチア政府統計局）

6. 首都

ザグレブ

7. 通貨単位

クーナ（HRK）

《出典》外務省ウェブサイト（http://www.mofa.go.jp/mofaj/area/croatia/data.html）（更新日：2016 年 10 月 27 日）。

II 教育の普及状況

教育段階	年	在籍率	男	女
就学前教育	2012 年	63%	64%	62%
初等教育	〃	97%	97%	97%
中等教育	〃	98%	97%	100%
高等教育	〃	62%	52%	71%

（通常の年齢よりも早い又は遅い入学や留年等を理由とする該当年齢以外の在籍者を含む）

III 教育行政制度

中央には，科学教育スポーツ省が置かれ，教育システム，カリキュラム，教育スタンダード，教員養成，教員給与等，教育に関する事柄をほぼ全般的に所管している。就学前教育施設及び学校の長及び教員の任命については，地方自治体が権限を有している。

Ⅳ　学校体系

（学年暦：9月～翌年6月。高等教育は10月～翌年9月）.

1. 就学前教育

就学前教育は，0～6歳児を対象に，幼稚園で行われる。就学前教育の最後の1年間については，就園が義務付けられており，初等学校の就学前学級でも行われている。

2. 義務教育

義務教育は，6～15歳の9年である。

3. 初等・前期中等教育

初等・前期中等教育は，7歳入学で初中一貫制の基礎教育として8年間，初等学校で行われる。第1～4学年では学級担任制，第5～8学年では教科担任制で授業が行われる。

4. 後期中等教育

後期中等教育は，高等教育への進学を目指す者を対象とする4年制のギムナジウム，職業上の知識やスキルの習得とともに高等教育への進学を目指す者を対象とする4年制又は5年制の職業学校，修了後に就職する者を対象とする1～3年制の職業学校で行われる。ギムナジウム及び4年制又は5年制の職業学校の修了時には，全国統一中等教育修了試験が行われ，合格者には中等教育修了資格（Džavna matura）が与えられる。

後期中等教育レベルの教育機関としては，上記のほか，美術学校，音楽学校，舞踊学校といった芸術系の学校（最長4年）があり，ここから全国統一中等教育修了試験を経て，高等教育へ進学することもできる。

5. 高等教育

高等教育は，全国統一試験及び中等教育での平常の成績に基づいて各高等教育機関が選抜した者を対象に，総合大学，ポリテクニク，カレッジで行われる。総合大学では，概ね3年で学士，1～2年で修士，3年で博士の学位が授与される。高等職業教育プログラムを提供するポリテクニク及びカレッジでは，3年で職業学士の資格（professional titel professional title of stručni prvostupnik）が，さらに1～2年で修士相当の技術専門士（professional title stručni specijalist）の資格が与えられる。こうした高等職業教育プログラムは，総合大学でも提供される。

《参考資料》

・EURYDICE Croatia（https://webgate.ec.europa.eu/fpfis/mwikis/eurydice/index.php/Croatia:Overview）（2016年8月15日閲覧）.

・EURYDICE Compulsory Education in Europe 2015/2016（https://webgate.ec.europa.eu/fpfis/mwikis/eurydice/images/9/9c/193EN.pdf）（2016年8月2日ダウンロード）.

・Ministry of Science, Education and Sports, Republic of Croatia: Guide through the Croatian education system（http://public.mzos.hr/fgs.axd?id=24229）（2016年11月15日ダウンロード）.

・Ministry of Science, Education and Sports of the Republic of Croatia（http://public.mzos.hr/Default.aspx?sec=2429）（2016年8月15日閲覧）.

V 学校系統図

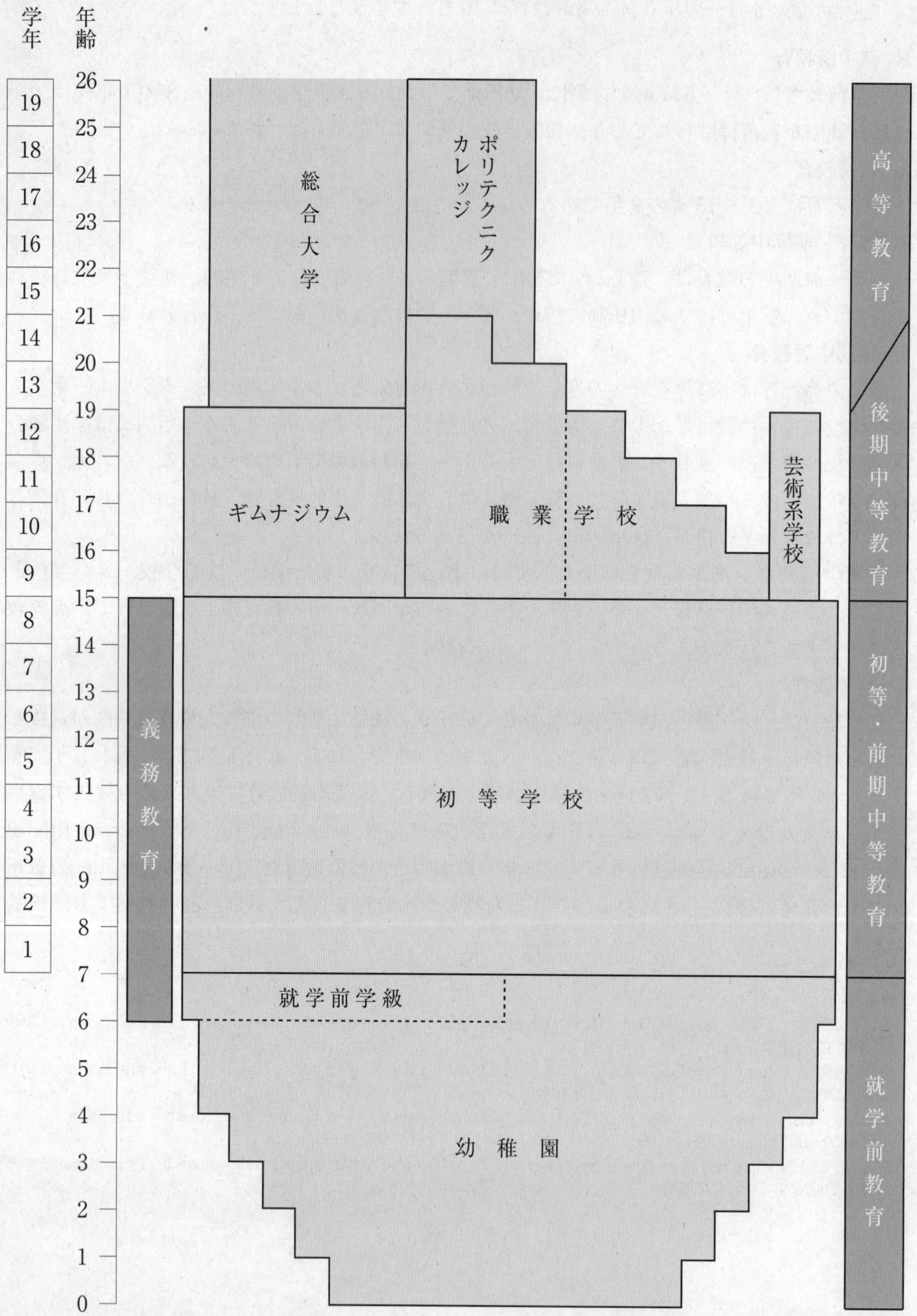
学年
年齢
19
18
17
16
15
14
13
12
11
10
9
8
7
6
5
4
3
2
1
26
25
24
23
22
21
20
19
18
17
16
15
14
13
12
11
10
9
8
7
6
5
4
3
2
1
0
総合大学
ポリテクニクカレッジ
ギムナジウム
職業学校
芸術系学校
義務教育
初等学校
就学前学級
幼稚園
高等教育
後期中等教育
初等・前期中等教育
就学前教育

Ⅵ　取得可能な資格・学位

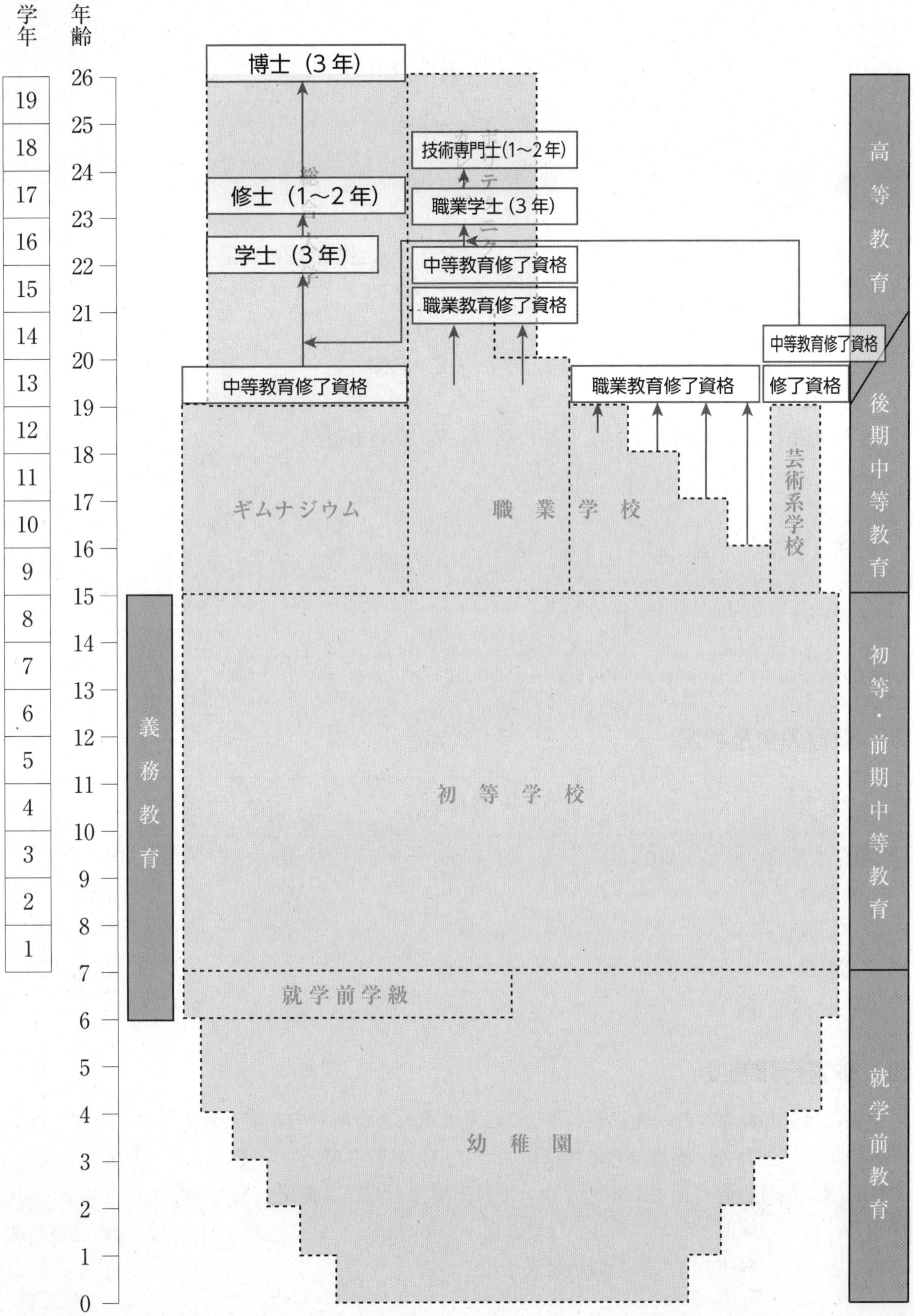
学年
年齢
博士（3年）
修士（1～2年）
学士（3年）
技術専門士(1～2年)
職業学士(3年)
中等教育修了資格
職業教育修了資格
中等教育修了資格
中等教育修了資格
職業教育修了資格
修了資格
ギムナジウム
職業学校
芸術系学校
初等学校
就学前学級
幼稚園
義務教育
高等教育
後期中等教育
初等・前期中等教育
就学前教育

スイス連邦

(*Swiss Confederation*)

Ⅰ 概 要

1. 人口
824万人（2014年，スイス連邦統計庁）
2. 面積
4.1万平方キロメートル（九州と同じくらい）
3. 政治体制
連邦共和制（26の州（カントン）により構成される）
4. 言語
独語（64%），仏語（23%），伊語（8%），ロマンシュ語（1%）（2013年，スイス連邦統計庁）
5. 1人当たり国内総生産（GDP）
78,539スイスフラン（2013年，スイス連邦統計庁）
6. 首都
ベルン
7. 通貨単位
スイスフラン

《出典》外務省ウェブサイト（http://www.mofa.go.jp/mofaj/area/switzerland/data.html）（更新日：2016年7月29日）。

Ⅱ 教育の普及状況

教育段階	年	在籍率	男	女
就学前教育	2012年	100%	99%	100%
初等教育	〃	103%	103%	103%
中等教育	〃	96%	98%	95%
高等教育	2013年	56%	56%	57%

（通常の年齢よりも早い又は遅い入学や留年等を理由とする該当年齢以外の在籍者を含む）

Ⅲ 教育行政制度

中央には連邦経済教育研究省が，各州にはそれぞれ教育所管省が置かれている。連邦工科大学については連邦の，義務教育段階については州の専管事項となっているが，大学入学資格，職業教育，高等教育に関する事柄については，連邦と州が共同で所管している。また，全26の州を代表する機関として，あるいは教育にかかる事柄について連邦と州又は州間の調整を図る機関として，各州教育大臣会議が設置されている。

Ⅳ　学校体系

（学年歴：8 月～翌年 6 月。高等教育は 8 月～翌年 7 月）

スイスは，26 州からなる連邦制の多言語国家であり，学校教育制度は州により異なる。

1. 就学前教育

就学前教育は，初等教育の一貫として，4 ～ 5 歳児を対象に，幼稚園又は初等学校に設置された低学年児童との異年齢学級（Eingangsstufe）で行われる。

2. 義務教育

義務教育は，就学前教育段階の 2 年間を含む，4 ～ 15 歳の 11 年である。

3. 初等教育

初等教育は，6 歳入学で 6 年間（1 州では 5 年間），初等学校で行われる。

4. 中等教育

前期中等教育は，3 年間（1 州のみ 4 年間），州により，生徒が適性や能力に応じて異なる学校に通う分離型，生徒の適性や能力に応じて 1 つの学校に複数の課程を設けた協力型，適性や能力に関係なく誰もが同じ学校で共通する教育を受ける統合型，の主に 3 つのかたちで行われる。

後期中等教育は，3 年間，高等教育への進学に備えるギムナジウムと，高等教育レベルの職業教育訓練に備える中級専門学校で行われる。ギムナジウムで高等教育への進学を目指す者は，前期中等教育の 3 年目に，在学する中等教育機関でギムナジウム準備教育を受けるか，4 年制のギムナジウムに転校して計 4 年間の大学準備教育を受け，総合大学への入学要件となる一般大学入学資格（Maturität）を取得しなければならない。中級専門学校では，3 年の課程を修めれば高等職業教育機関である上級専門学校（2 ～ 3 年制）への入学要件となる中級専門学校修了資格が，さらに 1 年の課程を修めれば専門大学への入学要件となる専門大学入学資格（Berufsmaturität）が与えられる。

このほか，後期中等教育段階の職業教育機関として，二元式の職業教育訓練制度（デュアルシステム）において職業教育を提供する定時制の学校や，全日制の職業教育学校などがあり，職種に応じて 2 ～ 4 年の課程を修めれば，連邦認定の職業基礎教育修了資格を取得できる。また，3 ～ 4 年の課程で優秀な成績を収めれば，普通教育を追加的に受けることで専門大学入学資格の取得も可能となっている。

5. 高等教育

高等教育は，総合大学及び専門大学で行われる。総合大学では，3 年で学士，1.5 ～ 2 年で修士の学位が取得できる。博士の学位も取得できる。専門大学では，3 年で学士，最長 2 年で修士の学位が取得できる。

《参考資料》
・EURYDICE Die Schweiz（https://webgate.ec.europa.eu/fpfis/mwikis/eurydice/index.php/Schweiz:Overview）（2016 年 7 月 29 日閲覧）.
・Schweizerischen Konferenz der kantonalen Erziehungsdirektoren（EDK）: Bildungssystem CH（http://www.edk.ch/dyn/16600.php）（2016 年 8 月 18 日閲覧）.

欧州

V 学校系統図

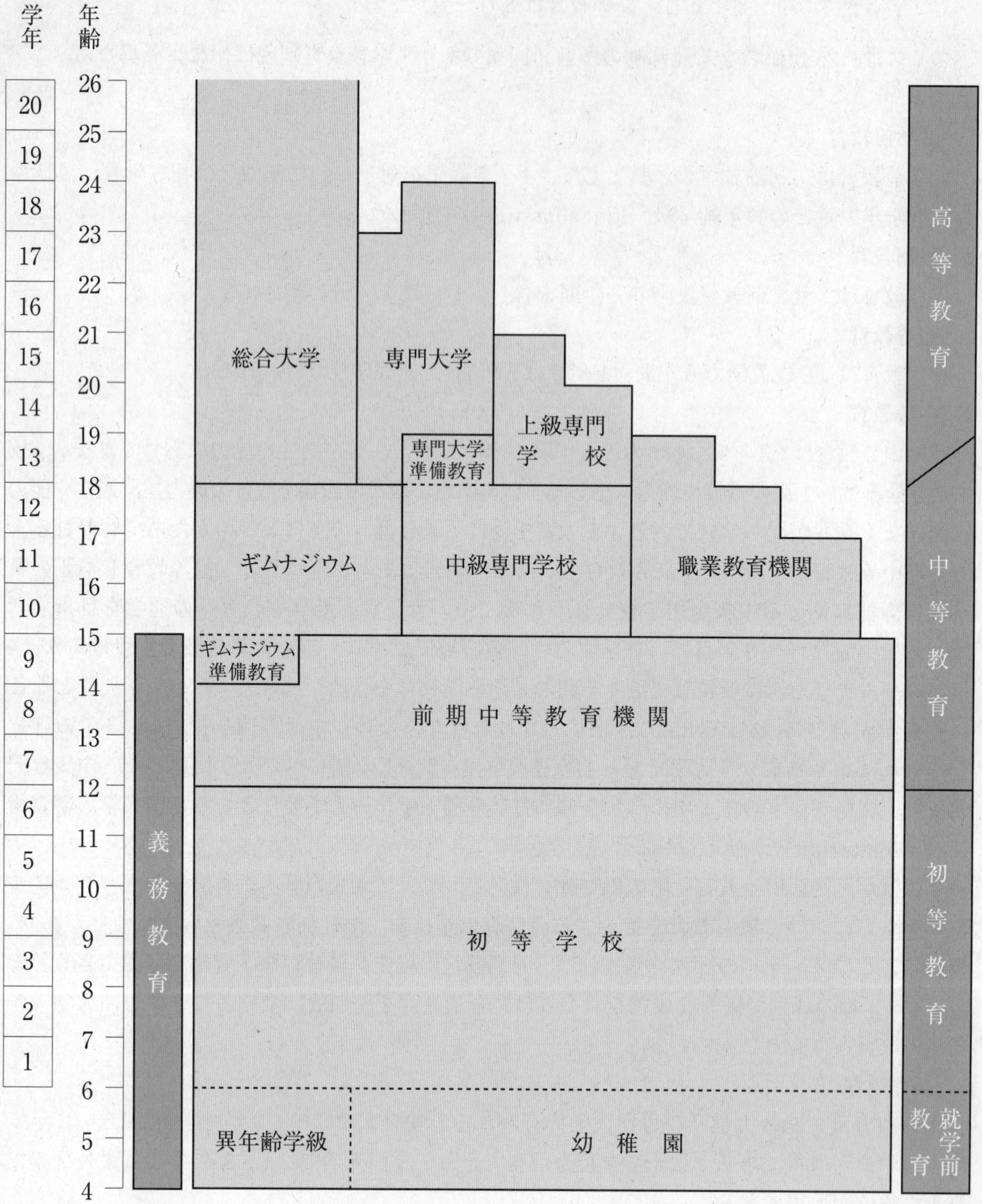
学年
年齢
20
19
18
17
16
15
14
13
12
11
10
9
8
7
6
5
4
3
2
1
26
25
24
23
22
21
20
19
18
17
16
15
14
13
12
11
10
9
8
7
6
5
4
総合大学
専門大学
上級専門学校
専門大学準備教育
ギムナジウム
中級専門学校
職業教育機関
ギムナジウム準備教育
前期中等教育機関
初等学校
異年齢学級
幼稚園
義務教育
高等教育
中等教育
初等教育
就学前教育

Ⅵ　取得可能な資格・学位

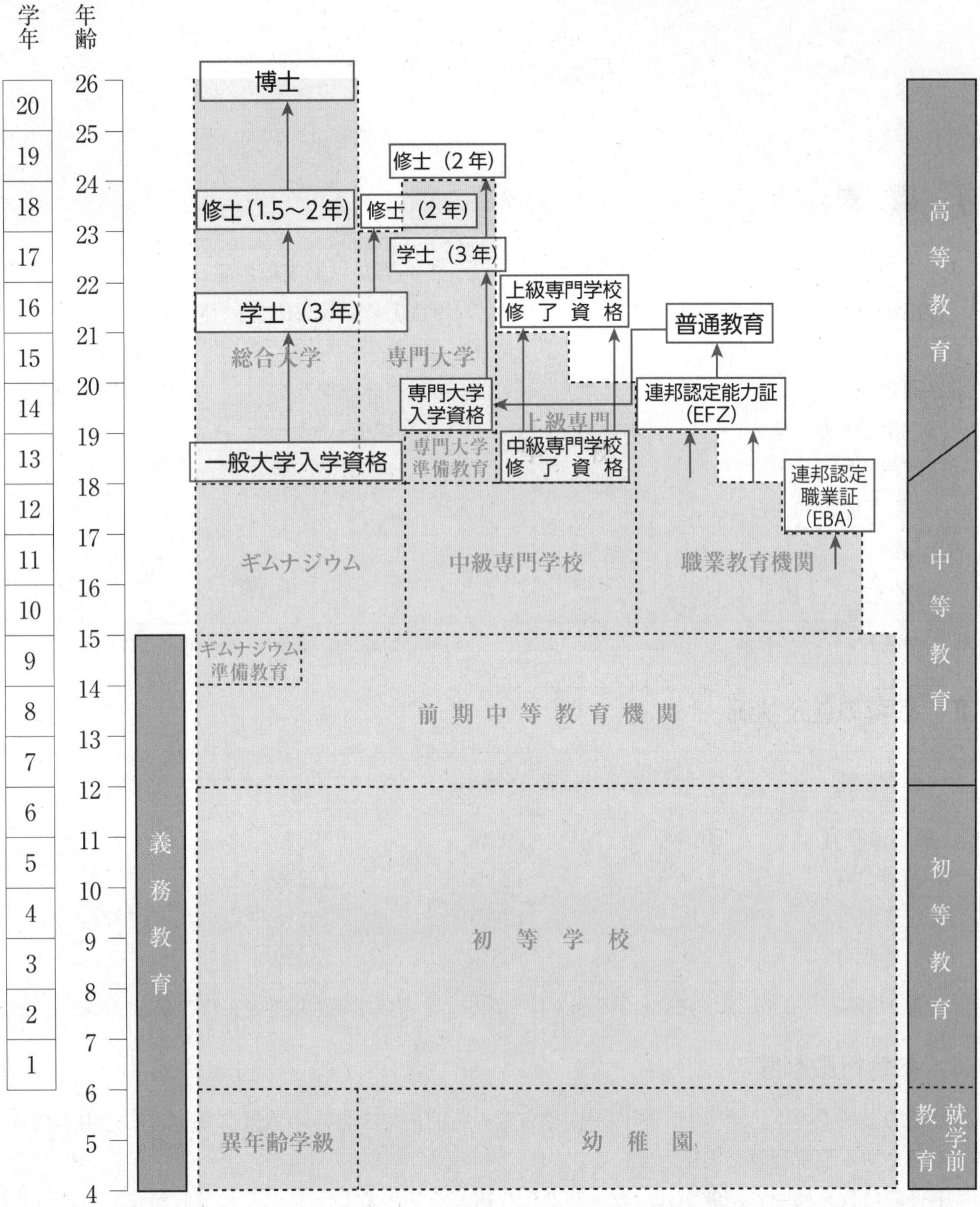
学年
年齢
博士
修士（2年）
修士（1.5～2年）
修士（2年）
学士（3年）
学士（3年）
上級専門学校修了資格
普通教育
総合大学
専門大学
専門大学入学資格
連邦認定能力証（EFZ）
上級専門
一般大学入学資格
専門大学準備教育
中級専門学校修了資格
連邦認定職業証（EBA）
ギムナジウム
中級専門学校
職業教育機関
ギムナジウム準備教育
前期中等教育機関
初等学校
異年齢学級
幼稚園
義務教育
高等教育
中等教育
初等教育
就学前教育

スウェーデン王国

(*Kingdom of Sweden*)

Ⅰ 概 要

1. 人口
約988万人（2016年3月，スウェーデン統計庁）
2. 面積
約45万平方キロメートル（日本の約1.2倍）
3. 政治体制
立憲君主制
4. 言語
スウェーデン語
5. 1人当たり国内総生産（GDP）
49,866ドル（2015年，IMF）
6. 首都
ストックホルム
7. 通貨単位
スウェーデン・クローナ（SEK）

《出典》外務省ウェブサイト（http://www.mofa.go.jp/mofaj/area/sweden/data.html）（更新日：2016年10月13日）。

Ⅱ 教育の普及状況

教育段階	年	在籍率	男	女
就学前教育	2013年	95%	95%	95%
初等教育	〃	120%	117%	124%
中等教育	〃	128%	121%	137%
高等教育	〃	63%	50%	78%

（通常の年齢よりも早い又は遅い入学や留年等を理由とする該当年齢以外の在籍者を含む）

Ⅲ 教育行政制度

分権的な制度の下，地方が，国の制度や方針の範囲内で，自らの裁量に基づき初等中等教育を中心とする教育行政を実施している。

中央には教育研究省が置かれ，教育制度の枠組みを定めるとともに，教育政策における基本方針の立案を行っている。さらに，学校教育庁や特別支援教育庁，高等教育庁などが，教育研究省が示す方針に従って，取組を進めている。

地方においては，地方当局が義務教育を中心とする初等中等教育のほか，就学前教育や成人教育を所管し，予算配分や教職員の雇用・研修，施設設備の整備を通じて，教育水準を保つ責任を担っている。

Ⅳ　学校体系

（学年暦：8月～翌年5月）

1. 就学前教育

就学前教育は，1～5歳児を対象に，プレスクールやオープン・プレスクールなどにおいて，また6歳児を対象に，義務教育学校に付設された就学前学級において行われる。

2. 義務教育

義務教育は，7～16歳の9年である。

3. 初等・前期中等教育

初等・前期中等教育は，7歳入学で9年間，義務教育学校において行われる。修了者には義務教育学校修了証が授与される。

4. 後期中等教育

後期中等教育は，義務教育学校修了者を対象に上級中等学校において3年間行われる。上級中等学校には，大学教育準備課程と職業教育課程が設けられており，修了者には履修科目別の成績を記した上級中等学校修了証が授与される。

5. 高等教育

高等教育は，大学又はカレッジで行われる。大学には3年の学士課程，1～2年の修士課程，4年の博士課程が置かれている。カレッジには3年の学士課程，1～2年の修士課程が置かれている。このほか，大学やカレッジには4～6年の高等専門教育課程（医学，歯学，薬学，建築学等）や，2年の短期高等教育課程（歯科衛生士養成，種々の芸術関係課程等）が置かれている。

《参考資料》

・Eurydice, *Sweden*（https://webgate.ec.europa.eu/fpfis/mwikis/eurydice/index.php/Sweden:Overview）（2016年6月29日閲覧）.

欧州

V 学校系統図

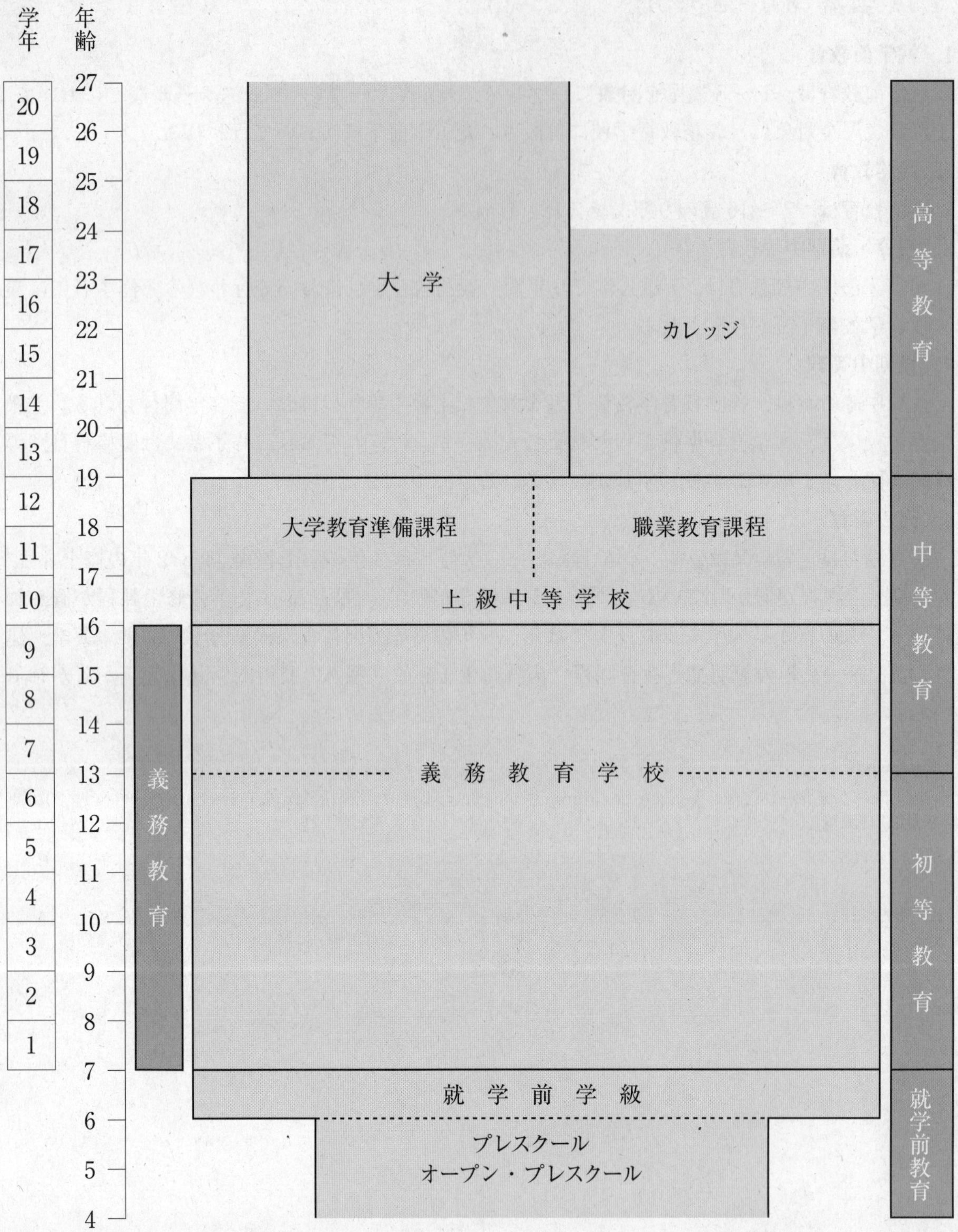
学年
年齢
20
19
18
17
16
15
14
13
12
11
10
9
8
7
6
5
4
3
2
1
27
26
25
24
23
22
21
20
19
18
17
16
15
14
13
12
11
10
9
8
7
6
5
4
大 学
カレッジ
大学教育準備課程
職業教育課程
上 級 中 等 学 校
義 務 教 育 学 校
義務教育
就 学 前 学 級
プレスクール
オープン・プレスクール
高等教育
中等教育
初等教育
就学前教育

Ⅵ　取得可能な資格・学位

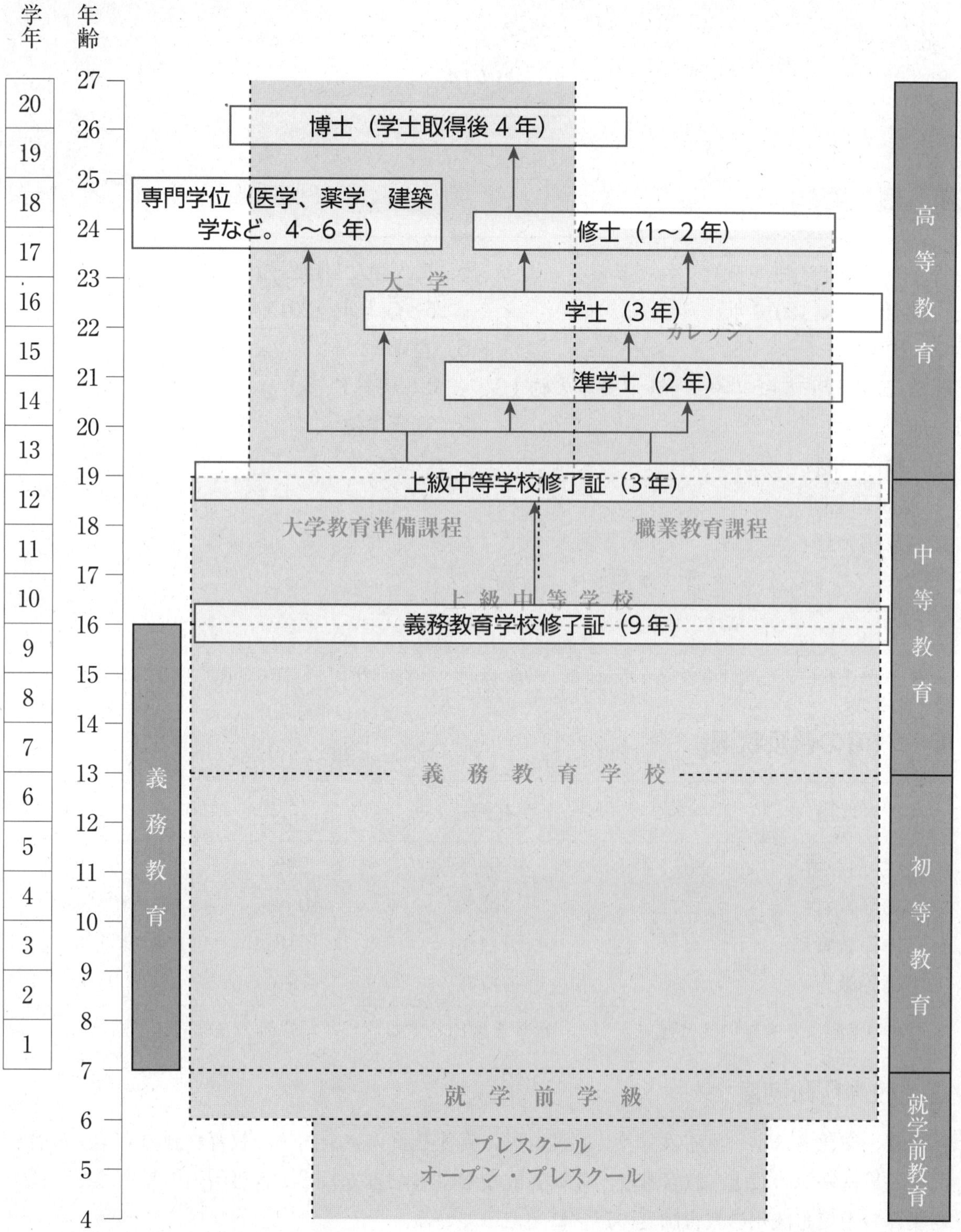

学年
年齢
20
19
18
17
16
15
14
13
12
11
10
9
8
7
6
5
4
3
2
1
27
26
25
24
23
22
21
20
19
18
17
16
15
14
13
12
11
10
9
8
7
6
5
4
博士（学士取得後4年）
専門学位（医学、薬学、建築学など。4〜6年）
修士（1〜2年）
大学
学士（3年）
カレッジ
準学士（2年）
上級中等学校修了証（3年）
大学教育準備課程
職業教育課程
上級中等学校
義務教育学校修了証（9年）
義務教育
義務教育学校
就学前学級
プレスクール
オープン・プレスクール
高等教育
中等教育
初等教育
就学前教育

スペイン

(*Spain*)

Ⅰ 概 要

1. 人口
4,645 万人（2014 年）
2. 面積
約 50.6 万平方キロメートル（日本の約 1.3 倍）
3. 政治体制
議会君主制
4. 言語
スペイン語。バスク語，カタルーニャ語ほか
5. 1 人当たり国民所得（NI）
25,865 ドル（2015 年，IMF）
6. 首都
マドリード
7. 通貨単位
ユーロ

《出典》外務省ウェブサイト（http://www.mofa.go.jp/mofaj/area/spain/data.html）（更新日：2016 年 11 月 28 日）。

Ⅱ 教育の普及状況

教育段階	年	在籍率	男	女
就学前教育	2013 年	99%	99%	99%
初等教育	〃	106%	105%	106%
中等教育	〃	131%	131%	131%
高等教育	〃	87%	79%	95%

（通常の年齢よりも早い又は遅い入学や留年等を理由とする該当年齢以外の在籍者を含む）

Ⅲ 教育行政制度

教育・文化・スポーツ省は，教育制度全般に責任を負い，全国的な教育計画の立案，教育に関する最低基準の設定，教育監査，教員養成などに当たっている。各自治州の教育局は，国の枠組みの中で当該州の教育制度の運営に当たっている。

Ⅳ　学校体系

（学年暦：9月～翌年6月）

1. 就学前教育

就学前教育は，0～2歳児及び3～5歳児を対象とする2つのサイクルからなり，就学前学校などで行われる。

2. 義務教育

義務教育は，6～16歳の10年である。

3. 初等教育

初等教育は，6歳入学で6年間，初等学校で行われる。

4. 中等教育

前期中等教育は，4年間，中等学校で行われる。修了時には，後期中等教育及び中級職業教育への進学要件となる前期中等義務教育修了証が与えられる。

後期中等教育は，中等学校の後期中等教育課程又は独立した後期中等教育機関で行われる。2年の課程を修了すれば，高等教育への進学要件となる後期中等普通教育修了証（Titulo de Bachiller）が与えられる。また，中等教育段階の職業教育は，中等学校の中級職業教育課程又は独立した職業学校で行われる。1.5～2年の課程を修了すれば，職業分野に応じた中級技術証が与えられる。

5. 高等教育

高等教育は，大学で行われる。大学には，4年以上の学士課程，1～2年の修士課程，3年の博士課程が置かれている。入学に際しては，後期中等教育修了証の取得者を対象に入学者選抜試験が行われる。このほか，中等学校又は職業学校に置かれた上級職業教育課程では，中級技術証取得者などを対象に，高度な職業教育が提供され，修了者には専門に応じた上級技術証（2年）が与えられる。同技術証は，大学進学のための基礎資格でもある。

《参考資料》
・Eurydice, *Spein*（https://webgate.ec.europa.eu/fpfis/mwikis/eurydice/index.php/Spain:Overview）（2016年10月7日閲覧）.
・Australian Government, Country Education Profiles（https://internationaleducation.gov.au/CEP/Europe/Spain/Pages/default.aspx）（2016年7月4日閲覧）.
・EP-nuffic, Education system spain（2015年）.
・OECD Education GPS Spain 2016（http://gpseducation.oecd.org/CountryProfile）（2016年12月7日閲覧）.

V　学校系統図

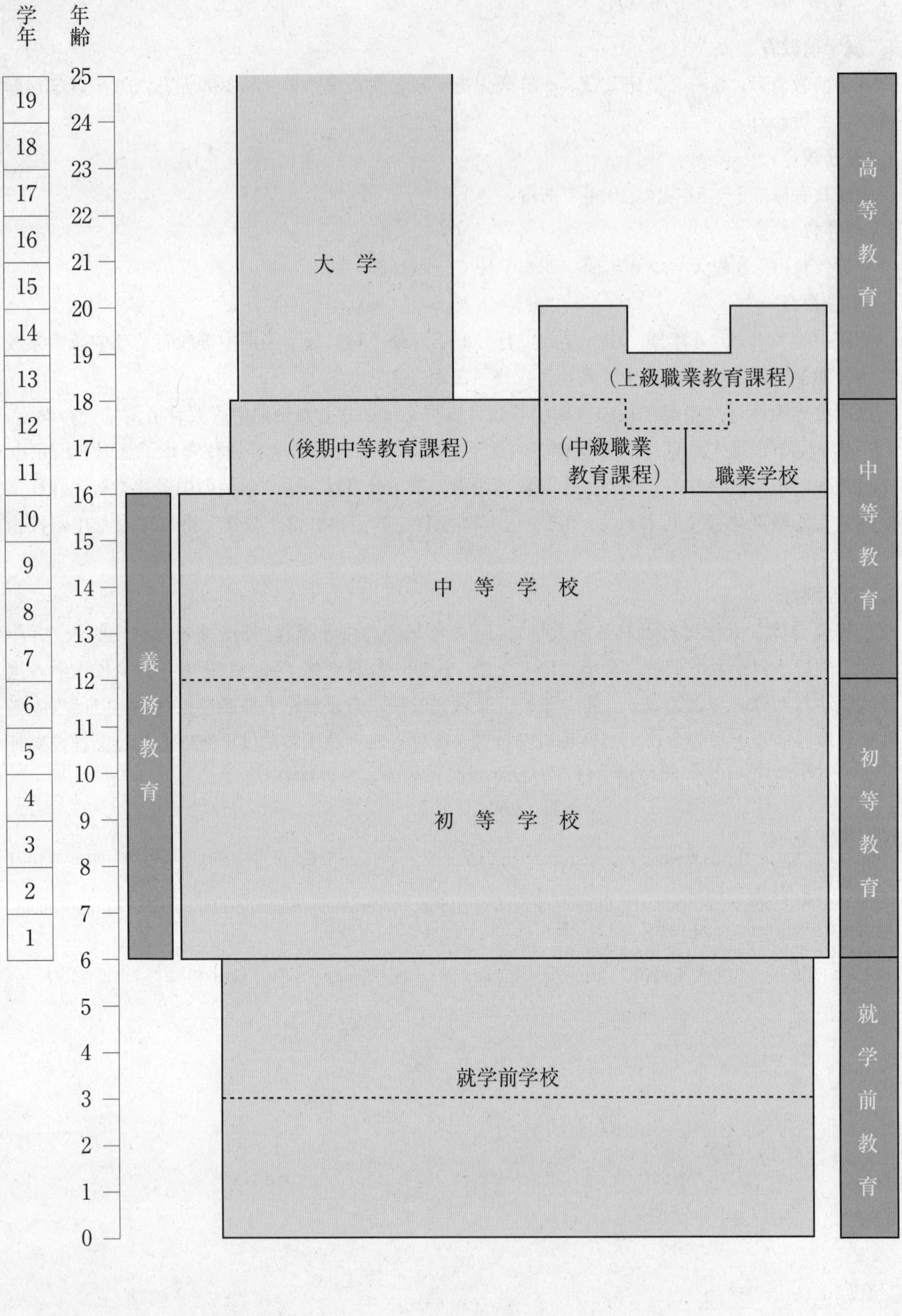
学年
年齢
19
18
17
16
15
14
13
12
11
10
9
8
7
6
5
4
3
2
1
25
24
23
22
21
20
19
18
17
16
15
14
13
12
11
10
9
8
7
6
5
4
3
2
1
0
大学
（後期中等教育課程）
（上級職業教育課程）
（中級職業教育課程）
職業学校
中等学校
初等学校
就学前学校
義務教育
高等教育
中等教育
初等教育
就学前教育

Ⅵ　取得可能な資格・学位

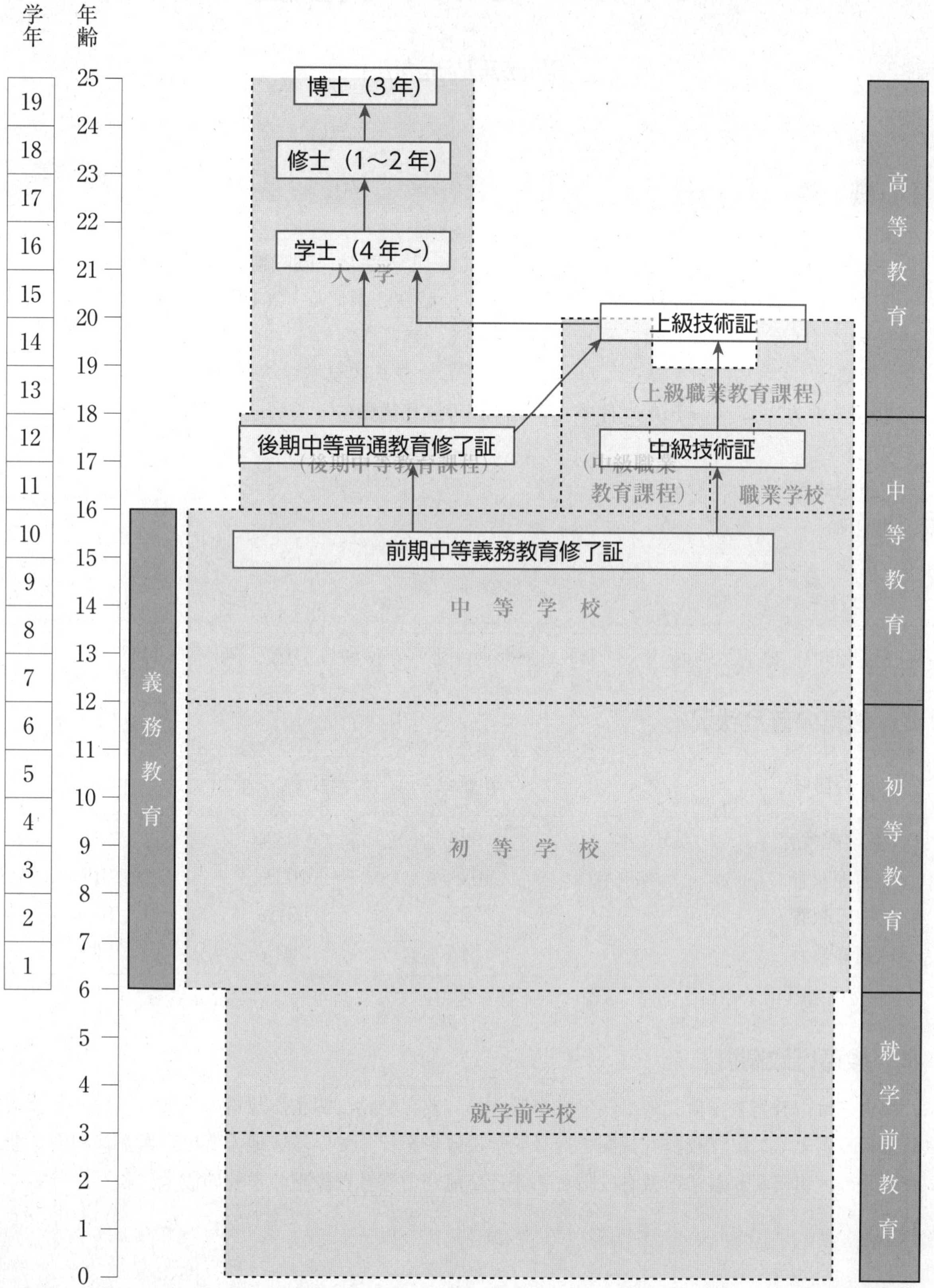
学年
年齢
博士（3 年）
修士（1～2 年）
学士（4 年～）
大学
上級技術証
（上級職業教育課程）
後期中等普通教育修了証
（後期中等教育課程）
中級技術証
（中級職業教育課程）
職業学校
前期中等義務教育修了証
中等学校
初等学校
就学前学校
義務教育
高等教育
中等教育
初等教育
就学前教育

スロバキア共和国

(*Slovak Republic*)

Ⅰ 概 要

1. 人口
542.6 万人（2015 年 12 月，スロバキア統計局）
2. 面積
49,037 平方キロメートル（日本の約 7 分の 1）
3. 政治体制
共和制
4. 言語
スロバキア語
5. 1 人当たり国内総生産（GDP）
15,992 米ドル（2015 年，IMF）
6. 首都
ブラチスラバ
7. 通貨単位
ユーロ

《出典》外務省ウェブサイト（http://www.mofa.go.jp/mofaj/area/slovak/data.html）（更新日：2016 年 9 月 16 日）。

Ⅱ 教育の普及状況

教育段階	年	在籍率	男	女
就学前教育	2013 年	92%	93%	91%
初等教育	〃	102%	103%	101%
中等教育	〃	92%	91%	93%
高等教育	〃	54%	43%	66%

（通常の年齢よりも早い又は遅い入学や留年等を理由とする該当年齢以外の在籍者を含む）

Ⅲ 教育行政制度

中央には，教育科学研究スポーツ省が置かれ，教育全般に関する政策の立案，実施，予算措置を行うとともに，学校監査機関を通じて学校監督を行っている。地方では，県が後期中等教育段階の，市町村が就学前教育段階と初等及び前期中等教育段階の学校の設置，維持を行っている。

Ⅳ　学校体系

（学年歴：9月～翌年6月。高等教育は9月～翌年8月）

1. 就学前教育

就学前教育は，3～5歳児を対象に，幼稚園で行われる。

2. 義務教育

義務教育は，6～16歳の10年である。

3. 初等・前期中等教育

初等・前期中等教育は，6歳入学で初中一貫制の基礎教育として9年間，基礎学校で行われる。第6～9学年については，8年制のギムナジウム及び芸術学校でも行われる。基礎学校は，第1～4学年の第1段階と第5～9学年の第2段階で構成されている。各学年末には，上級学年への進級／進学の可否を判定するための試験が行われ，第4学年末の試験合格者には初等教育修了資格が，第9学年末の試験合格者には前期中等教育修了資格が与えられる。

4. 後期中等教育

後期中等教育は，普通教育を行うギムナジウム，主に職業教育を行う中等専門学校，芸術学校（Conservatory）で行われる。

ギムナジウムには，4年制及び8年制（初等教育からの通算第5学年から接続）の普通ギムナジウムと，5年制の二言語制ギムナジウムがある。修了時には試験が行われ，合格者には，後期中等教育修了資格を兼ねる大学入学資格（Maturita）が与えられる。

中等専門学校には，後期中等職業教育修了資格を兼ねる大学入学資格と，見習い訓練証が取得可能な4～5年の課程，見習い訓練証及び中等職業教育修了資格が取得可能な3～4年の課程，前期中等職業教育修了資格が取得可能な2年の課程がある。また，3～4年の課程修了者が大学入学資格を取得するための2年制の中等後教育課程や，高等教育レベルの職業教育課程も置かれている。

芸術学校には，音楽と演劇を学ぶ6年制と舞踊などを学ぶ8年制があり，6年制の場合は4年目，8年制の場合は8年目の後期中等教育段階修了時に実施される試験に合格した者には，大学入学資格が与えられる。6年制の最後の2年間には，高等教育レベルの職業教育が行われる。

5. 高等教育

高等教育は，総合大学やその他の高等教育機関で行われる。総合大学及びその他の高等教育機関では，3～4年の学士課程が，その上には修士相当の学位であるマギスター（Mgr.），エンジニア（Ing.）医歯学系ドクター（MUDr.）の1～3年の取得課程が，さらにその上には3年の博士（PhD）の取得課程が置かれている。

《参考資料》
・EURYDICE Slovakia（https://webgate.ec.europa.eu/fpfis/mwikis/eurydice/index.php/Slovakia:Overview）（2016年8月23日閲覧）.
・CEDEFOP　Spotlight on VET－Anniversary edition, 2015（http://www.cedefop.europa.eu/files/4135_en.pdf）（2016年11月30日ダウンロード）.

V　学校系統図

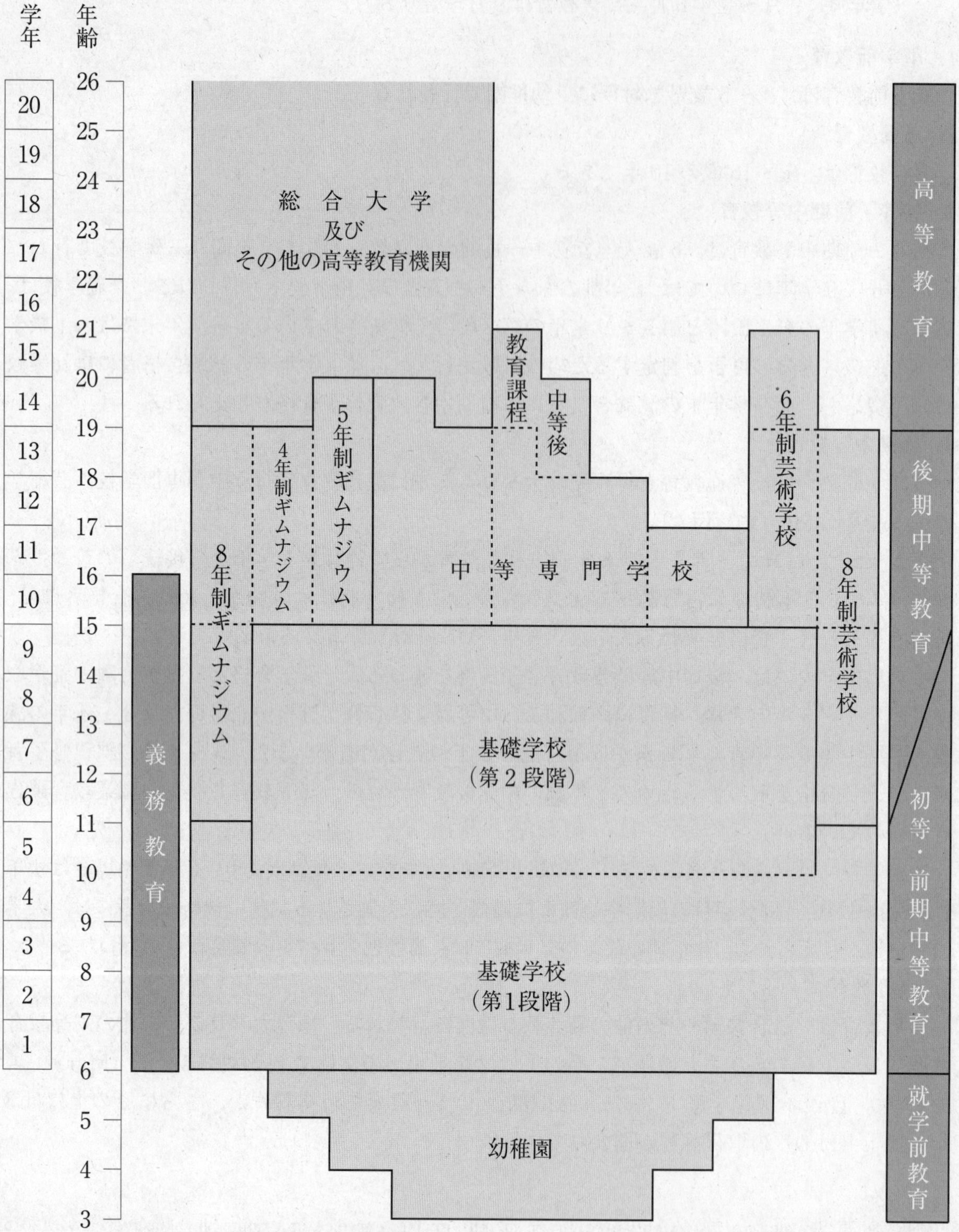
学年
年齢
20
19
18
17
16
15
14
13
12
11
10
9
8
7
6
5
4
3
2
1
26
25
24
23
22
21
20
19
18
17
16
15
14
13
12
11
10
9
8
7
6
5
4
3
総合大学
及び
その他の高等教育機関
教育課程
中等後
4年制ギムナジウム
5年制ギムナジウム
8年制ギムナジウム
中等専門学校
6年制芸術学校
8年制芸術学校
義務教育
基礎学校
（第2段階）
基礎学校
（第1段階）
幼稚園
高等教育
後期中等教育
初等・前期中等教育
就学前教育

Ⅵ　取得可能な資格・学位

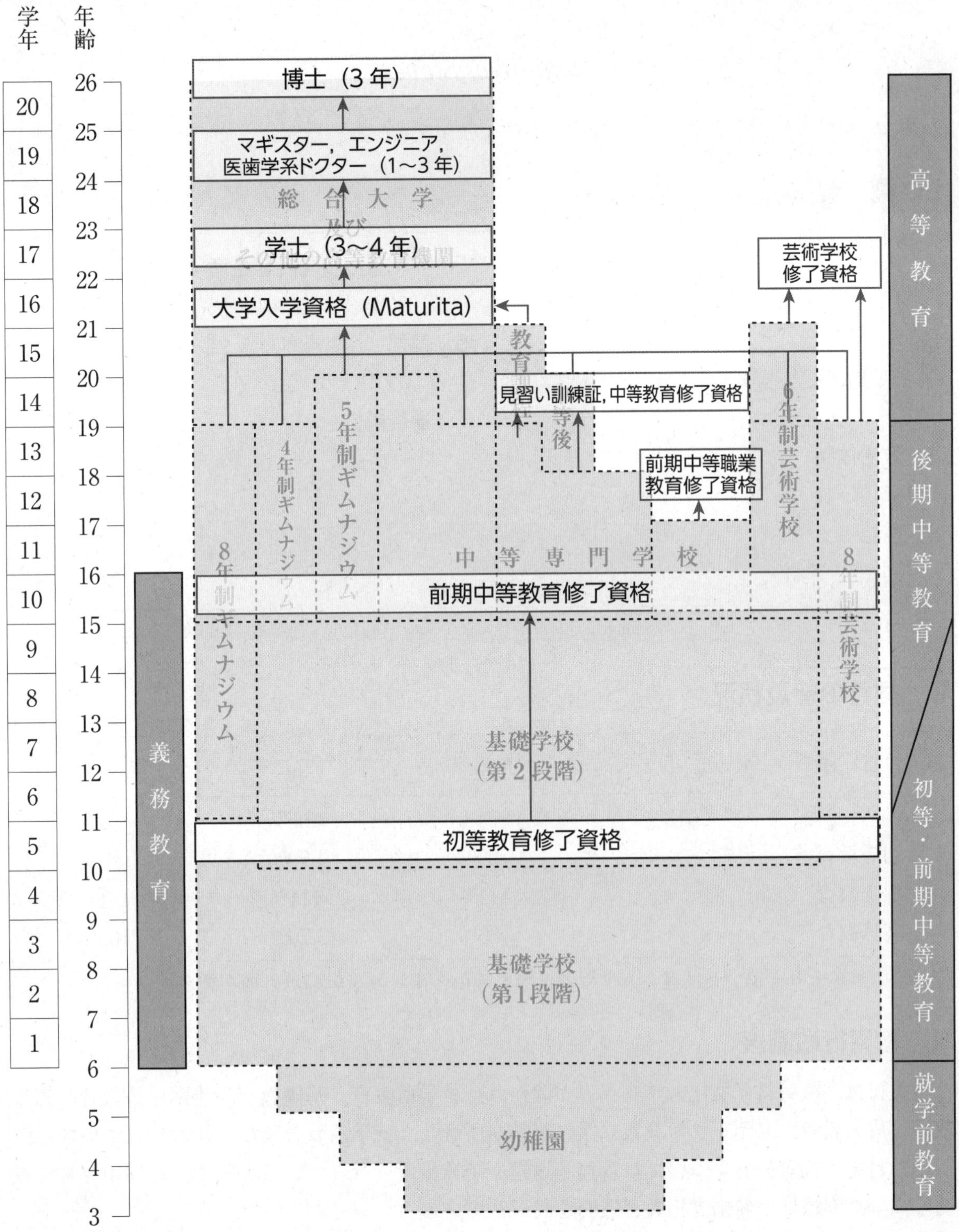

欧州

スロベニア共和国

(*Republic of Slovenia*)

Ⅰ 概 要

1. 人口
約206万5千人(2015年10月,統計局)
2. 面積
2万273平方キロメートル(四国とほぼ同じ)
3. 政治体制
共和制
4. 言語
スロベニア語
5. 1人当たり国内総生産(GDP)
18,680ユーロ(2015年,統計局)
6. 首都
リュブリャナ
7. 通貨単位
ユーロ

《出典》外務省ウェブサイト(http://www.mofa.go.jp/mofaj/area/slovenia/data.html)(更新日:2016年7月6日)。

Ⅱ 教育の普及状況

教育段階	年	在籍率	男	女
就学前教育	2013年	94%	95%	93%
初等教育	〃	99%	99%	99%
中等教育	〃	111%	111%	111%
高等教育	〃	85%	70%	102%

(通常の年齢よりも早い又は遅い入学や留年等を理由とする該当年齢以外の在籍者を含む)

Ⅲ 教育行政制度

中央には,教育科学文化スポーツ省が置かれ,就学前教育,基礎教育,後期中等教育,高等教育,成人教育,スポーツの政策立案,調整を所管し,就学前教育及び学校教育については評価や監督を,高等教育については管理・運営や予算措置を行っている。また,後期中等教育機関,高等教育機関,特別支援教育機関を設置している。

他方,地方自治体は,就学前教育機関,基礎学校,成人教育機関の設置,管理,維持を行っている。

Ⅳ　学校体系

（学年暦：9月～翌年8月。高等教育は10月～翌年9月）

1. 就学前教育

就学前教育は，1～5歳児を対象に，幼稚園で行われる。

2. 義務教育

義務教育は，6～15歳の9年である。

3. 初等・前期中等教育

初等・前期中等教育は，6歳入学で初中一貫制の基礎教育として9年間，基礎学校で行われる。9年間の基礎教育は，3年を1サイクルとして，3サイクルで構成されている。

4. 後期中等教育

後期中等教育は，ギムナジウム，技術学校，職業学校で行われる。

ギムナジウムでは，通常，普通教育が4年間行われ，修了時に行われる統一試験（maturi）に合格した者には，普通中等教育修了資格と高等教育入学資格が与えられる。また，技術学校の4年の課程を修了した者が高等教育入学資格を取得するための1年制の課程も設けられている。

技術学校では，通常，普通教育とともに技術教育が4年間行われ，修了時に行われる試験（Spričevalo o poklicni maturi）に合格した者には，高等教育機関が提供する特定分野の高等教育プログラムや短期高等職業教育プログラムに入るための資格が与えられる。修了時に職業資格取得試験を受けて，相応の職業資格を取得することも可能である。また，職業学校の3年の課程を修了した者を対象に，2年制の職業技術教育プログラムも提供されている。

職業学校では，通常，職業実践を伴う職業教育に重点を置いた教育プログラムが3年間行われ，修了時の試験に合格した者には，職業学校修了資格（Spričevalo o zaključnem izpitu）が与えられる。

5. 高等教育

高等教育は，総合大学や専門大学等で行われる。総合大学では，3～4年で学士，1～2年で修士，3年で博士の学位が授与される。専門大学では，2年の短期高等職業教育プログラムを修めると，ディプロマの学位が授与される。

《参考資料》

・EURYDICE Slovenia（https://webgate.ec.europa.eu/fpfis/mwikis/eurydice/index.php/Slovenia:Overview）（2016年11月10日閲覧）.

V 学校系統図

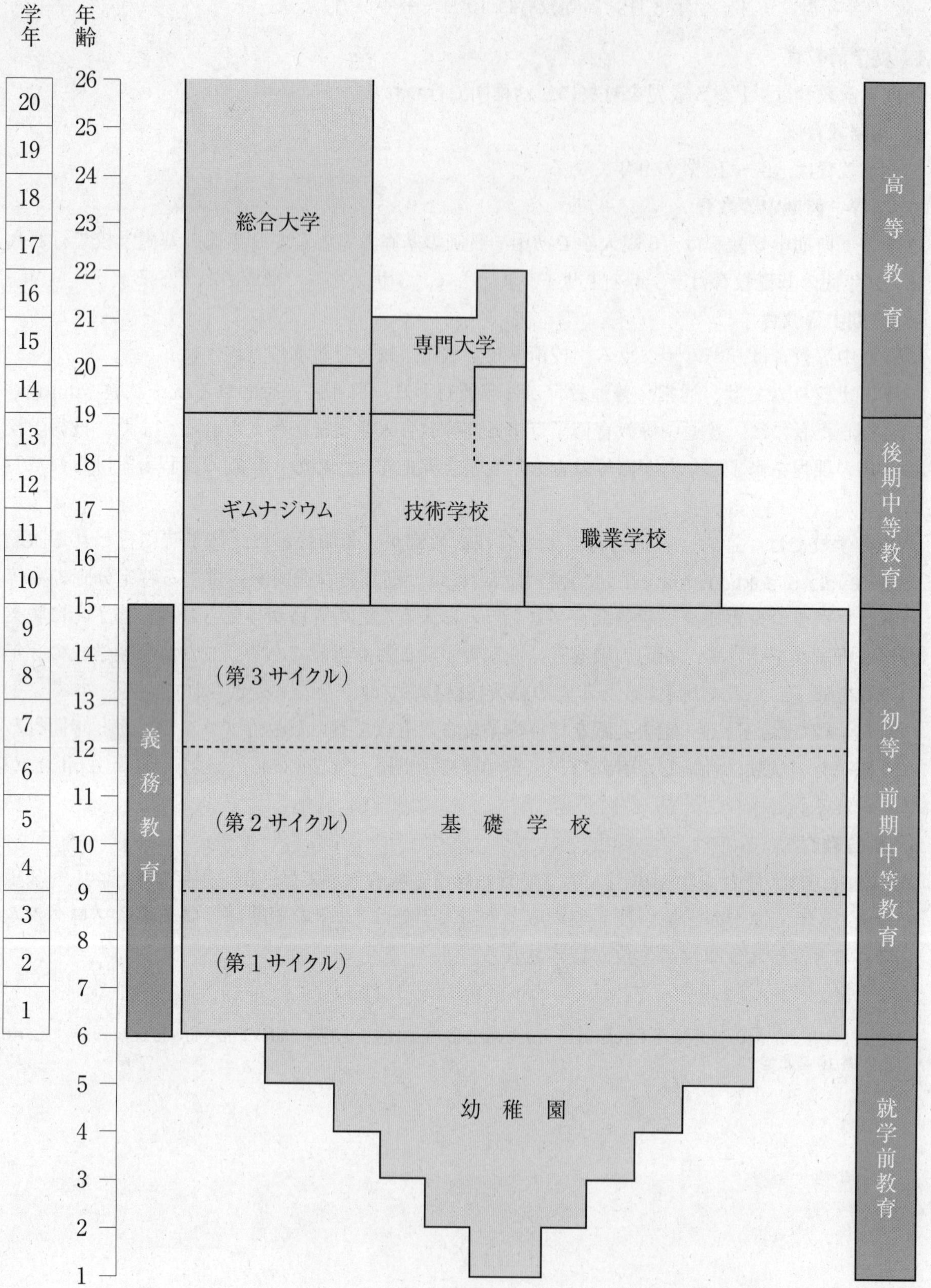
学年
年齢
20
19
18
17
16
15
14
13
12
11
10
9
8
7
6
5
4
3
2
1
26
25
24
23
22
21
20
19
18
17
16
15
14
13
12
11
10
9
8
7
6
5
4
3
2
1
総合大学
専門大学
ギムナジウム
技術学校
職業学校
義務教育
(第3サイクル)
(第2サイクル)
基 礎 学 校
(第1サイクル)
幼 稚 園
高等教育
後期中等教育
初等・前期中等教育
就学前教育

Ⅵ　取得可能な資格・学位

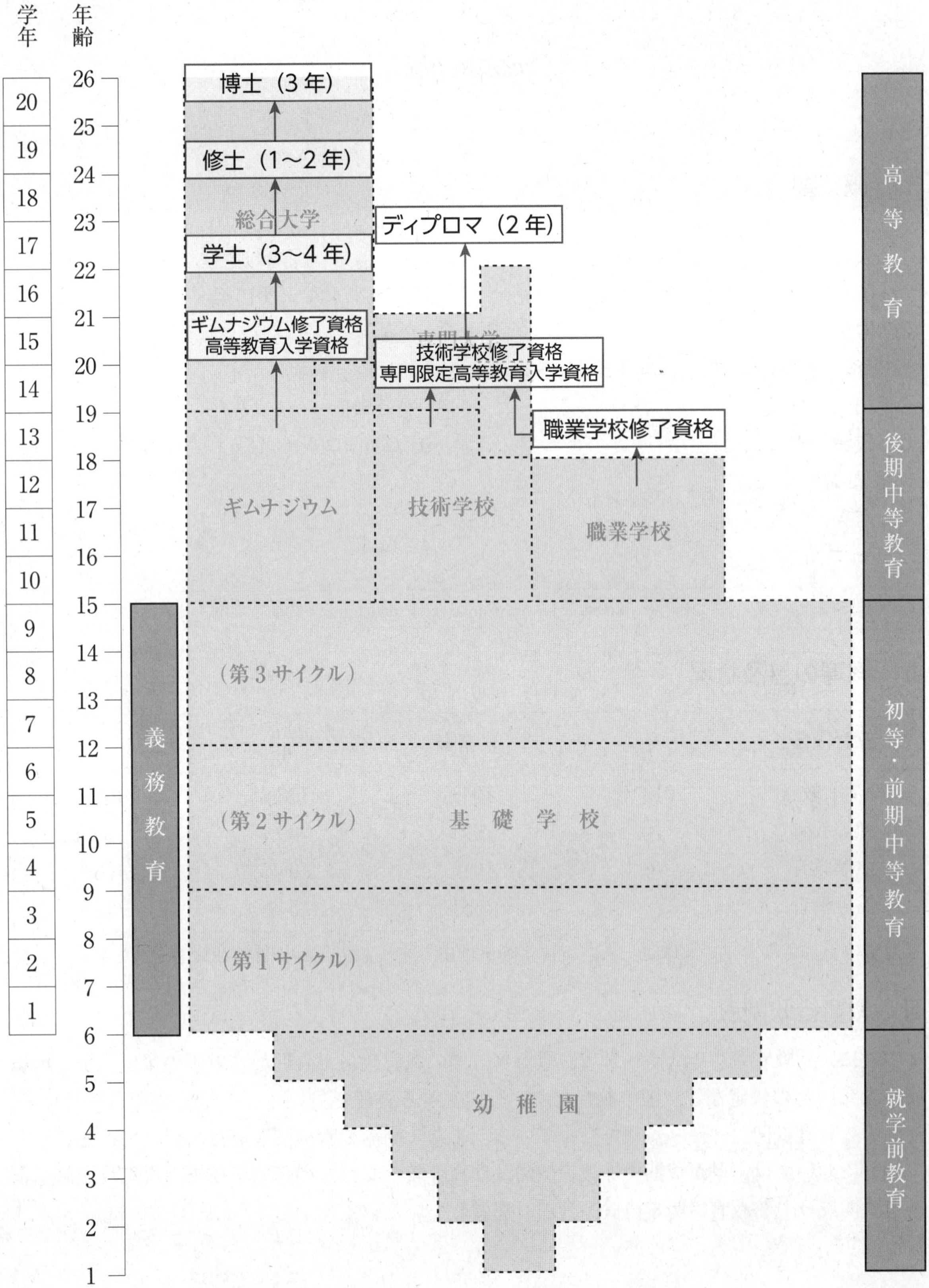
学年
年齢
博士（3年）
修士（1～2年）
総合大学
学士（3～4年）
ギムナジウム修了資格
高等教育入学資格
ディプロマ（2年）
技術学校修了資格
専門限定高等教育入学資格
職業学校修了資格
ギムナジウム
技術学校
職業学校
（第3サイクル）
（第2サイクル）
基　礎　学　校
（第1サイクル）
幼　稚　園
義務教育
高等教育
後期中等教育
初等・前期中等教育
就学前教育

チェコ共和国

(*Czech Republic*)

I 概 要

1. 人口
1,055万人（2016年3月末現在）
2. 面積
78,866平方キロメートル（日本の約5分の1）
3. 政治体制
共和制
4. 言語
チェコ語
5. 1人当たり国内総生産（GDP）
17,257米ドル（2015年，IMF）
6. 首都
プラハ
7. 通貨単位
チェコ・コルナ（Kc）

《出典》外務省ウェブサイト（http://www.mofa.go.jp/mofaj/area/czech/data.html）（更新日：2016年8月2日）。

II 教育の普及状況

教育段階	年	在籍率	男	女
就学前教育	2013年	104%	106%	103%
初等教育	〃	99%	99%	99%
中等教育	〃	104%	104%	105%
高等教育	〃	65%	54%	77%

（通常の年齢よりも早い又は遅い入学や留年等を理由とする該当年齢以外の在籍者を含む）

III 教育行政制度

中央には，教育青少年スポーツ省が置かれ，国の教育政策や長期教育計画の策定，予算の編成，教育内容の決定など，国の教育行政一般に対する責任を負い，国の学校監査局を通じて，初等中等教育機関の評価・点検を行っている。また，高等教育機関を直接所管している。

地方においては，県が後期中等教育機関及び高等教育レベルの専門学校を，市町村が就学前教育機関及び義務教育機関を設置，管理，運営している。

Ⅳ　学校体系

（学年歴：9月～翌年6月）

1. 就学前教育

就学前教育は，3～5歳児を対象に，主に保育学校で行われる。

2. 義務教育

義務教育は，6～15歳の9年である。

3. 初等・前期中等教育

初等・前期中等教育は，6歳入学で初中一貫制の基礎教育として9年間，基礎学校で行われる。第6～9学年は8年制のギムナジウム及び芸術学校（conservatoire），第8～9学年は6年制のギムナジウムでも行われる。基礎学校は，第1～5学年の第1段階と第6～9学年の第2段階で構成されている。

4. 後期中等教育

後期中等教育は，後期中等教育学校及び芸術学校で行われる。後期中等教育学校には，ギムナジウム，中等技術学校，中等職業学校，職業学校，専門学校，実践学校と呼ばれる，法令上の規定がない，後期中等教育学校の亜型と位置付けられている学校種がある。これらの学校種では，高等教育進学の基礎要件となる修了試験の受験に至る中等普通教育，見習い訓練証の取得に至る中等職業教育，中等教育修了資格の取得に至る職業教育の3種類が提供され，基礎学校からこれらの学校種への進学に際しては，学校により，入学者選抜が行われることがある。

中等普通教育は4年間，一般に，普通教育を提供するギムナジウムと，職業教育に重点を置く中等技術学校及び中等職業学校で提供され，修了時の修了試験の合格者には，高等教育への進学が認められる。

中等職業教育は2～3年間，主に中等職業学校で行われ，最終学年で所定の成績を収め，最終試験に合格した者には，見習い訓練証が与えられる。

職業教育は1～2年間，基礎教育の未修了者や基礎教育のみの修了者を対象に，主に職業学校と実践学校で行われ，修了時の最終試験の合格者には，中等教育修了資格が与えられる。

芸術学校では，音楽と演劇を学ぶ6年制（後期中等教育4年＋高等教育2年）と，舞踊などを学ぶ8年制（基礎教育4年＋後期中等教育4年）の普通教育及び職業教育プログラムが提供され，最終学年で行われる卒業試験の合格者には，芸術系の高等教育への進学要件となる芸術学校高等専門教育修了資格が与えられる。後期中等教育4年目に修了試験を受け，芸術系に制限されずに高等教育に進学することも可能である。

5. 高等教育

高等教育は，修了試験の合格者を対象に，総合大学，非大学型の高等教育機関，高等専門学校で行われる。総合大学では，学士，1～3年で修士，3～4年で博士が，非大学型の高等教育機関では，主に3～4年で学士が取得できる。高等専門学校（芸術学校の高等教育段階を含む）には，3年程度の高等教育レベルの職業教育課程が置かれ，最終試験の合格者には相応の修了証が与えられる。

《参考資料》

・EURYDICE Czech-Republic（https://webgate.ec.europa.eu/fpfis/mwikis/eurydice/index.php/Czech-Republic:Overview）（2016年8月26日閲覧）.

V　学校系統図

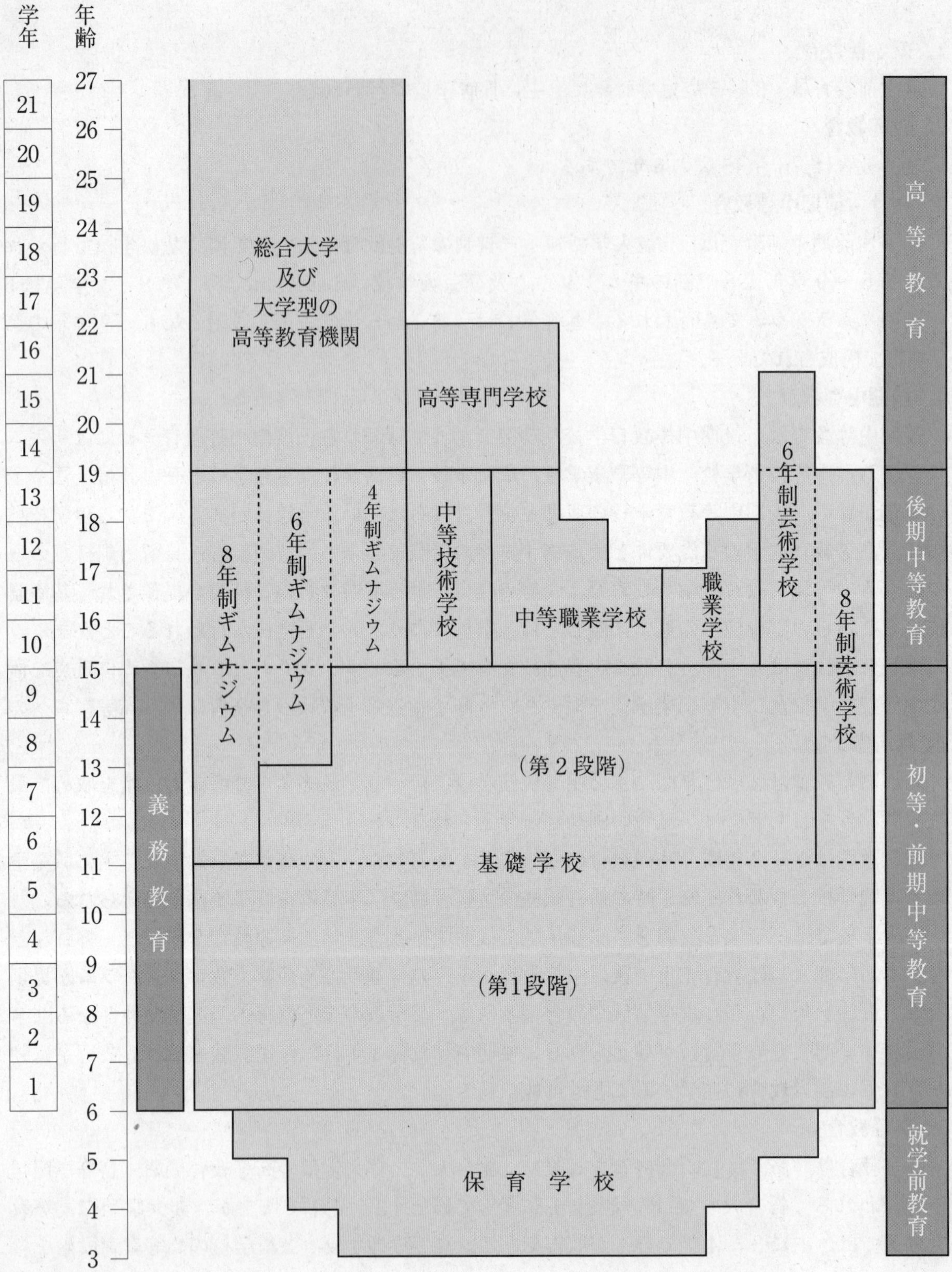
学年
年齢
21
20
19
18
17
16
15
14
13
12
11
10
9
8
7
6
5
4
3
2
1
27
26
25
24
23
22
21
20
19
18
17
16
15
14
13
12
11
10
9
8
7
6
5
4
3
総合大学及び大学型の高等教育機関
高等専門学校
8年制ギムナジウム
6年制ギムナジウム
4年制ギムナジウム
中等技術学校
中等職業学校
職業学校
6年制芸術学校
8年制芸術学校
義務教育
(第2段階)
基礎学校
(第1段階)
保育学校
高等教育
後期中等教育
初等・前期中等教育
就学前教育

Ⅵ　取得可能な資格・学位

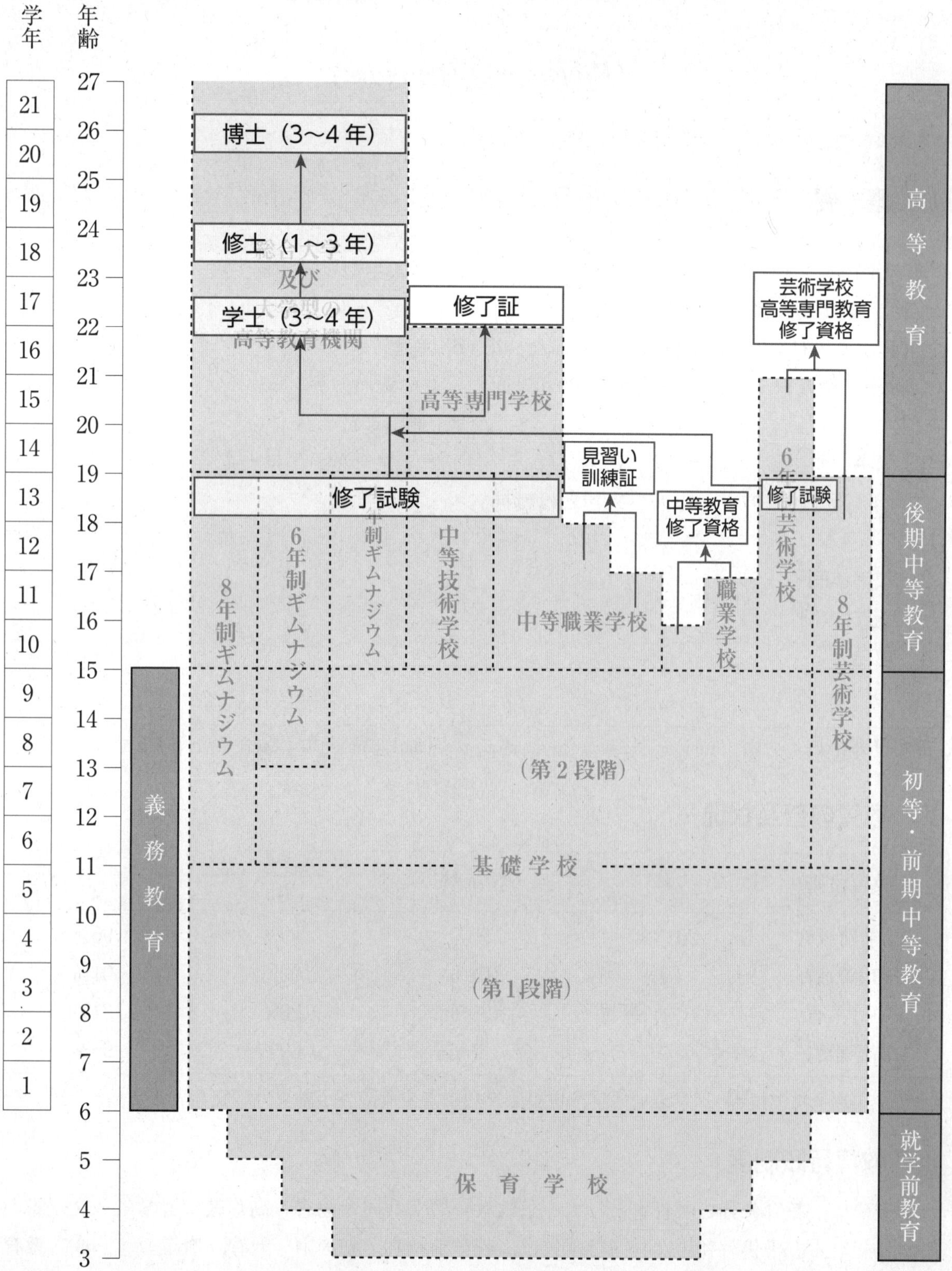
学年
年齢
博士（3～4年）
修士（1～3年）
及び
高等教育機関
学士（3～4年）
修了証
高等専門学校
芸術学校
高等専門教育
修了資格
見習い
訓練証
中等教育
修了資格
修了試験
修了試験
8年制ギムナジウム
6年制ギムナジウム
年制ギムナジウム
中等技術学校
中等職業学校
職業学校
6年制芸術学校
8年制芸術学校
（第2段階）
基礎学校
（第1段階）
保育学校
義務教育
高等教育
後期中等教育
初等・前期中等教育
就学前教育

デンマーク王国

(*Kingdom of Denmark*)

Ⅰ 概 要

1. 人口
   約570万人(2016年デンマーク統計局)(兵庫県とほぼ同じ。自治領のフェロー諸島及びグリーンランドを除く。以下,同じ。)
2. 面積
   約4.3万平方キロメートル(九州とほぼ同じ)
3. 政治体制
   立憲君主制
4. 言語
   デンマーク語
5. 1人当たり国内総生産(GDP)
   60,947ドル(2014年,IMF)
6. 首都
   コペンハーゲン
7. 通貨単位
   デンマーク・クローネ

《出典》外務省ウェブサイト(http://www.mofa.go.jp/mofaj/area/denmark/data.html)(更新日:2016年6月17日)。

Ⅱ 教育の普及状況

教育段階	年	在籍率	男	女
就学前教育	2013年	97%	99%	96%
初等教育	〃	102%	102%	101%
中等教育	〃	130%	128%	131%
高等教育	〃	81%	69%	95%

(通常の年齢よりも早い又は遅い入学や留年等を理由とする該当年齢以外の在籍者を含む)

Ⅲ 教育行政制度

中央には,教育分野の所管省として,子供教育男女共同参画省,高等教育科学省,文化省が置かれている。子供教育男女共同参画省は,就学前教育,初等中等教育,職業教育,成人教育に関する政策の立案・施行を,高等教育科学省は,高等教育に関する政策の立案・施行を所管している。また,文化省は,芸術分野の高等教育及び職業訓練を所管している。

Ⅳ　学校体系

（学年歴：8月～翌年5月）

1. 就学前教育

就学前教育は，0.5～2歳児を対象に保育所で，3～5歳児を対象に幼稚園で行われる。また，6歳児については，国民学校の第0学年として付設されている就学前学級への就学が義務付けられている。

2. 義務教育

義務教育は，6～16歳の10年である。

3. 初等・前期中等教育

初等・前期中等教育は，7歳入学で初中一貫制の基礎教育として9年間，国民学校で行われる。また，進路の模索や成績向上などを目的に，予備学年である第10学年に任意で就学することができる。

4. 後期中等教育

後期中等教育は，普通中等教育を提供するギムナジウムのほか，普通中等教育とともに商業関連の教科を提供する商業ギムナジウムや技術・工学関連の教科を提供する技術ギムナジウムがある。いずれも3年制で，修了時の試験に合格した者には，高等教育への入学要件となる修了資格が授与される。また，ギムナジウムでは，国民学校第10学年修了者や成人を対象とした2年制の課程を経た者にも，高等教育への入学要件となる修了資格が授与される。

このほか，後期中等教育段階の職業教育機関として職業学校がある。職業学校では，1.5～5.5年（修業年限は職種により異なるが，多くは3.5～4年）の職業教育プログラムが，企業等での職業訓練と並行して提供されている。

5. 高等教育

高等教育は，長期プログラムを提供する総合大学，中期プログラムを提供するカレッジ（Professionshøjskoler），短期プログラムを提供する商業アカデミー（Erhvervsakademier）等で行われる。総合大学では，3年で学士，2年で修士，3年で博士が授与される。カレッジでは，実務指向型の3～4年の課程を修了すると，学士又は職業学士が授与される。商業アカデミーでは，職業教育プログラムと企業での職業訓練から成る1.5～2.5年の課程を修了すると，修了証書が授与される。

《参考資料》

・EURYDICE Denmark（https://webgate.ec.europa.eu/fpfis/mwikis/eurydice/index.php/Denmark:Overview）（2016年11月10日閲覧）.

V 学校系統図

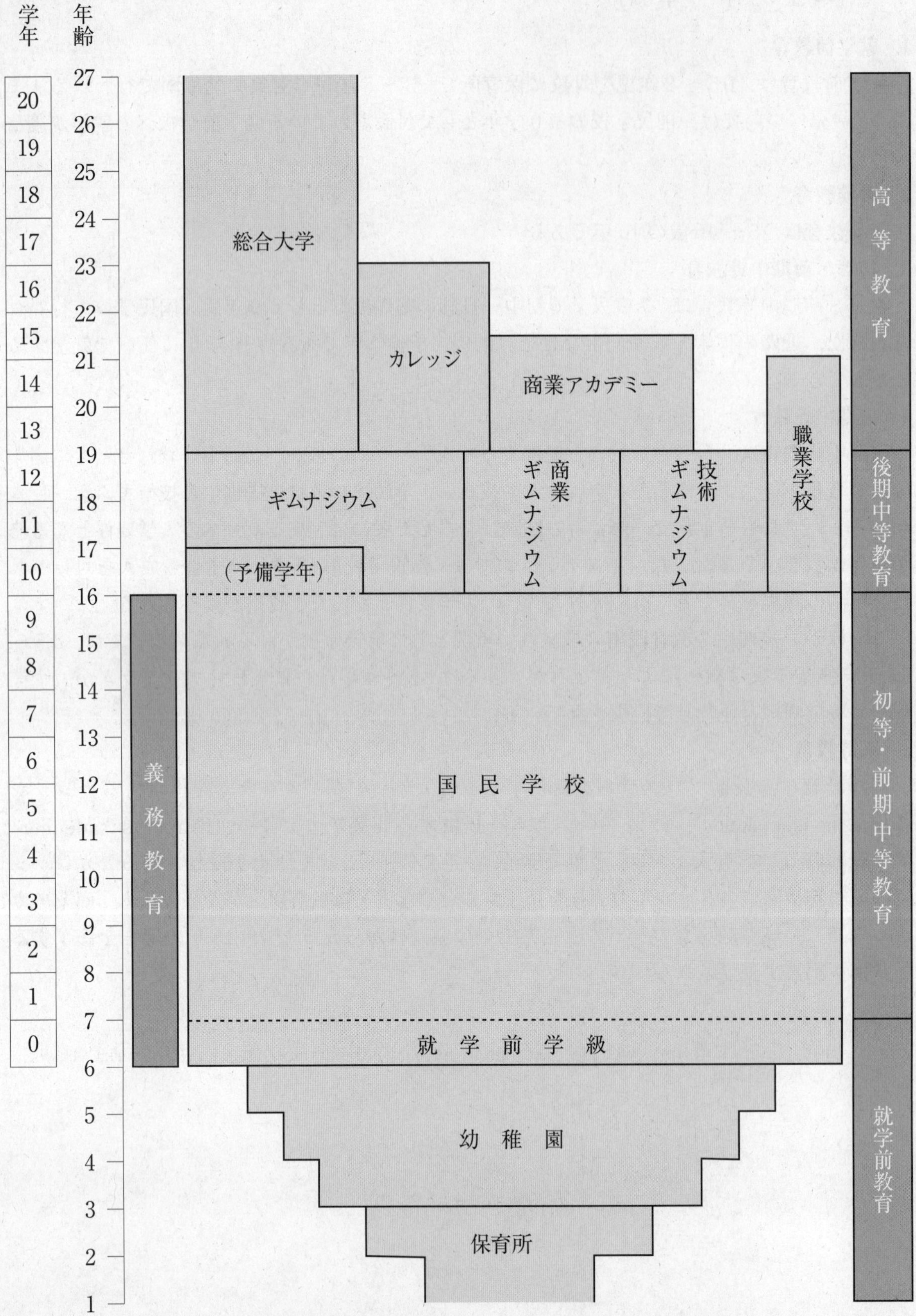

学年
年齢
総合大学
カレッジ
商業アカデミー
職業学校
ギムナジウム
商業ギムナジウム
技術ギムナジウム
（予備学年）
国 民 学 校
就 学 前 学 級
幼 稚 園
保育所
義務教育
高等教育
後期中等教育
初等・前期中等教育
就学前教育

Ⅵ　取得可能な資格・学位

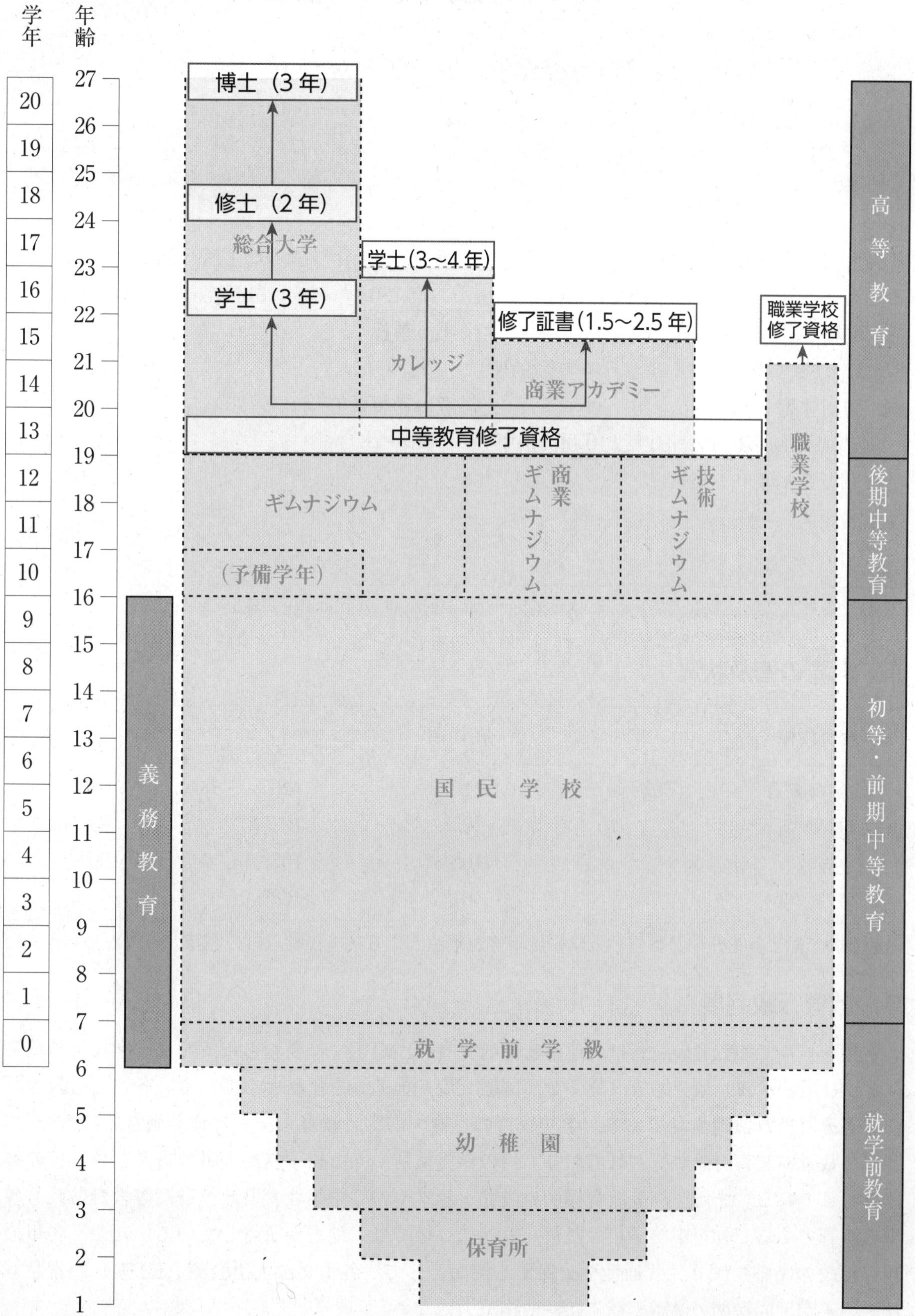
学年
年齢
博士（3年）
修士（2年）
総合大学
学士（3年）
学士(3~4年)
カレッジ
修了証書(1.5~2.5年)
商業アカデミー
職業学校修了資格
中等教育修了資格
ギムナジウム
（予備学年）
商業ギムナジウム
技術ギムナジウム
職業学校
国民学校
就学前学級
幼稚園
保育所
義務教育
高等教育
後期中等教育
初等・前期中等教育
就学前教育

ドイツ連邦共和国

(*Federal Republic of Germany*)

Ⅰ 概 要

1. 人口
 8,177 万人(2015 年,独連邦統計庁)
2. 面積
 35.7 万平方キロメートル(日本の約 94%)
3. 政治体制
 連邦共和制(16 州:旧西独 10 州,旧東独 5 州及びベルリン州)
4. 言語
 ドイツ語
5. 1人当たり国内総生産(GDP)
 35,230 ユーロ(2014 年,独連邦統計庁)
6. 首都
 ベルリン
7. 通貨単位
 ユーロ

《出典》外務省ウェブサイト(http://www.mofa.go.jp/mofaj/area/germany/data.html)(更新日:2016 年 11 月 4 日)。

Ⅱ 教育の普及状況

教育段階	年	在籍率	男	女
就学前教育	2013 年	110%	110%	109%
初等教育	〃	103%	103%	103%
中等教育	〃	102%	105%	100%
高等教育	〃	61%	63%	59%

(通常の年齢よりも早い又は遅い入学や留年等を理由とする該当年齢以外の在籍者を含む)

Ⅲ 教育行政制度

連邦レベルでの教育の所管は,連邦教育研究省(BMBF)に委ねられており,学校外の職業教育及び継続教育,研究助成,奨学金,国際交流の推進等を任務としている。各州にも教育所管省がそれぞれ設置されており,学校教育の目標・内容,教育方法,教育計画を定めるなど,各州の裁量で教育行政が行われており,州の出先機関である州学務局が各地方及び各学校の監督を行っている。また,高等教育機関の設置・管理や初等中等教育財政及び高等教育財政も各州の所管である。初等中等学校の設置・維持については,地方が所管している。なお,各州の教育行政の調整を図り,共通性を確保する機関として,各州文部大臣会議(KMK)が常設されているが,同機関の決議や勧告に法的拘束力はない。

Ⅳ　学校体系

（学年暦：9月～翌年8月。高等教育は10月～翌年9月）

1. 就学前教育

就学前教育は，3～5歳児を対象に，幼稚園で行われる。

2. 義務教育

義務教育は，6～15歳の9年である（一部の州では10年)。

また，義務教育修了後に就職し，職業訓練生として職業訓練を受ける者は，通常3年間，週1～2日程度職業学校に通うことが義務とされている（職業学校就学義務)。

3. 初等教育

初等教育は，基礎学校において6歳から4年間（一部の州では6年間）行われる。

4. 中等教育

中等教育は，10歳より，能力・適性に応じて，ハウプトシューレ，実科学校，ギムナジウムといった伝統的な学校種のほか，これらの学校修了資格が取得可能な教育課程を提供する様々な学校種で行われる。ハウプトシューレ修了資格課程は5年制で，卒業後に就職して職業訓練を受ける者が主に就学する。実科学校修了資格課程は6年制で，卒業後に職業教育学校に進む者や中級の職に就く者が主に就学する。ギムナジウム修了資格課程は8年制又は9年制で，一般大学入学資格であるアビトゥアを取得して大学に進学することを希望する者が主に就学する。多くの州では，いずれの教育課程を敷く学校種でも，適切な進路選択を可能にするための猶予期間として，最初の2年間に「観察指導段階」が設けられている。

上記の中等普通教育学校に加え，中等教育修了資格でもある実科学校修了資格の取得後に専門大学入学資格が取得できる2年制の上級専門学校や，義務教育を修了して企業に職業訓練生として就職した者が，就学義務がある18歳まで週1～2日程度通う定時制の職業学校のほか，職業資格又はアビトゥア等の学校修了資格の取得に結び付く職業教育機関が多様に存在する。

5. 高等教育

高等教育は，総合大学と専門大学で行われる。総合大学入学に際しては，ギムナジウム修了資格であり一般大学入学資格でもあるアビトゥア（専門大学への入学も可）を取得しなければならない。専門大学への入学には，専門大学入学資格が求められる。総合大学では，伝統的な学位であるディプロームやマギスター（標準学修期間4.5年）のほか，欧州に共通する学位である学士（同3～3.5年）及び修士（同1～2年）を取得することができる。専門大学でも，総合大学と同様に，学士と修士が取得できる。

《参考資料》

・EURYDICE Deutschland（https://webgate.ec.europa.eu/fpfis/mwikis/eurydice/index.php/Deutschland:%C3%9Cberblick）（2016年10月17日閲覧).

V　学校系統図

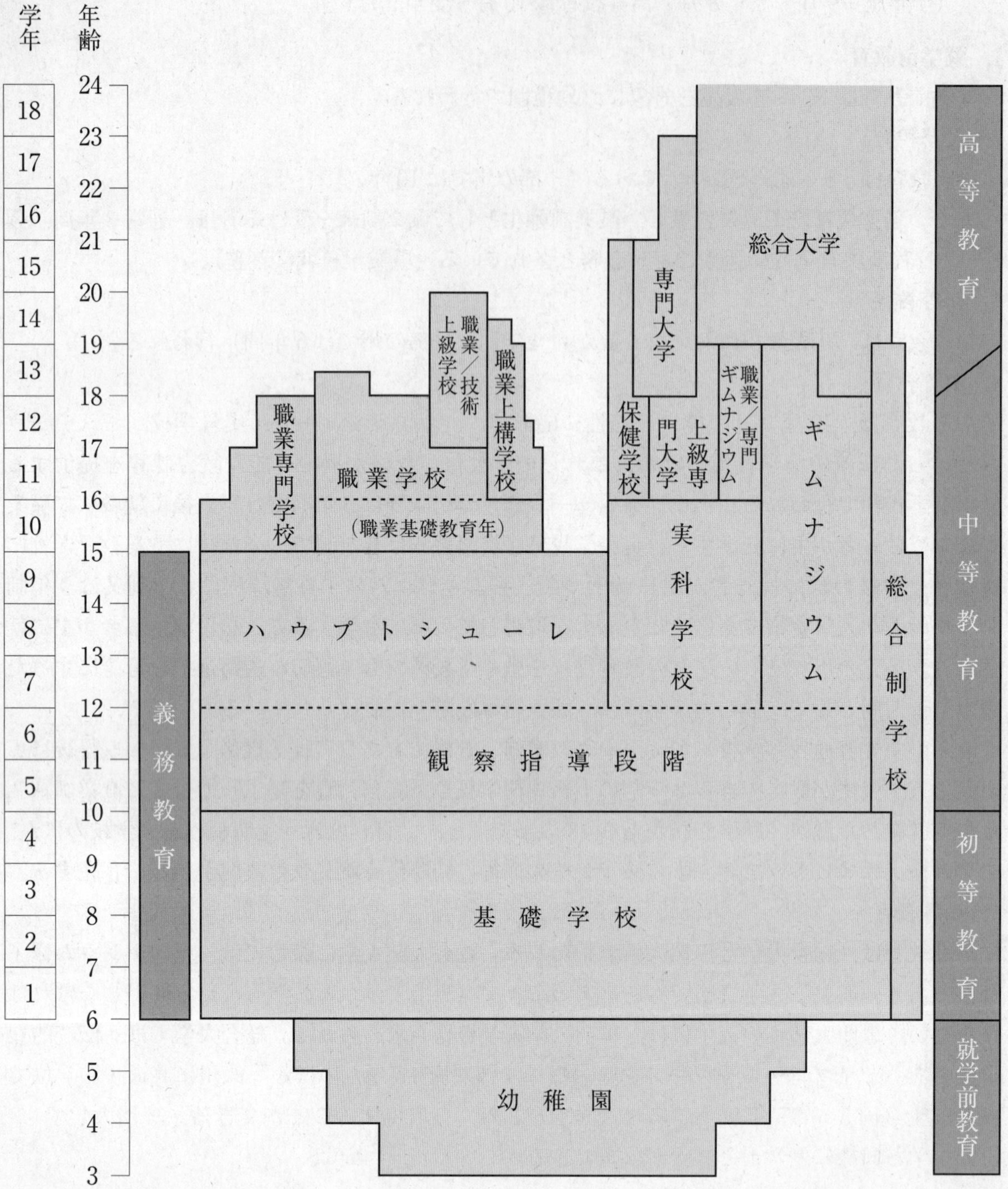

学年
年齢
高等教育
中等教育
初等教育
就学前教育
義務教育
総合大学
専門大学
職業／技術上級学校
職業上構学校
職業専門学校
職業学校
（職業基礎教育年）
保健学校
門大学
上級専
職業／専門ギムナジウム
ギムナジウム
実科学校
総合制学校
ハウプトシューレ
観察指導段階
基礎学校
幼稚園

Ⅵ　取得可能な資格・学位

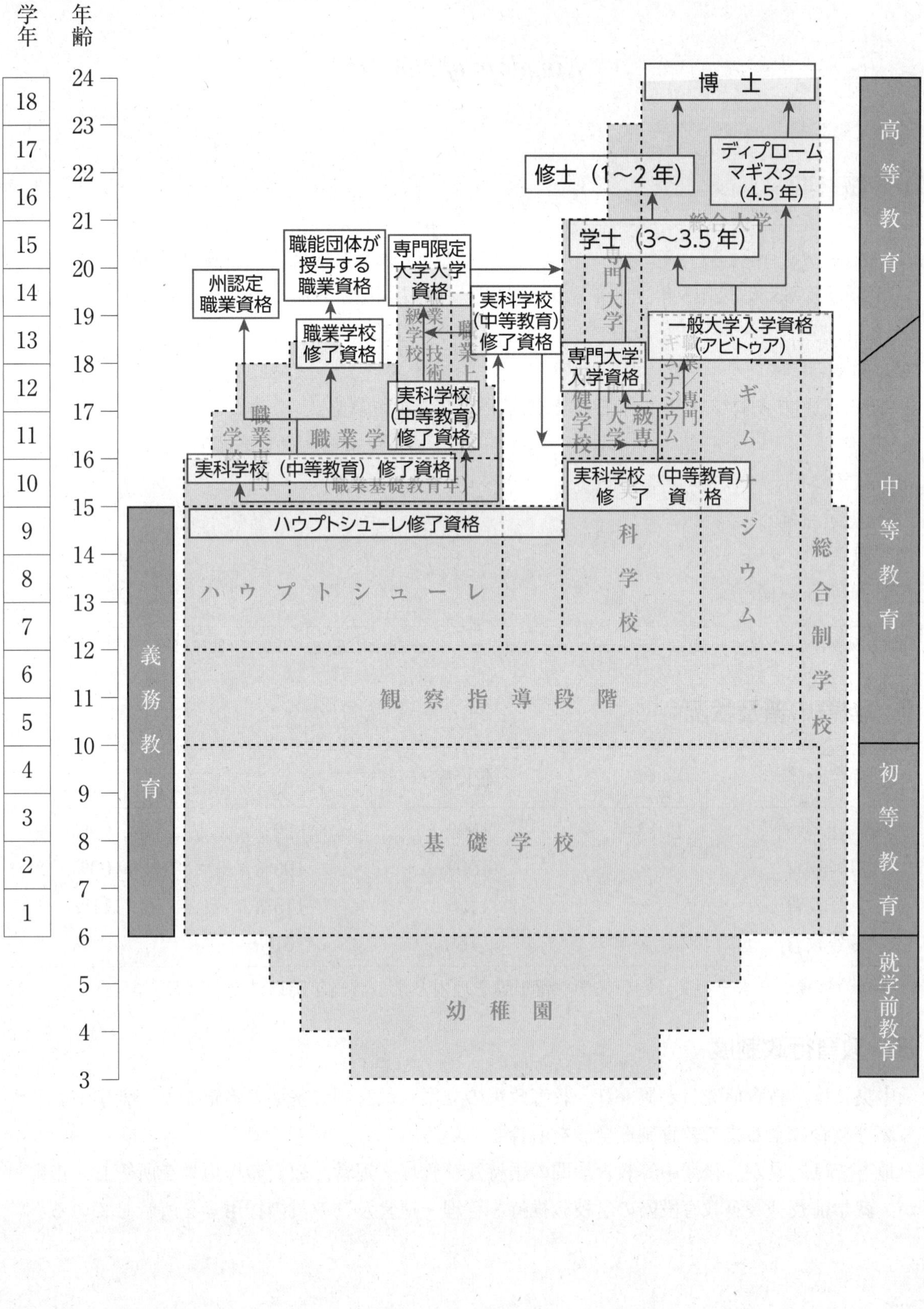

学年
年齢
博　士
修士（1～2年）
ディプローム
マギスター
（4.5年）
学士（3～3.5年）
総合大学
職能団体が
授与する
職業資格
専門限定
大学入学
資格
州認定
職業資格
職業学校
修了資格
実科学校
（中等教育）
修了資格
専門大学
入学資格
一般大学入学資格
（アビトゥア）
実科学校（中等教育）修了資格
実科学校（中等教育）
修　了　資　格
ハウプトシューレ修了資格
ハ　ウ　プ　ト　シ　ュ　ー　レ
実
科
学
校
ギ
ム
ナ
ジ
ウ
ム
総
合
制
学
校
観　察　指　導　段　階
基　礎　学　校
幼　稚　園
義
務
教
育
高
等
教
育
中
等
教
育
初
等
教
育
就
学
前
教
育

ノルウェー王国

(*Kingdom of Norway*)

Ⅰ 概 要

1. 人口
521万3,985人（2015年，ノルウェー中央統計局）
2. 面積
38.6万平方キロメートル（日本とほぼ同じ）
3. 政治体制
立憲君主制
4. 言語
ノルウェー語
5. 1人当たり国内総生産（GDP）
7万4822ドル（2015年，IMF）
6. 首都
オスロ
7. 通貨単位
ノルウェー・クローネ

《出典》外務省ウェブサイト（http://www.mofa.go.jp/mofaj/area/norway/data.html）（更新日：2016年10月13日）。

Ⅱ 教育の普及状況

教育段階	年	在籍率	男	女
就学前教育	2013年	99%	99%	99%
初等教育	〃	100%	100%	100%
中等教育	〃	113%	115%	111%
高等教育	〃	76%	61%	92%

（通常の年齢よりも早い又は遅い入学や留年等を理由とする該当年齢以外の在籍者を含む）

Ⅲ 教育行政制度

中央には，教育研究省が置かれ，教育政策の立案，教育課程基準の策定など，就学前教育から高等教育に至るまで教育制度全般を所管している。

地方では，県が，後期中等教育機関の維持及び管理・運営，教員の採用等を所管し，市町村が，就学前及び義務教育段階の学校の維持・管理・運営及び教員の採用等を所管している。

Ⅳ　学校体系

（学年暦：8月～翌年5月）

1. 就学前教育

就学前教育は，0～5歳児を対象に，幼稚園で行われる。

2. 義務教育

義務教育は，6～16歳の10年である。

3. 初等・前期中等教育

初等・前期中等教育は，6歳入学で初中一貫制の基礎教育として10年間，基礎学校で行われる。10年間の基礎教育は，第1～7学年の初等教育段階と第8～10学年の前期中等教育段階で構成されている。

4. 後期中等教育

後期中等教育は，高等学校の普通教育課程又は職業教育課程で行われる。

普通教育課程では，3種類の普通教育が3年間行われ，いずれのプログラムでも，所定の成績を収め試験に合格した者には，大学入学資格が与えられる。

職業教育課程では，学校での理論的・実践的な教育訓練と企業等での見習い訓練を組み合わせた9種類のプログラムが，計4年間行われる。プログラムにより，2＋2年，3＋1年，1＋3年のいずれかのかたちで，学校での教育訓練と企業等での見習い訓練が構成されている。いずれのプログラムでも，修了時の試験に合格した者には，手工業又は小売業の職業資格が与えられる。また，4年のプログラム修了後あるいは3年目で1年間の補完課程を履修した者には，修了時の試験を経て大学入学資格が与えられる。

5. 高等教育

高等教育は，総合大学，カレッジ（høgskoler），科学大学（vitenskapelige høgskoler）等で行われる。総合大学には，3年の学士課程，2年の修士課程，3年の博士課程が設けられている。特定分野の専門プログラムを提供するカレッジには，3年の職業学士課程のほか，教員資格等の専門職の資格の取得につながる1～5年の専門職養成課程が設けられている。職業学士課程の上に，修士課程や博士課程が設置されていることもある。大学院レベルの専門プログラムを提供する科学大学には，2年の修士課程，3年の博士課程が設置されている。

《参考資料》

・EURYDICE Norway（https://webgate.ec.europa.eu/fpfis/mwikis/eurydice/index.php/Norway:Overview）（2016年11月21日閲覧）．

・CEDEFOP　Spotlight on VET－Anniversary edition, 2015（http://www.cedefop.europa.eu/files/4135_en.pdf）（2016年11月30日ダウンロード）．

V 学校系統図

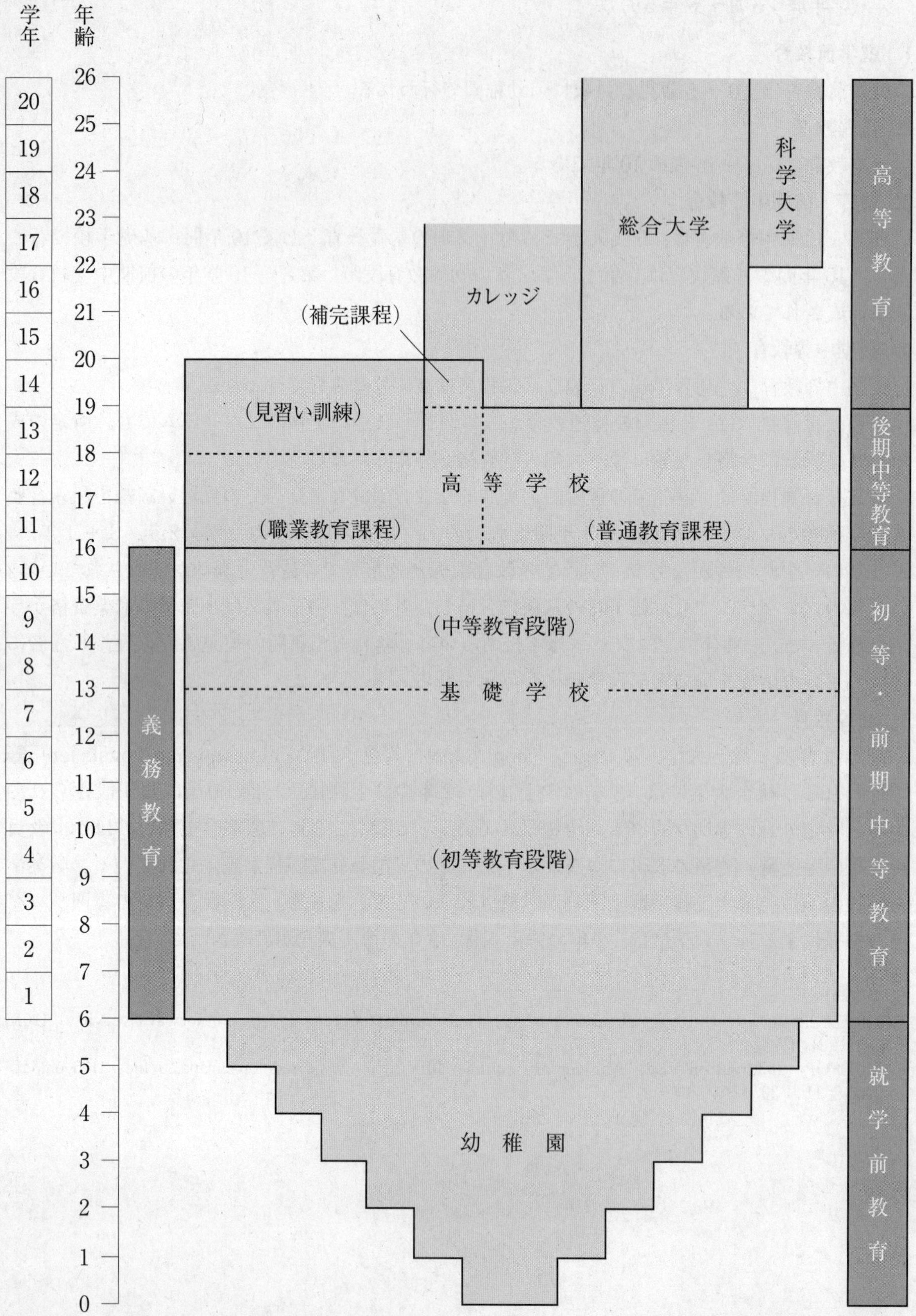
学年
年齢
20
19
18
17
16
15
14
13
12
11
10
9
8
7
6
5
4
3
2
1
26
25
24
23
22
21
20
19
18
17
16
15
14
13
12
11
10
9
8
7
6
5
4
3
2
1
0
科学大学
総合大学
カレッジ
(補完課程)
(見習い訓練)
高 等 学 校
(職業教育課程)
(普通教育課程)
(中等教育段階)
基 礎 学 校
(初等教育段階)
義務教育
幼 稚 園
高等教育
後期中等教育
初等・前期中等教育
就学前教育

Ⅵ　取得可能な資格・学位

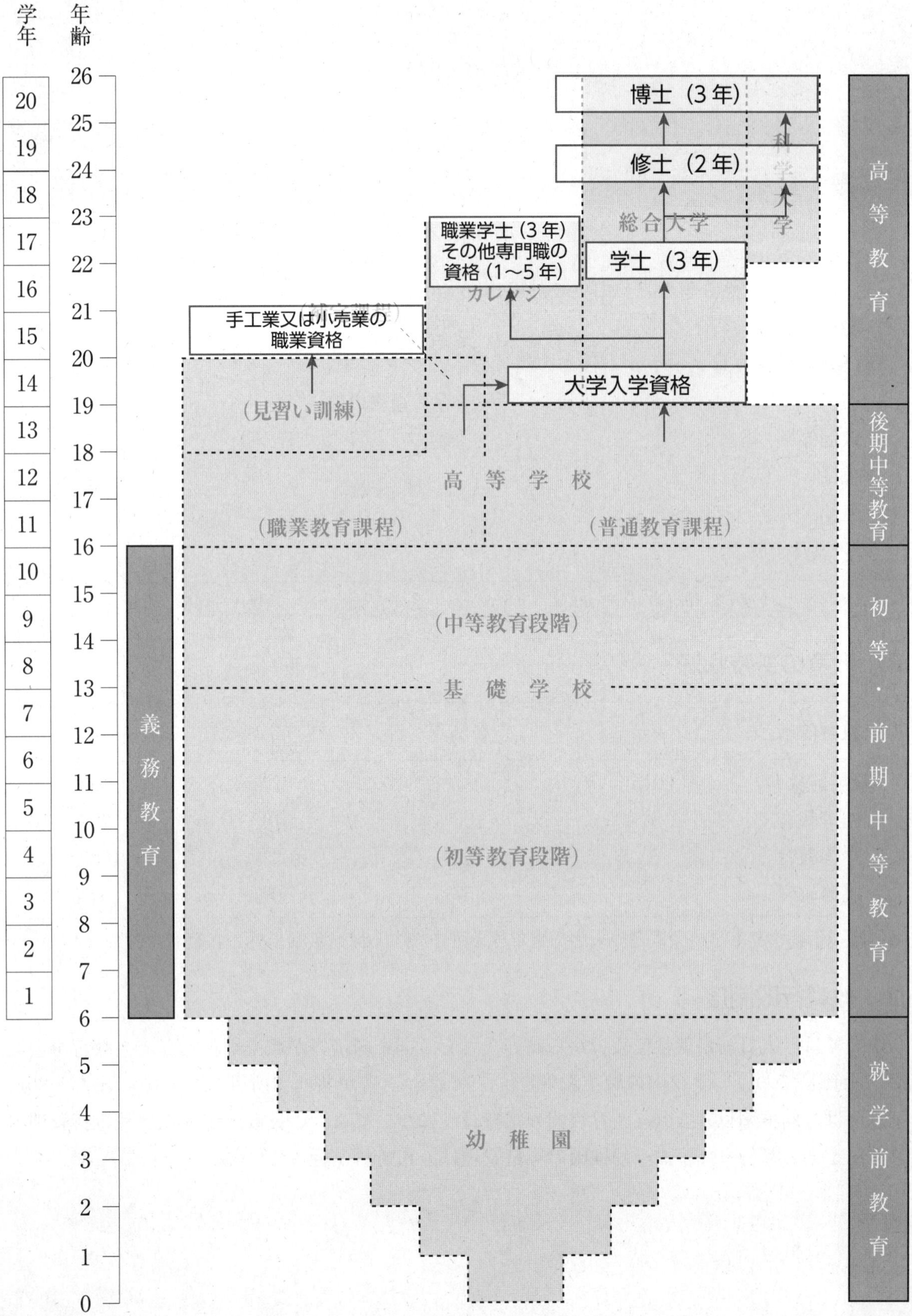
学年
年齢
博士（3年）
修士（2年）
科学大学
総合大学
職業学士（3年）
その他専門職の
資格（1～5年）
カレッジ
学士（3年）
手工業又は小売業の
職業資格
大学入学資格
（見習い訓練）
高等学校
（職業教育課程）
（普通教育課程）
（中等教育段階）
基礎学校
（初等教育段階）
義務教育
幼稚園
高等教育
後期中等教育
初等・前期中等教育
就学前教育

ハンガリー

(*Hungary*)

Ⅰ 概 要

1. 人口
約983万人（2016年1月，中央統計局）
2. 面積
約9.3万平方キロメートル（日本の約4分の1）
3. 政治体制
共和制
4. 言語
ハンガリー語
5. 1人当たり国内総生産（GDP）
12,240ドル（2015年，IMF）
6. 首都
ブダペスト
7. 通貨単位
フォリント（HUF）

《出典》外務省ウェブサイト（http://www.mofa.go.jp/mofaj/area/hungary/data.html）（更新日：2016年12月7日）。

Ⅱ 教育の普及状況

教育段階	年	在籍率	男	女
就学前教育	2013年	87%	87%	86%
初等教育	〃	100%	101%	99%
中等教育	〃	108%	108%	108%
高等教育	〃	57%	50%	64%

（通常の年齢よりも早い又は遅い入学や留年等を理由とする該当年齢以外の在籍者を含む）

Ⅲ 教育行政制度

中央では，人材省が就学前教育から高等教育を，国家経済省が職業訓練及び成人教育を全般的に所管しており，学校内の職業教育については，両省が共同で所管している。また，2013年以降は，幼稚園以外の公立教育機関の維持管理についても，中央政府が国立学校維持管理センターを通じて行っている。. 幼稚園の維持管理は，市町村が行っている。

Ⅳ　学校体系

（学年歴：9月～翌年5月）

1. 就学前教育

就学前教育は，一般に3～5歳児を対象に，幼稚園で行われる。就園は義務となっている。

2. 義務教育

義務教育は，3～16歳の13年である。

3. 初等・前期中等教育

初等・前期中等教育は，6歳入学で初中一貫制の基礎教育として8年間，基礎学校で行われる。第5～8学年については8年制の，第7～8学年については6年制のギムナジウムでも行われる。

4. 後期中等教育

後期中等教育は，4年間，ギムナジウム及び中等職業学校で行われる。

ギムナジウムでは，主として高等教育への進学に備えるための普通教育が行われ，修了時に行われる中等教育修了試験に合格した者には，高等教育進学の基礎要件となる中等教育修了資格が与えられる。

中等職業学校では，普通教育と職業準備教育が並行して行われる。修了時には，ギムナジウムと同様に中等教育修了試験が行われ，合格者には，高等教育進学の基礎要件になるとともに，職業訓練や特定の職業分野への就職の基礎要件にもなる中等教育修了資格が与えられる。同学校種では，第13学年以上を対象とした中等後職業教育プログラムも提供されている。

上記学校種のほか，職業準備教育や職業教育，さらには基礎教育を十分に受けていない者を対象とした前期中等教育の補習プログラムを提供する職業学校がある。職業学校には，まず第9～10学年を対象とした，肉体労働系の職業資格の取得につながる2年制のプログラムが，その上には第11～12学年を対象とした2年制又は第11～13学年を対象とした3年制のプログラムが設けられている。

5. 高等教育

高等教育は，総合大学とカレッジで行われる。入学に際しては，各高等教育機関が中等教育修了資格の取得者を対象に，中等教育における平常の成績及び中等教育修了試験の結果，並びに口頭試問に基づいて選抜を行う。総合大学には学士，修士，博士の取得課程が，カレッジには学士及び修士の取得課程が置かれている。取得年限は，学士が3～4年，修士が1.5～2年，博士が3年となっている。

《参考資料》

・EURYDICE Hungary（https://webgate.ec.europa.eu/fpfis/mwikis/eurydice/index.php/Hungary:Overview）（2016年10月14日閲覧）.

欧州

V 学校系統図

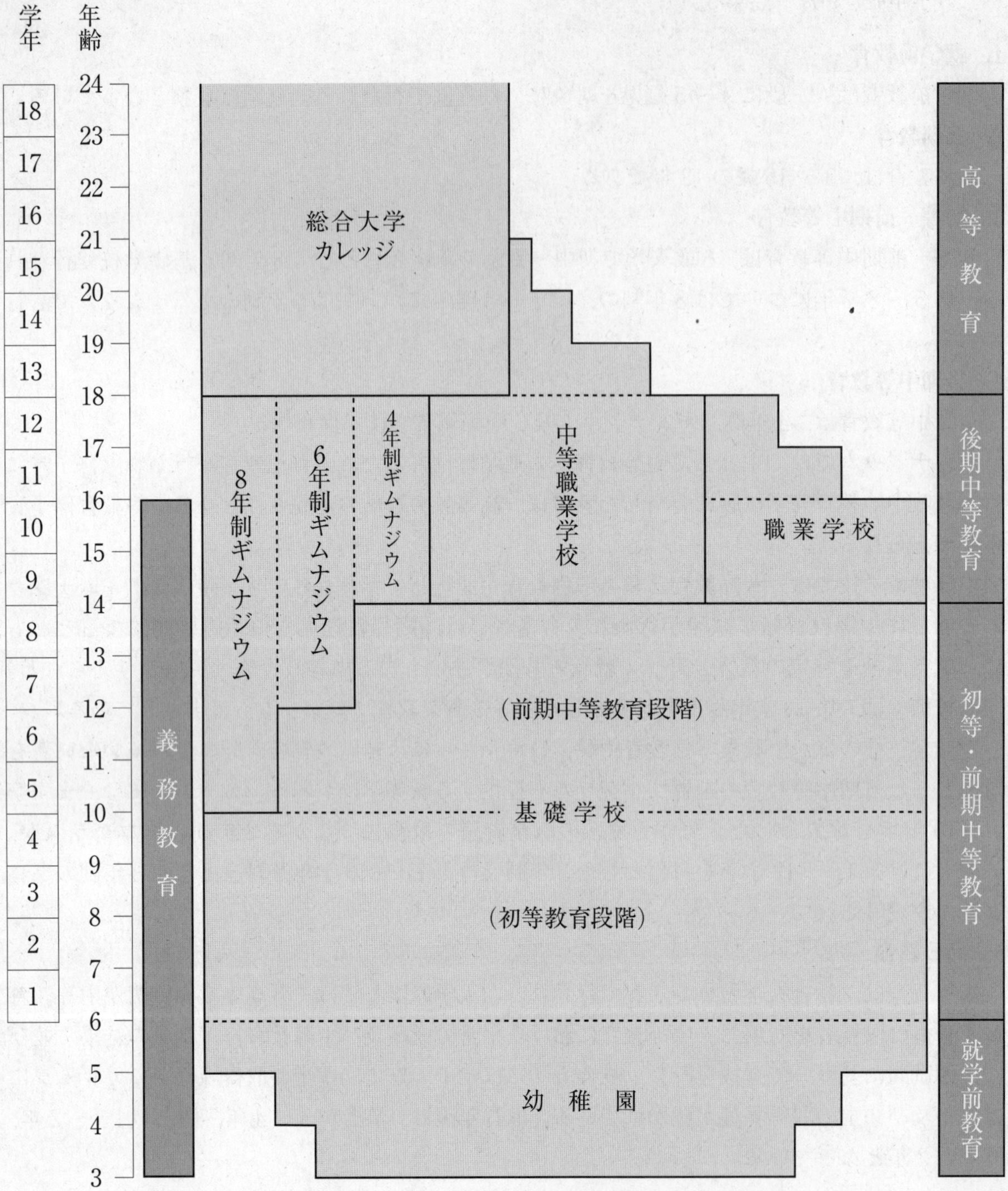
学年
年齢
18
17
16
15
14
13
12
11
10
9
8
7
6
5
4
3
2
1
24
23
22
21
20
19
18
17
16
15
14
13
12
11
10
9
8
7
6
5
4
3
総合大学
カレッジ
8年制ギムナジウム
6年制ギムナジウム
4年制ギムナジウム
中等職業学校
職業学校
(前期中等教育段階)
基礎学校
(初等教育段階)
幼稚園
義務教育
高等教育
後期中等教育
初等・前期中等教育
就学前教育

Ⅵ　取得可能な資格・学位

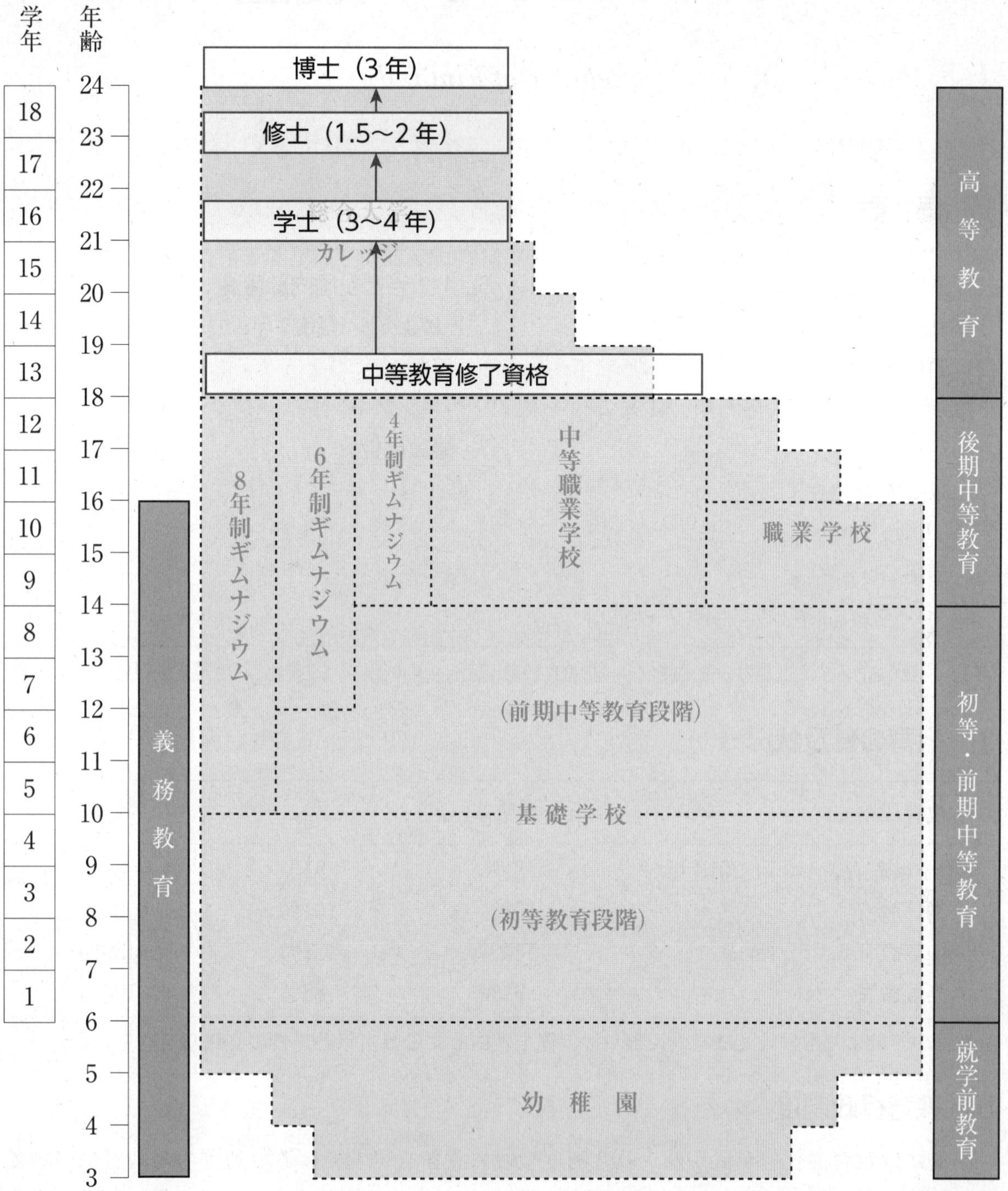
学年
年齢
博士（3年）
修士（1.5〜2年）
学士（3〜4年）
カレッジ
中等教育修了資格
8年制ギムナジウム
6年制ギムナジウム
4年制ギムナジウム
中等職業学校
職業学校
（前期中等教育段階）
基礎学校
（初等教育段階）
幼稚園
義務教育
高等教育
後期中等教育
初等・前期中等教育
就学前教育

フィンランド共和国

(*Repubic of Finland*)

Ⅰ 概 要

1. 人口
 約549万人(2016年4月末時点)
2. 面積
 33.8万平方キロメートル(日本よりやや小)
3. 政治体制
 共和制
4. 言語
 フィンランド語,スウェーデン語
5. 1人当たり国内総生産(GDP)
 41,973ドル(2015年,IMF)
6. 首都
 ヘルシンキ
7. 通貨単位
 ユーロ

《出典》外務省ウェブサイト(http://www.mofa.go.jp/mofaj/area/finland/data.html)(更新日:2016年9月2日)。

Ⅱ 教育の普及状況

教育段階	年	在籍率	男	女
就学前教育	2013年	81%	81%	81%
初等教育	〃	101%	101%	101%
中等教育	〃	143%	137%	150%
高等教育	〃	91%	83%	100%

(通常の年齢よりも早い又は遅い入学や留年等を理由とする該当年齢以外の在籍者を含む)

Ⅲ 教育行政制度

中央には教育文化省が置かれ,教育制度全般に責任を負っている。初等中等教育については,下部組織である国家教育委員会が全国共通カリキュラムを策定するするなど,同省の方針に基づき具体的な方針を定めている。大学はすべて国立であるが,各大学に大きな自治権が与えられている。

地方(317市町村,2015年)は,就学前教育機関(デイケアセンター),総合制学校,上級中等学校,職業教育学校及び一部の専門大学を設置・維持している。また成人教育も担当している。

Ⅳ　学校体系

（学年暦：8月～翌年5月）

1. 就学前教育

就学前教育は，0～6歳児を対象に（実際は3歳からが多い），デイケアセンターにおいて行われる。このほか，総合制学校に付設された就学前学級では，6歳児を対象とした教育が提供されている。

2. 義務教育

義務教育年限は7～16歳の9年間である。

3. 初等・前期中等教育

初等・前期中等教育は，基礎教育として，総合制学校において7歳から9年間行われる。教育課程は6年制の前期課程と3年制の後期課程に分かれている。また，第9学年修了後に任意で学ぶ1年間の補習課程（第10学年）が置かれている。9年間の基礎教育を修了した者には修了証が授与される。

4. 後期中等教育

後期中等教育は，上級中等学校と職業教育学校において3年間行われる。上級中等学校は普通教育を提供するが，中には普通教育とともに音楽や美術，体育，理数教育など特定分野に関する専門的な教育を実施する学校もある。上級中等学校の修了者には上級中等学校修了証が授与される。生徒の多くは修了時に大学入学基礎資格試験を受験する。職業教育学校は各職業分野に対応した職業教育を提供し，修了者には分野に応じた修了証が授与される（職業教育学校の修了証も高等教育機関入学のための基礎資格となる）。

5. 高等教育

高等教育は大学又は専門大学で行われる。通常，学士相当の学位の取得には3年，修士相当の学位の取得にはさらに2年（合計5年）が必要である。専門大学では職業教育が提供され，修業年限3.5～4年の課程修了者に専門大学学士が，さらに1～1.5年の課程を修了すると専門大学修士が授与される。各高等教育機関は，大学入学基礎資格試験や機関独自の選抜テストの成績に基づいて，それぞれ入学者選抜を行っている。いずれの大学も法的には国から独立した存在となっているが，主に国からの財政支援により維持されている。専門大学の多くも同様であるが，一部に地方政府が運営しているものもある。

《参考資料》

・Eurydice, Finland（https://webgate.ec.europa.eu/fpfis/mwikis/eurydice/index.php/Finland:Overview）（2016年6月29日閲覧）.

欧州

V 学校系統図

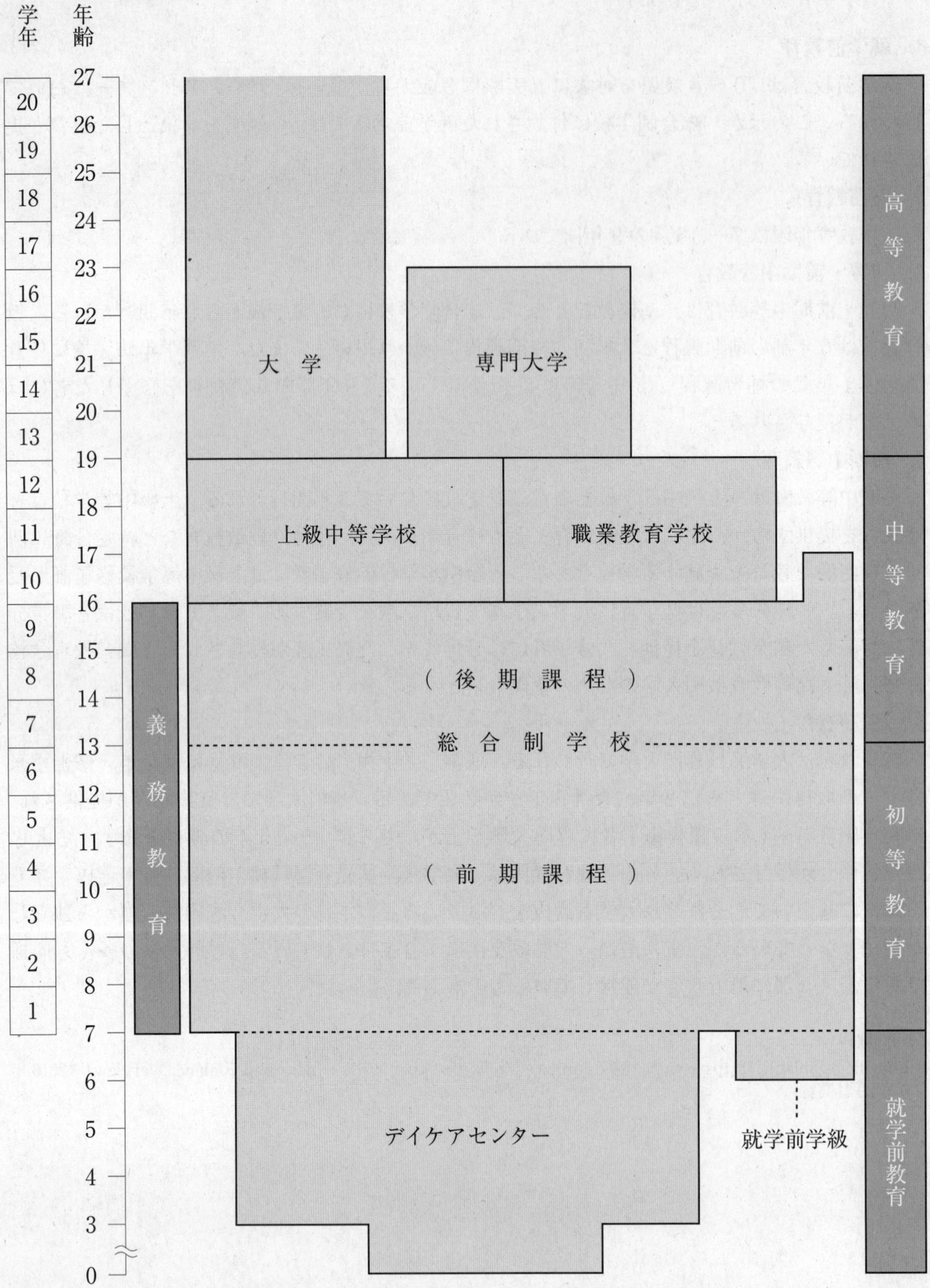

学年
年齢
20
19
18
17
16
15
14
13
12
11
10
9
8
7
6
5
4
3
2
1
27
26
25
24
23
22
21
20
19
18
17
16
15
14
13
12
11
10
9
8
7
6
5
4
3
0
大学
専門大学
上級中等学校
職業教育学校
（後期課程）
総合制学校
（前期課程）
義務教育
デイケアセンター
就学前学級
高等教育
中等教育
初等教育
就学前教育

Ⅵ　取得可能な資格・学位

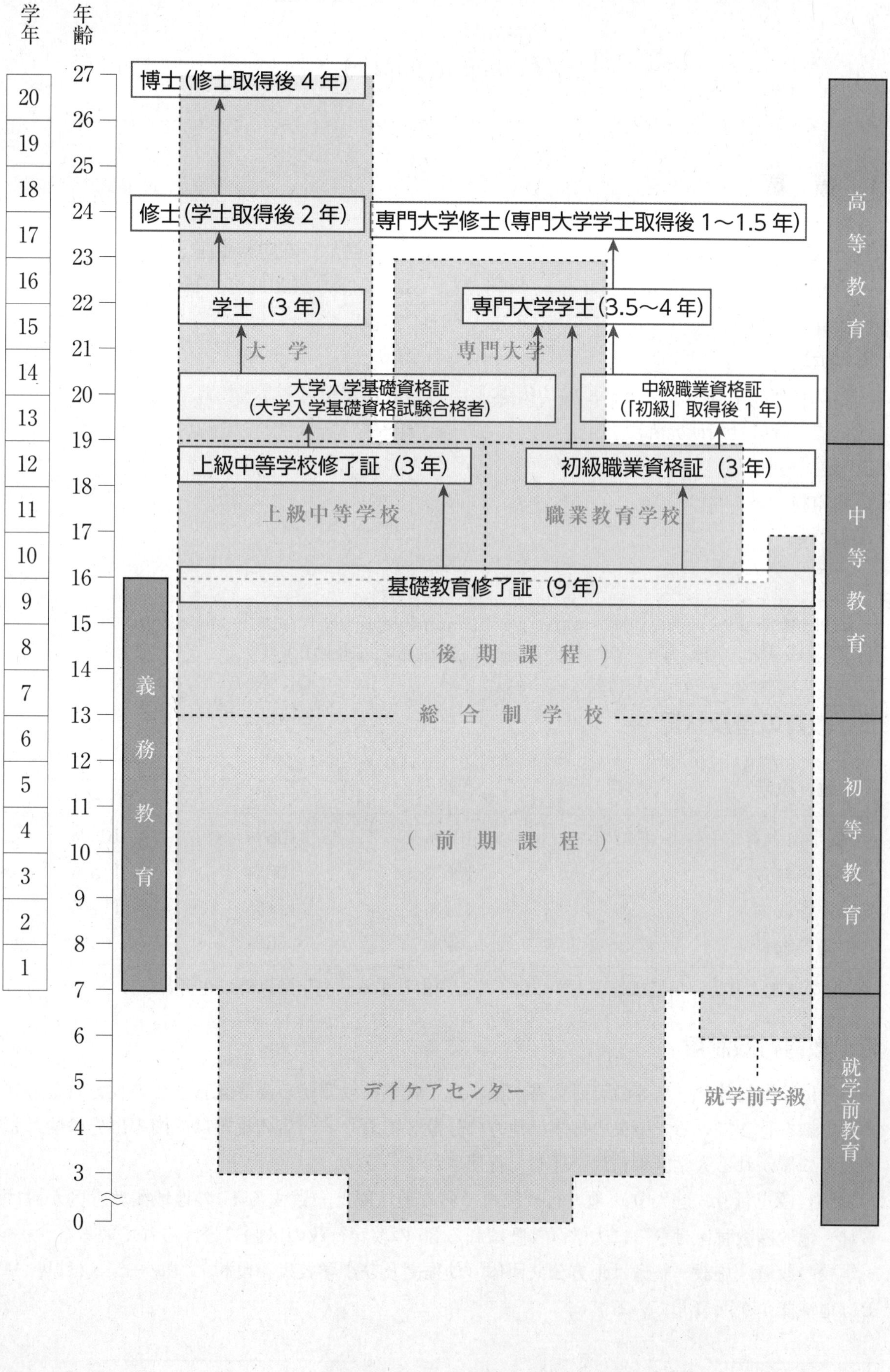
学年
年齢
博士（修士取得後４年）
修士（学士取得後２年）
専門大学修士（専門大学学士取得後１～1.5年）
学士（３年）
専門大学学士（3.5～4年）
大学
専門大学
大学入学基礎資格証
（大学入学基礎資格試験合格者）
中級職業資格証
（「初級」取得後１年）
上級中等学校修了証（３年）
初級職業資格証（３年）
上級中等学校
職業教育学校
基礎教育修了証（９年）
（後期課程）
総合制学校
（前期課程）
義務教育
デイケアセンター
就学前学級
高等教育
中等教育
初等教育
就学前教育

フランス共和国

(*French Republic*)

Ⅰ 概 要

1．人口
約6,633万人（2016年1月1日，仏国立統計経済研究所）
2．面積
54万4,000平方キロメートル（仏本土，仏国立統計経済研究所）
3．政治体制
共和制
4．言語
フランス語
5．1人当たり国内総生産（GDP）
37,675ドル（2015年，IMF）
6．首都
パリ
7．通貨単位
ユーロ

《出典》外務省ウェブサイト（http://www.mofa.go.jp/mofaj/area/france/data.html）（更新日：2016年12月2日）。
在日フランス大使館ウェブサイト（http://www.ambafrance-jp.org/article7113）。

Ⅱ 教育の普及状況

教育段階	年	在籍率		
			男	女
就学前教育	2013年	108%	108%	108%
初等教育	〃	106%	106%	105%
中等教育	〃	111%	111%	111%
高等教育	〃	62%	56%	69%

（通常の年齢よりも早い又は遅い入学や留年等を理由とする該当年齢以外の在籍者を含む）

Ⅲ 教育行政制度

中央には国民教育・高等教育研究省が置かれ，就学前教育から高等教育までの教育政策の立案と実施を行っている。中央の権限は地方に分散しており，同省の権限は，国の出先機関として地方に置かれる大学区事務局を通じて行使されている。

教育行政を行うに当たり，地方行政区画である地域圏と一致する17の地域圏教育区が設けられ，地域圏教育区はさらに大学区と呼ばれる30の教育行政の区画に分けられている。

学校の設置，施設・整備は地方公共団体（幼稚園及び小学校は市町村，コレージュは県，リセは地域圏）が所管している。

Ⅳ　学校体系

（学年暦：9月～翌年7月）

1. 就学前教育

就学前教育は，幼稚園又は小学校付設の幼児学級・幼児部で，2～5歳の幼児を対象として行われる。

2. 義務教育

義務教育は6～16歳の10年である。

3. 初等教育

初等教育は，6～10歳の児童を対象に5年間，小学校で行われる。

4. 中等教育

前期中等教育は，11～14歳の生徒を対象に4年間，コレージュで行われる。前期中等教育の修了は，前期中等教育修了国家免状（DNB）により認定される。ただし，同免状の取得は後期中等教育への進学のための要件とはなっていない。

後期中等教育は，リセ（3年）及び職業リセ（2～3年）で行われる。リセでは，第2学年以降，普通教育課程と技術教育課程に分かれ，第3学年終了時にバカロレア（中等教育修了資格と高等教育入学資格を兼ねる国家資格）の取得試験を受験する。普通教育課程の生徒は普通バカロレア，技術教育課程の生徒は技術バカロレアをそれぞれ取得する。職業リセには，主に，職業適任証（CAP）取得課程（2年）及び職業バカロレア取得課程（3年）が置かれる。

5. 高等教育

高等教育は，大学，大学付設技術短期大学部，グランゼコール，リセ付設のグランゼコール準備級及び中級技術者養成課程等で行われる。また，教員養成機関として，大学に付設された高等教員養成学院がある。大学では，原則としてバカロレア取得者を無選抜で受け入れる。大学以外の高等教育機関では，バカロレアの取得とともに選考や選抜試験が実施される。グランゼコールへの入学に当たっては，グランゼコール準備級を経て各学校の入学者選抜試験を受験する（準備級を経ず直接入学できる学校もある）。

大学では，学士課程（3年），修士課程（2年），博士課程（8年）が置かれる。高等教育2年を修了した者を対象とする職業リサンス課程（1年）もある。技術短期大学部及び中級技術者養成課程では，短期高等教育課程（2年）が置かれ，修了時にはそれぞれ大学技術教育免状（DUT），中級技術者資格（BTS）が授与される。グランゼコールでは3～5年の課程が置かれ，修了時にはディプロムが授与される。

《参考資料》

・国民教育・高等教育研究省ウェブサイト（http://www.education.gouv.fr/）（2016年10月18日閲覧）。

V 学校系統図

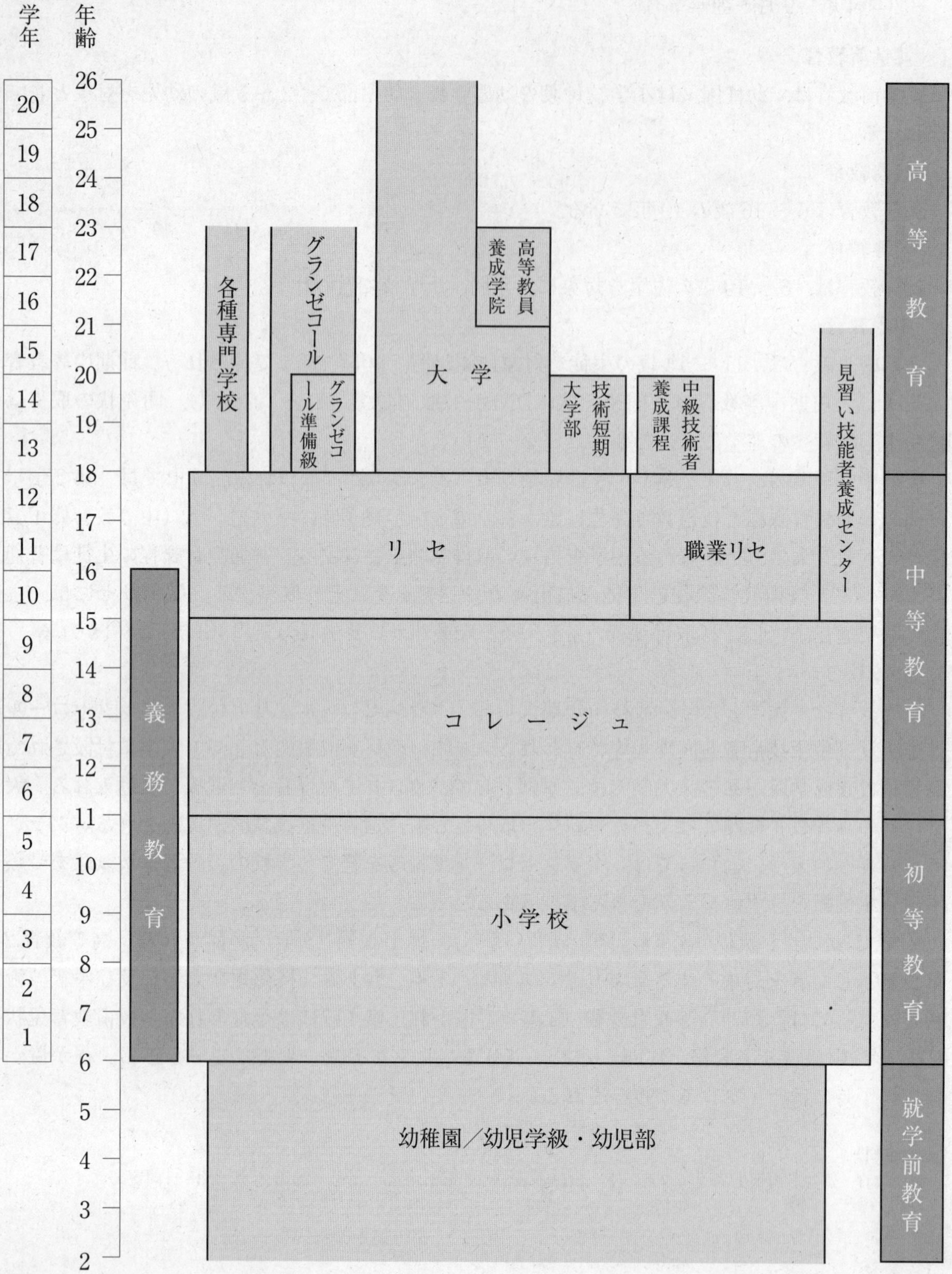

学年
年齢
20
19
18
17
16
15
14
13
12
11
10
9
8
7
6
5
4
3
2
1
26
25
24
23
22
21
20
19
18
17
16
15
14
13
12
11
10
9
8
7
6
5
4
3
2
各種専門学校
グランゼコール
グランゼコール準備級
大学
高等教員養成学院
技術短期大学部
中級技術者養成課程
見習い技能者養成センター
リセ
職業リセ
コレージュ
小学校
幼稚園／幼児学級・幼児部
義務教育
高等教育
中等教育
初等教育
就学前教育

Ⅵ　取得可能な資格・学位

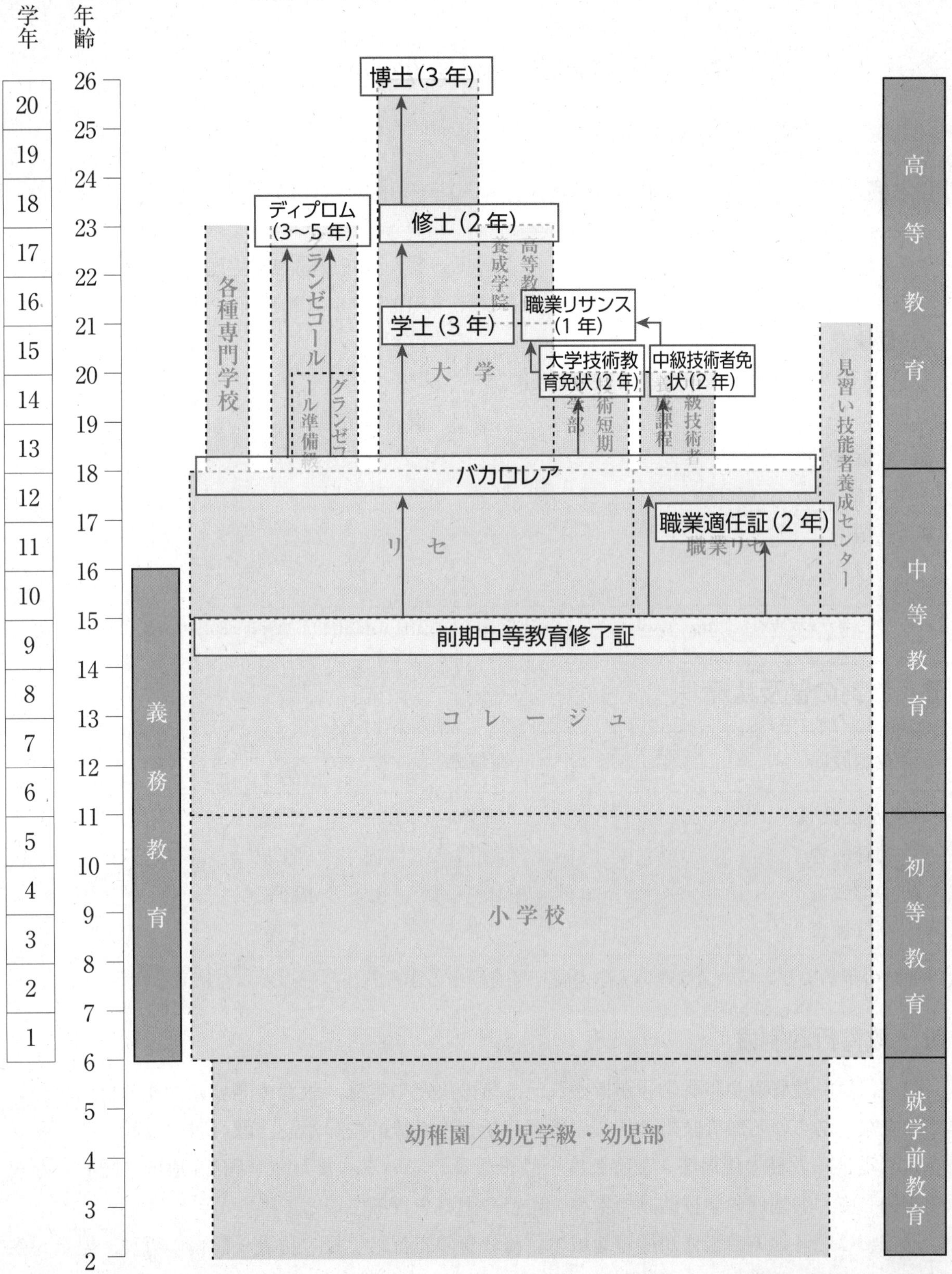
学年
年齢
博士（3年）
ディプロマ（3～5年）
修士（2年）
学士（3年）
職業リサンス（1年）
大学技術教育免状（2年）
中級技術者免状（2年）
各種専門学校
グランゼコール
大学
見習い技能者養成センター
バカロレア
職業適任証（2年）
リセ
前期中等教育修了証
コレージュ
小学校
幼稚園／幼児学級・幼児部
義務教育
高等教育
中等教育
初等教育
就学前教育

ブルガリア共和国

(*Republic of Bulgaria*)

Ⅰ　概　要

1. 人口
718万人（2015年，世銀）
2. 面積
11.09万平方キロメートル（日本の約3分の1）
3. 政治体制
共和制
4. 言語
ブルガリア語
5. 1人当たり国内総生産（GDP）
6,819.9ドル（2015年，世銀）
6. 首都
ソフィア
7. 通貨単位
レフ

《出典》外務省ウェブサイト（http://www.mofa.go.jp/mofaj/area/bulgaria/data.html）（更新日：2016年9月12日）。

Ⅱ　教育の普及状況

教育段階	年	在籍率	男	女
就学前教育	2014年	83%	83%	83%
初等教育	〃	99%	99%	99%
中等教育	〃	101%	103%	99%
高等教育	〃	71%	63%	79%

（通常の年齢よりも早い又は遅い入学や留年等を理由とする該当年齢以外の在籍者を含む）

Ⅲ　教育行政制度

中央には，教育青少年科学省が置かれ，政策の決定や実施，教育の発展にかかる取組についての立案，あらゆる教育段階の学校の監督，学校の設置計画の承認，教科書の支給，カリキュラムの提供，教員の確保等，教育制度全般を所管している。また，全国28地域に配置した視学を通じて，各地域の学校活動の指導・監督や調整を行っている。

地方では，各地方自治体が所管地域の義務教育の履行，学校の施設・設備の管理，児童・生徒の就学支援や奨学金等を所管している。

Ⅳ　学校体系

（学年歴：9月～翌年6月）

1. 就学前教育

就学前教育は，3～4歳児については，幼稚園で行われる。5～6歳児については，幼稚園又は初等学校の準備学級で行われ，準備学級への就園が義務付けられている。

2. 義務教育

義務教育は，5～16歳の11年間である。

3. 初等・前期中等教育

初等・前期中等教育は，7歳入学で初中一貫制の基礎教育として8年間，第1～4学年を対象とする初等学校及び第5～8学年を対象とする前期中等学校，あるいは第1～12学年を対象とする総合中等学校で行われる。また，前期中等職業学校や，前期中等学校及び総合中等学校の職業クラスでは，義務教育修了後に就職を希望する，第6～7学年以上の修了者を対象に職業教育が行われ，修了者には基礎教育修了資格とともに職業資格が与えられる。

4. 後期中等教育

後期中等教育は，総合中等学校，特別学校，後期中等職業学校で行われる。

総合中等学校では，普通教育が4年間行われ，所定の成績を収め，修了時の大学入学資格試験の合格者には大学入学資格が与えられる。

特別学校では，第7学年又は第8学年を修了して入学者選抜試験に合格した生徒を対象に，外国語，数学，人文学等，特定の分野に重点を置いた普通教育が行われ，所定の成績を収め，第12学年修了時の大学入学資格試験の合格者には大学入学資格が与えられる。

後期中等職業学校では，第7学年又は第8学年を修了して入学者選抜試験等を経た者を対象に，職業資格の取得に結び付く職業教育が行われる。同様の職業教育プログラムは，総合中等学校や特別学校の職業クラスでも提供される。第12学年修了時には，職業資格取得のための大学入学資格試験が行われ，合格者には大学入学資格とともに専門資格が与えられる。

5. 高等教育

高等教育は，総合大学や高度な専門的人材養成を目的とした専門大学のほか，短期高等職業教育機関で行われる。入学に際しては，機関により選抜試験が行われることがある。総合大学及び専門大学では，4年以上で学士，1年以上で修士，3年で博士の学位が授与される。短期高等職業教育機関では，3年以上で職業学士が授与される。職業学士のプログラムは，総合大学や専門大学でも提供されている。職業学士の取得者は，2年以上で修士が取得できる。

《参考資料》

・EURYDICE Bulgaria（https://webgate.ec.europa.eu/fpfis/mwikis/eurydice/index.php/Bulgaria:Overview）（2016年11月15日閲覧）.

V 学校系統図

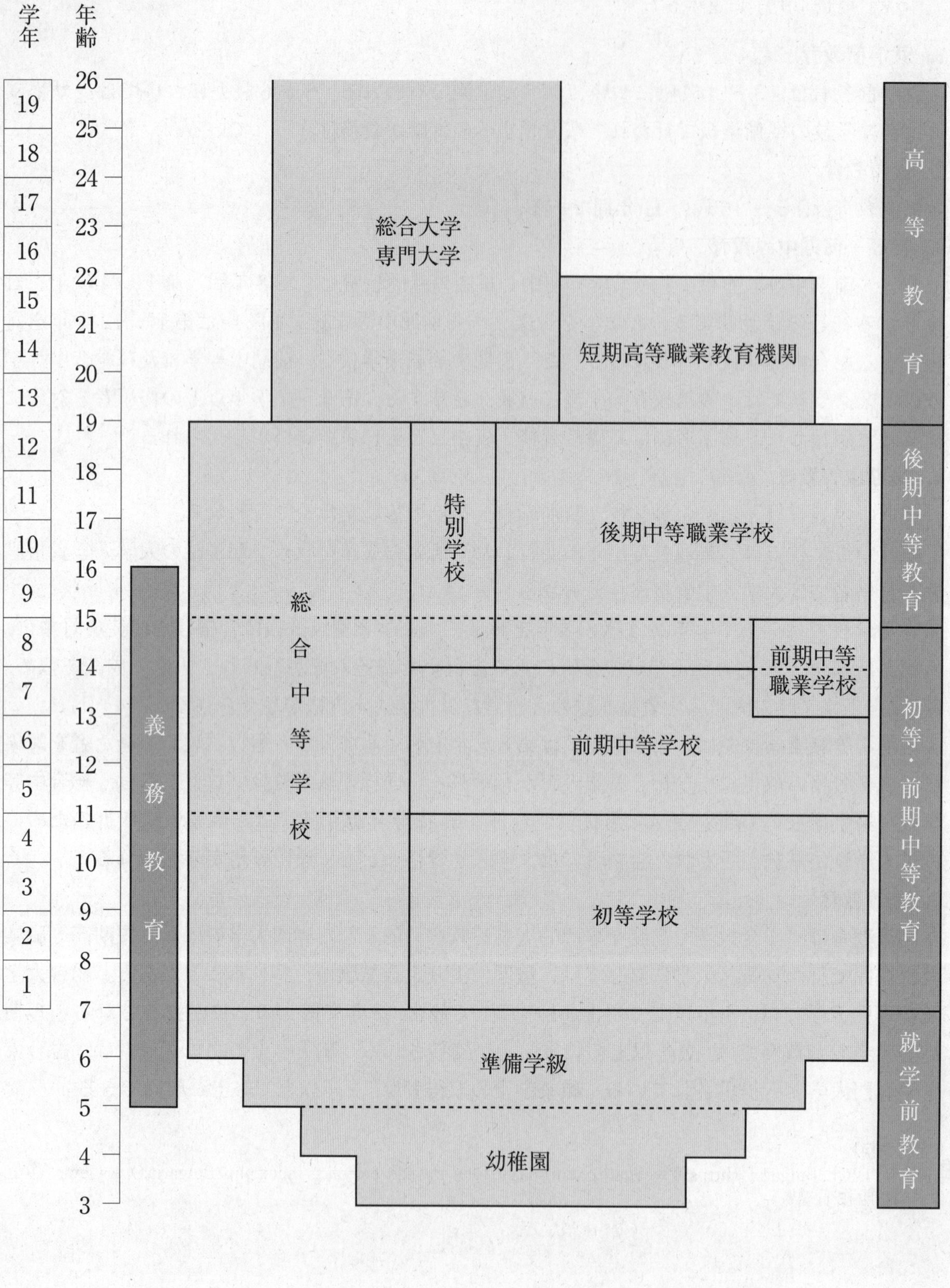

学年
年齢
19
18
17
16
15
14
13
12
11
10
9
8
7
6
5
4
3
2
1
26
25
24
23
22
21
20
19
18
17
16
15
14
13
12
11
10
9
8
7
6
5
4
3
総合大学
専門大学
短期高等職業教育機関
特別学校
後期中等職業学校
総合中等学校
前期中等職業学校
前期中等学校
初等学校
準備学級
幼稚園
義務教育
高等教育
後期中等教育
初等・前期中等教育
就学前教育

Ⅵ　取得可能な資格・学位

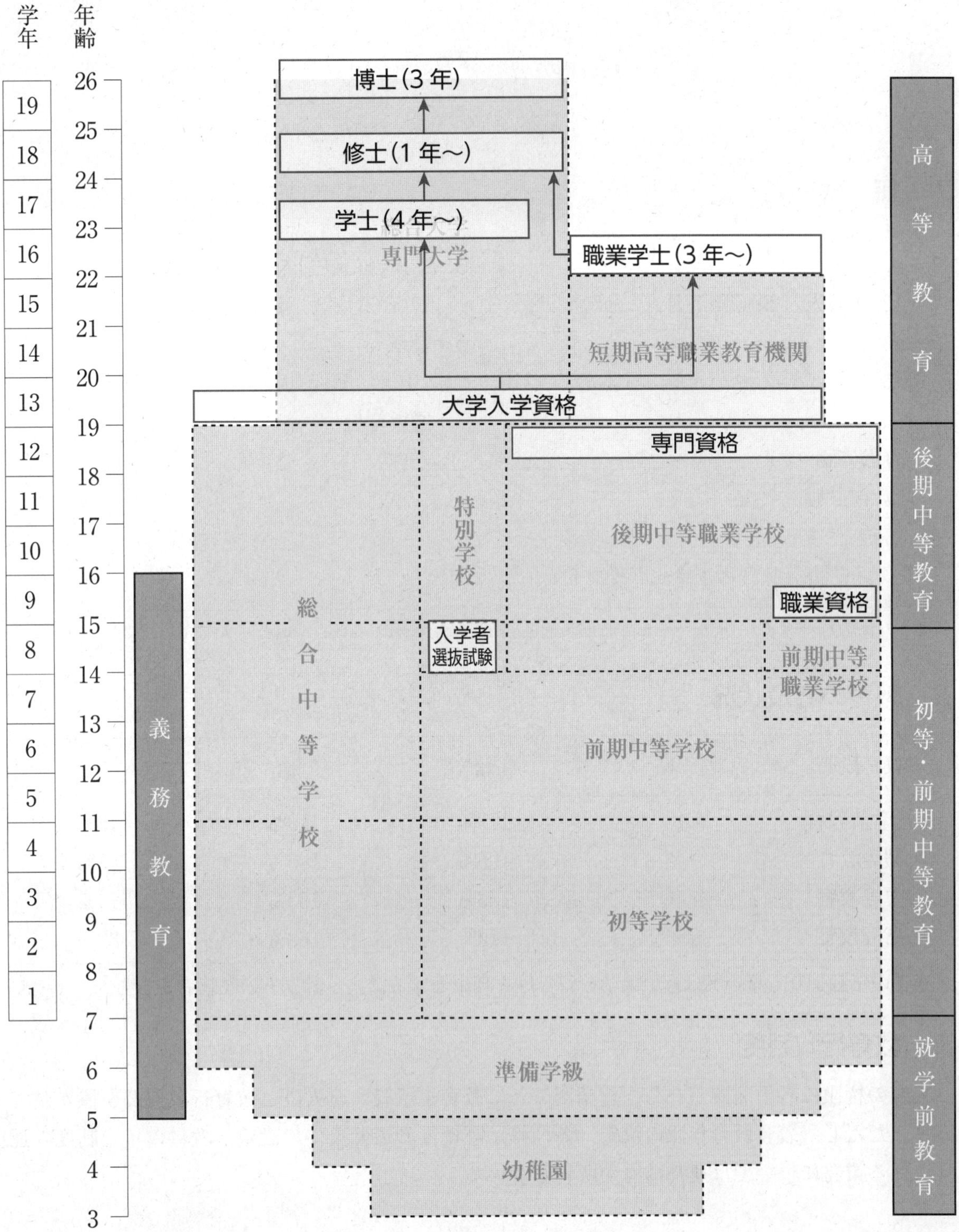
学年
年齢
博士（3年）
修士（1年～）
学士（4年～）
専門大学
職業学士（3年～）
短期高等職業教育機関
大学入学資格
専門資格
特別学校
後期中等職業学校
職業資格
総合中等学校
入学者選抜試験
前期中等職業学校
前期中等学校
初等学校
準備学級
幼稚園
義務教育
高等教育
後期中等教育
初等・前期中等教育
就学前教育

ベルギー王国

(*Kingdom of Belgium*)

Ⅰ 概 要

1. 人口
 1,132.4 万人（2016 年 7 月）
2. 面積
 30,528 平方キロメートル（日本の約 12 分の 1）
3. 政治体制
 立憲君主制
4. 言語
 オランダ語，フランス語，ドイツ語
5. 1 人当たり国内総生産（GDP）
 40,106.63 ドル（2015 年，IMF）
6. 首都
 ブリュッセル
7. 通貨単位
 ユーロ

《出典》外務省ウェブサイト（http://www.mofa.go.jp/mofaj/area/belgium/data.html）（更新日：2016 年 11 月 2 日）。

Ⅱ 教育の普及状況

教育段階	年	在籍率	男	女
就学前教育	2013 年	119%	119%	118%
初等教育	〃	105%	105%	105%
中等教育	〃	163%	153%	174%
高等教育	〃	72%	63%	82%

（通常の年齢よりも早い又は遅い入学や留年等を理由とする該当年齢以外の在籍者を含む）

Ⅲ 教育行政制度

教育の権限は各言語圏が有し，言語圏ごとに教育を所管する大臣と教育行政機関が置かれている。ただし，義務教育年限の決定，各種修了証授与の最低条件の設定，教員の年金制度の運営に係る業務については連邦政府が所管している。

Ⅳ 学校体系

（学年歴：9月～翌年6月）

ベルギーは，フラマン語圏（オランダ語系），フランス語圏及びドイツ語圏に分かれる連邦制国家であるが，学校教育制度はほぼ共通している。

1. 就学前教育

就学前教育は，2.5～5歳児（ドイツ語圏は3～5歳児）を対象に，幼稚園又は保育施設で行われる。

2. 義務教育

義務教育は，6～18歳の12年である。ただし，16～18歳については，企業で職業訓練を受けながら定時制の職業教育機関に通う，パートタイム就学も認められている。

3. 初等教育

初等教育は，6歳入学で6年間，初等学校で行われる。

4. 中等教育

中等教育は，6年間，中等学校で行われる。中等学校の課程は，3年目から普通，技術，芸術，職業の4コースに分かれ（ドイツ語圏には芸術コースはない），普通，技術，芸術コースを修了した者には，高等教育への入学要件となる中等教育修了資格が与えられる。職業コースを修了した者には，学校外部の職業資格取得試験に合格すれば職業資格が，さらに1年の課程（計7年）を修めれば中等教育修了資格が与えられる。

このほか，中等学校で最初の2年の課程を修了した15歳以上の者又は全日制の義務教育を終えた16歳以上の者を対象に，デュアルシステムにおいて定時制の職業教育プログラムを提供する中等職業教育センターがある。

5. 高等教育

高等教育は，総合大学，カレッジ（University College），芸術大学（フランス語圏のみ）で提供される。ドイツ語圏には，大学型の高等教育機関はない。

総合大学では，学士（3年），修士（1年以上），博士のほか，修士取得後さらに1年以上の学修で応用修士が取得できる。カレッジ及び芸術大学では，職業系学士（3年）のほか，さらに1年以上の学修で応用学士が取得できる。また，フランス語圏では，カレッジ及び芸術大学でも，総合大学と同様に学士（3年），修士（1～2年）を取得できるのに対し，フラマン語圏では，総合大学と提携するカレッジでのみ，総合大学と同様の学士，修士，応用修士が取得可能となっている。

《参考資料》

・EURYDICE Belgium（Flemish Community）（https://webgate.ec.europa.eu/fpfis/mwikis/eurydice/index.php/Belgium-Flemish-Community:Overview）（2016年8月5日閲覧）.
・EURYDICE Belgium（French Community）（https://webgate.ec.europa.eu/fpfis/mwikis/eurydice/index.php/Belgium-French-Community:Overview）（2016年8月5日閲覧）.
・EURYDICE Belgium（German-Speaking Community）（https://webgate.ec.europa.eu/fpfis/mwikis/eurydice/index.php/Belgium-German-Speaking-Community:Overview）（2016年8月5日閲覧）.

V 学校系統図

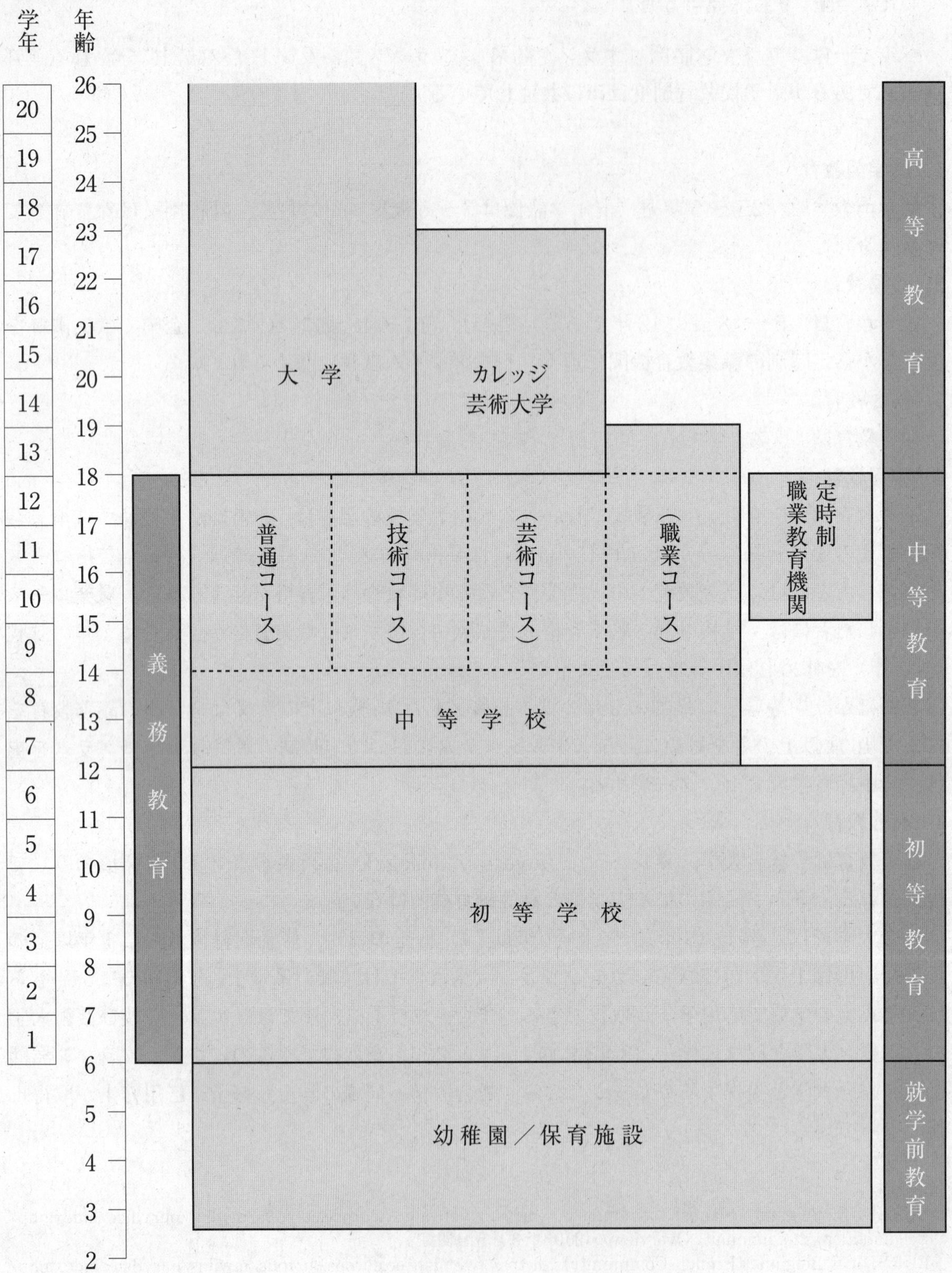
学年
年齢
大学
カレッジ
芸術大学
（普通コース）
（技術コース）
（芸術コース）
（職業コース）
定時制
職業教育機関
中等学校
初等学校
幼稚園／保育施設
義務教育
高等教育
中等教育
初等教育
就学前教育

Ⅵ　取得可能な資格・学位

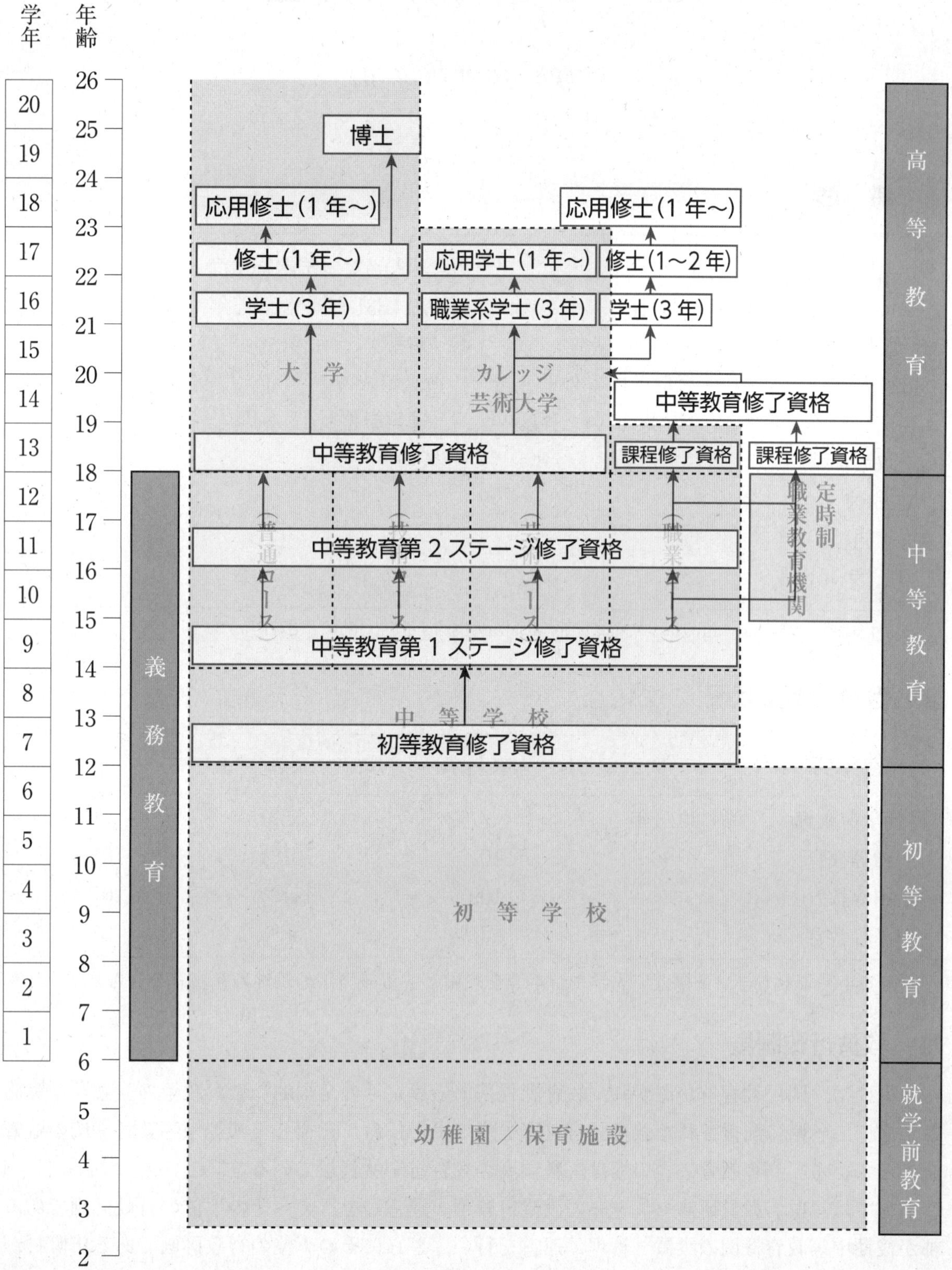
学年
年齢
20
19
18
17
16
15
14
13
12
11
10
9
8
7
6
5
4
3
2
1
26
25
24
23
22
21
20
19
18
17
16
15
14
13
12
11
10
9
8
7
6
5
4
3
2
博士
応用修士（1 年～）
修士（1 年～）
学士（3 年）
大　学
応用修士（1 年～）
応用学士（1 年～）
修士（1～2 年）
職業系学士（3 年）
学士（3 年）
カレッジ
芸術大学
中等教育修了資格
中等教育修了資格
課程修了資格
課程修了資格
定時制職業教育機関
（普通コース）
（技術コース）
（芸術コース）
（職業コース）
中等教育第 2 ステージ修了資格
中等教育第 1 ステージ修了資格
中　等　学　校
初等教育修了資格
初　等　学　校
幼稚園／保育施設
義務教育
高等教育
中等教育
初等教育
就学前教育

ポーランド共和国

(*Republic of Poland*)

I 概 要

1. 人口
約3,848万人(2014年, IMF)
2. 面積
32.2万平方キロメートル(日本の約5分の4, 日本から九州, 四国を引いた程度)
3. 政治体制
共和制
4. 言語
ポーランド語
5. 1人当たり国内総生産(GDP)
約14,331ドル(2014年, IMF)
6. 首都
ワルシャワ
7. 通貨単位
ズロチ(ZŁ)

《出典》外務省ウェブサイト(http://www.mofa.go.jp/mofaj/area/poland/data.html)(更新日:2016年9月9日)。

II 教育の普及状況

教育段階	年	在籍率	男	女
就学前教育	2013年	77%	78%	77%
初等教育	〃	101%	101%	101%
中等教育	〃	109%	111%	107%
高等教育	〃	71%	56%	87%

(通常の年齢よりも早い又は遅い入学や留年等を理由とする該当年齢以外の在籍者を含む)

III 教育行政制度

中央には, 国民教育省が置かれ, 教育課程基準の設定等の全国的な教育政策の立案及び実施とともに, 各県に配置された教育長官(官選州知事が任命)を通じて初等中等教育機関の監督を行っている。高等教育については, 科学高等教育省が所管している。

地方では, 県が教員研修センターの設置・管理・運営等を行い, その下位の行政区画である郡が後期中等教育機関の設置・管理・運営を行い, さらにその下位の行政区画である市町村が保育学校, 初等学校, 前期中等教育機関の設置・管理・運営を行っている。

Ⅳ　学校体系

（学年暦：9月～翌年6月）

1. 就学前教育

就学前教育は，3～6歳児を対象に，保育学校又は初等学校の就学前学級で行われる。6歳児の就園については，義務付けられている。

2. 義務教育

義務教育は，6～18歳の12年間である。ただし，6～16歳に課せられているのは，幼稚園等の就学前教育機関及び初等中等教育機関への就学義務で，17～18歳に課せられているのは，何らかのかたちで教育訓練を受けなければならないとする教育義務である。

3. 初等教育

初等教育は，7歳入学で6年間，初等学校で行われる。ただし，保護者の判断で，6歳で入学することもできる。

4. 中等教育

前期中等教育は，3年間，ギムナジウムで行われる。修了時には，後期中等教育への進学要件となる前期中等教育修了資格が与えられる。

後期中等教育は，高等学校，中等技術学校，職業基礎学校で行われる。

高等学校では，普通教育が3年間行われ，修了時の大学入学資格試験に合格した者には，大学入学資格が与えられる。

中等技術学校では，普通教育とともに実践を伴う職業教育が4年間行われ，修了時の職業技能認定試験に合格した者には，相応の職業技能認定証が与えられる。大学入学試験を経て大学入学資格を取得することもできる。

職業基礎学校では，普通教育とともに実践に重点を置いた職業教育が3年間行われ，修了時の職業技能認定試験に合格した者には，相応の職業技能認定証が与えられる。

5. 高等教育

高等教育は，大学入学資格取得者を対象に，大学型の高等教育機関，博士号の学位授与権を持たない非大学型の高等教育機関，短期高等職業教育プログラムを提供する社会福祉カレッジで行われる。入学に際しては，機関により選抜試験が行われることがある。大学型の高等教育機関では，3～4年で学士，1.5～2年で修士，3～4年で博士の学位が授与される。非大学型の高等教育機関でも，大学型の高等教育機関と同様の年限で学士及び修士の学位が授与される。社会福祉カレッジでは，3年でカレッジ修了資格が与えられる。また，特定の学科を履修し，試験に合格した場合には，学士の学位が授与される。

《参考資料》

・EURYDICE Poland（https://webgate.ec.europa.eu/fpfis/mwikis/eurydice/index.php/Poland:Overview）（2016年11月17日閲覧）.

V　学校系統図

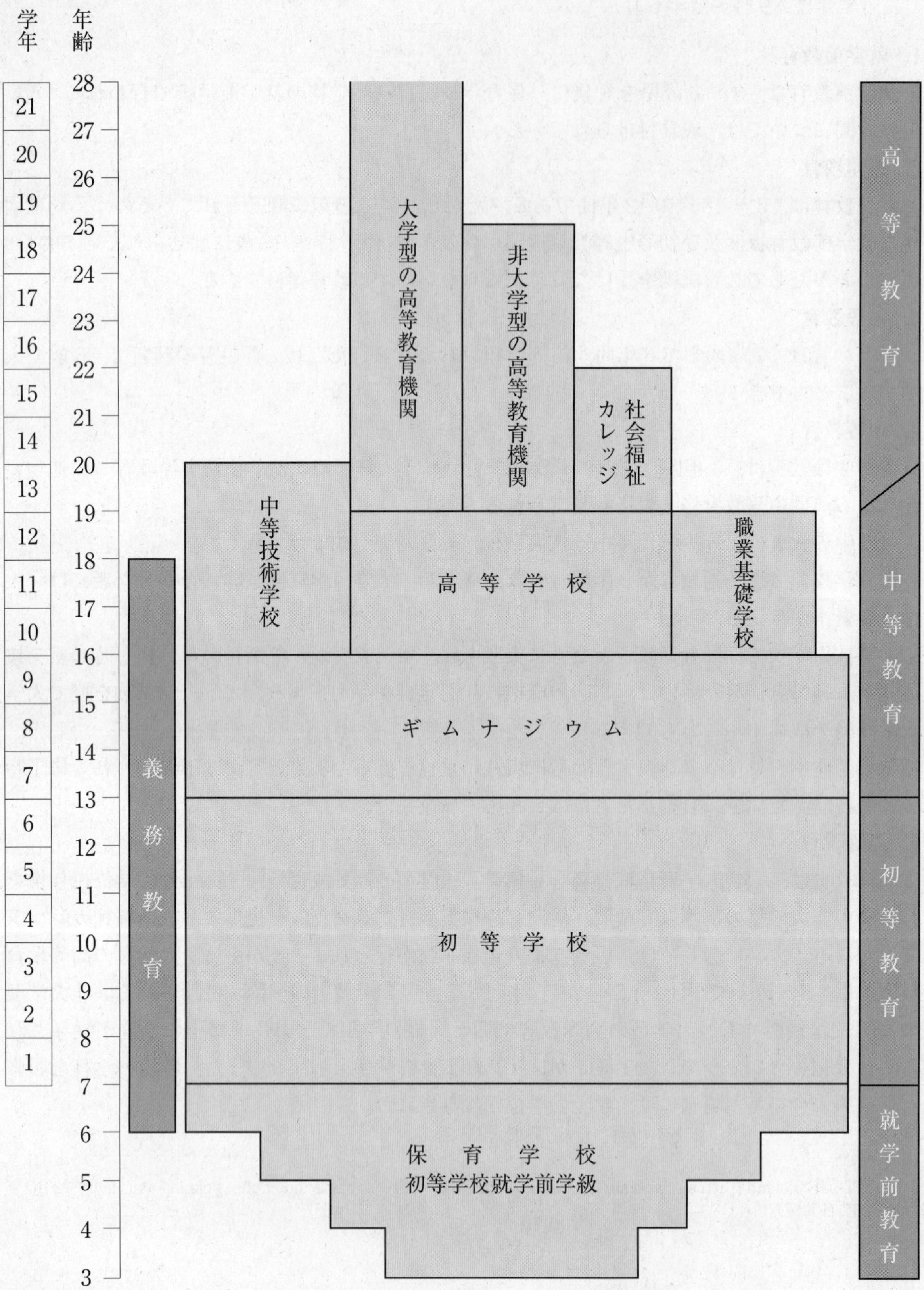
学年
年齢
大学型の高等教育機関
非大学型の高等教育機関
社会福祉カレッジ
中等技術学校
高等学校
職業基礎学校
ギムナジウム
初等学校
保育学校
初等学校就学前学級
義務教育
高等教育
中等教育
初等教育
就学前教育

Ⅵ　取得可能な資格・学位

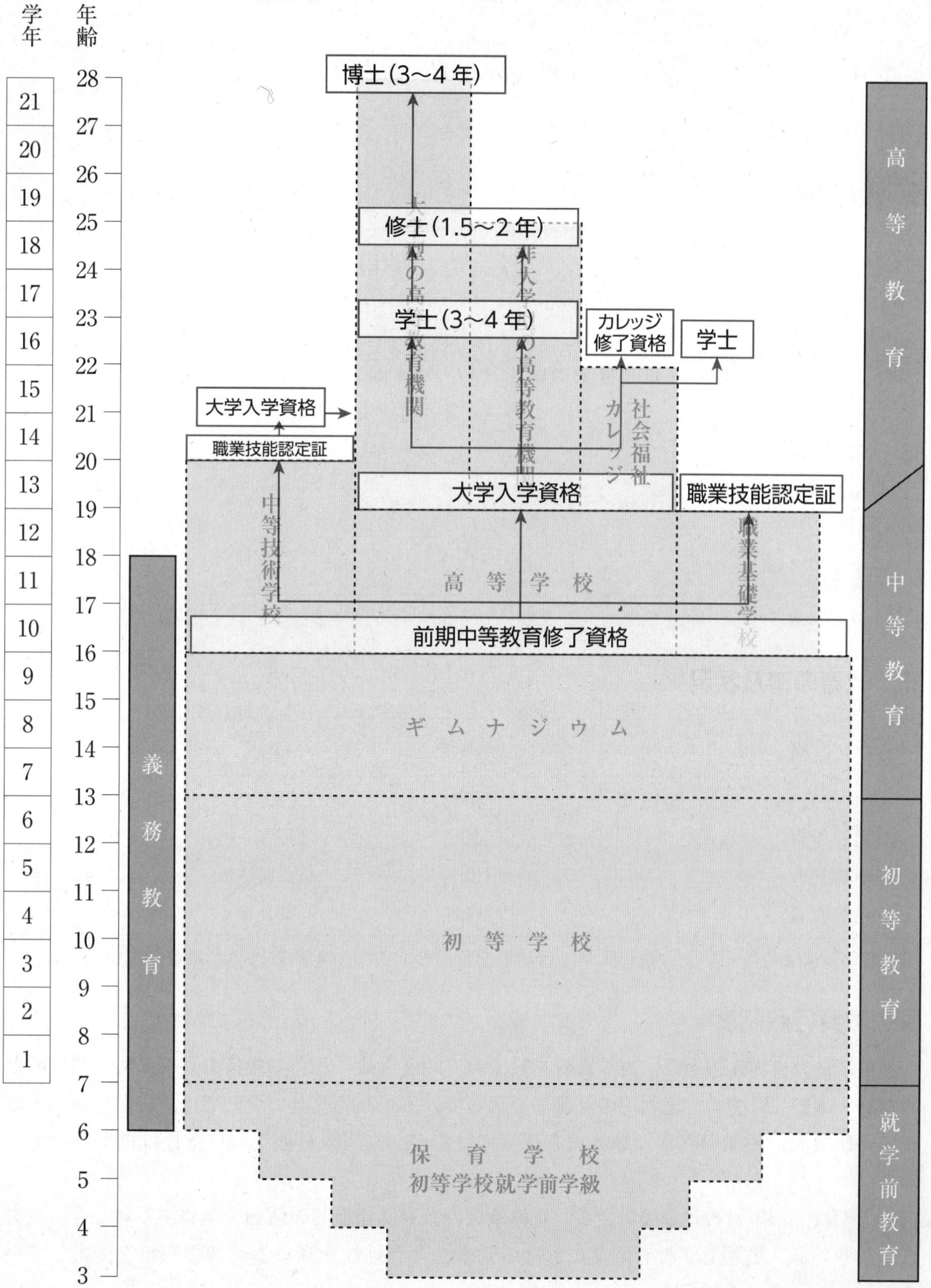
学年
年齢
博士（3～4年）
修士（1.5～2年）
学士（3～4年）
カレッジ修了資格
学士
大学入学資格
職業技能認定証
社会福祉カレッジ
大学入学資格
職業技能認定証
中等技術学校
高等学校
職業基礎学校
前期中等教育修了資格
ギムナジウム
初等学校
保育学校
初等学校就学前学級
義務教育
高等教育
中等教育
初等教育
就学前教育

ポルトガル共和国

(*Portuguese Republic*)

Ⅰ 概 要

1. 人口
約1,037万人（2014年，国立統計院）
2. 面積
91,985平方キロメートル（日本の約4分の1）
3. 政治体制
共和制
4. 言語
ポルトガル語
5. 1人当たり国内総生産（GDP）
16,384ユーロ（2015年，IMF）
6. 首都
リスボン
7. 通貨単位
ユーロ

《出典》外務省ウェブサイト（http://www.mofa.go.jp/mofaj/area/portugal/data.html）（更新日：2016年10月5日）。

Ⅱ 教育の普及状況

教育段階	年	在籍率	男	女
就学前教育	2013年	91%	92%	89%
初等教育	〃	110%	112%	108%
中等教育	〃	120%	121%	119%
高等教育	〃	66%	62%	71%

（通常の年齢よりも早い又は遅い入学や留年等を理由とする該当年齢以外の在籍者を含む）

Ⅲ 教育行政制度

中央には教育省が置かれ，高等教育を除く教育制度全般にわたる施策の立案，関係諸機関との連絡・調整，教育の実施状況の評価等を行っている。高等教育については，科学技術高等教育省が所管し，施策の立案及び実施を行っているが，高等教育機関の自律性は確保されている。

地方では，市町村の教育委員会が，管轄地域の教育関係機関の活動を調整するとともに教育の効果を検証・監視し，教育制度における効率性と有効性を高める適切な取組を提案している。

Ⅳ　学校体系

（学年暦：9月～翌年6月。高等教育は10月～翌年7月）

1. 就学前教育

就学前教育は，3～5歳児を対象に，幼稚園で行われる。

2. 義務教育

義務教育は，6～18歳の12年である。

3. 初等・前期中等教育

初等・前期中等教育は，6歳入学で初中一貫制の基礎教育として9年間，基礎学校で行われる。9年間の基礎教育は，第1～4学年の第1サイクル，第5～6学年の第2サイクル，第7～9学年の第3サイクルの3段階で構成されている。

4. 後期中等教育

後期中等教育は，主に，普通教育を行う科学・人文学校と，職業教育を行う専門芸術学校，職業学校，見習い訓練学校で，いずれも3年間行われる。

科学・人文学校では，大学準備教育が行われ，修了時には，高等教育への入学要件となる中等教育修了証が与えられる。

専門芸術学校では，芸術分野での進学又は就職を目的に芸術に重点を置いた教育が，職業学校では，職業関連の知識とスキルの習得に重点を置いた教育が，見習い訓練学校では，企業等での職業訓練に重点を置いた教育がそれぞれ行われ，修了時にはそれぞれの学校の修了証とともに相応の職業資格が与えられる。中等後教育プログラムを経て高等教育に進学することもできる。

5. 高等教育

高等教育は，総合大学とポリテクニクで行われる。総合大学では，3～4年で学士相当の伝統的な学位（Licenciado），1.5～2年で修士又は特定の分野については伝統的な学位（Mestrado），さらに3～4年で博士（Doutor）の学位が授与される。高等教育レベルの職業教育及び応用技術教育に重点を置くポリテクニクでも同様に，3～4年で学士相当の伝統的な学位（Licenciado），1.5～2年で修士又は特定の分野については伝統的な学位（Mestrado）のほか，2年の高等技術専門教育プログラムでディプロマが授与される。

《参考資料》

・EURYDICE Portugal（https://webgate.ec.europa.eu/fpfis/mwikis/eurydice/index.php/Portugal:Overview）（2016年11月30日閲覧）.
・CEDEFOP　Spotlight on VET－Anniversary edition, 2015（http://www.cedefop.europa.eu/files/4135_en.pdf）（2016年11月30日ダウンロード）.

欧州

V　学校系統図

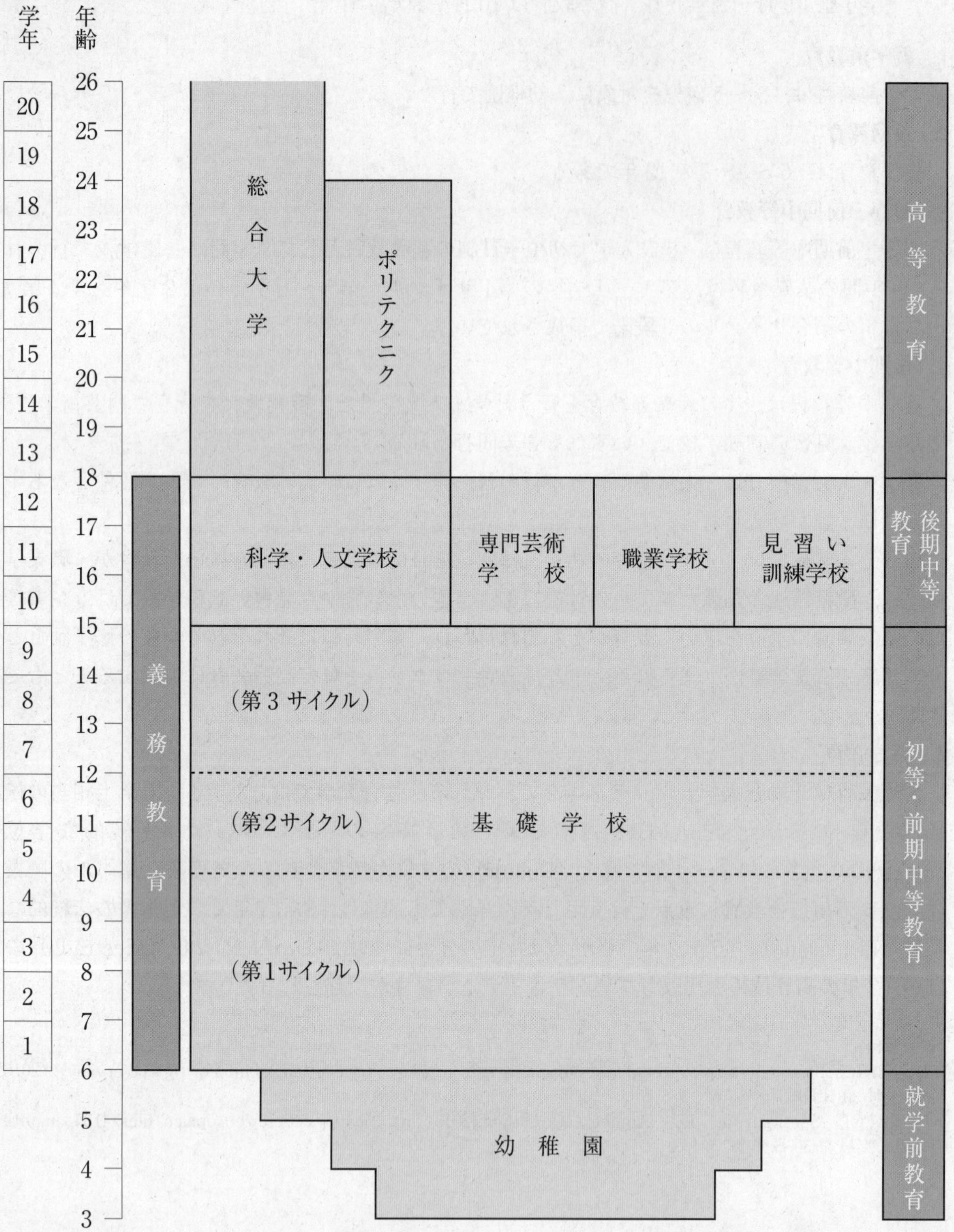
学年
年齢
20
19
18
17
16
15
14
13
12
11
10
9
8
7
6
5
4
3
2
1
26
25
24
23
22
21
20
19
18
17
16
15
14
13
12
11
10
9
8
7
6
5
4
3
総合大学
ポリテクニク
科学・人文学校
専門芸術学校
職業学校
見習い訓練学校
（第3サイクル）
（第2サイクル）
基礎学校
（第1サイクル）
幼稚園
義務教育
高等教育
後期中等教育
初等・前期中等教育
就学前教育

Ⅵ　取得可能な資格・学位

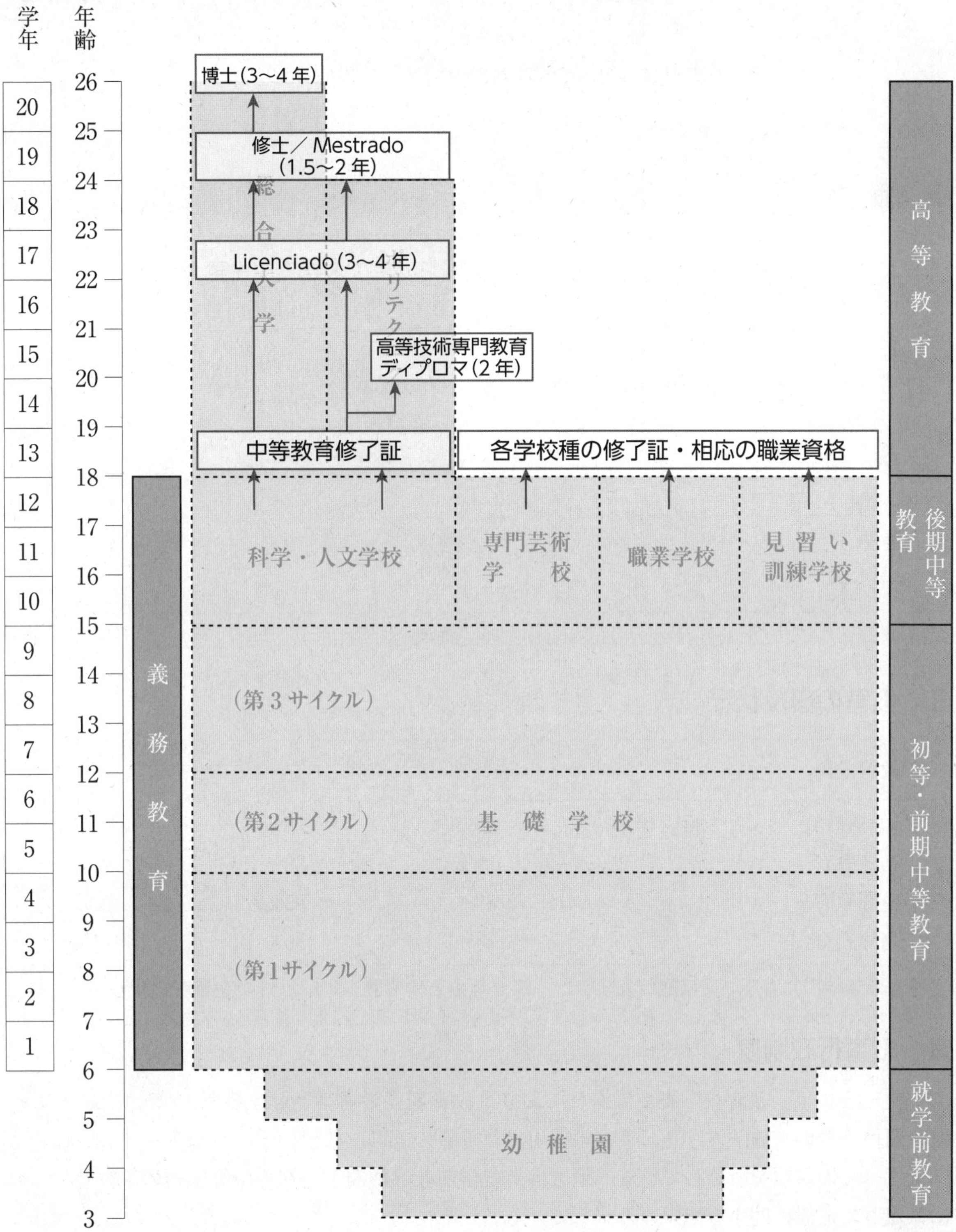

学年
年齢
博士（3〜4年）
修士／Mestrado
（1.5〜2年）
Licenciado（3〜4年）
高等技術専門教育
ディプロマ（2年）
中等教育修了証
各学校種の修了証・相応の職業資格
科学・人文学校
専門芸術学校
職業学校
見習い訓練学校
（第3サイクル）
（第2サイクル）
基礎学校
（第1サイクル）
幼稚園
義務教育
高等教育
後期中等教育
初等・前期中等教育
就学前教育

マケドニア旧ユーゴスラビア共和国

(*Former Yugoslav Republic of Macedonia*)

Ⅰ　概　要

1. 人口
208 万人（2015 年，世銀）
2. 面積
2 万 5,713 平方キロメートル（九州の約 3 分の 2）
3. 政治体制
共和制
4. 言語
マケドニア語，アルバニア語
5. 1 人当たり国内総生産（GDP）
5,371 ドル（2014 年，世銀）
6. 首都
スコピエ
7. 通貨単位
マケドニア・デナル

《出典》外務省ウェブサイト（http://www.mofa.go.jp/mofaj/area/macedonia/data.html）（更新日：2016 年 11 月 25 日）。

Ⅱ　教育の普及状況

教育段階	年	在籍率	男	女
就学前教育	2012 年	29%	28%	29%
初等教育	〃	89%	89%	89%
中等教育	〃	83%	83%	82%
高等教育	〃	38%	35%	42%

（通常の年齢よりも早い又は遅い入学や留年等を理由とする該当年齢以外の在籍者を含む）

Ⅲ　教育行政制度

中央政府には，教育科学省が置かれており，教育制度の構築と財政措置，公立機関の設置，教育関係法令の実施，カリキュラムの採用，教科書の認可，教育の質の管理等々，教育に係るほぼすべての事項を所管している。地方は，就学前教育機関及び初等中等学校の設置及びこれに係る財政措置に関する権限のみ有している。

Ⅳ　学校体系

（学年歴：9月～翌年6月）

1. 就学前教育

就学前教育は，5歳児までを対象に，幼稚園又は早期子供発達センターで行われる。

2. 義務教育

義務教育は，6～19歳の13年である。

3. 初等・前期中等教育

初等・前期中等教育は，6歳入学で初中一貫制の基礎教育として9年間，基礎学校で行われる。9年間の基礎教育は，第1～3学年の第1サイクル，第4～6学年の第2サイクル，第7～9学年の第3サイクルの3つのサイクルで構成されている。所定の成績を収めることによって，後期中等教育への進学要件となる基礎教育修了資格が修了時に与えられる。

4. 後期中等教育

後期中等教育は，ギムナジウム，技術学校，職業学校等で行われる。

ギムナジウムでは，普通コース，自然科学及び理数コース，語学コースといった，いずれも4年制の普通教育を提供する課程が設置されており，修了時の国家試験（State Matura）に合格した者には高等教育への入学要件となる中等教育修了資格が，最終試験に合格した者には就職の基礎要件となるギムナジウム修了資格が与えられる。

技術学校では，普通教育とともに様々な分野の技術についての準備教育が4年間行われ，ギムナジウムと同様に，修了時の国家試験に合格した者には高等教育への入学要件となる中等教育修了資格が，最終試験に合格した者には就職の基礎要件となる技術学校修了資格が与えられる。

職業学校では，普通教育とともに様々な分野の職業スキルを身に付けるための準備教育が3年間行われ，修了時の最終試験に合格した者には就職や中等後教育への進学の基礎要件となる職業学校修了資格が与えられる。

5. 高等教育

高等教育は，総合大学で行われ，3～4年で学士，1～2年で修士，3年で博士の学位が授与される。

《参考資料》

・EURYDICE Former Yugoslav Republic of Macedonia（https://webgate.ec.europa.eu/fpfis/mwikis/eurydice/index.php/former_Yugoslav_ Republic_of_Macedonia:Overview）（2016年11月14日閲覧）.
・UNESCO, World Data on Education, 7th edition, 2010/11.

V　学校系統図

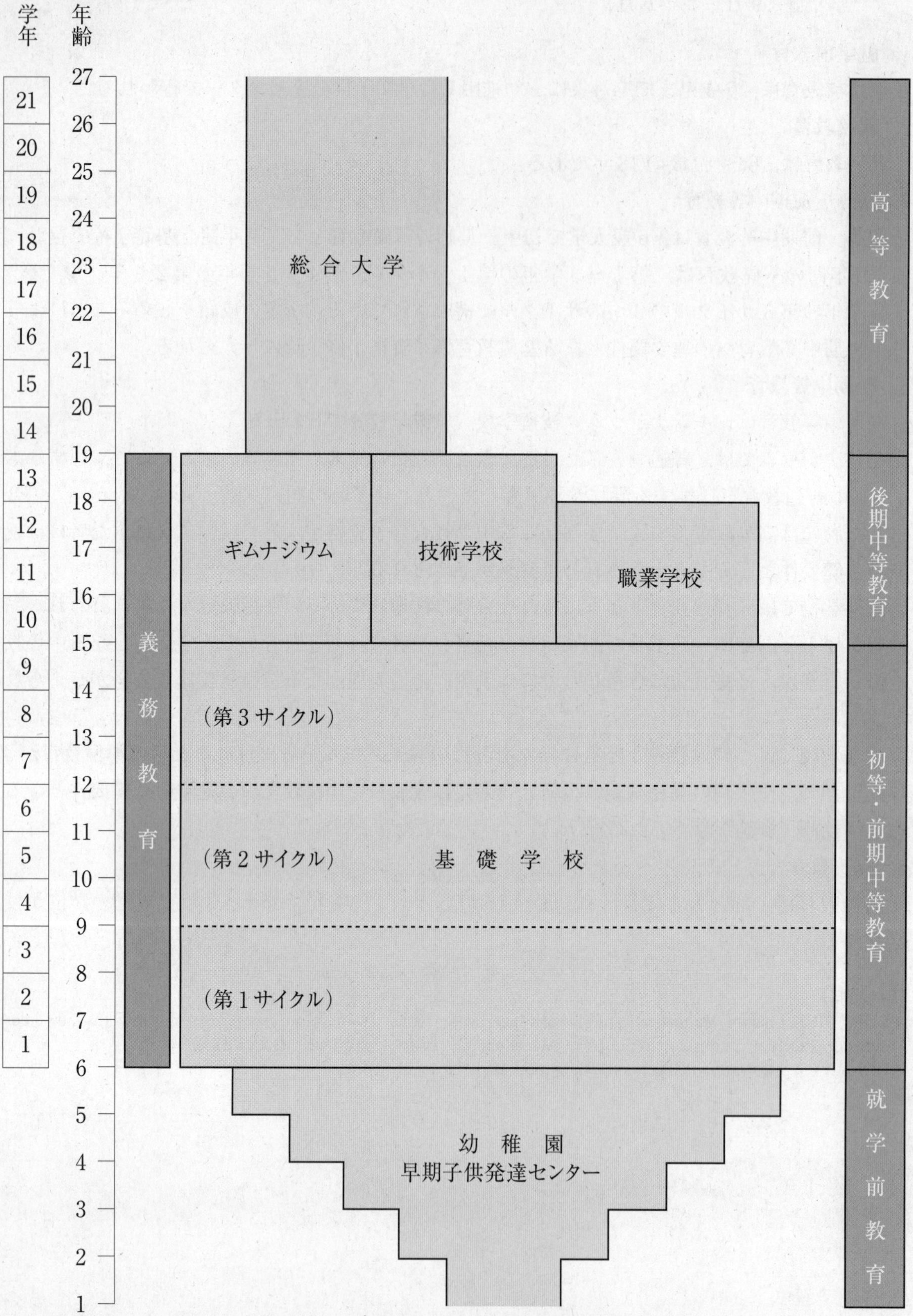
学年
年齢
21
20
19
18
17
16
15
14
13
12
11
10
9
8
7
6
5
4
3
2
1
27
26
25
24
23
22
21
20
19
18
17
16
15
14
13
12
11
10
9
8
7
6
5
4
3
2
1
総合大学
ギムナジウム
技術学校
職業学校
義務教育
（第3サイクル）
（第2サイクル）
基礎学校
（第1サイクル）
幼稚園
早期子供発達センター
高等教育
後期中等教育
初等・前期中等教育
就学前教育

Ⅵ　取得可能な資格・学位

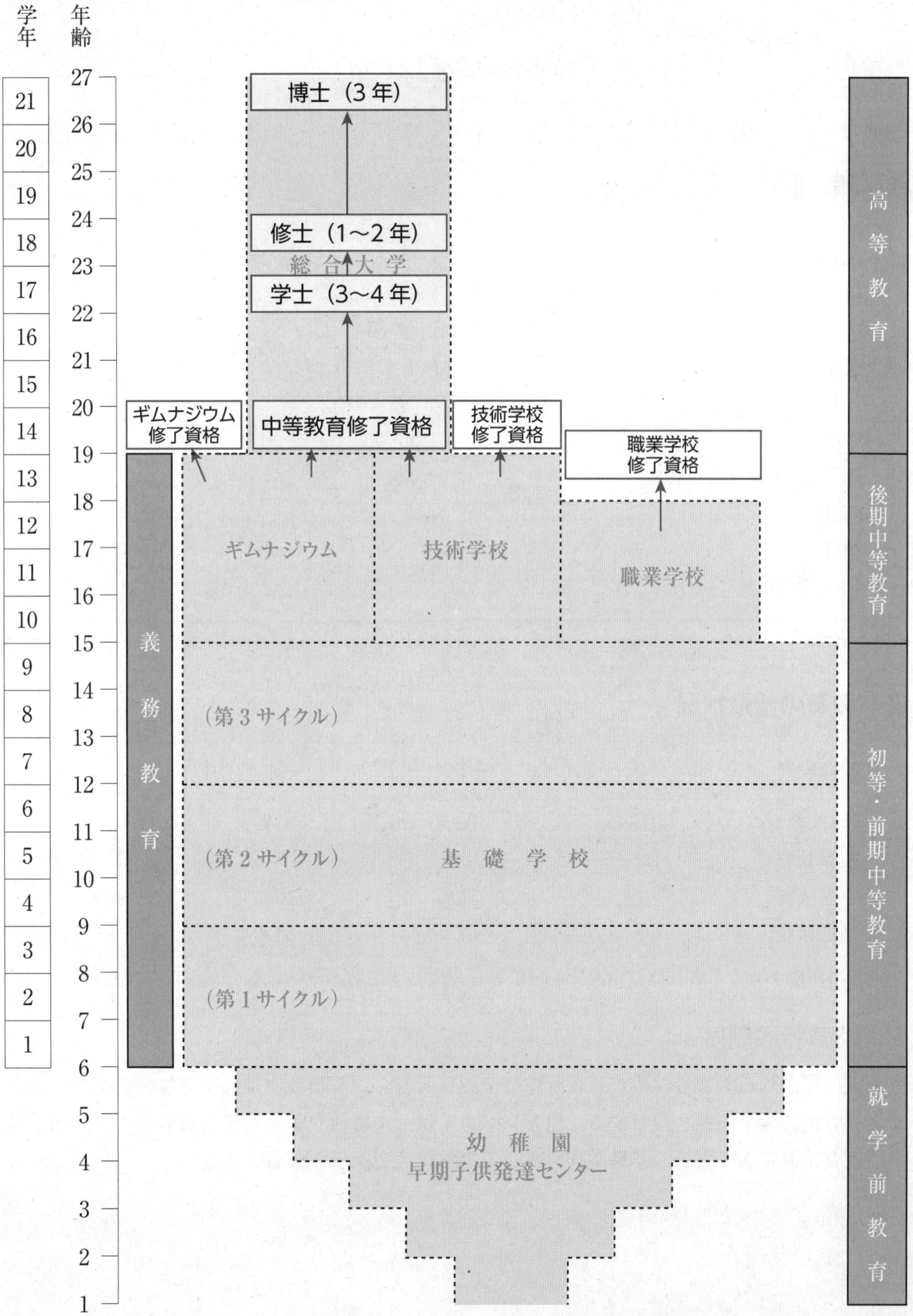

欧州

ラトビア共和国

(*Republic of Latvia*)

Ⅰ 概 要

1. 人口
214 万人（2016 年 7 月現在，ラトビア内務省）
2. 面積
6.5 万平方キロメートル（日本のおよそ 6 分の 1）
3. 政治体制
共和制
4. 言語
ラトビア語
5. 1 人当たり国内総生産（GDP）
13,573 ドル（2015 年，IMF）
6. 首都
リガ
7. 通貨単位
ユーロ

《出典》外務省ウェブサイト（http://www.mofa.go.jp/mofaj/area/latvia/data.html）（更新日：2016 年 11 月 10 日）。

Ⅱ 教育の普及状況

教育段階	年	在籍率	男	女
就学前教育	2013 年	93%	93%	92%
初等教育	〃	103%	103%	102%
中等教育	〃	110%	112%	109%
高等教育	〃	67%	54%	81%

（通常の年齢よりも早い又は遅い入学や留年等を理由とする該当年齢以外の在籍者を含む）

Ⅲ 教育行政制度

中央に置かれる教育科学省が，教育施策全般を所管し，職業教育機関や高等教育機関，特別支援教育機関等を指導・監督する。地方レベルでは，市町村が教育科学省の監督の下，公立就学前教育施設や初等学校，基礎学校，普通中等学校等を指導・監督する。

Ⅳ　学校体系

（学年暦：9月～翌年5月）

1. 就学前教育

就学前教育は，1.5～6歳児を対象に，就学前教育施設で行われる。5，6歳児には，就学前教育が義務付けられている。

2. 義務教育

義務教育は，5～16歳の11年である。

3. 初等・前期中等教育

初等・前期中等教育は，7歳入学で9年間，基礎教育として行われる。基礎教育は，初等学校（第1～6学年又は第1～4学年）又は基礎学校で行われる。ギムナジウムや普通中等学校で第7～9学年又は第1～9学年を提供する学校もある。第9学年終了時には国家試験が実施され，合格者には基礎教育修了証が授与される。

4. 後期中等教育

後期中等教育は，普通教育又は職業教育に分かれる。普通教育は，基礎教育修了者を対象に3年間，普通中等学校又はギムナジウムで行われる。終了時には試験が実施され，合格者には中等教育修了証が授与される。

職業教育は，基礎教育修了者を対象に，各種の中等職業教育学校で行われる。中等職業教育学校には，職業基礎学校（2年制），職業中等学校（2～3年制）及び職業ギムナジウム（4年制）があり，修了時にはそれぞれ相応の職業資格を取得する。職業基礎学校では15歳以上の基礎教育未修了者を受け入れており，この場合，職業教育と並行して基礎教育を履修することができる。

5. 高等教育

高等教育は，大学，非大学型高等教育機関及びカレッジにおいて行われる。大学には，学士課程（3～4年），修士課程（1～2年），博士課程（3～4年）が置かれている。非大学型高等教育機関には，職業的要素を持つ学士課程や修士課程が置かれる。カレッジには，専門分野における資格取得を目的とする課程が置かれている。2～3年で高等職業第一学位，4年で専門資格を取得する。

《参考資料》
・UNESCO, World Data on Education, 7th edition, 2010/11.
・Eurydice, Latvia（https://webgate.ec.europa.eu/fpfis/mwikis/eurydice/index.php/Latvia:Overviewほか）（2016年8月17日閲覧）.
・ラトビア教育科学省（http://www.izm.gov.lv/en/education/education-system-in-latvia）。

V　学校系統図

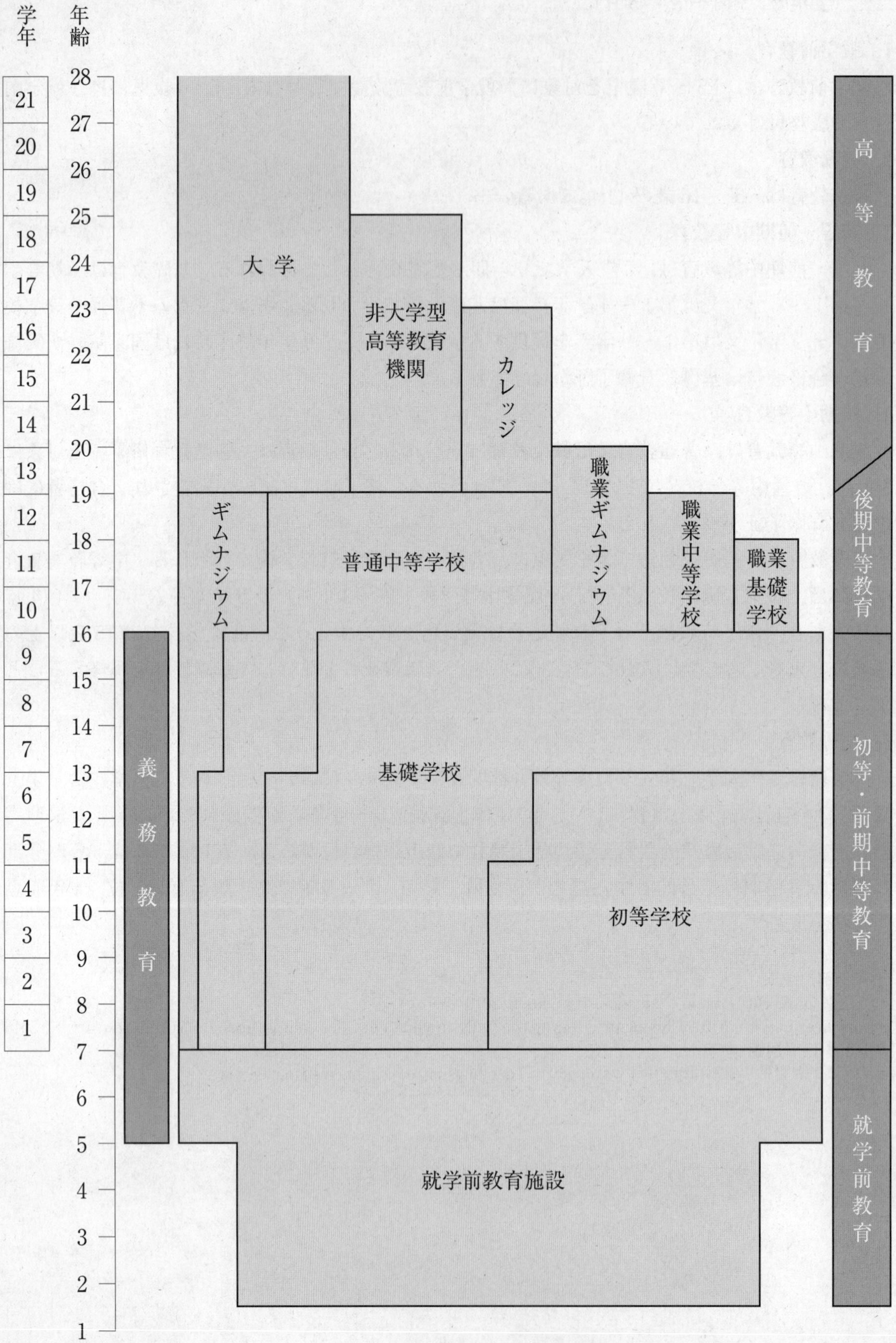

学年
年齢
21
20
19
18
17
16
15
14
13
12
11
10
9
8
7
6
5
4
3
2
1
28
27
26
25
24
23
22
21
20
19
18
17
16
15
14
13
12
11
10
9
8
7
6
5
4
3
2
1
大学
非大学型高等教育機関
カレッジ
職業ギムナジウム
職業中等学校
職業基礎学校
ギムナジウム
普通中等学校
基礎学校
初等学校
就学前教育施設
義務教育
高等教育
後期中等教育
初等・前期中等教育
就学前教育

Ⅵ　取得可能な資格・学位

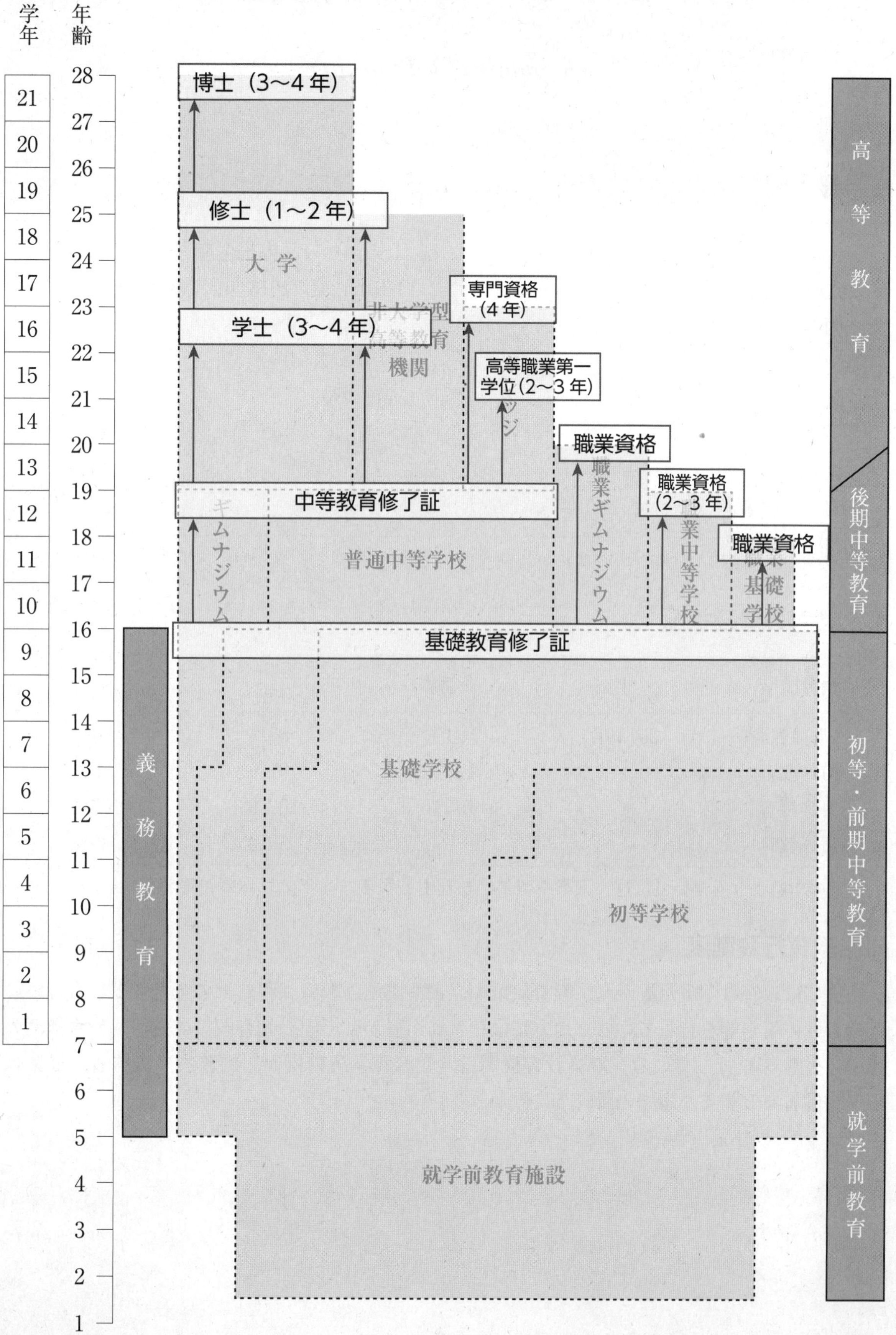

学年
年齢
博士（3～4年）
修士（1～2年）
大学
学士（3～4年）
非大学型高等教育機関
専門資格（4年）
高等職業第一学位（2～3年）
職業資格
職業資格（2～3年）
職業資格
中等教育修了証
ギムナジウム
普通中等学校
職業ギムナジウム
職業中等学校
基礎学校
基礎教育修了証
義務教育
基礎学校
初等学校
就学前教育施設
高等教育
後期中等教育
初等・前期中等教育
就学前教育

リトアニア共和国

(*Republic of Lithuania*)

I 概 要

1. 人口
 291.6万人(2015年3月,リトアニア統計局)
2. 面積
 6.5万平方キロメートル
3. 政治体制
 共和制
4. 言語
 リトアニア語
5. 1人当たり国内総生産(GDP)
 14,210ドル(2015年,IMF)
6. 首都
 ビリニュス
7. 通貨単位
 ユーロ

《出典》外務省ウェブサイト(http://www.mofa.go.jp/mofaj/area/lithuania/data.html)(更新日:2016年11月16日)。

II 教育の普及状況

教育段階	年	在籍率	男	女
就学前教育	2013年	84%	85%	84%
初等教育	〃	101%	101%	101%
中等教育	〃	105%	108%	103%
高等教育	〃	72%	59%	86%

(通常の年齢よりも早い又は遅い入学や留年等を理由とする該当年齢以外の在籍者を含む)

III 教育行政制度

中央には教育科学省が置かれ,教育政策の立案,実施,教育課程基準の策定及び教育財政の運営方針の策定等を行っている。地方には教育局が置かれ,国の教育政策の適用,教育機関の指導・監督等を行っている。職業教育機関は,教育科学省のほか,内務省,農務省,社会保障・労働省など様々な省庁の所管下に置かれる。

Ⅳ　学校体系

（学年暦：9月～翌年8月）

1. 就学前教育

就学前教育は，1～6歳児を対象に，幼稚園等で行われる。初等教育開始前の1年間は義務教育となっている。

2. 義務教育

義務教育は，6～16歳の10年間である。

3. 初等教育

初等教育は，7歳入学で4年間，初等学校，プレギムナジウム（8年制），基礎学校（10年制），又はギムナジウム（12年制）の第1～4学年で行われる。修了時には，初等教育修了証が授与される。

4. 中等教育

前期中等教育は，基礎学校又はギムナジウムの第5～10学年，又はプレギムナジウムの第5～8学年で行われる。第10学年修了時には，基礎教育修了証が授与される。

後期中等教育は，ギムナジウムで行われる。修了時には試験が行われ，大学入学要件となる中等教育修了資格が授与される。

職業教育は，主として14歳以上の生徒を対象に，職業学校で行われる。前期中等教育及び後期中等教育のそれぞれの段階で2～3年の課程，また中等後教育として1～2年の課程が置かれ，修了時には資格証明証や職業訓練修了証等が授与される。職業教育は普通教育と並行して実施することが可能であり，その場合，修了時には職業証明証とともに基礎教育修了証や中等教育修了証が授与される。

5. 高等教育

高等教育は，大学又はカレッジにおいて行われる。大学には，学士課程（通常4年），修士課程（1.5～2年），博士課程（最長4年）が置かれている。カレッジには，主に3～4年の課程が置かれ，修了者にはディプロマ又は職業専門学士が授与される。

《参考資料》

・UNESCO, World Data on Education, 7th edition, 2010/11.
・Eurydice, Lithuania（https://webgate.ec.europa.eu/fpfis/mwikis/eurydice/index.php/Lithuania:Overviewほか）（2016年8月17日，11月4日閲覧）.

欧州

V　学校系統図

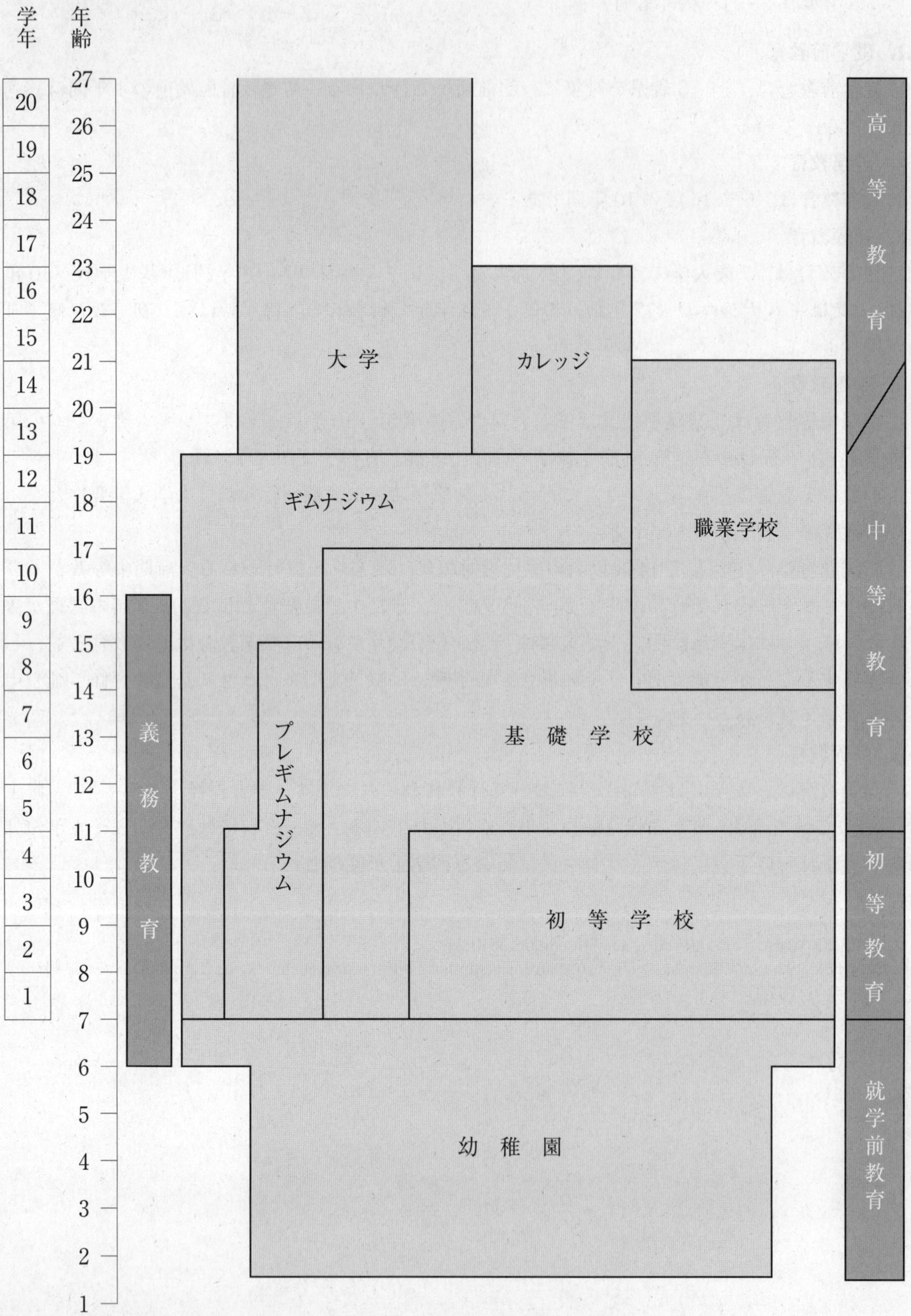

学年
年齢
大学
カレッジ
ギムナジウム
職業学校
プレギムナジウム
基礎学校
初等学校
幼稚園
義務教育
高等教育
中等教育
初等教育
就学前教育

Ⅵ　取得可能な資格・学位

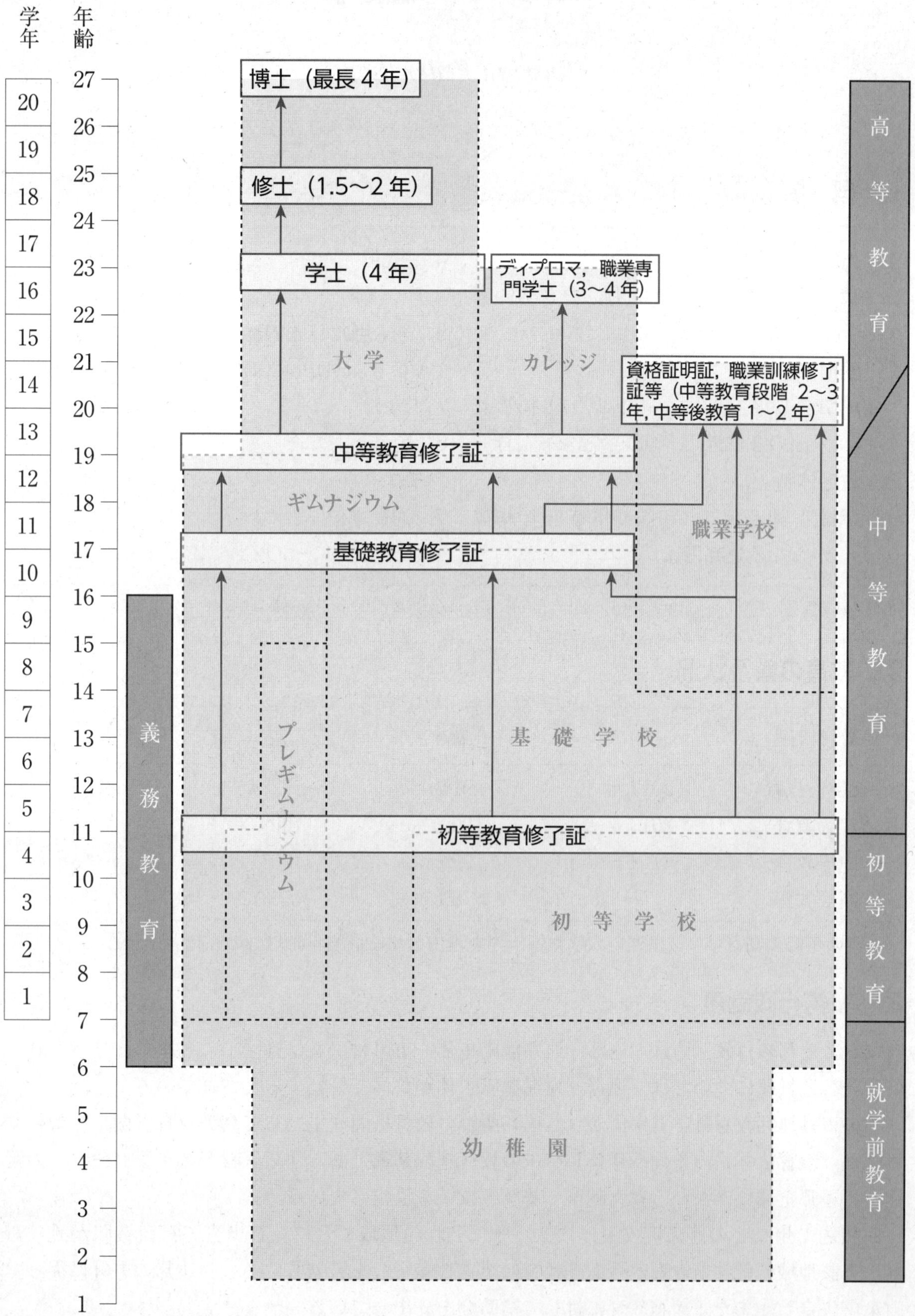
学年
年齢
博士（最長４年）
修士（1.5〜2年）
学士（４年）
ディプロマ，職業専門学士（3〜4年）
資格証明証，職業訓練修了証等（中等教育段階 2〜3年，中等後教育 1〜2年）
大学
カレッジ
中等教育修了証
ギムナジウム
職業学校
基礎教育修了証
プレギムナジウム
基礎学校
初等教育修了証
初等学校
幼稚園
義務教育
高等教育
中等教育
初等教育
就学前教育

ロシア連邦

(*Russian Federation*)

Ⅰ 概 要

1. 人口
1億4,651万人（2016年1月，ロシア国家統計庁）
2. 面積
約1,707万平方キロメートル（日本の45倍，米国の2倍近く，ロシア国家統計庁）
3. 政治体制
共和制，連邦制（共和国や州等83の構成主体からなる連邦国家）
4. 言語
ロシア語
5. 1人当たり国内総生産（GDP）
（参考：GDP（2015年）は1兆3,247億米ドル）
6. 首都
モスクワ
7. 通貨単位
ロシア・ルーブル

《出典》外務省ウェブサイト（http://www.mofa.go.jp/mofaj/area/russia/data.html）（更新日：2016年7月29日）。

Ⅱ 教育の普及状況

教育段階	年	在籍率	男	女
就学前教育	2012年	91%	92%	90%
初等教育	2013年	100%	100%	101%
中等教育	〃	99%	100%	98%
高等教育	〃	78%	70%	87%

（通常の年齢よりも早い又は遅い入学や留年等を理由とする該当年齢以外の在籍者を含む）

Ⅲ 教育行政制度

ロシア連邦の行政区画は，連邦－連邦構成主体－市町村（又は管区）の3段階に分けられている。教育行政については，連邦と連邦構成主体が共同で管轄するとされている。

中央には連邦教育科学省が置かれ，連邦所管の教育機関（主として高等教育機関）を管轄するほか，教育法体系の整備や連邦レベルの教育課程基準である「全国教育スタンダード」の策定など連邦全体にかかわる教育制度・基準・政策を決定している。

共和国や州などの連邦構成主体には，それぞれの地域ごとに教育担当の行政機関が設けられ，当該地域の就学前教育から高等教育に至る教育全般を管轄している。連邦の方針に従って政策を決定し，また，義務教育に対して補助金を支出している。

市町村（又は管区）は，義務教育段階の学校を設置・管理する。

Ⅳ　学校体系

（学年暦：9月～翌年6月）

1. 就学前教育

就学前教育は，幼稚園で，生後2か月～6歳までの乳幼児を対象として行われる。

2. 義務教育

法令上，普通教育を修めることが義務となっており，義務教育の開始年限及び修業年限については明示されていない。実態は，6～17歳の11年間である。

3. 初等教育

初等教育は，6～9歳までの児童を対象に4年間，初等中等教育学校又は基礎学校の第1～4学年や初等学校で行われる。

4. 中等教育

中等教育は前期と後期に分かれる。

前期中等教育は，10～14歳の生徒を対象に5年間，初等中等教育学校又は基礎学校の第5～9学年で行われる。第9学年の終わりに修了試験が課され，合格者には基礎普通教育修了証が授与される。

後期中等教育は，初等中等教育学校の第10，11学年，職業技術学校（一般に1～2.5年制），中等専門学校（3～4年制）で行われる。初等中等教育学校では，主に大学等への進学準備のための教育を行っている。第11学年の終わりに修了試験が課され，合格者には中等普通教育修了証が授与される。職業技術学校は，主に技能労働者の養成を行う。中等専門学校は，会計士や幼稚園及び初等中等教員の養成など，主に専門職や技術者の養成を行っている。職業技術学校及び中等専門学校は，第9学年修了を入学資格とする。また，第11学年修了を入学資格とする中等後職業教育機関があり，修業年限は課程により2～4年であり，修了者はディプロームを授与される。

5. 高等教育

高等教育は，後期中等教育を修了した者を対象に，総合大学，専門大学及びアカデミヤで行われる。修業年限は課程により2～6年である。修了者には，学士（4年以上），専門士（5～6年），修士（2年），博士（第1レベル）（3年），博士（第2レベル）などの学位が授与される。

《参考資料》
・UNESCO World Data on Education, 7th edition, 2010/11.
・ロシア連邦教育科学省：National Information Centre on Academic Recognition and Mobility ウェブサイト，"Russian Education System", "diagram of the Russian Education System",（http://www.russianenic.ru/english/rus/index.html#5）（2016年7月22日閲覧）.

V 学校系統図

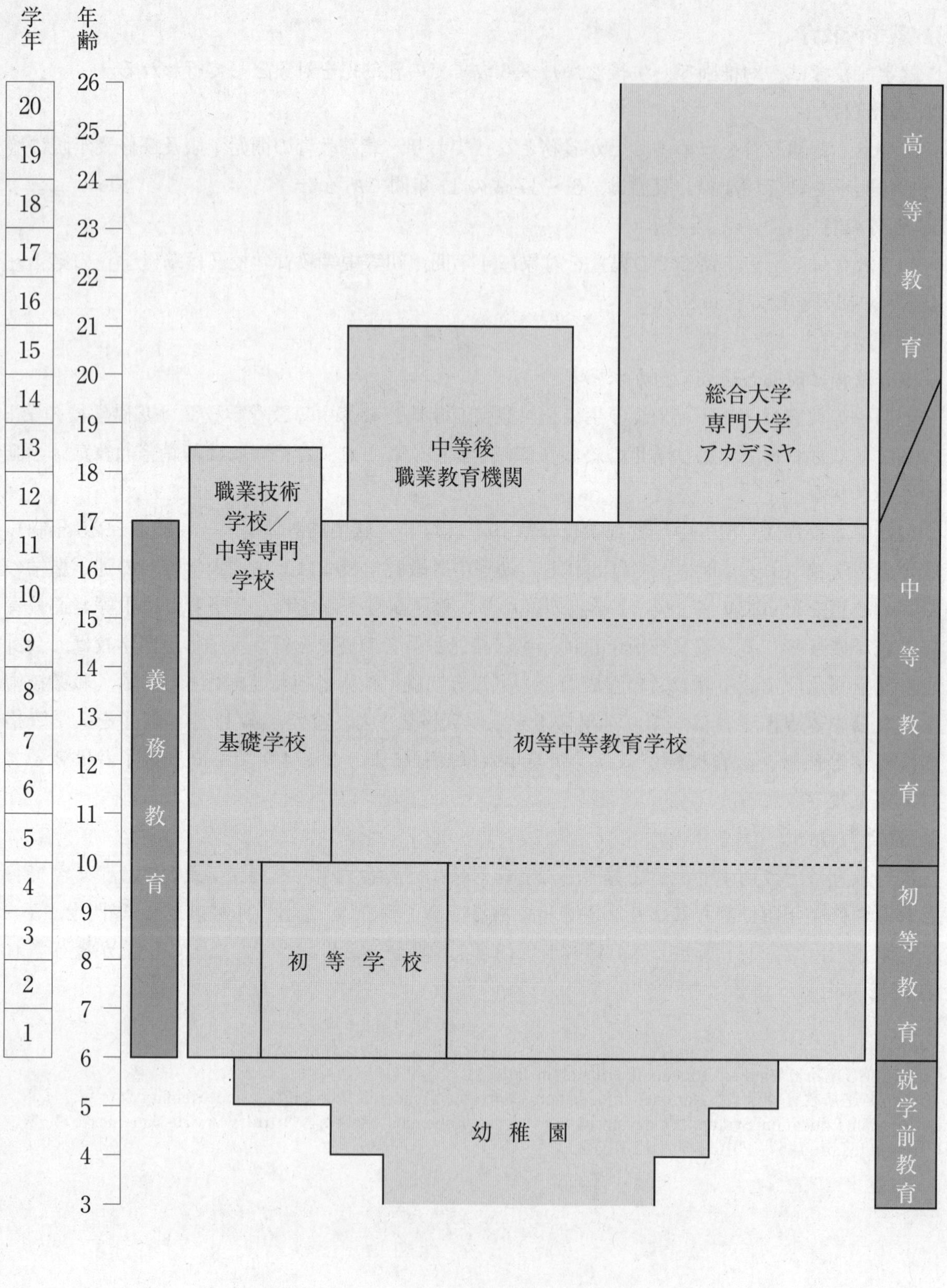
学年
年齢
20
19
18
17
16
15
14
13
12
11
10
9
8
7
6
5
4
3
2
1
26
25
24
23
22
21
20
19
18
17
16
15
14
13
12
11
10
9
8
7
6
5
4
3
義務教育
職業技術学校／中等専門学校
中等後職業教育機関
総合大学
専門大学
アカデミヤ
基礎学校
初等中等教育学校
初等学校
幼稚園
高等教育
中等教育
初等教育
就学前教育

Ⅵ　取得可能な資格・学位

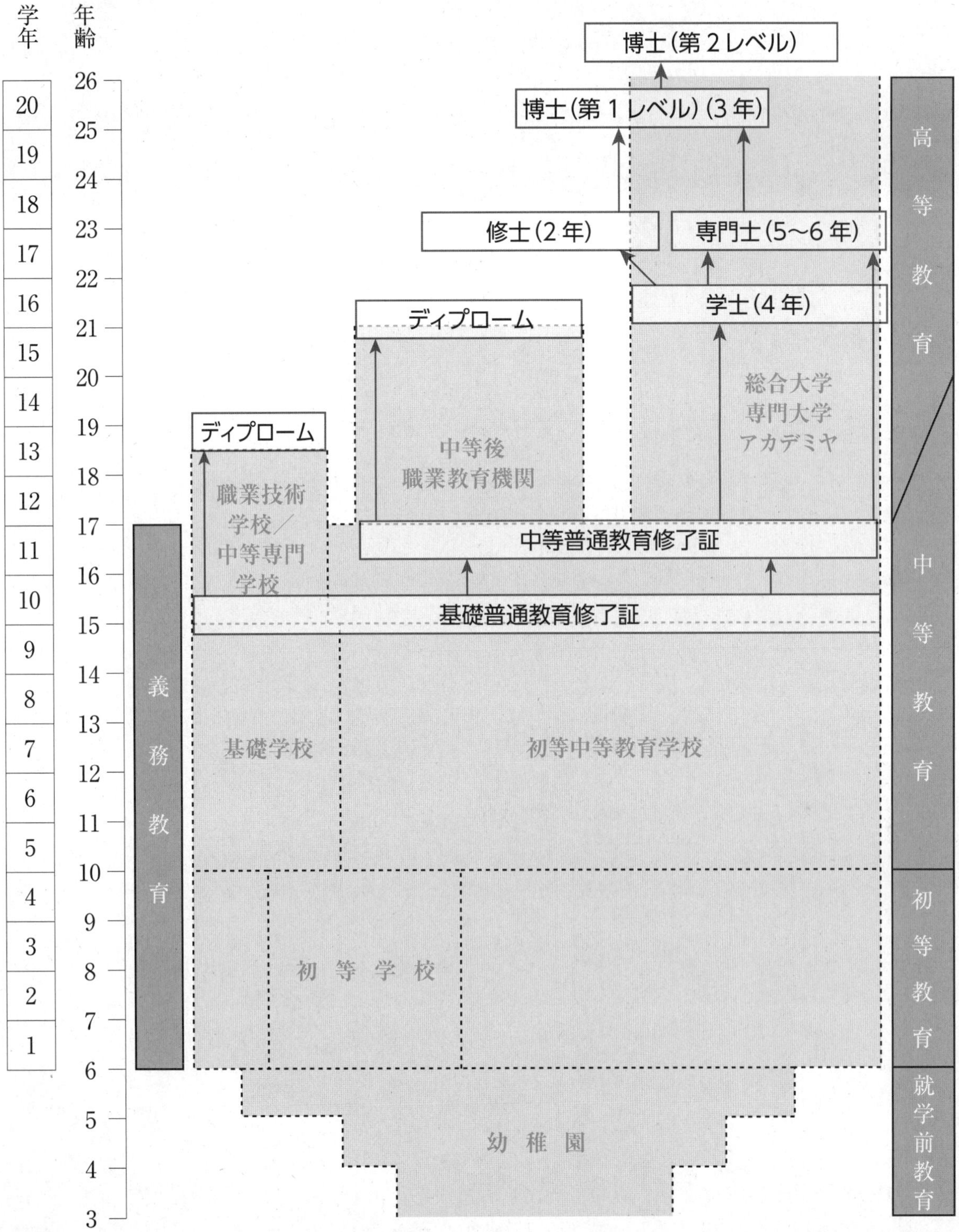
学年
年齢
博士（第２レベル）
博士（第１レベル）（3年）
修士（2年）
専門士（5～6年）
学士（4年）
ディプローム
ディプローム
総合大学
専門大学
アカデミヤ
中等後
職業教育機関
職業技術
学校／
中等専門
学校
中等普通教育修了証
基礎普通教育修了証
基礎学校
初等中等教育学校
初　等　学　校
幼　稚　園
義務教育
高等教育
中等教育
初等教育
就学前教育

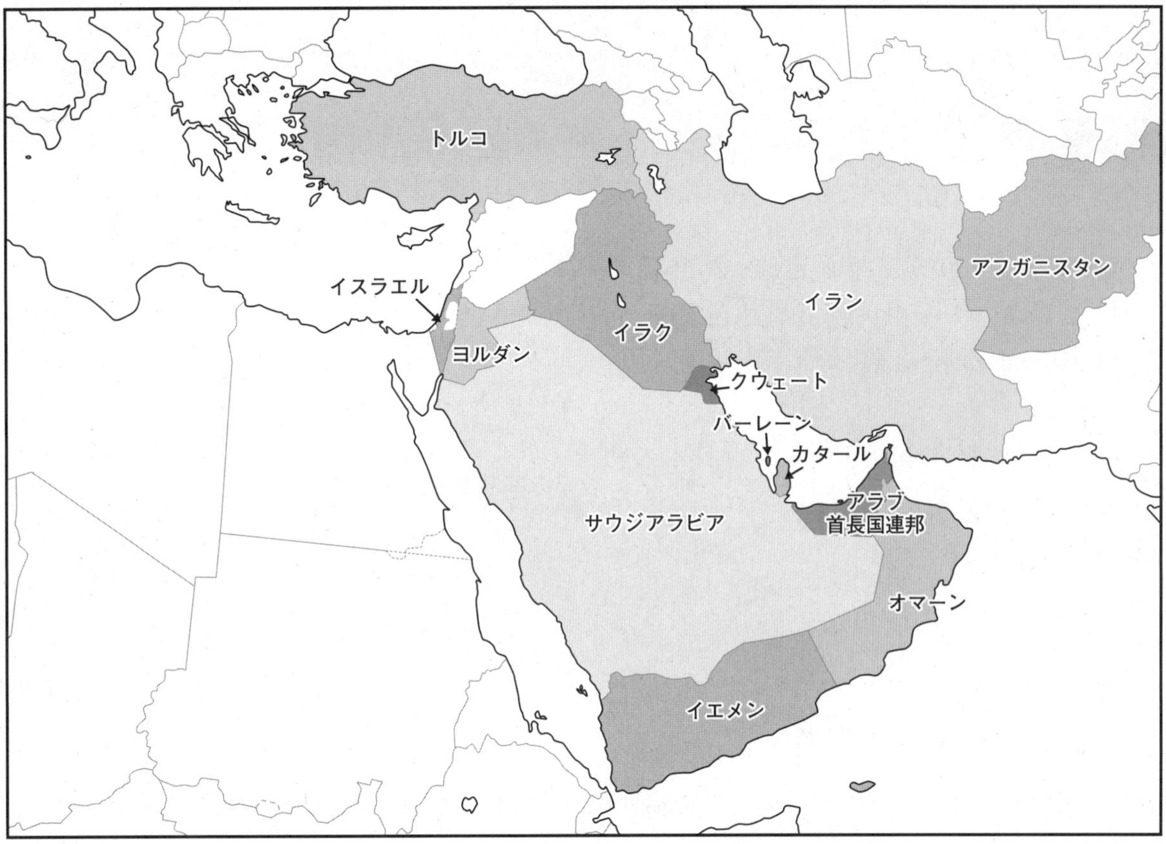

中　　東

（国・地域は掲載しているもののみ。国・地域名の表記は誌面の都合上，一般的なものとしているため本文と異なる。）

アフガニスタン・イスラム共和国

(*Islamic Republic of Afghanistan*)

Ⅰ 概 要

1. 人口
2,860万人(2015-16年推定値, 2014-15年アフガニスタン中央統計局 Afghanistan Statistical Yearbook)
2. 面積
65万2,225平方キロメートル(日本の約1.7倍)
3. 政治体制
共和制
4. 言語
公用語であるダリー語, パシュトゥー語の他, ハザラ語, タジク語等
5. 1人当たり国内総生産(GDP)
不明
[参考:GDPは210億ドル(2014-15年アフガニスタン中央統計局 Afghanistan Statistical Yearbook)]
6. 首都
カブール
7. 通貨単位
アフガニー

《出典》外務省ウェブサイト(http://www.mofa.go.jp/mofaj/area/afghanistan/data.html)(更新日:2015年10月27日)。

Ⅱ 教育の普及状況

教育段階	年	在籍率	男	女
就学前教育	2006年	…	…	…
初等教育	2014年	112%	131%	92%
中等教育	〃	56%	71%	40%
高等教育	2011年	4%	6%	2%

(通常の年齢よりも早い又は遅い入学や留年等を理由とする該当年齢以外の在籍者を含む)

Ⅲ 教育行政制度

中央には教育省が置かれ, 初等中等教育のほか初等教員養成, 職業技術教育, 識字教育等を所管している。教育省は全34州と州の下の地方行政区画に出先機関を設け, 所管する分野について直接的に取組を進めている。

高等教育は高等教育省が担当する。高等教育省は, 高等教育政策の立案や予算配分, 高等教育機関の設置のほか, 質保証や中等教員養成を所管している。

Ⅳ　学校体系

（学年暦：3月～11月）

1. 就学前教育

就学前教育は，3～6歳を対象に，幼稚園又は小学校の就学前クラスで行われる。

2. 義務教育

義務教育は，7～16歳の9年間である。

3. 初等教育

初等教育は7歳入学で6年間，初等学校又はイスラム教教育機関で行われる。

4. 中等教育

中等教育は前期と後期に分かれる。

前期中等教育は，前期中等学校又はイスラム教教育機関において3年間行われる。

後期中等教育は，後期中等学校又はイスラム教教育機関において3年間行われる。第12学年修了者に対して修了証が授与される。

このほか，後期中等教育段階の教育機関として，中等専門学校（2～5年の課程），教員養成教育機関（2又は5年の課程），イスラム教教育機関がある。5年制の課程修了者には準学士が授与される。

5. 高等教育

高等教育機関には総合大学と高等専門教育機関がある。前者には学士課程（4年～），修士課程（2年）及び博士課程が置かれている。後者は，法学や経営学，コンピュータ科学など学士課程レベルの専門教育を行う。高等教育機関入学の基礎要件は後期中等の修了であるが，国立機関については全国大学入学試験の成績に基づく選抜が行われる。私立機関については同試験の受験義務はない。

《参考資料》

・Australian Government, Country Education Profiles（https://internationaleducation.gov.au/CEP/Subcontinent-And-The-Middle-East/Afghanistan/Pages/default.aspx）（2016年7月6日閲覧）.
・UNESCO, World Data on Education, 7th edition, 2010/11（2011年7月）.

V　学校系統図

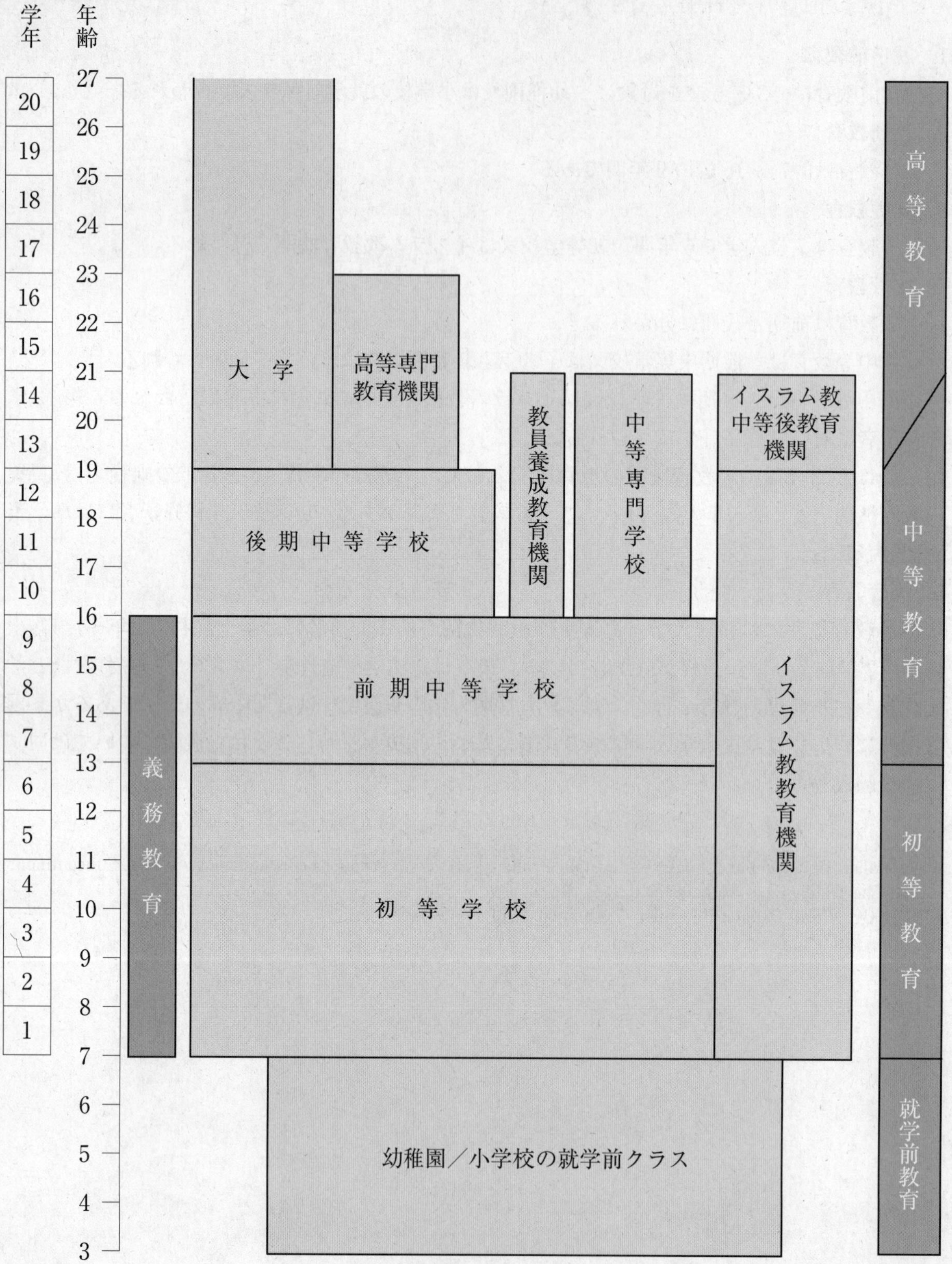
学年
年齢
20
19
18
17
16
15
14
13
12
11
10
9
8
7
6
5
4
3
2
1
27
26
25
24
23
22
21
20
19
18
17
16
15
14
13
12
11
10
9
8
7
6
5
4
3
大学
高等専門教育機関
教員養成教育機関
中等専門学校
イスラム教中等後教育機関
後期中等学校
前期中等学校
初等学校
イスラム教教育機関
義務教育
幼稚園／小学校の就学前クラス
高等教育
中等教育
初等教育
就学前教育

Ⅵ　取得可能な資格・学位

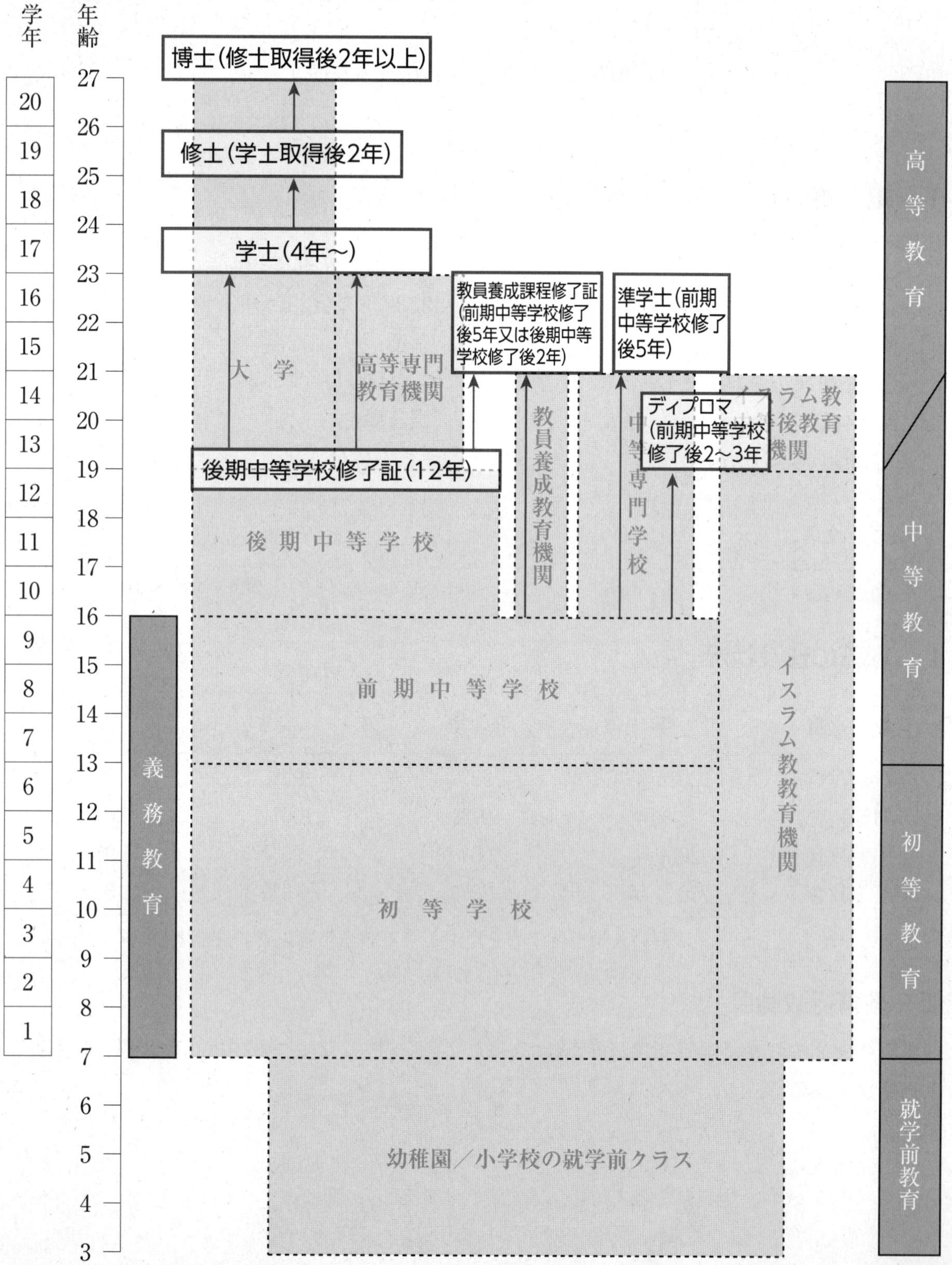

学年
年齢
博士（修士取得後2年以上）
修士（学士取得後2年）
学士（4年～）
教員養成課程修了証（前期中等学校修了後5年又は後期中等学校修了後2年）
準学士（前期中等学校修了後5年）
大学
高等専門教育機関
ディプロマ（前期中等学校修了後2～3年）
イスラム教中等後教育機関
後期中等学校修了証（12年）
後期中等学校
教員養成教育機関
中等専門学校
前期中等学校
初等学校
イスラム教教育機関
義務教育
幼稚園／小学校の就学前クラス
高等教育
中等教育
初等教育
就学前教育

アラブ首長国連邦

(*United Arab Emirates: UAE*)

Ⅰ 概 要

1. 人口
約945万人（2014年，世銀）
2. 面積
8万3,600平方キロメートル
3. 政治体制
7首長国による連邦制
4. 言語
アラビア語
5. 1人当たり国内総生産（GDP）
42,522ドル（2014年，世銀）
6. 首都
アブダビ
7. 通貨単位
ディルハム

《出典》外務省ウェブサイト（http://www.mofa.go.jp/mofaj/area/uae/data.html）（更新日：2016年4月18日）。

Ⅱ 教育の普及状況

教育段階	年	在籍率	男	女
就学前教育	2014年	92%	92%	92%
初等教育	〃	107%	106%	107%
中等教育	2009年	95%	95%	96%
高等教育	2014年	22%	15%	35%

（通常の年齢よりも早い又は遅い入学や留年等を理由とする該当年齢以外の在籍者を含む）

Ⅲ 教育行政制度

教育省と高等教育科学研究省が置かれている。特別支援教育については，教育省と厚生省の共同所管である。

Ⅳ　学校体系

（学年暦：9月～翌年6月）

アラブ首長国連邦は，1971年から1972年にイギリスから相次いで独立した7つの首長国からなる連邦制の国家であるが，教育については連邦内で同一の制度となっている。

1. 就学前教育

就学前教育は，4～5歳児を対象に，幼稚園で行われる。

2. 義務教育

義務教育は，6～12歳の6年である。

3. 初等教育

初等教育は，6歳入学で6年間，初等学校で行われる。

4. 中等教育

中等教育は前期と後期に分かれる。

前期中等教育は，3年間，準備学校で行われる。

後期中等教育は，3年間，普通中等学校で行われ，卒業者には，中等教育証が授与される。

また，技術・職業教育は，前期中等教育（3年）と後期中等教育（3年）ともに技術・職業学校で行われ，卒業者には，中等職業教育修了証が授与される。

5. 高等教育

高等教育は，大学及び高等技術専門学校等の高等教育機関において行われる。大学には，準学士課程（2年），学士課程（専攻により4～6年），修士課程（2年），博士課程（3年）が置かれている。高等技術専門学校には1～3年のディプロマ課程や準学士課程（2年）が置かれる。

《参考資料》
・UNESCO World Data on Education, 6th edition, 2006/07, & 7th edition, 2010/11.
・『諸外国の学校教育（アジア・オセアニア・アフリカ編）』，文部省編，1996年。
・外務省，「諸外国・地域の学校情報（アラブ首長国連邦）」（平成27年11月更新情報）。
・アラブ首長国連邦ウェブサイト，"Education in the UAE"，（http://www.moe.gov.ae/English/Pages/UAE/UaeEdu.aspx），（2016年9月6日閲覧）。
・海外職業訓練協会「アラブ首長国連邦」http://www.ovta.or.jp/info/asia/emirates/10evaluation.html（2008年10月31日作成）。

V　学校系統図

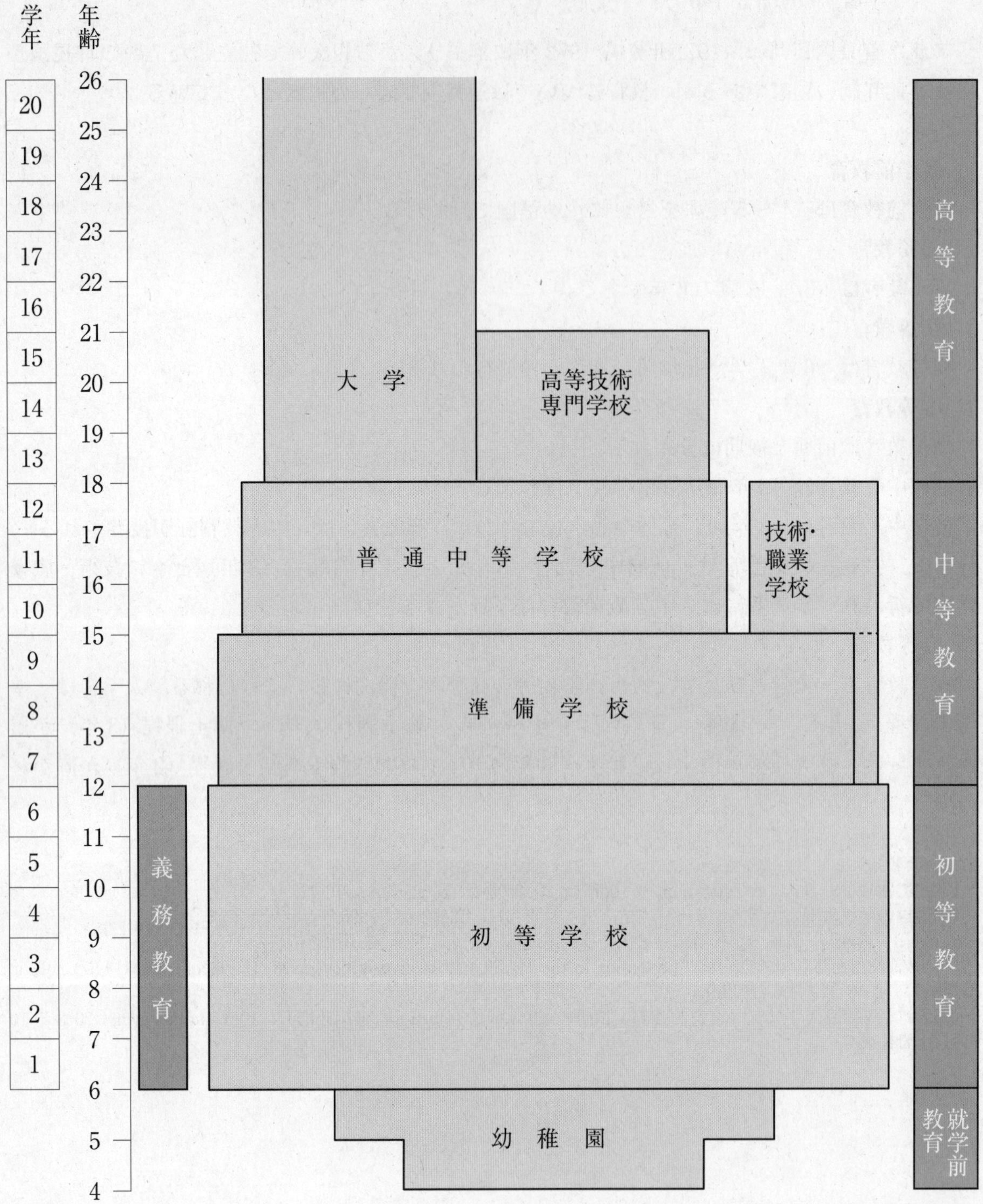
学年
年齢
20
19
18
17
16
15
14
13
12
11
10
9
8
7
6
5
4
3
2
1
26
25
24
23
22
21
20
19
18
17
16
15
14
13
12
11
10
9
8
7
6
5
4
義務教育
大学
高等技術専門学校
普通中等学校
技術・職業学校
準備学校
初等学校
幼稚園
高等教育
中等教育
初等教育
就学前教育

Ⅵ　取得可能な資格・学位

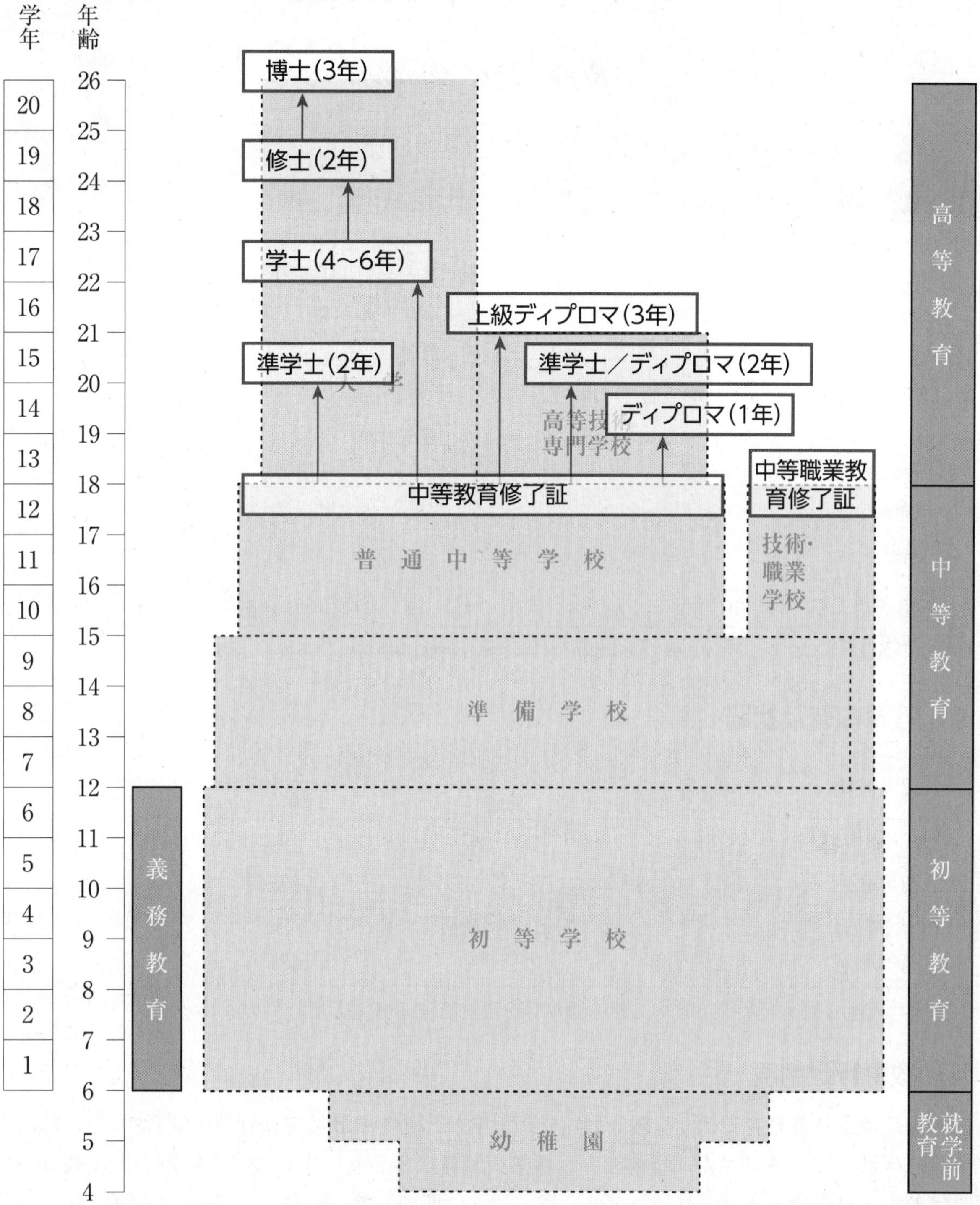
学年
年齢
20
19
18
17
16
15
14
13
12
11
10
9
8
7
6
5
4
3
2
1
26
25
24
23
22
21
20
19
18
17
16
15
14
13
12
11
10
9
8
7
6
5
4
博士(3年)
修士(2年)
学士(4～6年)
上級ディプロマ(3年)
準学士(2年)
準学士／ディプロマ(2年)
ディプロマ(1年)
大学
高等技術専門学校
中等教育修了証
中等職業教育修了証
普通中等学校
技術・職業学校
準備学校
初等学校
幼稚園
義務教育
高等教育
中等教育
初等教育
就学前教育

イエメン共和国

(*Republic of Yemen*)

Ⅰ 概 要

1. 人口
約2,747万人（2016年，国連）
2. 面積
55.5万平方キロメートル（日本の約1.5倍弱）
3. 政治体制
共和制
4. 言語
アラビア語
5. 1人当たり国民総所得（GNI）
1,300ドル（2013年，世銀）
6. 首都
サヌア
7. 通貨単位
イエメン・リアル（YR）

《出典》外務省ウェブサイト（http://www.mofa.go.jp/mofaj/area/yemen/data.html）（更新日：2016年10月7日）。

Ⅱ 教育の普及状況

教育段階	年	在籍率		
			男	女
就学前教育	2013年	1%	1%	1%
初等教育	〃	97%	106%	89%
中等教育	〃	49%	57%	40%
高等教育	2011年	10%	14%	6%

（通常の年齢よりも早い又は遅い入学や留年等を理由とする該当年齢以外の在籍者を含む）

Ⅲ 教育行政制度

中央に置かれる教育省は，全国レベルでの就学前・初等中等教育の管理・運営や教育政策の実施に携わっている。また，技術教育・職業訓練省は中等及び中等後教育段階の職業教育の，高等教育・科学研究省は，高等教育の管理・運営に携わっている。

Ⅳ　学校体系

（学年暦：9月～翌年6月）

1. 就学前教育

就学前教育は，3～5歳児を対象に幼稚園で行われる。

2. 義務教育

義務教育は，6～15歳の9年である。

3. 初等教育

初等教育は，通常6歳入学で6年間，基礎学校の第1～6学年で行われる。

4. 中等教育

中等教育は前期と後期に分かれる。

前期中等教育は，3年間，基礎学校の第7～9学年で行われる。第9学年終了時には，国が修了試験を行い，合格者には基礎教育修了証が授与される。

後期中等教育は，基礎教育修了者を対象に3年間，中等学校で行われる。第3学年終了時には，国が修了試験を行い，合格者には中等教育修了証が授与され，大学入学資格が与えられる。

義務教育修了者に対する職業教育は，2～3年間，職業訓練センターや職業教育機関で行われる。中等後教育としての職業教育は，2～3年間，技術教育機関で行われる。

5. 高等教育

高等教育は，大学，コミュニティ・カレッジ，教員養成機関及び技術教育機関で行われる。教員養成機関及び技術教育機関には，（就学前及び初等教育の）教員資格，技術者資格，技術ディプロマ等につながる2年間の課程がある。コミュニティ・カレッジには準学士につながる3年間の課程がある。大学には，学士（4～6年），学卒ディプロマ（1年），修士（2年），博士（3年）の課程が置かれている。

《参考資料》

・UNESCO World Data on Education, 7th edition, 2010/11.

V 学校系統図

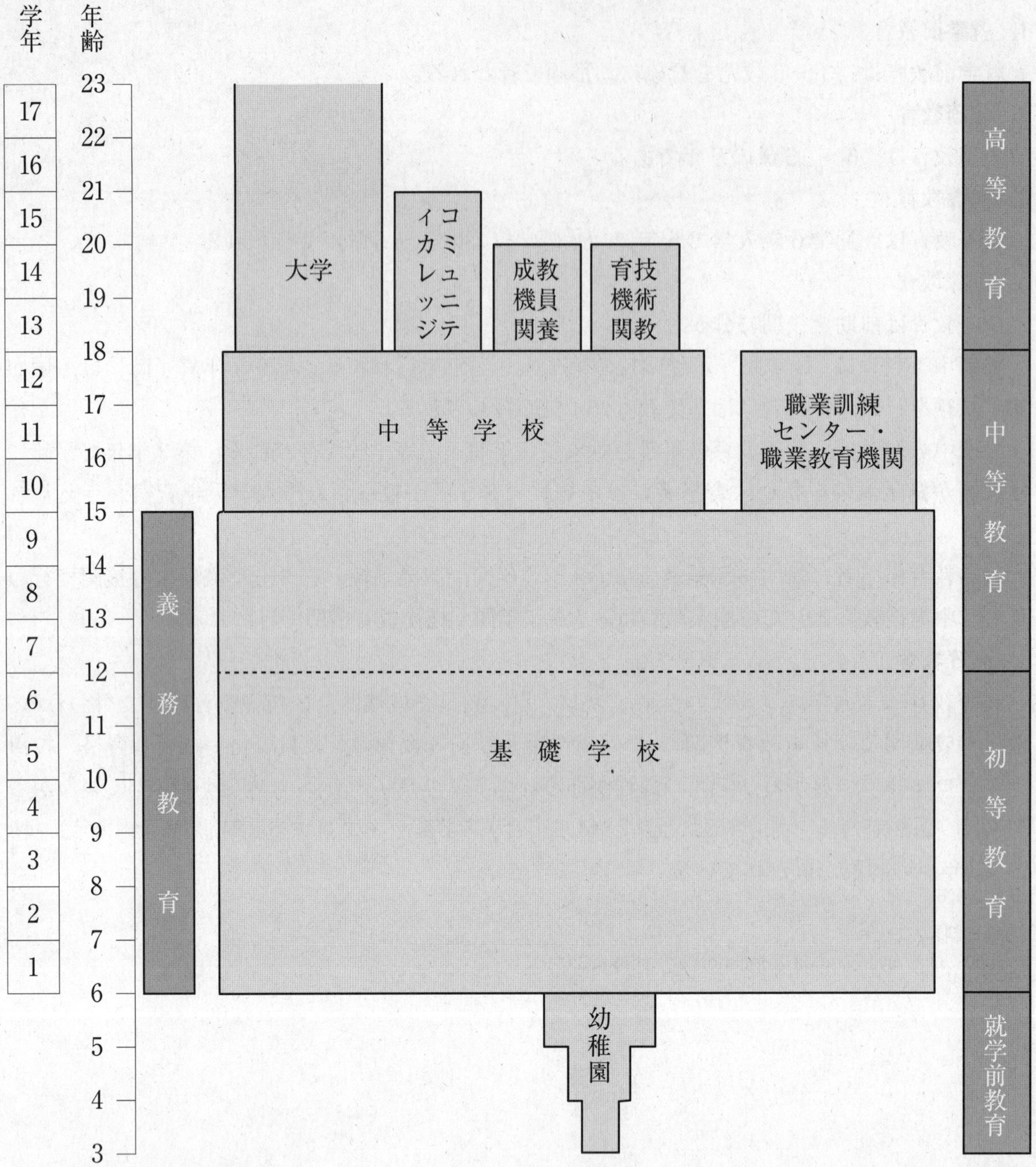
学年
年齢
大学
コミュニティカレッジ
教員養成機関
技術教育機関
中 等 学 校
職業訓練
センター・
職業教育機関
基 礎 学 校
幼稚園
義務教育
高等教育
中等教育
初等教育
就学前教育

Ⅵ　取得可能な資格・学位

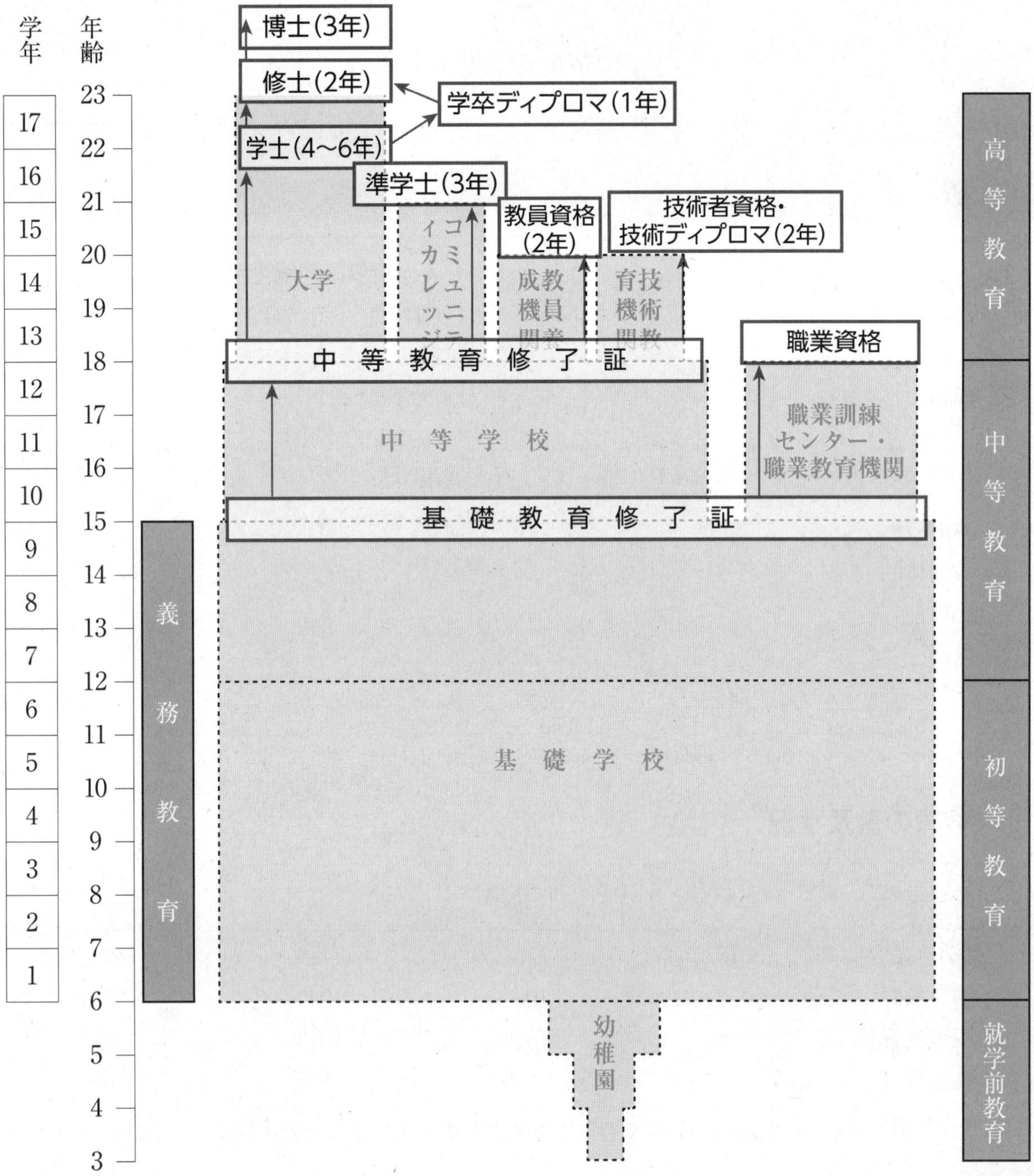
学年
年齢
博士(3年)
修士(2年)
学卒ディプロマ(1年)
学士(4～6年)
準学士(3年)
教員資格(2年)
技術者資格・技術ディプロマ(2年)
大学
コミュニティカレッジ
教員養成機関
技術教育機関
中等教育修了証
職業資格
中等学校
職業訓練センター・職業教育機関
基礎教育修了証
基礎学校
幼稚園
義務教育
高等教育
中等教育
初等教育
就学前教育
17
16
15
14
13
12
11
10
9
8
7
6
5
4
3
2
1
23
22
21
20
19
18
17
16
15
14
13
12
11
10
9
8
7
6
5
4
3

イスラエル国

（*State of Israel*）

Ⅰ　概　要

1. 人口
約 852 万人（2016 年 5 月，イスラエル中央統計局）
2. 面積
2.2 万平方キロメートル（日本の四国程度）
（注：数字はイスラエルが併合した東エルサレム及びゴラン高原を含むが，右併合は日本を含め国際的には承認されていない。）
3. 政治体制
共和制
4. 言語
ヘブライ語，アラビア語
5. １人当たり国内総生産（GDP）
34,300 ドル（2015 年）
6. 首都
エルサレム
（注：日本を含め国際的には認められていない）
7. 通貨単位
新シェケル（NIS）

《出典》外務省ウェブサイト（http://www.mofa.go.jp/mofaj/area/israel/data.html）（更新日：2016 年 7 月 22 日）。

Ⅱ　教育の普及状況

教育段階	年	在籍率	男	女
就学前教育	2013 年	113%	113%	112%
初等教育	〃	105%	104%	105%
中等教育	〃	102%	101%	103%
高等教育	〃	66%	57%	76%

（通常の年齢よりも早い又は遅い入学や留年等を理由とする該当年齢以外の在籍者を含む）

Ⅲ　教育行政制度

中央には教育省が置かれ，就学前教育から後期中等教育までを所管している。高等教育については高等教育審議会が設けられており，高等教育機関の設置認可や質保証等を行っている。

Ⅳ　学校体系

（学年暦：9月～翌年6月）

1968年の学制改革で，8－4制から6－3－3制への移行が定められたが，現在も旧制度が残っている。

1. 就学前教育

就学前教育は，主に2～5歳児を対象に，幼稚園又は保育施設で行われる。

2. 義務教育

3歳から18歳の15年間である（2015年11月現在，法的拘束力が発生するのは5歳（幼稚園年長）以降）。

3. 初等教育

初等教育は，6歳入学で6年間，初等学校で行われる（旧制度が残っている地域では8年制の小学校。全国の約4分の1の児童が在学）。

4. 中等教育

中等教育は，前期（3年間）と後期（3年間）に分けられる。

前期中等教育は前期中等学校において，後期中等教育は後期中等学校において（旧制度が残っている地域では4年制中等学校において）行われる。後期中等教育は，普通教育，農業教育，職業技術教育の3つの課程に分かれているが，約4割の公立学校は普通教育と職業技術教育の双方の課程を提供する総合制学校である。

終了時には履修課程に対応した資格（中等学校修了ディプロマ，大学入学資格，各種職業技術教育修了資格）取得のため試験を受験し，合格者には各資格が授与される。

5. 高等教育

高等教育機関は，大学と教員養成機関，カレッジなどで行われる。入学者は大学入学資格取得者を対象に各機関が決定する。大学では，学士課程（3～7年）のほか，大学院レベルの学卒ディプロマ取得課程（学士取得後1～3年），修士課程（学士取得後2年），博士課程（修士取得後2年以上）の各課程が提供される。

教員養成機関では教員資格取得につながる2～4年の課程が置かれている。カレッジには，学士課程（通常4年）及び各種の職業専門課程（専攻により年限は多様）が置かれている。

《参考資料》

・Australian Government, Country Education Profiles（https://internationaleducation.gov.au/CEP/Subcontinent-And-The-Middle-East/Israel/Pages/default.aspx）（2016年7月6日閲覧）.
・OECD, Education Policy Outlook, April 2016.
・UNESCO, World Data on Education, 6th edition, 2006/07（2007年4月更新）.
・外務省ウェブサイト（「諸外国地域の学校情報　イスラエル」）（平成27年11月更新情報）。

中東

V　学校系統図

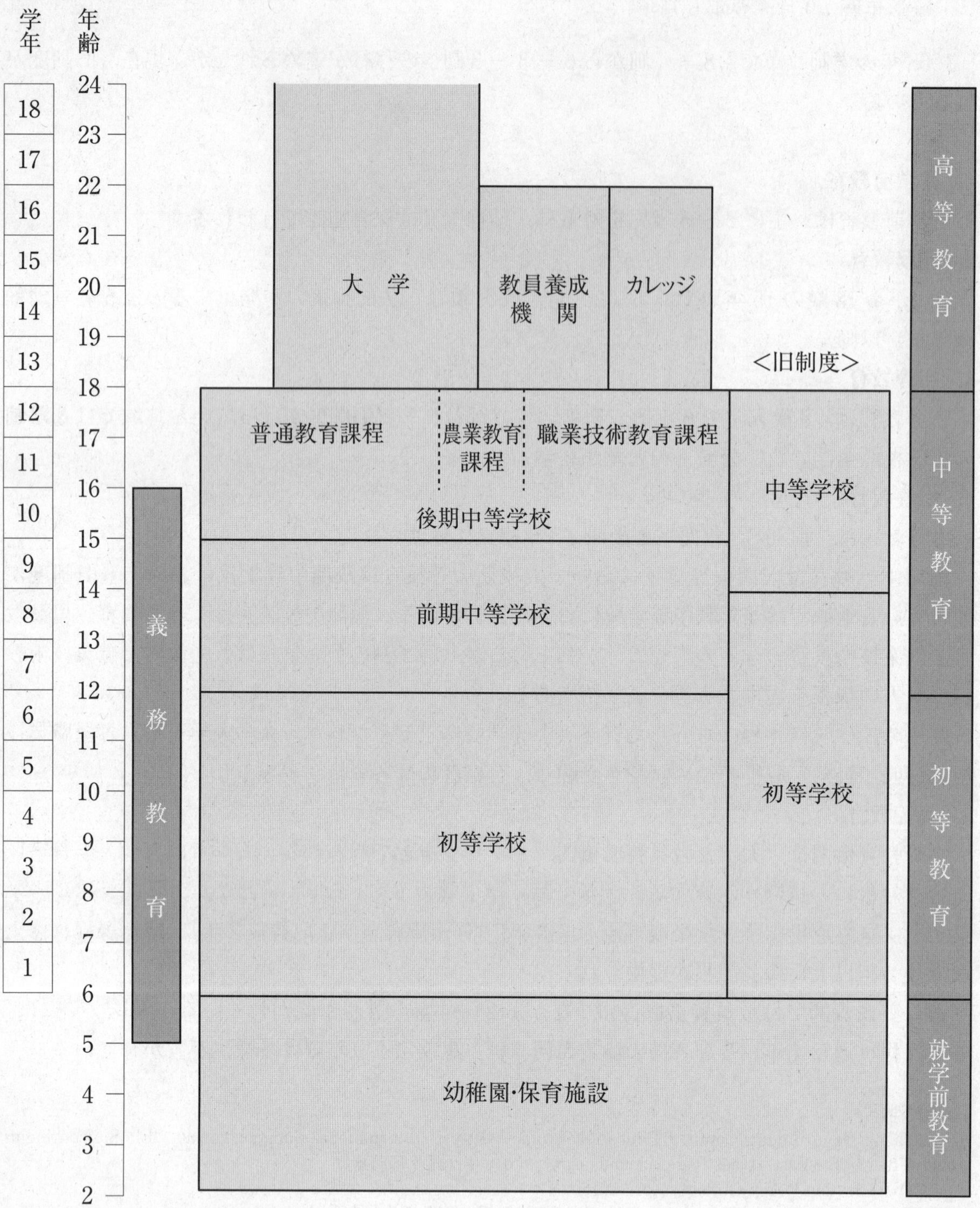
学年
年齢
18
17
16
15
14
13
12
11
10
9
8
7
6
5
4
3
2
1
24
23
22
21
20
19
18
17
16
15
14
13
12
11
10
9
8
7
6
5
4
3
2
義務教育
大　学
教員養成機関
カレッジ
普通教育課程
農業教育課程
職業技術教育課程
後期中等学校
前期中等学校
初等学校
幼稚園・保育施設
<旧制度>
中等学校
初等学校
高等教育
中等教育
初等教育
就学前教育

Ⅵ　取得可能な資格・学位

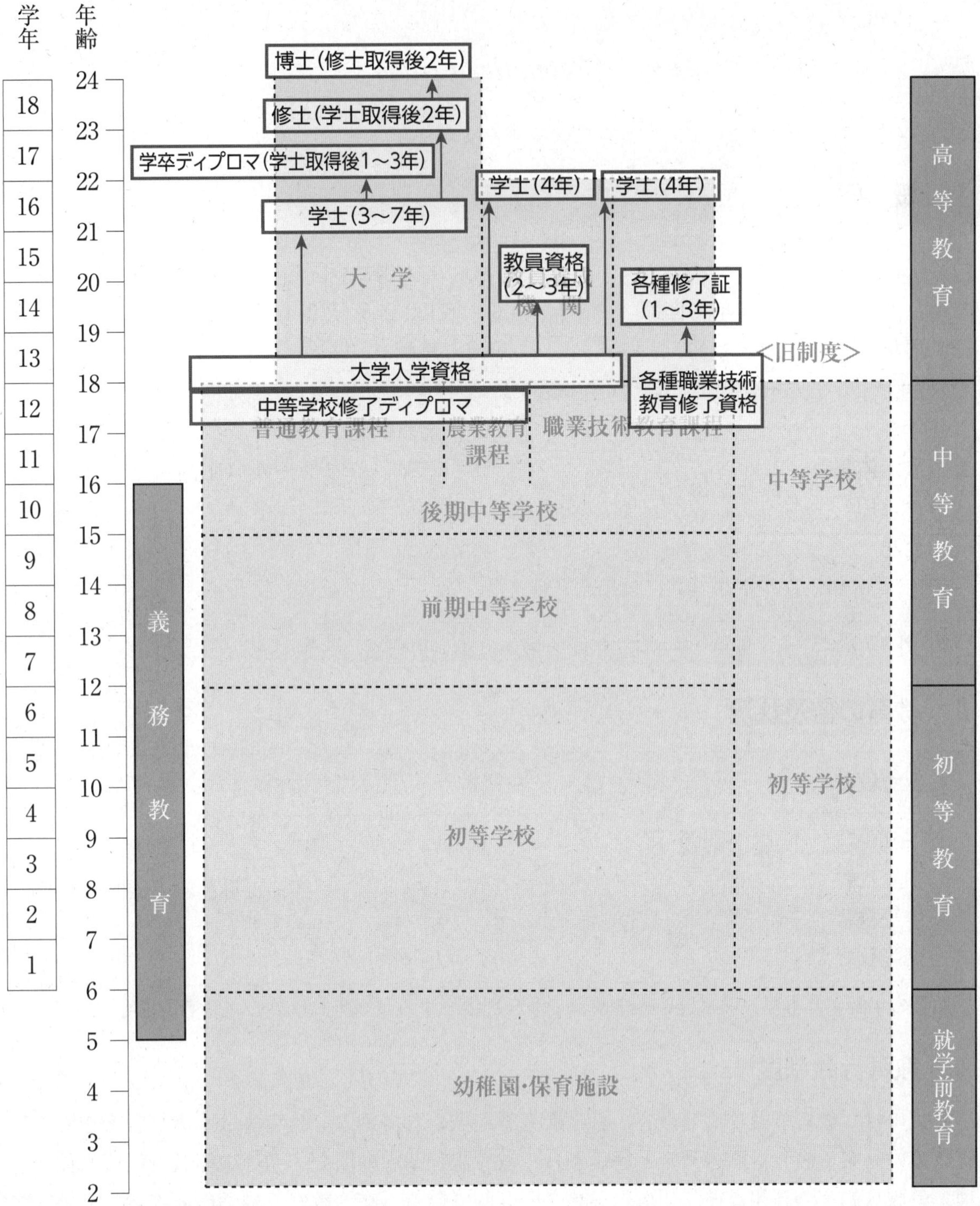

学年
年齢
博士(修士取得後2年)
修士(学士取得後2年)
学卒ディプロマ(学士取得後1～3年)
学士(3～7年)
学士(4年)
学士(4年)
大学
教員資格(2～3年)
各種修了証(1～3年)
大学入学資格
中等学校修了ディプロマ
各種職業技術教育修了資格
<旧制度>
普通教育課程
農業教育課程
職業技術教育課程
後期中等学校
前期中等学校
初等学校
中等学校
初等学校
幼稚園・保育施設
義務教育
高等教育
中等教育
初等教育
就学前教育

イラク共和国

(*Republic of Iraq*)

Ⅰ 概 要

1. 人口
約 3,481 万人(2014 年,世銀)
2. 面積
約 43.74 万平方キロメートル(日本の約 1.2 倍)
3. 政治体制
共和制
4. 言語
アラビア語,クルド語(共に公用語)他
5. 1 人当たり国内総生産(GDP)
6,420 ドル(2014 年,世銀)
6. 首都
バグダッド
7. 通貨単位
イラク・ディナール(ID)

《出典》外務省ウェブサイト(http://www.mofa.go.jp/mofaj/area/iraq/data.html)(更新日:2016 年 3 月 10 日)。

Ⅱ 教育の普及状況

教育段階	年	在籍率	男	女
就学前教育	2006 年	…	…	…
初等教育	〃	…	…	…
中等教育	〃	…	…	…
高等教育	〃	…	…	…

(通常の年齢よりも早い又は遅い入学や留年等を理由とする該当年齢以外の在籍者を含む)

Ⅲ 教育行政制度

中央には,教育省及び高等教育・科学研究省が置かれている。教育省は,高等教育を除く教育政策の立案や教育計画の策定と評価から,教育課程基準の開発,初等中等教育機関の設置管理,教職員制度の運用など,幅広い業務を所管している。高等教育・科学研究省は,高等教育の政策立案及び高等教育機関の監督を行っている。

全国に 18 ある県には教育省の出先機関として教育総局が設けられ,県教育委員会と連携しつつ,教員の雇用・研修,校舎等の維持などを行っている。

なお,北部クルディスタン地域では自治政府が独自の教育行政を実施している。

Ⅳ　学校体系

（学年暦：9月～翌年6月）

1. 就学前教育

就学前教育は，4～5歳児を対象に，幼稚園で行われる。

2. 義務教育

義務教育は，6～12歳までの6年である。

3. 初等教育

初等教育は，6歳入学で6年間，初等学校で行われる。修了者には初等教育修了証が付与される。

4. 中等教育

前期中等教育は，中間学校で3年間行われる。修了時には国家試験が課され，合格者には前期中等教育修了証が付与される。

後期中等教育は，高等教育進学の準備教育を行う普通中等学校（3年制）と技術準備学校（3年制），中等職業教育機関で行われる。普通中等学校は，第2学年から文系と理系の2つのコースに分かれ，修了時の国家試験合格者にバカロレアが付与される。技術準備学校には，技術，商業，農業の課程が設けられ，修了時の国家試験合格者に職業バカロレアが付与される。中等職業教育機関は，看護やソーシャルワーク，警察などの職業準備教育を行うもので，修了者には中等教育修了相当の修了証が付与される。

このほか，中間学校から接続する学校として教員カレッジがある。教員養成学校では中間学校修了者を対象として，初等学校教員を養成する5年課程が提供されている。

5. 高等教育

高等教育は，大学，技術カレッジ及び教員カレッジで提供される。

大学では，学士課程（専攻により4～6年），修士課程（学士取得後2年），博士課程（修士取得後3年以上）が提供される。また，修士レベルの高等ディプロマ取得課程（2年）が設けられている場合もある。ただし，同資格は博士課程につながるものではなく，博士課程進学には修士取得が求められる。

技術カレッジは高等研究教育省の下の技術カレッジ基金の傘下機関で全国に20以上が設けられている。2年間の技術ディプロマ取得課程と学士課程（4年）が提供される。

2年の課程を修了すると，学卒ディプロマが授与される。

教員カレッジでは2年の初等学校教員養成課程が提供されている（中等学校教員は大学において養成）。

《参考資料》

・UNESCO, World Data on Education, 7th edition, 2010/11（2011年8月更新）.
・EP-Nuffic, *Education System Iraq: The Iraqi Education System Described and Compared with the Dutch System*, January 2015.

中東

V　学校系統図

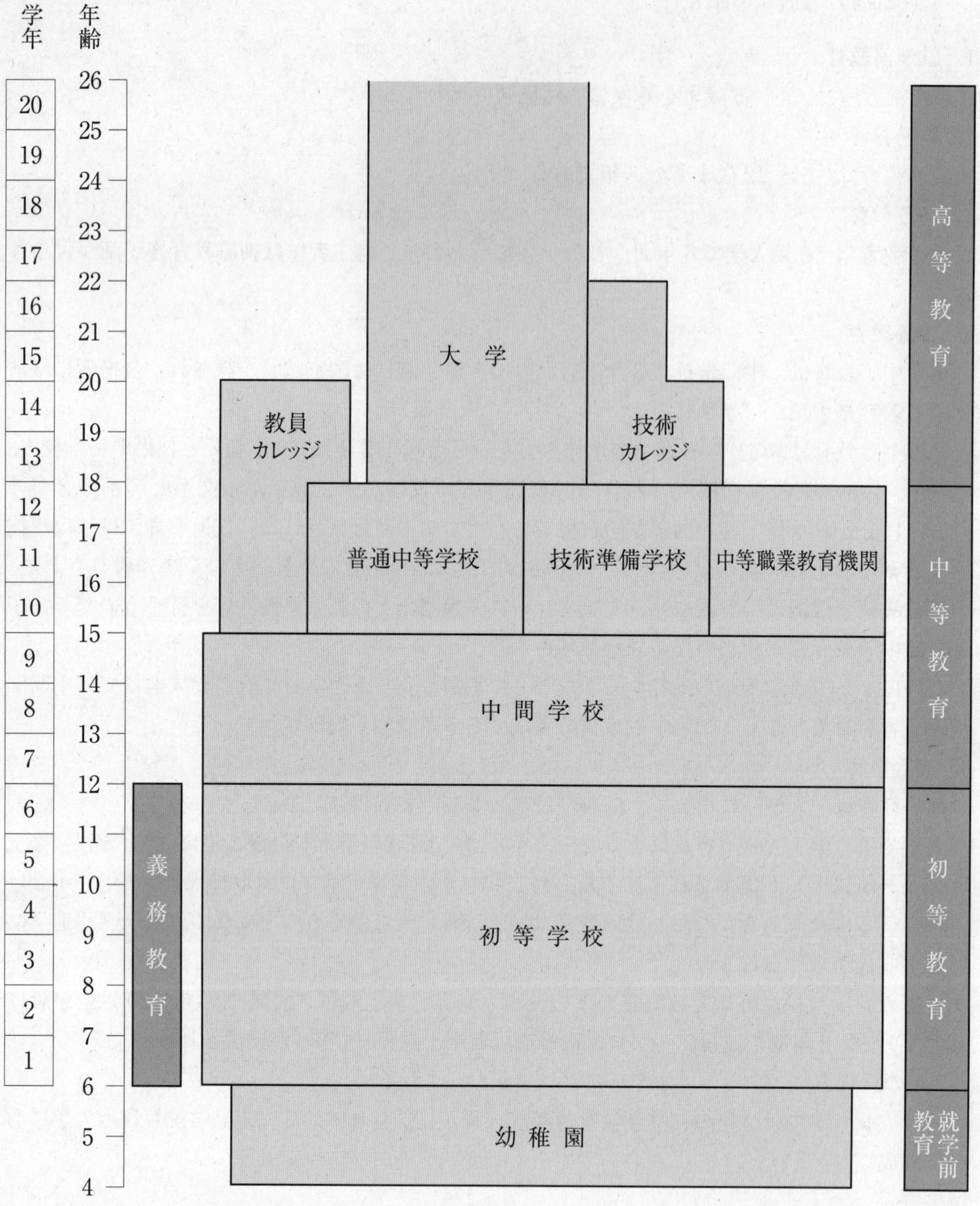
学年
年齢
20
19
18
17
16
15
14
13
12
11
10
9
8
7
6
5
4
3
2
1
26
25
24
23
22
21
20
19
18
17
16
15
14
13
12
11
10
9
8
7
6
5
4
義務教育
大学
教員カレッジ
技術カレッジ
普通中等学校
技術準備学校
中等職業教育機関
中間学校
初等学校
幼稚園
高等教育
中等教育
初等教育
就学前教育

Ⅵ　取得可能な資格・学位

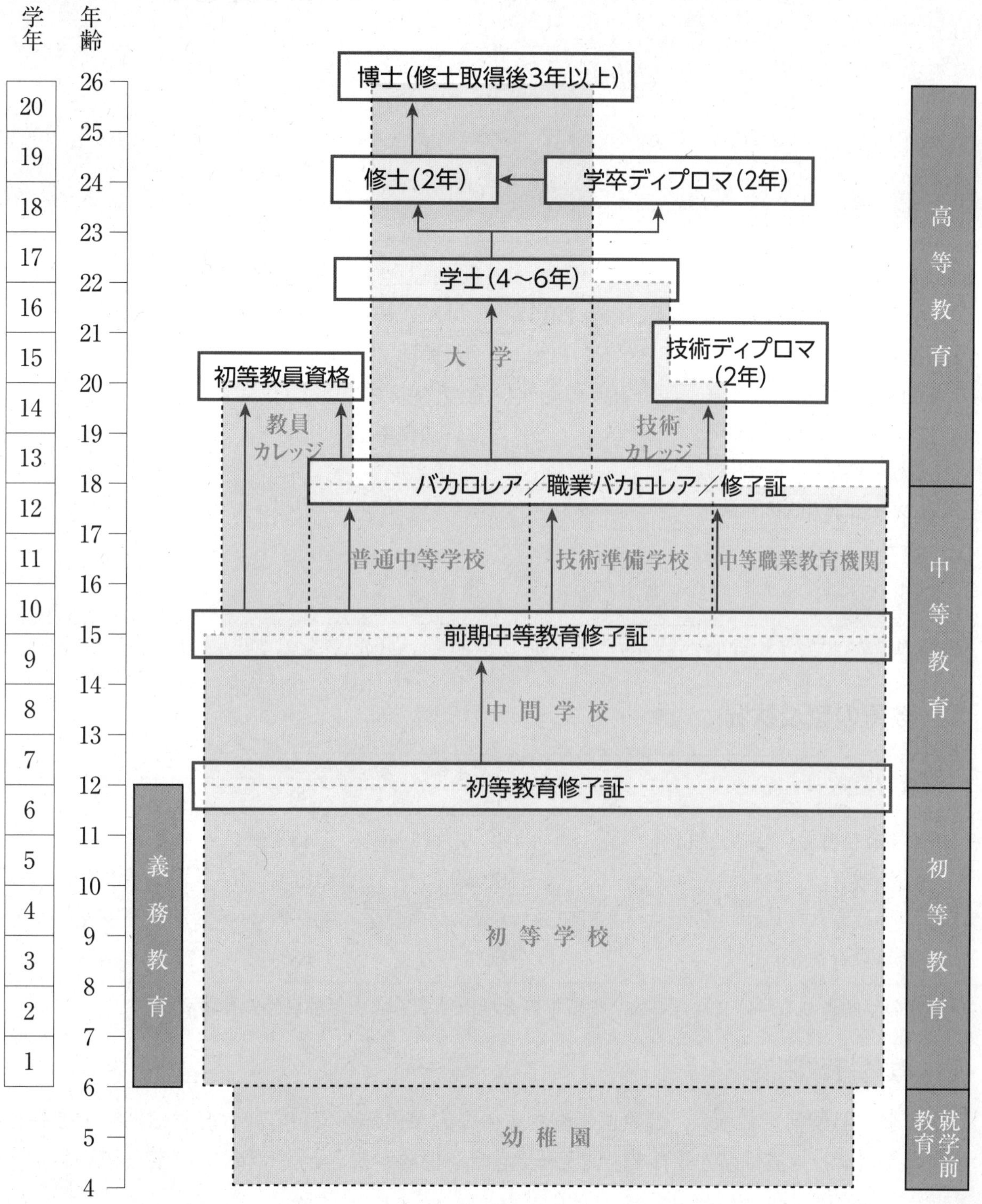
学年
年齢
博士（修士取得後3年以上）
修士（2年）
学卒ディプロマ（2年）
学士（4～6年）
大学
技術ディプロマ（2年）
初等教員資格
教員カレッジ
技術カレッジ
バカロレア／職業バカロレア／修了証
普通中等学校
技術準備学校
中等職業教育機関
前期中等教育修了証
中間学校
初等教育修了証
初等学校
幼稚園
義務教育
高等教育
中等教育
初等教育
就学前教育
20
19
18
17
16
15
14
13
12
11
10
9
8
7
6
5
4
3
2
1
26
25
24
23
22
21
20
19
18
17
16
15
14
13
12
11
10
9
8
7
6
5
4

イラン・イスラム共和国

(*Islamic Republic of Iran*)

Ⅰ　概　要

1. 人口
　7,910万人（2015年，世界人口白書2015）
2. 面積
　1,648,195平方キロメートル（日本の約4.4倍）
3. 政治体制
　イスラム共和制
4. 言語
　ペルシャ語，トルコ語，クルド語等
5. 1人当たり国内総生産（GDP）
　4,877ドル（2015年，IMF推計）
6. 首都
　テヘラン
7. 通貨単位
　リアル

《出典》外務省ウェブサイト（http://www.mofa.go.jp/mofaj/area/iran/data.html）（更新日：2016年8月9日）。

Ⅱ　教育の普及状況

教育段階	年	在籍率	男	女
就学前教育	2014年	42%	43%	42%
初等教育	〃	109%	107%	112%
中等教育	〃	88%	89%	88%
高等教育	〃	66%	68%	64%

（通常の年齢よりも早い又は遅い入学や留年等を理由とする該当年齢以外の在籍者を含む）

Ⅲ　教育行政制度

教育省，科学研究技術省，健康医学教育省の3省が置かれている。教育省は初等中等教育を，科学研究技術省は高等教育を，健康医学教育省は医学教育を，それぞれ所管している。

Ⅳ　学校体系

（学年暦：9月～翌年6月）

1. 就学前教育

就学前教育は，4，5歳児を対象に，幼稚園で行われる。

2. 義務教育

義務教育は，6～15歳の9年である。

3. 初等教育

初等教育は，6歳入学で6年間，初等学校で行われる。

4. 中等教育

中等教育は前期と後期に分かれる。

前期中等教育は，3年間，前期中等学校で行われる。

後期中等教育は，3年制の中等学校で行われる。中等学校には，普通科，技術科，職業科があり，前2者の卒業者には中等学校修了証が授与され，後者には，職業資格が授与される。

5. 高等教育

高等教育は，大学及び高等専門学校（2年制）で行われる。大学には準学士課程（2年），学士課程（4～7年），修士課程（2年）及び博士課程（一般に4～5年）がある。

《参考資料》

・Australian Government, Country Education Profiles（https://internationaleducation.gov.au/cep/Subcontinent-and-the-Middle-East/Iran/Education-System/Pages/School-Secondary-Default.aspx）（2016年7月5日閲覧）.
・Ministry of Science, Research and Technology, Islamic Republic of Iran, "Higher Education in Iran",（http://en.msrt.ir/en/page/33/higher-education-in-iran）（2016年8月23日閲覧）.
・UNESCO World Data on Education, 7th edition, 2010/11.
・外務省，「諸外国・地域の学校情報（イラン・イスラム共和国）」（平成27年11月更新情報）。

中
東

V　学校系統図

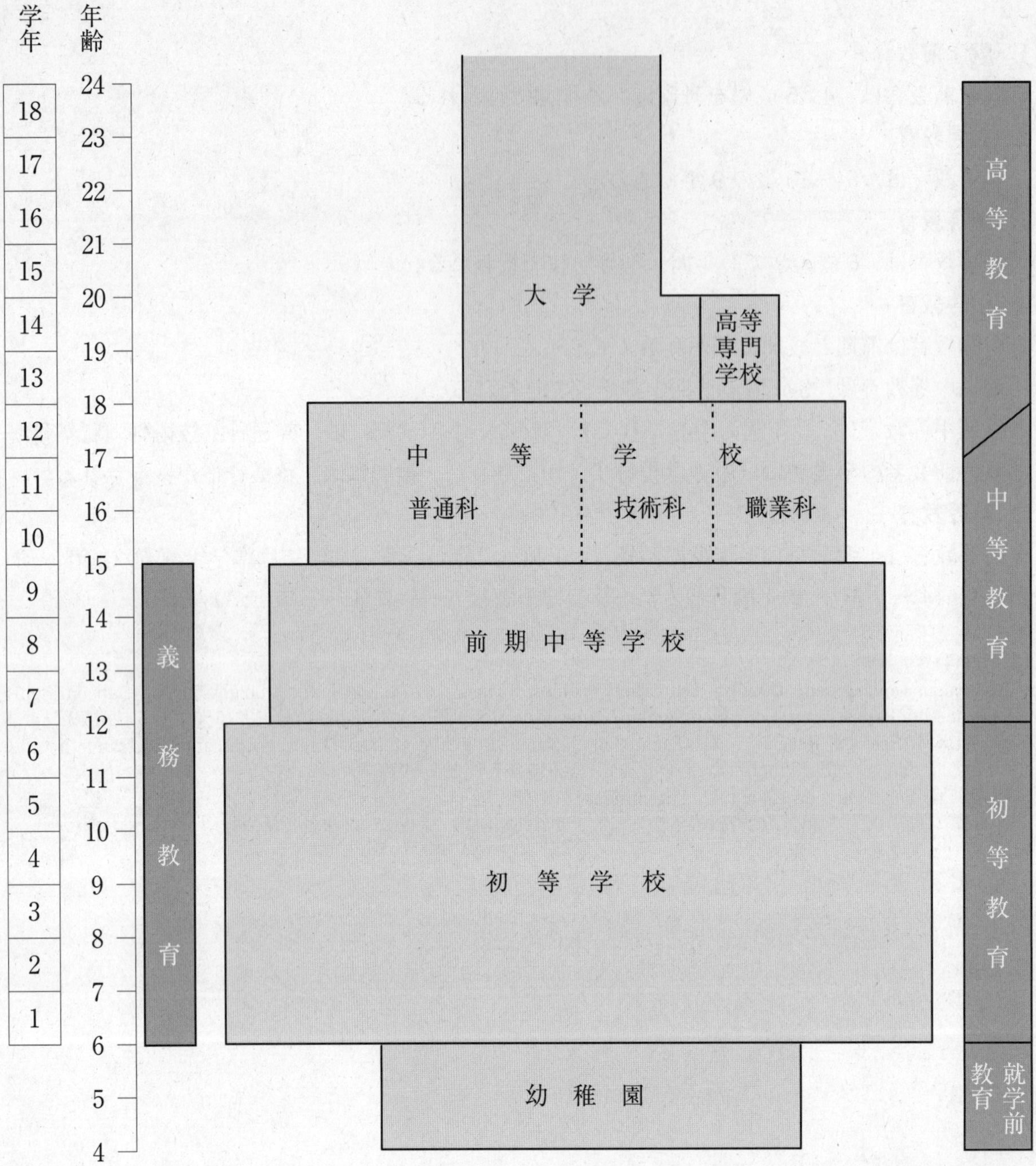
学年
年齢
18
17
16
15
14
13
12
11
10
9
8
7
6
5
4
3
2
1
24
23
22
21
20
19
18
17
16
15
14
13
12
11
10
9
8
7
6
5
4
義務教育
大学
高等専門学校
中等学校
普通科
技術科
職業科
前期中等学校
初等学校
幼稚園
高等教育
中等教育
初等教育
就学前教育

Ⅵ　取得可能な資格・学位

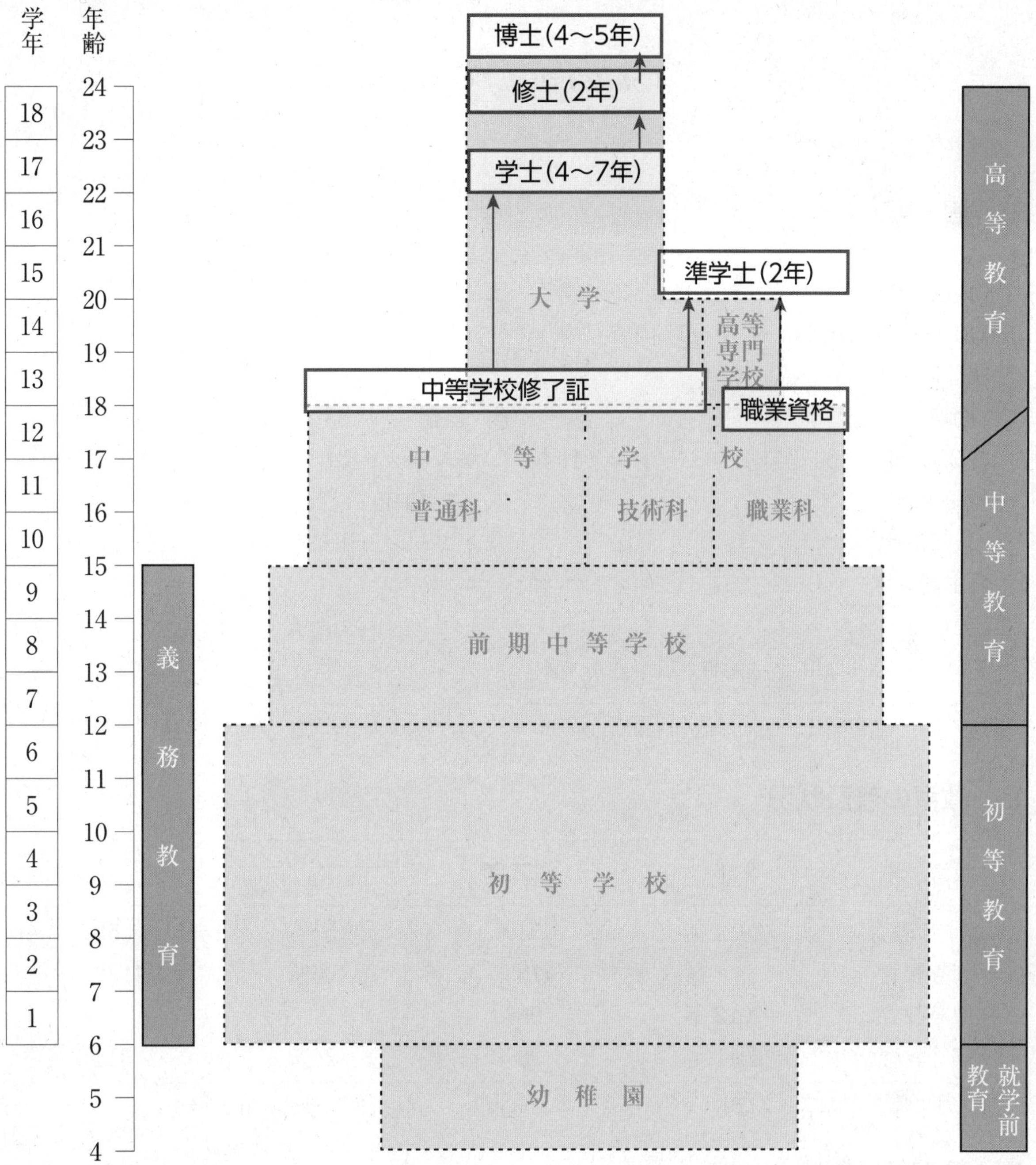

中東

オマーン国

(*Sultanate of Oman*)

Ⅰ 概 要

1. 人口
442万人（2016年，オマーン国立情報・統計センター）
2. 面積
約30万9千500平方キロメートル（日本の約85%）
3. 政治体制
君主制
4. 言語
アラビア語（公用語），英語も広く通用する
5. 1人当たり国内総生産（GDP）
15,232ドル（2016年IMF統計（2015年データ））
6. 首都
マスカット
7. 通貨単位
オマーン・リアル（RO）

《出典》外務省ウェブサイト（http://www.mofa.go.jp/mofaj/area/oman/data.html）（更新日：2016年6月1日）。

Ⅱ 教育の普及状況

教育段階	年	在籍率	男	女
就学前教育	2014年	54%	53%	55%
初等教育	〃	110%	106%	115%
中等教育	2012年	94%	…	…
高等教育	2011年	28%	24%	34%

（通常の年齢よりも早い又は遅い入学や留年等を理由とする該当年齢以外の在籍者を含む）

Ⅲ 教育行政制度

中央には初等中等教育を所管する教育省と高等教育を所管する高等教育省が置かれ，国の教育政策の企画立案及び実施を行っている。中等後教育レベルの技術及び職業教育については人的資源省が所管している。また，幼稚園は民間が運営する施設は教育省が監督し，ボランティア団体が運営する施設は社会省が監督している。

地方分権化政策が進められており，全国11の地域に地方教育局が設置され，各地域の教育政策を所管している。

Ⅳ　学校体系

（学年暦：9月から翌年8月）

1. 就学前教育

就学前教育は，3.5～5.5歳児を対象に，主に幼稚園で行われる。

2. 義務教育

義務教育制度はない。

3. 初等教育

初等教育は，6歳から15歳を対象とした10年間の基礎教育の第一課程（4年）として，基礎教育学校で行われる。また，12年一貫した教育を行う普通教育学校もある。

4. 中等教育

前期中等教育は，6歳から15歳を対象とした10年間の基礎教育の第二課程（6年）として，基礎教育学校で行われる。また，12年一貫した教育を行う普通教育学校もある。

後期中等教育は，中等学校で2年間行われる。終了時には，全国試験が実施され，合格者には中等教育修了証が授与される。

また，基礎教育を9年終了した者を対象に職業訓練を行う職業訓練センターがある。職業訓練センターでは1～3年の職業訓練プログラムが提供され，修了時には職業能力証明証が授与される。

5. 高等教育

高等教育は，大学，大学カレッジ又はカレッジで行われる。大学は博士課程まで，大学カレッジは修士課程まで，カレッジは学士相当の課程までを提供するほか，短期職業課程が置かれる。

高等教育で取得可能な資格・学位は，サーティフィケイト（1年），ディプロマ（2年），上級ディプロマ（3年），学士（4～7年），学卒ディプロマ（上級ディプロマ又は学士取得後1年），上級学卒ディプロマ（学士取得後1年），修士（1年～）及び博士（2年～）である。

《参考資料》

・UNESCO, World Data on Education, 7th edition, 2010/11.
・Australian Government, Country Education Profiles（https://internationaleducation.gov.au/CEP/Subcontinent-And-The-Middle-East/Oman/Pages/default.aspx）（2016年7月4日閲覧）.
・外務省ウェブサイト「諸外国・地域の学校情報―国・地域の詳細情報」（平成28年1月更新情報）（http://www.mofa.go.jp/mofaj/toko/world_school/06middleeast/infoC60700.html）。

中東

V 学校系統図

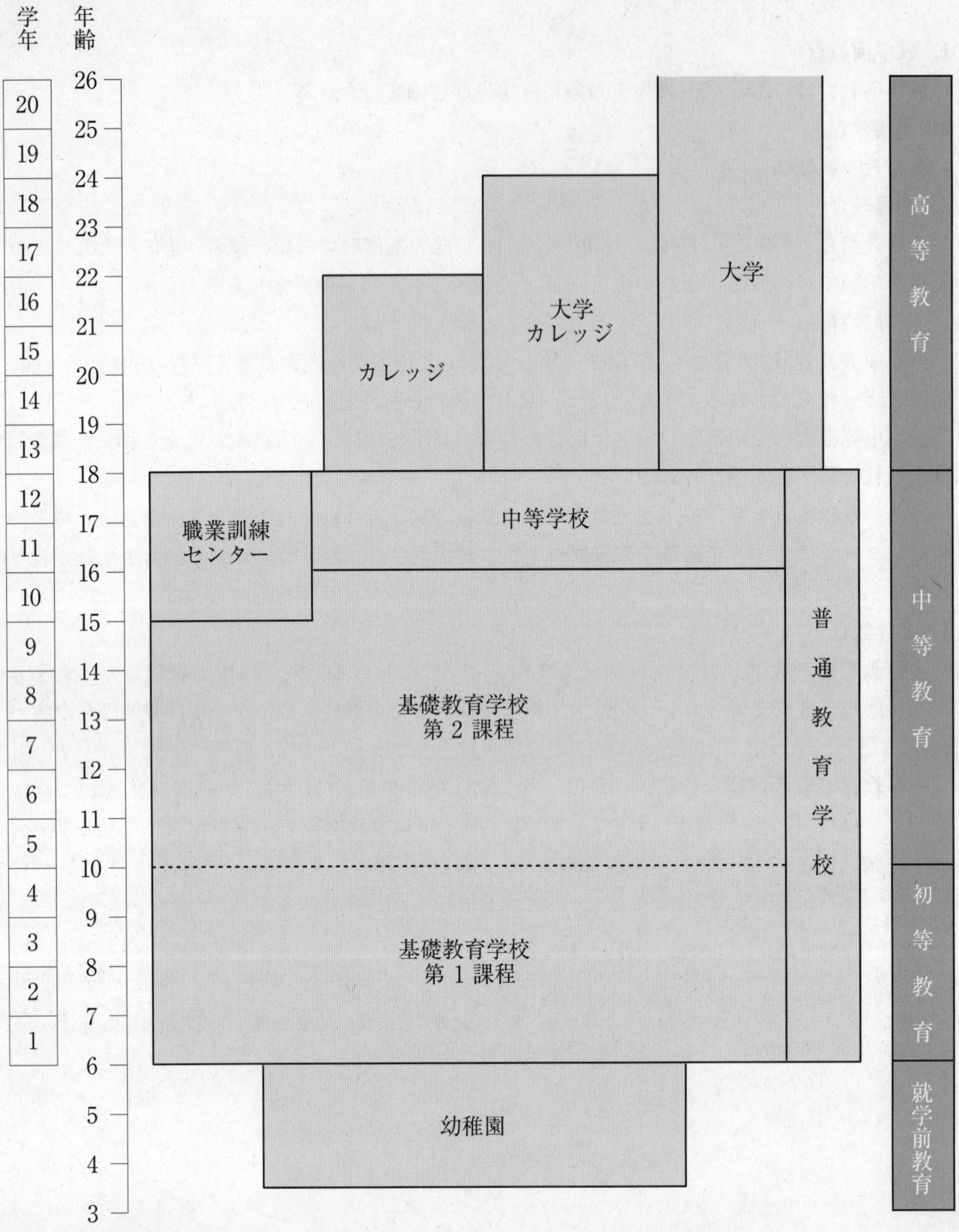
学年
年齢
大学
大学
カレッジ
カレッジ
職業訓練
センター
中等学校
普通教育学校
基礎教育学校
第 2 課程
基礎教育学校
第 1 課程
幼稚園
高等教育
中等教育
初等教育
就学前教育

Ⅵ　取得可能な資格・学位

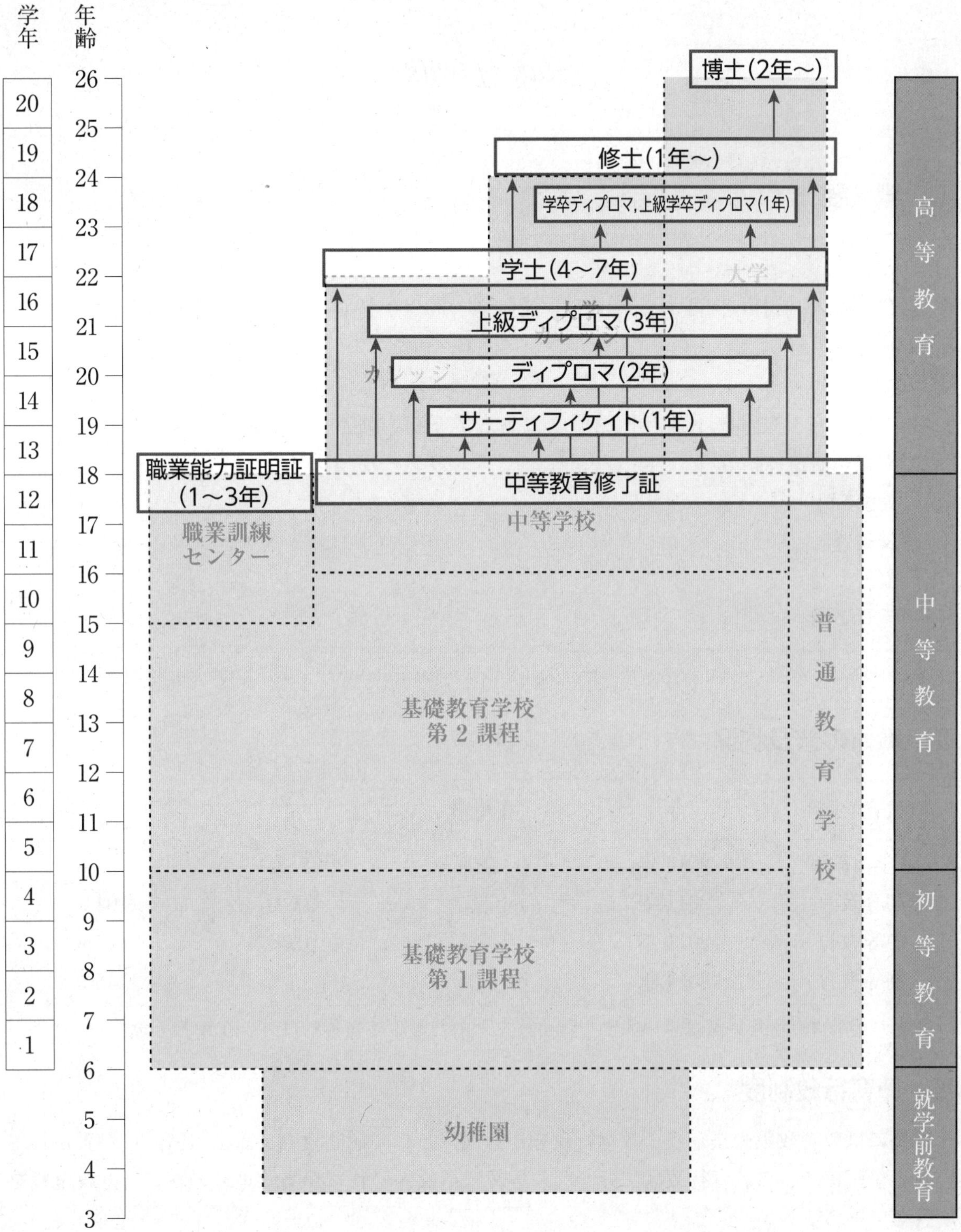
学年
年齢
博士（2年～）
修士（1年～）
学卒ディプロマ，上級学卒ディプロマ（1年）
学士（4～7年）
大学
上級ディプロマ（3年）
カレッジ
ディプロマ（2年）
サーティフィケイト（1年）
職業能力証明証
（1～3年）
中等教育修了証
中等学校
職業訓練
センター
普通教育学校
基礎教育学校
第2課程
基礎教育学校
第1課程
幼稚園
高等教育
中等教育
初等教育
就学前教育

カタール国

(*State of Qatar*)

Ⅰ 概 要

1. 人口
約226万人（2014年11月，カタール開発計画・統計省）
2. 面積
11,427平方キロメートル（秋田県よりもやや狭い面積に相当）
3. 政治体制
首長制
4. 言語
アラビア語
5. 1人当たり国内総生産（GDP）
79,000ドル（2015年，IMF推計）
6. 首都
ドーハ
7. 通貨単位
カタール・リヤル

《出典》外務省ウェブサイト（http://www.mofa.go.jp/mofaj/area/quatar/data.html）（更新日：2016年4月18日）。

Ⅱ 教育の普及状況

教育段階	年	在籍率	男	女
就学前教育	2014年	58%	58%	58%
初等教育	2011年	105%	106%	104%
中等教育	2011年	112%	107%	117%
高等教育	2014年	16%	7%	46%

（通常の年齢よりも早い又は遅い入学や留年等を理由とする該当年齢以外の在籍者を含む）

Ⅲ 教育行政制度

中央には教育政策の決定及び教育行政を担う機関として最高教育評議会（SEC）が置かれている。全国は4つの教育行政区に分かれ，各教育行政区の長官が当該地域の教育行財政全般を所管している。

Ⅳ　学校体系

（学年暦：9月～翌年6月）

1. 就学前教育

就学前教育は，通常3～5歳児を対象に，保育所及び幼稚園で行われる。

2. 義務教育

義務教育は，初等学校入学から，後期中等学校修了あるいは18歳に達するまでのいずれか早いほうまでである。

3. 初等教育

初等教育は，6歳入学で6年間，初等学校で行われる。

4. 中等教育

前期中等教育は，準備教育学校で3年間行われ，普通教育コースと宗教教育コース（男子のみ）とに分かれる。

後期中等教育は，3年制の後期中等教育学校で行われ，普通教育コース，技術教育コース，商業教育コース，宗教教育コース（男子のみ）の4コースに分かれる。いずれのコースにおいても修了時に卒業試験が行われ，合格した者には中等教育修了証が授与される。

5. 高等教育

高等教育は，カタール大学で行われている。4年の課程を修了した者に学士（建築学と薬学は5年）が授与される。学士を取得した者を対象に，学卒ディプロマ（1年）及び修士課程（1年以上）が設置されている。

なお，カーネギーメロン大学やテキサスA&M大学，ノースアトランティック大学など米国やカナダの複数の大学が首都ドーハ及びその近郊にキャンパスを設けている。

《参考資料》

UNESCO, World Data on Education, 7th edition, 2010/11（2011年8月更新）.

V　学校系統図

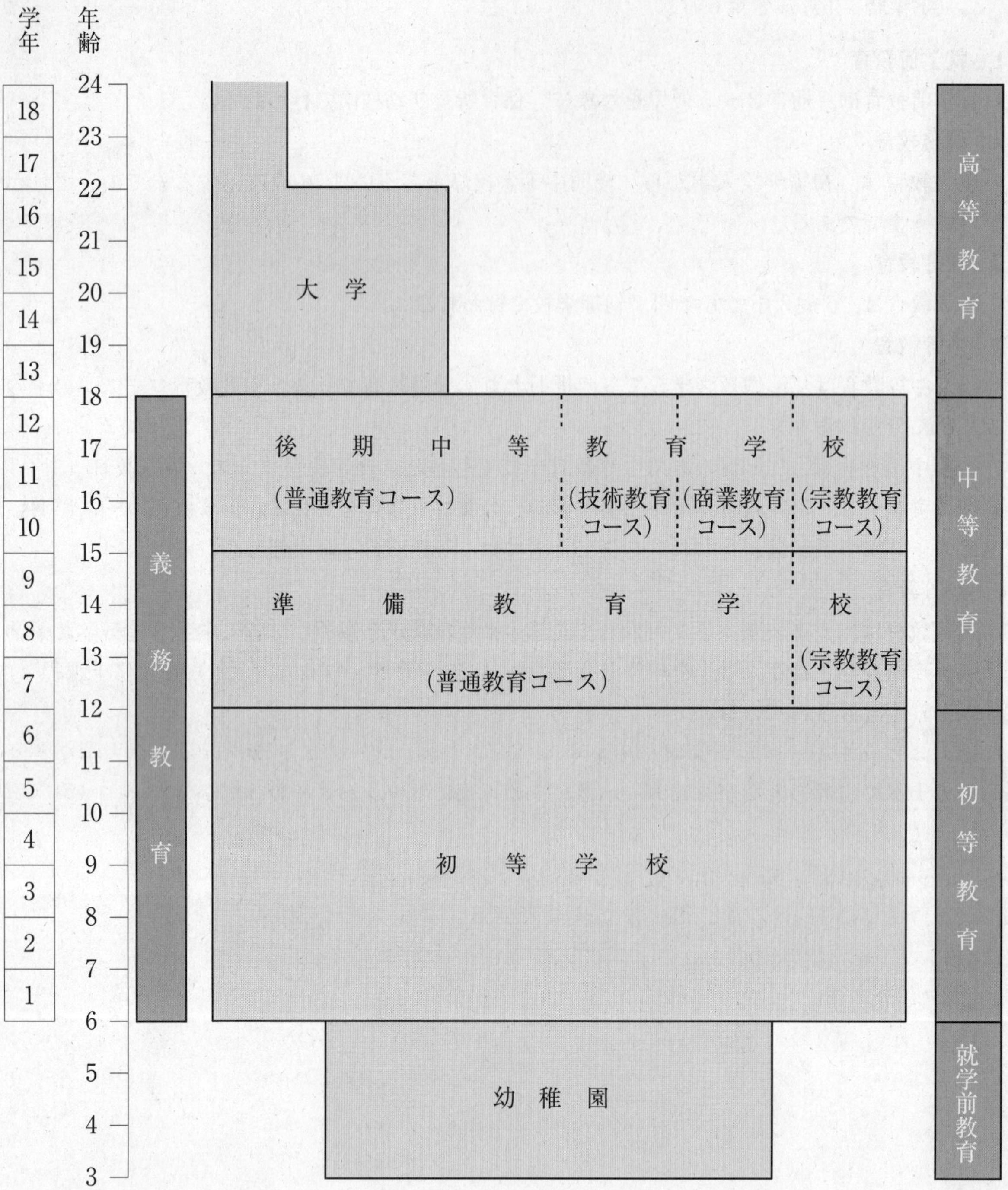
学年
年齢
18 17 16 15 14 13 12 11 10 9 8 7 6 5 4 3 2 1
24 23 22 21 20 19 18 17 16 15 14 13 12 11 10 9 8 7 6 5 4 3
大学
後期中等教育学校
(普通教育コース)
(技術教育コース)
(商業教育コース)
(宗教教育コース)
準備教育学校
(普通教育コース)
(宗教教育コース)
初等学校
幼稚園
義務教育
高等教育
中等教育
初等教育
就学前教育

Ⅵ　取得可能な資格・学位

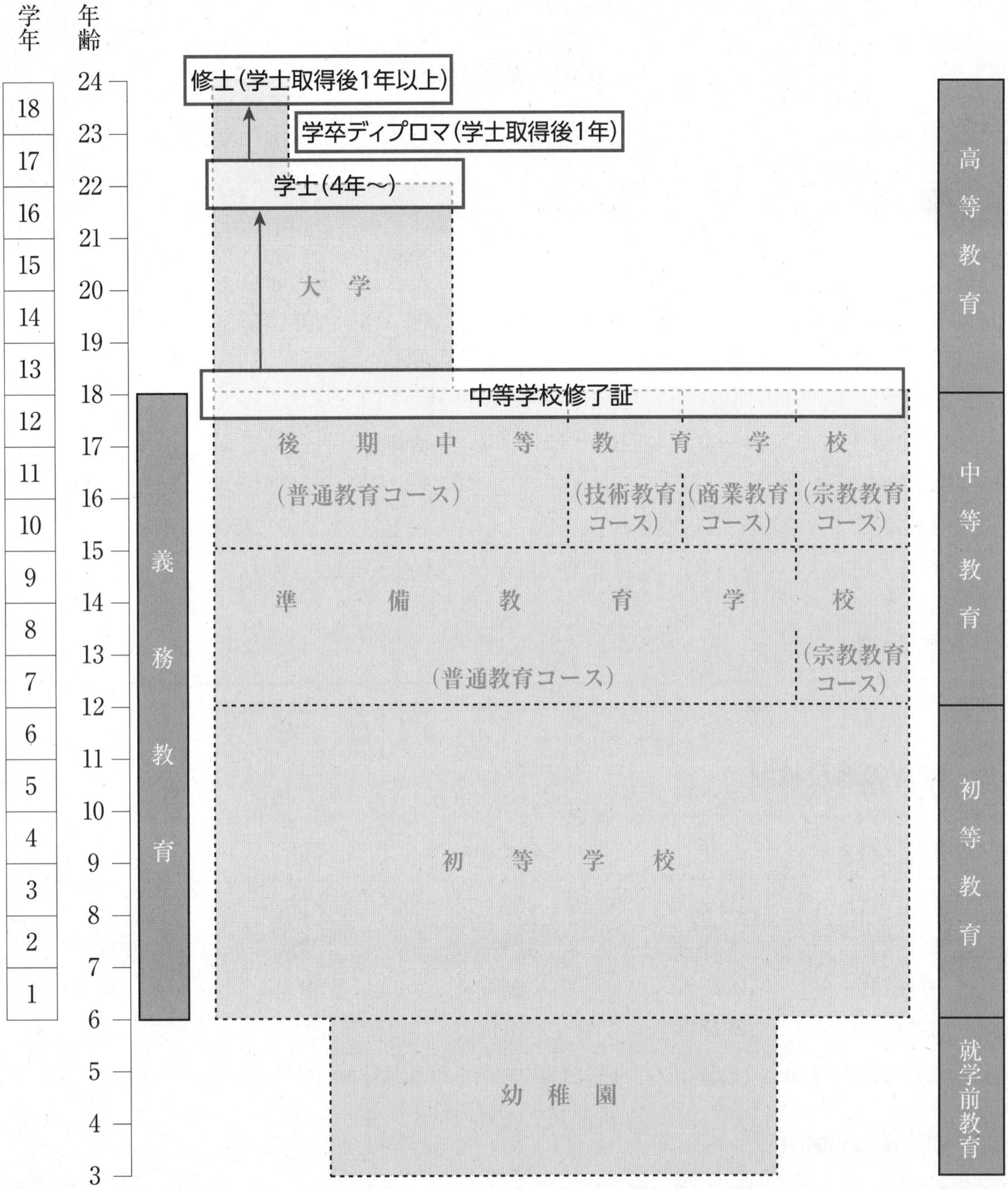
学年
年齢
修士（学士取得後1年以上）
学卒ディプロマ（学士取得後1年）
学士（4年～）
大学
中等学校修了証
後期中等教育学校
（普通教育コース）
（技術教育コース）
（商業教育コース）
（宗教教育コース）
準備教育学校
（普通教育コース）
（宗教教育コース）
初等学校
幼稚園
義務教育
高等教育
中等教育
初等教育
就学前教育

クウェート国

(*State of Kuwait*)

Ⅰ 概 要

1. 人口
428万人(内クウェート人131万人)(2016年,クウェート市民調査局)
2. 面積
約17,818平方キロメートル(四国とほぼ同じ)
3. 政治体制
首長制
4. 言語
アラビア語
5. 1人当たり国内総生産(GDP)
43,200ドル(2014年)
6. 首都
クウェート
7. 通貨単位
クウェート・ディナール(KD)

《出典》外務省ウェブサイト(http://www.mofa.go.jp/mofaj/area/kuwait/data.html)(更新日:2016年4月18日)。

Ⅱ 教育の普及状況

教育段階	年	在籍率	男	女
就学前教育	2008年	82%	81%	83%
初等教育	2013年	104%	103%	105%
中等教育	2013年	93%	89%	96%
高等教育	2013年	27%	20%	33%

(通常の年齢よりも早い又は遅い入学や留年等を理由とする該当年齢以外の在籍者を含む)

Ⅲ 教育行政制度

中央には教育省と高等教育省が置かれている。前者は初等教育から後期中等教育までの学校教育を,後者は高等教育を所管し,それぞれ教育政策の立案や監督を行っている。また,地方には5つの教育行政区が設けられ,それぞれ所管地域内にある学校の監督や評価を行っている。

Ⅳ　学校体系

（学年暦：9月～翌年6月）

1. 就学前教育

幼稚園で，通常4～5歳児を対象に，幼稚園で行われる。

2. 義務教育

義務教育は，初等学校入学（6歳）から前期中等教育段階の中間学校を修了（15歳）するまでの9年間である。

3. 初等教育

初等教育は，6歳入学で5年間，初等学校で行われる。

4. 中等教育

中等教育は，4年間の前期中等教育と3年間の後期中等教育に分けられる。

前期中等教育は，4年制の中間学校で行われる。修了時には，後期中等教育への進学要件となる中間学校修了証が授与される。

後期中等教育は，3年制の中等学校で行われる。最初の1年間は，共通のカリキュラムに従って授業が進められ，後半の2年間は，社会科学系と理数系の2つの課程に分かれる。修了時には，教育省による中等学校修了試験が実施され，合格者には大学への入学要件となる中等学校修了証が授与される。

実用教育訓練センター（Public Authority for Applied Education and Training: PAAET）の傘下にあるインスティトゥートでは，前期中等教育修了者を対象として，中等教育レベルの2.5年間の職業教育課程及び4年間の中等教育修了資格取得課程を提供している。

5. 高等教育

高等教育機関には，大学，カレッジ，インスティトュートがある。

大学は唯一の国立大学であるクウェート大学のほか，私立大学（多くは大学院課程を持たない小規模機関）がある。大学では，通常4年間の学士課程，学士取得者を対象とする1年間の学卒ディプロマ課程，1～2年の修士課程，及び修士取得後3年以上の博士課程が提供されている。

実用教育訓練センター（PAAET）の傘下にある4つのカレッジと7つのインスティトゥートでは，多様な職業教育・訓練プログラムを提供しており，2～3年の課程を修了するとディプロマが授与される。

《参考資料》

・Australian Government, Country Education Profiles（https://internationaleducation.gov.au/CEP/Subcontinent-And-The-Middle-East/Kuwait/Pages/default.aspx）（2016年7月6日閲覧）.
・UNESCO, World Data on Education, 7th edition, 2010/11（2011年8月更新）.

中
東

V　学校系統図

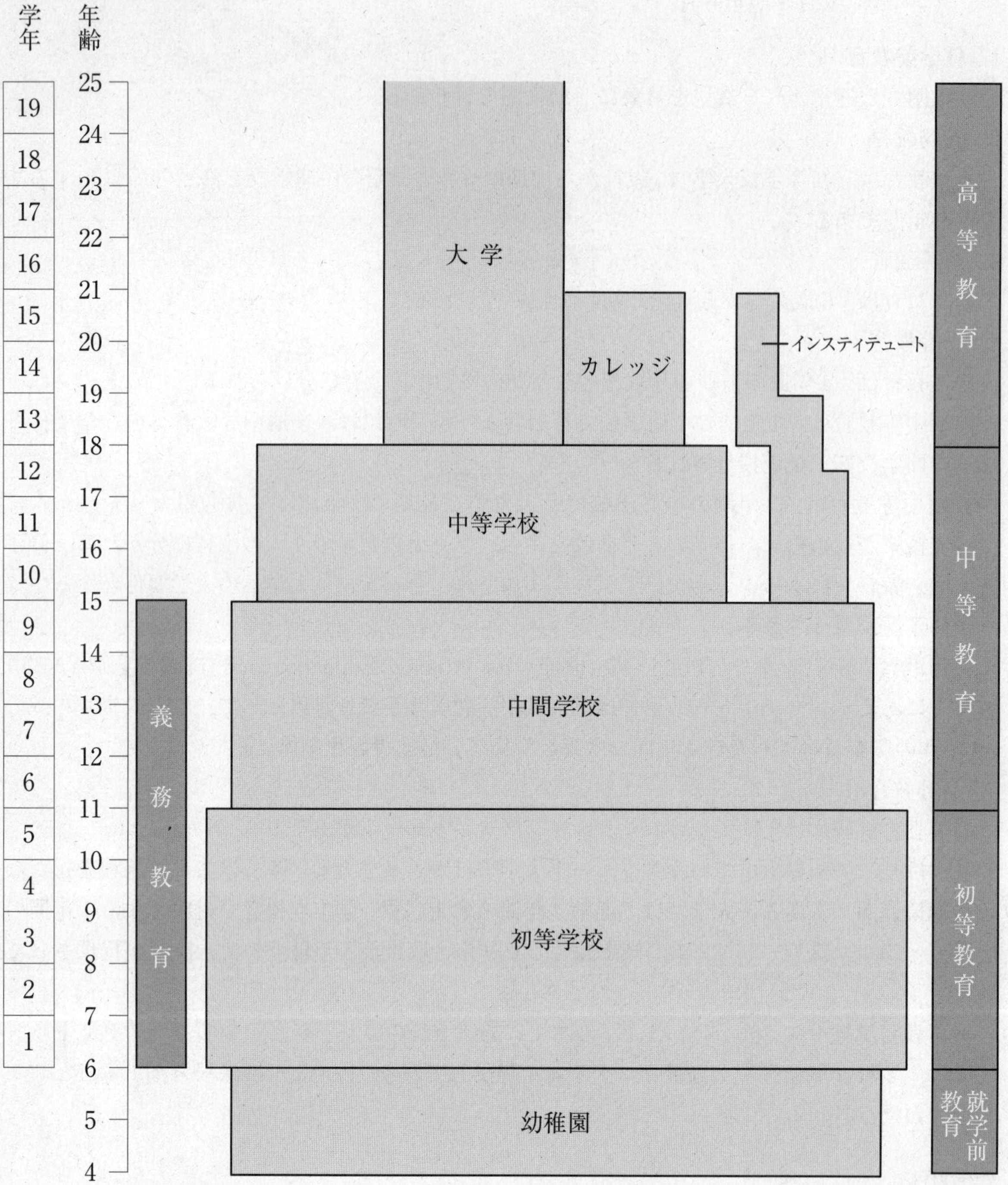
学年
年齢
19
18
17
16
15
14
13
12
11
10
9
8
7
6
5
4
3
2
1
25
24
23
22
21
20
19
18
17
16
15
14
13
12
11
10
9
8
7
6
5
4
義務教育
大学
カレッジ
インスティテュート
中等学校
中間学校
初等学校
幼稚園
高等教育
中等教育
初等教育
就学前教育

Ⅵ　取得可能な資格・学位

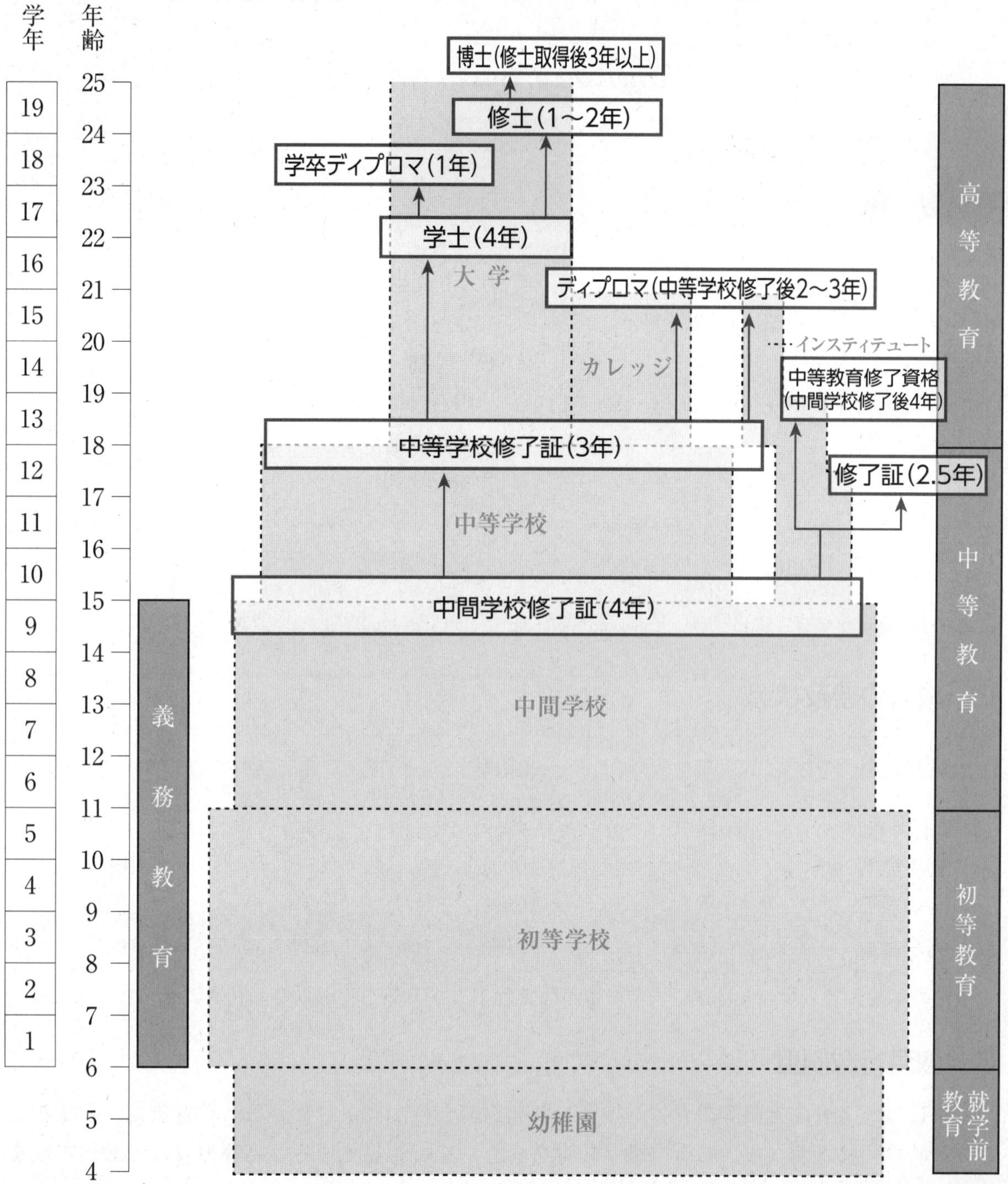
学年
年齢
19
18
17
16
15
14
13
12
11
10
9
8
7
6
5
4
3
2
1
25
24
23
22
21
20
19
18
17
16
15
14
13
12
11
10
9
8
7
6
5
4
博士(修士取得後3年以上)
修士(1〜2年)
学卒ディプロマ(1年)
学士(4年)
大学
ディプロマ(中等学校修了後2〜3年)
カレッジ
インスティテュート
中等教育修了資格
(中間学校修了後4年)
中等学校修了証(3年)
修了証(2.5年)
中等学校
中間学校修了証(4年)
中間学校
初等学校
幼稚園
義務教育
高等教育
中等教育
初等教育
就学前教育

サウジアラビア王国

(*Kingdom of Saudi Arabia*)

Ⅰ 概 要

1. 人口
3,089万人（2014年，世銀）
2. 面積
215万平方キロメートル（日本の約5.7倍）
3. 政治体制
君主制
4. 言語
アラビア語（公用語）
5. 1人当たり国内総生産（GDP）
20,813ドル（2015年推定値，IMF）
6. 首都
リヤド
7. 通貨単位
サウジアラビア・リヤル

《出典》外務省ウェブサイト（http://www.mofa.go.jp/mofaj/area/saudi/data.html）（更新日：2016年8月24日）。

Ⅱ 教育の普及状況

教育段階	年	在籍率	男	女
就学前教育	2014年	16%	14%	18%
初等教育	〃	109%	109%	108%
中等教育	〃	108%	123%	94%
高等教育	〃	61%	62%	60%

（通常の年齢よりも早い又は遅い入学や留年等を理由とする該当年齢以外の在籍者を含む）

Ⅲ 教育行政制度

中央には，教育省と高等教育省，技術・職業訓練公社が置かれている。教育省は，初等中等教育や特別支援教育，成人教育（識字教育を含む）を所管している。高等教育は，教員養成を含む高等教育を所管している。技術・職業訓練公社は，職業教育を所管している。そのほか，宗教省や保健省，内務省など，他の他省庁も教育施策に関与している。

地方には，13の州教育局と29の地方教育行政部が設置されている。近年教育省は，教育に係る事務を地方に委任する傾向を強めている。

Ⅳ　学校体系

（学年歴：9月～翌年6月）

1. 就学前教育

就学前教育は，3～5歳児を対象に，幼稚園で行われる。

2. 義務教育

義務教育は，6～15歳の9年である。

3. 初等教育

初等教育は，6歳入学で6年間，初等学校において行われる。初等学校を修了すると，初等教育修了証が付与される。

4. 中等教育

前期中等教育は，3年間，中間学校で行われる。中間学校を修了すると，中間教育修了証が付与される。

後期中等教育は，3年間，中等学校と技術学校で行われる。中等学校には普通教育課程，科学教育課程，宗教教育課程が置かれている。中等学校程を修了すると普通中等教育修了証が，技術学校を修了すると技術中等教育修了証がそれぞれ付与される。

そのほか，中間教育修了証取得者を対象とする職業教育機関の2年課程を修了すると，産業教育修了証が付与される。

5. 高等教育

高等教育は，大学とカレッジで行われる。入学資格は，普通中等教育修了証あるいは技術中等教育修了証の取得者に認められる。

大学には，2年の準学士課程，分野により4～6年の学位課程が置かれ，修了者にはそれぞれ準学士，学士の学位が授与される。また，学士取得者を対象とする2年の修士課程，修士取得者を対象とする3年の博士課程が置かれ，それぞれの修了者に修士，博士の学位が授与される。そのほか，学士取得者を対象とする1年の課程が置かれ，修了者には学卒ディプロマが付与される。

カレッジには，2～3年の課程が置かれ，修了者には準学士や技術中間ディプロマ，普通中間ディプロマが付与される。

《参考資料》
・UNESCO, World Data on Education, 7th edition, 2010/11.
・UNESCO ISCED Mappings, 2011.
・Australian Government, Country Education Profiles（https://internationaleducation.gov.au/CEP/Africa/Saudi-Arabia/Pages/default.aspx）（2016年7月6日閲覧）.

V　学校系統図

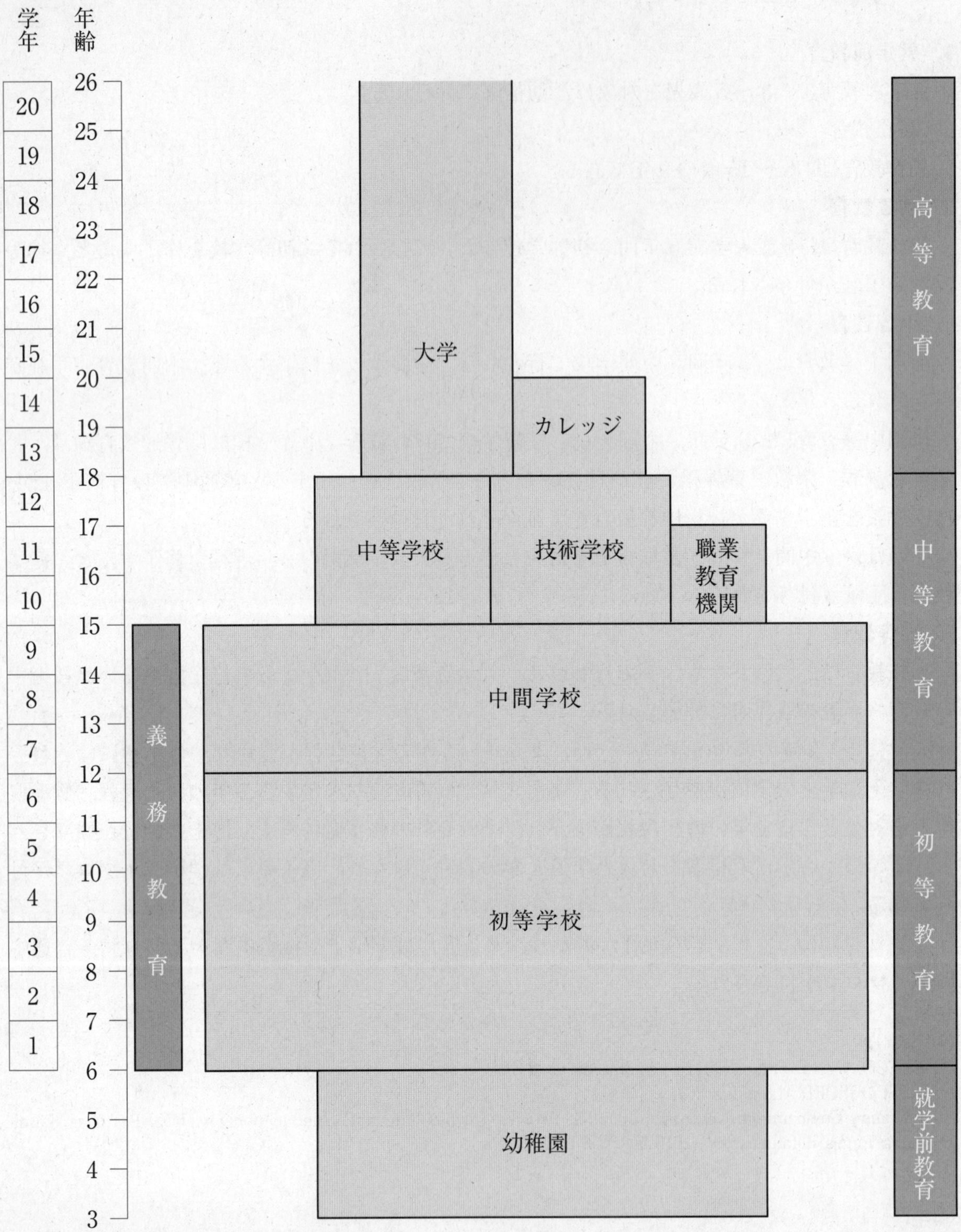
学年
年齢
20
19
18
17
16
15
14
13
12
11
10
9
8
7
6
5
4
3
2
1
26
25
24
23
22
21
20
19
18
17
16
15
14
13
12
11
10
9
8
7
6
5
4
3
義務教育
大学
カレッジ
中等学校
技術学校
職業教育機関
中間学校
初等学校
幼稚園
高等教育
中等教育
初等教育
就学前教育

Ⅵ　取得可能な資格・学位

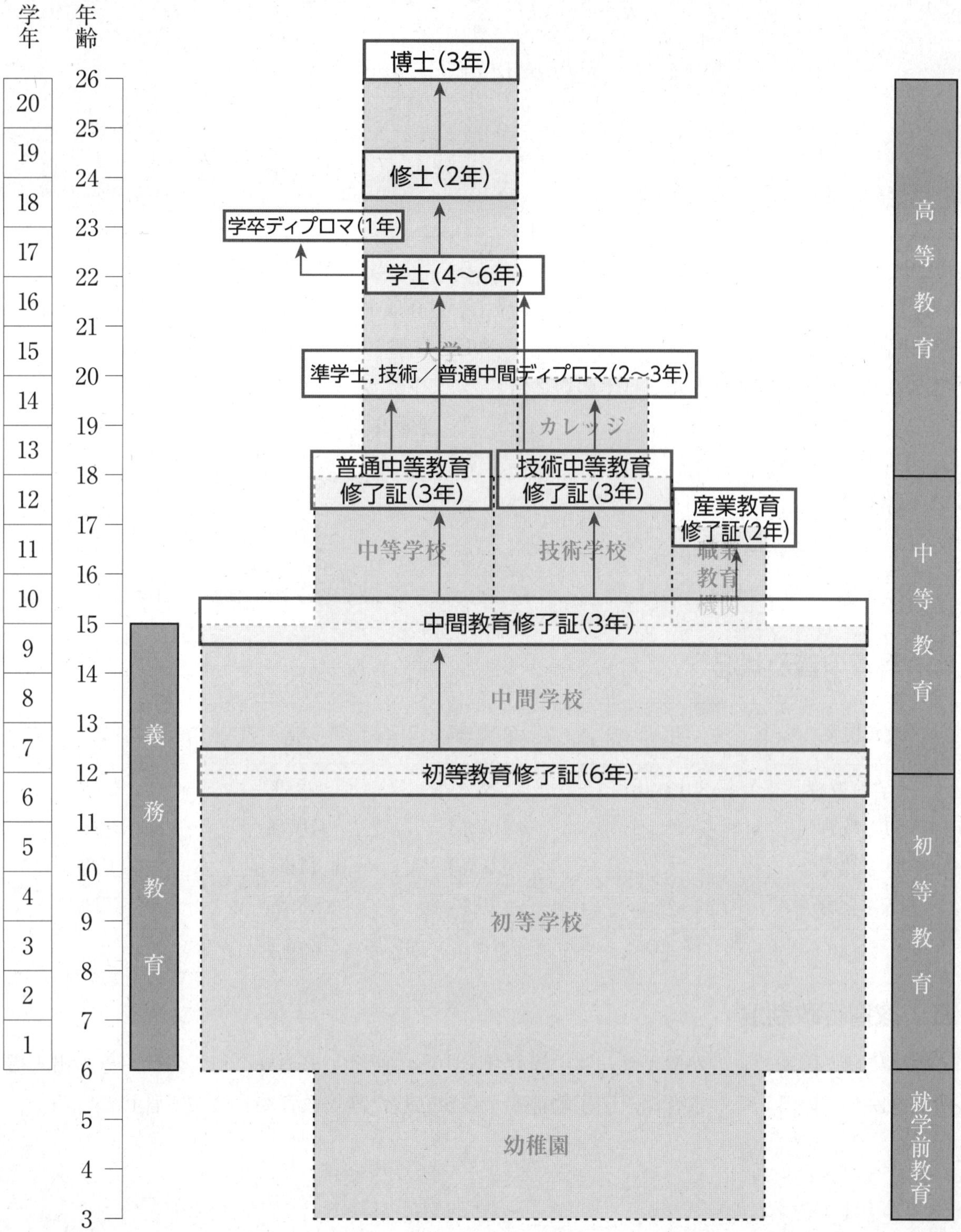
学年
年齢
博士(3年)
修士(2年)
学卒ディプロマ(1年)
学士(4〜6年)
大学
準学士，技術／普通中間ディプロマ(2〜3年)
カレッジ
普通中等教育修了証(3年)
技術中等教育修了証(3年)
産業教育修了証(2年)
中等学校
技術学校
職業教育機関
中間教育修了証(3年)
中間学校
初等教育修了証(6年)
初等学校
幼稚園
義務教育
高等教育
中等教育
初等教育
就学前教育

トルコ共和国

(*Republic of Turkey*)

Ⅰ　概　要

1. 人口
78,741,053 人（2015 年，トルコ国家統計庁）
2. 面積
780,576 平方キロメートル（日本の約 2 倍）
3. 政治体制
共和制
4. 言語
トルコ語（公用語）
5. 1 人当たり国内総生産（GDP）
11,014 ドル（2015 年，トルコ国家統計庁）
6. 首都
アンカラ
7. 通貨単位
トルコ・リラ

《出典》外務省ウェブサイト（http://www.mofa.go.jp/mofaj/area/turkey/data.html）（更新日：2017 年 1 月 25 日）。

Ⅱ　教育の普及状況

教育段階	年	在籍率	男	女
就学前教育	2013 年	28%	28%	27%
初等教育	〃	107%	107%	107%
中等教育	〃	115%	116%	113%
高等教育	〃	79%	85%	73%

（通常の年齢よりも早い又は遅い入学や留年等を理由とする該当年齢以外の在籍者を含む）

Ⅲ　教育行政制度

中央には，国家教育省が置かれ初等中等教育を中心に所管しており，地方には，その出先機関が置かれている。高等教育は，国家教育省から独立した高等教育委員会が所管している。

Ⅳ 学校体系

（学年暦：9月～翌年6月）

1. 就学前教育

就学前教育は，主に3～5歳児を対象とした幼稚園と，就学前の1年間を対象とした初等学校の就学前クラスで行われる。

2. 義務教育

義務教育は，6～18歳の12年である。

3. 初等教育

初等教育は，6歳入学で4年間，初等学校で行われる。

4. 中等教育

中等教育は前期と後期に分かれる。

前期中等教育は，4年間，中等学校で行われ，卒業者には中等学校修了証が授与される。

後期中等教育は，4年間，普通高校及び職業・技術高校で行われる。

このほか，1年間の準備クラスで外国語を集中的に履修させた後，授業の一部を外国語で行い，大学進学準備教育を主とするアナトリア高校（修業年限5年）がある。

普通高校及びアナトリア高校の卒業者には高校修了証が授与され，職業・技術高校の卒業者には，職業・技術高校ディプロマが授与される。

5. 高等教育

高等教育は，大学とカレッジで行われる。入学者は，中等教育機関卒業者を対象に入試センターが実施する全国共通入学試験を通じて選抜される。大学には，準学士課程（2年），学士課程（4～6年），修士課程（1年半～2年），博士課程（2～5年）が置かれている。カレッジ（修業年限2年の準学士課程）では，主に職業教育が行われる。通信制の大学とカレッジもある。

《参考資料》

・UNESCO World Data on Education, 7th edition, 2010/11.
・高等教育委員会，*Higher Education System in Turkey*, 2014,（http://www.yok.gov.tr/documents/10348274/10733291/TR'de+Y% C3% BCksek% C3% B6% C4% 9Fretim+Sistemi2.pdf/9027552a-962f-4b03-8450-3d1ff8d56ccc）（2016年7月27日閲覧）。
・MoNE National Education Statistics 2012-13.
・外務省ウェブサイト「諸外国・地域の学校情報」（2012年3月更新情報）。
・文部省『諸外国の学校教育（アジア・オセアニア・アフリカ編），1996年。

V 学校系統図

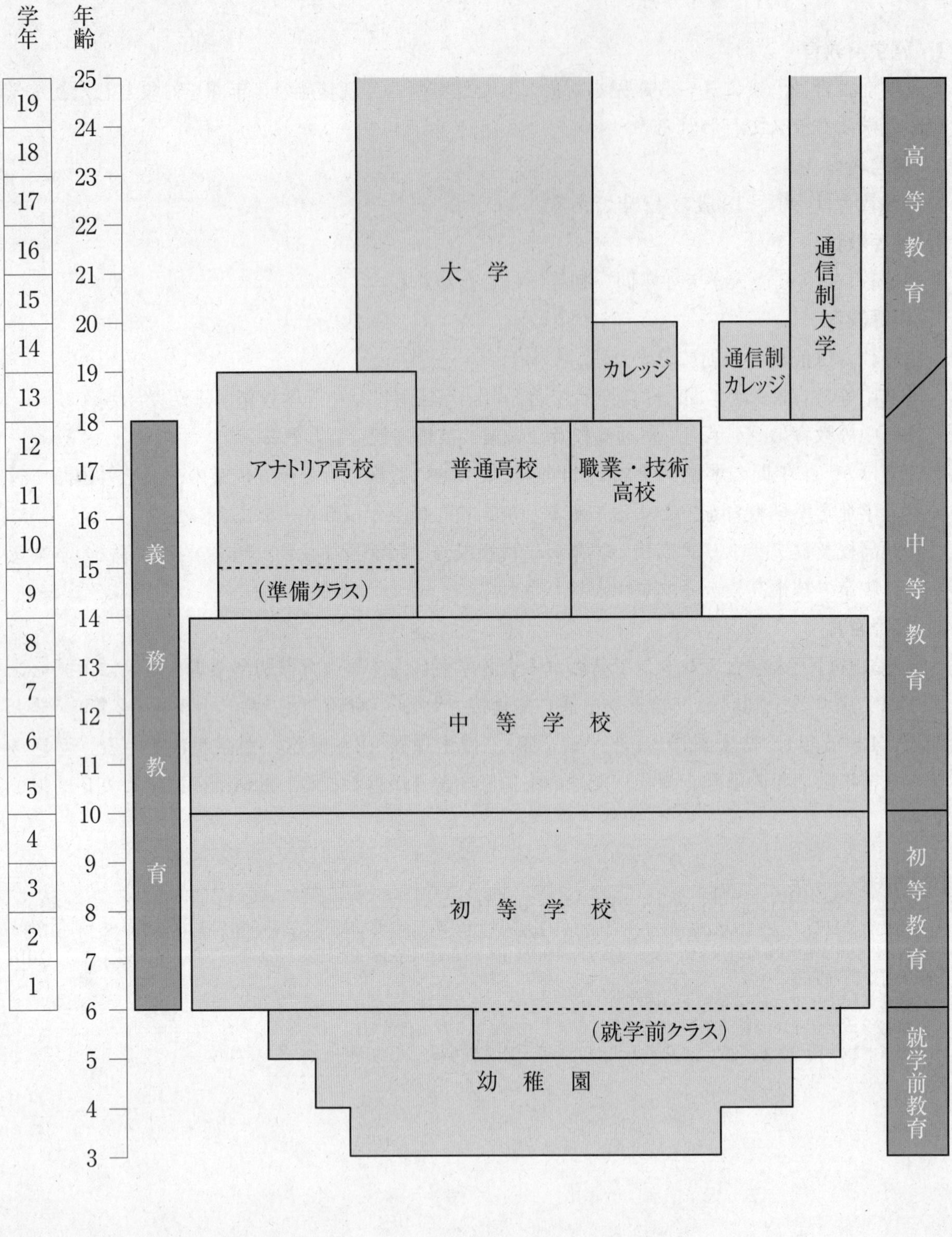
学年
年齢
25
24
23
22
21
20
19
18
17
16
15
14
13
12
11
10
9
8
7
6
5
4
3
大 学
カレッジ
通信制カレッジ
通信制大学
アナトリア高校
（準備クラス）
普通高校
職業・技術高校
義務教育
中 等 学 校
初 等 学 校
（就学前クラス）
幼 稚 園
高等教育
中等教育
初等教育
就学前教育

Ⅵ　取得可能な資格・学位

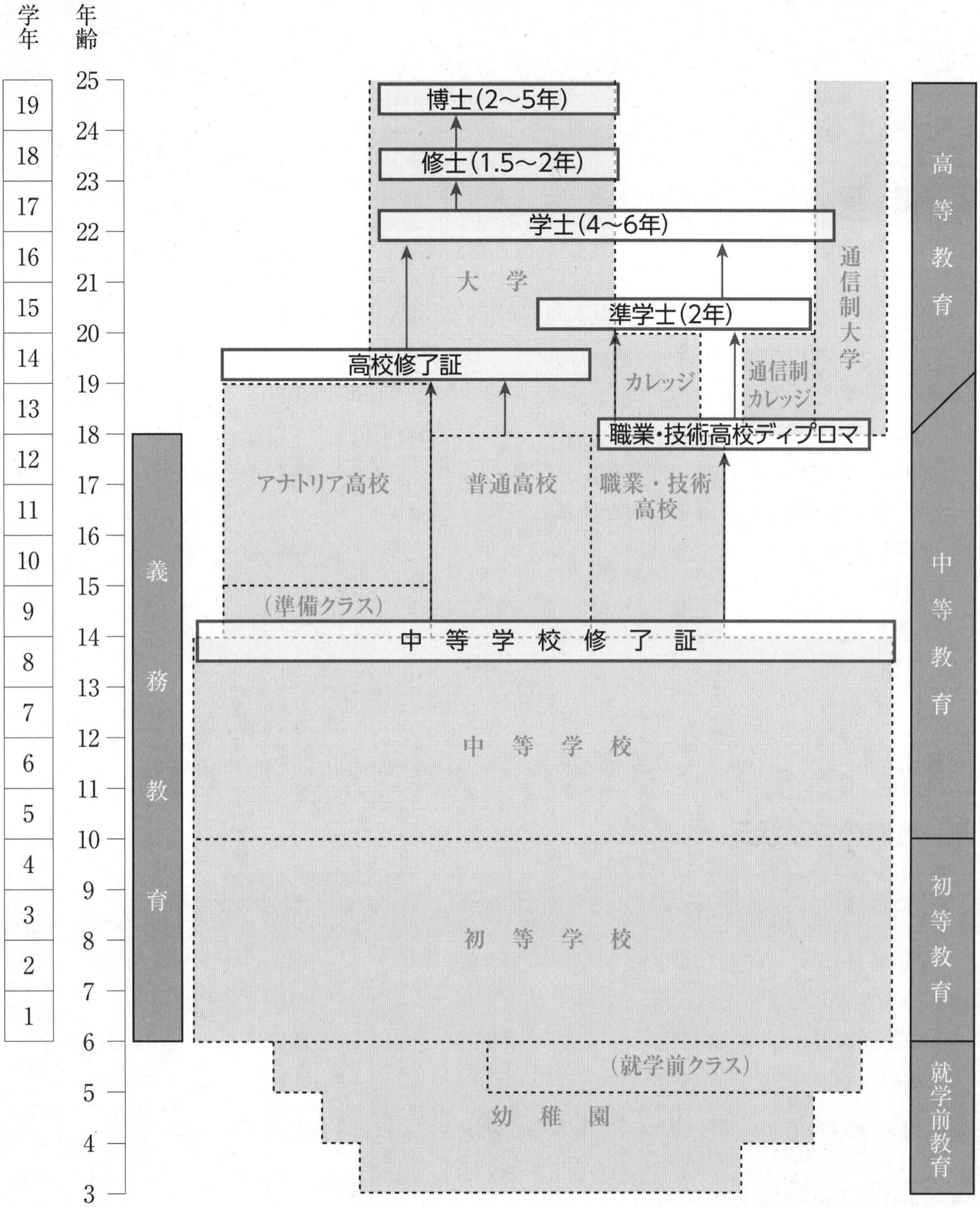

学年
年齢
19 18 17 16 15 14 13 12 11 10 9 8 7 6 5 4 3 2 1
25 24 23 22 21 20 19 18 17 16 15 14 13 12 11 10 9 8 7 6 5 4 3
博士(2〜5年)
修士(1.5〜2年)
学士(4〜6年)
大学
準学士(2年)
通信制大学
高校修了証
カレッジ
通信制カレッジ
職業・技術高校ディプロマ
アナトリア高校
普通高校
職業・技術高校
(準備クラス)
中等学校修了証
中等学校
初等学校
(就学前クラス)
幼稚園
義務教育
高等教育
中等教育
初等教育
就学前教育

バーレーン王国

(*Kingdom of Bahrain*)

Ⅰ 概 要

1. 人口
131.5万人，うちバーレーン人は63.1万人（48%）（2014年，Informatics & e-Government Authority）
2. 面積
769.8平方キロメートル（2012年中央情報局。東京23区と川崎市を併せた面積とほぼ同じ大きさ）
3. 政治体制
立憲君主制
4. 言語
アラビア語
5. 1人当たり国内総生産（GDP）
23,309ドル（2014年）
6. 首都
マナーマ市
7. 通貨単位
バーレーン・ディナール（BD）

《出典》外務省ウェブサイト（http://www.mofa.go.jp/mofaj/area/bahrain/data.html）（更新日：2016年2月10日）。

Ⅱ 教育の普及状況

教育段階	年	在籍率	男	女
就学前教育	2014年	55%	55%	55%
初等教育	2006年	…	…	…
中等教育	2012年	96%	94%	97%
高等教育	2014年	37%	24%	57%

（通常の年齢よりも早い又は遅い入学や留年等を理由とする該当年齢以外の在籍者を含む）

Ⅲ 教育行政制度

中央には教育省が置かれ，教育全般について全国レベルの教育政策や教育制度の制定を行っている。初等中等教育については2005年から教育地区制度（Educational Districts system）が導入され，地域の実情に応じた効率的な学校運営が図られている。高等教育については2006年，教育大臣直属の高等教育審議会が設置され，高等教育や学術研究に関する基本政策の立案をはじめ高等教育行政における実質的な役割を果たしている。

Ⅳ　学校体系

（学年暦：9月～翌年6月）

1. 就学前教育

就学前教育は，3～5歳児を対象に幼稚園で行われる。

2. 義務教育

義務教育は，初等学校及び中間学校（6～15歳）の9年である。

3. 初等教育

初等教育は9年間の基礎教育として行われる。基礎教育は3つの3年課程から構成され，最初の2課程は6歳で入学する6年制の初等学校において，最後の1課程は3年制の中間学校において提供される。中間学校修了時（第9学年）には修了試験が課され，合格者には中等学校進学要件となる中間学校修了証が授与される。

初等学校及び中間学校については，男子を対象にイスラム教についての指導も行う宗教学校が設けられている。

4. 中等教育

中等教育は，3年間，中等学校で行われる。普通教育課程と職業技術教育課程に大別され，主に前者は人文専攻と理数専攻に，後者は商業専攻，技術専攻に分かれる。中等学校修了時（第12学年）には修了試験が課され，合格者には高等教育への進学要件となる中等学校修了証が授与される。

中等学校については，男子を対象にイスラム教についての指導も行う宗教学校が設けられている。

5. 高等教育

高等教育は大学及びカレッジ等の高等教育機関において行われる。大学には，準学士課程（2年），学士課程（専攻により4～6年），修士課程（通常2年），博士課程（3年以上）が置かれている。

《参考資料》

・高等教育審議会サイト（http://moedu.gov.bh/hec/page.aspx?page_key=about_hec）（2016年7月20日閲覧）。
・UNESCO, World Data on Education, 7th edition, 2010/11（2011年8月更新）.

中東

V 学校系統図

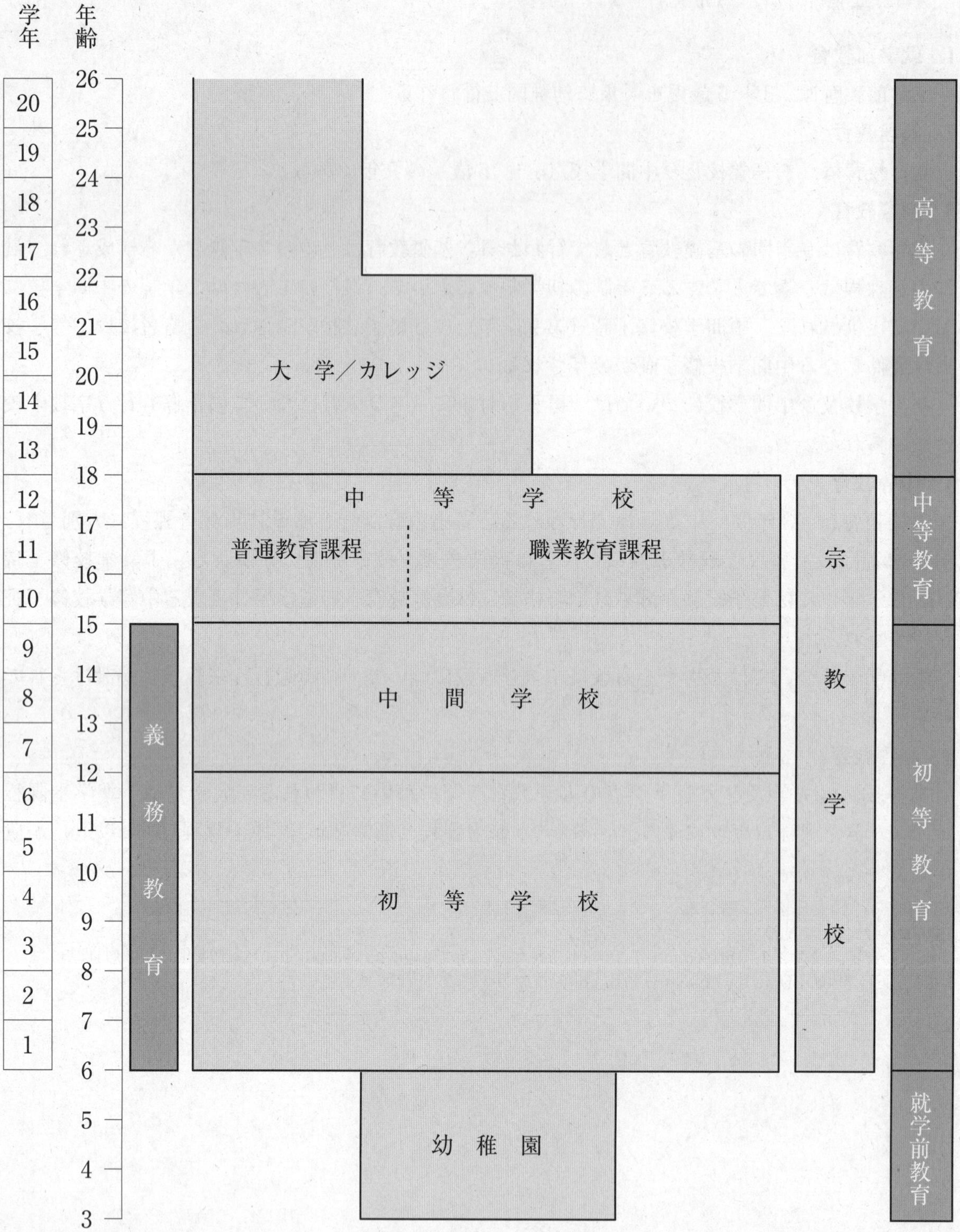
学年
年齢
20
19
18
17
16
15
14
13
12
11
10
9
8
7
6
5
4
3
2
1
26
25
24
23
22
21
20
19
18
17
16
15
14
13
12
11
10
9
8
7
6
5
4
3
大 学／カレッジ
中 等 学 校
普通教育課程
職業教育課程
中 間 学 校
初 等 学 校
幼 稚 園
義務教育
宗教学校
高等教育
中等教育
初等教育
就学前教育

Ⅵ　取得可能な資格・学位

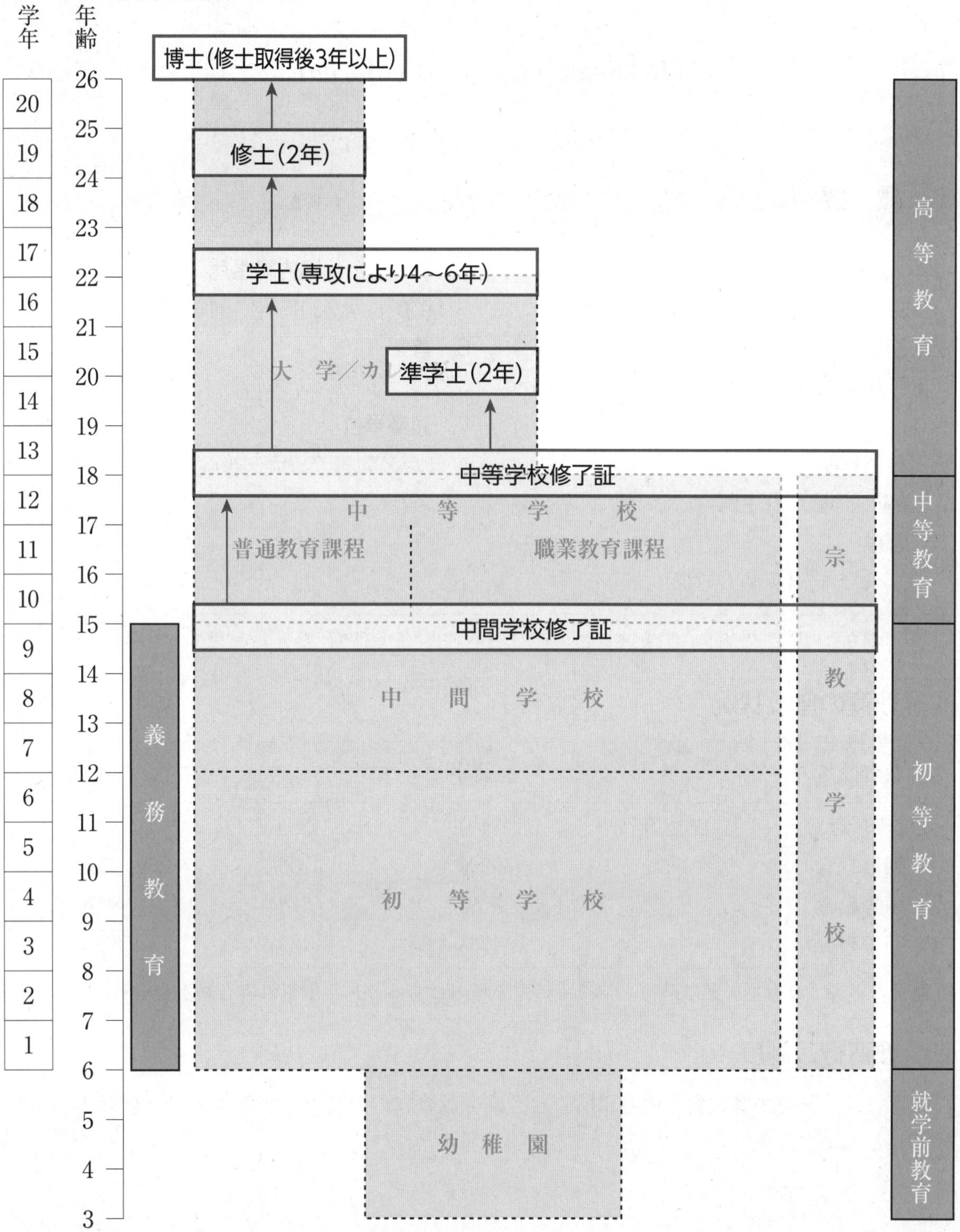

学年
年齢
博士(修士取得後3年以上)
修士(2年)
学士(専攻により4～6年)
準学士(2年)
大　学／カ
中等学校修了証
中　等　学　校
普通教育課程
職業教育課程
中間学校修了証
中　間　学　校
初　等　学　校
幼　稚　園
宗　教　学　校
義　務　教　育
高　等　教　育
中　等　教　育
初　等　教　育
就学前教育

ヨルダン・ハシェミット王国

(*Hashemite Kingdom of Jordan*)

Ⅰ 概 要

1. 人口
759.4 万人（2015 年，世銀）
2. 面積
8.9 万平方キロメートル（日本の約 4 分の 1）
3. 政治体制
立憲（世襲）君主制
4. 言語
アラビア語（英語も通用）
5. 1 人当たり国内総生産（GDP）
4,940 ドル（2015 年，世銀）
6. 首都
アンマン
7. 通貨単位
ヨルダン・ディナール

《出典》外務省ウェブサイト（http://www.mofa.go.jp/mofaj/area/jordan/data.html）（更新日：2016 年 11 月 28 日）。

Ⅱ 教育の普及状況

教育段階	年	在籍率	男	女
就学前教育	2012 年	34%	35%	33%
初等教育	〃	98%	99%	98%
中等教育	〃	88%	87%	89%
高等教育	〃	47%	43%	50%

（通常の年齢よりも早い又は遅い入学や留年等を理由とする該当年齢以外の在籍者を含む）

Ⅲ 教育行政制度

教育省は，初等中等教育を中心に所管し，高等教育については，高等教育科学研究省が所管している。

Ⅳ　学校体系

（学年暦：8月～翌年5月。高等教育は9月～翌年6月）

1. 就学前教育

就学前教育は，4～5歳児を対象に，最長2年間，幼稚園で行われる。

2. 義務教育

義務教育は，6～16歳の10年である。

3. 初等・前期中等教育

初等教育・前期中等教育は，6歳入学で，10年一貫制の基礎教育として，基礎教育学校で行われる。

4. 後期中等教育

後期中等教育は，総合制中等教育と呼ばれ，2年間，普通課程と職業課程からなる中等学校で行われる。中等学校には，両方の課程を置く学校や，どちらか一方の課程のみを置く学校がある。全国中等教育修了試験（tawjihi）により，合格者に普通課程では，普通中等教育資格（General Secondary Education Certificate）を与えるとともに大学入学資格が与えられ，職業課程では，職業総合中等資格（Vocational Comprehensive Secondary Certificate）が与えられる。このほか，基礎教育学校修了者は，職業訓練機関に進んで準技能資格（半年）や技能資格（1～2年）を取得することができる。

5. 高等教育

高等教育は，大学及びコミュニティ・カレッジで行われる。大学には，4～6年の学士課程，1.5～2年の修士課程），3年以上の博士課程が置かれている。学士号取得者を対象とする学卒ディプロマ課程（1年）もある。また，コミュニティ・カレッジには準学士の課程（2年）が置かれている。

《参考資料》
・Ministry of Education Jordan, Education System（http://www.moe.gov.jo/en/MenuDetails.aspx?MenuID=32）（2016年7月6日閲覧）.
・UNESCO, World Data on Education, 7th edition, 2010/11.
・Australian Government, Country Education Profiles（https://internationaleducation.gov.au/CEP/Subcontinent-And-The-Middle-East/Jordan/Pages/default.aspx）（2016年7月6日閲覧）.

V 学校系統図

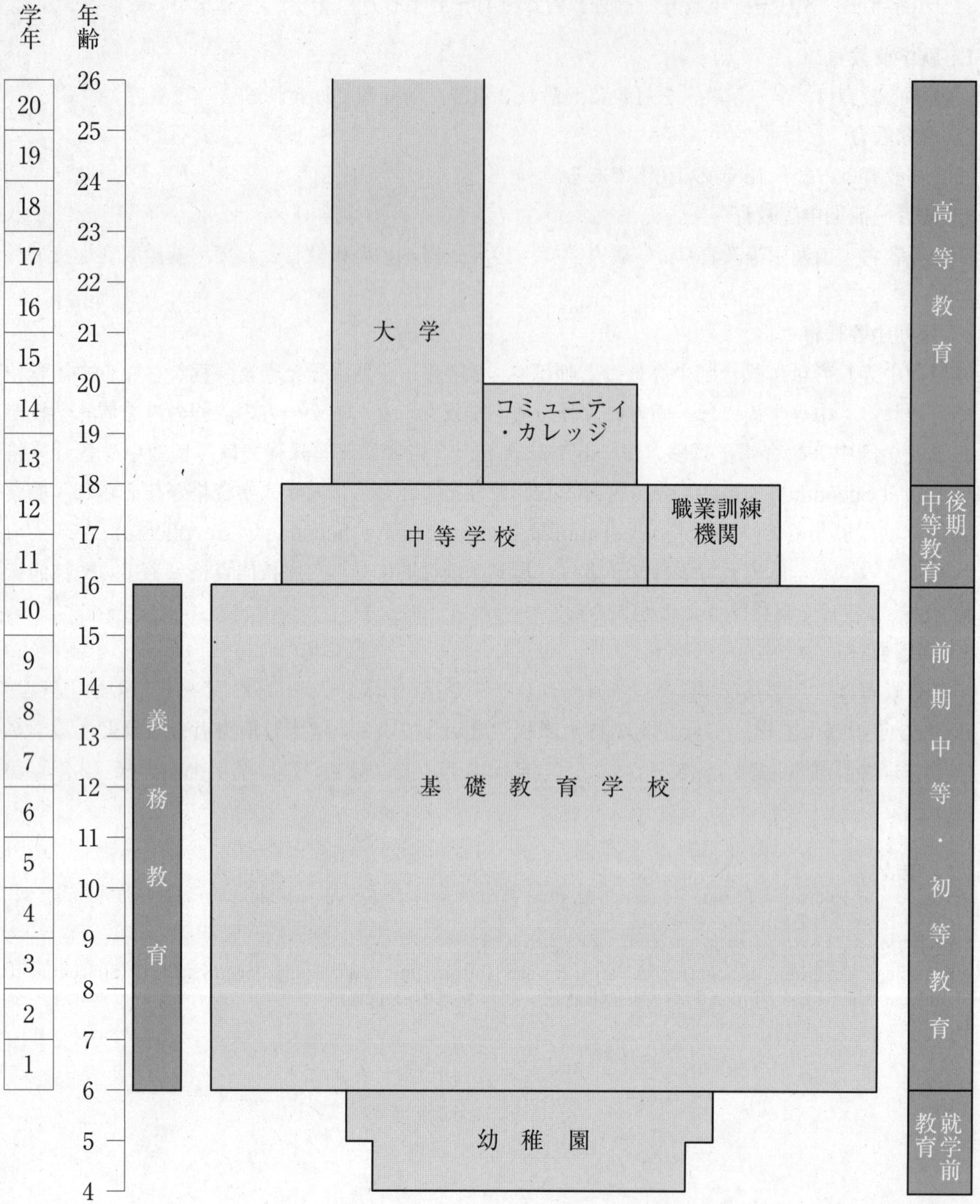
学年
年齢
20
19
18
17
16
15
14
13
12
11
10
9
8
7
6
5
4
3
2
1
26
25
24
23
22
21
20
19
18
17
16
15
14
13
12
11
10
9
8
7
6
5
4
大 学
コミュニティ・カレッジ
中等学校
職業訓練機関
基礎教育学校
幼稚園
義務教育
高等教育
後期中等教育
前期中等・初等教育
就学前教育

Ⅵ　取得可能な資格・学位

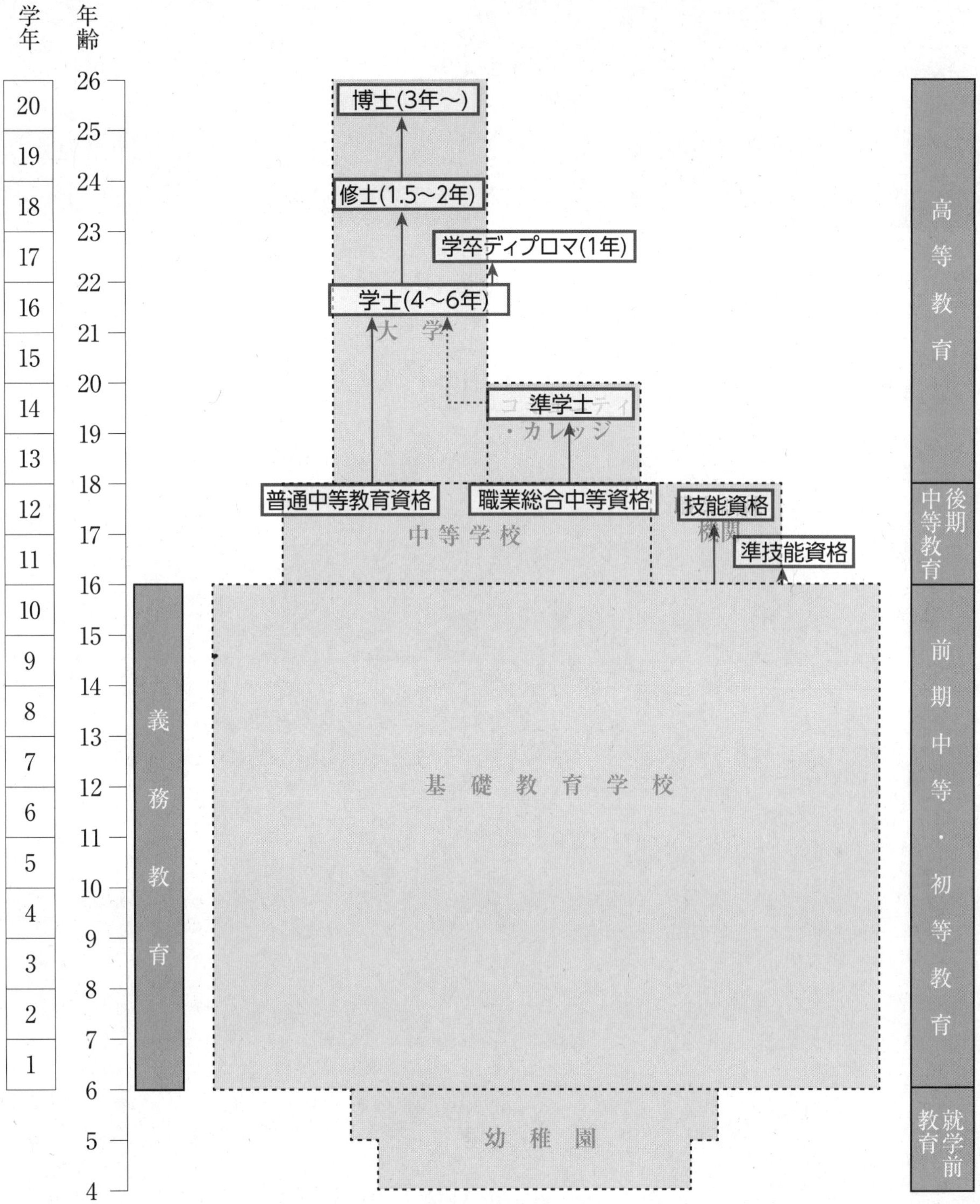
学年
年齢
博士(3年～)
修士(1.5～2年)
学卒ディプロマ(1年)
学士(4～6年)
大学
準学士
・カレッジ
普通中等教育資格
職業総合中等資格
技能資格
準技能資格
中等学校
基礎教育学校
幼稚園
義務教育
高等教育
後期中等教育
前期中等・初等教育
就学前教育

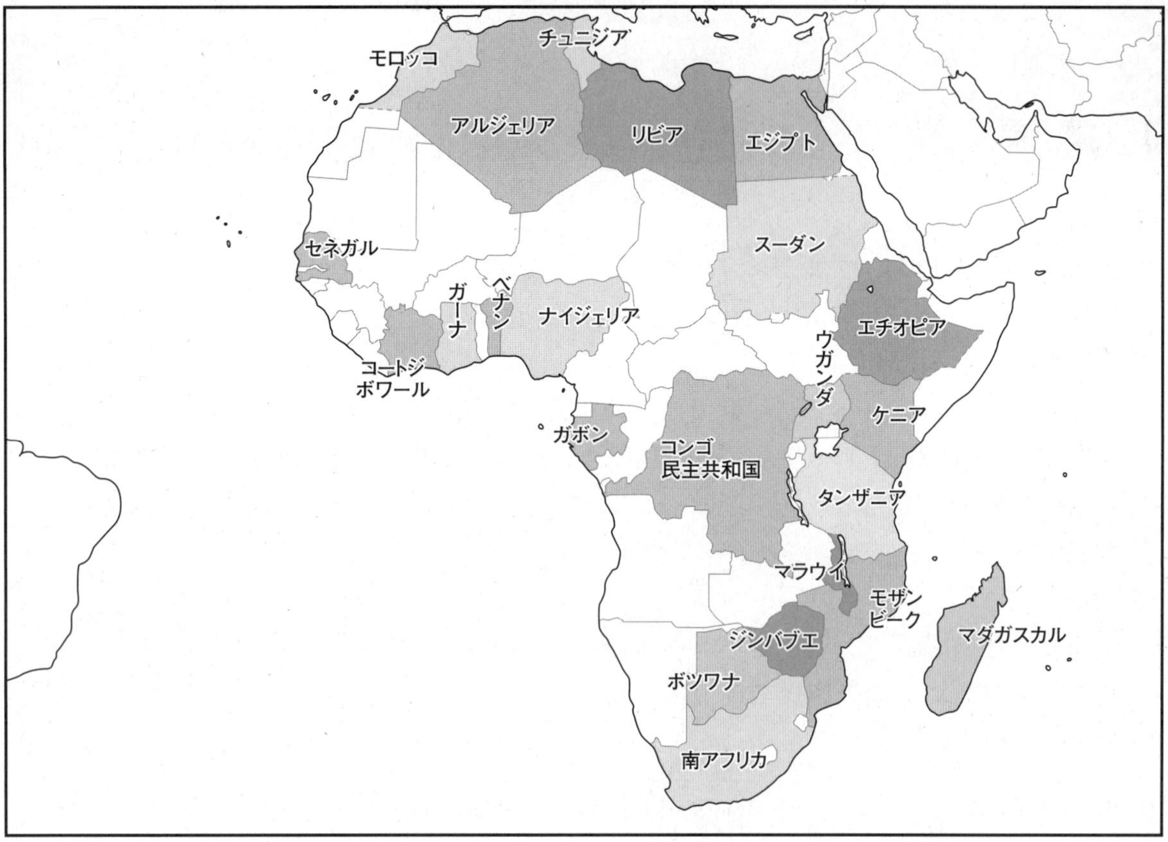

アフリカ

（国・地域は掲載しているもののみ。国・地域名の表記は誌面の都合上，一般的なものとしているため本文と異なる。）

アルジェリア民主人民共和国

(*People's Democratic Republic of Algeria*)

Ⅰ 概　要

1. 人口
   3,780万人（2013年，アルジェリア国家統計局）
2. 面積
   238万平方キロメートル（内，砂漠地帯約200万平方キロメートル）（アフリカ第1位）
3. 政治体制
   共和制
4. 言語
   アラビア語（国語，公用語），ベルベル語（国語），フランス語（国民の間で広く用いられている）
5. 1人当たり国民総所得（GNI）
   5,583ドル（2014年，IMF）
6. 首都
   アルジェ
7. 通貨単位
   アルジェリアン・ディナール（D.A.）

《出典》外務省ウェブサイト（http://www.mofa.go.jp/mofaj/area/algeria/data.html）（更新日：平成27年9月8日）。

Ⅱ 教育の普及状況

教育段階	年	在籍率	男	女
就学前教育	2011年	79%	78%	79%
初等教育	2014年	119%	122%	115%
中等教育	2011年	98%	96%	100%
高等教育	2014年	35%	27%	42%

（通常の年齢よりも早い又は遅い入学や留年等を理由とする該当年齢以外の在籍者を含む）

Ⅲ 教育行政制度

初等中等教育については国民教育省が，高等教育については高等教育科学研究省が，また職業教育については職業教育訓練省が所管している。

Ⅳ　学校体系

（学年暦：9月から翌年6月）

1. 就学前教育

就学前教育は，3～5歳を対象に，就学前教育施設で行われる。

2. 義務教育

義務教育は，初等教育及び前期中等教育から成る基礎教育の9年間である。

3. 初等教育

初等教育は，5年間，小学校で行われる。

4. 中等教育

前期中等教育は，4年間，中学校（コレージュ）で行われる。終了時には試験が行われ，前期中等教育修了証が授与される。

後期中等教育は，3年間，高等学校（リセ）で行われる。後期中等教育は普通教育及び技術教育にわかれる。修了時には，中等教育修了資格であるバカロレアが授与される。

職業教育は，職業教育機関で行われる。前期中等教育第4学年の生徒や後期中等教育第1学年で進路を変更した生徒を対象に，第一サイクルとして2年間行われ，修了時には職業教育第一段階ディプロム（DEP1）が授与される。また，職業教育第一段階ディプロム取得者を対象に，第二サイクルとして2年間行われ，修了時には職業教育第二段階ディプロム（DEP2）が授与される。

5. 高等教育

高等教育は，大学や高等師範学校をはじめとする高等教育機関で行われる。高等教育への入学はバカロレア取得者を対象としている。高等教育は，旧制度及び新制度の2つの制度の下で行われている。旧制度では，主に職業ディプロムを取得する短期課程（2～3年）及び，学士，博士等の学位やエンジニア資格を取得する長期課程（4～7年）が置かれる。新制度では，学士課程（3年），修士課程（2年），博士課程（3年）が置かれる。

《参考資料》

・UNESCO, World Data on Education, 7th edition, 2010/11.
・アルジェリア高等教育科学研究省ウェブサイト（https://www.mesrs.dz/la-reforme, https://www.mesrs.dz/le-systeme-lmd）（2016年12月1日閲覧）。
・外務省ウェブサイト「諸外国・地域の学校情報—国・地域の詳細情報」（平成27年11月更新情報）（http://www.mofa.go.jp/mofaj/toko/world_school/07africa/infoC70100.html）。

V　学校系統図

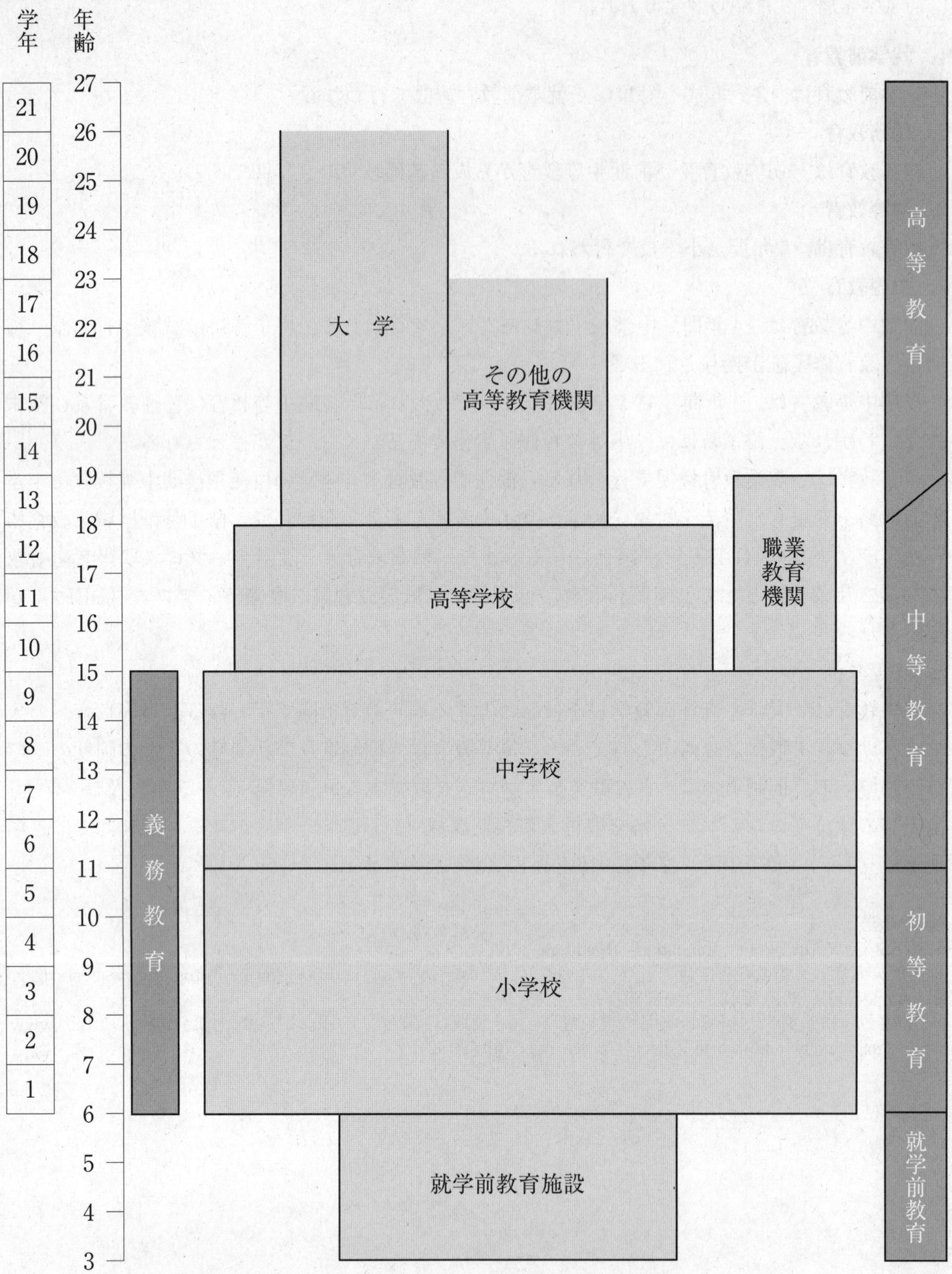
学年
年齢
21
20
19
18
17
16
15
14
13
12
11
10
9
8
7
6
5
4
3
2
1
27
26
25
24
23
22
21
20
19
18
17
16
15
14
13
12
11
10
9
8
7
6
5
4
3
義務教育
大学
その他の高等教育機関
職業教育機関
高等学校
中学校
小学校
就学前教育施設
高等教育
中等教育
初等教育
就学前教育

Ⅵ　取得可能な資格・学位

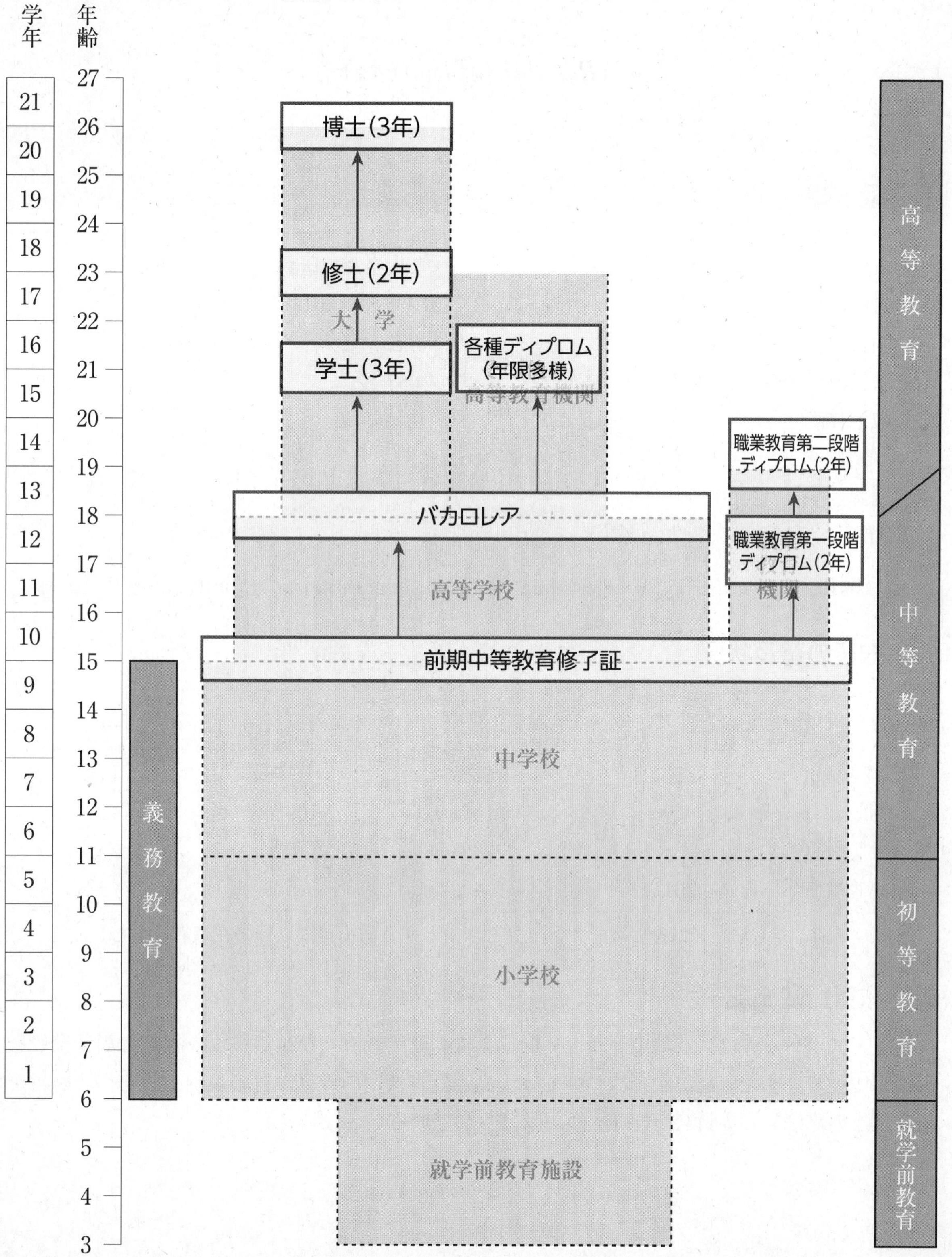

学年
年齢
博士（3年）
修士（2年）
大学
学士（3年）
各種ディプロム（年限多様）
高等教育機関
職業教育第二段階ディプロム（2年）
職業教育第一段階ディプロム（2年）
バカロレア
高等学校
前期中等教育修了証
中学校
小学校
就学前教育施設
義務教育
高等教育
中等教育
初等教育
就学前教育

ウガンダ共和国

(*Republic of Uganda*)

Ⅰ 概 要

1. 人口
 3,778万人(2014年, 世銀)
2. 面積
 24.1万平方キロメートル(ほぼ本州大)
3. 政治体制
 共和国
4. 言語
 英語, スワヒリ語, ルガンダ語
5. 1人当たり国民総所得(GNI)
 670ドル(2014年, 世銀)
6. 首都
 カンパラ
7. 通貨単位
 ウガンダ・シリング

《出典》外務省ウェブサイト(http://www.mofa.go.jp/mofaj/area/uganda/data.html)(更新日:2016年11月28日)。

Ⅱ 教育の普及状況

教育段階	年	在籍率	男	女
就学前教育	2013年	11%	11%	11%
初等教育	〃	110%	109%	111%
中等教育	〃	28%	30%	26%
高等教育	2011年	4%	5%	4%

(通常の年齢よりも早い又は遅い入学や留年等を理由とする該当年齢以外の在籍者を含む)

Ⅲ 教育行政制度

教育・スポーツ省は, 初等中等教育, 職業教育, 高等教育及びスポーツなど教育訓練全般を所管している。また, 高等教育については, 高等教育機関の設置や質の規制, 政府への助言を行う独立の高等教育委員会(NCHE)が設けられている。

Ⅳ　学校体系

（学年暦：2月～12月）

1. 就学前教育

就学前教育は，2～5歳児を対象に，主に都市部の保育学校で行われる。

2. 義務教育

義務教育は，6～13歳の7年である。

3. 初等教育

初等教育は，6歳入学で7年間，初等学校で行われ，修了時には，初等学校卒業認定試験（PLE）が実施される。

4. 中等教育

中等教育は6年間，普通教育を主とする中等学校，又は，職業技術教育を主とする前期中等技術学校（3年）及び後期中等技術インスティチュート（2又は3年）で行われる。

中等学校は，4年目修了時にウガンダ教育資格（UCE，通称「Oレベル」）試験が，後期中等教育に相当する通算6年修了時には高等教育への進学要件であるウガンダ上級教育資格（UACE，通称「Aレベル」）試験がそれぞれ行われる。

前期中等技術学校では，3年時の修了試験によりウガンダ下級技術資格が与えられる。後期中等技術インスティチュートでは，ウガンダ技術学校資格（2年）やウガンダ技能資格（2年）などが取得できる。

5. 高等教育

高等教育は，大学と，技術系を主として教員養成を含む高等職業教育機関で行われる。大学には，3～5年の学士課程，1～3年の修士課程，2年以上の博士課程が置かれている。高等職業教育機関では，一般ディプロマ（3年），さらに高等ディプロマ（2年）などの取得課程が提供されている。

《参考資料》
・Uganda Ministry of Education and Sports（http://www.education.go.ug）（2016年10月5日閲覧）.
・UNESCO, World Data on Educaiton, 7th edition, 2010/11.
・Australian Government, Country Education Profiles（https://internationaleducation.gov.au/CEP/Africa/Uganda/Pages/default.aspx）（2017年7月6日閲覧）.

アフリカ

V　学校系統図

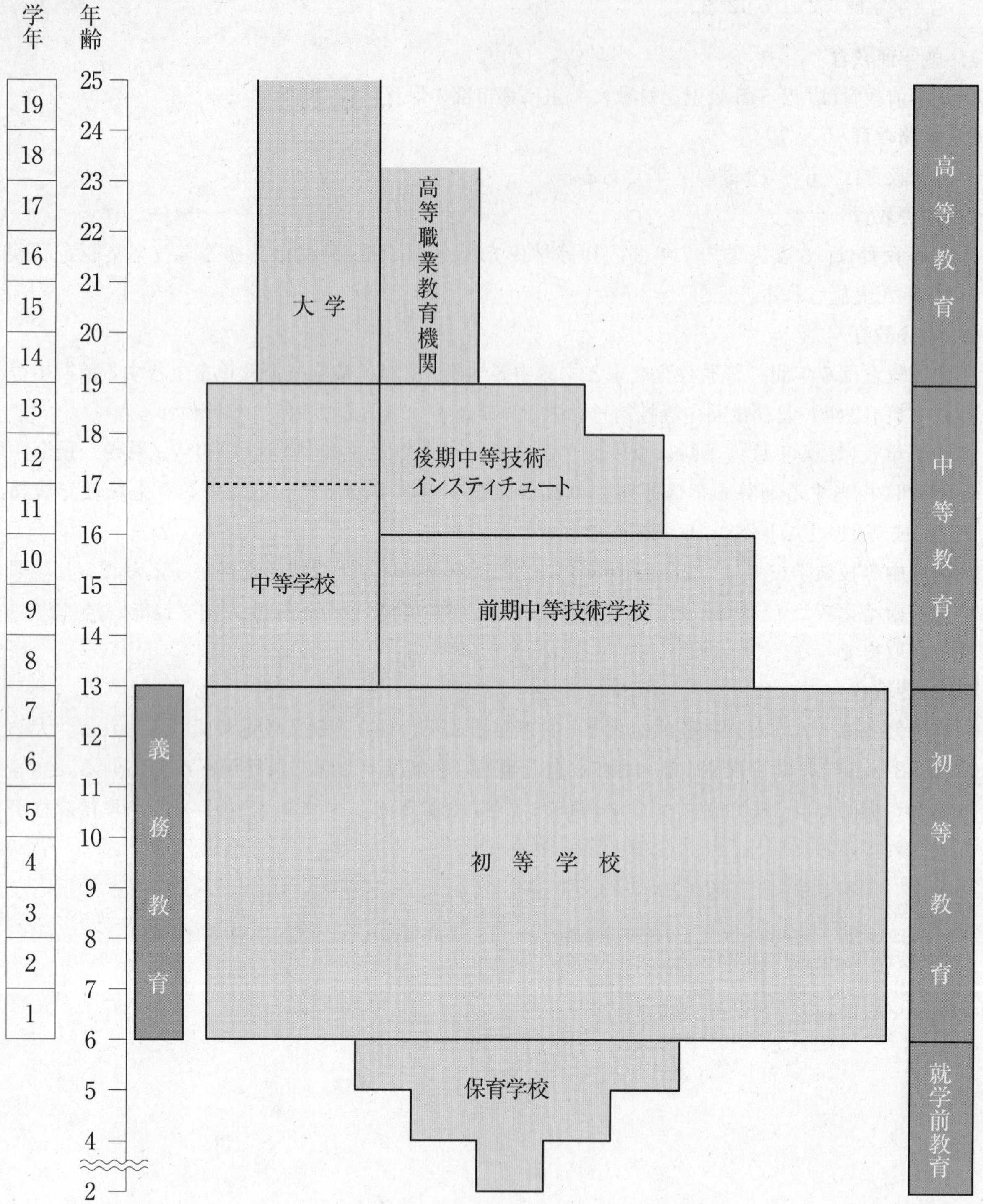

学年
年齢
19
18
17
16
15
14
13
12
11
10
9
8
7
6
5
4
3
2
1
25
24
23
22
21
20
19
18
17
16
15
14
13
12
11
10
9
8
7
6
5
4
2
義務教育
大学
高等職業教育機関
後期中等技術インスティチュート
中等学校
前期中等技術学校
初等学校
保育学校
高等教育
中等教育
初等教育
就学前教育

Ⅵ　取得可能な資格・学位

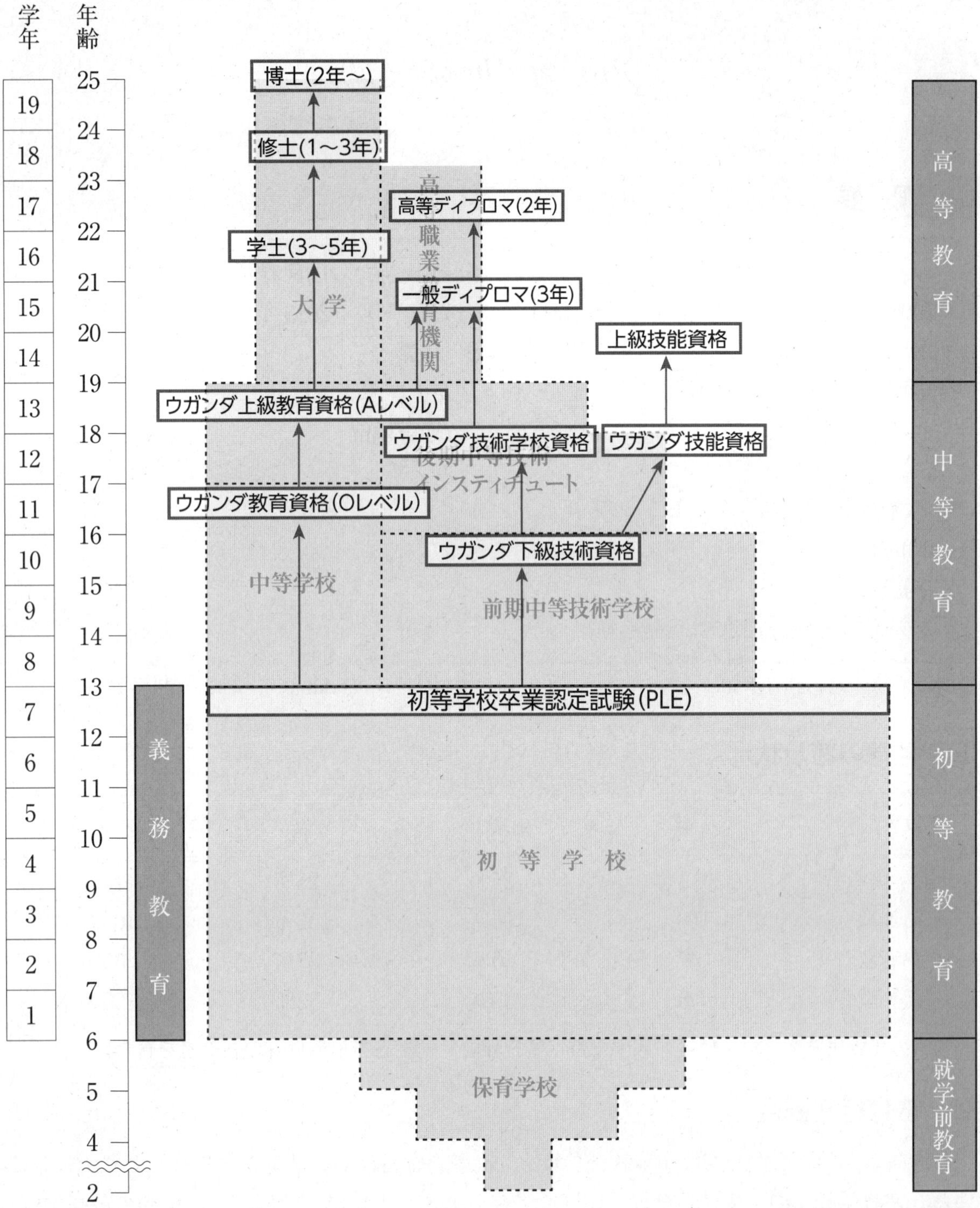
学年
年齢
博士(2年～)
修士(1～3年)
高等ディプロマ(2年)
学士(3～5年)
大学
高等職業教育機関
一般ディプロマ(3年)
上級技能資格
ウガンダ上級教育資格(Aレベル)
ウガンダ技術学校資格
ウガンダ技能資格
後期中等技術インスティチュート
ウガンダ教育資格(Oレベル)
ウガンダ下級技術資格
中等学校
前期中等技術学校
初等学校卒業認定試験(PLE)
義務教育
初等学校
保育学校
高等教育
中等教育
初等教育
就学前教育

エジプト・アラブ共和国

(*Ara Republic of Egypt*)

Ⅰ　概　要

1. 人口
9,000万人（2015年，エジプト中央動員統計局）
2. 面積
約100万平方キロメートル（日本の約2.6倍）
3. 政治体制
共和制
4. 言語
アラビア語，都市部では英語も通用
5. 1人当たり国民総所得（GNI）
3,341ドル（2013年，エジプト財務省）
6. 首都
カイロ
7. 通貨単位
エジプト・ポンドとピアストル

《出典》外務省ウェブサイト（http://www.mofa.go.jp/mofaj/area/egypt/data.html）（更新日：2016年11月28日）。

Ⅱ　教育の普及状況

教育段階	年	在籍率	男	女
就学前教育	2013年	25%	25%	24%
初等教育	〃	106%	106%	105%
中等教育	〃	86%	87%	85%
高等教育	〃	30%	32%	29%

（通常の年齢よりも早い又は遅い入学や留年等を理由とする該当年齢以外の在籍者を含む）

Ⅲ　教育行政制度

教育省は，教員を含む初等中等教育全般を，高等教育省は高等教育全般をそれぞれ所管している。宗教学校については，全教育段階をアル・アズハル機構（イスラーム世界の最高学府）の最高評議会が所管している。

Ⅳ　学校体系

（学年暦：10 月～翌年 6 月）

1. 就学前教育

就学前教育は，4 ～ 5 歳児を対象に，幼稚園で行われる。初等学校には，5 歳児を対象とした就学前クラスが置かれている。イスラム教に基づく宗教幼稚園もある。

2. 義務教育

義務教育は，6 ～ 15 歳の 9 年である。

3. 初等教育

初等教育は，6 歳入学で 6 年間，初等学校で行われる。イスラム教に重きを置く宗教学校（アル・アズハル校）もある。

4. 前期中等教育

前期中等教育は，準備学校において，3 年間行われる。修了時に基礎教育修了証（BEC）が与えられる。イスラム教に基づく宗教学校の場合は，「アル・アズハル」を冠した BEC が与えられる。

5. 後期中等教育

後期中等教育は，BEC の取得者を対象に，3 年制の普通中等学校及び 3 年制又は 5 年制の技術中等学校で行われる。イスラム教に基づく宗教学校もある。卒業時には試験が課され，合格者には普通中等学校では高等教育への入学資格となる普通中等教育資格が，技術中等学校では技術中等教育ディプロマ（3 年）のほか，大学や技術学院などへの入学資格となる上級技術ディプロマ（5 年）が与えられる。

6. 高等教育

高等教育は，大学及び高等技術学院，さらに技術学院で行われる。大学には，4 ～ 6 年の学士課程，2 ～ 3 年の修士課程及び 2 ～ 5 年の博士課程が置かれている。学士号取得者を対象とする学卒ディプロマ（1 年）がある。また，技術学院では，準学位レベルの技術系資格として技術ディプロマ（2 年）などがある。

《参考資料》
・UNESCO, World Data on Educaiton. 7th edition, 2010/11.
・Australian Government, Country Education Profiles（https://internationaleducation.gov.au/CEP/Subcontinent-And-The-Middle-East/Egypt/Pages/default.aspx）（2016 年 7 月 6 日閲覧）.

V　学校系統図

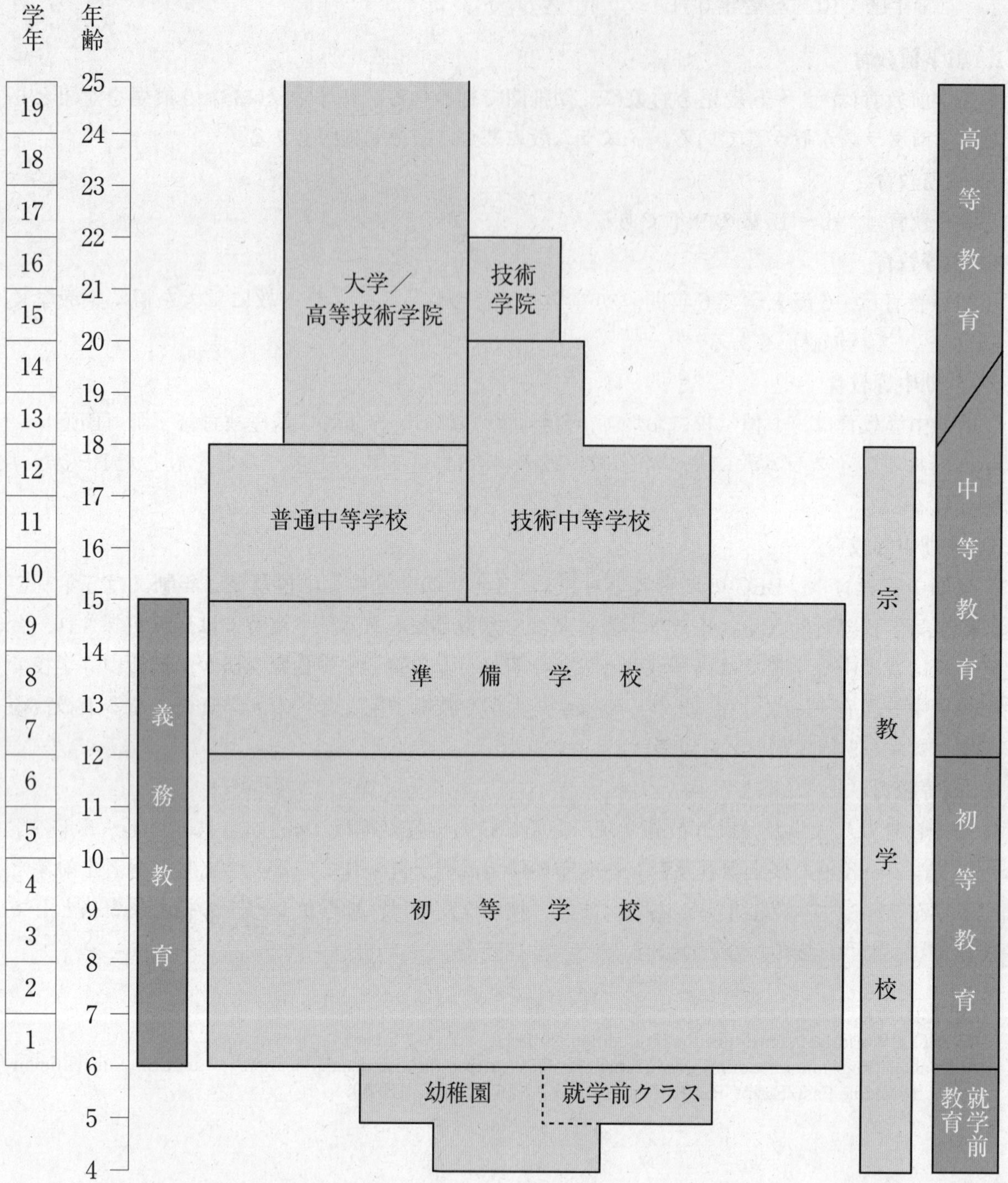
学年
年齢
19
18
17
16
15
14
13
12
11
10
9
8
7
6
5
4
3
2
1
25
24
23
22
21
20
19
18
17
16
15
14
13
12
11
10
9
8
7
6
5
4
義務教育
大学／高等技術学院
技術学院
普通中等学校
技術中等学校
準　備　学　校
初　等　学　校
幼稚園
就学前クラス
宗教学校
高等教育
中等教育
初等教育
就学前教育

Ⅵ　取得可能な資格・学位

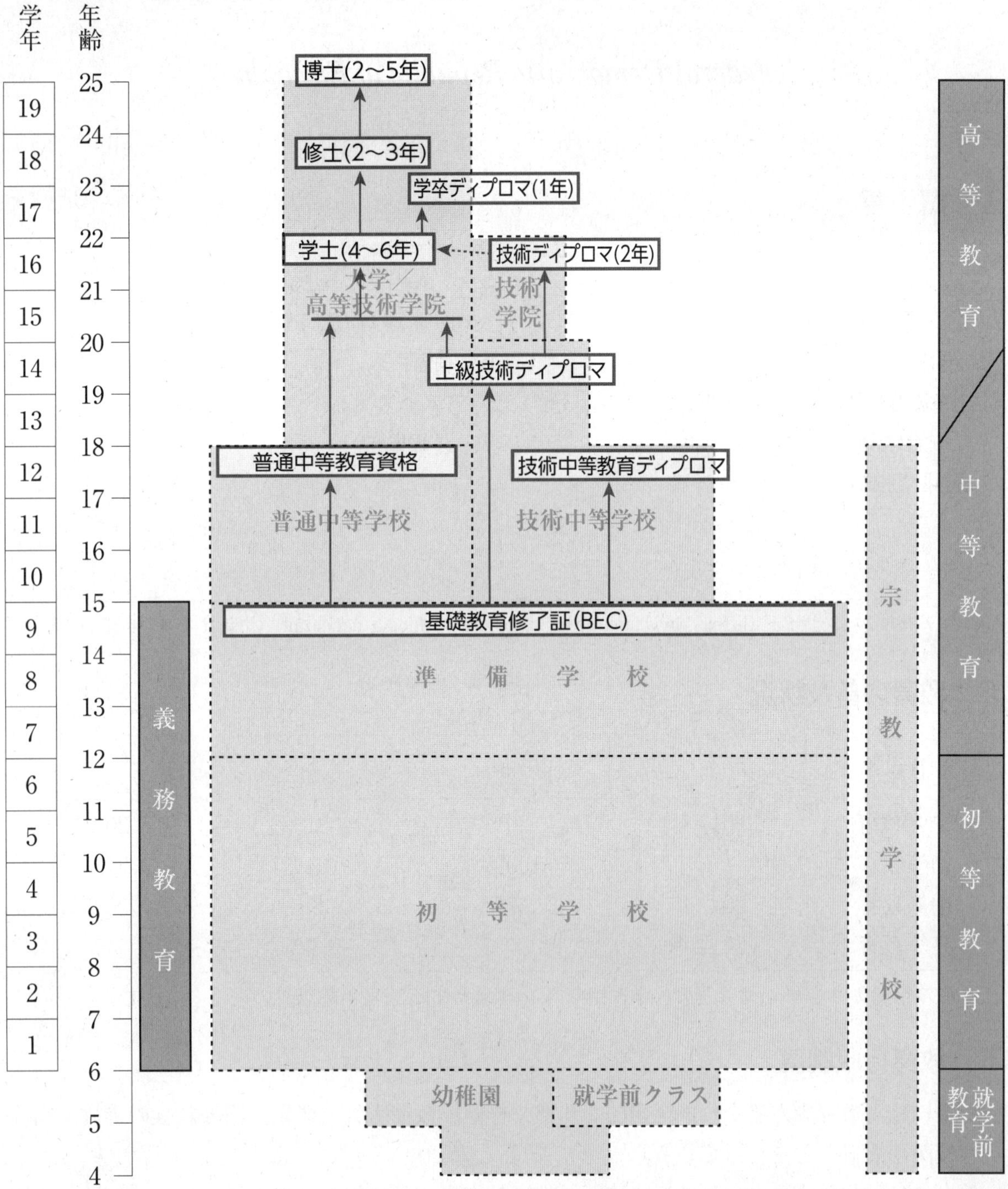
学年
年齢
博士(2～5年)
修士(2～3年)
学卒ディプロマ(1年)
学士(4～6年)
技術ディプロマ(2年)
大学／高等技術学院
技術学院
上級技術ディプロマ
普通中等教育資格
技術中等教育ディプロマ
普通中等学校
技術中等学校
基礎教育修了証(BEC)
準備学校
初等学校
幼稚園
就学前クラス
義務教育
宗教学校
高等教育
中等教育
初等教育
就学前教育

エチオピア連邦民主共和国

(*Federal Democratic Republic of Ethiopia*)

Ⅰ　概　要

1．人口
約9,939万人（2015年，世銀）

2．面積
109.7万平方キロメートル（日本の約3倍）

3．政治体制
連邦共和制

4．言語
アムハラ語，英語

5．1人当たり国民総所得（GNI）
619米ドル（2015年，世銀）

6．首都
アディスアベバ

7．通貨単位
ブル

《出典》外務省ウェブサイト（http://www.mofa.go.jp/mofaj/area/ethiopia/data.html）（更新日：2016年12月1日）。

Ⅱ　教育の普及状況

教育段階	年	在籍率	男	女
就学前教育	2014年	30%	31%	30%
初等教育	〃	100%	104%	96%
中等教育	2012年	37%	39%	35%
高等教育	2014年	6%	9%	4%

（通常の年齢よりも早い又は遅い入学や留年等を理由とする該当年齢以外の在籍者を含む）

Ⅲ　教育行政制度

中央には，教育省が置かれ，全国的な基準や枠組み政策方針の決定，国家試験の実施，高等教育機関の設置などを行っている。

地方には，州教育局や地域教育事務所，地区教育事務所が置かれている。州レベルでは，国の方針に基づく教育計画の策定，短期高等教育機関の設置，中等教育・職業教育担当教員の雇用を行っている。地域レベルでは，州教育計画の実施，初等中等学校・職業訓練センターの設置，地区レベルでは初等学校教員の雇用，初等中等学校の管理・運営等をそれぞれ行っている。

Ⅳ　学校体系

（学年暦：9月～翌年7月）

1. 就学前教育

就学前教育は，4～6歳児を対象に，幼稚園で行われる。

2. 義務教育

義務教育は，7～15歳の8年間である。

3. 初等教育

初等教育は，7歳から8年間，初等学校で行われる。教育課程は4年制の基礎教育課程と4年制の普通教育課程に分かれている。初等学校第8学年で初等教育修了認定試験が行われ，合格者には修了証が付与される。

4. 中等教育

中等教育は，15歳から4年間，中等学校や技術学校で行われる。中等学校の前半の2年間は普通課程，後半の2年間は大学教育準備課程もしくは職業準備課程である。そのほか，3年間の技術教育課程が技術学校に置かれている。

中等学校の普通課程修了時に修了試験が行われ，後半に進級する課程が決まる。大学教育準備課程の修了時には試験が実施され，初等中等教育修了証が付与される。職業準備課程の修了者には，職業教育修了証が付与される。技術教育課程の修了者は，技術ディプロマが付与されるほか，初等中等教育修了証取得のための試験を受験できる。

5. 高等教育

高等教育機関は，総合大学，カレッジ，初等教員養成機関などで行われる。各機関への入学資格は，初等中等教育修了証の取得者に認められ，同修了証取得時の成績に基づく選抜が行われる。

総合大学には，分野により3～6年の学士課程が置かれ，修了者には学士の学位が授与される。また，学士取得者を対象とする2年以上の修士課程，修士取得者を対象とする3年の博士課程が置かれており，修了者にはそれぞれ修士，博士の学位が授与される。

カレッジには，2～3年の課程が置かれ，修了者にはディプロマ（2年課程）や上級ディプロマ（3年課程）が付与される。

初等教員養成機関には，基礎教育課程の教員資格を付与する1年課程を置く機関と，普通教育課程の教員資格を付与する2～3年課程を置く機関がある。なお，中等教育教員資格を得るためには，大学等で3年の学士課程を履修し，学士を取得する必要がある。

《参考資料》
・UNESCO, World Data on Education, 7th edition, 2010/11.
・Australian Government, Country Education Profiles（https://internationaleducation.gov.au/CEP/Africa/Ethiopia/Pages/default.aspx）（2016年7月6日閲覧）.

V　学校系統図

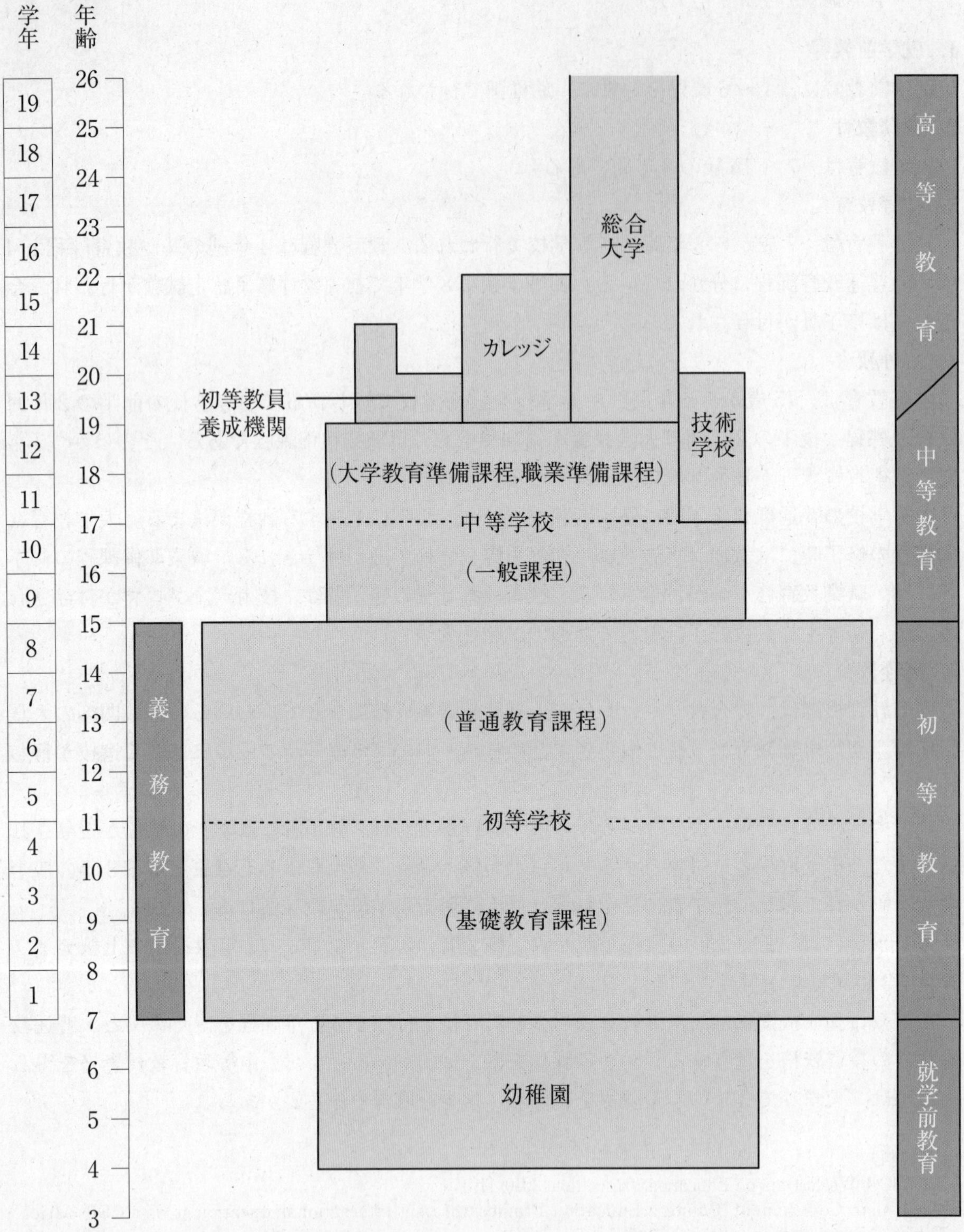
学年
年齢
19
18
17
16
15
14
13
12
11
10
9
8
7
6
5
4
3
2
1
26
25
24
23
22
21
20
19
18
17
16
15
14
13
12
11
10
9
8
7
6
5
4
3
総合
大学
カレッジ
初等教員
養成機関
技術
学校
(大学教育準備課程,職業準備課程)
中等学校
(一般課程)
(普通教育課程)
初等学校
(基礎教育課程)
幼稚園
義務教育
高等教育
中等教育
初等教育
就学前教育

Ⅵ　取得可能な資格・学位

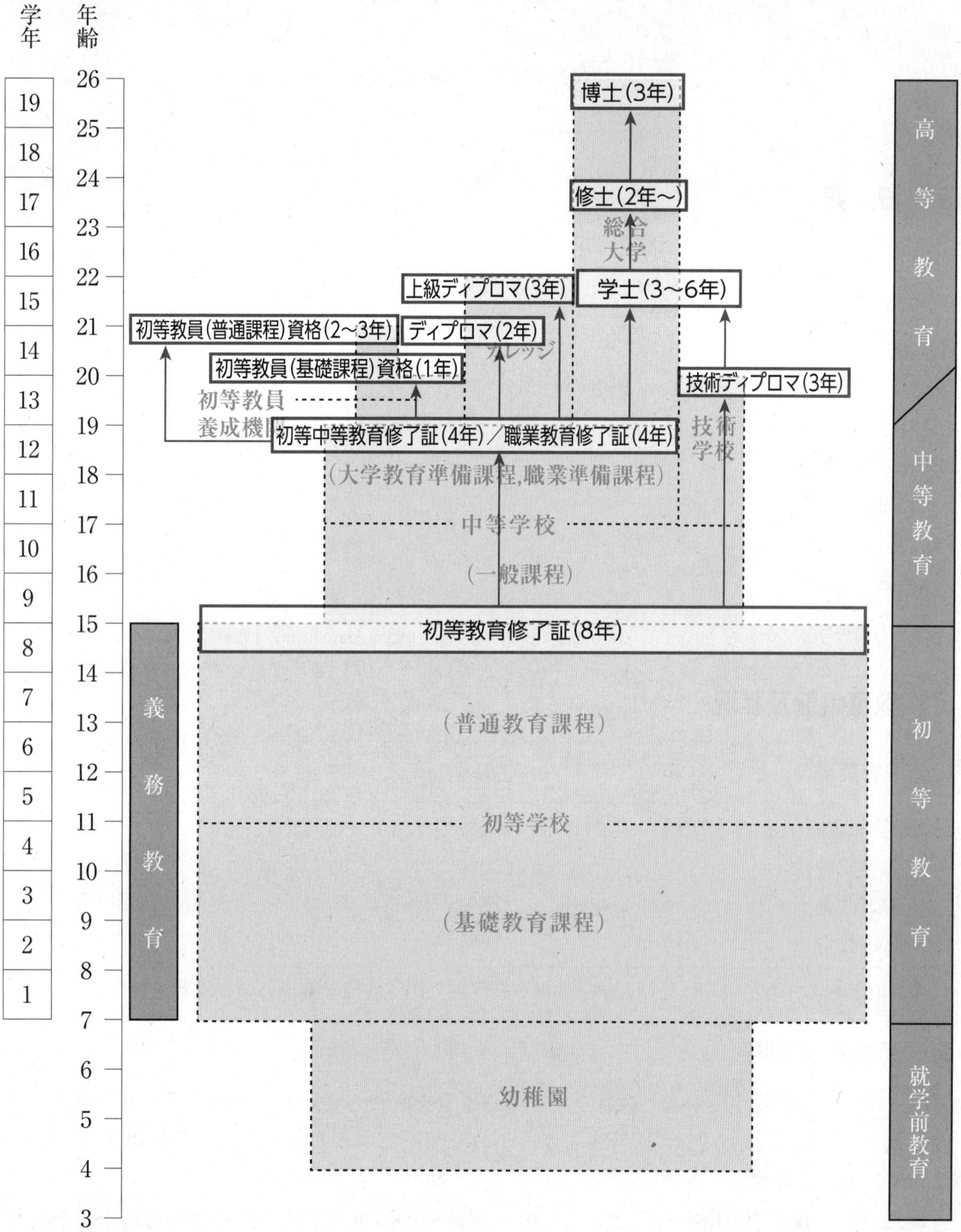
学年
年齢
19
18
17
16
15
14
13
12
11
10
9
8
7
6
5
4
3
2
1
26
25
24
23
22
21
20
19
18
17
16
15
14
13
12
11
10
9
8
7
6
5
4
3
博士（3年）
修士（2年～）
総合大学
上級ディプロマ（3年）
学士（3～6年）
初等教員（普通課程）資格（2～3年）
ディプロマ（2年）
カレッジ
初等教員（基礎課程）資格（1年）
技術ディプロマ（3年）
初等教員養成機関
初等中等教育修了証（4年）／職業教育修了証（4年）
技術学校
（大学教育準備課程，職業準備課程）
中等学校
（一般課程）
初等教育修了証（8年）
義務教育
（普通教育課程）
初等学校
（基礎教育課程）
幼稚園
高等教育
中等教育
初等教育
就学前教育

ガーナ共和国

(*Republic of Ghana*)

Ⅰ 概 要

1. 人口
 2,740万人（2015年，世銀）
2. 面積
 238,537平方キロメートル（日本の約3分の2）
3. 政治体制
 共和制
4. 言語
 英語（公用語），各民族語
5. 1人当たり国民総所得（GNI）
 1,480米ドル（2015年，世銀）
6. 首都
 アクラ
7. 通貨単位
 ガーナセディ

《出典》外務省ウェブサイト（http://www.mofa.go.jp/mofaj/area/ghana/data.html）（更新日：2016年10月6日）。

Ⅱ 教育の普及状況

教育段階	年	在籍率	男	女
就学前教育	2015年	121%	119%	122%
初等教育	〃	110%	110%	110%
中等教育	〃	71%	73%	69%
高等教育	2014年	16%	19%	12%

（通常の年齢よりも早い又は遅い入学や留年等を理由とする該当年齢以外の在籍者を含む）

Ⅲ 教育行政制度

中央には，教育省が置かれ，教育全般に係る政策を所管している。初等中等教育施策の実質的な執行については，同省が所管するガーナ教育サービスが担っている。高等教育については，同省の高等教育局の所管である。

地方には，教育省の出先機関として，10の州教育事務所と138の郡教育事務所が置かれている。州教育事務所の下に置かれる郡教育事務所は，当該地域の学校運営や財政，教育統計などに責任を負っている。

Ⅳ　学校体系

（学年暦：9月～翌年7月）

1．就学前教育

就学前教育は，3～5歳児を対象に，幼稚園や保育学校などで行われる。

2．義務教育

義務教育は，4～15歳の11年である。

3．初等教育

初等教育は，6歳入学で6年間，初等学校で行われる。

4．中等教育

前期中等教育は，3年間，中等学校で行われる。前期中等教育の最終学年では，基礎教育修了試験が実施され，合格者には基礎教育修了証が付与される。

後期中等教育は，3年間，高等学校で行われる。そのほか，3年間の職業教育を提供する技術中等学校や職業学校などがある。後期中等教育の最終学年では，高等学校修了試験が実施され，合格者には高等学校修了証が付与される。技術中等学校などの職業系学校の修了者には，各種の職業教育証明証が付与される。

5．高等教育

高等教育は，大学や教員養成カレッジ，ポリテクニックなどで行われる。各機関の入学資格は，高等学校修了証の取得者に認められる。

大学には，分野により4～7年の学士課程や2～3年の修士課程，3年以上の博士課程が置かれており，それぞれを修了することで学士，修士，博士が授与される。また，学士取得者を対象とする1～2年の課程が置かれており，修了者には学卒ディプロマが授与される。

教員養成カレッジには，3年制の課程が置かれ，修了者には基礎教育教員の資格が付与される。中等教育の教員になるためには，大学でさらに2～4年の学修により，ディプロマあるいは学位を取得する必要がある。

ポリテクニックには，3年制の課程が置かれ，修了者には上級国家ディプロマが付与される。

《参考資料》

・UNESCO, World Data on Education, 7th edition, 2010/11.
・Australian Government, Country Education Profiles（https://internationaleducation.gov.au/CEP/Africa/Ghana/Pages/default.aspx）（2016年7月6日閲覧）.

V　学校系統図

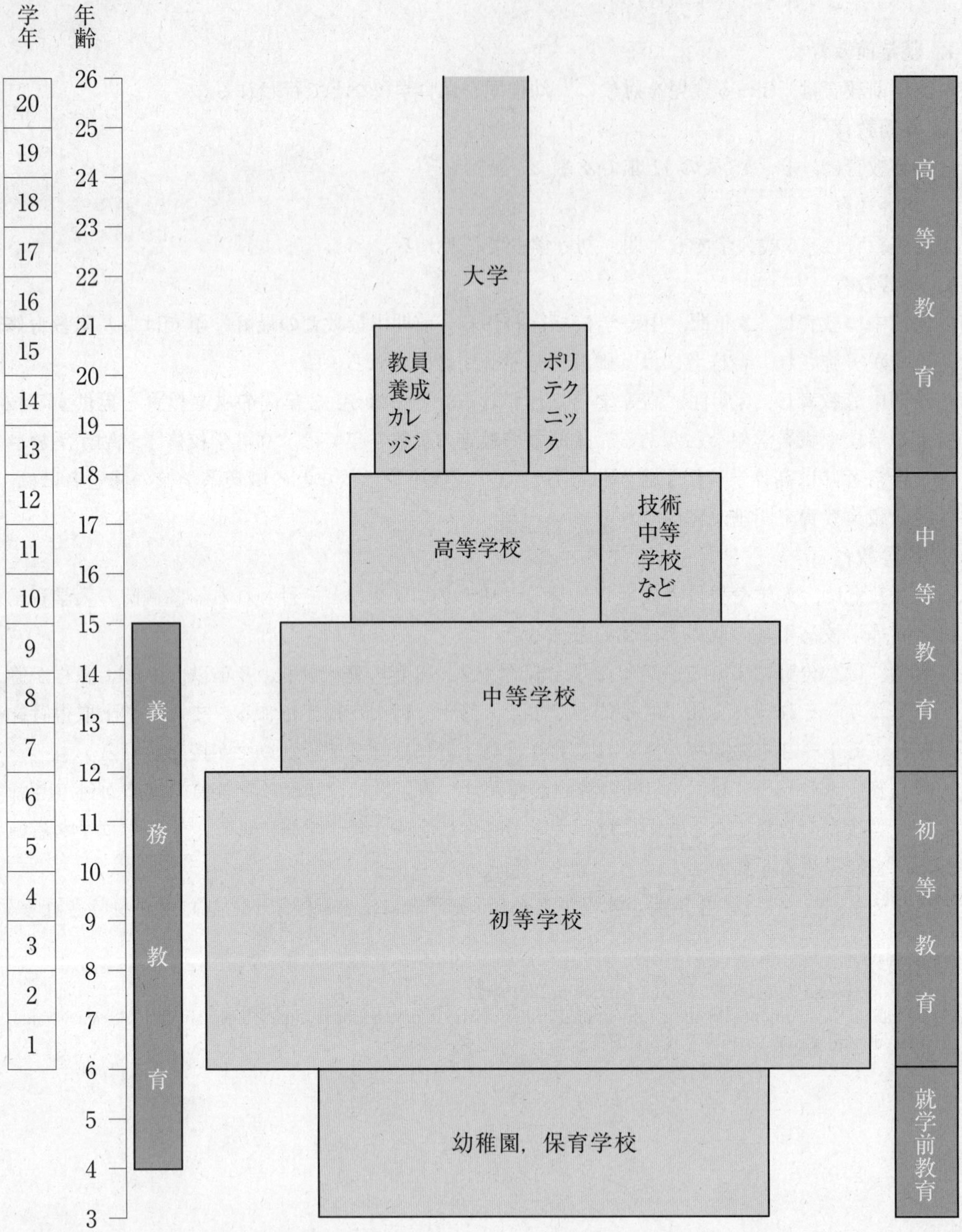
学年
年齢
20
19
18
17
16
15
14
13
12
11
10
9
8
7
6
5
4
3
2
1
26
25
24
23
22
21
20
19
18
17
16
15
14
13
12
11
10
9
8
7
6
5
4
3
義務教育
大学
教員養成カレッジ
ポリテクニック
高等学校
技術中等学校など
中等学校
初等学校
幼稚園，保育学校
高等教育
中等教育
初等教育
就学前教育

Ⅵ　取得可能な資格・学位

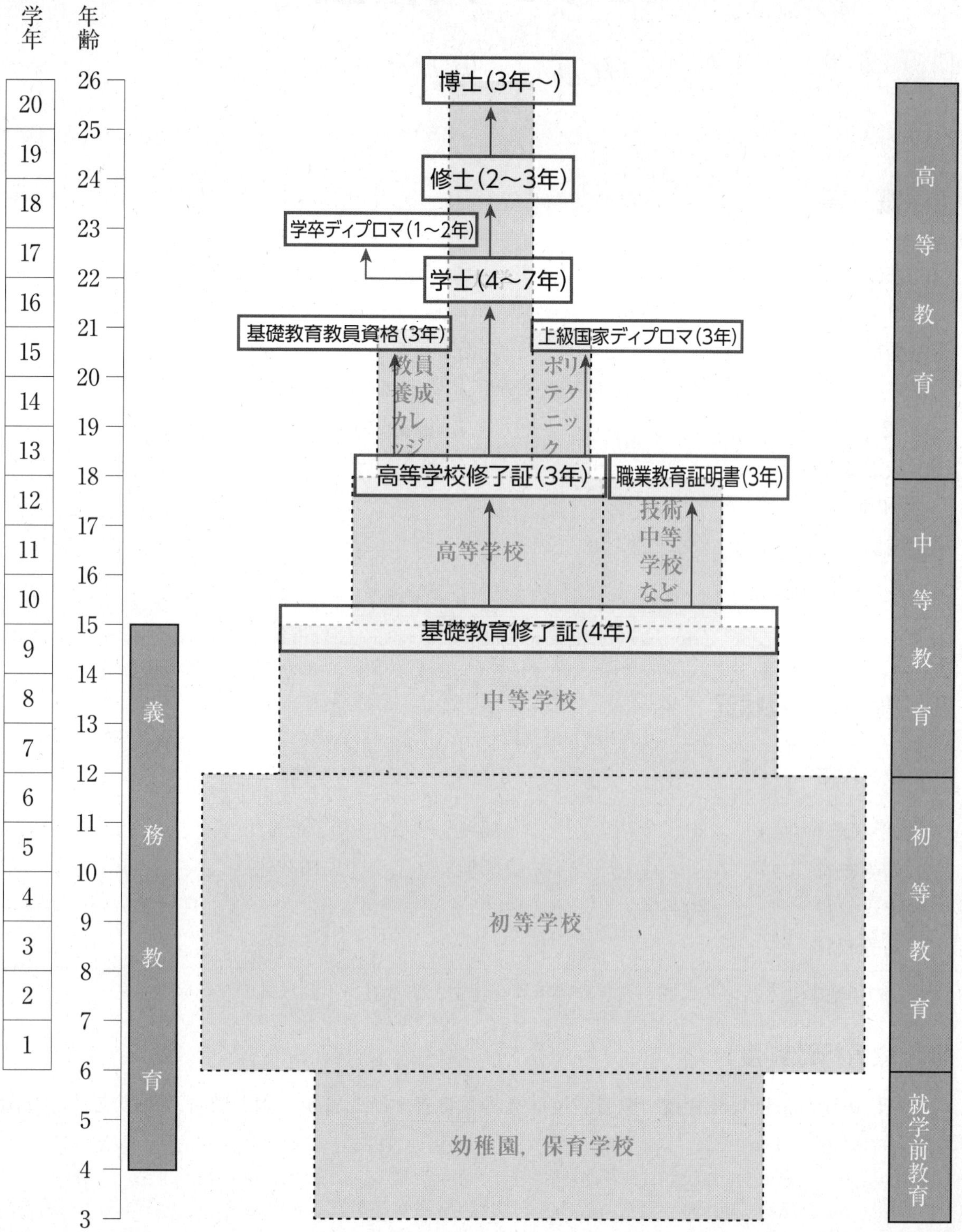
学年
年齢
博士(3年〜)
修士(2〜3年)
学卒ディプロマ(1〜2年)
学士(4〜7年)
基礎教育教員資格(3年)
上級国家ディプロマ(3年)
教員養成カレッジ
ポリテクニック
高等学校修了証(3年)
職業教育証明書(3年)
高等学校
技術中等学校など
基礎教育修了証(4年)
中等学校
初等学校
幼稚園，保育学校
義務教育
高等教育
中等教育
初等教育
就学前教育

ガボン共和国

(*Gabonese Republic*)

Ⅰ 概 要

1. 人口
180万人（2016年，UNFPA）
2. 面積
267,667平方キロメートル（日本の約3分の2）
3. 政治体制
共和制
4. 言語
仏語（公用語）
5. 1人当たり国民総所得（GNI）
9,720米ドル（2015年，世銀）
6. 首都
リーブルビル
7. 通貨単位
CFAフラン

《出典》外務省ウェブサイト（http://www.mofa.go.jp/mofaj/area/gabon/data.html）（更新日：2016年10月26日）。

Ⅱ 教育の普及状況

教育段階	年	在籍率	男	女
就学前教育	2011年	35%	35%	36%
初等教育	〃	165%	167%	162%
中等教育	2006年	…	…	…
高等教育	〃	…	…	…

（通常の年齢よりも早い又は遅い入学や留年等を理由とする該当年齢以外の在籍者を含む）

Ⅲ 教育行政制度

中央に置かれる国民教育技術教育省及び高等教育科学研究省が，国の教育政策の立案・実施を行っている。

Ⅳ　学校体系

（学年暦：9月又は10月から翌年7月）

1. 就学前教育

就学前教育は，3～5歳を対象に，幼稚園又は小学校付設の就学前教育学級で行われる。

2. 義務教育

義務教育は，6～16歳の10年である。

3. 初等教育

初等教育は6歳入学で5年間，小学校で行われる。修了時には，初等教育修了証が授与される。

4. 中等教育

中等教育への進学は，入学試験合格者を対象としている。

前期中等教育は，中学校（コレージュ）において4年間行われる。修了時には，前期中等教育修了証を取得する。

後期中等教育は，普通教育及び技術・職業教育から成る。

普通教育は，普通高等学校（普通リセ）において3年間行われる。修了時には，中等教育修了資格であり，かつ高等教育への進学要件となるバカロレアを取得する。

技術・職業教育は，技術高等学校（技術リセ），職業高等学校（職業リセ）又は国立商業学校において行われる。技術教育は，中学校修了者を対象に技術高等学校において3年間行われる。修了時には，技術者免状又は技術系高等教育への進学要件となる技術バカロレアを取得する。職業教育は，小学校修了者又は中学校第2学年修了者を対象に，職業高等学校又は職業訓練機関において1～3年行われ，課程修了時に職業訓練証明証，職業適任証，職業教育免状を取得する。国立商業学校は，普通中学校又は技術高等学校修了者を対象に，3年間の課程を提供する。

5. 高等教育

高等教育は，主に大学，グランゼコール及び高等専門教育機関で行われる。大学には，主に，学士課程（3年），修士課程（2年）及び博士課程（3年）が置かれている。

《参考資料》

・UNESCO, World Data on Education, 7th edition, 2010/11.

V　学校系統図

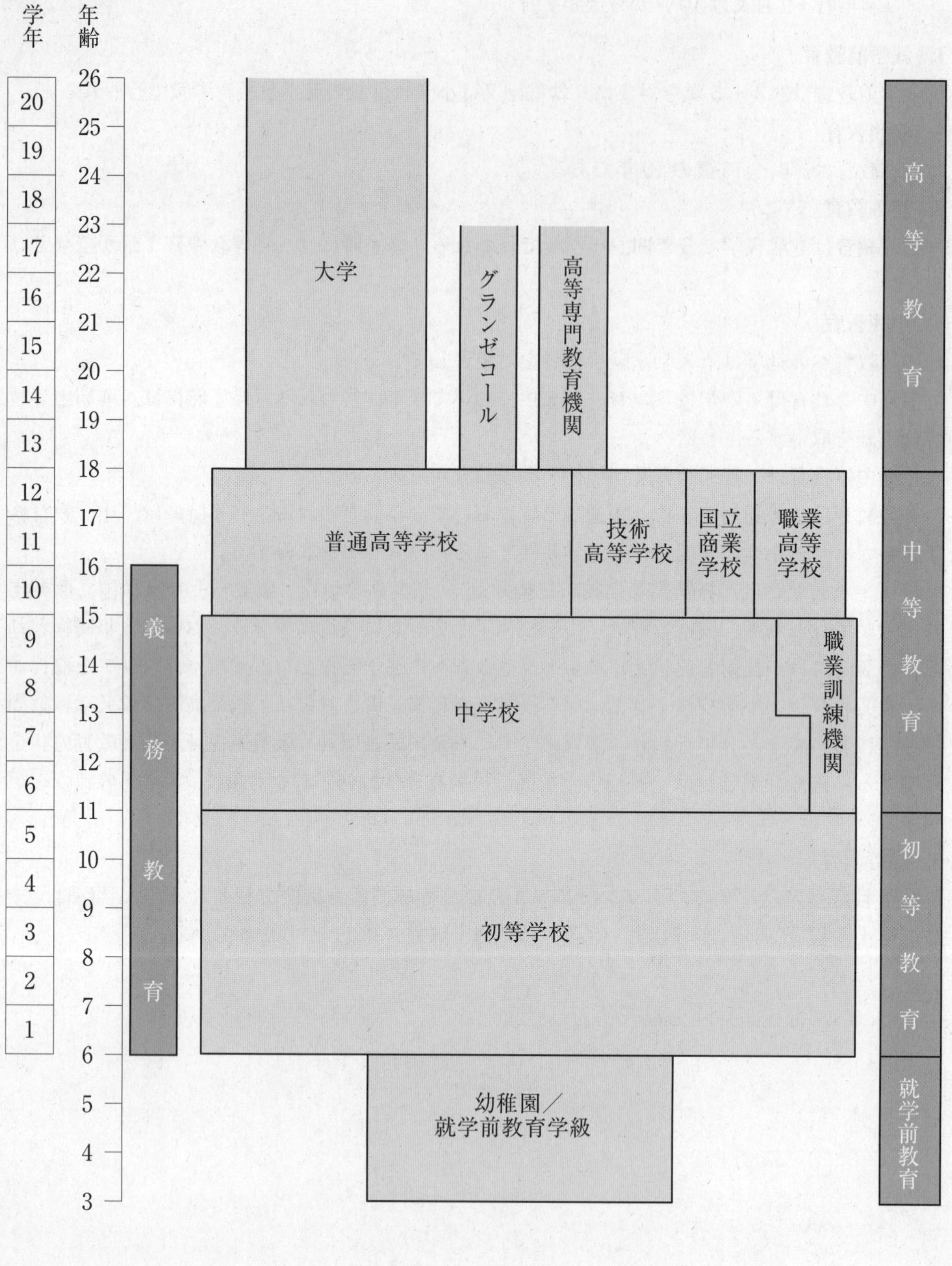
学年
年齢
20
19
18
17
16
15
14
13
12
11
10
9
8
7
6
5
4
3
2
1
26
25
24
23
22
21
20
19
18
17
16
15
14
13
12
11
10
9
8
7
6
5
4
3
義務教育
大学
グランゼコール
高等専門教育機関
普通高等学校
技術高等学校
国立商業学校
職業高等学校
中学校
職業訓練機関
初等学校
幼稚園／就学前教育学級
高等教育
中等教育
初等教育
就学前教育

Ⅵ 取得可能な資格・学位

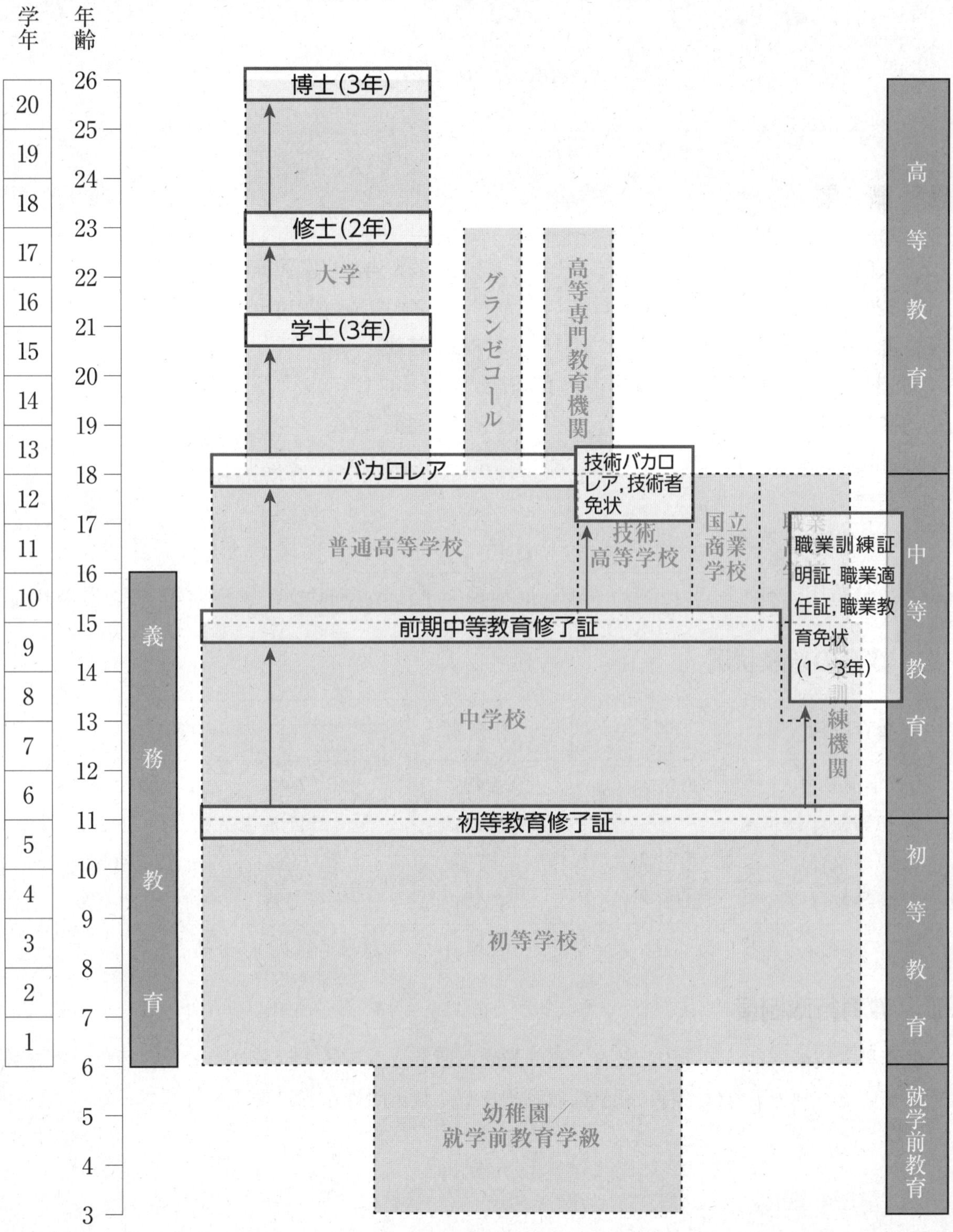

アフリカ

ケニア共和国

(*Republic of Kenya*)

Ⅰ　概　要

1. 人口
   4,725万人（2016年，国連）
2. 面積
   58.3万平方キロメートル（日本の約1.5倍）
3. 政治体制
   共和制
4. 言語
   スワヒリ語，英語
5. 1人当たり国民総所得（GNI）
   1,290ドル（2014年，世銀）
6. 首都
   ナイロビ
7. 通貨単位
   ケニア・シリング

《出典》外務省ウェブサイト（http://www.mofa.go.jp/mofaj/area/kenya/data.html）（更新日：2016年11月28日）。

Ⅱ　教育の普及状況

教育段階	年	在籍率	男	女
就学前教育	2014年	74%	75%	73%
初等教育	〃	111%	111%	112%
中等教育	2012年	67%	69%	65%
高等教育	2009年	4%	5%	3%

（通常の年齢よりも早い又は遅い入学や留年等を理由とする該当年齢以外の在籍者を含む）

Ⅲ　教育行政制度

教育科学技術省は，初等中等教育，高等教育，研究，さらにスポーツなど教育行政全般を所管している。地方政府は，特に就学前教育や保育，職業訓練などに責任を負っている。

Ⅳ　学校体系

（学年暦：1月～12月。大学は10月～翌年7月）

1．就学前教育

就学前教育は，3～5歳児を対象に，就学前教育機関で行われる。

2．義務教育

義務教育は，6～14歳の8年である。

3．初等教育

初等教育は，6歳入学で8年間，初等学校で行われる。修了試験に合格するとケニア初等教育修了証（KCPE）が与えられる。

4．中等教育

中等教育は，4年間中等学校で行われ，修了時の試験に合格すると，ケニア中等教育資格（KCSE）が与えられる。試験の結果は高等教育の選抜に利用される。

職業教育は，ケニア初等教育修了証（KCPE）を要件に，ユース・ポリテクニクなどの中等職業教育機関において行われる。2年程度の教育訓練により政府職業テストIII（基礎）を受ける。その後，マスター資格を頂点に，政府職業テストII（中級），さらに政府職業テストI（上級）に進むことができる。なお，初等学校修了者を対象に，実習を中心とする職人資格（2年）が設けられており，取得者はさらに高い資格を取得するルートがある。

5．高等教育

高等教育は，大学のほか，教員養成カレッジ，ポリテクニク及び各種高等職業カレッジで行われる。大学には，分野により4～6年の学士課程，2年の修士課程及び1～3年の博士課程が置かれている。学士課程修了者を対象とする学卒ディプロマ（1年）の課程もある。教員養成カレッジやポリテクニク，高等職業カレッジは，ケニア中等教育資格（KSCE）を要件に各種の専門課程を提供しており，例えば，教員養成カレッジは，初等教員資格（2年）や教育ディプロマ（3年）の課程を提供し，ポリテクニクや高等職業カレッジは，職業ディプロマ課程（2～3年）や高等職業ディプロマ課程（1～3年）などを提供している。

《参考資料》

・Kenya Ministry of Education, Science and Technology（http://www.education.go.ke/index.php）（2016年9月8日閲覧）.
・UNESCO World Data on Education, 7th edition, 2010/11.
・Epnuffic education system, The Kenyan education system described and compared with the Dutch system（2015年）.
・Australian Government, Country Education Profiles（https://internationaleducation.gov.au/Cep/Africa/Kenya/Pages/default.aspx）（2016年7月6日閲覧）.

V 学校系統図

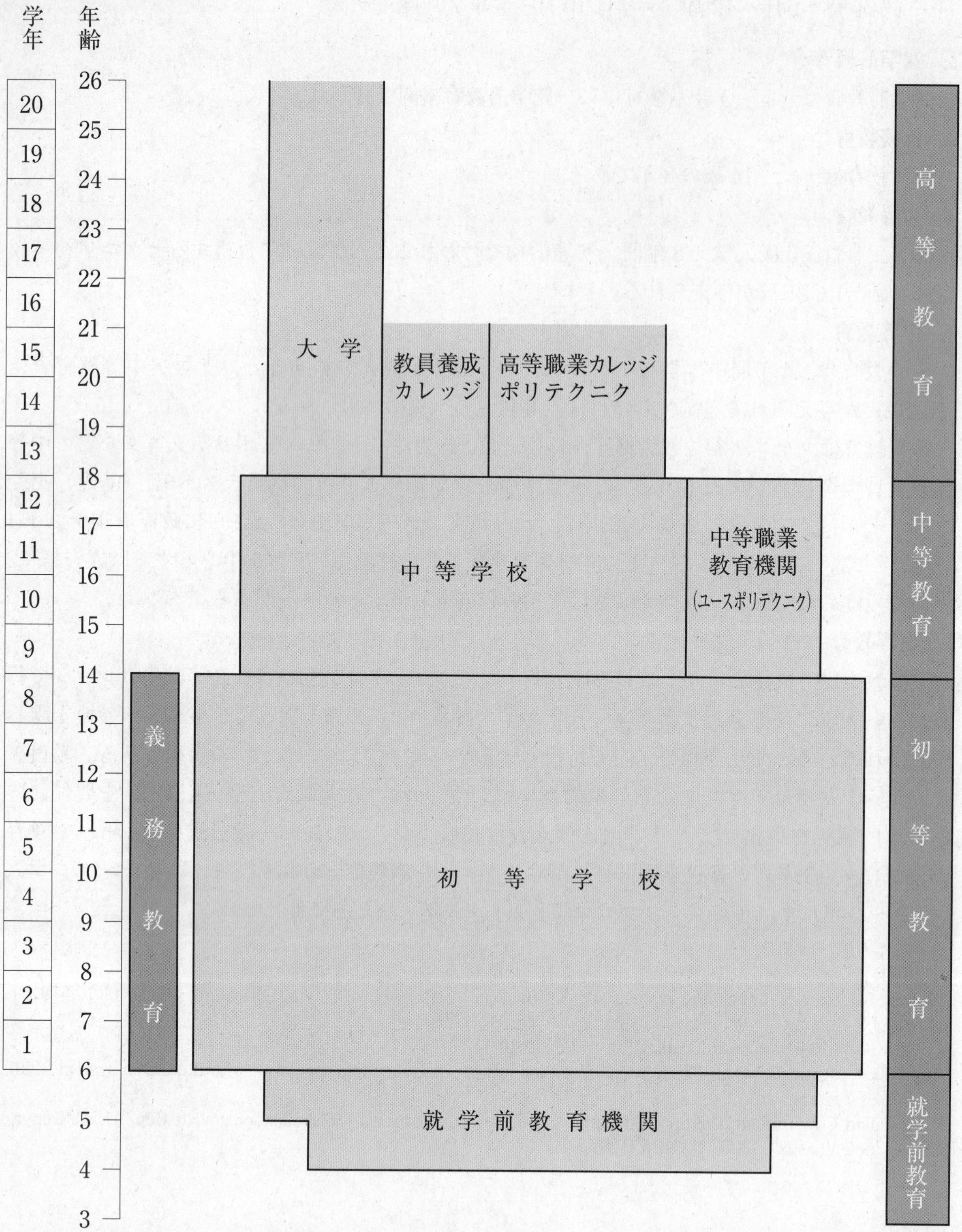
学年
年齢
20
19
18
17
16
15
14
13
12
11
10
9
8
7
6
5
4
3
2
1
26
25
24
23
22
21
20
19
18
17
16
15
14
13
12
11
10
9
8
7
6
5
4
3
大学
教員養成カレッジ
高等職業カレッジ ポリテクニク
中等学校
中等職業教育機関
(ユースポリテクニク)
義務教育
初等学校
就学前教育機関
高等教育
中等教育
初等教育
就学前教育

Ⅵ　取得可能な資格・学位

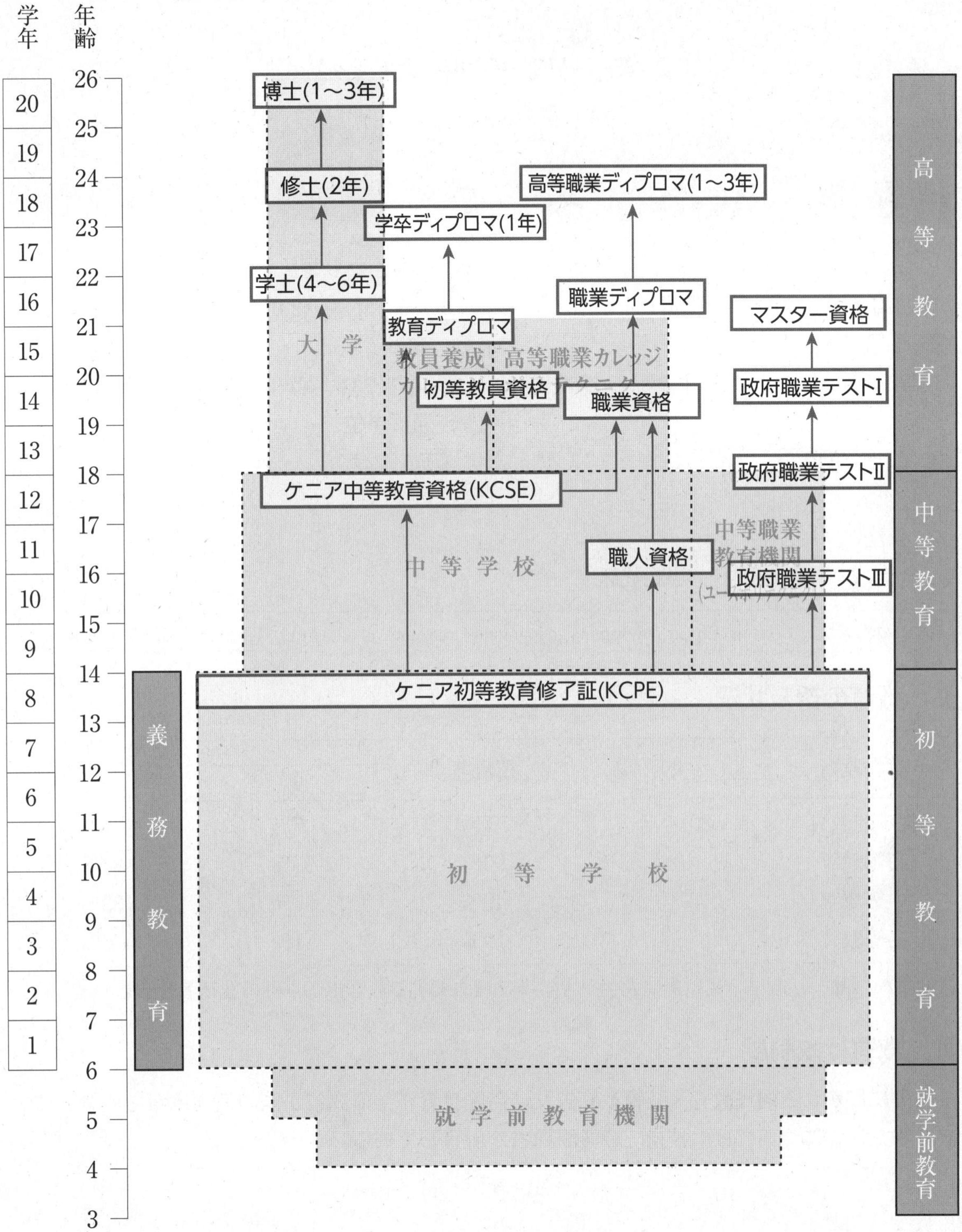
学年
年齢
20
19
18
17
16
15
14
13
12
11
10
9
8
7
6
5
4
3
2
1
26
25
24
23
22
21
20
19
18
17
16
15
14
13
12
11
10
9
8
7
6
5
4
3
博士(1～3年)
修士(2年)
学士(4～6年)
大学
学卒ディプロマ(1年)
教育ディプロマ
教員養成
初等教員資格
高等職業ディプロマ(1～3年)
職業ディプロマ
高等職業カレッジ
職業資格
マスター資格
政府職業テストⅠ
政府職業テストⅡ
政府職業テストⅢ
ケニア中等教育資格(KCSE)
中等学校
職人資格
中等職業
教育機関
ケニア初等教育修了証(KCPE)
義務教育
初等学校
就学前教育機関
高等教育
中等教育
初等教育
就学前教育

コートジボワール共和国

(*Republic of Cote d'Ivoire*)

I 概 要

1. 人口
2,270万人(2015年,世銀)
2. 面積
322,436平方キロメートル(日本の約0.9倍)
3. 政治体制
共和制
4. 言語
フランス語(公用語),各民族語
5. 1人当たり国民総所得(GNI)
1,410米ドル(2015年,世銀)
6. 首都
ヤムスクロ(実質的首都機能はアビジャン)
7. 通貨単位
CFAフラン

《出典》外務省ウェブサイト(http://www.mofa.go.jp/mofaj/area/cote_d/data.html)(更新日:2016年10月27日)。

II 教育の普及状況

教育段階	年	在籍率	男	女
就学前教育	2014年	7%	7%	7%
初等教育	〃	90%	96%	84%
中等教育	〃	40%	47%	33%
高等教育	〃	9%	11%	6%

(通常の年齢よりも早い又は遅い入学や留年等を理由とする該当年齢以外の在籍者を含む)

III 教育行政制度

中央に置かれる国民教育・技術教育省及び高等教育科学研究省が国の教育政策を所管している。職業教育については,技術・職業訓練省が所管している。

Ⅳ　学校体系

（学年暦：9月～翌年6月）

1. 就学前教育

就学前教育は，3～5歳児を対象に，幼稚園で行われる。

2. 義務教育

義務教育は，6～16歳の10年間である。

3. 初等教育

初等教育は6歳入学で6年間，小学校において行われる。修了時には，初等教育修了証（CEPE）が授与される。

4. 中等教育

前期中等教育は，4年間，中学校（コレージュ）において行われる。修了時には，前期中等教育修了証（BEPC）が授与される。

後期中等教育は，3年間，高等学校（リセ）において行われる。修了時には，中等教育修了資格及び高等教育入学資格であるバカロレアを取得する。

5. 高等教育

高等教育は，大学やグランゼコールで行われる。高等教育機関への入学に際しては，バカロレアの取得が必要である。グランゼコール入学に際しては，選抜試験が行われる。高等教育においては，学士課程（3年），修士課程（2年）及び博士課程（3年）が置かれている。

《参考資料》

・外務省ウェブサイト「諸外国・地域の学校情報―国・地域の詳細情報」（2015年12月更新情報）（http://www.mofa.go.jp/mofaj/area/cote_d/index.html）。
・独立行政法人国際協力機構人間開発部『コートジボワール共和国 教育支援に係る情報収集・確認調査報告書』（平成25年1月（2013年））。
・コートジボワール国民教育・技術教育省ウェブサイト（http://www.education-ci.org/portail/）（2016年10月12日閲覧）。
・コートジボワール高等教育・科学研究省ウェブサイト（http://www.enseignement.gouv.ci/）（2016年10月12日閲覧）。

アフリカ

V　学校系統図

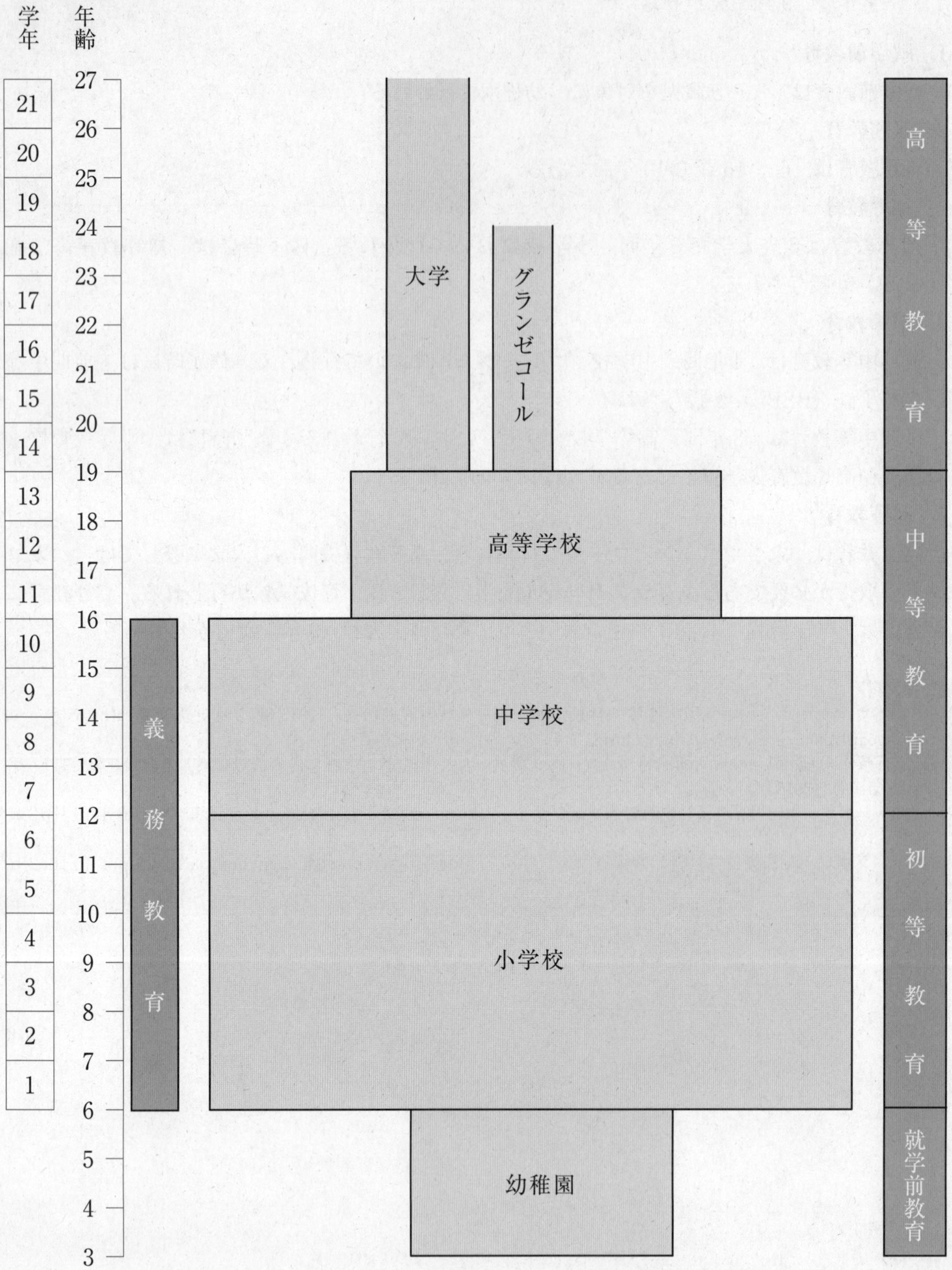
学年
年齢
21
20
19
18
17
16
15
14
13
12
11
10
9
8
7
6
5
4
3
2
1
27
26
25
24
23
22
21
20
19
18
17
16
15
14
13
12
11
10
9
8
7
6
5
4
3
大学
グランゼコール
高等学校
中学校
小学校
幼稚園
義務教育
高等教育
中等教育
初等教育
就学前教育

Ⅵ　取得可能な資格・学位

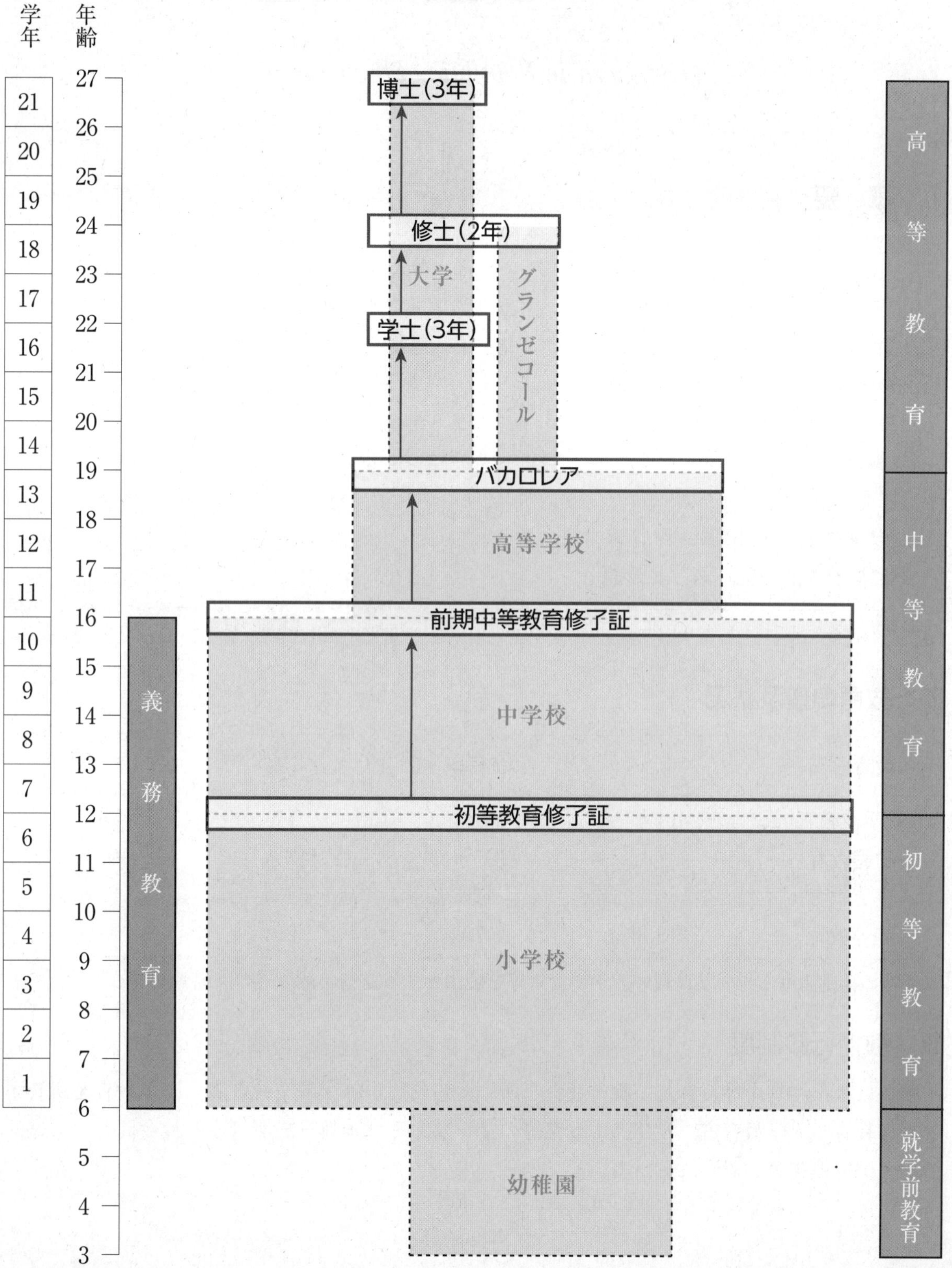
学年
年齢
21
20
19
18
17
16
15
14
13
12
11
10
9
8
7
6
5
4
3
2
1
27
26
25
24
23
22
21
20
19
18
17
16
15
14
13
12
11
10
9
8
7
6
5
4
3
義務教育
博士(3年)
修士(2年)
大学
グランゼコール
学士(3年)
バカロレア
高等学校
前期中等教育修了証
中学校
初等教育修了証
小学校
幼稚園
高等教育
中等教育
初等教育
就学前教育

コンゴ民主共和国

(*Democratic Republic of the Congo*)

Ⅰ　概　要

1. 人口
6,780万人（2012年，UNFPA）
2. 面積
234.5万平方キロメートル
3. 政治体制
共和制
4. 言語
フランス語（公用語），キコンゴ語，チルバ語，リンガラ語，スワヒリ語
5. 1人当たり国民総所得（GNI）
220ドル（2012年）
6. 首都
キンシャサ
7. 通貨単位
コンゴ・フラン（FC）

《出典》外務省ウェブサイト（http://www.mofa.go.jp/mofaj/area/congomin/data.html）（更新日：2013年11月1日）。

Ⅱ　教育の普及状況

教育段階	年	在籍率	男	女
就学前教育	2014年	4%	4%	4%
初等教育	〃	107%	112%	102%
中等教育	〃	44%	54%	33%
高等教育	2013年	7%	9%	4%

（通常の年齢よりも早い又は遅い入学や留年等を理由とする該当年齢以外の在籍者を含む）

Ⅲ　教育行政制度

中央には，初等中等教育及び職業教育を所管する初等中等・職業教育省，高等教育を所管する高等教育・大学教育省，及び識字教育等のノンフォーマル教育を所管する社会問題・人道的活動・国家連帯省が置かれている。

Ⅳ　学校体系

（学年暦：9月から翌年7月）

1. 就学前教育

就学前教育は，3～5歳を対象に，幼稚園で行われる。

2. 義務教育

義務教育は，初等教育及び前期中等教育の8年間である。

3. 初等教育

初等教育は，6歳入学で6年間，初等学校で行われる。終了時には，初等教育修了試験（TENAFEP）が行われる。

4. 中等教育

中等教育は，中等学校（6年），職業学校（4～5年），工芸学校（1～3年），職業専門学校（1～2年）で行われる。中等学校は前期2年，後期4年の課程で，普通，技術，教育の3コースが置かれる。終了時に国家免状取得試験が行われる。職業学校では，職業適任証（CAP）又は職業適任免状（BAP）が取得できる。工芸学校及び職業専門学校では，職業に繋がる多くの専門課程が置かれる。

5. 高等教育

高等教育は，主に大学及び高等専門学校で行われる。大学においては，3年修了でグラデュア（学士相当）が，その後2年でリサンス（修士相当），さらに2年で高等教育免状（DES）が授与される。博士課程はグラデュア取得後5～7年となっている。高等専門学校には，技術学校や教員養成学校などがあり，修了時には専門のグラデュアやリサンスを取得することができる。

《参考資料》

・UNESCO, World Data on Education, 7th edition, 2010/11.
・外務省ウェブサイト「諸外国・地域の学校情報―国・地域の詳細情報」（平成28年2月更新情報）（http://www.mofa.go.jp/mofaj/toko/world_school/07africa/infoC71800.html）。

V　学校系統図

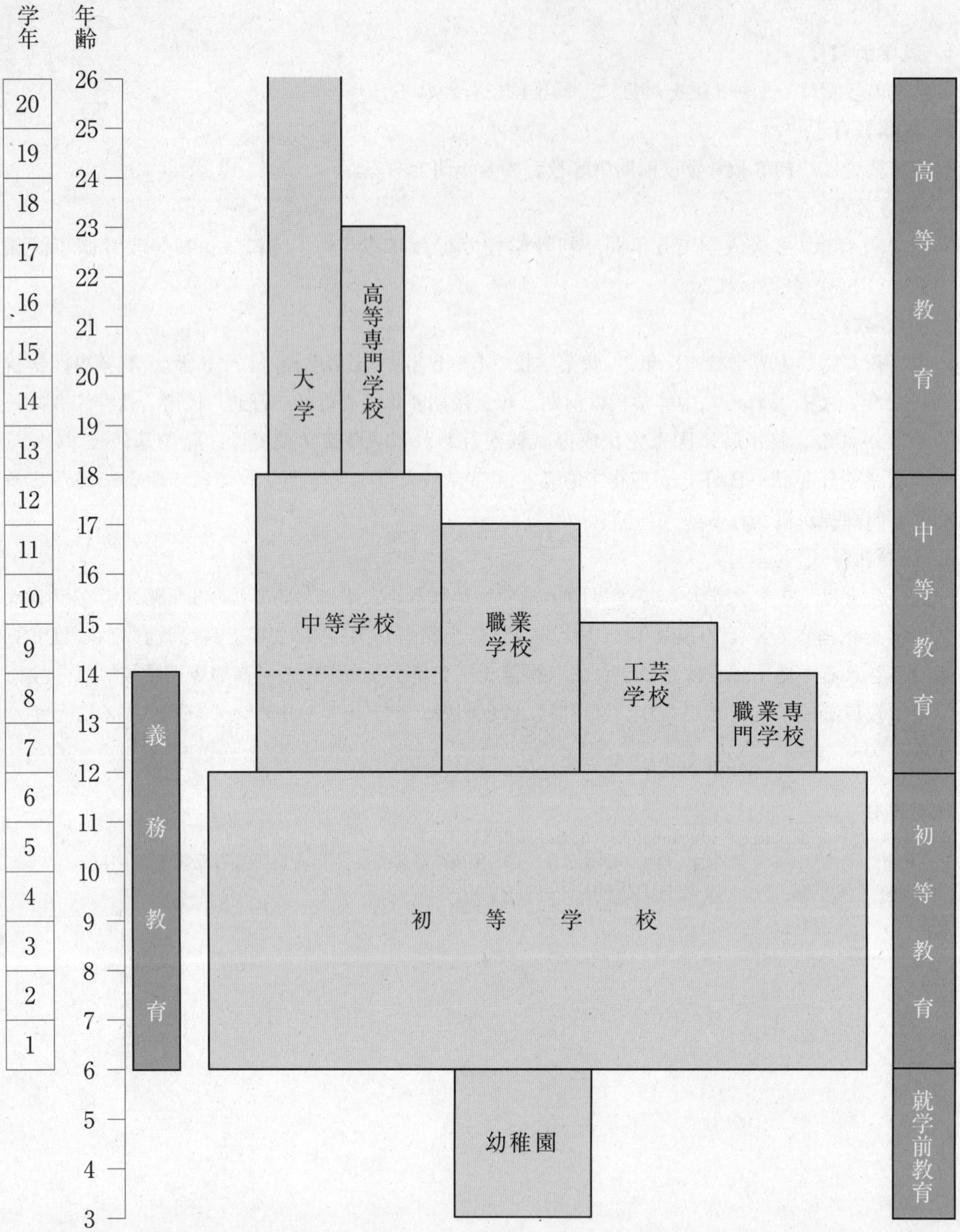

学年
年齢
20
19
18
17
16
15
14
13
12
11
10
9
8
7
6
5
4
3
2
1
26
25
24
23
22
21
20
19
18
17
16
15
14
13
12
11
10
9
8
7
6
5
4
3
義務教育
大学
高等専門学校
中等学校
職業学校
工芸学校
職業専門学校
初等学校
幼稚園
高等教育
中等教育
初等教育
就学前教育

Ⅵ　取得可能な資格・学位

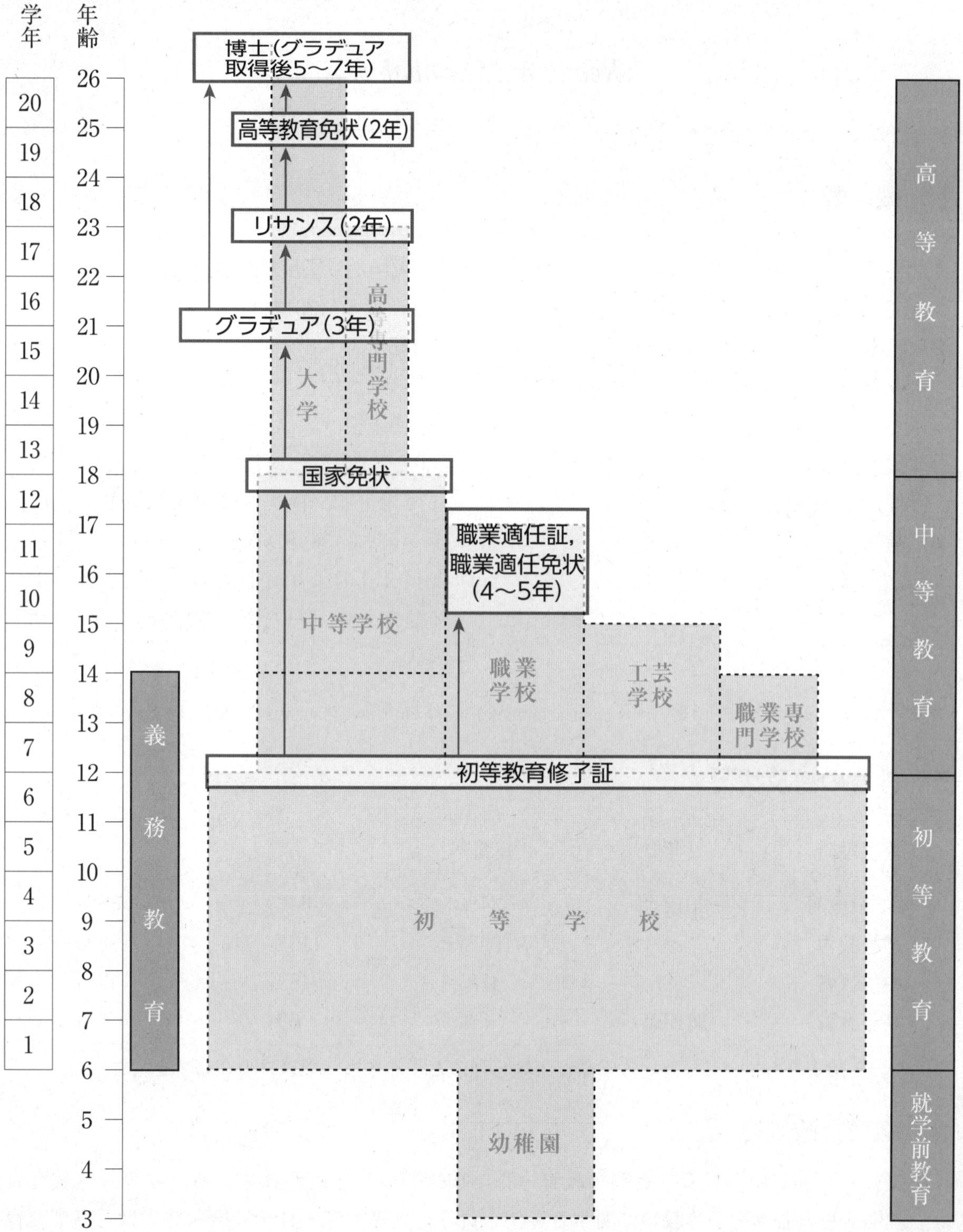
学年
年齢
20
19
18
17
16
15
14
13
12
11
10
9
8
7
6
5
4
3
2
1
26
25
24
23
22
21
20
19
18
17
16
15
14
13
12
11
10
9
8
7
6
5
4
3
博士（グラデュア取得後5～7年）
高等教育免状（2年）
リサンス（2年）
グラデュア（3年）
大学
高等専門学校
国家免状
職業適任証，職業適任免状（4～5年）
中等学校
職業学校
工芸学校
職業専門学校
初等教育修了証
初等学校
幼稚園
義務教育
高等教育
中等教育
初等教育
就学前教育

ジンバブエ共和国

(*Republic of Zimbabwe*)

I 概 要

1. 人口
1,524万人（2014年，世銀）
2. 面積
38.6万平方キロメートル（日本よりやや大きい）
3. 政治体制
共和制（複数政党制）
4. 言語
英語，ショナ語，ンデベレ語
5. 1人当たり国民総所得（GNI）
830米ドル（2014年，世銀）
6. 首都
ハラレ
7. 通貨単位
2009年1月に，複数外貨制を導入し，主として米ドル，南アフリカ・ランドを使用。ジンバブエ・ドルの流通は事実上停止。2014年1月より，日本円，中国元，豪ドル，インド・ルピーを新たに法定通貨として導入。

《出典》外務省ウェブサイト（http://www.mofa.go.jp/mofaj/area/zimbabwe/data.html）（更新日：2016年3月18日）。

II 教育の普及状況

教育段階	年	在籍率	男	女
就学前教育	2012年	34%	34%	35%
初等教育	〃	109%	110%	108%
中等教育	〃	47%	48%	47%
高等教育	2013年	6%	6%	5%

（通常の年齢よりも早い又は遅い入学や留年等を理由とする該当年齢以外の在籍者を含む）

III 教育行政制度

中央には，初等中等教育省と高等教育・科学技術開発省が置かれている。初等中等教育省は，就学前を含む初等中等教育に関する責任を負う。高等教育・科学技術開発省は，高等教育に関する政策を所管する。

地方には，9つの州教育事務所が置かれ，さらに州内はいくつかの教育区に分けられる。

Ⅳ　学校体系

（学年暦：1～12月）

1. 就学前教育

就学前教育は，3～5歳児を対象に，就学前教育センターで行われる。

2. 義務教育

義務教育制度はないが，「2004年教育法」において6～13歳の7年の就学が目標とされている。

3. 初等教育

初等教育は，6歳入学で7年間，初等学校で行われる。修了者には，第7学年修了証が付与される。

4. 中等教育

前期中等教育は，4年間，下級中等学校で行われ，修了者にはGCE・Oレベル資格が付与される。後期中等教育は，2年間，上級中等学校で行われ，修了者にはGCE・Aレベル資格が付与される。

そのほか，ポリテクニックや技術カレッジなどの職業教育・訓練機関があり，下級中等学校修了者を対象とする1年の職業訓練技術コースが置かれている。修了者には，職業訓練国家証明書（NC）が付与される。また，NC取得者を対象とする2年課程を修了すると，職業訓練国家ディプロマ（ND）が付与される。

5. 高等教育

高等教育は，大学や教員養成カレッジで行われる。入学資格は，GCE・Aレベル資格の取得者に認められる。そのほか，ポリテクニックなどでは職業教育・訓練が提供される。

大学には，3～5年（分野による）の学士課程や1～2年の修士課程，2～3年の博士課程が置かれており，修了者にはそれぞれ学士，修士，博士が授与される。

教員養成カレッジには，3年の教員養成課程が置かれ，修了者には初等学校教員資格が付与される。

ポリテクニックなどは，ND取得者を対象とする1年課程が置かれており，修了者には職業訓練上級国家ディプロマ（HND）が付与される。

《参考資料》
・初等中等教育省ウェブサイト（http://www.mopse.gov.zw/）（2016年11月30日閲覧）。
・高等教育・科学技術開発省ウェブサイト（http://www.mhtestd.gov.zw/）（2016年11月30日閲覧）。
・UNESCO, World Data on Education, 7th edition, 2010/11.
・UNESCO ISCED Mappings, 2011.
・Australian Government, Country Education Profiles（https://internationaleducation.gov.au/CEP/Africa/Zimbabwe/Pages/default.aspx）（2016年11月25日閲覧）.

アフリカ

V　学校系統図

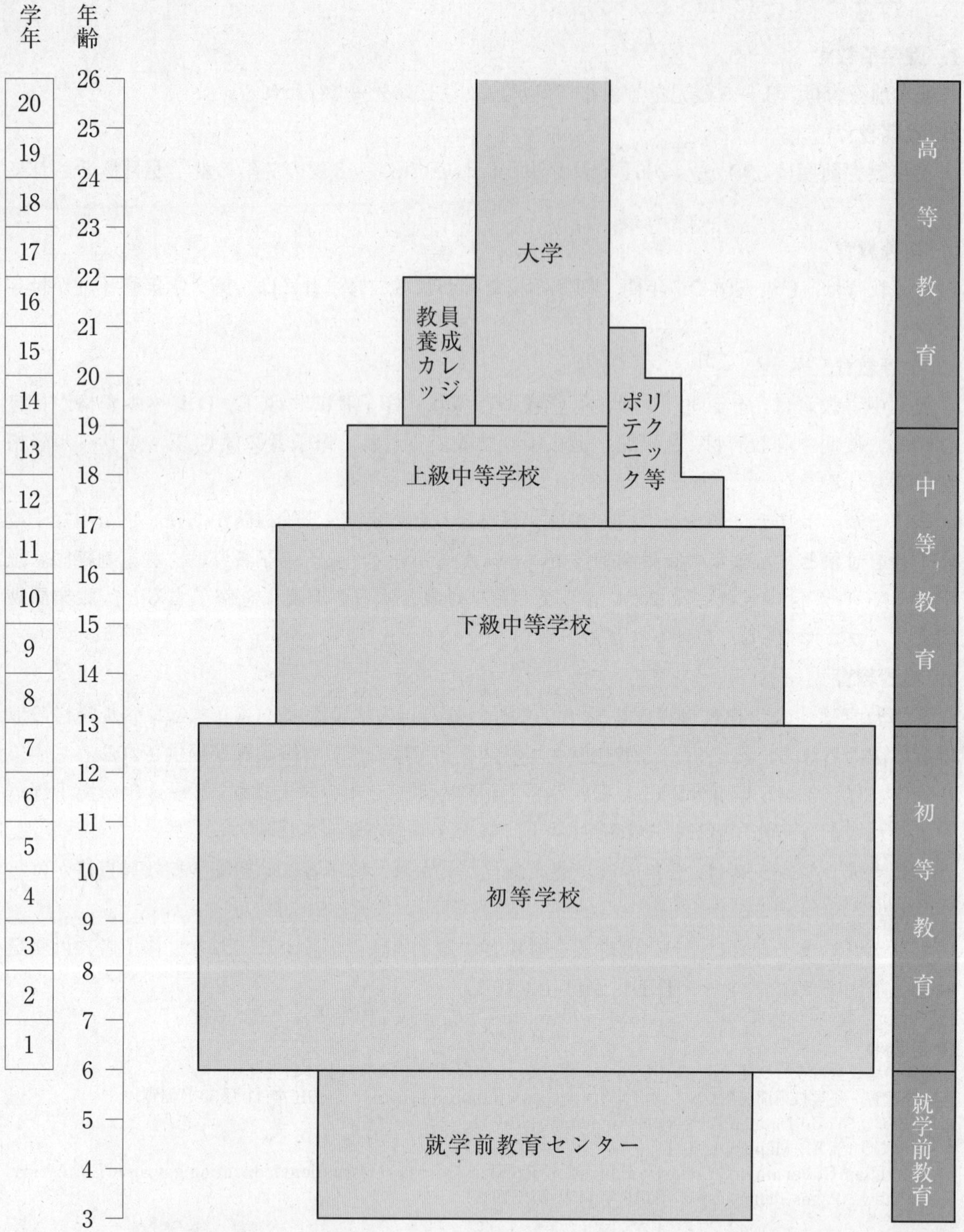
学年
年齢
20
19
18
17
16
15
14
13
12
11
10
9
8
7
6
5
4
3
2
1
26
25
24
23
22
21
20
19
18
17
16
15
14
13
12
11
10
9
8
7
6
5
4
3
大学
教員養成カレッジ
ポリテクニック等
上級中等学校
下級中等学校
初等学校
就学前教育センター
高等教育
中等教育
初等教育
就学前教育

Ⅵ　取得可能な資格・学位

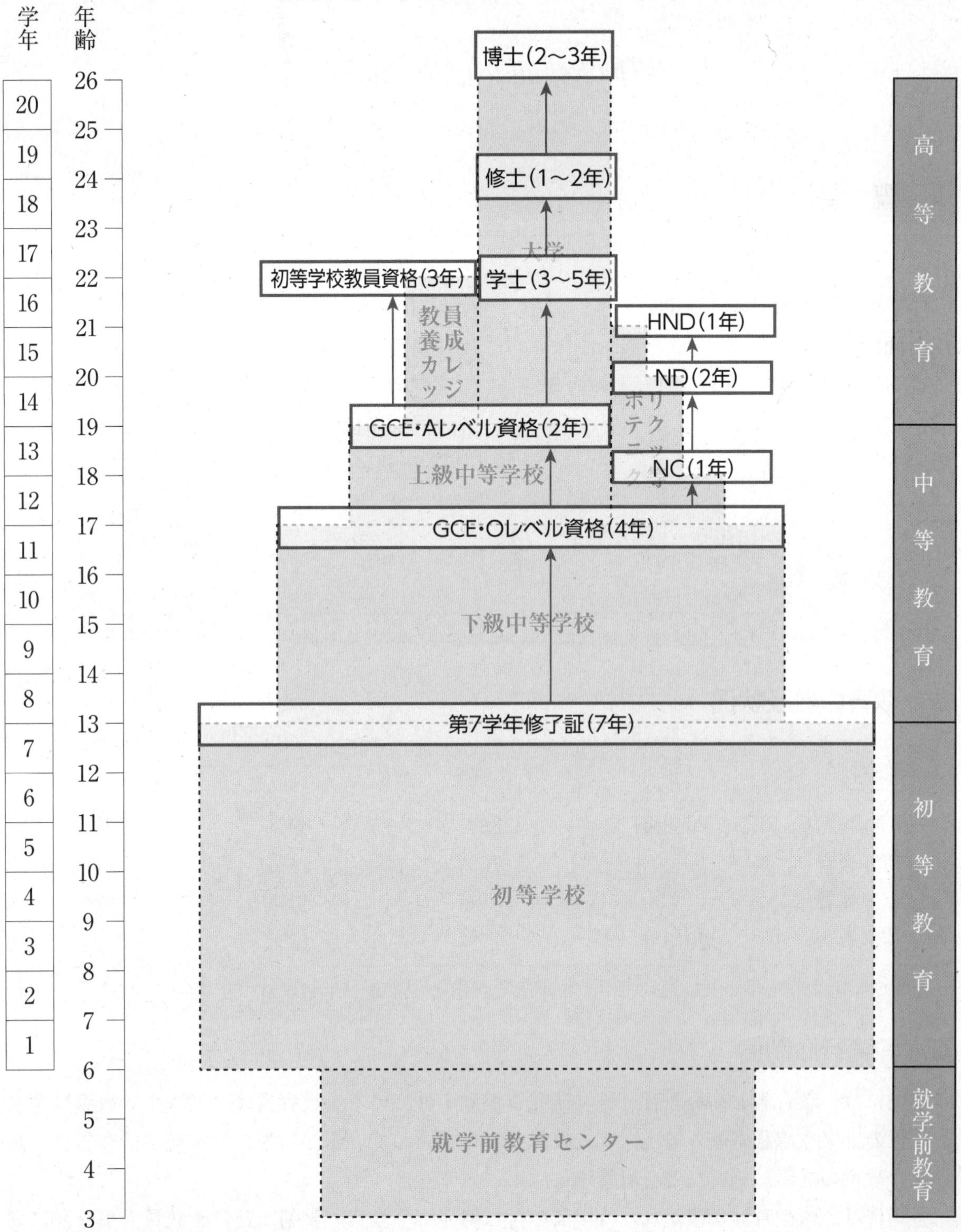
学年
年齢
博士（2～3年）
修士（1～2年）
大学
初等学校教員資格（3年）
学士（3～5年）
HND（1年）
教員養成カレッジ
ND（2年）
ポリテクニック
GCE・Aレベル資格（2年）
NC（1年）
上級中等学校
GCE・Oレベル資格（4年）
下級中等学校
第7学年修了証（7年）
初等学校
就学前教育センター
高等教育
中等教育
初等教育
就学前教育

スーダン共和国

(*The Republic of the Sudan*)

Ⅰ 概 要

1. 人口
3,935万人（2014年，世銀）
2. 面積
188万平方キロメートル（日本の約5倍）
3. 政治体制
共和制
4. 言語
アラビア語（公用語），英語も通用，その他部族語多数
5. 1人当たり国民総所得（GNI）
1,710ドル（2014年，世銀）
6. 首都
ハルツーム
7. 通貨単位
スーダン・ポンド

《出典》外務省ウェブサイト（http://www.mofa.go.jp/mofaj/area/sudan/data.html）（更新日：2016年5月18日）。

Ⅱ 教育の普及状況

教育段階	年	在籍率	男	女
就学前教育	2012年	38%	39%	37%
初等教育	〃	70%	74%	66%
中等教育	〃	41%	43%	39%
高等教育	2013年	17%	16%	18%

（通常の年齢よりも早い又は遅い入学や留年等を理由とする該当年齢以外の在籍者を含む）

Ⅲ 教育行政制度

中央には，教育省と高等教育・科学研究省が置かれている。教育省は，初等中等教育に関する政策の立案や課程基準の策定，成人教育などを所管している。高等教育・科学研究省は，高等教育政策の立案，施行などを所管する。

各州には，州教育局が置かれ，就学前を含む初等中等教育の整備・運営や教員人事などに責任を負っている。

Ⅳ　学校体系

（学年歴：6月～翌年3月）

1. 就学前教育

就学前教育は，4～5歳児を対象に，幼稚園で行われる。伝統的なイスラム学校も，年齢を限定せずに就学前教育を提供している。

2. 義務教育

義務教育は，6～14歳の8年である。

3. 初等教育

初等教育は，6歳入学で，8年間，初等学校で行われる。最終学年の終了時には試験が実施され，合格者には基礎教育修了証が付与される。

4. 中等教育

中等教育は，3年間，中等学校で行われる。また，初等教育修了者を対象とする職業教育機関として，2～3年制の職業訓練センターが置かれている。

中等学校を修了すると，中等教育修了証が付与される。職業訓練センターを修了すると，職業訓練センター見習いディプロマが付与される。

5. 高等教育

高等教育は，大学とカレッジで行われる。入学資格は，中等教育修了証の取得者に認められ，その成績に基づく選抜が行われる。また，中等教育後の職業教育も大学やカレッジで行われるが，その入学資格は職業訓練センター見習いディプロマの取得者に認められる。

大学やカレッジには，分野により4～6年の学士課程が置かれ，修了者には学士の学位が授与される。また大学には，学士取得者を対象とする2～3年の修士課程，修士取得者を対象とする3年以上の博士課程が置かれており，修了者にはそれぞれ修士，博士が授与される。そのほか，学士取得者を対象に1～2年の課程が置かれており，修了者には学卒ディプロマが付与される。

そのほか，職業教育プログラムとして，大学やカレッジに2～3年のディプロマ課程が置かれており，修了者には専門ディプロマが付与される。

《参考資料》
・UNESCO, World Data on Education, 7th edition, 2010/11.
・UNESCO ISCED Mappings, 2011.
・Australian Government, Country Education Profiles（https://internationaleducation.gov.au/CEP/Africa/Sudan/Pages/default.aspx）（2016年7月6日閲覧）.

アフリカ

V　学校系統図

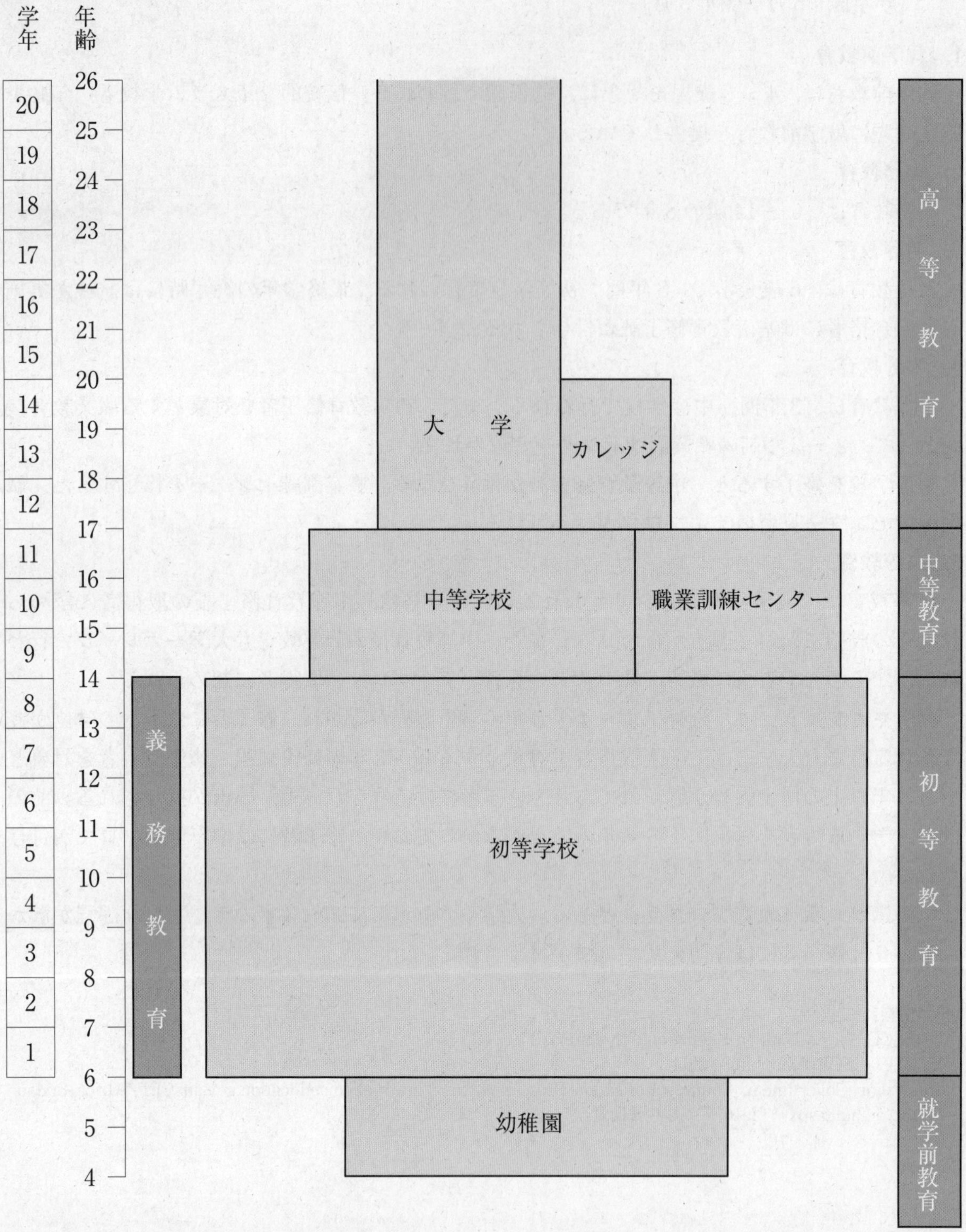
学年
年齢
20
19
18
17
16
15
14
13
12
11
10
9
8
7
6
5
4
3
2
1
26
25
24
23
22
21
20
19
18
17
16
15
14
13
12
11
10
9
8
7
6
5
4
大　学
カレッジ
中等学校
職業訓練センター
初等学校
幼稚園
義務教育
高等教育
中等教育
初等教育
就学前教育

Ⅵ 取得可能な資格・学位

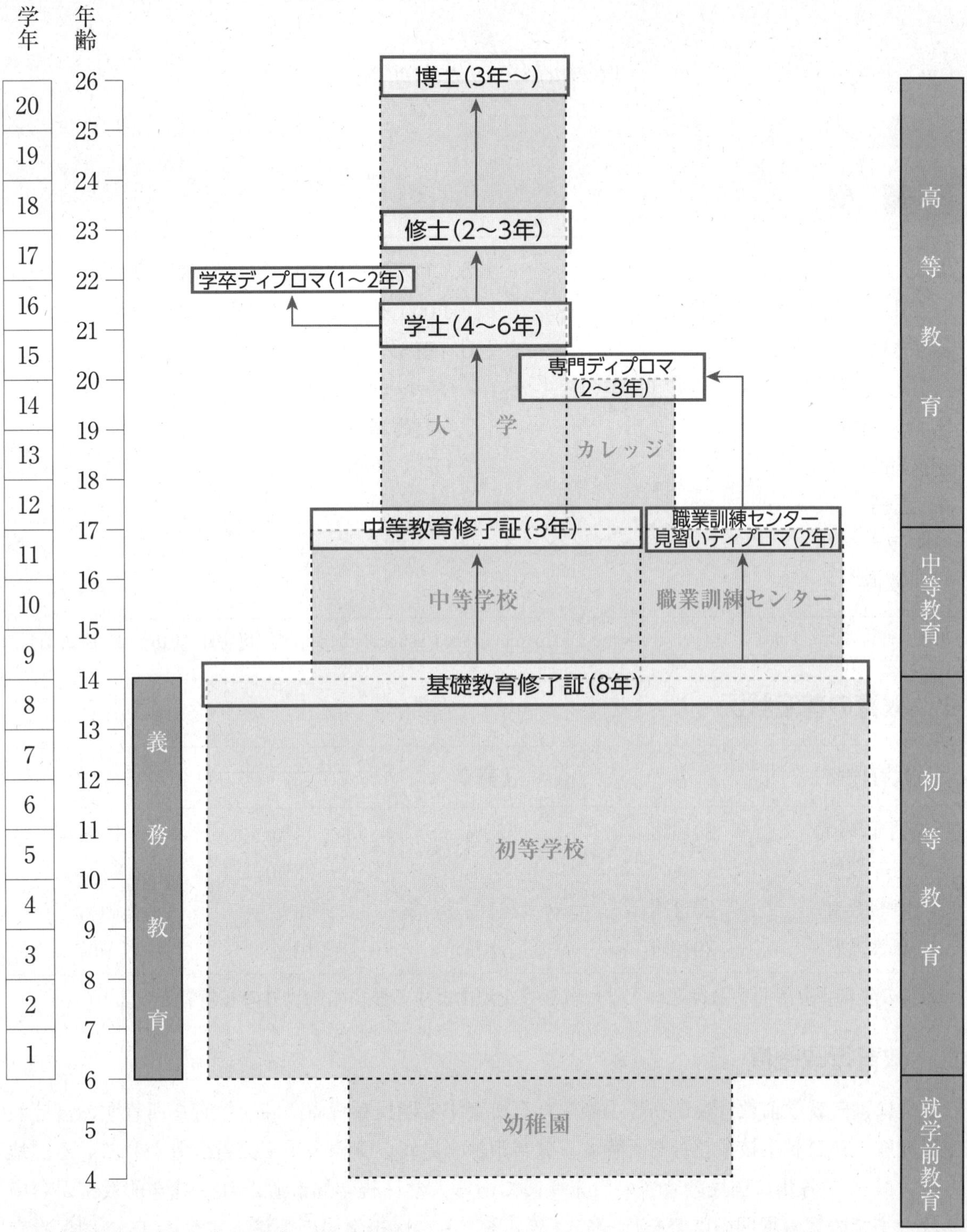
学年
年齢
20
19
18
17
16
15
14
13
12
11
10
9
8
7
6
5
4
3
2
1
26
25
24
23
22
21
20
19
18
17
16
15
14
13
12
11
10
9
8
7
6
5
4
義務教育
博士(3年〜)
修士(2〜3年)
学卒ディプロマ(1〜2年)
学士(4〜6年)
専門ディプロマ(2〜3年)
大学
カレッジ
中等教育修了証(3年)
職業訓練センター見習いディプロマ(2年)
中等学校
職業訓練センター
基礎教育修了証(8年)
初等学校
幼稚園
高等教育
中等教育
初等教育
就学前教育

セネガル共和国

(*Republic of Senegal*)

Ⅰ　概　要

1．人口
1,513万人（2015年，世銀）

2．面積
197,161平方キロメートル（日本の約半分）

3．政治体制
共和制

4．言語
フランス語（公用語），ウォロフ語など各民族語

5．1人当たり国民総所得（GNI）
1,000米ドル（2015年，世銀）

6．首都
ダカール

7．通貨単位
CFAフラン

《出典》外務省ウェブサイト（http://www.mofa.go.jp/mofaj/area/senegal/data.html）（更新日：2016年10月26日）。

Ⅱ　教育の普及状況

教育段階	年	在籍率	男	女
就学前教育	2014年	15%	14%	16%
初等教育	〃	81%	78%	84%
中等教育	2011年	41%	43%	39%
高等教育	2010年	8%	10%	6%

（通常の年齢よりも早い又は遅い入学や留年等を理由とする該当年齢以外の在籍者を含む）

Ⅲ　教育行政制度

中央には，就学前教育及び初等中等教育を所管する国民教育省，高等教育を所管する高等教育研究省，及び職業技術教育を所管する職業訓練・見習い訓練・手工芸省が置かれている。地方には，14の各州に国民教育省の出先機関である大学区視学局が置かれ，就学前教育から中等教育までの教育機関の監督を行っている。また大学区視学局の管轄下に全国45の国民教育県視学局が置かれ，幼稚園と小学校の管理運営に当たっている。

Ⅳ　学校体系

（学年暦：10 月から翌年 6 月）

1. 就学前教育

就学前教育は，3 ～ 5 歳児を対象に，幼稚園で行われる。

2. 義務教育

義務教育は，6 ～ 16 歳の 10 年である。

3. 初等教育

初等教育は，7 歳入学（3 歳から 3 年間の就学前教育を受けた者は 6 歳入学）で 6 年間，小学校において行われる。小学校終了時には，国が修了試験を行い，合格者には初等教育修了証（CFEE）が授与される。また，前期中等教育入学試験が実施される。

4. 中等教育

前期中等教育は，4 年間，中学校（コレージュ）において行われる。第 4 学年終了時には，国が修了試験を行い，合格者に前期中等教育修了証（BFEM）を授与する。

後期中等教育は，3 年間，高等学校（リセ）において行われる。第 3 学年終了時には，国が修了試験を行い，合格者にはバカロレアが授与される。

また，職業教育は職業教育機関において行われる。2 年間で職業教育免状，3 年間で技術者免状を取得する。

5. 高等教育

高等教育は，大学及びその他の高等教育機関において行われる。高等教育機関への入学に際しては，バカロレアの取得が必要である。高等教育課程は，主に，学士（3 年），修士（2 年），博士（3 年）となっている。このほか，中級技術者免状や大学技術教育免状を取得する短期高等教育課程（2 年）がある。

《参考資料》

・UNESCO, World Data on Education, 7th edition, 2010/11.
・セネガル国民教育省ウェブサイト（http://www.education.gouv.sn/root-fr/files/systeme_educatif.php）。
・Loi n°2004-37 du 15 décembre 2004.
・外務省ウェブサイト「諸外国・地域の学校情報―国・地域の詳細情報」（平成 27 年 11 月更新情報）（http://www.mofa.go.jp/mofaj/toko/world_school/07africa/infoC72800.html）。

V　学校系統図

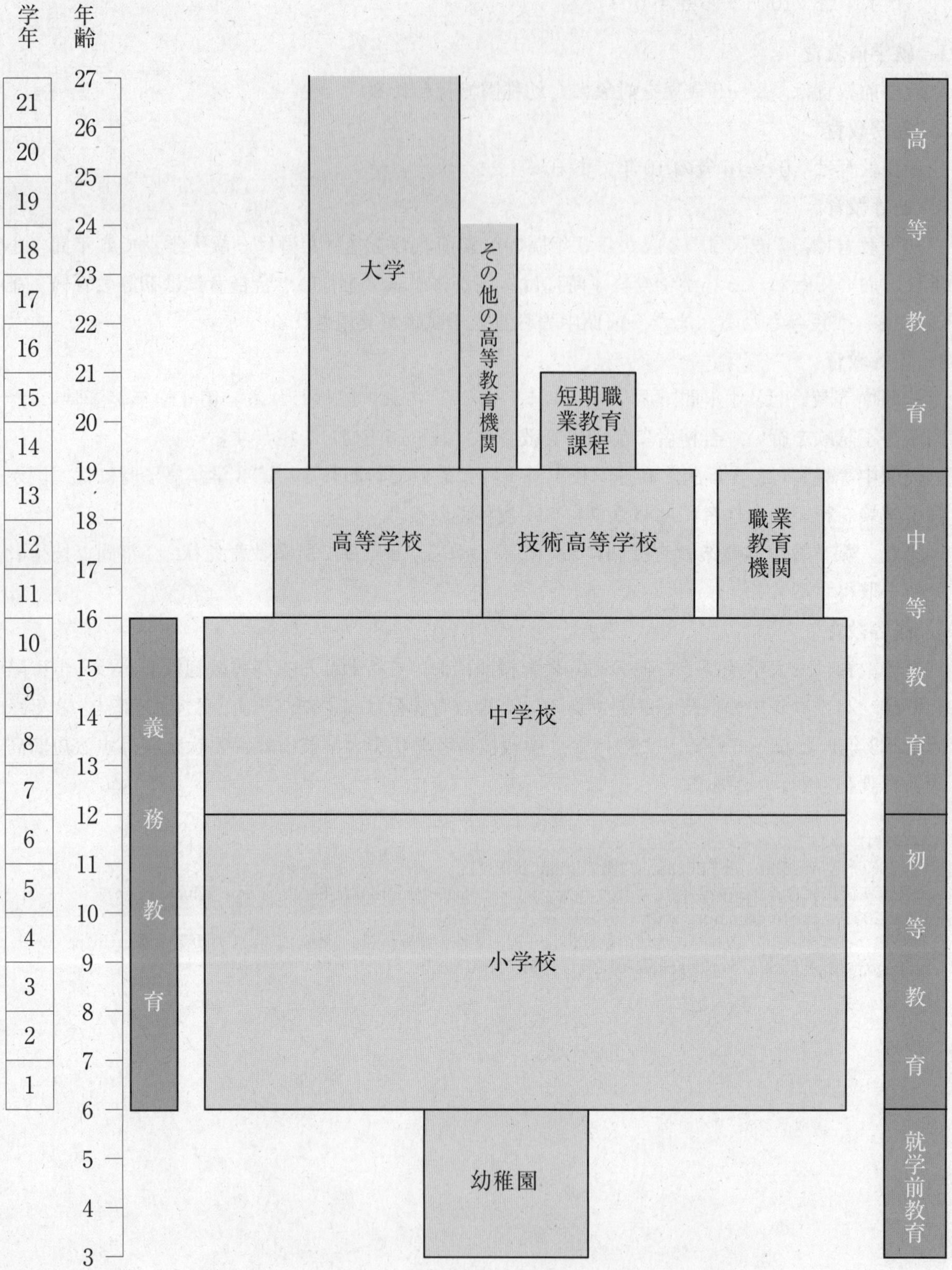
学年
年齢
21
20
19
18
17
16
15
14
13
12
11
10
9
8
7
6
5
4
3
2
1
27
26
25
24
23
22
21
20
19
18
17
16
15
14
13
12
11
10
9
8
7
6
5
4
3
大学
その他の高等教育機関
短期職業教育課程
高等学校
技術高等学校
職業教育機関
中学校
小学校
幼稚園
義務教育
高等教育
中等教育
初等教育
就学前教育

Ⅵ　取得可能な資格・学位

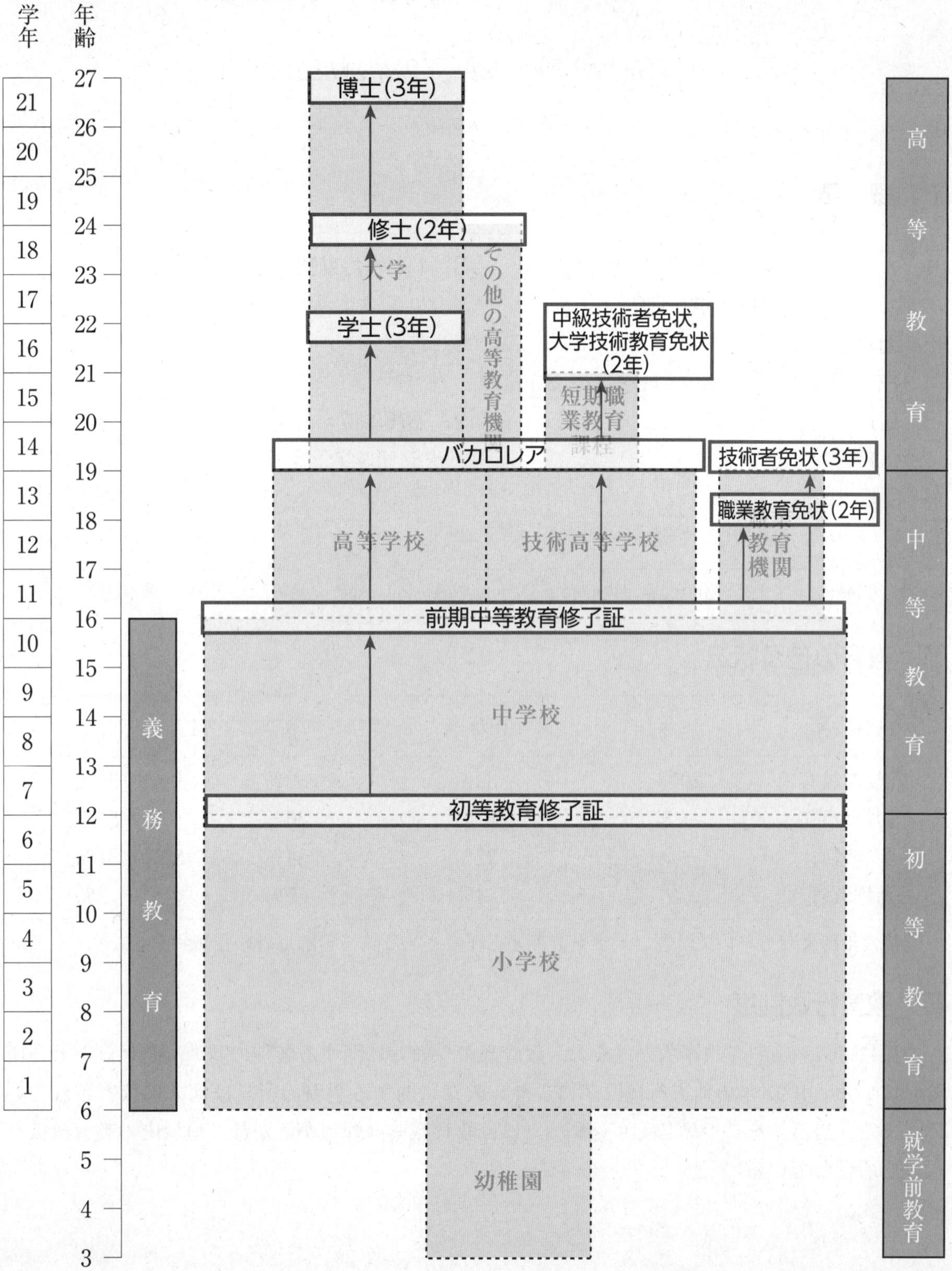
学年
年齢
21
20
19
18
17
16
15
14
13
12
11
10
9
8
7
6
5
4
3
2
1
27
26
25
24
23
22
21
20
19
18
17
16
15
14
13
12
11
10
9
8
7
6
5
4
3
博士(3年)
修士(2年)
大学
学士(3年)
その他の高等教育機関
中級技術者免状,
大学技術教育免状
(2年)
短期職業教育課程
バカロレア
技術者免状(3年)
職業教育免状(2年)
高等学校
技術高等学校
教育
機関
前期中等教育修了証
中学校
初等教育修了証
小学校
幼稚園
義務教育
高等教育
中等教育
初等教育
就学前教育

タンザニア連合共和国

(*United Republic of Tanzania*)

Ⅰ 概 要

1. 人口
約5,182万人(2014年,世銀)
2. 面積
94.5万平方キロメートル(日本の約2.5倍)
3. 政治体制
共和制
4. 言語
スワヒリ語(国語),英語(公用語)
5. 1人当たり国内総生産
920米ドル(2014年,世銀)
6. 首都
ドドマ
7. 通貨単位
タンザニア・シリング

《出典》外務省ウェブサイト(http://www.mofa.go.jp/mofaj/area/tanzania/)(更新日:2016年9月30日)。

Ⅱ 教育の普及状況

教育段階	年	在籍率	男	女
就学前教育	2013年	32%	32%	33%
初等教育	〃	87%	86%	87%
中等教育	〃	32%	34%	31%
高等教育	〃	4%	5%	2%

(通常の年齢よりも早い又は遅い入学や留年等を理由とする該当年齢以外の在籍者を含む)

Ⅲ 教育行政制度

中央には,教育科学技術省が置かれ,教育政策や教育に関する各種の基準,質保証などを所管している。1997年の地方行政改革により,教育に関する事務の所掌は地方に移行されている。また,自治権を持つ島しょザンジバルには教育職業訓練省が置かれ,地域内の教育政策や行政を所管している。

Ⅳ　学校体系

（学年歴：1月～11月）

1. 就学前教育

就学前教育は，5～6歳児を対象に，幼稚園で行われる。ザンジバルでは，4～6歳を対象に行われる。

2. 義務教育

義務教育は，7～14歳の7年である。ザンジバルでは，7～17歳の10年である。

3. 初等教育

初等教育は，7歳入学で7年間，初等学校で行われる。初等学校を修了すると，初等学校修了証を取得できる。

4. 中等教育

前期中等教育は，4年間，中学校で行われ，修了試験の合格者には中等教育修了証が付与される。ザンジバルでは，前期中等教育は5年間で，前半の3年間は下級中等学校で行われる。後半の2年間は上級中等学校で行われ，修了試験の合格者には中等教育修了証が付与される。

後期中等教育は，2年間，高等学校で行われる。修了試験の合格者には上級中等教育修了証が付与される。

そのほか，初等学校修了者を対象とする技術職業教育機関があり，能力資格Ⅰから技術修了証まで，段階的に5つの資格を取得する各1年の職業教育訓練課程が置かれている。

5. 高等教育

高等教育は，大学で行われる。入学資格は，上級中等教育修了証の取得者に認められる。

大学には，3～5年（分野による）の学士課程，2年の修士課程，3～4年の博士課程が置かれ，修了者にはそれぞれ学士，修士，博士が授与される。そのほか，高等ディプロマを取得できる2年の課程や，学士取得者を対象に学卒ディプロマを取得できる9～15か月の課程が設置されている。

そのほか，技術職業教育機関には，技術修了証取得者を対象とする2年課程が置かれており，修了者には普通ディプロマが付与される。また，普通ディプロマ取得者を対象とする1年課程を修了すると，上級ディプロマが付与される。

《参考資料》

・UNESCO, World Data on Education, 7th edition, 2010/11.
・Australian Government, Country Education Profiles（https://internationaleducation.gov.au/CEP/Africa/Tanzania/Pages/default.aspx）（2016年11月25日閲覧）.

V　学校系統図

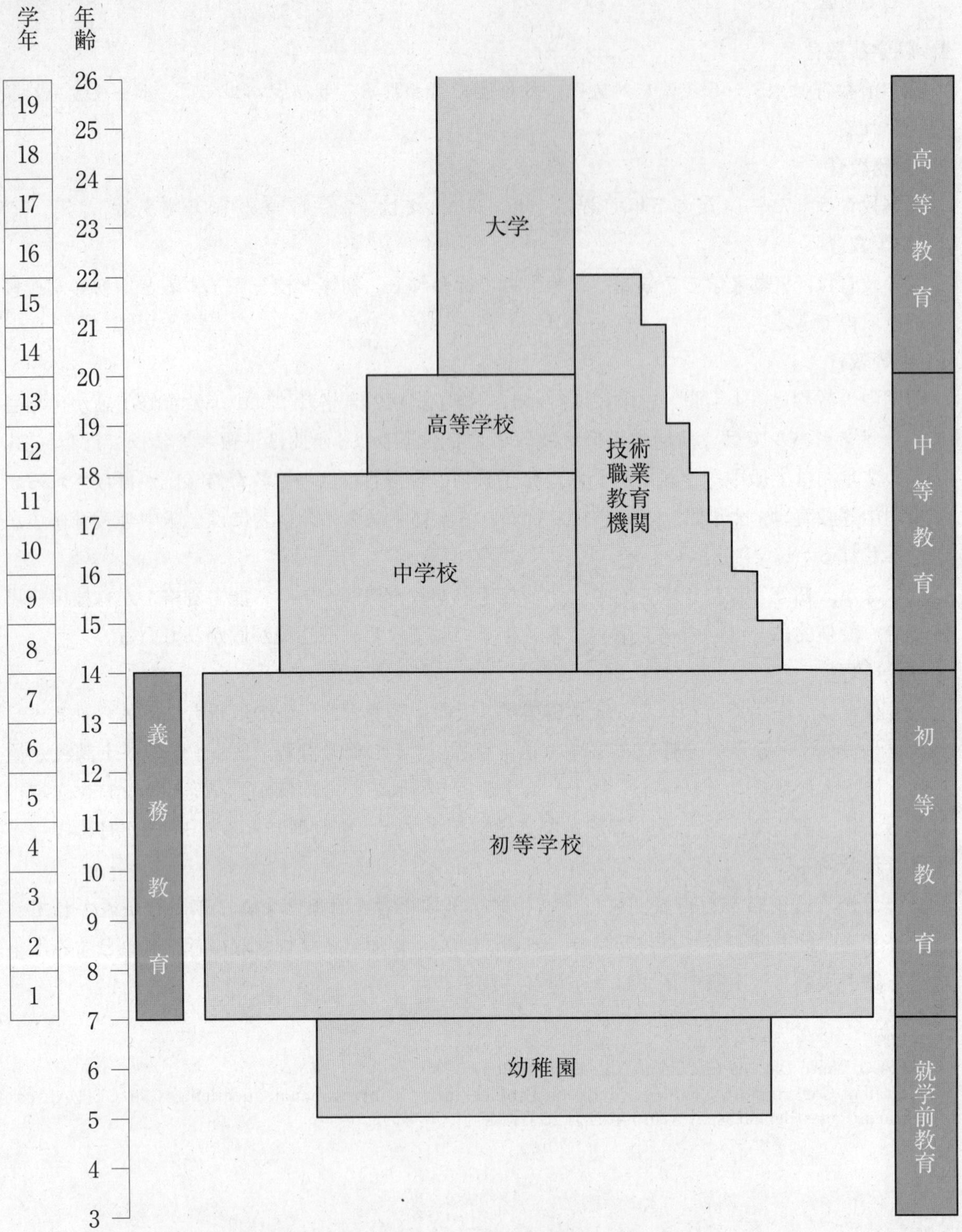

（島しょザンジバルの義務教育年限は10年である。また，就学前教育は4～6歳を対象とする。前期中等教育は5年間で，前半3年と後半2年に区分される。図ではタンザニア本土の制度を示した）

Ⅵ　取得可能な資格・学位

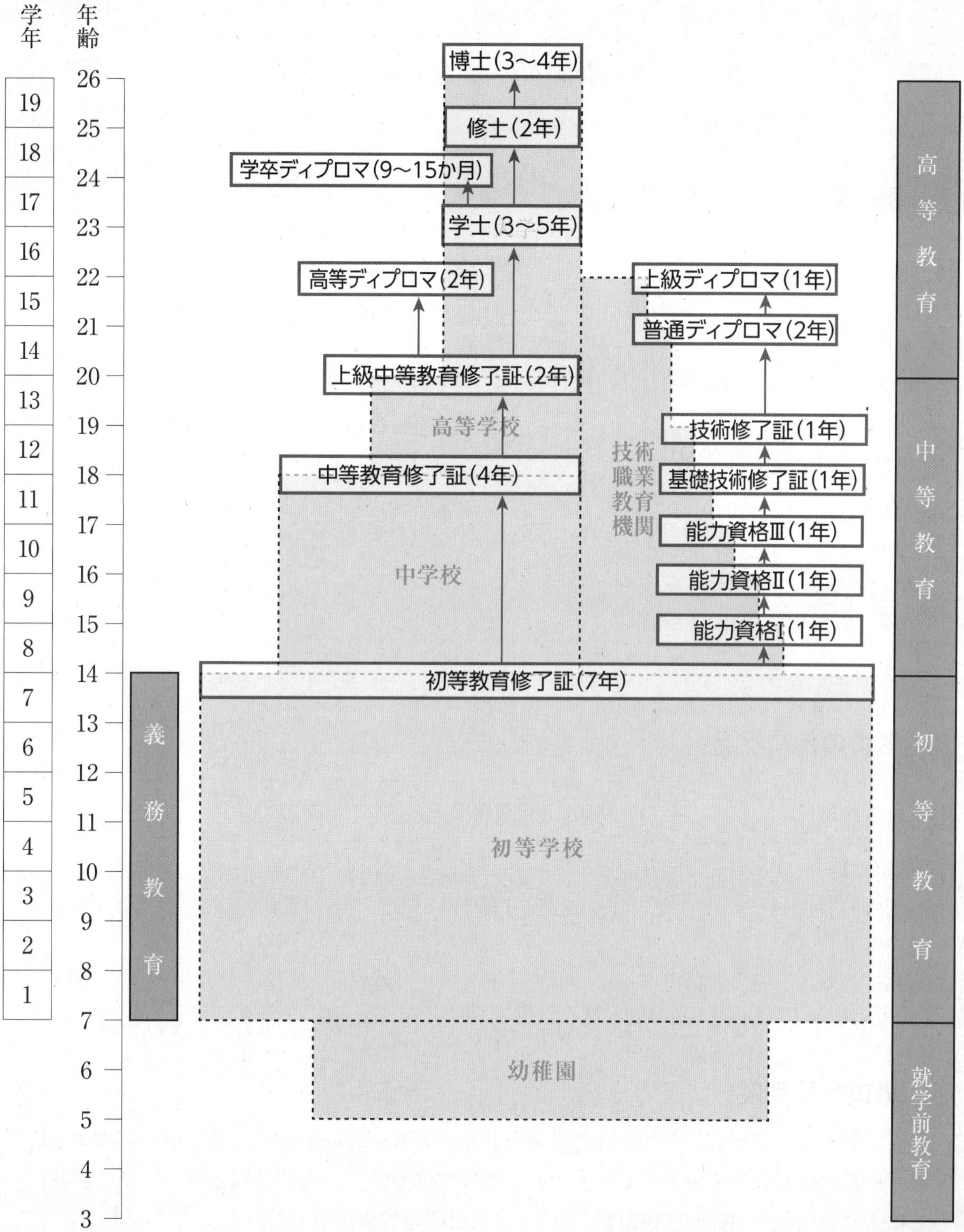
学年
年齢
19 18 17 16 15 14 13 12 11 10 9 8 7 6 5 4 3 2 1
26 25 24 23 22 21 20 19 18 17 16 15 14 13 12 11 10 9 8 7 6 5 4 3
義務教育
博士（3～4年）
修士（2年）
学卒ディプロマ（9～15か月）
学士（3～5年）
高等ディプロマ（2年）
上級中等教育修了証（2年）
高等学校
中等教育修了証（4年）
中学校
初等教育修了証（7年）
初等学校
幼稚園
技術職業教育機関
上級ディプロマ（1年）
普通ディプロマ（2年）
技術修了証（1年）
基礎技術修了証（1年）
能力資格Ⅲ（1年）
能力資格Ⅱ（1年）
能力資格Ⅰ（1年）
高等教育
中等教育
初等教育
就学前教育

チュニジア共和国

(*Republic of Tunisia*)

Ⅰ　概　要

1. 人口
1,099万人（2014年，世銀）
2. 面積
16万3,610平方キロメートル（日本の約5分の2）
3. 政治体制
共和制
4. 言語
アラビア語（公用語），フランス語（国民の間で広く用いられている）
5. 1人当たり国民総所得（GNI）
4,420米ドル（2014年，世銀）
6. 首都
チュニス
7. 通貨単位
チュニジア・ディナール（TND）

《出典》外務省ウェブサイト（http://www.mofa.go.jp/mofaj/area/tunisia/data.html）（更新日：2016年11月21日）。

Ⅱ　教育の普及状況

教育段階	年	在籍率	男	女
就学前教育	2013年	41%	40%	43%
初等教育	〃	111%	113%	109%
中等教育	〃	90%	…	…
高等教育	2014年	35%	26%	43%

（通常の年齢よりも早い又は遅い入学や留年等を理由とする該当年齢以外の在籍者を含む）

Ⅲ　教育行政制度

中央に置かれる教育省，高等教育科学研究省及び職業教育雇用省が，それぞれ担当する教育段階・分野の教育制度を所管している。就学前教育については女性問題省（コーラン学校については宗教問題省），特別支援教育については社会問題省が所管している。

Ⅳ　学校体系

（学年暦：9月から翌年7月）

1. 就学前教育

就学前教育は，3～5歳を対象に，就学前教育機関で行われる。就学前教育の最終年は初等教育準備学年として位置付けられている。

2. 義務教育

義務教育は，基礎教育の9年間である。

3. 初等教育

初等教育は，6歳入学で6年間，基礎教育（9年間）の第1～6学年として，小学校で行われる。

4. 中等教育

前期中等教育は，基礎教育（9年間）の第7～9学年として，3年間，中学校（コレージュ）において行われる。基礎教育終了時（第9学年）には，国が修了試験を行い，合格者には基礎教育修了証（DFEB）が授与される。

また，第7学年修了者で科学的素質及び技術的能力のある者を対象とした2年間の技術準備学校がある。技術準備学校終了時には，国が修了試験を行い，合格者には技術基礎教育修了証（DFEBT）が授与される。

後期中等教育は，基礎教育修了者を対象に，4年間，高等学校（リセ）において行われる。終了時にバカロレアの取得試験を受験し，合格者にはバカロレアが授与される。

このほか，職業資格を取得するための職業教育課程がある。基礎教育修了者を対象とした，2年間で取得する職業適任証（CAP）取得課程のほか，CAP取得者及び後期中等教育2年終了者を対象とした職業技術免状（BTP）取得課程及び職業バカロレア取得課程がある。また，4年間の農業教育課程がある。

5. 高等教育

高等教育は，バカロレア取得者を対象に，主に，大学及びその他の高等教育機関において行われる。高等教育機関には，中級技術者免状（BTS）及び大学技術者免状（DUT）取得課程（最低5セメスター），学士課程（3年），修士課程（2年）及び博士課程（3年）が置かれている。

《参考資料》

・UNESCO, World Data on Education, 7th edition, 2010/11.
・Loi d'orientation n°2002-80 du 23 juillet 2002, relative à l'éducation et à l'enseignement scolaire.
・Loi d'orientation n°2008-9 du 23 juillet 2008, modifiant et complétant la loi d'orientation n°2002-80 du 23 juillet 2002, relative à l'éducation et à l'enseignement scolaire.
・Loi n°2002-19 du 25 février 2008, relative à l'enseignement supérieur.

V　学校系統図

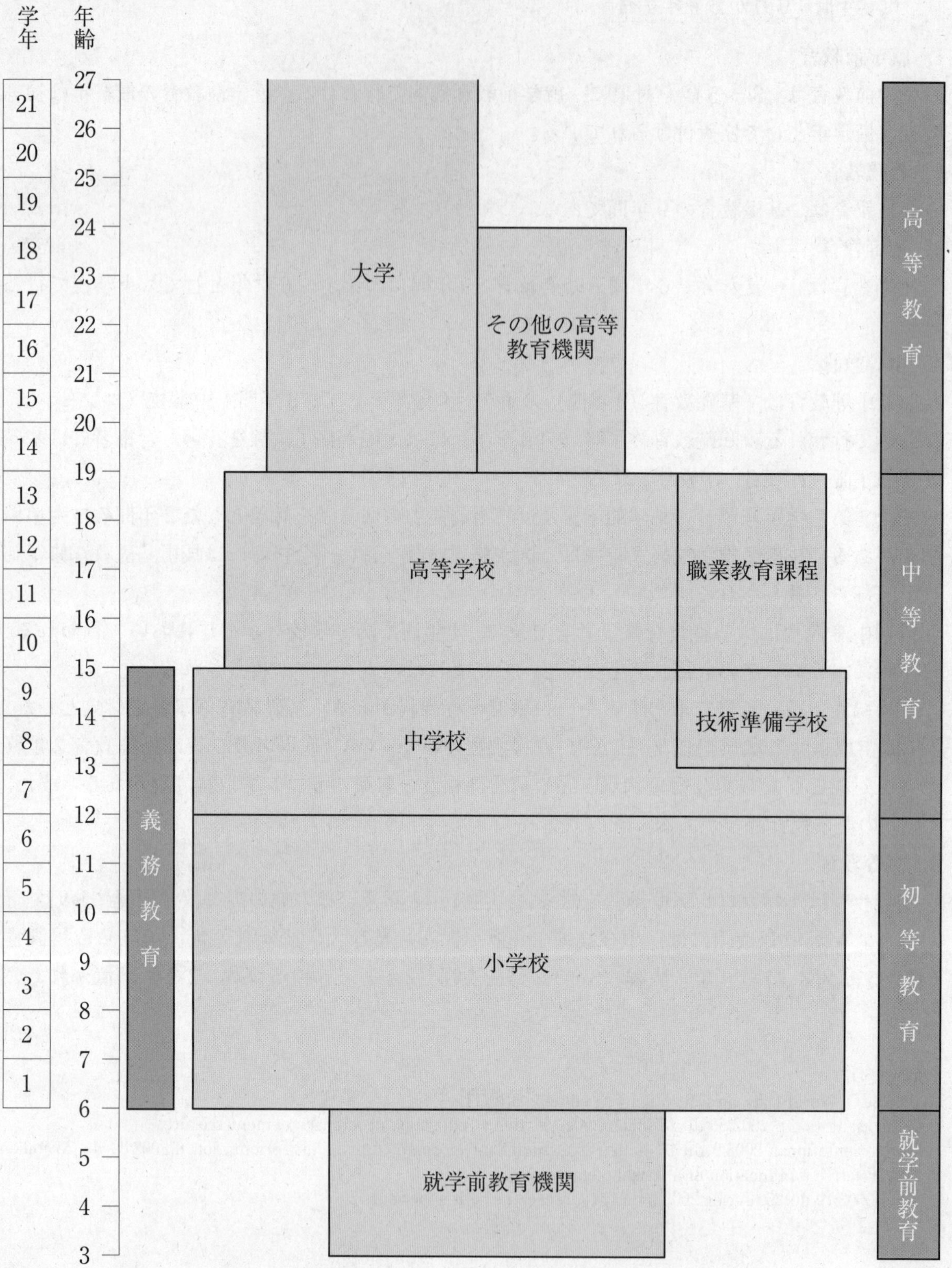
学年
年齢
21
20
19
18
17
16
15
14
13
12
11
10
9
8
7
6
5
4
3
2
1
27
26
25
24
23
22
21
20
19
18
17
16
15
14
13
12
11
10
9
8
7
6
5
4
3
大学
その他の高等教育機関
高等学校
職業教育課程
中学校
技術準備学校
小学校
就学前教育機関
義務教育
高等教育
中等教育
初等教育
就学前教育

Ⅵ 取得可能な資格・学位

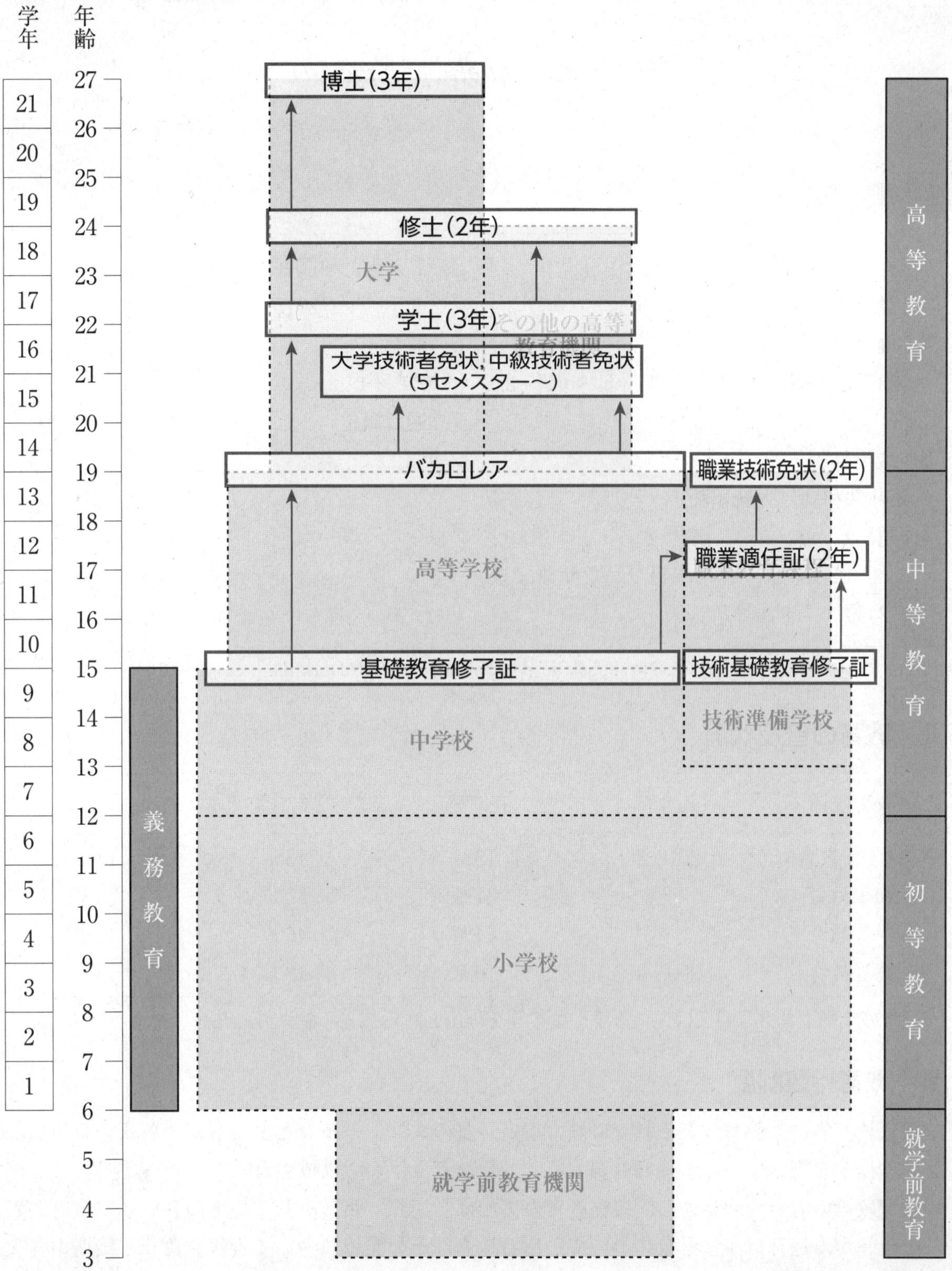
学年
年齢
21
20
19
18
17
16
15
14
13
12
11
10
9
8
7
6
5
4
3
2
1
27
26
25
24
23
22
21
20
19
18
17
16
15
14
13
12
11
10
9
8
7
6
5
4
3
博士(3年)
修士(2年)
大学
学士(3年)
その他の高等教育機関
大学技術者免状，中級技術者免状
(5セメスター～)
バカロレア
職業技術免状(2年)
高等学校
職業適任証(2年)
基礎教育修了証
技術基礎教育修了証
技術準備学校
中学校
小学校
就学前教育機関
義務教育
高等教育
中等教育
初等教育
就学前教育

ナイジェリア連邦共和国

(*Federal Republic of Nigeria*)

Ⅰ　概　要

1. 人口
1億8,200万人（2015年，世銀）
2. 面積
923,773平方キロメートル（日本の約2.5倍）
3. 政治体制
連邦共和制（大統領制）
4. 言語
英語（公用語），各民族語（ハウサ語，ヨルバ語，イボ語等）
5. 1人当たり国民総所得（GNI）
2,640ドル（2015年，世銀）
6. 首都
アブジャ
7. 通貨単位
ナイラ

《出典》外務省ウェブサイト（http://www.mofa.go.jp/mofaj/area/nigeria/data.html）（更新日：2016年11月28日）。

Ⅱ　教育の普及状況

教育段階	年	在籍率	男	女
就学前教育	2010年	13%	13%	13%
初等教育	〃	81%	85%	78%
中等教育	〃	44%	46%	41%
高等教育	2005年	10%	12%	9%

（通常の年齢よりも早い又は遅い入学や留年等を理由とする該当年齢以外の在籍者を含む）

Ⅲ　教育行政制度

連邦教育省は，教育政策や教育計画の策定，質のコントロールなどとともに，各州の政策を調整する役割を担っている。連邦教育大臣と各州教育大臣から構成される全国教育委員会は，国の教育政策の方針を決定する。義務教育の実施は，連邦，州，そして地方の各レベル政府が責任を負うが，連邦は主に財政について，州と地方はその実施について責任を負う。後期中等教育及び高等教育は，連邦の所管となっている。

Ⅳ　学校体系

（学年暦：9月～翌年7月，又は1月～12月）

1. 就学前教育

就学前教育は，3～5歳児を対象に，ディケア・センターなどで行われる。また，公立初等学校にはプレスクール・センターが付設されている。

2. 義務教育

義務教育は，6～15歳の9年である。

3. 初等教育

初等教育は，6歳入学で6年間，初等学校で行われる。なお，課程の最後に実施されていた，下級中等学校入学のための共通試験（CEE）は，近年廃止された。

4. 中等教育

前期中等教育は，下級中等学校で3年間行われる。修了時には，全国統一の修了試験が課せられ，合格者には，後期中等教育への進学要件となる下級中等教育修了証（JSCE）が与えられる。

後期中等教育は，3年間，普通教育を行う上級中等学校，技術教育を行う技術カレッジで行われる。また，職業訓練を行う職業訓練施設もある。上級中等学校では，修了時に全国統一修了試験が課せられ，合格者には上級中等教育修了証（SSCE）が与えられる。技術カレッジにおいては，全国技術資格（NTC，3年）や全国商業資格（NCC，3年）の課程が提供されている。また，これらの資格取得者を対象に上級全国技術資格（ANTC）や上級全国ビジネス資格（ANBC）（いずれも1年）といった中等後資格が用意されている。職業訓練施設では，3年以下の全国職業資格などが提供されている。

5. 高等教育

高等教育は，大学，ポリテクニク，教員養成カレッジなどで行われる。大学には，4～6年の学士課程，1～2年の修士課程，3年の博士課程が置かれている。1年間のMPhil（研究修士）の課程も提供されている。学士号取得者を対象とする学卒ディプロマ（1年）もある。ポリテクニクでは準学位レベルの全国（革新）ディプロマや高等全国ディプロマ（いずれも2年），さらに，修士課程につながる専門ディプロマ（1又は1.5年）の課程が設けられている。教育カレッジではナイジェリア教育資格（3年）が得られる。

《参考資料》

・UNESCO, World Data on Education, 7th edition, 2010/11.
・Australian Government, Country Education Profiles（https://internationaleducation.gov.au/Cep/Africa/Nigeria/Pages/default.aspx）(2016年7月6日閲覧).

V　学校系統図

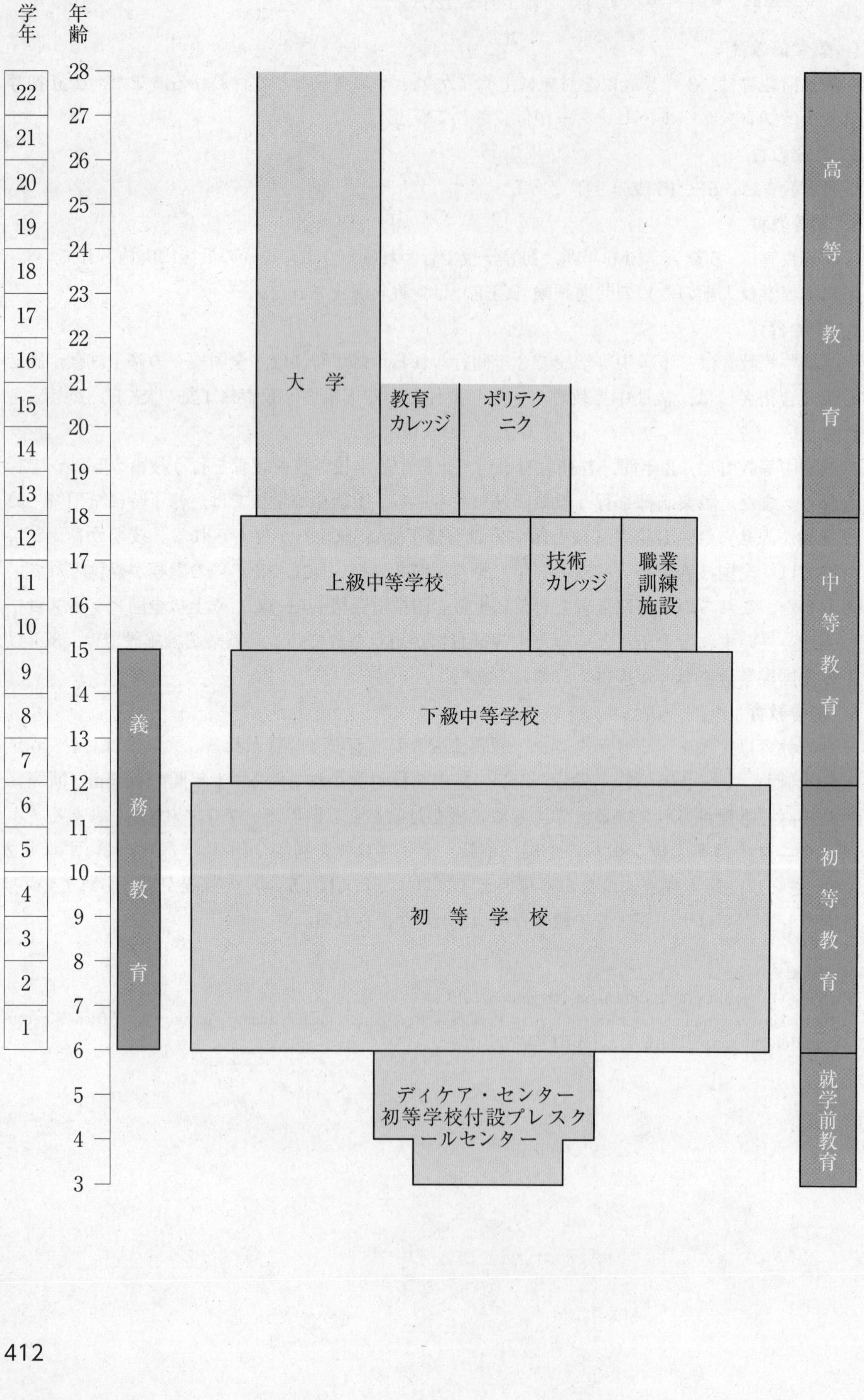
学年
年齢
22
21
20
19
18
17
16
15
14
13
12
11
10
9
8
7
6
5
4
3
2
1
28
27
26
25
24
23
22
21
20
19
18
17
16
15
14
13
12
11
10
9
8
7
6
5
4
3
大　学
教育カレッジ
ポリテクニク
上級中等学校
技術カレッジ
職業訓練施設
下級中等学校
初　等　学　校
ディケア・センター
初等学校付設プレスクールセンター
義務教育
高等教育
中等教育
初等教育
就学前教育

Ⅵ　取得可能な資格・学位

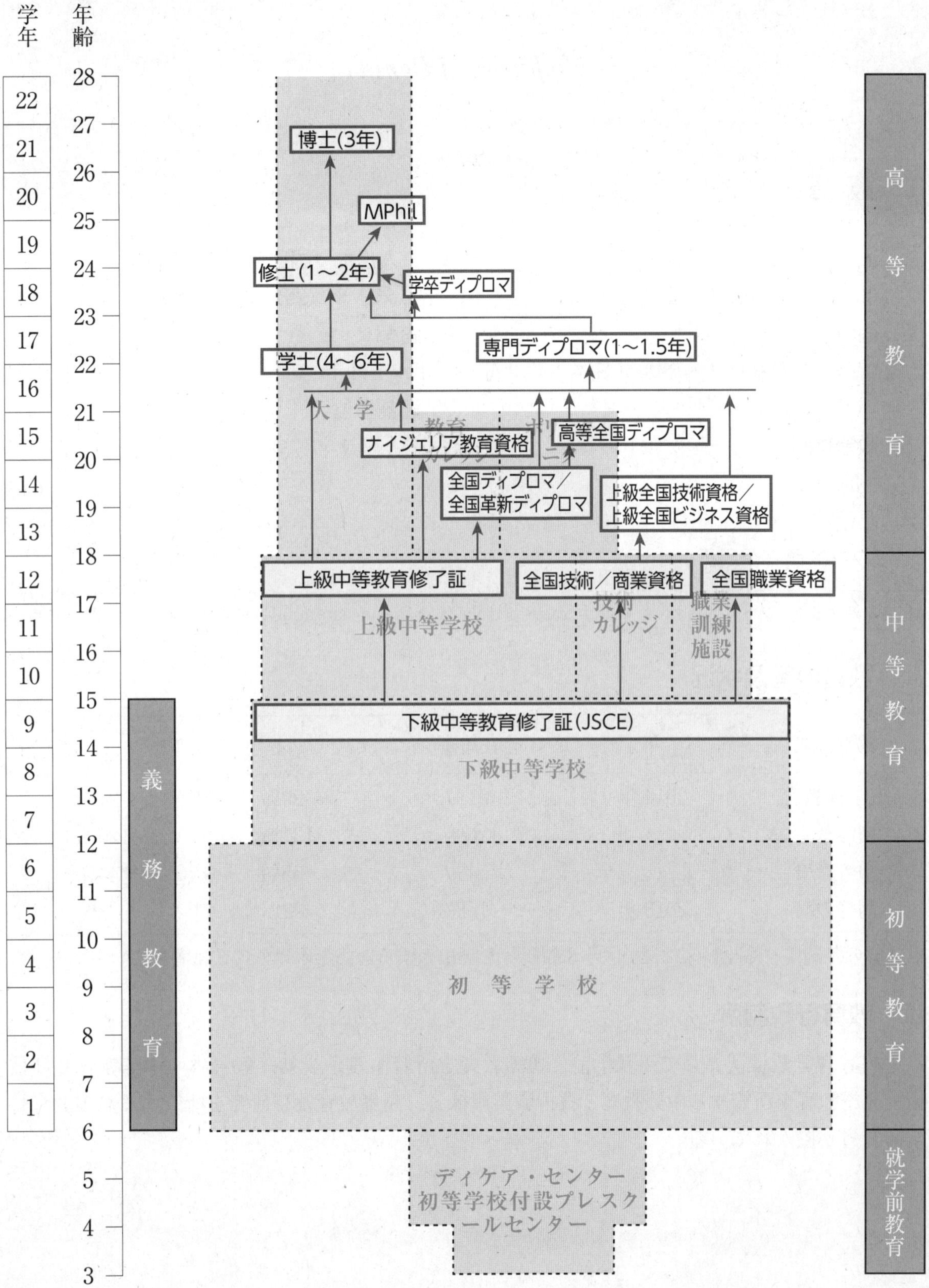
学年
年齢
博士(3年)
MPhil
修士(1～2年)
学卒ディプロマ
専門ディプロマ(1～1.5年)
学士(4～6年)
大学
ナイジェリア教育資格
高等全国ディプロマ
全国ディプロマ／
全国革新ディプロマ
上級全国技術資格／
上級全国ビジネス資格
上級中等教育修了証
全国技術／商業資格
全国職業資格
上級中等学校
技術カレッジ
職業訓練施設
下級中等教育修了証(JSCE)
下級中等学校
初等学校
ディケア・センター
初等学校付設プレスクールセンター
義務教育
高等教育
中等教育
初等教育
就学前教育

ベナン共和国

(*Republic of Benin*)

Ⅰ　概　要

1. 人口
1,060万人（2014年，世銀）
2. 面積
112,622平方キロメートル（日本の約3分の1）
3. 政治体制
共和制
4. 言語
フランス語（公用語）
5. 1人当たり国民総所得（GNI）
890米ドル（2014年，世銀）
6. 首都
ポルトノボ
7. 通貨単位
CFAフラン

《出典》外務省ウェブサイト（http://www.mofa.go.jp/mofaj/area/benin/data.html）（更新日：2016年4月14日）。

Ⅱ　教育の普及状況

教育段階	年	在籍率	男	女
就学前教育	2014年	21%	20%	21%
初等教育	〃	126%	131%	120%
中等教育	〃	54%	65%	44%
高等教育	2013年	15%	22%	8%

（通常の年齢よりも早い又は遅い入学や留年等を理由とする該当年齢以外の在籍者を含む）

Ⅲ　教育行政制度

中央教育行政機関として，就学前・初等教育を所管する幼少初等教育省，中等教育及び技術・職業教育を所管する中等教育・技術職業訓練省，高等教育及び研究を所管する高等教育科学研究省が置かれている。

Ⅳ　学校体系

（学年暦：10月から翌年6月）

1. 就学前教育

就学前教育は，3～5歳を対象に，2年間，幼稚園において行われる。

2. 義務教育

義務教育は，初等教育の6年間である。

3. 初等教育

初等教育は，6歳入学で6年間，小学校で行われる。初等教育修了時には，国家試験が行われ，合格者には初等教育修了証（CEP）が授与される。

4. 中等教育

前期中等教育は，初等教育修了証取得者を対象に，4年間，普通中学校（コレージュ）において行われる。修了時には，前期中等教育修了証が授与される。また，前期中等教育2年を終了した者を対象に技術教育を行う技術中学校（技術コレージュ）があり，修了時には職業適任証（CAP）などの職業資格を取得する。

後期中等教育は，3年間，普通高等学校（リセ）で行われる。終了時には，バカロレアの取得試験が実施される。また，技術教育を行う技術高等学校（技術リセ）があり，終了時には，技術免状又は職業バカロレア取得試験を受験する。

5. 高等教育

高等教育は，大学，グランゼコール及び専門高等教育機関において行われる。高等教育課程は，主に，学士（3年），修士（2年），博士（2～4年）となっている。

《参考資料》
・UNESCO, World Data on Education,7th edition, 2010/11.

V　学校系統図

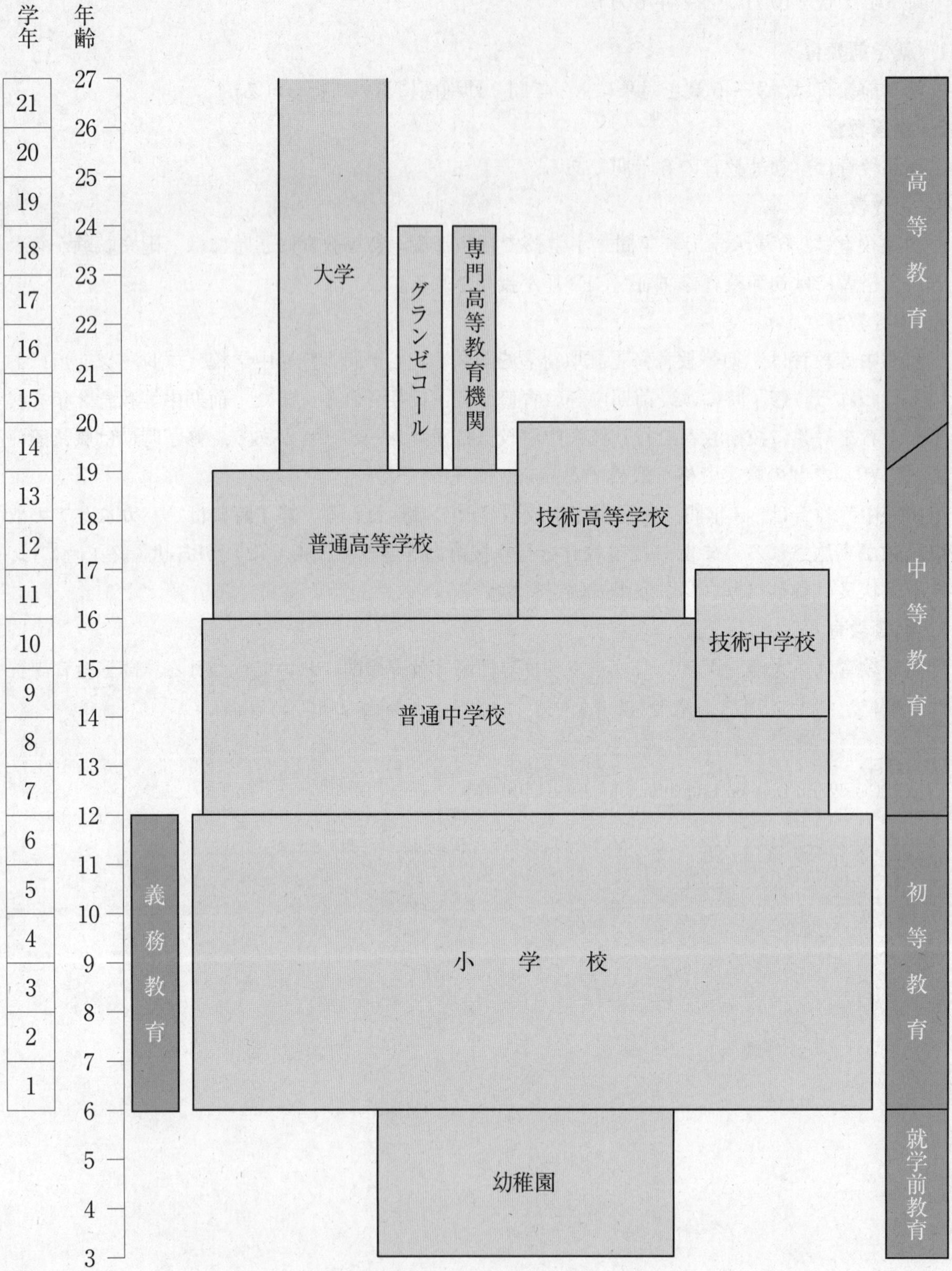
学年
年齢
21
20
19
18
17
16
15
14
13
12
11
10
9
8
7
6
5
4
3
2
1
27
26
25
24
23
22
21
20
19
18
17
16
15
14
13
12
11
10
9
8
7
6
5
4
3
大学
グランゼコール
専門高等教育機関
普通高等学校
技術高等学校
技術中学校
普通中学校
小　学　校
幼稚園
義務教育
高等教育
中等教育
初等教育
就学前教育

Ⅵ　取得可能な資格・学位

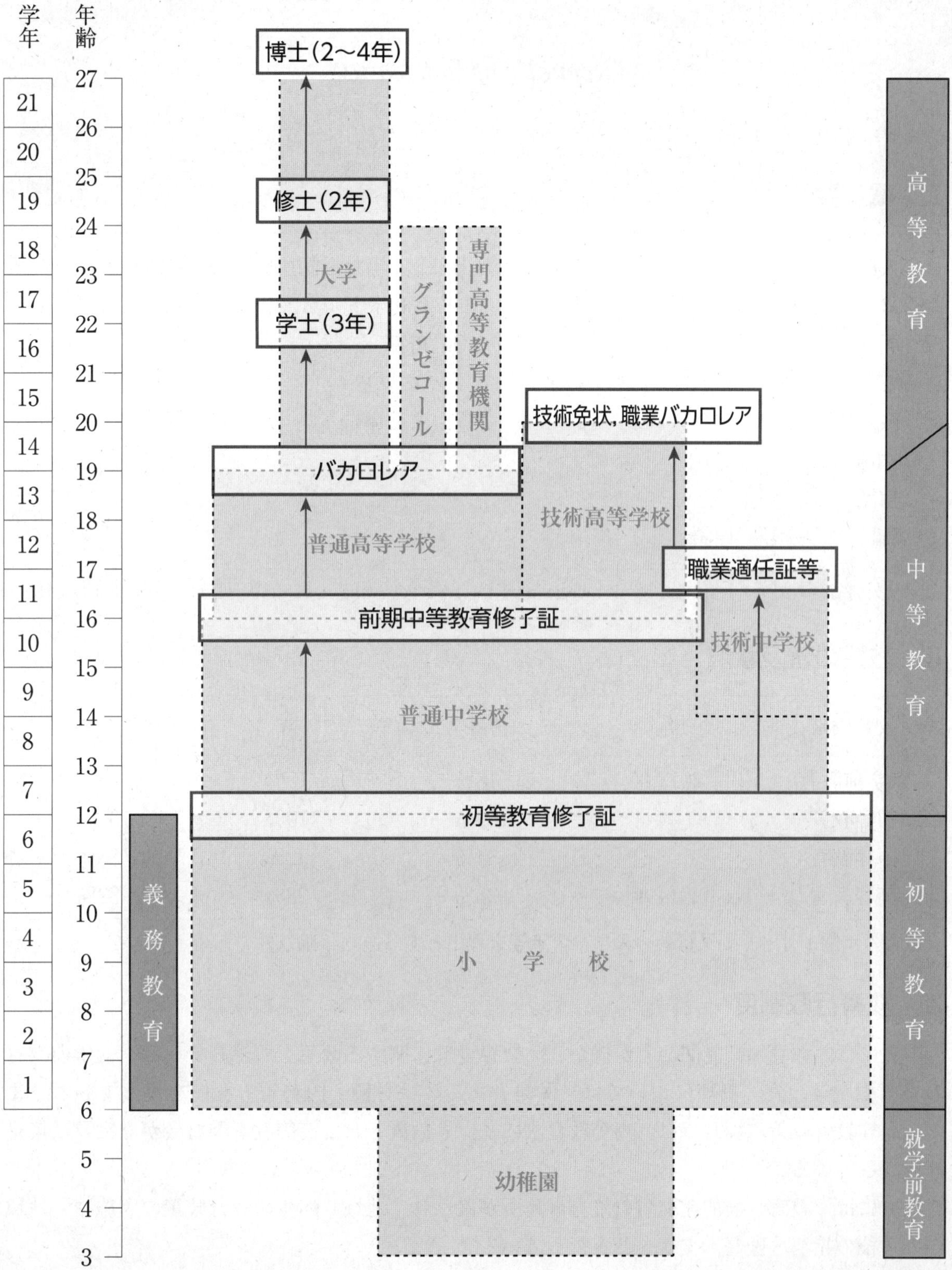
学年
年齢
博士（2～4年）
修士（2年）
大学
学士（3年）
グランゼコール
専門高等教育機関
技術免状，職業バカロレア
バカロレア
技術高等学校
普通高等学校
職業適任証等
前期中等教育修了証
技術中学校
普通中学校
初等教育修了証
義務教育
小　学　校
幼稚園
高等教育
中等教育
初等教育
就学前教育

ボツワナ共和国

(*Republic of Botswana*)

Ⅰ　概　要

1. 人口
203万人（2013年，世銀）
2. 面積
56.7万平方キロメートル（日本の約1.5倍）
3. 政治体制
共和制
4. 言語
英語，ツワナ語（国語）
5. 1人当たり国民総所得（GNI）
7,730米ドル（2013年，世銀）
6. 首都
ハボロネ
7. 通貨単位
プラ

《出典》外務省ウェブサイト（http://www.mofa.go.jp/mofaj/area/botswana/data.html）（更新日：2015年4月1日）。

Ⅱ　教育の普及状況

教育段階	年	在籍率	男	女
就学前教育	2013年	18%	18%	18%
初等教育	〃	109%	110%	107%
中等教育	〃	84%	82%	86%
高等教育	2014年	28%	23%	32%

（通常の年齢よりも早い又は遅い入学や留年等を理由とする該当年齢以外の在籍者を含む）

Ⅲ　教育行政制度

中央には，教育・技能開発省が置かれ，教育全般に関する政策を所管している。就学前教育の一部や職業教育・訓練については，保健省あるいは労働・内務省も責任を負っている。また，高等教育政策に関しては，高等教育法に基づき設置された高等教育委員会が立案及び策定等を行っている。

地方には，教育・技能開発省の地方事務所が置かれ，地域レベルの教育政策の実施や，地域内の学校の指導・監督，支援などを行っている。

Ⅳ　学校体系

（学年歴：1 月～ 11 月）

1. 就学前教育

4 ～ 5 歳児を対象に，保育所で行われる。

2. 義務教育

義務教育年限は，6 ～ 16 歳の 10 年である。

3. 初等教育

初等教育は，6 歳入学で 7 年間，初等学校で行われる。初等学校修了時に初等学校修了試験が実施され，合格者には初等教育修了証が付与される。

4. 中等教育

前期中等教育は，3 年間，下級中学校で行われる。下級中学校の修了時には試験が実施され，合格者には前期中等教育修了証が付与される。

後期中等教育は，上級中学校あるいは職業教育機関で行われる。上級中学校は 2 年課程で，修了時に実施される試験に合格すると，中等教育修了証が付与される。職業教育機関では，1 ～ 2 年の職業教育訓練が行われる。職業教育機関の 1 年課程の修了者には基礎資格が付与され，さらに 1 年間の課程を履修することで修了証が付与される。また，2 年課程の修了者には「TradeC」（下級職業プログラム修了証）がそれぞれ付与される。

5. 高等教育

高等教育は，大学とカレッジで行われる。入学資格は，中等教育修了証などの取得者に認められる。そのほか，職業教育機関では，各修了証取得者を対象とする職業教育が提供されている。

大学には，4 ～ 5 年の学士課程が置かれ，修了者には学士の学位が授与される。また，学士取得者を対象とする 2 年の修士課程，修士取得者を対象とする 3 ～ 4 年の博士課程が設置されており，それぞれの修了者には修士，博士の学位が授与される。

カレッジには，3 年の課程が置かれており，修了者には準学士の学位あるいはディプロマが授与，付与される。また，ディプロマ取得者を対象とする 2 年の課程が置かれており，修了者には上級ディプロマが付与される。

職業教育機関には，修了証取得者と TradeC 取得者を対象とするそれぞれ 1 年間の課程が設置されており，修了証取得者対象の課程を修了すると上級修了証が，TradeC 取得者対象の課程を修了すると「TradeB」（上級職業プログラム修了証）がそれぞれ付与される。

《参考資料》

・UNESCO, World Data on Education, 7th edition, 2010/11.
・UNESCO ISCED Mappings, 2011.

V　学校系統図

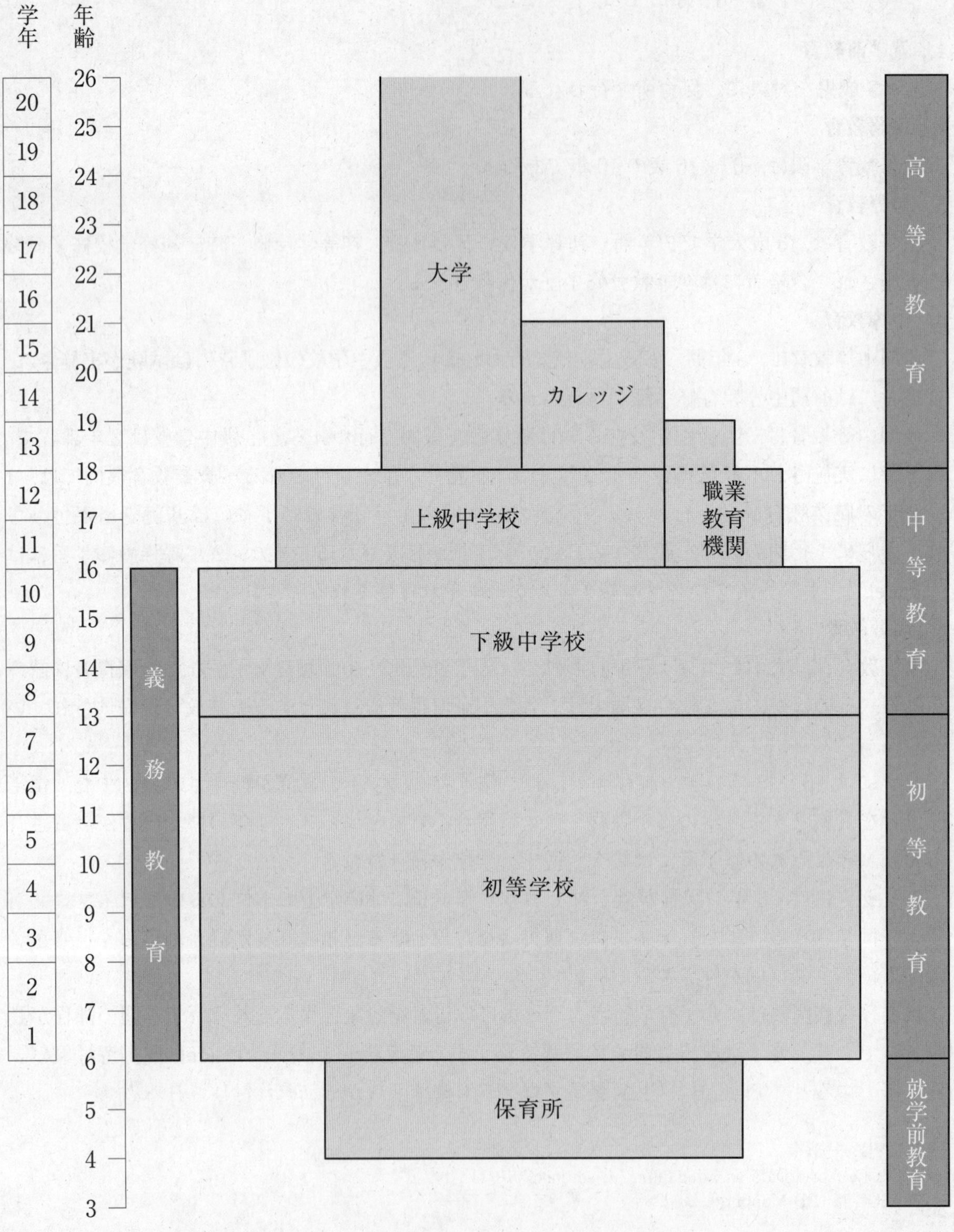
学年
年齢
20
19
18
17
16
15
14
13
12
11
10
9
8
7
6
5
4
3
2
1
26
25
24
23
22
21
20
19
18
17
16
15
14
13
12
11
10
9
8
7
6
5
4
3
大学
カレッジ
上級中学校
職業教育機関
下級中学校
初等学校
保育所
義務教育
高等教育
中等教育
初等教育
就学前教育

Ⅵ　取得可能な資格・学位

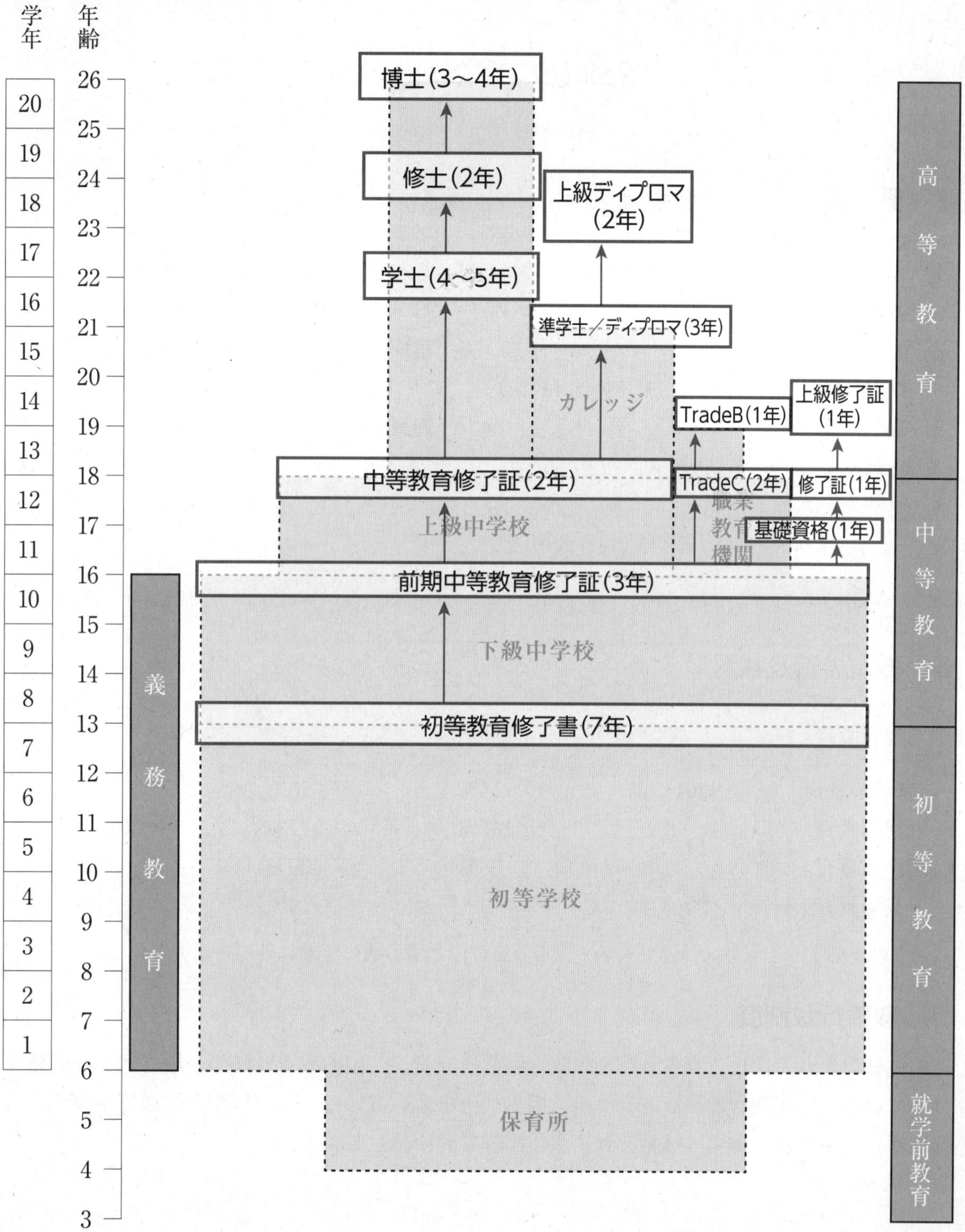
学年
年齢
博士（3～4年）
修士（2年）
上級ディプロマ（2年）
学士（4～5年）
準学士／ディプロマ（3年）
カレッジ
TradeB（1年）
上級修了証（1年）
中等教育修了証（2年）
TradeC（2年）
修了証（1年）
上級中学校
職業教育機関
基礎資格（1年）
前期中等教育修了証（3年）
下級中学校
初等教育修了書（7年）
初等学校
保育所
義務教育
高等教育
中等教育
初等教育
就学前教育

マダガスカル共和国

(*Republic of Madagascar*)

Ⅰ 概 要

1. 人口
 2,424万人（2015年，世銀）
2. 面積
 587,041平方キロメートル（日本の約1.6倍）
3. 政治体制
 共和制
4. 言語
 マダガスカル語，フランス語（共に公用語）
5. 1人当たり国内総生産（GDP）
 393米ドル（2015年，IMF）
6. 首都
 アンタナナリボ
7. 通貨単位
 アリアリ

《出典》外務省ウェブサイト（http://www.mofa.go.jp/mofaj/area/madagascar/data.html）（更新日：2016年8月8日）。

Ⅱ 教育の普及状況

教育段階	年	在籍率	男	女
就学前教育	2014年	14%	13%	14%
初等教育	〃	147%	147%	147%
中等教育	〃	38%	39%	38%
高等教育	2013年	4%	4%	4%

（通常の年齢よりも早い又は遅い入学や留年等を理由とする該当年齢以外の在籍者を含む）

Ⅲ 教育行政制度

中央に置かれる国民教育省及び高等教育科学研究省が，国の教育政策の企画立案及び実施を行っている。国民教育省は地方レベルに出先機関を置いている。このほか，職業技術教育・訓練制度については，雇用・技術教育・職業訓練省が所管している。

Ⅳ　学校体系

（学年暦：9月から翌年7月）

1. 就学前教育

就学前教育は，3～5歳を対象に，幼稚園で行われる。

2. 義務教育

義務教育は，6～11歳の5年である。

3. 初等教育

初等教育は，6歳から開始する9年間の基礎教育の第一課程（5年）として，小学校で行われる。初等教育終了時には国家試験が行われ，合格者には初等教育修了証が授与される。

4. 中等教育

前期中等教育は，6歳から開始する9年間の基礎教育の第二課程（4年）として，普通中学校（普通コレージュ）又は技術・職業中学校（技術・職業コレージュ）で行われる。前期中等教育終了時には国家試験が行われ，合格者には前期中等教育修了証が授与される。

後期中等教育は，普通高等学校（普通リセ）又は技術・職業高等学校（技術・職業リセ）において3年間行われる。後期中等教育終了時には国家試験が行われ，合格者には中等教育バカロレアが授与される。

このほか，初等教育修了者を対象に職業教育・訓練を行う職業教育・訓練機関がある。前期中等教育2年終了で職業適任証（CAP），3年で職業教育免状（BEP）を取得する。中等教育及び高等教育まで一貫して職業教育・訓練を行う機関もある。

5. 高等教育

高等教育は，主に大学又はその他の高等教育機関で行われる。大学には，学士課程（3年），修士課程（2年），博士課程（3年）が置かれる。その他の高等教育機関には短期高等教育課程（2年）が置かれ，技術者資格等を取得する。

《参考資料》

・UNESCO, World Data on Education, 7th edition, 2010/11.
・Loi n°2008-011 du 20 juin 2008 modifiant certaines dispositions de la Loi n°2004-004 du 26 juillet 2004 portant orientation générale du Système d'Education, d'Enseignement et de Formation à Madagascar.
・Loi n°2004-004 du 26 juillet 2004 portant organisation générale du système d'éducation, d'enseignement et de formation à Madagascar.
・独立行政法人国際協力機構，株式会社国際開発センター『アフリカ地域 基礎教育セクター情報収集・確認調査 マダガスカル 国別基礎教育セクター分析報告書』（平成27年4月（2015年））。
・マダガスカル高等教育科学研究省ウェブサイト（http://lmd.mesupres.gov.mg/?page=lmd）（2016年9月5日閲覧）。
・マダガスカル共和国2010年憲法／2007年憲法。
・外務省ウェブサイト「諸外国・地域の学校情報―国・地域の詳細情報」（平成27年11月更新情報）（http://www.mofa.go.jp/mofaj/toko/world_school/07africa/infoC74200.html）。

V　学校系統図

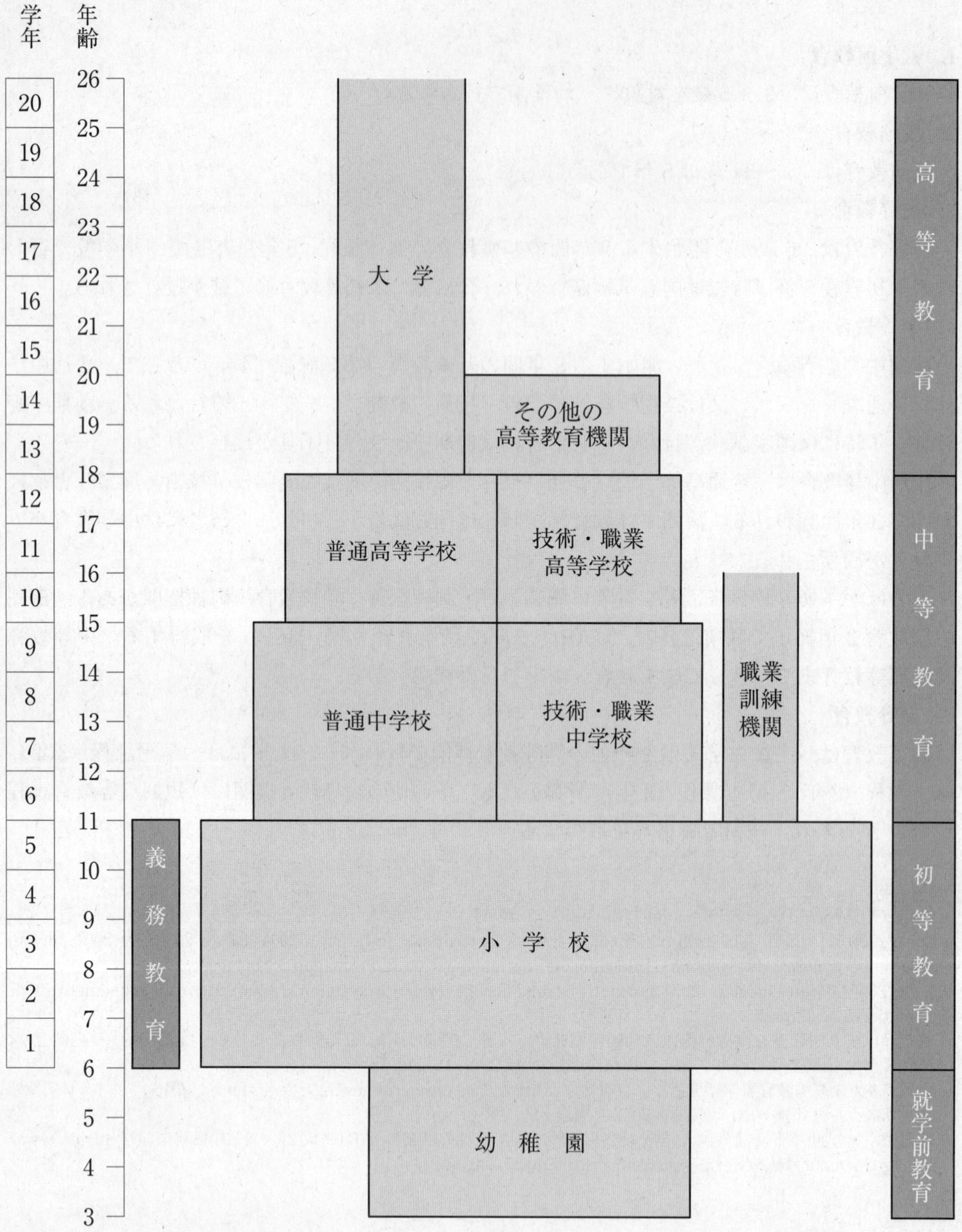
学年
年齢
20
19
18
17
16
15
14
13
12
11
10
9
8
7
6
5
4
3
2
1
26
25
24
23
22
21
20
19
18
17
16
15
14
13
12
11
10
9
8
7
6
5
4
3
義務教育
大学
その他の高等教育機関
普通高等学校
技術・職業高等学校
普通中学校
技術・職業中学校
職業訓練機関
小学校
幼稚園
高等教育
中等教育
初等教育
就学前教育

Ⅵ　取得可能な資格・学位

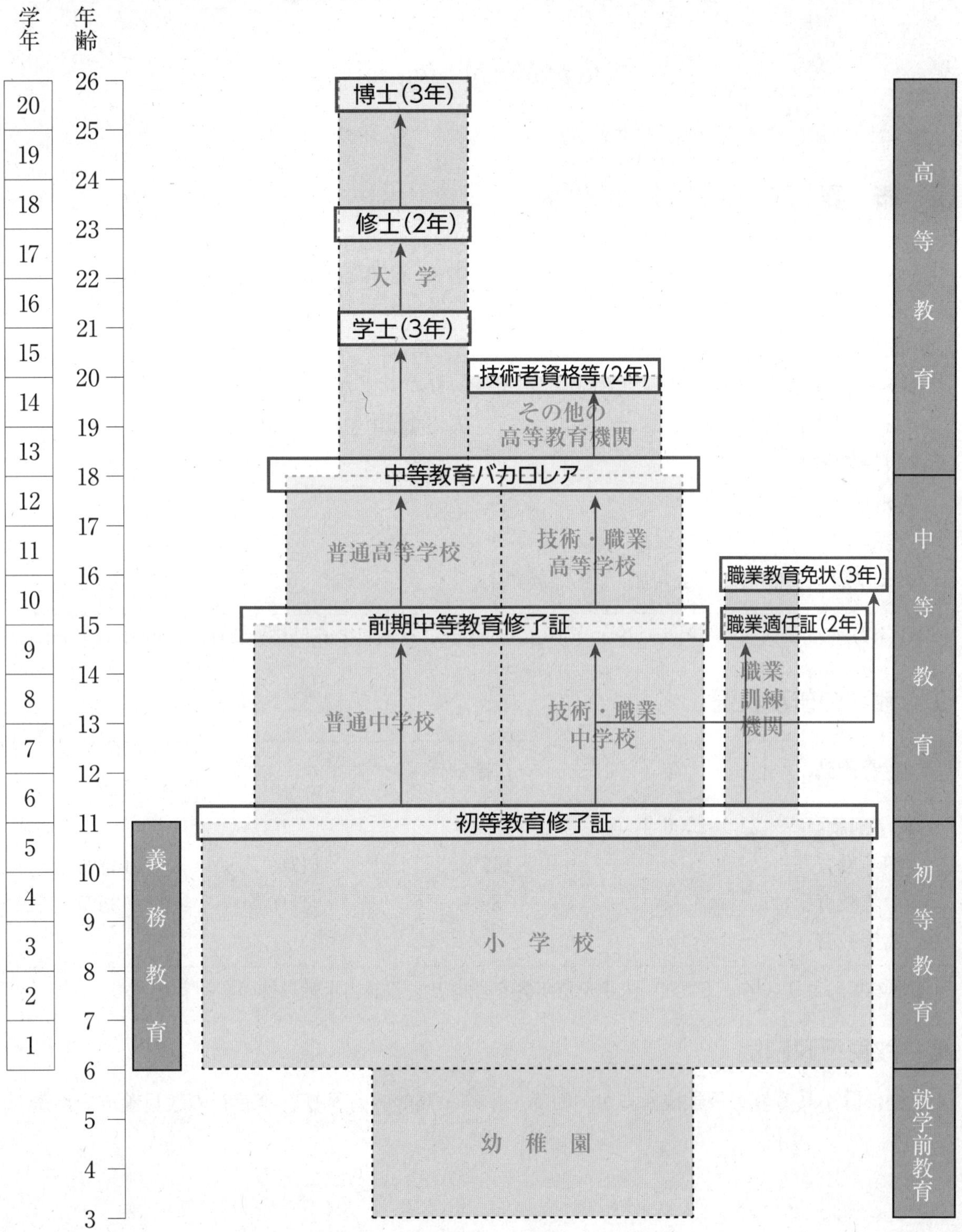
学年
年齢
博士(3年)
修士(2年)
大　学
学士(3年)
技術者資格等(2年)
その他の高等教育機関
中等教育バカロレア
普通高等学校
技術・職業高等学校
職業教育免状(3年)
前期中等教育修了証
職業適任証(2年)
普通中学校
技術・職業中学校
職業訓練機関
初等教育修了証
小　学　校
幼　稚　園
義務教育
高等教育
中等教育
初等教育
就学前教育

マラウイ共和国

(*Republic of Malawi*)

Ⅰ 概 要

1. 人口
 1,721万人（2015年，世銀）
2. 面積
 11.8万平方キロメートル（北海道と九州をあわせた面積）
3. 政治体制
 共和制
4. 言語
 チェワ語，英語（以上公用語），各部族語
5. 1人当たり国民総所得（GNI）
 350米ドル（2015年，世銀）
6. 首都
 リロングウェ
7. 通貨単位
 マラウイ・クワチャ（MWK）

《出典》外務省ウェブサイト（http://www.mofa.go.jp/mofaj/area/malawi/data.html）（更新日：2016年12月8日）。

Ⅱ 教育の普及状況

教育段階	年	在籍率	男	女
就学前教育	2006年	…	…	…
初等教育	〃	147%	147%	148%
中等教育	〃	39%	41%	38%
高等教育	〃	…	…	…

（通常の年齢よりも早い又は遅い入学や留年等を理由とする該当年齢以外の在籍者を含む）

Ⅲ 教育行政制度

中央に置かれる教育科学技術省が，初等・中等・高等教育及び初等教育の教員養成を所管している。

Ⅳ　学校体系

（学年暦：9月上旬～翌年7月。大学は10月～翌年7月上旬）

1. 就学前教育

就学前教育は，3～5歳半児を対象に，デイケアセンターや就学前教育機関で行われる。

2. 義務教育

義務教育は，存在しないが，6～13歳（初等教育第8学年）まで，授業料は無償である。

3. 初等教育

初等教育は，6歳入学で8年間，初等学校で行われる。修了試験が存在し，試験は，中等教育の入学者選抜に用いられる。卒業者には，初等教育修了証が授与される。

4. 中等教育

中等教育は，前期中等教育段階2年間及び後期中等教育段階2年間の合計4年間中等学校において行われ，後期中等教育修了時の試験に合格するとマラウイ学校教育修了証が与えられる。試験の結果は高等教育の選抜に利用される。

職業教育は，前期中等教育修了証を要件に，主に技術カレッジで行われる。技術カレッジには，2級職業資格証に結びつく2年間の課程と，1級職業資格証及びマラウイ技能証に結びつく4年間の課程がある。

5. 高等教育

高等教育は，大学のほか，教員養成カレッジ，高等職業カレッジで行われる。大学は，サーティフィケート（1年），ディプロマ（3年），学士課程（4～5年），学士課程修了者を対象とした学卒ディプロマ（2年），修士課程（2年）及び博士課程（5年）を提供する。教員養成カレッジ及び高等職業カレッジは，マラウイ学校教育修了証（MSCE）を要件に各種の専門課程を提供している。教員養成カレッジは，初等教育サーティフィケイト（2年）や教育ディプロマ（3年）の課程を提供し，高等職業カレッジは，職業ディプロマ（2～3年）の課程を提供する。

《参考資料》
・AfDB, PROJECT: Support to Higher Education, Science and Technology（HEST），2011年12月，（http://www.afdb.org/fileadmin/uploads/afdb/Documents/Project-and-Operations/MALAWI_-_Support_to_higher_education_science_and_technology__HEST__project_.pdf）.
・UNESCO ISCED Mapping, Malawi 2011,（2016年7月27日更新）.
・UNESCO World Data on Education, 7th edition, 2010/11.
・外務省，「諸外国・地域の学校情報（マラウイ共和国）」（平成27年11月更新情報）。

V　学校系統図

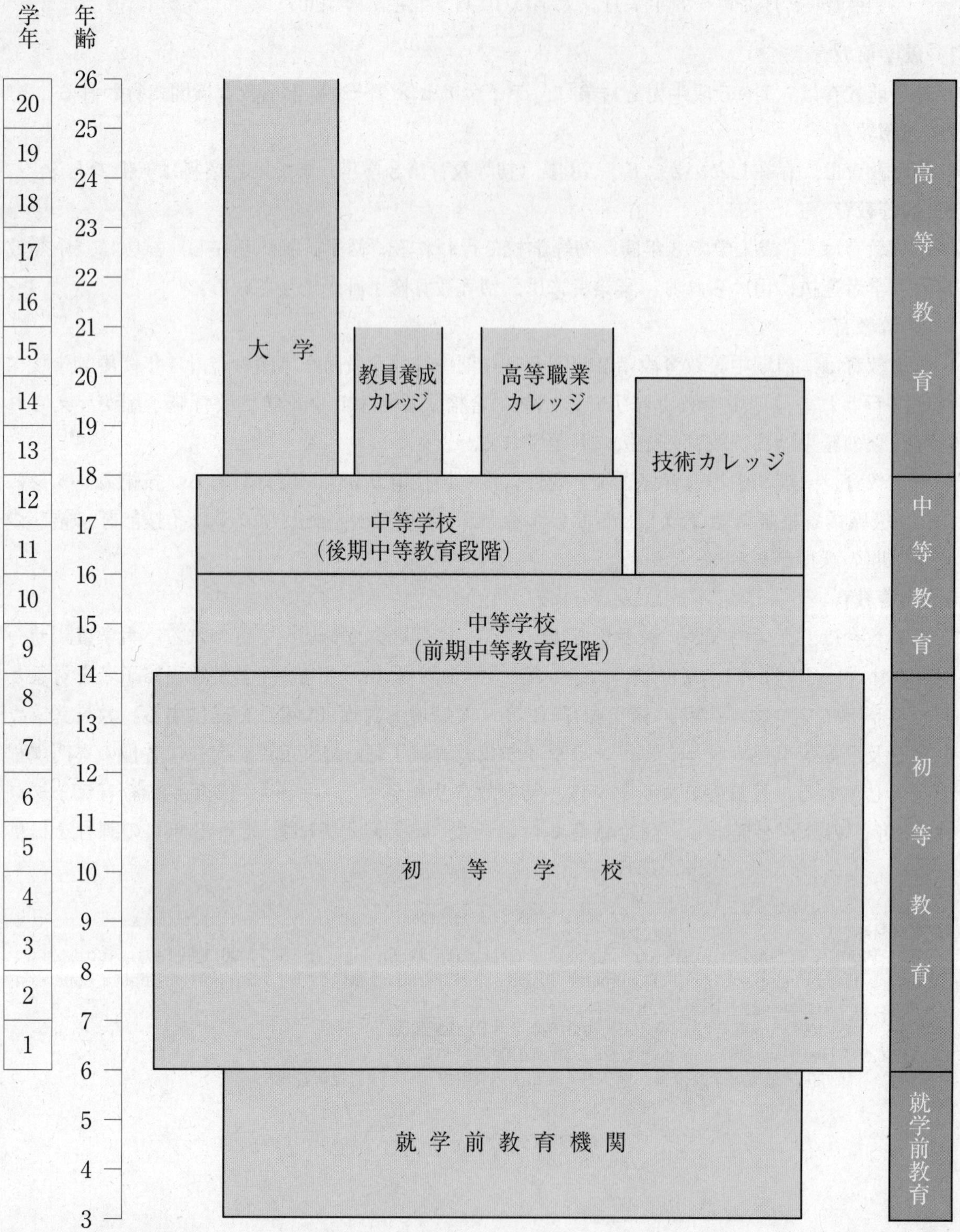
学年
年齢
大学
教員養成カレッジ
高等職業カレッジ
技術カレッジ
中等学校（後期中等教育段階）
中等学校（前期中等教育段階）
初等学校
就学前教育機関
高等教育
中等教育
初等教育
就学前教育

Ⅵ　取得可能な資格・学位

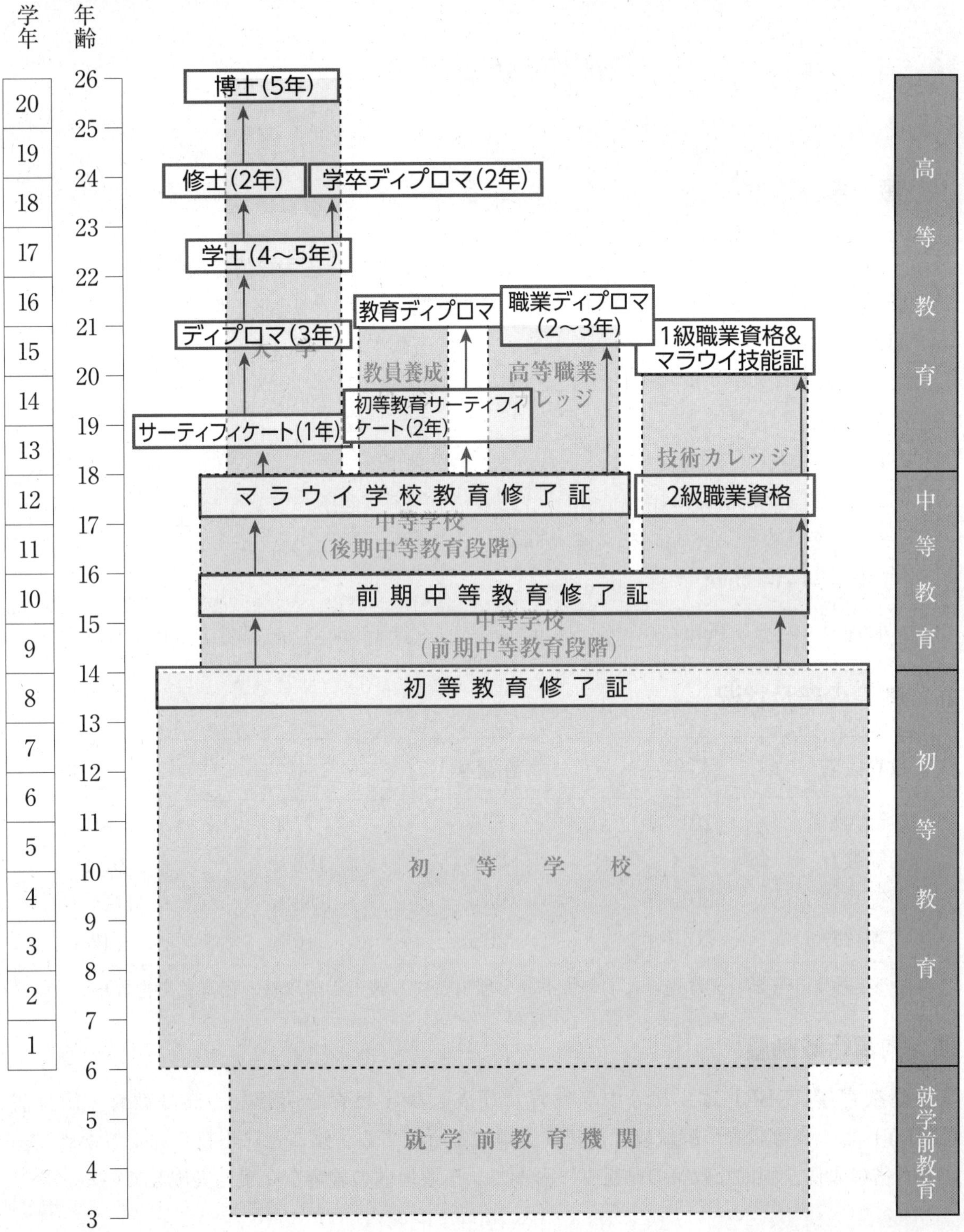
学年
年齢
博士(5年)
修士(2年)
学卒ディプロマ(2年)
学士(4〜5年)
教育ディプロマ
職業ディプロマ(2〜3年)
1級職業資格&マラウイ技能証
ディプロマ(3年)
大学
教員養成
高等職業カレッジ
初等教育サーティフィケート(2年)
サーティフィケート(1年)
技術カレッジ
マラウイ学校教育修了証
2級職業資格
中等学校(後期中等教育段階)
前期中等教育修了証
中等学校(前期中等教育段階)
初等教育修了証
初等学校
就学前教育機関
高等教育
中等教育
初等教育
就学前教育

南アフリカ共和国

(*Republic of South Africa*)

Ⅰ　概　要

1. 人口
5,495万人（2015年，世銀）
2. 面積
122万平方キロメートル（日本の約3.2倍）
3. 政治体制
共和制
4. 言語
英語，アフリカーンス語，バンツー諸語の合計11語が公用語
5. 1人当たり国民総所得（GNI）
6,050ドル（2015年，世銀）
6. 首都
プレトリア
7. 通貨単位
ランド

《出典》外務省ウェブサイト（http://www.mofa.go.jp/mofaj/area/s_africa/data.html）（更新日：2016年11月28日）。

Ⅱ　教育の普及状況

教育段階	年	在籍率		
			男	女
就学前教育	2014年	77%	77%	78%
初等教育	〃	100%	102%	97%
中等教育	2013年	98%	88%	111%
高等教育	2013年	20%	16%	24%

（通常の年齢よりも早い又は遅い入学や留年等を理由とする該当年齢以外の在籍者を含む）

Ⅲ　教育行政制度

基礎教育省（DBE）は，初等中等教育及び成人識字教育を所管し，高等教育・訓練省（DHET）は，高等教育，継続教育及び職業訓練を所管する。州ごとに州教育局が置かれ，基礎教育省による全国的な政策の枠組みに沿って，当該地域の施策を立案，実施している。

Ⅳ 学校体系

(学年暦：1月～12月。高等教育は2月～11月)

1. 就学前教育

就学前教育は，3～4歳児を対象に幼稚園で，5歳児を対象に初等学校の準備クラスで行われる。

2. 義務教育

義務教育は，6～15歳の9年である。

3. 初等等教育

初等教育は，6歳入学で7年間，初等学校や中間学校で行われる。

4. 中等教育

中等教育は，第8から第12学年まで主に中等学校で行われる。第9学年修了時に，所定の単位を修了すると，普通教育・訓練基礎資格（GETC）が与えられる。中等学校修了時には修了試験が行われ，合格者には，高等教育の入学要件である全国中等教育修了証（NSC）が与えられる。後期中等教育段階の職業教育は，継続カレッジにおいて，全国職業資格（1～3年）などの課程が提供されている。

5. 高等教育

高等教育は，大学，テクニコンや技術大学で行われる。大学には，分野により3～6年の学士課程，1～2年の修士課程，2年以上の博士課程が置かれている。学卒ディプロマ／優等学士の課程（ともに1年）は学士取得者を対象としている。また，準学士に相当する高等ディプロマ（3年）の課程や，高等上級ディプロマ（1年）の課程もある。ニクニコンや技術大学の学士課程は一般に4年であり，修士及び博士の年限は大学と同様である。このほか上級学位につながる全国サーティフィケイト（1年）や全国ディプロマ（2年），また，高等サーティフィケイトや上級サーティフィケイト（それぞれ1年）などの取得課程も置かれている。

《参考資料》

・UNESCO, World Data on Education. 7th edition, 2010/11（2010年8月更新）.
・DBE, Education Statistics in South Africa 2013（2015年）.
・Australian Government, Country Education Profiles（https://internationaleducation.gov.au/CEP/Africa/South-Africa/Pages/default.aspx）（2017年7月6日閲覧）.
・Ep-nuffice, Education system South Africa（2015年）.

V　学校系統図

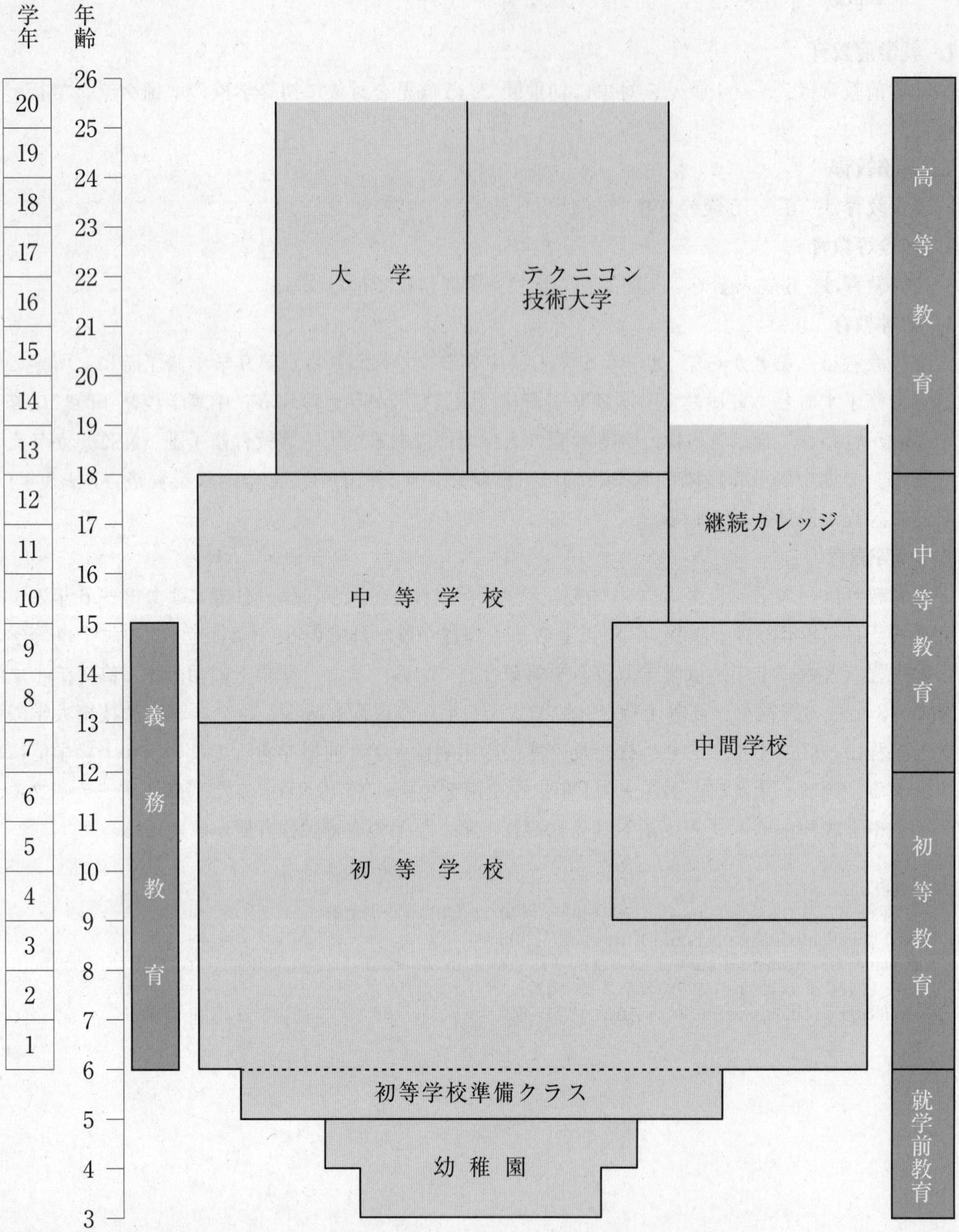

学年
年齢
20
19
18
17
16
15
14
13
12
11
10
9
8
7
6
5
4
3
2
1
26
25
24
23
22
21
20
19
18
17
16
15
14
13
12
11
10
9
8
7
6
5
4
3
義務教育
大　学
テクニコン
技術大学
継続カレッジ
中等学校
中間学校
初等学校
初等学校準備クラス
幼稚園
高等教育
中等教育
初等教育
就学前教育

Ⅵ　取得可能な資格・学位

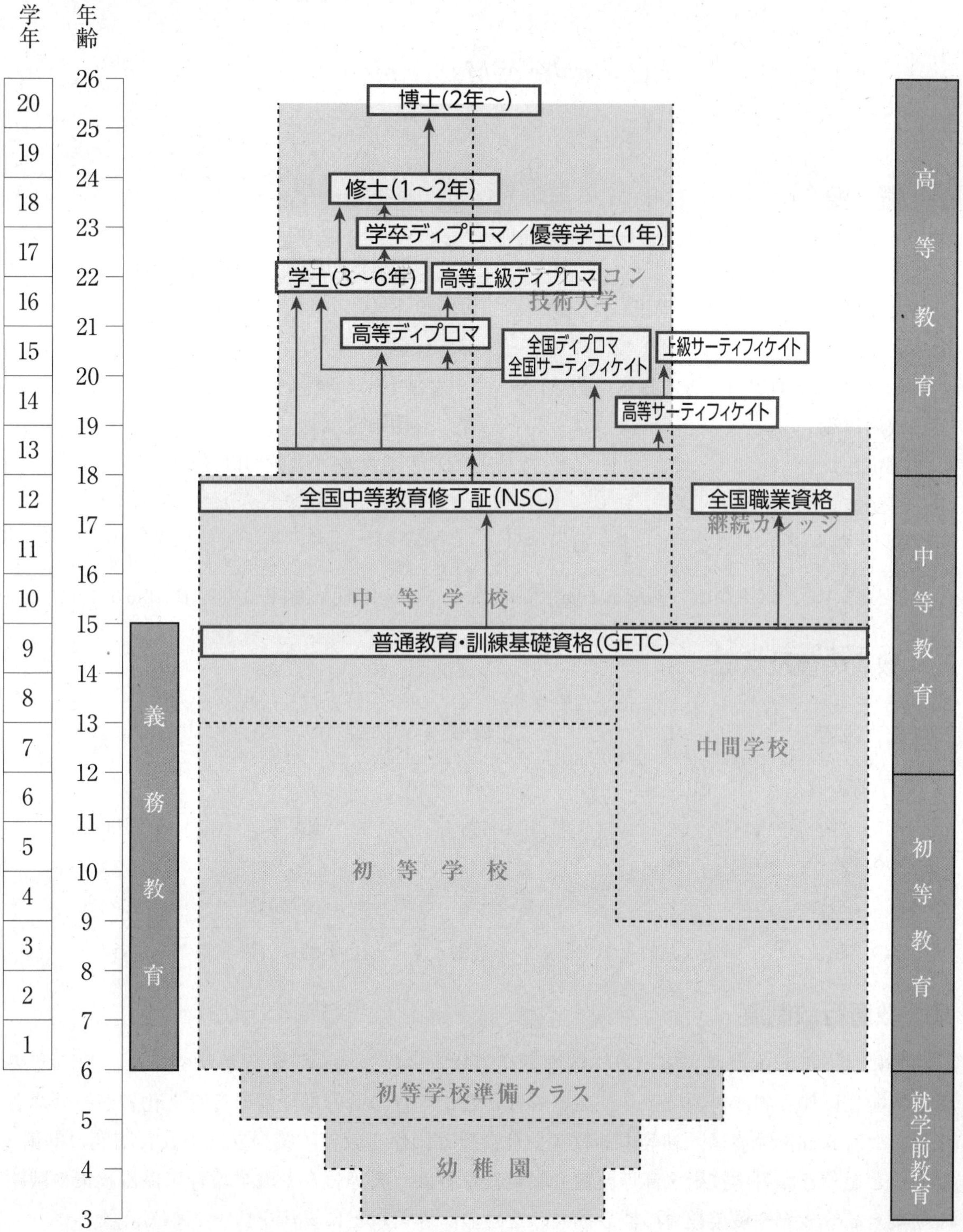
学年
年齢
20
19
18
17
16
15
14
13
12
11
10
9
8
7
6
5
4
3
2
1
26
25
24
23
22
21
20
19
18
17
16
15
14
13
12
11
10
9
8
7
6
5
4
3
博士(2年〜)
修士(1〜2年)
学卒ディプロマ／優等学士(1年)
学士(3〜6年)
高等上級ディプロマ
技術大学
高等ディプロマ
全国ディプロマ
全国サーティフィケイト
上級サーティフィケイト
高等サーティフィケイト
全国中等教育修了証(NSC)
全国職業資格
継続カレッジ
中　等　学　校
普通教育・訓練基礎資格(GETC)
中間学校
初　等　学　校
初等学校準備クラス
幼　稚　園
義務教育
高等教育
中等教育
初等教育
就学前教育

モザンビーク共和国

(*Republic of Mozambique*)

Ⅰ 概 要

1. 人口
約 2,722 万人（2014 年，世銀）
2. 面積
79.9 万平方キロメートル（日本の約 2.1 倍）
3. 政治体制
共和制
4. 言語
ポルトガル語
5. 1 人当たり国民総所得（GNI）
620 ドル（2014 年，世銀）
6. 首都
マプト
7. 通貨単位
メティカル（複数形はメティカイス）

《出典》外務省ウェブサイト（http://www.mofa.go.jp/mofaj/area/mozambique/data.html）（更新日：2016 年 4 月 25 日）。

Ⅱ 教育の普及状況

教育段階	年	在籍率	男	女
就学前教育	2014 年	…	…	…
初等教育	〃	104%	109%	100%
中等教育	〃	25%	26%	24%
高等教育	〃	6%	7%	5%

（通常の年齢よりも早い又は遅い入学や留年等を理由とする該当年齢以外の在籍者を含む）

Ⅲ 教育行政制度

中央には，教育人間開発省と科学技術・高等教育・職業教育省が置かれている。2015 年の新政権発足に伴う省庁再編により，高等教育と職業教育の所管は従前の教育文化省から分離された。教育人間開発省は，初等中等教育や社会教育に係る教育政策の立案や教育制度の整備・監督などを行う。科学技術・高等教育・職業教育省は，高等教育や職業教育に係る政策や戦略の立案，高等教育や職業教育の機会拡大のための諸施策などに責任を負っている。

地方には，州教育局と地区教育局が置かれている。州教育局は，教育文化省の方針に沿って当該州の教育行政を行う。地区教育局は，当該地区の初等中等教育行政を所管する。

Ⅳ　学校体系

（学年暦：2～11月）

1. 就学前教育

就学前教育は，6歳未満の乳幼児を対象に，幼稚園又は保育所で行われる。

2. 義務教育

義務教育は，6～13歳の7年である。

3. 初等教育

初等教育は，6歳から7年間，初等学校や職業技術学校で行われる。

初等学校の教育課程は前期5年間と後期2年間に分かれている。前期課程終了時（第5学年）には後期課程進学のための全国試験が課される。また，後期課程終了時（第7学年）には初等教育課程修了のための教科別全国試験が課され，合格者には初等教育修了証が付与される。職業技術学校には，初等学校の前期課程修了者を対象に，2年間の初等職業教育課程が置かれている。

4. 中等教育

中等教育は，中等学校と職業技術学校において5～6年間行われる。

中等学校の教育課程は，3年間の前期課程と2年間の後期課程に分けられる。各課程の終了時（第10学年，第12学年）に課程修了のための試験が実施され，それぞれの合格者には中等教育前期課程修了証（ESG1修了証）と中等教育後期課程修了証（ESG2修了証）が付与される。

職業技術学校には，普通中等学校の前期課程に相当する基礎職業技術教育課程と，後期課程に相当する2～3年の中級職業技術教育課程が置かれている。前者の修了者には基礎職業技術教育修了証（ETP基礎修了証）が，後者の修了者には中級職業技術教育修了証（ETP中級修了証）がそれぞれ付与される。

5. 高等教育

高等教育は，大学などで行われる。入学資格は，ESG2修了証あるいはETP中級修了証の取得者に認められる。

大学には，分野により3～7年の学士課程が置かれており，修了者には学士の学位が授与される。また，学士取得者を対象とする2年の修士課程が置かれており，修了者には修士の学位が授与される。

《参考資料》
・UNESCO, World Data on Education, 7th edition, 2010/11.
・UNESCO ISCED Mappings, 2011.
・教育人間開発省ウェブサイト（http://www.mec.gov.mz/）（2016年9月15日閲覧）。
・科学技術・高等教育・職業教育省ウェブサイト（http://www.mctestp.gov.mz/）（2016年9月15日閲覧）。

V　学校系統図

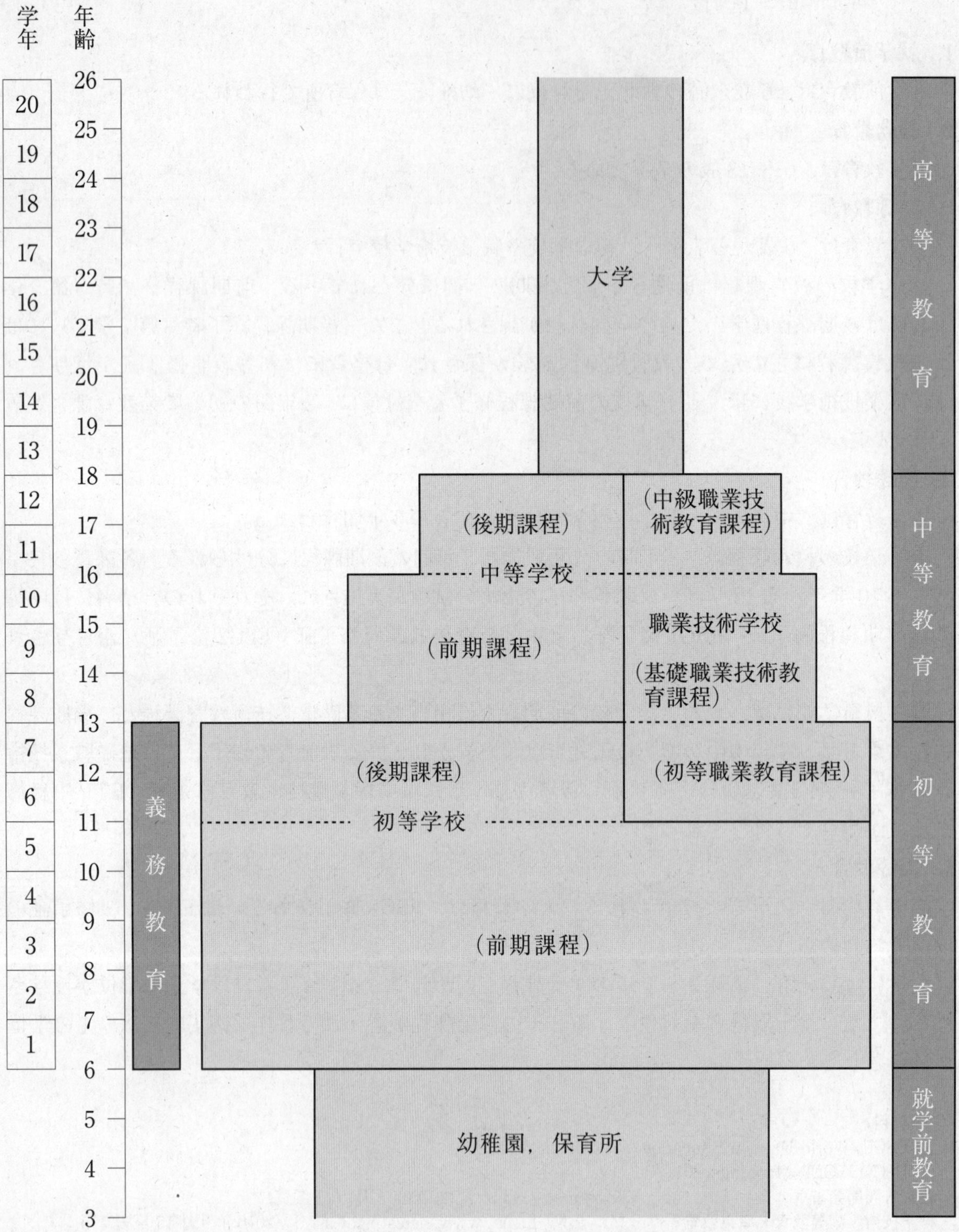

学年
年齢
大学
(後期課程)
(中級職業技術教育課程)
中等学校
(前期課程)
職業技術学校
(基礎職業技術教育課程)
(後期課程)
(初等職業教育課程)
初等学校
(前期課程)
幼稚園，保育所
義務教育
高等教育
中等教育
初等教育
就学前教育

Ⅵ　取得可能な資格・学位

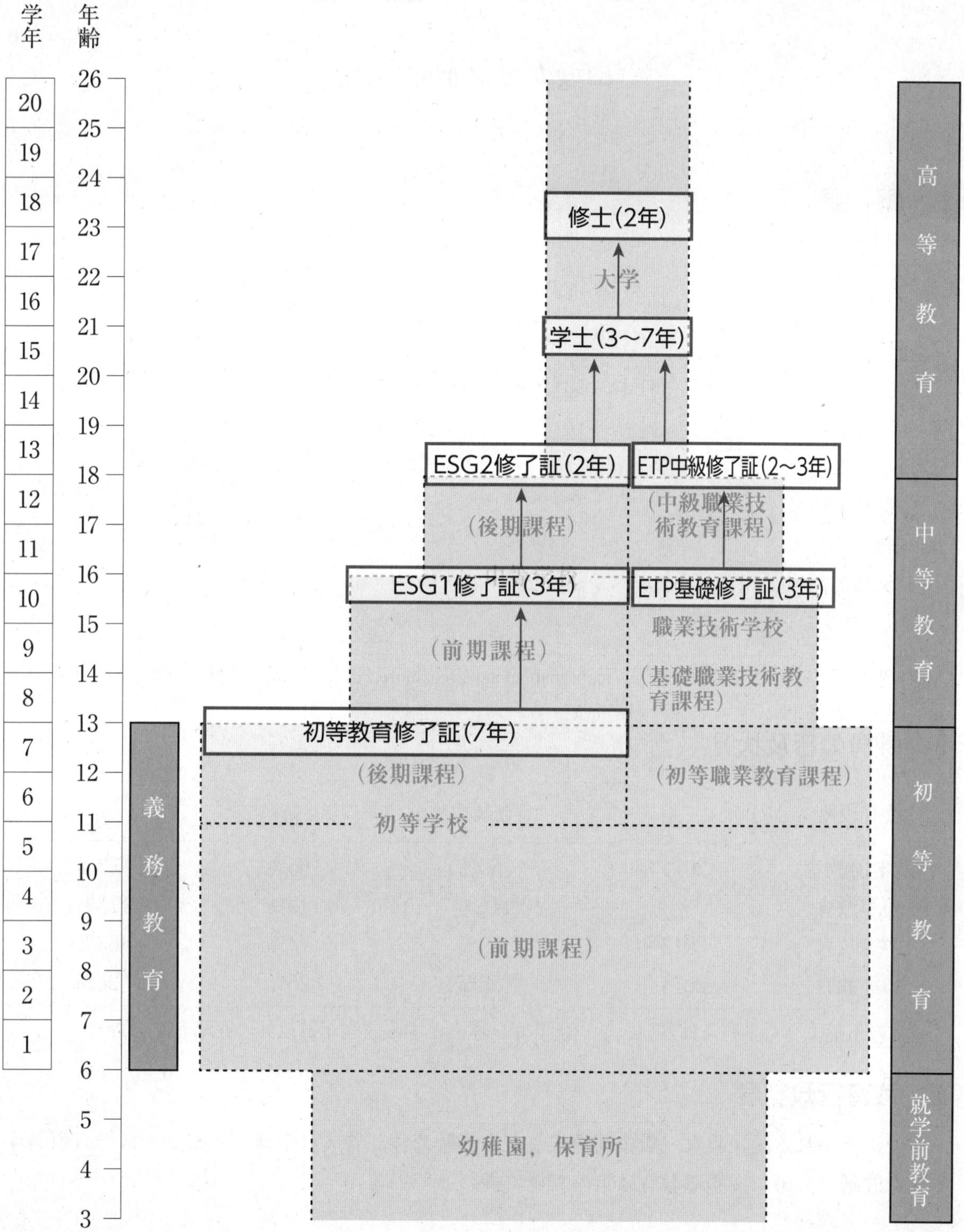
学年
年齢
修士(2年)
大学
学士(3～7年)
ESG2修了証(2年)
ETP中級修了証(2～3年)
(後期課程)
(中級職業技術教育課程)
ESG1修了証(3年)
ETP基礎修了証(3年)
(前期課程)
職業技術学校
(基礎職業技術教育課程)
初等教育修了証(7年)
(後期課程)
(初等職業教育課程)
初等学校
(前期課程)
幼稚園，保育所
義務教育
高等教育
中等教育
初等教育
就学前教育

モロッコ王国

(*Kingdom of Morocco*)

Ⅰ 概 要

1. 人口
3,392万人(2015年, 世銀)
2. 面積
44.6万平方キロメートル(日本の約1.2倍, 西サハラ除く)
3. 政治体制
立憲君主制
4. 言語
アラビア語(公用語), ベルベル語(公用語), フランス語
5. 1人当たり国民総所得(GNI)
3,070米ドル(2014年, 世銀)
6. 首都
ラバト
7. 通貨単位
モロッコ・ディルハム(MAD)

《出典》外務省ウェブサイト(http://www.mofa.go.jp/mofaj/area/morocco/data.html)(更新日:2016年12月7日)。

Ⅱ 教育の普及状況

教育段階	年	在籍率	男	女
就学前教育	2014年	60%	65%	53%
初等教育	〃	116%	119%	113%
中等教育	2012年	69%	74%	63%
高等教育	2014年	25%	25%	24%

(通常の年齢よりも早い又は遅い入学や留年等を理由とする該当年齢以外の在籍者を含む)

Ⅲ 教育行政制度

中央に置かれる国民教育・職業訓練省及び高等教育幹部養成科学研究省が, それぞれ所管する教育段階・分野に関する教育政策の実施に携わっている。

Ⅳ　学校体系

（学年暦：９月から翌年６月）

1. 就学前教育

就学前教育は，４～５歳を対象に，幼稚園又はコーラン学校で行われる。

2. 義務教育

義務教育は，初等教育及び前期中等教育から成る基礎教育の９年間である。

3. 初等教育

初等教育は６歳入学で６年間，基礎教育の第１～６学年として，小学校で行われる。初等教育終了時には試験が行われ，合格者には，前期中等教育への進学要件である，初等教育修了証（CEP）が授与される。

4. 中等教育

前期中等教育は，３年間，中学校（コレージュ）において行われる。前期中等教育終了時には試験が行われ，合格者には，後期中等教育への進学要件である，前期中等教育修了証が授与される。

後期中等教育は，３年間，高等学校（リセ）において行われる。高等学校の第１学年は共通課程であり，第２学年以降は普通教育課程及び技術・職業教育課程に分かれる。終了時には，バカロレア（中等教育修了及び高等教育入学資格）の取得試験を受験し，合格者にはバカロレアが授与される。

このほか，職業資格を取得するための職業教育課程がある。前期中等教育を修了しない生徒は，職業教育修了証（CFP）の取得につながる職業教育課程に進む。後期中等教育では，職業技能者資格（DQP）を取得する１～２年の課程がある。職業技能者資格取得者は，リセ第2学年以降の技術・職業教育課程に進学することができる。

5. 高等教育

高等教育は，大学，グランゼコール及びその他の高等教育機関において行われる。大学には，学士課程（３年），修士課程（２年）及び博士課程（３年）が置かれている。グランゼコールは，リセ付設グランゼコール準備級（２年）を経て，入学者選抜により行われ，修了時にはディプロムが授与される。その他の高等教育機関においては，各種ディプロム（年限は多様）を取得する。このほか，大学技術者免状や中級技術者免状を取得する短期高等教育課程（2 年）がある。

《参考資料》
・UNESCO, World Data on Education, 7th edition, 2010/11.

V　学校系統図

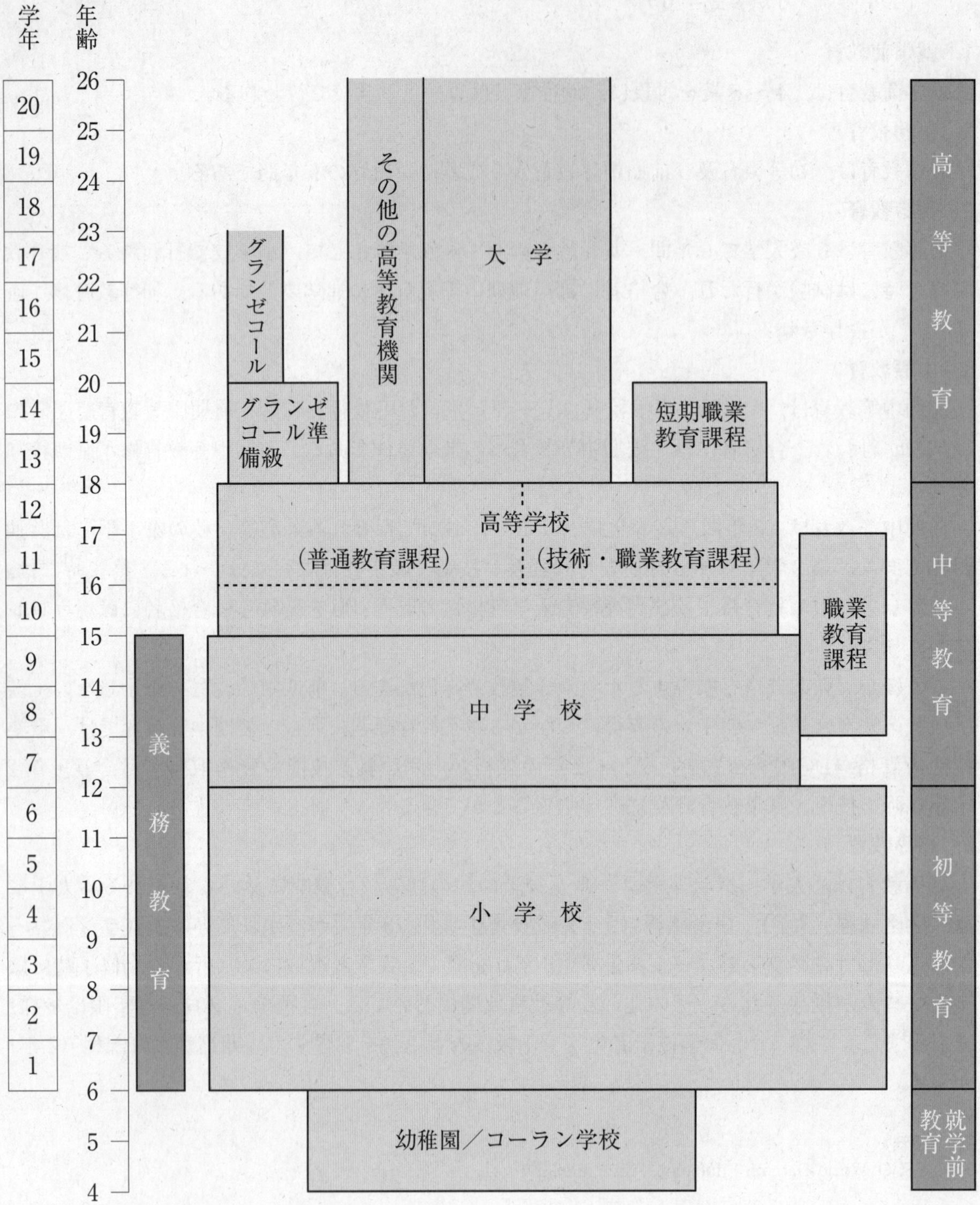

学年
年齢
20
19
18
17
16
15
14
13
12
11
10
9
8
7
6
5
4
3
2
1
26
25
24
23
22
21
20
19
18
17
16
15
14
13
12
11
10
9
8
7
6
5
4
グランゼコール
グランゼコール準備級
その他の高等教育機関
大学
短期職業教育課程
高等学校
（普通教育課程）
（技術・職業教育課程）
職業教育課程
中学校
小学校
幼稚園／コーラン学校
義務教育
高等教育
中等教育
初等教育
就学前教育

Ⅵ　取得可能な資格・学位

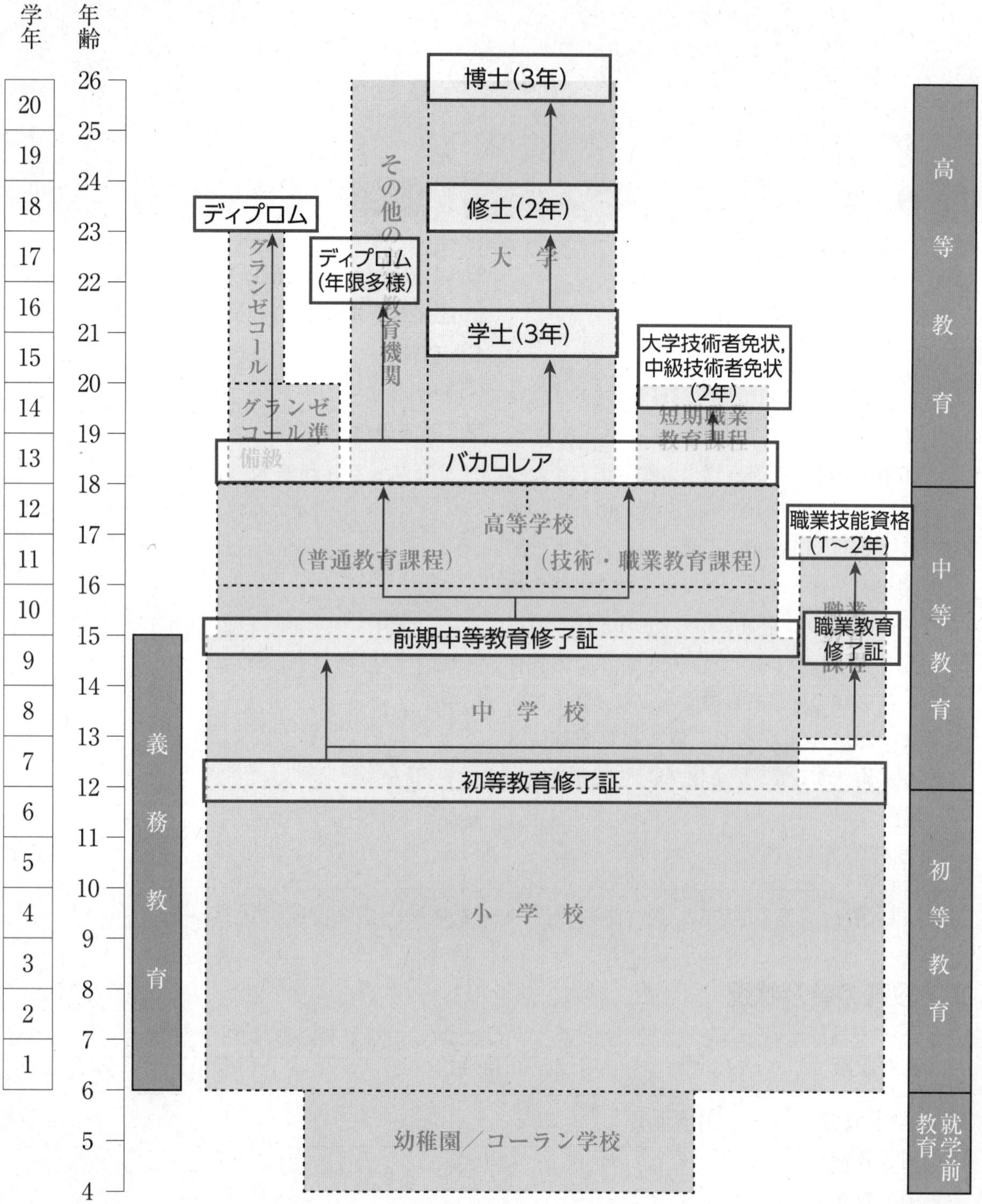
学年
年齢
博士（3年）
修士（2年）
大学
学士（3年）
その他の教育機関
ディプロム
グランゼコール
ディプロム（年限多様）
グランゼコール準備級
大学技術者免状，中級技術者免状（2年）
短期職業教育課程
バカロレア
高等学校
（普通教育課程）
（技術・職業教育課程）
職業技能資格（1～2年）
前期中等教育修了証
職業教育修了証
職業課程
中学校
初等教育修了証
小学校
幼稚園／コーラン学校
義務教育
高等教育
中等教育
初等教育
就学前教育

リビア

(*Libya*)

Ⅰ　概　要

1. 人口
642万人（2011年，世銀）
2. 面積
176万平方キロメートル（日本の約4.6倍）
3. 政治体制
1969年のクーデター以来，42年間にわたったカダフィ体制が2011年に崩壊。2012年7月，リビア史上，1952年の王政下以来初めての国政選挙が全体として大きな混乱なく実施された。制憲議会は定員200人。8月8日に国民暫定評議会（NTC）から制憲議会に権限移譲。制憲議会の最終目標である憲法制定に向けて，2014年2月20日，憲法起草委員会選挙が実施される等，民主化プロセスが進展中。
4. 言語
アラビア語
5. 1人当たり国民総所得（GNI）
12,320ドル（2009年，世銀）
6. 首都
トリポリ
7. 通貨単位
リビア・ディナール

《出典》外務省ウェブサイト（http://www.mofa.go.jp/mofaj/area/libya/data.html）（更新日：2014年3月1日）。

Ⅱ　教育の普及状況

教育段階	年	在籍率	男	女
就学前教育	2015年	…	…	…
初等教育	〃	…	…	…
中等教育	〃	…	…	…
高等教育	〃	…	…	…

（通常の年齢よりも早い又は遅い入学や留年等を理由とする該当年齢以外の在籍者を含む）

Ⅲ　教育行政制度

国に設置されていた教育・職業訓練全国人民委員会が2000年に解散した後は，教育に係る事務は地方自治体が所管している。

各地方の議会は，教育施策の立案や実施，継続に責任を負っている。

Ⅳ　学校体系

（学年歴：9月～翌年6月）

1. 就学前教育

就学前教育は，4～5歳児を対象に，幼稚園で行われる。

2. 義務教育

義務教育は，6～15歳の9年である。

3. 初等教育

初等教育は，6歳入学で9年間，基礎教育学校で行われる。基礎教育学校の修了者には，基礎教育修了証が付与される。

4. 中等教育

中等教育は，3年制の普通中等学校や4年制の専門中等学校，3年制の職業訓練校などで行われる。普通中等学校や専門中等学校の修了者には，中等教育修了証が付与される。職業訓練校の修了者には，中級訓練修了証が付与される。

5. 高等教育

高等教育は，大学や技術カレッジ，高等職業訓練機関などで行われる。入学資格は，中等教育修了証の取得者に認められる。

大学には，4～6年の学士課程が置かれており，修了者には学士が授与される。また，学士取得者を対象とする2～3年の修士課程，修士取得者を対象とする3～4年の博士課程が置かれており，修了者にはそれぞれ修士，博士が授与される。

技術カレッジには，4年の技術教育課程が置かれており，修了者には技術学士が授与される。

高等職業訓練機関には，3年の職業教育課程が置かれており，修了者には高等職業・技術ディプロマが付与される。

《参考資料》

・UNESCO, World Data on Education, 6th edition, 2006/07.
・EACEA, Overview of the Higher Education System in Libya, 2012.

V　学校系統図

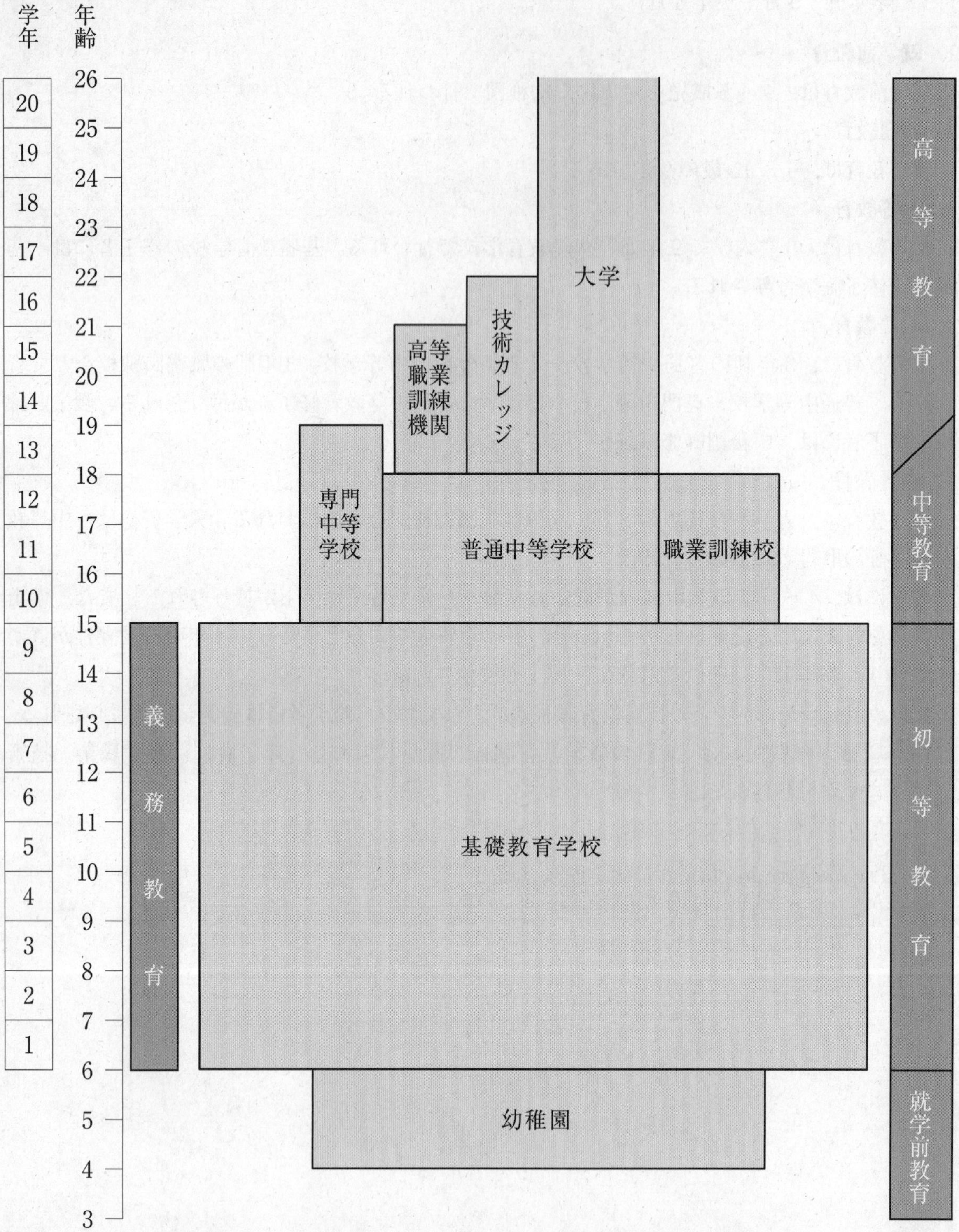

学年
年齢
26
25
24
23
22
21
20
19
18
17
16
15
14
13
12
11
10
9
8
7
6
5
4
3
20
19
18
17
16
15
14
13
12
11
10
9
8
7
6
5
4
3
2
1
義務教育
大学
技術カレッジ
高等職業訓練機関
専門中等学校
普通中等学校
職業訓練校
基礎教育学校
幼稚園
高等教育
中等教育
初等教育
就学前教育

Ⅵ　取得可能な資格・学位

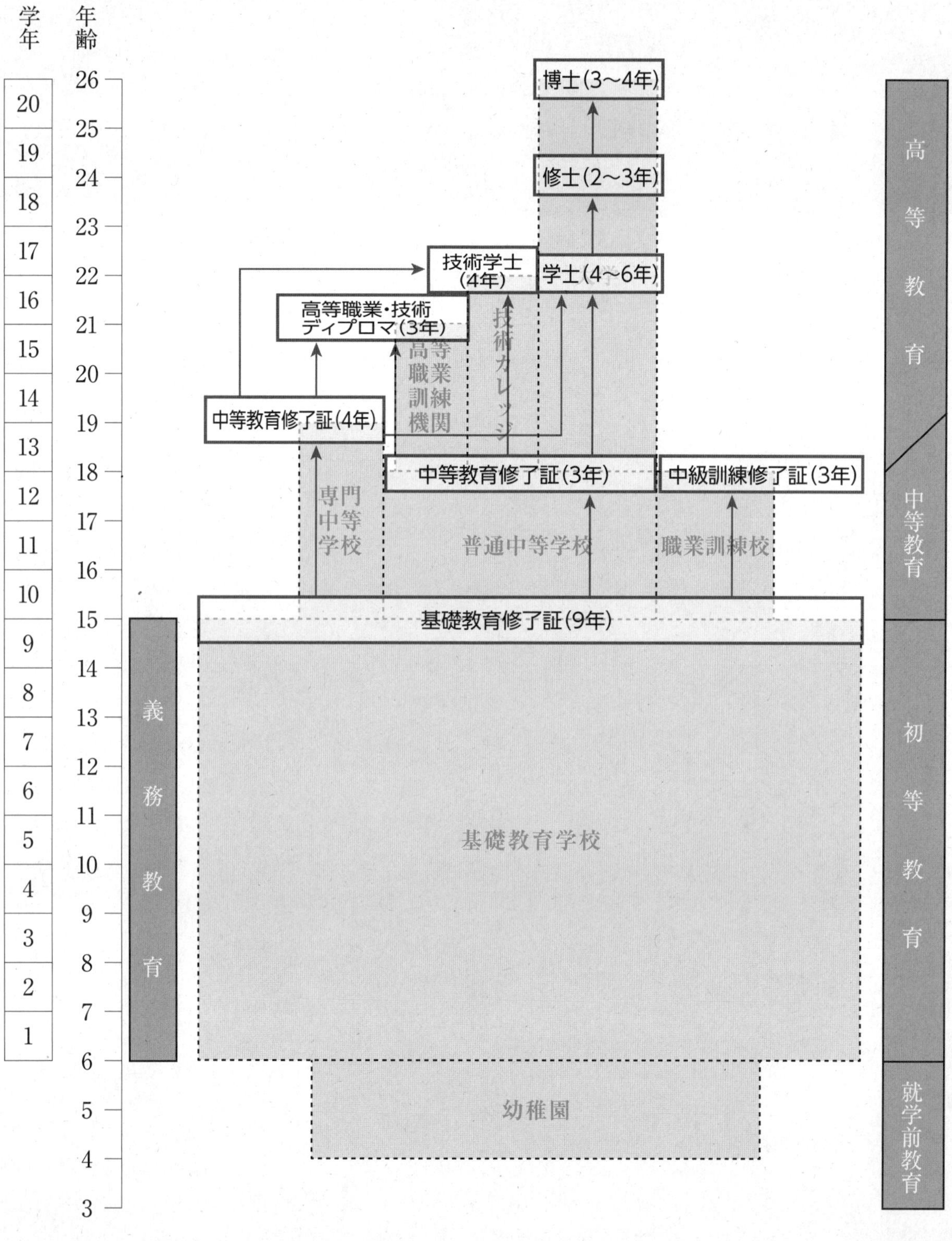
学年
年齢
博士(3〜4年)
修士(2〜3年)
技術学士(4年)
学士(4〜6年)
高等職業・技術ディプロマ(3年)
高等職業訓練機関
技術カレッジ
中等教育修了証(4年)
中等教育修了証(3年)
中級訓練修了証(3年)
専門中等学校
普通中等学校
職業訓練校
基礎教育修了証(9年)
基礎教育学校
幼稚園
義務教育
高等教育
中等教育
初等教育
就学前教育

「教育調査」シリーズ一覧表（昭和55年以降）

第104集	海外教育ニュース第3集	（昭和55年）昭和56. 3
第105集	イギリスの「学校教育課程」	昭和56. 10
第106集	海外教育ニュース第4集	（昭和56年）昭和57. 12
第107集	海外教育ニュース第5集	（昭和57年）昭和58. 3
第108集	シンガポールの教育	昭和58. 7
第109集	マレーシアの教育	昭和58. 10
第110集	海外教育ニュース第6集	（昭和58年）昭和59. 3
第111集	タイの教育	昭和59. 3
第112集	ソ連の入学者選抜制度	昭和59. 3
第113集	海外教育ニュース第7集	（昭和59年）昭和60. 3
第114集	インドネシアの教育	昭和60. 6
第115集	フィリピンの教育	昭和60. 9
第116集	海外教育ニュース第8集	（昭和60年）昭和61. 7
第117集	海外教育ニュース第9集	（昭和61年）昭和62. 3
第118集	西ドイツにおける改正大学大綱法	昭和63. 5
第119集	図表でみるOECD加盟国の教育	平成元. 2
第120集	主要国の教育動向・1986～1989年（海外教育ニュース第10集）	平成 2 . 11
第121集	主要国の教育動向・1990～1991年（海外教育ニュース第11集）	平成 4 . 3
第122集	諸外国の学校教育＜欧米編＞	平成 7 . 11
第123集	諸外国の学校教育＜中南米編＞	平成 8 . 1
第124集	諸外国の学校教育＜アジア・オセアニア・アフリカ編＞	平成 8 . 9
第125集	諸外国の教育の動き1999	平成12. 3
第126集	諸外国の教育行財政制度	平成12. 4
第127集	諸外国の教育の動き2000	平成13. 3
第128集	諸外国の初等中等教育	平成14. 1
第129集	諸外国の教育の動き2001	平成14. 3
第130集	諸外国の教育の動き2002	平成15. 3
第131集	諸外国の高等教育	平成16. 2
第132集	諸外国の教育の動き2003	平成16. 3
第133集	諸外国の教育の動き2004	平成17. 5
第134集	諸外国の教員	平成18. 3
第135集	諸外国の教育の動き2005	平成18. 8
第136集	フランスの教育基本法	平成19. 3
第137集	諸外国の教育の動き2006	平成19. 6
第138集	諸外国の教育動向 2007年度版	平成20. 8
第139集	諸外国の教育動向 2008年度版	平成21. 8
第140集	諸外国の教育改革の動向	平成22. 4
第141集	諸外国の教育動向 2009年度版	平成22. 7
第142集	中国国家中長期教育改革・発展計画綱要（2010～2020年）	平成23. 3
第143集	諸外国の生涯学習	平成23. 8
第144集	諸外国の教育動向 2010年度版	平成23. 9
第145集	諸外国の教育動向 2011年度版	平成24. 9
第146集	諸外国の教育行財政	平成26. 1
第147集	諸外国の教育動向 2012年度版	平成25. 11
第148集	諸外国の教育動向 2013年度版	平成26. 10
第149集	諸外国の教育動向 2014年度版	平成27. 4
第150集	諸外国の初等中等教育	平成28. 3
第151集	諸外国の教育動向 2015年度版	平成28. 5

世界の学校体系

平成 29 年 4 月 20 日　発行

著作権所有　文部科学省
発 行 所　株式会社ぎょうせい
〒 136-8575　東京都江東区新木場 1-18-11
電　話　編集　03-6892-6508
　　　　営業　03-6892-6666
フリーコール　0120-953-431
URL:https://gyosei.jp

〈検印省略〉

印刷　ぎょうせいデジタル(株)

ISBN 978-4-324-90007-9
(5108319-00-000)
〔略号：世界学校〕